Illustrierte Geschichte des Ersten Weltkriegs

Christian Zentner

Illustrierte Geschichte des Ersten Weltkriegs

Südwest Verlag München

ISBN 3 517 00711 0

Redaktion: Dr. Reinhard Barth
Mitarbeiter: Dr. Harald Steffahn, Horst G. Tolmein
Bildbeschaffung: Dieter Mumminger, Peter Buschan
Karten: ani, Wien
Layout: Hans-Peter Piehl, München
Umschlag: Design-Team, München
Gesamtherstellung: Druckerei Georg Appl oHG, Wemding

Inhalt

Dokumente · Berichte · Exkurse

Der Weg in den Krieg

»Einkreisung«

Kurz vor dem Kriegsausbruch 1914 veröffentlichte Kurt Riezler, ein enger Vertrauter des Reichskanzlers von Bethmann Hollweg, Gedanken über die deutsche Stellung in der Weltpolitik. Darin gibt es einen erhellenden Abschnitt über die geographischen Grundvoraussetzungen der damaligen deutschen Politik:

»Deutschland ist ringsum eingeschlossen von Ländern einer entwickelten und alten staatlichen Kultur. Es grenzt an kein Gebiet möglicher kolonialer Expansion. Es liegt in der Mitte der Großmächte. Kein anderer Staat ist in der gleichen Lage. Alle seine Nachbarn haben ein mögliches Expansionsgebiet vor der Tür. Rußland hat Asien, Österreich-Ungarn den Balkan, Frankreich und Italien die afrikanische Nordküste, das meerumflossene England die Welt. Alle diese Staaten haben mehr oder weniger nur eine Seite zu verteidigen und die andere frei. Das in der Mitte Europas gelegene Deutschland ist von der politischen Konstellation Europas abhängiger als seine Nachbarn. Es ist schwerer gegen feindliche Bündnisse zu sichern und bedarf zu solcher Sicherung eines größeren Aufwands an diplomatischen oder militärischen Machtmitteln. Auf der Erkenntnis dieser Lage beruhte die Politik Bismarcks, die, im wesentlichen Kontinentalpolitik, den Notwendigkeiten dieser Kontinentalpolitik die Wünschbarkeit der Weltpolitik unterordnete ...«

Mit anderen Worten: Bismarck hat sich im wesentlichen auf Europa beschränkt, weil die geographische Zwangsjacke ihm für Weltpolitik im Stile Rußlands, Frankreichs und Englands ungeeignet erschien. Ein wenig »mitmachen« lag für ihn im Zuge der Zeit; ein so kraftvolles Deutschland sollte beim Wettrennen um die letzten weißen Flecke auf der Landkarte nicht nur Zuschauer sein. Aber die kolonialen Erwerbungen wurden doch halbherzig betrieben. Für Bismarck lag Deutschlands Schicksal in Europa.

»Kontinentalpolitik« – was hieß das nun konkret unter Bismarck (von dem wir ausgehen müssen, um die Folgeentwicklung zu verstehen)? Für den leitenden Staatsmann des deutschen Machtraumes, wer immer es auch war, boten sich im späten 19. und frühen 20. Jahrhundert drei Optionen an: ein

LINKE SEITE: Der Kämpfer von Verdun 1916 – Sinnbild einer Generation, deren Leben der Krieg entscheidend veränderte.

strenges Bündnis- und Koalitionssystem, eine freischwebende Balance zwischen den Mächtigen – und eine Mischung aus beidem. Bismarck hat für die dritte Möglichkeit optiert, sich zwar vertragsmäßig gebunden, aber dennoch mit seinen berühmten »fünf Bällen« jongliert, von denen drei immer in der Luft waren.

Karikatur des »Kladderadatsch« auf die Abtrennung von Elsaß-Lothringen nach dem Sieg über Frankreich 1871.

Zwei Fixpunkte gab es am europäischen Gestirnhimmel, solange Bismarck Direktor der »Sternwarte« war, aber auch danach: Der eine war Frankreichs unversöhnliche Haltung nach dem Verlust Elsaß-Lothringens; Gambettas Verschwörerparole »Immer daran denken, nie davon sprechen« hielt diese Wunde im französischen Bewußtsein offen. Bismarck bemühte sich also, Frankreich möglichst zu isolieren, feste Bindungen Dritter mit Deutschlands westlichem Nachbarn zu verhindern. Zum zweiten konnte er auf die Freundschaft mit Österreich bauen, das 1866 großzügig behandelt worden war und seine Niederlage verwunden hatte. Seit 1879 bestand der »Zweibund« zwischen dem Deutschen Reich und der Donaumonarchie. Dabei handelte es sich um ein Defensivbündnis mit Blick auf einen möglichen Angriff Rußlands gegen Österreich oder einen möglichen Angriff Frankreichs gegen Deutschland mit Unterstützung Rußlands. Der Kanzler ging allerdings davon aus, daß Deutschland bei Streitigkeiten auf dem Balkan keine Verpflichtungen habe. Die dauernden Händel im labilen Südosten des Kontinents waren ihm, wie er sagte, keines pommerschen Grenadiers Knochen wert – mit Blick auf die Wetterecke Europas ein höchst gesunder Standpunkt.

Um nun ein Klima zu schaffen, in dem der Bündnisfall aus anderweitigen Gründen möglichst nicht eintreten sollte, pflegte er »den Draht nach Petersburg« und zeigte sich um gute Beziehungen zu London bemüht. Zu festen Abmachungen mit Großbritannien kam es nicht, obwohl es der ideale Bündnispartner gewesen wäre: Reibungen mit Frankreich in Afrika, mit Rußland in Asien. Der britische Löwe zog jedoch seine Freiheit (»splendid isolation«) einstweilen noch dem Zwinger kontinentaler Bündnisverpflichtungen vor.

Mit Rußland schloß Bismarck 1887 den »Rückversicherungsvertrag«. Der Pakt verpflichtete beide Länder bei Konflikten mit Dritten zu gegenseitiger Neutralität, außer wenn das Zarenreich die Donaumonarchie angriffe oder Deutschland die Franzosen. Ein höchst geheimer Zusatz erkannte Rußlands Interesse an den türkischen Meerengen an. Damit tat Bismarck genau das, was er mit seiner südlichen Sicherungspolitik zu verhindern trachtete: Seit 1882 gehörte Italien zum Bündnis Deutschland-Österreich dazu (»Dreibund«), und seit 1887 bestand ferner ein Mittelmeer-Dreibund zwischen England, Österreich und Italien zur Sicherung des osmanischen Besitzstandes gegen das ausgreifende russische Reich.

Wenn also verschiedene Vertragsinhalte geradezu gegeneinander arbeiteten, so gehörte das zum Prinzip bismarckischer Staatskunst. Reibungsflächen hielt er für gut; um so mehr war Deutschlands Schiedsrichterrolle unentbehr-

lich. Äußerste Virtuosität im diplomatischen Mächtespiel bis zur Überraffinesse – darin lebte er sich genußvoll aus. Den Härtetest all dieser Vertragssysteme fürchtete er nicht; sein Übergewicht, der Respekt vor ihm im Konzert der europäischen Mächte, war viel zu groß.
Kein Zweifel aber, daß Konflikte programmiert waren. Das Klima verhärtete sich, vor allem durch die panslawistische Agitation auf dem Balkan. Deutschland geriet angesichts der zunehmenden Rivalitäten zwischen Rußland und Österreich-Ungarn in die Gefahr, auf die Dauer nicht mehr zwischen beiden ausgleichen zu können. Das Bedauerliche war nun, daß das Reich von sich aus den Draht nach Petersburg durchschnitt, ehe dafür irgendeine Notwendigkeit bestand. Über der Entlassung Bismarcks wurde auf die fällige Verlängerung des Rückversicherungsvertrages verzichtet.
Konkrete Gründe außenpolitischer Art lassen sich dafür nicht ausfindig machen, außer daß die Nachfolger auf der deutschen Weltbühne, Reichskanzler v. Caprivi und der Kaiser selber, Bismarcks kompliziertes System vereinfachen wollten: wie ein Förster, der den Wald durch Wegnahme etlicher Altbäume durchsichtiger und luftiger macht.
Luftiger wurde es freilich bei uns; ein frischer Wind tat sich auf, Bewegung kam in die Großmächte-Konstellation. Die Russen glaubten an einen bedachten Kurswechsel in Berlin. Und da Angst vor der Invasion ein altes russisches Trauma ist, bemühten sie sich sogleich um eine außenpolitische Ersatzlösung. Darauf hatte Frankreich nur gewartet. Es ergriff mit beiden Händen die erste Chance, aus seiner Isolation herauszukommen.
1892 schlossen die beiden Flügelmächte Deutschlands eine Militärkonvention: Sie wollten einander beistehen, wenn einer der Vertragspartner von Deutschland angegriffen würde. So war dem Dreibund nun der Zweiverband gegenübergetreten. Der Dreibund stand ohnehin nur auf dem Papier, denn Italien hatte auf einer Klausel bestanden, wonach seine Pflichten als Bündnispartner nicht gegen England gerichtet sein dürften ... 1902 hat Italien durch ein Geheimabkommen mit Frankreich den Dreibund noch weiter und bis zur Unbrauchbarkeit durchlöchert.
Wirklich solide standen nach Bismarcks Zwangspensionierung nun zwei Zweiergruppen da: Deutschland-Österreich und Rußland-Frankreich. Im Sinne Caprivis und Kaiser Wilhelms wirklich viel übersichtlicher als Bismarcks Vertragsgewirr – und gleichzeitig eine Machtverschiebung ersten Ranges! Ohne Blockbildung und mit Bismarck an der Spitze (an der Spitze Europas, könnte man sagen) lag das Übergewicht eindeutig bei der stärksten Einzelmacht, das war Deutschland. Jetzt aber, im Zeichen zweier ziemlich gleichgewichtiger Blöcke, verlor Deutschland seine Schiedsrichterrolle, und England nahm sie ein. Wie ein Playboy, der noch zu haben ist, stand Großbritannien zwischen den Machtgruppierungen und konnte gelassen überdenken, welche Partie die bessere sei.

Der französische Kleinrentner lockt den russischen Bären mit dem Inhalt seines Sparstrumpfs – englische Karikatur auf die Anleihe von 1891.

Um die Jahrhundertwende sah Deutschland sich in der glücklichen Lage, von England umworben zu werden. Das Inselreich war der selbstgesuchten Einsamkeit müde und suchte angesichts der kolonialen Reibungen mit den anderen Großmächten dort Anschluß, wo solche Rivalität gar nicht oder nur in geringem Maße bestand. Den verantwortlichen deutschen Politikern (Hohenlohe, Bülow, Holstein) ging es mit Britannia wie im Gedicht von Eugen Roth: »Der Mensch müßt nur die Arme breiten, dann würde sie in diese gleiten.«

Allein, die Sternstunde ging ungenutzt vorüber, weil die Zauberlehrlinge in Berlin nicht den Instinkt des Meisters besaßen, im richtigen Augenblick, in der Schicksalsstunde, zuzugreifen. Sie zögerten, zierten sich, taten so, als könne Deutschland in den härter werdenden Zeitläufen weiterhin allein auf sein Schwert vertrauen.

Der heiße Draht erkaltete.

Obendrein forderte Deutschland die Inselmacht auf ihrem ureigensten Gebiet heraus, auf dem Meer. Wilhelm begeisterte sich für strahlende Seegeltung und gab als zündende Parole aus: »Deutschlands Zukunft liegt auf dem Wasser!« Sie liegt wahrlich nicht dort, wie ein Blick auf die Landkarte zeigt, aber man muß den optimistischen Ausruf wenigstens zum Teil aus der Zeitströmung verstehen. Die Verteilung des Globus unter die Mächte wirkte wie eine ansteckende Krankheit, von den Kolonien versprach man sich große Erträge (im Falle Deutschlands ein Irrtum), und sichern wollte man sie durch Schiffe.

So hatte die Kontinentalpolitik sich zur »Weltpolitik« erweitert. »Weltpolitik indes muß getrieben werden«, schrieb der eingangs zitierte Legationsrat Riezler im Fortgang seiner außenpolitischen Überlegungen. »Die wirtschaftliche Expansion und der Lebenswille des Volkes drängen hinaus.«

Mit dem Bau des englischen Linienschiffs »Dreadnought« 1906 begann eine neue Ära des Kriegsschiffbaus.

Dagegen hätte niemand etwas einzuwenden gehabt, wäre die Flottenpolitik nicht zum anspruchsvollsten Staatsprojekt der Nach-Bismarck-Ära aufgeblasen worden – mit allen Merkmalen maritimer Großmannssucht. Die Werften in Kiel und Wilhelmshaven entfalteten einen Lärm, daß die Engländer erstmals wieder in ihrem Sicherheitsgefühl beeinträchtigt wurden, seit Napoleon auf St. Helena verschwunden war. Was will Deutschland? fragte man sich besorgt in London. Deutschland dachte defensiv, nicht offensiv, aber der Verteidigungsgedanke war durch prahlerische Reden so aggressiv aufgedonnert, als wenn jemand zum Judokurs eine Kanone mitnimmt.

Und so entstand allmählich eine englisch-deutsche Atmosphäre des Mißtrauens – bis zu partieller Feindseligkeit. Dazu kam erschwerend, daß König Eduard VII. (1901–10) seinen Neffen Wilhelm überhaupt nicht mochte, sich in seiner zivilen Bonhomie von den Fanfarenstößen, den überkompensierten Minderwertigkeitskomplexen und der permanenten Feldherrnpositur abgestoßen fühlte. Obendrein liebte er Frankreich von Kindheit an und bereitete

auf seinen vielen Reisen als eine Art gekrönter »Sonderbotschafter« ein Klima der beiderseitigen Annäherung.
Es gelang den Engländern und Franzosen, ihre überseeischen Streitigkeiten beizulegen – was man in Berlin strikt bezweifelt hatte. Zu aller Verblüffung schlossen die beiden Westmächte 1904 ein Abkommen »herzlichen Einvernehmens« (Entente cordiale). Der Vertrag bedeutete kein festes Bündnis wie das deutsch-österreichische, sondern eine lockere Absprache über konkrete Streitpunkte. Und doch wurde daraus zehn Jahre später eine Kriegskoalition, weil der Geist der Absprache fester hielt als mancher Paragraph auf unserer Seite *ohne* den Geist.
Es war die erste große Niederlage des Admirals v. Tirpitz, des hochbefähigten Organisators der Flotte. Er hatte sich und seiner Umgebung, vor allem dem Kaiser, dessen volles Vertrauen er besaß, eingeredet, »daß der Allianzwert Deutschlands ... in der Flotte liegt«. Das Gegenteil erwies sich als richtig: Furcht trieb England ins gegnerische Lager. Tirpitz' zweiter, noch schwererer Irrtum trat 1914 zutage. Bis dahin hatte er stets den Risikogedanken verfochten: England werde einen Krieg gegen uns angesichts der deutschen Stärke zur See nicht riskieren ...
So hatte sich nun der russisch-französischen Militärkonvention (1892) zwölf Jahre später eine französisch-britische Verständigung hinzugesellt. In der Mathematik gibt es den Lehrsatz: Sind zwei Größen einer dritten gleich, so sind sie untereinander gleich. Ins Politische übersetzt: Rußland und England hatten sich mit Frankreich verbündet beziehungsweise sich ihm angenähert; damit konnten sie fast automatisch auch gegeneinander nicht mehr feindselig stehen. Und in der Tat: Auch zwischen den asiatischen Kolonialrivalen schmolz das Eis in Europa.
Als diplomatischer Architekt ohne Auftrag setzte sich wiederum Eduard VII., Sohn der Queen Victoria und ihres deutschen – früh verstorbenen – Gemahls Prinz Albert, klimaverbessernd ein. Er bereitete das Terrain, auf dem zum zweitenmal das für die Berliner auswärtige Politik schwer Faßbare geschah: die Verständigung verfeindeter Großmächte. Russischer Bär und britischer Löwe ließen sich friedlich nebeneinander nieder. 1907 regelten beide Länder ihre Einflußzonen in Asien und brachten damit ein ähnliches Abkommen unter Dach wie zuvor die Westmächte. Mehr geschah nicht, dennoch war im Rohbau die »Triple-Entente« fertig, von der Deutschland sich nun erschrocken »eingekreist« sah.
»Einkreisung« – die Formel des Reichskanzlers v. Bülow wurde geflügeltes Wort. Wahrlich, vergleicht man Bismarcks spielerisch leicht wirkende Balance der Vertragssysteme mit dem Band der Dreierkoalition, das Deutschland jetzt umspannte, dann mochte ein solcher Eindruck, eingekreist zu sein, sich zwingend aufdrängen. Aber dabei wird gern übersehen, daß die Triple-Entente zum guten Teil aus einem Sicherheitsbedürfnis entstanden war. Zu

Admiral Alfred v. Tirpitz, seit 1897 Staatssekretär des Reichsmarineamts, war die treibende Kraft in der deutschen Flottenpolitik.

leicht machten es sich diejenigen, die hier nur Deutschlandfeindlichkeit und Neid vermuteten.

Deutschland glich einem Kessel unter Dampf, vibrierend von brodelnden Säften, von Kraftüberschuß. Mit Recht hat man von der »verspäteten Nation« gesprochen, deren Einheit erst zu einem Zeitpunkt (wieder)errungen wurde, als die meisten anderen Staaten lange in gefestigter Heimstatt wohnten. Aufgestauter Nachholbedarf an Selbstbestätigung brach sich Bahn. Und die erfüllte Sehnsucht traf zusammen mit einem gewaltigen Ausbruch wirtschaftlicher Energie, industrieller Entfaltung. Gewicht des Nationalstaates und Gewicht der Wirtschaft trieben sich in einem Schaukeleffekt gegenseitig noch höher. Die Flotte war geradezu Symbol beider Energieströme.

Nicht nur das. Die Volkszahl wuchs für das Ausland beängstigend. Deutschland 1871: 37,5 Millionen Einwohner, Frankreich 36,1 Millionen. Deutschland 1913: Fünfundzwanzig Millionen mehr als Frankreich! Oder der Vergleich bei der Kohle: Deutschlands geschätzte Reserven damals: 423 Milliarden Tonnen, Frankreichs Reserven: 18 Milliarden! Deutschland förderte siebenmal mehr Kohle als das westliche Nachbarland. England wiederum wurde durch die deutschen Dumpingpreise auf den Weltmärkten beunruhigt, und auch seine Wirtschaft wuchs langsamer.

Darf man sich wundern, daß die anderen ängstlich auf den Muskelprotz Deutschland schauten und im Zusammenschluß Sicherheit suchten? Daß Neid und Mißgunst hinzukamen – wer wollte es bestreiten? Wir hingegen bewerteten die zweite Regung zu hoch und die erste – Sicherheit – zu gering, fühlten uns vielmehr von den anderen bedroht. Wie reagierte Deutschland? Es versuchte den Ring diplomatisch zu sprengen; das mißlang. Es zog militärisch aus der Situation Konsequenzen – mit einem genialen Feldzugsplan für den Ernstfall. Er trägt den Namen eines Generals, der nie ein Heer im Kriege geführt hat: Alfred Graf v. Schlieffen.

Der 1913 gestorbene Generalstabschef Alfred Graf v. Schlieffen hinterließ seinem Nachfolger Moltke den politisch riskanten Angriffsplan gegen Frankreich, der das neutrale Belgien ins Kampfgebiet einbezog.

Schlieffen-Plan

Was tut ein leitender Stratege, der mit einem Mehrfrontenkrieg rechnen muß? Der Chef des deutschen Generalstabs (1891–1905) gab sich nämlich darüber keinen Illusionen hin. Im Sandkastenspiel ließ er bereits im Jahr 1905, seinem letzten aktiven, eine Konstellation durchprobieren, bei der Deutschland und Österreich-Ungarn sich den vereinten Kräften Rußlands, Frankreichs, Englands, Belgiens und Serbiens gegenübersahen (der oberste Soldat rechnete schon damals mit einer Art »Sarajewo« als kriegsauslösendem Moment, wie man an der Hereinnahme Serbiens in die militärischen Überlegungen sieht). Aus diesem selben Jahr 1905 stammt die letzte Fassung eines Planes, der trotz der furchterregenden Gegnerkoalition einen Ausweg versprechen sollte.

In der römischen Heldensage gibt es einen Kämpfer, der sich der Übermacht dreier Feinde so erwehrt: Er flüchtet vor ihnen, und sie verfolgen ihn, so schnell sie können. Weil sie aber infolge Verwundungen unterschiedlich rasch vom Fleck kommen, zieht sich die Verfolgergruppe auseinander. Der flüchtende Römer dreht sich um und besiegt sie einzeln einen nach dem anderen.

Das war Schlieffens Ausgangsgedanke: die Gegner getrennt zu überwinden, freilich nicht durch anfängliche Flucht, sondern durch sofortigen Angriff, ehe jene voll gewappnet sind. Schlieffen rechnete damit, daß Rußlands Aufmarsch wegen der großen Entfernungen nur schleppend vorankäme. In der Zeit wollte er mit einer ungeheuren Militärmaschine Frankreich überrannt haben, um sich dann dem Koloß im Osten entgegenstellen zu können.

Wie sah nun beim Schlachtplan der Westen aus? Wodurch konnte er ein militärisch so kraftvolles Land im ersten Ansturm niederzuwerfen hoffen? Durch ein Super-Cannae. Der Name Cannae steht ja für *die* klassische Umfassungsschlacht. Der karthagische Feldherr Hannibal hatte die Römer 216 vor Christi Geburt in Süditalien mit unterlegenen Kräften durch Überflügelung und Umklammerung besiegt. Schlieffen hatte kriegsgeschichtlich darüber gearbeitet und gedachte, Roms gefürchteten Gegner im Riesenmaßstab zu kopieren.

Nach zwei Jahren!
„... und dann müßt ihr bedenken, als Zivilisten seid ihr hergekommen, und als Menschen geht ihr hier fort!"

»Als Zivilisten seid ihr hergekommen, und als Menschen geht ihr hier fort!« Die Überbetonung des Militärischen im Deutschen Reich gab immer wieder Stoff für Karikaturen – und für geheime Sorgen im Ausland.

Mit einer geradezu lächerlich geringen Sicherungsreserve im Osten (200000 Mann) wollte er das gesamte Gewicht der Armee in den Westen werfen, und dies wiederum ganz einseitig auf den rechten (nördlichen) Flügel konzentriert, während im Vogesenraum gleichfalls nur 200000 Mann hinhaltend Widerstand zu leisten hatten. Die anderen – 1,6 Millionen – waren vorgesehen, wie ein riesiger Keil durch Belgien und Nordfrankreich vorzudringen. Ein Widerstand gegen diese Kräfteballung erschien Schlieffen aussichtslos. Die Franzosen würden sich schrittweise zurückziehen, und die deutsche Militärmaschine würde sich in exakt vorausberechneten Tagesetappen auf Paris zubewegen. Die Metropole hatte am 38. Mobilmachungstag – am 25. Tag nach Beginn des Einmarsches – von hinten umgangen zu sein. Danach würde die obere Seine überschritten werden und die französische Truppenmasse auf die Festungslinie Verdun-Toul-Epinal-Belfort in verkehrter Front zurückgeworfen. Dort, so mutmaßte der hochmütig dreinblickende und wortkarge Schüler des älteren Moltke mit seinem kühl wägenden, präzise kalkulierenden preußischen Militärverstand – dort käme dann der Kollaps des französischen Heeres.

Ist je ein kühneres Konzept entworfen worden? Selbst Mansteins waghalsiger Entwurf von 1940, durch die unwegsamen Ardennen zu stoßen, verblaßt dagegen, obwohl er, wie wir wissen, jenen Erfolg zeitigte, welcher dem Grafen Schlieffen beziehungsweise seinem Plan versagt geblieben ist. Doch hier ist noch nicht der Ort, über die Ausführung zu sprechen; was daran falsch gemacht worden ist oder vielleicht von vornherein falsch konzipiert worden war. Uns geht es zunächst um andere Fragen, denn noch ist der Erste Weltkrieg nicht im Gange.

Es muß schlecht stehen um eine Politik, wenn dem ersten Soldaten der Nation nichts anderes übrigbleibt, als den Krieg mit einem Völkerrechtsbruch zu beginnen: dem Durchmarsch durch das neutrale Belgien. Diplomatisch hatte sich eine Konstellation entwickelt, bei der Schlieffen für den Kriegsfall keinen anderen Ausweg sah, sich dreier Großmächte zu erwehren. Denn Frankreichs Festungslinie direkt anzugehen, erschien zu riskant (und sollte sich später tatsächlich als undurchführbar erweisen); Rußland zuerst anzugreifen, mußte – mit Frankreich im Rücken – noch aussichtsloser sein, als es von Napoleon her in Erinnerung ist; England schließlich in seiner Insellage und mit der stärksten Flotte der Welt fiel als Angriffsziel ohnehin aus. Deutschland also mochte in Schlieffens Augen einem Boxer gleichen, der von überlegenen Armen so zusammengepreßt wird, daß er sich nur mit einem Tritt unter die Gürtellinie (sprich: Völkerrechtsbruch) Luft verschaffen konnte.

Dem Strategen ist nicht einmal ein Vorwurf zu machen. Er hat nur militärisch gutzumachen versucht, was ihm von den Politikern eingebrockt worden war. Sein Plan war damit allerdings mit einem Geburtsfehler behaftet. Wie würde sich solch ein Verstoß gegen die internationalen Sitten bei Kriegsbeginn auf die Weltmeinung auswirken? Trüge Deutschland nicht von Anfang an ein Kainsmal mit sich herum? In den sorglosen Zeiten der Wilhelminischen Ära grämte sich von den verantwortlichen Männern kaum jemand darum. (Und die öffentliche Meinung diskutierte den Geheimplan nicht, obwohl er ganz so geheim nicht blieb).

Ein zweites Handicap sollte nicht übersehen werden. Wer es bei Kriegsausbruch oder im unmittelbaren Vorstadium so eilig hat, an die Front zu kommen – damit die anderen nicht schneller sind –, wer so darauf angewiesen ist, keine Zeit zu verlieren, wird im Ernstfall sich leicht den Schwarzen Peter der Mobilmachung und Kriegserklärung zuschieben lassen. Mit anderen Worten: Wenn die anderen erfahren sollten, unter welchem Zeitdruck die deutsche Militärmaschine steht, dann könnten sie leicht hinhaltend manövrieren und gelassen abwarten, wie Deutschland die Schuld dessen, der den ersten Stein wirft, auf sich lädt. Darin lag die politische Problematik des Schlieffen-Plans – zu der die Unwägbarkeit des militärischen Ablaufs kam.

Julikrise

Der Erste Weltkrieg ist in seinem Ausmaß von niemandem vollkommen erahnt worden, von wenigen annähernd, aber viele haben den Krieg als solchen kommen sehen. Und wer genau hinsah, erriet sogar schon frühzeitig, wo er anfangen, von wo er seinen Ausgang nehmen könnte. Aus Schlieffens Generalstabsübung von 1905 läßt sich das genauso heraushören wie aus einem Briefwechsel des deutschen Generalstabschefs v. Moltke (Neffe des Siegers von Sedan) mit seinem Wiener Kollegen Franz Graf Conrad von Hötzendorf im Januar 1909. Da spricht Conrad von den »großserbischen Aspirationen«, und Moltke antwortet im gleichen Sinne, Serbien treibe es »zum Verzweiflungskriege mit Österreich«. Moltke geht in seinem Schreiben davon aus, Rußland aus Gründen panslawischer Solidarität gegen Österreich das Schwert ziehen und damit für Deutschland im Sinne des Vertrages von 1879 der Bündnisfall eintreten würde.

Er folgert weiter, daß dann auch Frankreich nicht stillhalten werde, und fügt einsichtig hinzu, daß »zwei mobile Heere (das heißt: mobilisierte Heere), wie das deutsche und das französische, nicht ohne Waffengang nebeneinander stehen können«. So wäre der allgemeine Krieg dann die zwingende Folge? Ganz recht; denn das heutige Europa sei von Bündnissystemen so durchfilzt, daß wohl kaum ein Land den Krieg erklären könne, »ohne daß damit dem gesamten Kontinent die Verpflichtung entsteht, einer über den anderen herzufallen«.

Doch schaudert ihn vor diesem Ausblick so, daß er wieder einen Schritt zurückgeht, in die Selbsttäuschung hinein: »Die hier angedeuteten Verhältnisse sind der gesamten europäischen Diplomatie bekannt genug, und darin liegt vielleicht die Gewähr, daß keiner der Großstaaten wegen der serbischen Ambitionen die Kriegsfackel entzünden wird, die das Dach Gesamteuropas in Brand setzen kann.«

Und doch ist es so gekommen. Als die Schüsse von Sarajewo – die Ermordung des österreichischen Thronfolgerpaares – am 28. Juni 1914 durch das urlaubsgestimmte Europa peitschten, da haben eben jene durchfilzten Bündnissysteme und der militärische Fahrplan-Druck ihre eigene Schwerkraft entwickelt. Die Julikrise wurde zur Folge von Zugzwängen wie in einer Schachpartie. Man spielte die »Wiener Eröffnung« mit russischer Variante.

Eigentlich kriegslüstern, auf großen Waffengang bedacht, war keine europäische Regierung, aber alle nahmen den Krieg in Kauf, wie die neue gründliche Durchforstung des riesigen Materials in jahrzehntelangem Forscherstreit ergeben hat. Erinnerlich ist, wie Fritz Fischer, Ordinarius in Hamburg, Anfang der sechziger Jahre mit der provozierenden These aufgetreten ist, Deutschland habe den Ersten Weltkrieg planmäßig vorbereitet und herbeigeführt. Die herausgeforderte Zunft diskutierte die mit Quellen untermauerte Behauptung mit Leidenschaft. Obwohl Fischer von seiner Ausgangsposition nicht abrückte, sie eher noch zuspitzte, läßt sich nach knapp zwei Jahrzehnten beim Bemühen um Objektivität nicht einsehen, daß er recht habe. Zu isoliert stehen die ausgewählten Dokumente da, die den »Griff nach der Weltmacht« bestätigen sollen; zu gewichtig spricht anderes dagegen. Der

»Der kochende Kessel« – Karikatur aus »Punch« von 1908. Weit verbreitet war die Befürchtung, aus den Balkan-Problemen könnte ein europäischer Krieg entstehen.

streitbare Professor hat, wie man es dreht und wendet, die herkömmliche Sicht nicht umgewertet; wohl aber hat er sie geschärft und uns sensibler für Deutschlands *Mit*schuld am Kriege gemacht. Vor allem das Agieren der deutschen Verantwortlichen in der Julikrise geriet im Licht der neuen Forschungen in ungünstige Beleuchtung; der Ausdruck »leichtfertig« ist noch milde.

Wenn ein Vater seinem Sprößling eine Schachtel Streichhölzer gibt und hinzufügt: Mach damit, was du willst, wir sind versichert – dann gleicht dieses groteske Verhalten ungefähr dem deutschen Vorgehen nach Sarajewo. Da erteilte die Reichsregierung der Wiener Politik nämlich eine Blankovollmacht, wie man sie sich an der Donau nicht großzügiger vorstellen konnte. Telegraphierte doch der österreichische Botschafter in Berlin, Szögyény, am 6. Juli nach Wien, die deutsche Regierung stehe auf dem Standpunkt, »daß wir beurteilen müßten, was zu geschehen hätte ..., wir könnten hierbei, wie auch immer unsere Entscheidung ausfallen möge, mit Sicherheit darauf rechnen, daß Deutschland als Bundesgenosse und Freund der Monarchie hinter ihr stehe«. Berlin hatte ihm sogar noch nahegelegt, Stärke zu zeigen: Ein sofortiges Einschreiten gegen Serbien sei die radikalste und beste Lösung.

Der wilhelminische Kraftprotz schleppt seine kränkelnden Verbündeten mit: Österreich-Ungarn und die Türkei – französische Karikatur von 1914.

Bei solcher Ermunterung hätte die Wiener Diplomatie schon fast Übermenschliches an moralischer Disziplin leisten müssen, um zurückhaltend zu bleiben. Davon war sie trotz ihrer militärisch ganz unzulänglichen Armee – was Deutschland wußte! – weit entfernt. Es ging dort nicht weniger menschlich, allzumenschlich zu als in sämtlichen anderen europäischen Kabinetten: die »Falken« überwogen. Wie gesagt: Sie stellten sich nicht vor, was aus alledem werden könnte und werden würde, sie waren auch zuallermeist nicht böswillig, waren keine Feuerfresser, aber viel leichter als heute im katastrophengereiften Europa gingen sie mit dem Risikogedanken um und lebten in einem Klima eines prestigebedachten und verletzlichen Nationalismus. Die Hemmschwelle, den Krieg zu wagen, lag niedriger.

In Deutschland trat ein Gedanke dazu, der im Grunde der einzige erklärliche ist für das Vabanquespiel im Süden: die Angst, der gegnerischen Koalition in absehbarer Zeit nicht mehr gewachsen zu sein. Während Deutschland nominell 13 Millionen Waffenfähige aufbieten konnte und Österreich-Ungarn 9 Millionen, sahen die Vergleichszahlen bei der Triple-Entente so aus: Rußland: 15 Millionen, Frankreich (mit Kolonien): 8,2 und das Britische Weltreich: 8,3 Millionen. Das bedeutete auf der Gegenseite eine um ein Drittel höhere Zahlenstärke selbst dann, wenn man das österreichische Heer als gleichwertig einsetzen konnte (was jedem Sachkenner unmöglich erschien).

In dem Sinne hat Moltke bereits im Dezember 1912 in einem »Kriegsrat« beim Kaiser geäußert: »Ich halte einen Krieg für unvermeidlich und: je eher, desto besser« Und: »... die Armee käme in immer ungünstigere Lage, denn die Gegner rüsten stärker als wir, die wir mit dem Gelde sehr gebunden sind.« Aus der gleichen Einstellung trat er im Frühjahr 1914 für einen Präventivkrieg ein, »um den Gegner zu schlagen, solange wir den Kampf noch einigermaßen bestehen können«.

Aus solcher Unterlegenheitsangst dürfte der aggressive Kurs der Reichsregierung in der Julikrise zu begreifen sein; eine andere plausible Erklärung bliebe nicht, außer der, die leitenden Männer seien von allen guten Geistern verlassen gewesen, und solche kollektive Verirrung ist wohl doch nicht anzunehmen.

Aber die Einsicht stellt nicht zufrieden. Selbst wenn man mutmaßen darf, die Sarajewo-Krise sei zur Herbeiführung des zwar nicht gewollten, aber als unausweichlich angesehenen Krieges ausgenutzt worden, so bleibt doch die Frage, warum Deutschland sich nicht von dem wahrscheinlichsten Krisenherd frühzeitig abgekoppelt hat. Wo steht in dem von Bismarck geschlossenen Zweibund von 1879 geschrieben, daß Deutschland zur Nibelungentreue verpflichtet sei? Wie Italien sich nicht gegen England engagieren wollte, so hätte sich auch im Verhältnis Berlin-Wien in der spannungsreicher gewordenen Nach-Bismarck-Epoche verankern lassen, daß Deutschland sich nicht auf dem Balkan für österreichische Interessen einsetzen werde (zumal Österreich seinerseits dort expansive Politik trieb und nicht nur Serbien).

Wenn wir vollends berücksichtigen, daß der Name Serbien lange vor 1914 gleichbedeutend mit einem europäischen Schwelbrand war und führende Männer wie Moltke und Conrad für den Fall der Fälle nicht am Eingreifen Rußlands zweifelten – dann ist kaum verständlich, daß Deutschland sich so eindeutig an die Kette der Bündnispflicht legen ließ. In einer im nachhinein geradezu beklemmenden Weise hing dadurch schon viele Jahre vor 1914 das Damoklesschwert des großen Krieges über dem sorglosen Zeitalter; ein Wunder, daß es nicht eher herabgefallen ist.

Aber nun fiel es herab, klirrend, aufschreckend, ernüchternd. In hilflosem Rotieren diplomatischer Apparate sollte der Krise noch Einhalt geboten werden; es war zu spät. Mit der österreichischen Kriegserklärung an Serbien am 28. Juli – wer konnte sie den Wienern noch verdenken? – geriet das Krisenkarussell in irrwitzige Umdrehungen, bis Mars, des Getues müde, abwinkte und sich achselzuckend an die Fronten begab. Hellsichtig sagte der britische Außenminister Sir Edward Grey: »In diesem Augenblick gehen in ganz Europa die Lichter aus; wir alle werden sie in unserem Leben nie wieder leuchten sehen.« Am 1. August 1914 begann das 20. Jahrhundert, das Jahrhundert der großen Kriege, Revolutionen, der dauerhaften und unaufhörlichen Weltunruhe, deren Ende nicht abzusehen ist.

»Die beleidigte Unschuld« – Karikatur aus »Punch«. Die Verletzung der belgischen Neutralität im August 1914 brachte England endgültig auf die Seite von Deutschlands Gegnern.

Sarajewo

Die »Schwarze Hand« hatte einen langen Arm, und der reichte weit, bis nach Chicago beispielsweise, wo es eine Kolonie von serbischen Auswanderern gab. Die Terroristenorganisation »Schwarze Hand« putschte die Serben daheim und im Ausland auf.
Im Dezember 1913 hieß es in einer in Chicago erscheinenden serbischen Zeitung »Der österreichische Thronfolger hat für das Frühjahr seinen Besuch in Sarajewo angesagt. Jeder Serbe möge sich das merken. Wenn der Thronfolger nach Bosnien will, bestreiten wir die Kosten ... Serben, ergreift alles, was Ihr könnt, Messer, Gewehre, Bomben und Dynamit. Nehmt heilige Rache! Tod der Habsburger Dynastie!«
Für die Mitteleuropäer galt der Balkan seit langem als ein Pulverfaß. Die dort herrschenden Wirren und Intrigen, die Metzeleien untereinander, die Palastrevolutionen und die immer wieder aufflammenden Kämpfe blieben freilich den meisten Leuten unverständlich. Andererseits – der Balkan lag weitab, und der Gedanke schien unvorstellbar, daß Europa und die übrige Welt einmal durch die dortigen Streitigkeiten ins Unheil gestürzt werden könnte.
Die Europäer hatten es mehr am Rande registriert, daß Bosnien mit seiner Hauptstadt Sarajewo im Jahr 1908 von Österreich-Ungarn annektiert worden war. Unbekannt blieb die zähe, geduldige Arbeit im Untergrund, die ein abenteuerlicher Mann verrichtete: Oberst Dragutin Dimitrijević, der Chef des geheimen Nachrichtendienstes der serbischen Streitkräfte. Er war wohlbewandert in allen verschwörerischen Feinheiten, und Zimperlichkeit lag ihm fern. Er gehörte zu den Urhebern der serbischen Palastrevolution des Jahres 1903, bei der das serbische Königspaar den Tod fand. Dimitrijević war einer der Königsmörder.
Insgeheim war er unter dem Decknamen »Apis« – Biene – der Führer der »Schwarzen Hand«, die den nächsten Fürstenmord bereits beschlossen hatte: Erzherzog Franz Ferdinand – Neffe des Kaisers von Österreich und Königs von Ungarn Franz Joseph und dessen Thronfolger – sollte sterben, wenn er im Sommer 1914 nach Bosnien kam, um die dort ablaufenden österreichischen Manöver zu beobachten.
Der Terroristenbund »Schwarze Hand« war von den Ideen des russischen Anarchisten Michail Bakunin stark beeinflußt, der »eine unsichtbare, anonyme, allgegenwärtige Armee« für den Kampf gegen jegliche Herrschaftsform propagiert hatte. Gleichzeitig aber wurde die »Schwarze Hand« von der Regierung des russischen Zaren gefördert, wie alle Gruppierungen des »Panslawismus«, die das Zusammengehen aller slawischen Völker forderten. Rußland verlangte die Schirmherrschaft über die Slawen, und das aus recht imperialistischen Gründen: Sie hätte dem Zaren die Macht über nahezu den gesamten Balkan eingebracht, vielleicht sogar den ersehnten Zugang zum Mittelmeer, die Herrschaft über Konstantinopel und damit über die Dardanellen, die der russischen Flotte die Ausfahrt aus dem Schwarzen Meer ins Mittelmeer versperrten.
»Apis« und seine »Schwarze Hand« aber waren serbische Nationalisten, die etwas ganz anderes erträumten: ein großserbisches, den Balkan beherrschendes Reich. Aus diesem Grund unterstützte auch die serbische Regierung die »Schwarze Hand« – was 1914 nur vermutet werden konnte, inzwischen jedoch bewiesen ist.
Eine Person jedoch konnte das Entstehen des angestrebten Groß-Serbiens verhindern: Der österreichische Erzherzog und Thronfolger Franz Ferdinand. Er war entschlossen, nach seiner Thronbesteigung eine sinnvol-

Die kriegerische Frauenfigur vom Arc de Triomphe in Paris ruft die Jugend zu den Waffen. Sie zeigt, in welch altertümlichen Vorstellungen der nationale Überschwang befangen war, den die Kriegserklärungen 1914 auslösten. Siegesgöttin, Adlerflügel und Schwert wurden in Wort und Bild noch fleißig bemüht, während die Kriege bereits mit den neuesten Errungenschaften von Technik und Wissenschaft geführt wurden.

le Neuordnung des österreichisch-ungarischen Raumes durchzuführen. Dabei sollten die beiden südslawischen Provinzen Bosnien und Herzegowina einen autonomen Staat bilden. Die dort lebenden Serben hätten genügend Selbstständigkeit und Rechte erlangt, und ihre nationalistischen Bestrebungen wären möglicherweise gedämpft worden. Deshalb vor allem sollte Franz Ferdinand beseitigt werden.

Bereits im Jahre 1913 hatte das Evidenzbüro, der Geheimdienst der kaiserlichen und königlichen (k. u. k.) österreichisch-ungarischen Armee, beunruhigende Nachrichten über Aufrüstung und Probemobilmachungen in Rußland und einigen Balkanländern erhalten.

Am 6. Mai 1914 meldete die Hauptkundschaftsstelle Temesvár des Evidenzbüros, daß Serbien – offenbar im Einverständnis mit Rußland – die feste Absicht habe, beim Tod des greisen Kaisers Franz Joseph in Bosnien und in die Herzegowina einzufallen, Rußland und Deutschland darin zu verwickeln und, wie es in der Meldung hieß: »Serbien soll daher den Anstoß zu einem ganz Europa mit sich reißenden Kriege geben.«

Gefährlicher noch: Der »Dreibund« – die militärische Allianz zwischen Österreich-Ungarn, Deutschland und Italien – schien nicht nur zu zerbrechen, sondern in die Feindschaft Italiens gegen die beiden Vertragspartner umzuschlagen. Das Evidenzbüro stellte fest, daß Italien, das 1903 an der österreichisch-ungarischen Grenze vom Stilfser Joch bis zur Adria nur 55 Forts und andere Festungswerke besessen hatte, im Jahre 1913 über 158 verfügte und außerdem noch über 145 betonierte Geschützstellungen. Dazu waren in großem Umfang strategische Eisenbahnlinien gebaut worden.

Am 4. Juni 1914 sprach Erzherzog Franz Ferdinand mit Kaiser Franz Joseph über seine geplante Reise zu den Manövern in Bosnien und erwähnte, daß er unbehagliche Gefühle verspüre. Der Kaiser überließ seinem Thronfolger die Entscheidung: »Tue nach deinem Belieben.«

Tags darauf ließ der serbische Gesandte in Wien, Jovan Jovanović, dem österreichischen Finanzminister eine vage Warnung zugehen: Es wäre wohl gut, die Manöver in Bosnien abzublasen.

Der Thronfolger Franz Ferdinand und seine Gemahlin Sophie reisten am 24. Juni nach Bosnien ab. Kurz zuvor hatte Franz Ferdinand einem Freund gesagt: »Unter einen Glassturz lasse ich mich nicht stellen. In Lebensgefahr sind wir immer. Man muß nur auf Gott vertrauen.«

Der Chef der Kundschaftsgruppe des Evidenzbüros, Major im Generalstab Max Ronge, hatte zur Sicherung des Thronfolgerpaares den Einsatz des »defensiven Kundschaftsdienstes« beantragt. Es handelte sich um einen Begleitschutz und um vorbeugende Sicherungsmaßnahmen in Zusammenarbeit mit Polizei-Detektiven

OBEN: Erzherzog Franz Ferdinand und seine Gattin verlassen am Morgen des 28. Juni 1914 ihren Zug, um Sarajewo zu besichtigen – wenige Stunden vor dem Attentat.

RECHTS: Der Attentäter, dessen Schüsse zwei Menschenleben und eine Ära auslöschten: der serbische Student Gavrilo Princip, zur Tatzeit 18 Jahre alt, was ein Todesurteil gegen ihn ausschloß. Er starb 1918 im Gefängnis an Tuberkulose.

und örtlichen Polizeiorganen. Überraschenderweise lehnte der Erzherzog diesen Antrag ab.

Von der Existenz der »Schwarzen Hand« war dem Evidenzbüro nichts bekannt, obwohl sich bereits in den Jahren zuvor in Bosnien eine Reihe von Terrorakten ereignet hatten. Dennoch verlief die Reise des Thronfolgerpaares zunächst weit besser als befürchtet: Die Erzherzogin Sophie besuchte Waisenhäuser, Schulen und Kirchen. Der Erzherzog nahm in seiner Eigenschaft als Generalinspekteur der gesamten k. u. k. Streitkräfte an den Manövern teil. Zwischenfälle gab es nicht.

Die Reise ging ihrem Ende zu. Nach einem Abschiedsbankett in Ilidže am 27. Juni sagte Sophie zu ihrem Tischherren: »Nun, lieber Doktor Sunarić, Sie haben doch unrecht behalten. Überall, wohin wir kamen, sind wir mit großer Herzlichkeit begrüßt worden.«

Die Abreise war für den 28. Juni 1914 geplant. Das Pro-

gramm sah vor: Einen Empfang beim Bürgermeister von Sarajewo, dann ein Festessen und schließlich die Rückfahrt mit der Bahn nach Wien.
Die ohnedies unzureichenden Sicherheitsmaßnahmen waren an diesem Tag noch dürftiger geworden: Einige Polizisten standen entlang der vorgesehenen Fahrtstrekke, und die Kriminalpolizei hatte einige amtsbekannte notorische Ruhestörer in Schutzhaft genommen.
Die Fahrt zum Rathaus begann um 10 Uhr: Eine Kolonne von Automobilen rollte langsam durch die Straßen. Da warf am Appelkai aus der Zuschauermenge heraus ein Angehöriger der »Schwarzen Hand« eine Bombe auf den Wagen des Thronfolgers. Sie fiel auf das zurückgeklappte Verdeck, das den Sprengkörper zurück auf die Straße federte. Dort detonierte er, und Splitter verwundeten den im nachfolgenden Wagen sitzenden Adjutanten des Gouverneurs von Bosnien sowie einige Passanten. Der Erzherzog ließ anhalten, um nach den Verletzten zu sehen – eine einzigartige Gelegenheit für

die Attentäter. Aber die waren nach dem mißglückten Bombenwurf geflohen.
Im Rathaus angekommen, schrie der Erzherzog zornig: »Herr Bürgermeister, da kommt man zu Besuch hierher und wird mit Bomben empfangen!«
Allerdings beruhigte er sich bald, nachdem ihm gemeldet worden war, daß der Attentäter inhaftiert sei. Es handelte sich um einen Jugendlichen namens Gabrinović, von Beruf Schriftsetzer.
Peinlich wirkte die auswendig gelernte Rede des Bürgermeisters, der keine Zeit mehr gefunden hatte, seine Worte dem Attentatsversuch auf seinen hohen Besucher anzupassen: Alle Bürger Sarajewos seien überglücklich und begrüßten voller Begeisterung den ehrenvollen Besuch der Hoheiten.
Franz Ferdinand empfahl seiner Frau, die Stadt unter dem Schutz von Offizieren sofort zu verlassen. Doch Sophie erklärte mit Entschiedenheit: »Nein, Franz, ich bleibe bei dir!«
Es wurde empfohlen, das Programm abzusagen. Aber dem widersprach der Feldzeugmeister Oskar Potiorek, Gouverneur des Landes Bosnien: »Glauben Sie, Sarajewo steckt voller Mörder?«
So wurde lediglich eine Änderung des Programms und der vorgesehenen Fahrtroute beschlossen. Man informierte das Gefolge und die Honoratioren. Nur einer wurde vergessen, der Fahrer des erzherzoglichen Wagens. So kam es zu einer Anhäufung von Zufällen, die den Lauf der Weltgeschichte so verhängnisvoll beeinflussen sollten ...
Die Autokolonne setzte sich wieder in Bewegung, um – wie die Programmänderung es vorsah – zunächst ins Krankenhaus zu fahren, zum Besuch des verletzten Adjutanten. Danach war eine kurze Besichtigung des Nationalmuseums geplant und anschließend ein festliches Mittagessen.
Doch der Chauffeur lenkte den Wagen des erzherzoglichen Paares nicht, wie es die Änderung verlangt hätte, den Appelkai entlang, sondern bog – der ursprünglichen Route folgend – nach rechts in die Franz-Joseph-Straße ab. Der das Paar begleitende Feldzeugmeister Potiorek befahl dem Fahrer, sofort anzuhalten und zu wenden. Das Automobil kam zum Stehen, direkt vor einem jungen Mann: der »Schwarze-Hand«-Terrorist Gavrilo Princip, der nach dem gescheiterten ersten Attentat ziellos durch die Stadt geirrt war. Jetzt hatte der Zufall ihm die Beute zugeführt – unbeweglich in einem haltenden Auto sitzend. Princip hatte Zeit, die Pistole zu ziehen und auf das Thronfolgerpaar zu schießen, bevor sich Passanten und Polizisten auf ihn warfen.
Franz Ferdinand in seiner ordengeschmückten Uniform und mit dem wehenden Busch grüner Federn auf seinem Generalshut saß einige Augenblicke lang ebenso unbeweglich wie Sophie in ihrem weißen Kleid und dem

großen modischen Federhut. Als der erschreckte Fahrer kräftig Gas gab und der Wagen anruckte, schoß ein Schwall von Blut aus dem Mund des Thronfolgers. Sophie schrie voller Entsetzen: »Jesus, mein Franzi, was ist mit dir?« Doch gleichzeitig sank sie über den Knien ihres Mannes zusammen.
Behindert durch das Blut formte Franz Ferdinand mühsam die Worte: »Sopherl, nicht sterben! Du mußt leben für die Kinder!«
Der Adjutant versuchte den Erzherzog auf dem Rücksitz aufzurichten. Der Generalshut rollte zu Boden. Der Erzherzog brach über dem zusammengesunkenen Körper seiner Frau zusammen. Er murmelte noch einen letzten Satz: »Es ist nichts«. Tot war auch Sophie. Ein Pistolengeschoß hatte ihr die Bauchdecke zerrissen.
Die Nachricht vom Thronfolgermord in Sarajewo jagte durch die Telegrafenlinien der Welt und schockierte die Europäer. Sie kannten die über den Kontinent verknüpften Bündnissysteme und kamen ohne langes Nachdenken zu dem einen Gedanken, der spontan überall ausgesprochen wurde: »Das bedeutet Krieg!«
Kaiser Franz Joseph nahm die Nachricht von der Ermordung seines Thronfolgers nach einem ersten Erschrecken äußerlich gelassen auf. Als ihm ein Augenzeuge die exakte Schilderung des Tatablaufs gegeben hatte, fragte er mit leiser Stimme: »Und wie hat der Erzherzog sich gehalten?« – »Wie ein Soldat Eurer Majestät.« Der Kaiser: »Das war von Seiner Kaiserlichen Hoheit auch nicht anders zu erwarten.« Er ließ eine Pause eintreten und fragte dann in seiner kühlen Art: »Und wie waren die Manöver?«
Auf den Straßen Wiens herrschten Empörung und Haß gegen die Serben. Des Volkes Stimme verlangte Rache. Hohe Generale der k. u. k. Armee forderten ein sofortiges und rücksichtsloses Vorgehen gegen Serbien. Auch der Außenminister sprach sich für eine militärische Aktion aus, wünschte aber zunächst die Ergebnisse der polizeilichen Untersuchung über den Mord zu sehen. Graf Tisza, der ungarische Ministerpräsident, warnte dagegen entschieden vor allen Maßnahmen, die einen Krieg heraufbeschwören könnten. Auch Kaiser Franz Joseph beurteilte die Sachlage ohne Zorn und sehr bedächtig.
Ohne den Rückhalt durch Deutschland – darüber war man sich in Wien einig – war es allerdings lebensgefährlich, Serbien anzugreifen und damit Rußland herauszufordern. Deshalb entsandte Österreichs Außenminister

Das Attentat von Sarajewo, wie es den Zeitgenossen dargestellt wurde: Eine Zeichnung in der Sonderausgabe der Leipziger »Illustrirten Zeitung« vom 2. Juli 1914.

Nachdem am Mittag des 31. Juli die russische Gesamtmobilmachung gemeldet worden war, verkündete die Reichsregierung den »Zustand drohender Kriegsgefahr«, und Kaiser Wilhelm sprach nachmittags vom Balkon des Berliner Schlosses zur Menge: »Man drückt uns das Schwert in die Hand«.

Graf Berchtold einen Bevollmächtigten nach Berlin, um sich der Hilfsbereitschaft des Deutschen Reiches zu vergewissern. Er wurde gut bedient: Sowohl Kaiser Wilhelm II. als auch der Reichskanzler v. Bethmann Hollweg ermutigten Wien zu einer entschlossenen militärischen Aktion gegen Serbien und sicherten ihren Rückhalt zu. Sie stellten – vor allem wohl aus Furcht vor der immer bedrohlicher anwachsenden Rüstung Rußlands – gewissermaßen einen »Blankoscheck« aus. Dieser Ausdruck ging in die Geschichte ein.

Am 6. Juli kehrte der Abgesandte des k. u. k. Außenministeriums nach Wien zurück – zufrieden mit seiner Mission, freilich ohne eine Absprache über die nächsten diplomatischen Schritte.

In Wien ging man mit bemerkenswerter Umständlichkeit daran, ein Ultimatum an die serbische Regierung zu formulieren. Man wollte Zeit gewinnen, denn zu einer sofortigen militärischen Aktion gegen Serbien wäre Österreich-Ungarn mit seinem äußerst schwerfälligen Armee-Apparat gar nicht in der Lage.

Der österreichische Kriegsminister und der Generalstabschef gingen in die Sommerfrische. Im k. u. k. Evidenzbüro begann sogar ein Abbau des Kundschaftsapparates. Meldungen aus Belgrad besagten, daß man auch in Serbien nicht an den Ernst der Lage glaube.

Am 20. Juli traf ein Agentenbericht über die Einberufung von Reservisten bei den russischen Grenzkorps und von Konzentrierungen einiger Kavalleriekorps ein.

Am 23. Juli abends wurde das österreichische Ultimatum in Belgrad der serbischen Regierung überreicht – fast einen Monat nach Sarajewo. Das Ultimatum verlangte eine Bestrafung aller am Attentat beteiligten Personen und das Unterlassen jeglicher gegen Österreich gerichteten Umtriebe.

Serbien antwortete am 25. Juli ausweichend, wies auf das Völkerrecht und die eigene Verfassung hin, wonach eine Beschränkung der serbischen Souveränität nicht zulässig sei. Gleichzeitig ordnete die serbische Regierung die Mobilmachung an.

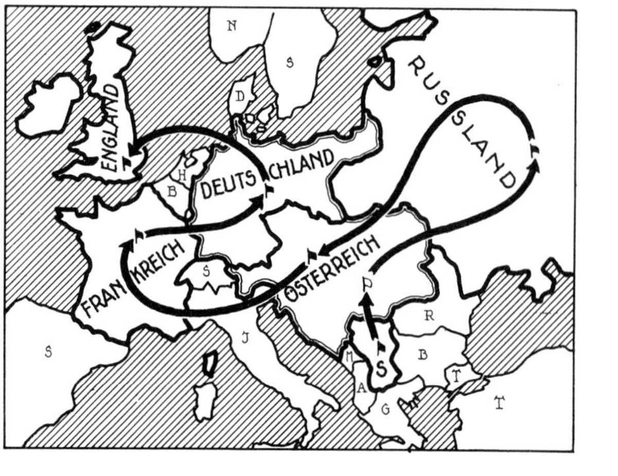

RECHTS UNTEN: Das Lauffeuer der Kriegserklärungen zwischen dem 28. Juli (Österreich an Serbien) und dem 4. August 1914 (England an Deutschland).

FOLGENDE SEITEN: Die Ausschnitte aus dem Nachkriegs-Sammelwerk »Der Weltkrieg im Bild« dokumentieren hohe Politiker und Militärs aus Österreich-Ungarn sowie den Aufruf Kaiser Franz Josephs »An Meine Völker!«

Die Automatik der Bündnisverpflichtungen, Aktionen und Reaktionen, begann anzulaufen: Österreich sah die serbische Antwort als eine Ablehnung seines Ultimatums an, brach die diplomatischen Beziehungen zu Serbien ab, löste eine Teilmobilmachung aus und erklärte am 28. Juli Serbien den Krieg.

Am 29. Juli begann in Rußland eine gegen Österreich gerichtete Teilmobilmachung, der am 30. die allgemeine Mobilmachung folgte – obwohl gegen das Zarenreich kein militärischer Druck ausgeübt worden war. Am 31. Juli zog Österreich nach und erklärte die vollständige Mobilmachung.

Am 1. August gegen 17 Uhr – fast gleichzeitig mit Frankreich – verkündete das Deutsche Reich die Mobilmachung aller Streitkräfte. Der Erste Weltkrieg begann.

Der Weltkrieg im Bild

Sammelbeilage zur Bayerischen Krieger=Zeitung

Offizielles Organ des Bayerischen Kriegerbundes

C. J. Berger * Berger=Verlag * München 2 u. Pasing

Nr. 11 * * Mai 1925

Sämtliche Bilder sind aus Bruckmanns großem Bilderatlas des Weltkrieges entnommen.

Den braven österreichischen Truppen!

Erste Spezialnummer Österreich=Ungarn im Weltkriege

Graf Berchtold, österr. Minister des Äußern (Phot. Berl. Ill.-Ges.)

Kriegsminister von Krobatin (Phot. Schöfer)

Conrad von Hötzendorff, Generalstabschef (Phot. Schöfer)

General der Kavallerie Viktor Dankl (Phot. Schöfer)

Seine kaiserliche und königlich Apostolische Majestät haben das nachstehende Allerhöchste Handschreiben und Manifest Allergnädigst zu erlassen geruht:

Lieber Graf Stürgkh!

Ich habe Mich bestimmt gefunden, den Minister Meines Hauses und des Äußern zu beauftragen, der königlich serbischen Regierung den Eintritt des Kriegszustandes zwischen der Monarchie und Serbien zu notifizieren.

In dieser schicksalsschweren Stunde ist es Mir Bedürfnis, Mich an Meine geliebten Völker zu wenden. Ich beauftrage Sie daher, das anverwahrte Manifest zur allgemeinen Verlautbarung zu bringen.

Bad Ischl, am 28. Juli 1914.

Franz Joseph m. p.

Stürgkh m. p.

An Meine Völker!

Es war Mein sehnlichster Wunsch, die Jahre, die Mir durch Gottes Gnade noch beschieden sind, Werken des Friedens zu weihen und Meine Völker vor den schweren Opfern und Lasten des Krieges zu bewahren.

Im Rate der Vorsehung ward es anders beschlossen.

Die Umtriebe eines haßerfüllten Gegners zwingen Mich, zur Wahrung der Ehre Meiner Monarchie, zum Schutze ihres Ansehens und ihrer Machtstellung, zur Sicherung ihres Besitzstandes nach langen Jahren des Friedens zum Schwerte zu greifen.

Mit rasch vergessendem Undank hat das Königreich Serbien, das von den ersten Anfängen seiner staatlichen Selbständigkeit bis in die neueste Zeit von Meinen Vorfahren und Mir gestützt und gefördert worden war, schon vor Jahren den Weg offener Feindseligkeit gegen Österreich-Ungarn betreten.

Als Ich nach drei Jahrzehnten segensvoller Friedensarbeit in Bosnien und der Hercegovina Meine Herrscherrechte auf diese Länder erstreckte, hat diese Meine Verfügung im Königreiche Serbien, dessen Rechte in keiner Weise verletzt wurden, Ausbrüche zügelloser Leidenschaft und erbittertsten Hasses hervorgerufen. Meine Regierung hat damals von dem schönen Vorrechte des Stärkeren Gebrauch gemacht und in äußerster Nachsicht und Milde von Serbien nur die Herabsetzung seines Heeres auf den Friedensstand und das Versprechen verlangt, in Hinkunft die Bahn des Friedens und der Freundschaft zu gehen.

Von demselben Geiste der Mäßigung geleitet, hat sich Meine Regierung, als Serbien vor zwei Jahren im Kampfe mit dem türkischen Reiche begriffen war, auf die Wahrung der wichtigsten Lebensbedingungen der Monarchie beschränkt. Dieser Haltung hatte Serbien in erster Linie die Erreichung des Kriegszweckes zu verdanken.

Die Hoffnung, daß das serbische Königreich die Langmut und Friedensliebe Meiner Regierung würdigen und sein Wort einlösen werde, hat sich nicht erfüllt.

Immer höher lodert der Haß gegen Mich und Mein Haus empor, immer unverhüllter tritt das Streben zutage, untrennbare Gebiete Österreich-Ungarns gewaltsam loszureißen.

Ein verbrecherisches Treiben greift über die Grenze, um im Südosten der Monarchie die Grundlagen staatlicher Ordnung zu untergraben, das Volk, dem Ich in landesväterlicher Liebe Meine volle Fürsorge zuwende, in seiner Treue zum Herrscherhaus und zum Vaterlande wankend zu machen, die heranwachsende Jugend irrezuleiten und zu frevelhaften Taten des Wahnwitzes und des Hochverrates aufzureizen. Eine Reihe von Mordanschlägen, eine planmäßig vorbereitete und durchgeführte Verschwörung, deren furchtbares Gelingen Mich und Meine treuen Völker ins Herz getroffen hat, bildet die weithin sichtbare blutige Spur jener geheimen Machenschaften, die von Serbien aus ins Werk gesetzt und geleitet wurden.

Diesem unerträglichen Treiben muß Einhalt geboten, den unaufhörlichen Herausforderungen Serbiens ein Ende bereitet werden, soll die Ehre und Würde Meiner Monarchie unverletzt erhalten und ihre staatliche, wirtschaftliche und militärische Entwicklung vor beständigen Erschütterungen bewahrt bleiben.

Vergebens hat Meine Regierung noch einen letzten Versuch unternommen, dieses Ziel mit friedlichen Mitteln zu erreichen, Serbien durch eine ernste Mahnung zur Umkehr zu bewegen.

Serbien hat die maßvollen und gerechten Forderungen Meiner Regierung zurückgewiesen und es abgelehnt, jenen Pflichten nachzukommen, deren Erfüllung im Leben der Völker und Staaten die natürliche und notwendige Grundlage des Friedens bildet.

So muß Ich denn daran schreiten, mit Waffengewalt die unerläßlichen Bürgschaften zu schaffen, die Meinen Staaten die Ruhe im Innern und den dauernden Frieden nach außen sichern sollen.

In dieser ernsten Stunde bin Ich Mir der ganzen Tragweite Meines Entschlusses und Meiner Verantwortung vor dem Allmächtigen voll bewußt.

Ich habe alles geprüft und erwogen.

Mit ruhigem Gewissen betrete Ich den Weg, den die Pflicht Mir weist.

Ich vertraue auf Meine Völker, die sich in allen Stürmen stets in Einigkeit und Treue um Meinen Thron geschart haben und für die Ehre, Größe und Macht des Vaterlandes zu schwersten Opfern immer bereit waren.

Ich vertraue auf Österreich-Ungarns tapfere und von hingebungsvoller Begeisterung erfüllte Wehrmacht.

Und Ich vertraue auf den Allmächtigen, daß Er Meinen Waffen den Sieg verleihen werde.

Franz Joseph m. p.

Stürgkh m. p.

Dies wird hiemit zur allgemeinen Kenntnis gebracht.

Wien, am 28. Juli 1914.

Der k. k. Statthalter im Erzherzogtume Österreich unter der Enns:

Bienerth m. p.

Mobilmachung und Vormarsch im Westen

Am Nachmittag des 31. Juli 1914 erwarteten dichtgedrängte Menschenmassen Unter den Linden in Berlin den von Potsdam kommenden Kaiser Wilhelm II. Gegen 15 Uhr rollten die gelben kaiserlichen Automobile die Charlottenburger Chaussee entlang. Im ersten Wagen, das ernste Gesicht vom blitzenden, adlergeschmückten Helm der Garde du Corps überschattet, der Kaiser, neben ihm die Kaiserin. Im zweiten Wagen der Kronprinz in Husarenuniform, das Antlitz von der Autobrille verdeckt. Zwischen ihm und der Kronprinzessin der künftige Thronfolger. Dann die Prinzen August Wilhelm, Adalbert und der Kommandierende General des Gardekorps Freiherr v. Plettenberg. Unter brausenden Hurrarufen bahnten sich die Wagen den Weg durch die Massen. Kurz vor 15 Uhr traf der Kaiser im Schloß ein, und sofort flatterte die Kaiserstandarte hoch. Unverrückbar standen Hunderttausende vor dem Schloß und sangen die Nationalhymne. Ein vieltausendstimmiger Hurraschrei brandete auf, als sich die auf die Balustrade führenden Fenstertüren öffneten und der Kaiser – mit unbeweglichem Gesicht –, die Kaiserin und Prinz Adalbert heraustraten. Mit einer Armbewegung forderte Wilhelm II. Ruhe, und schnell lag atemlose Stille über der Menge.

Der Kaiser sprach klar und scharf: »Eine schwere Stunde ist heute über Deutschland hereingebrochen. Neider überall zwingen uns zu gerechter Verteidigung. Man drückt uns das Schwert in die Hand ... Jetzt geht in die Kirche, kniet nieder vor Gott und bittet ihn um Hilfe für unser braves Heer!«

Am späten Nachmittag des 31. Juli ließ Kaiser Wilhelm der auf der Straße Unter den Linden wartenden Menge die Mobilmachungsorder für die deutschen Streitkräfte verlesen. Im Schloß herrschte derweil »glänzende Stimmung«, wie Augenzeugen berichten: Die am Vortag erfolgte russische Mobilmachung garantierte, daß die deutsche Sozialdemokratie, Zarenfeind seit je, »mitmachen« würde.

Die patriotische Erregung hielt Berlin in Atem. Auf Extrablättern konnte es jeder lesen, der es nicht schon wußte: »Zustand drohender Kriegsgefahr verkündet!« Auf den Straßen wogten Menschenmassen, und spontan sangen einige, dann Tausende: »Es braust ein Ruf wie Donnerhall, wie Schwertgeklirr und Wogenprall: Zum Rhein, zum Rhein, zum deutschen Rhein! Wer will des Stromes Hüter sein!« Schließlich sangen die Massen: »Lieb Vaterland magst ruhig sein, fest steht und treu die Wacht, die Wacht am Rhein ...!«

Abends um 20 Uhr erschien der Kaiser noch einmal auf dem Balkon seines Schlosses und rief unter dem Jubel der Berliner: »... Wenn es zum Kampfe kommt, hört jede Partei auf. Wir sind nur noch deutsche Brüder ...!« Die Menschen sangen bis tief in die Nacht. Sie sangen nicht nur in Berlin, sie sangen im ganzen Reich. Ein Taumel hatte die Deutschen erfaßt, der sich tags darauf – am 1. August – noch steigerte, als rote Plakate an alle Anschlagsäulen geklebt wurden: Der Kaiser hatte um 17 Uhr die Mobilmachung des gesamten deutschen Heeres und der kaiserlichen Marine befohlen.

Ein Massenwahn erfaßte die Deutschen, Franzosen, Österreicher, Engländer und die Russen. Die Deutschen hatten über 40 Jahre im Frieden gelebt. Sie waren allesamt zu Hause und in den Schulen streng national, wenn nicht nationalistisch erzogen worden. Und in diesen Jahrzehnten wuchs ein neues Zeitalter: Die Industrialisierung. Es gab Flugzeuge und Luftschiffe, Autos und Telegraphiergeräte – alle noch im Entwicklungsstadium. Die Menschen hatten durch die Tageszeitungen Sensationen erfahren. Den Verlust des ersten »Zeppelin« bei Echterdingen beispielsweise, den Boxeraufstand in China, den Krieg gegen die Hereros in Deutsch-Südwestafrika, die Marokkokrisen ... Aber nichts von alledem hatte tief in das Leben aller eingegriffen.

Jetzt aber erschien ihr Land in Gefahr; jeder war davon erfaßt, jeder mußte helfen. Der Glaube an das heilige Vaterland, gestützt noch von der Erinnerung an einen

OBEN UND RECHTS: Blumengeschmückt und in festlich-ausgelassener Stimmung brachen die Truppen zum Krieg auf, die Eisenbahnwaggons waren mit launigen Sprüchen verziert. »Ihr werdet zu Hause sein, ehe noch das Laub von den Bäumen fällt«, versprach der Kaiser seinen Soldaten, und deutsche Offiziere nahmen sich vor, am Sedanstag (2. September) in Paris zu frühstücken, nicht anders als ihre Gegner, die einander zu fröhlichem Ritt nach Berlin einluden oder wetteten, ob der Krieg drei oder nur zwei Monate dauern würde.

großen, ruhmreichen Krieg, an die Schlachten bei Wörth, Metz, Sedan und Paris 1870–1871, in denen die deutsche Einheit mit Blut erkämpft worden war. Das alles schuf eine prickelnde Erregung, die den Gedanken an Tod auf dem Schlachtfeld – neben echtem Opferwillen – romantisch verklärt aufkommen ließ. Der Massenwahn erfaßte Jung und Alt, die durch die Straßen drängten, vaterländische Lieder sangen und riefen: »Nach Paris, nach Paris!«
Aber die Franzosen, vom gleichen Fieber gepackt, schrien: »Nach Berlin!« und das riefen auch die Russen in St. Petersburg und in Moskau.
Selbst die kühlen Engländer gerieten in einen Taumel und freuten sich auf den Krieg, der ein einziges Abenteuer zu werden versprach. Eine unverantwortliche Presse ermutigte sie noch dazu. Journalisten, auch wenn sie von Kriegführung keine Ahnung hatten, schürten die Begeisterung und redeten ihren Lesern ein, daß es sich ohnedies nur um einen kurzen, ehrenvollen Feldzug handeln werde.
»Le Temps«, die bedeutendste Tageszeitung Frankreichs, schrieb: »Man glaubt, daß in einem modernen Krieg die Verluste außerordentlich hoch seien. Ernste Forschungen beweisen jedoch das Gegenteil. Denn je perfekter die Waffen sind, um so mehr verringert sich die Zahl der Gefallenen.«
Ohne Ahnung von dem, was ihnen im modernen Krieg bevorstand, meldeten sich in diesen hektischen Tagen in Deutschland 1,3 Millionen Kriegsfreiwillige, in Österreich-Ungarn waren es 460000 und in Frankreich 1,1 Millionen Mann.
Der jüngste Kriegsfreiwillige Österreichs war der 13jährige Otto Krahanek, der es innerhalb eines Jahres zum Korporal brachte. Der jüngste Unteroffizier der preußischen Armee war Otto Voß aus Gotha, der mit vierzehn Jahren in die Armee eintrat und mit fünfzehn das Eiserne Kreuz 2. Klasse (EK II) und die Unteroffiziertressen trug. Die ältesten deutschen Kriegsfreiwilligen: Der 72jährige Rittmeister a. D. von Schleinitz aus Berlin und der gleichalte Trompeter Karl August Voigt aus Hamburg – beide hatten bereits in den Kriegen von 1864, 1866 und 1870/71 mitgekämpft.
Von der allgemeinen Begeisterung nicht angesteckt waren allenfalls die Generalstäbe der demnächst kriegführenden Mächte. Es galt, nach längst ausgearbeiteten minuziösen Plänen die Armeen zu mobilisieren. Erstmals in der Weltgeschichte handelte es sich um Millionenheere. Im Deutsch-Französischen Krieg des Jahres 1870/71 waren anfangs 484000 Deutsche und 320000 Franzosen aufmarschiert. Diesmal aber wurden innerhalb von zwei Wochen auf allen Seiten, im Westen wie im Osten, 12 Millionen Mann, 5 Millionen Pferde und 40000 Geschütze in die Bereitstellungsräume geschickt, fast durchweg per Eisenbahn.

Diese Aufmarschpläne waren sozusagen unwiderruflich. Eine Änderung würde ein allgemeines Chaos hervorrufen, und nichts mußten die Generalstäbler mehr fürchten als eine solche plötzliche Änderung der politischen Situation. So verschwand der russische Generalstabschef nach Auslösung des Mobilmachungsbefehls für 23 Stunden, um zu verhindern, daß der Zar sich etwa anders entscheiden könnte.
Auch für den legendären deutschen Großen Generalstab kam es auf die Stunde an. Der Aufmarsch der Truppen war auf den Plan abgestimmt, den Graf v. Schlieffen – Chef des Generalstabs 1891 bis 1905 – entworfen hatte. Sein Nachfolger, Generaloberst Graf v. Moltke – der Jüngere –, hatte ihn neueren Gegebenheiten angepaßt und wesentlich verändert. In früheren Kriegen hatte der Feldherr von einem Hügel herab die Schlacht überblickt und aus der Situation heraus seine Befehle gegeben. Dagegen war der Schlieffen-Plan ein vorgefertigtes Rezept des Sieges. Aufmarsch und anschließende Truppenbewegungen sollten ablaufen wie vorgeplant, ohne daß noch wesentliche Eingriffe nötig gewesen wären.
Praktische Erfahrungen über die Führung von Millionenheeren fehlten allerdings. Von einem Feldherrnhügel aus konnten diese jedenfalls nicht mehr dirigiert werden, sondern nur von einem stationären Hauptquartier aus über die modernen, freilich zum Teil noch im Anfang der Entwicklung stehenden Nachrichtenmittel Telegraf, Telefon, Funkgerät, Kraftwagen, Flugzeug und Luftschiff.
Der »jüngere« Moltke war der Neffe des berühmten Generalfeldmarschalls v. Moltke, der die Kriege von 1864, 1866 und 1870/71 für Preußen gewonnen und dadurch mitgeholfen hatte, den König von Preußen als Kaiser Wilhelm I. über das Deutsche Reich zu setzen. Am Nachmittag des 1. August nahm er am Kronrat Kaiser Wilhelms II. im Berliner Schloß teil. Danach fuhr er in Richtung Königsplatz, wo sich das Gebäude des Großen Generalstabes befand. Doch unterwegs hielt ihn ein Kurier an: Er solle sofort zum Kaiser zurückkehren. Dort erlebte er das Schlimmste, was ihm widerfahren konnte: Der Kaiser informierte ihn über einen etwas wirren Bericht des deutschen Botschafters in London. Danach sei England bereit, Frankreich vom Krieg abzuhalten, falls Deutschland keine feindseligen Handlungen gegen England unternehme. Der Kaiser hatte bereits Champagner verlangt und sagte freudig erregt zu Moltke: »Nun brauchen wir den Krieg nur gegen Rußland zu führen! Also wir marschieren einfach mit der ganzen Armee im Osten auf!«
Keiner der Anwesenden schien zu ahnen, was es bedeutet, einem bereits mobilmachenden Frankreich gegenüber die Westfront zu entblößen. »Und ich stand ganz allein ...«, schrieb Moltke später nieder. Er versuchte

Oben: Belgische Soldaten auf dem Marsch zur Grenze. Ihr harter Verteidigungswille sollte zur ersten unangenehmen Überraschung für die einmarschierenden Deutschen werden.

Links: Generaloberst Helmuth v. Moltke war Chef des deutschen Generalstabs seit 1906. Nach der verlorenen Schlacht an der Marne bat er, krank und entnervt, um seinen Abschied.

dem Kaiser zu erklaren, daß er nicht einfach Millionen Soldaten, Pferde, Geschütze und Nachschubgüter umdirigieren und nach Osten transportieren könne. Nur ein wüster Haufen bewaffneter Menschen ohne Verpflegung käme dort an. »Ihr Onkel würde mir eine andere Antwort gegeben haben«, sagte der Kaiser enttäuscht. Der Generalstabschef aber wies darauf hin, daß der Schlieffen-Plan auf der sofortigen Inbesitznahme der luxemburgischen Eisenbahn basiere. »Unsere Patrouillen«, so erklärte er dem Kaiser, »sind schon in Luxemburg eingerückt, und die Division aus Trier folgt gleich nach.«

Die Besetzung Luxemburgs wäre eine direkte Bedrohung Frankreichs, entsetzte sich der Reichskanzler v. Bethmann-Hollweg, auf keinen Fall dürfe die 16. Division aus Trier einmarschieren. Der Kaiser, ohne sich weiter um Moltke zu kümmern, befahl seinem Generaladjutanten, die 16. Division telegrafisch zu stoppen. Statt der luxemburgischen könne man ja irgendeine andere Bahn für Truppentransporte benutzen!

Als gebrochener Mann kehrte der Chef des Großen Generalstabes in sein Hauptquartier am Königsplatz zurück, wo ihm der Chef der Operationsabteilung den fertigen Haltebefehl an die 16. Division zur Unterschrift vorlegte. Moltke unterschrieb nicht, sondern blieb erschöpft und tatenlos an seinem Schreibtisch sitzen. Nachts um 23 Uhr erhielt er die neuerliche Aufforderung, sofort beim Kaiser zu erscheinen.

Er wurde in die kaiserlichen Privatgemächer geführt, wo ihn Wilhelm II. im Nachtgewand erwartete und ihm ein Telegramm des britischen Königs Georg V. hinstreckte. Darin stand, daß der deutsche Botschafter ihn völlig mißverstanden haben müsse. Von der britischen Garantie einer französischen Neutralität könne keine Rede sein. Der Kaiser sagte seinem Generalstabschef lakonisch: »Nun können Sie machen, was Sie wollen.«

Generaloberst v. Moltke, der die Befehlsgewalt über die bisher größte Armee der Geschichte ausübte und vor der größten Schlacht stand, die bis zu diesem Zeitpunkt geschlagen wurde, schrieb: »Ich habe die Eindrücke dieses Erlebnisses nicht überwinden können, es war etwas in mir zerstört, das nicht wieder aufzubauen war, Zuversicht und Vertrauen waren erschüttert.«

Die Armeen marschierten mit der Präzision auf, die bei der Planung vorgesehen worden war. Zwischen Basel und Krefeld entwickelten sich 7 deutsche Armeen und 2 Kavalleriekorps mit 1,6 Millionen Mann, 900000 Pferden und 5400 Geschützen. Ihnen gegenüber zogen 1,9 Millionen Mann – 5 französische Armeen und das britische Expeditionskorps in den Kampf.

Zur Verteidigung gegen die 2,5 Millionen Soldaten starke russische Armee transportierten die Eisenbahnen 750000 österreichische und 450000 deutsche Soldaten in den Osten.

Vom 4. bis zum 8. August 1914 benötigte das deutsche Feldheer 17991 Eisenbahnzüge und brauchte vom 6. bis zum 15. Mobilmachungstag weitere 11000 Züge.

Die Soldaten hatten mit Kreide Sprüche an die Waggons geschrieben: »Zum Schützenfest nach Petersburg«, »Jeder Stoß ein Franzos', jeder Tritt ein Brit', jeder Schuß ein Russ'« und »Auf in den Kampf, mich juckt die Säbelspitze« – frisch-fröhlicher Soldatenulk, geboren aus der Überzeugung, daß dies alles nur ein kurzer Ausflug und man wieder zurück sei, »bevor die Blätter fallen«, wie es der Kaiser bildreich versprochen hatte.

Der 2. August 1914 war ein Sonntag. Überall, von Königsberg bis Straßburg, von Flensburg bis Passau, marschierten die Regimenter mit Musik zu den Bahnhöfen, von jubelnden Menschen begleitet. Die Soldaten trugen

Blumen an den Uniformen, und Frauen steckten ihnen Eßwaren zu.
Am Königsplatz in Berlin erhielt der Generalstabschef v. Moltke die Nachricht, daß die 16. Division aus Trier in Luxemburg die Eisenbahnanlagen besetzt habe. Auch der östereichische Aufmarsch schien reibungslos zu verlaufen. Das gleichfalls mit Deutschland und Österreich-Ungarn verbündete Italien hatte für den Kriegsfall eine Armee mit drei Armeekorps und zwei Kavalleriedivisionen zugesagt, die unter dem Kommando von General Zuccari am Oberrhein eingesetzt werden sollte. Moltke rechnete jedoch angesichts der politischen Spannungen zwischen Wien und Rom von Anfang an nicht mit italienischer Hilfe, hoffte allerdings, daß Italien neutral bleiben würde.
Um 19.20 Uhr an diesem 2. August überreichte der deutsche Botschafter in Brüssel der belgischen Regierung ein Ultimatum, in dem gefordert wurde, deutschen Truppen freien Durchmarsch durch Belgien zu gewähren. Bedenkzeit: 12 Stunden.
Der König der Belgier wandte sich mit der Bitte um Hilfe an London. England erklärte, daß es die Neutralität Belgiens schützen werde und erhielt so eine moralisch einwandfreie Position. Deutschland – unter dem Druck seiner angelaufenen Mobilmachung – erklärte am 3. August an Frankreich und am 4. August an Belgien den Krieg, nachdem es schon am 1. August der russischen Regierung die Kriegserklärung hatte zukommen lassen. Vor der Weltöffentlichkeit stand Deutschland nun als der alleinige Verursacher des Weltkrieges da, obwohl Rußland schon wesentlich früher und Frankreich kurz vor Deutschland die Mobilmachung angeordnet hatte. England seinerseits erklärte den »Mittelmächten« – Deutschland am 4. August, Österreich-Ungarn am 12. August – den Krieg.
Der deutsche Einmarsch in Belgien aber schien dem Großen Generalstab – ab Kriegsbeginn als »Generalstab des Feldheeres« bezeichnet – zwingend notwendig, weil auf ihm der Schlieffen-Plan beruhte.
Daß Belgien ein souveräner Staat war, der es nicht zu dulden brauchte, wenn auf seinem Gebiet Krieg geführt wurde, darüber setzten sich politische und militärische Führung hinweg. Beide gingen davon aus, daß sich der

In einem belgischen Dorf, dessen Einwohner auf deutsche Truppen geschossen haben. Nicht allein Belgiens reguläre Soldaten leisteten harten Widerstand, auch Zivilisten, »Franctireurs«, beteiligten sich. Die Deutschen, ohne Gefühl dafür, daß sie in ein neutrales Land eingefallen waren, schlugen grausam zurück. Es gab Massenerschießungen; ganze Dörfer und Städte, so das mittelalterliche Löwen, wurden niedergebrannt.

Gegner um diese Souveränität auch nicht scheren werde und es nur darauf ankäme, wer zuerst die besseren Positionen besetzte. Den deutschen Staatsmännern und Militärs waren der Schlieffen-Plan und seine Risiken bekannt. Und was sie als Entschuldigung und Kommentar zum Einfall in Belgien äußerten, nämlich: »Not kennt kein Gebot«, und: die – von Preußen seinerzeit mit unterschriebene Garantieerklärung für den belgischen Staat von 1839 sei »ein Fetzen Papier«, war nicht dazu angetan, Deutschlands Position vor der Weltöffentlichkeit zu verbessern.

Gemäß dem Schlieffen-Plan hatte die Masse des deutschen Feldheeres – 36 Armeekorps – an der französisch-belgischen Grenze entlang erst nach Westen, dann nach Südwesten zu marschieren und dann, mit dem rechten Flügel westlich an Paris vorbei, nach Südosten einzuschwenken. Durch diese gewaltige Drehung sollte der linke Flügel des französischen Heeres umfaßt, gegen die Schweizer Grenze gedrückt und dort vernichtet werden. Gegenüber der starken französischen Festungslinie Verdun-Belfort sollten nur schwache deutsche Kräfte hinhaltend kämpfen.

Nach dem Sieg über Frankreich erst hatte dann der Feldzug gegen Rußland zu beginnen.

Generaloberst Helmut von Moltke übernahm den Schlieffen-Plan, jedoch mit erheblicher Skepsis. Er erinnerte sich eines Ausspruchs des alten Moltke, seines Onkels, der gesagt hatte, daß kein Plan die Berührung mit dem Feinde überleben würde. Der Schlieffen-Plan war starr und stellte keineswegs alle möglichen Handlungsweisen der Franzosen ins Kalkül. Dem Kaiser hatte der jüngere Moltke noch vor seiner Ernennung zum Generalstabschef zu bedenken gegeben »... ist es in jedem Fall sehr schwierig, wenn nicht gar unmöglich, sich jetzt auszumalen, welche Form ein moderner Krieg in Europa annehmen wird ... Wie es, wenn überhaupt, möglich sein wird, die riesigen Armeen, die wir aufstellen werden, als eine Einheit anzuführen, kann, glaube ich, niemand im voraus wissen ...«

Aus dieser Unsicherheit heraus verwässerte Moltke den Schlieffen-Plan auch noch und nahm ihm damit – falls er das überhaupt jemals gehabt hat – die Aussicht auf Erfolg: Die für Elsaß-Lothringen vorgesehenen schwachen Verteidigungskräfte wurden mehr als verdoppelt, der Angriffsflügel entsprechend geschwächt. Aus dem ursprünglich vorgesehenen Kräfteverhältnis acht zu eins zwischen Angriffs- und Verteidigungsflügel wurde das Verhältnis drei zu eins.

FOLGENDE SEITEN: An der Beschießung belgischer Forts wirkten neben der Kruppschen »Dicken Berta« auch von der österreichischen Armee ausgeliehene 30,5 cm-Skoda-Mörser mit.

Um sich in der belgischen Ebene zur Schlacht entfalten zu können, mußte Lüttich fallen, das mit einem Ring von betonierten, modernen Sperrforts den Engpaß des Maastales sperrte, den die 320000 Soldaten der 1. Armee zu passieren hatten. Moltke hatte befohlen, die Stadt Lüttich am ersten Kriegstag im Überraschungsangriff zu nehmen.
Mehrere deutsche Infanteriebrigaden überschritten die belgische Grenze und standen nach leichteren Gefechten mit belgischen Truppen am Abend des 5. August am Ost- und Südrand des Sperrgürtels der Festung Lüttich. Voraustrabende Kavallerieschwadronen gerieten in den Festungsbereich und wurden aufgerieben. Die Brigaden traten in der Dunkelheit den Vormarsch an und wurden sofort in heftige Gefechte verwickelt. Bei der 14. Infanteriebrigade befand sich der Generalmajor Erich Ludendorff, Oberquartiermeister der 2. Armee. Er hatte einst im Großen Generalstab den Handstreich auf Lüttich bearbeitet.
Die Brigade erhielt starkes Flankenfeuer. Zu den Nachbarbrigaden war die Verbindung abgerissen. Zunehmend griff Unsicherheit und Verwirrung unter den Truppen um sich. Kurz vor dem Morgengrauen fiel General v. Wussow, der Brigadekommandeur, und Ludendorff übernahm das Kommando. Es gelang ihm, die Brigade durch die Fortlinie hindurchzuführen. Die Soldaten stürmten in den Tag hinein, der belgische Widerstand ließ nach. Die Brigade marschierte den ganzen Tag und rastete – vom Feinde unerkannt – bei Einbruch der Dunkelheit. Am frühen Morgen des 7. August aber stiegen von den Höhen die Schützenlinien der 14. Brigade herab, zogen ungehindert in Lüttich ein und besetzten die Maasbrücken. Die belgische Besatzung der Zitadelle streckte die Waffen.
Ganz Deutschland jubelte über den ersten großen deutschen Sieg. Das war der erwartete »frisch-fröhliche« Krieg. Wie die Kölnische Volkszeitung meldete, »hat sich das Zeppelinschiff ›Z. 6‹ an dem Kampf um Lüttich in hervorragender Weise beteiligt ... Aus einer Höhe von 600 Metern wurde die erste Bombe geworfen. Es war ein Versager. Darauf ging das Luftschiff bis auf 300 Meter hinunter und schleuderte weitere zwölf Bomben, die sämtlich sofort explodierten. Alle diese Bomben hat der Reserve-Unteroffizier Trümper aus der hinteren Gondel geworfen.«
Aber noch keines der Lütticher Sperrforts befand sich in deutscher Hand. Um sie zu bezwingen, wurde die Wunderwaffe des Ersten Weltkrieges eingesetzt, der 42-cm-Mörser, volkstümlich die »Dicke Berta« genannt. Die Geschosse mit einem bis dahin unbekannt großen Kaliber durchschlugen die Panzerkuppeln. Eine Granate eines dieser Krupp-Mörser durchbohrte die Kuppel eines Panzerturms und das darunter befindliche fünf Meter dicke Betonwerk und detonierte in der Munitionskammer. Etwa 500 belgische Soldaten wurden getötet. Die Kölnische Zeitung berichtete: »Dort liegen die meisten noch jetzt, ohne daß es möglich ist, ihre Leichen zu bergen ... Vermutlich wird man die Spalten und Höhlen ausschütten, um auf diese Weise aus dem Fort einen Massengrabhügel zu machen ...«
Die fürchterliche Wirkung der 42-cm-Mörser zerstörte bis zum 15. August 1914 auch das letzte der belgischen Sperrforts um Lüttich und zermalmte später die Forts von Antwerpen.
Nach der Niederkämpfung der Lütticher Forts verlegte Moltke sein Hauptquartier von Berlin nach Koblenz.

OBEN: Dinant an der Maas, ein idyllisches, noch ganz mittelalterliches Städtchen, wurde am 20. August von französischen Truppen besetzt und drei Tage später, nach erbitterten Straßenkämpfen, geräumt. Die deutsche 3. Armee unter Generaloberst v. Hausen befleckte ihren Sieg mit der Hinrichtung von 600 belgischen Zivilisten.

RECHTS: Die Trümmer eines Sperrforts vor Namur geben grausiges Zeugnis von der verheerenden Wirkung der deutschen Belagerungsgeschütze.

Das war am 16. August 1914, am gleichen Tag, an dem die Masse des britischen Expeditionskorps in Frankreich zu landen begann. Im Gegensatz zu den deutschen, belgischen und französischen Soldaten hatten die Briten einige Kriegserfahrung, und zwar aus den harten Kämpfen gegen die Buren in Südafrika.
Die deutsche 1. und 2. Armee indes rüstete sich zum Vormarsch nach Frankreich hinein, zu Fuß und zu Pferd, um den Schlieffen-Plan in die Tat umzusetzen.
Doch schon seit einigen Tagen zeigte sich, daß der Feind eigene Absichten hegte. So hatten die Franzosen am 7. August bei Mülhausen im Elsaß mit starken Kräften angegriffen, die freilich für eine Großoffensive nicht ausreichten. Es gelang ihnen, Mülhausen zu besetzen. Zwei Tage später eroberten die Deutschen Mülhausen zurück, am 19. August fiel die Stadt zum zweitenmal in Feindeshand. Diese Kämpfe waren jedoch ohne strategische Bedeutung.
Am 14. August überschritten französische Truppen auf breiter Front weiter nördlich bei Metz die deutsche Grenze – offenbar der Beginn einer größeren Offensive. Die 6. Armee des bayerischen Kronprinzen Rupprecht verblieb in ihren weiter zurückliegenden Verteidigungsstellungen und erhielt sogar den Befehl, sich zurückzuziehen. Die Franzosen folgen nur zögernd. Moltke erwog, die Franzosen von beiden Flanken her anzugreifen und sie einzukesseln. Dazu hätte er allerdings weitere Truppen vom rechten Flügel abziehen müssen, was den Schlieffen-Plan noch mehr gefährdet hätte. Da griff Kronprinz Rupprecht mit seinen Bayern an und warf die Franzosen zurück.
Noch mehr Unvorhergesehenes geschah: Mitte August drangen russische Verbände in Ostpreußen ein und besiegten die Deutschen am 17. überraschend bei Stallupönen. So früh und in solchen Massen hatte die Oberste Heeresleitung (OHL), wie der Generalstab des Feldheeres nun bezeichnet wurde, nicht gerechnet. Nervosität breitete sich aus.
Nervosität entstand zusätzlich noch aus einem anderen Grund: Die belgische Zivilbevölkerung griff in den Kampf ein. Deutsche Sanitäts- und Nachschubkolonnen wurden aus dem Hinterhalt überfallen und niedergemacht. Haß und Grausamkeit brachen aus. Die Deutschen übten Vergeltung, Dörfer und Städte, so das mittelalterliche Löwen, wurden niedergebrannt, die belgischen Heckenschützen wüteten um so mehr. Der Landwehrhauptmann Paul Oskar Höcker beschrieb in einer Zeitung, wie er einen sechzehnjährigen belgischen Jungen mit einem geladenen Gewehr entdeckte und befiehlt: »›Er wird erschossen. Drei Mann. Fertig.‹ Und von den drei Wehrleuten – es sind Familienväter … – zuckt auch nicht einer mit der Wimper. Diese Sache ist gerecht. Hier ist ein Schurke gefaßt, der kein Mitleid verdient. Die Salve kracht. Der schlotternde Körper sinkt in sich zusammen und rührt sich nicht mehr …«
Bedroht durch Heckenschützen, traten die deutschen Armeen des rechten Flügels am 18. August einen atemberaubenden Vormarsch durch Belgien an. Westlich der Maas zogen die 1. Armee (Generaloberst v. Kluck) und die 2. Armee (Generaloberst v. Bülow) über die Linie Brüssel-Namur. Östlich der Maas marschierten die 3. Armee (Generaloberst v. Hausen), die 4. Armee (Generaloberst Herzog Albrecht von Württemberg) und die 5. Armee (Generalleutnant Kronprinz Wilhelm von Preußen) gegen Dinant, Givet und Verdun.
Über eine Million deutscher Soldaten, die mit feldgrauem Tuch überzogene Pickelhaube auf dem Kopf, marschierten durch Hitze und Staub. Sie drängten sich in den Marschpausen durstig um Brunnen und warfen sich im Schatten der Chausseebäume in das verstaubte Gras des Straßenrandes. Andere Kolonnen schlurften an ihnen vorüber; bespannte Artillerie rasselte vorbei und wirbelte Staubwolken hoch. Die Soldaten rappelten sich fluchend wieder auf, schnallten sich die von gefüllten Patronentaschen, dem Brotbeutel, Spaten und der Feldflasche schweren Koppel um, warfen sich die fellbespannten Tornister, um die Mantel und Wolldecke darum gerollt, auf die Schultern. Eine Mühsal, Kilometer um Kilometer, doch da war ein Ziel, weit, weit irgendwo, und das hieß Paris. Der Sieg stand vor ihnen, und sie stapften ohne Tritt, wurden beschossen, schwärmten aus, Schützenreihe, Schützenkette – fünf Schritt Abstand von Mann zu Mann. Geschoßknall über ihnen, hinlegen, in Sprüngen vorarbeiten. Irgendwo ein langanhaltender, klagender Schrei und der Ruf: »Sanitäter!« Blaue Gestalten mit roten Hosen am Waldrand, Entfernung 300, Feuer frei. Maschinengewehrfeuer. Schrapnellwölkchen am Himmel. »Seitengewehr – pflanzt auf! Hurra, Hurra!« Vormarsch, Tag und Nacht. Marschieren und kämpfen. Staub, Blut, schmerzende Füße, ein Witz, ein Lied – und dann wieder stummes, verbissenes Marschieren. Da vorne lockt der Sieg. Sieg über die Franzosen bei Neufchâteau, bei Longwy, bei Namur.
Begeisterung in der Heimat über die tapferen Feldgrauen. Die Belgier haben sich in die Festung Antwerpen zurückgezogen, hurra! Der »Bote aus dem Riesengebirge« veröffentlichte das »Reiterlied«, gereimt vom Dichter Gerhart Hauptmann: »Es kam wohl ein Franzos daher. Wer da, wer? – Deutschland, wir wollen an deine Ehr! – Nimmermehr! … Nimmermehr nimmt sie uns irgendwer, dafür sorgt Gott, Kaiser und deutsches Heer. Nimmermehr!«

Französische Soldaten führen deutsche Gefangene ab. Bei solchen Szenen waren in den ersten Kriegstagen oft die Fotografen dabei: Bilder, wie sie die Heimat sehen wollte.

Der Weltkrieg im Bild
Sammelbeilage zur Bayerischen Krieger-Zeitung
Offizielles Organ des Bayerischen Kriegerbundes
Nr. 19 * Januar 1926
C. J. Berger * Berger-Verlag * München 2 u. Pasing

Sämtliche Bilder sind aus Bruckmanns großem Bilderatlas des Weltkrieges entnommen.

Frankreich, der Erbfeind

Französische Posten an der Grenze

Der französische General Castelnau

General Joffre

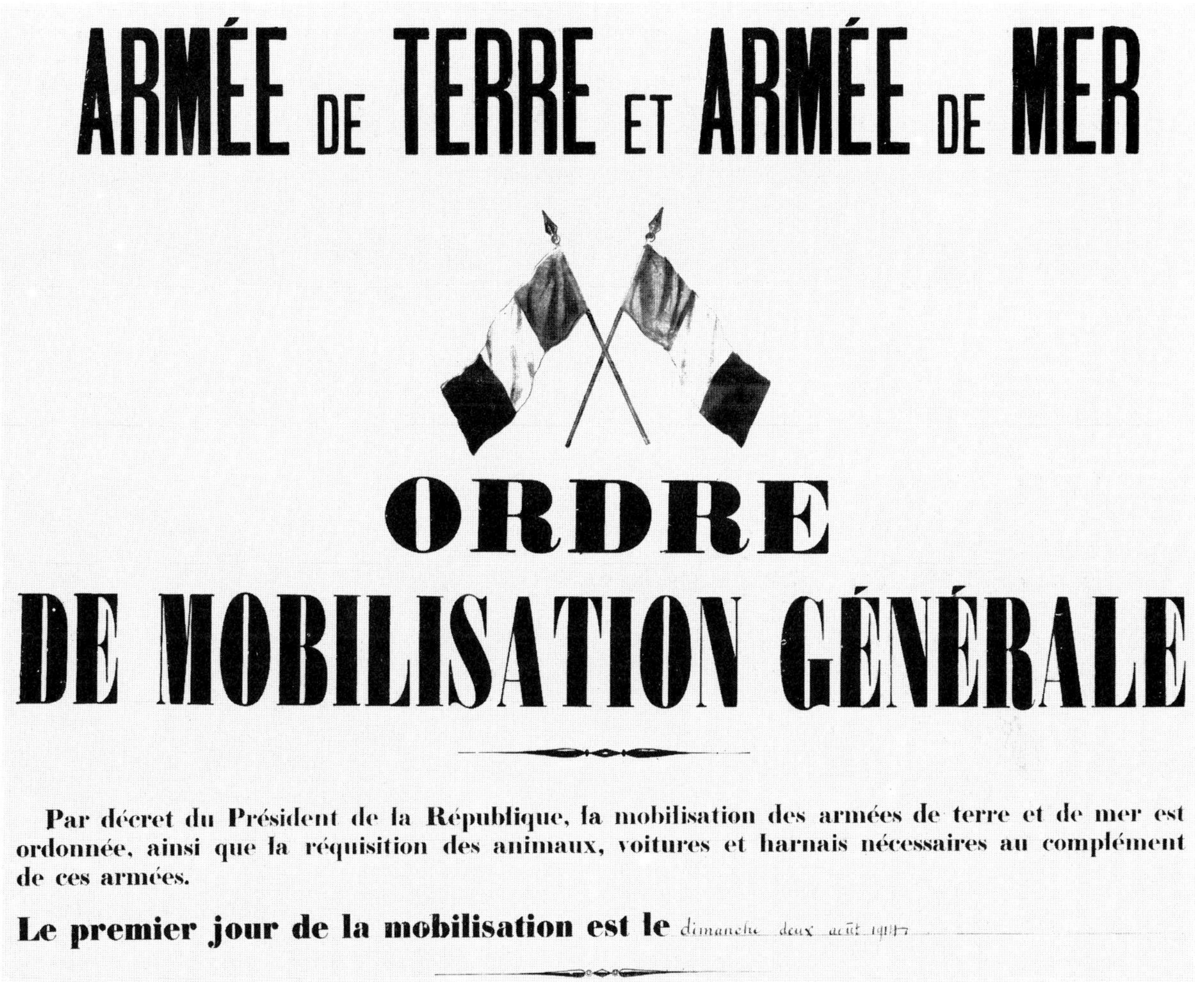

ARMÉE DE TERRE ET ARMÉE DE MER

ORDRE
DE MOBILISATION GÉNÉRALE

Par décret du Président de la République, la mobilisation des armées de terre et de mer est ordonnée, ainsi que la réquisition des animaux, voitures et harnais nécessaires au complément de ces armées.

Le premier jour de la mobilisation est le *dimanche deux août 1914*

Tout Français soumis aux obligations militaires doit, sous peine d'être puni avec toute la rigueur des lois, obéir aux prescriptions du **FASCICULE DE MOBILISATION** (pages coloriées placées dans son livret).

Sont visés par le présent ordre **TOUS LES HOMMES** non présents sous les Drapeaux et appartenant :

1° à l'**ARMÉE DE TERRE** y compris les **TROUPES COLONIALES** et les hommes des **SERVICES AUXILIAIRES;**

2° à l'**ARMÉE DE MER** y compris les **INSCRITS MARITIMES** et les **ARMURIERS** de la **MARINE.**

Les Autorités civiles et militaires sont responsables de l'exécution du présent décret.

Le Ministre de la Guerre. *Le Ministre de la Marine.*

IMPRIMERIE NATIONALE

Linke Seite: Originalblatt aus dem Nachkriegs-Sammelwerk »Der Weltkrieg im Bild«. Mit dem »Erbfeind« Frankreich ging die deutsche Presse ziemlich glimpflich um. Während ihr die Russen als arme gutmütige Opferlämmer und die Engländer als treulose Schurken galten, gestand sie den Franzosen gewisse Berechtigung zu, gegen Deutschland die Waffen zu ergreifen.

Oben: Überall im Land angeschlagene Mobilmachungsplakate riefen die Franzosen für Sonntag, den 2. August 1914, zu den Waffen.

Die Marne-Schlacht

Noch auf dem Totenbett hatte Generalfeldmarschall Graf Schlieffen gewarnt: »Macht mir den rechten Flügel stark!« Das war 1913. Nun, im August 1914, marschierte der rechte Flügel der deutschen Armee durch Belgien nach Frankreich hinein, und er war stark – aber nicht stark genug. Schwächen wies er auch auf technischem Gebiet auf.

Jedes Infanterieregiment besaß nur eine Kompanie mit sechs Maschinengewehren des Typs 08. Für eine so weitgespannte Operation, wie sie der Schlieffen-Plan vorsah, reichten Zahl und Reichweiten der Nachrichtenmittel nicht aus. Es gab zuwenig Flugzeuge – der Große Generalstab der Friedenszeit hatte ihren Wert zu spät erkannt. Die Gefechtsfeldaufklärung sollte – wie es immer war – von der Kavallerie übernommen werden. Die Maschinengewehre des Feindes – der freilich auch nicht mehr besaß als die Deutschen – genügten, um Reiteraufklärung stark zu behindern.

Niemals war im Frieden die Führung riesiger Truppenverbände über weite Entfernungen hinweg geübt worden. In Stabsrahmenübungen – nur mit Stäben und Nachrichtenabteilungen – wäre dies wohl möglich gewesen. Die großen, alljährlich stattfindenden Kaisermanöver waren nichts als eine gigantische Show, bei der die vom Kaiser geführte Manöverpartei stets zu siegen hatte. Der Generalstabschef v. Moltke hatte den Mut besessen, dagegen aufzubegehren, ohne daß jedoch Entscheidendes geändert worden wäre.

Immerhin, die erste Phase des Schlieffen-Planes war erfolgreich abgelaufen: Der rechte deutsche Flügel stand mit starker Übermacht jenseits des französischen linken Flügels. Freilich, Oberstleutnant Hentsch, Chef der Generalstabsabteilung Feindlage, hatte sich verschätzt. Er nahm an, das britische Expeditionskorps sei noch im Hafen von Boulogne beim Entladen der Transportschiffe. Die Reichweite eines damaligen Aufklärungsflugzeuges hätte ausgereicht, ihm melden zu können, daß die Masse der Engländer bereits bei Maubeuge aufmarschiert war.

Wohl dieser falschen Annahme wegen wurde der am weitesten ausholenden 1. Armee auch noch der größte Teil ihres Kavalleriekorps entzogen und der 2. Armee unterstellt. Die 1. Armee hatte keine Aufklärung mehr und tappte blind tiefer und tiefer nach Frankreich hinein.

Noch ein Problem trat auf: Drei deutsche Armeen marschierten am rechten Flügel, weiter südlich zwei weitere, die geringere Schwenkungen durchzuführen hatten als die drei äußeren. Jede Armee kämpfte für sich und wurde jeweils von der Obersten Heeresleitung – mit Sitz in Koblenz – geführt. Soweit die OHL überhaupt führen konnte, denn sie erhielt ihre Meldungen von der Front stets mit erheblicher Verspätung. Es wäre eine Zwischeninstanz nötig gewesen, ein Oberbefehlshaber der drei nördlichen Armeen, eine Heeresgruppe also. Doch diesen Begriff Heeresgruppe gab es zu dieser Zeit noch nicht – niemals zuvor war Ähnliches erforderlich gewesen.

Moltke fand die schlechteste aller Lösungen: Er befahl, die 1. Armee (v. Kluck) der 2. Armee (v. Bülow) zu unterstellen. Bülow hatte also seine eigene Armee zu führen und gleichzeitig noch dem Oberbefehlshaber der Nachbararmee Befehle zu erteilen. Naturgemäß mußte Bülow zunächst an seine eigene Truppe denken. Kluck, ohnehin auf Selbständigkeit erpicht, fühlte sich also stets benachteiligt.

Auch waren Bülows Stabsoffiziere und die Fernmeldemittel mit der Führung der eigenen Armee vollauf ausgelastet. So kam es prompt zu Reibereien, Protesten,

(Fortsetzung Seite 54)

Quer durch Belgien und nach Nordfrankreich hinein marschierten die Heersäulen der ersten drei deutschen Armeen, die gemäß dem Schlieffen-Plan die Umfassung des französischen Heers bewerkstelligen sollten. Marschleistungen von 40 bis 60 Kilometer waren keine Seltenheit. Zuletzt hielt nur noch das Ziel Paris die erschöpften Männer aufrecht.

Das Recht zum Kriege

Die Woge nationaler Begeisterung nach Kriegsausbruch machte auch vor den Toren deutscher Hochschulen nicht halt. Professoren, sonst Männer kritischen Verstandes, hielten schwungvolle Reden, in denen pathetisch und ohne Rücksicht auf Geschmack und Logik Deutschlands Recht zum Kriege verteidigt wurde. Die folgenden Auszüge stammen aus Ansprachen der Berliner Professoren Ulrich von Wilamowitz-Moellendorff und Wilhelm Kahl.

Wie kurz ist es her, daß wir den Frieden hatten! Wie ist der Friede so süß, wie ist er so schön und so still! Wie offenbart die Natur ihre Herrlichkeit in der stillen Sommernacht. Die Sterne funkeln, im Laube des Busches kaum ein leiser Hauch. Hinauf schaut man, empor zu dem endlosen Raume, wo Welten neben Welten ihre Bahnen ziehen in ewiger Ordnung, Stetigkeit und Ruhe. Und dann kommt der Kampf auch über die Natur. Da bietet sie uns ein anderes Bild, ein Bild des Grauens, wo die Wolken sich ballen, die Donner grollen, die Blitze zucken, niederzufahren, wer weiß wohin. Bald schlägt der Hagel, bald zündet der Donnerkeil. Und es ist doch immer die eine Natur. Der schöne Friedensabend und das wilde Gewitter, beide sind nötig zum Leben des Ganzen. Wenn der Gewittersturm nicht käme, wie würde der Acker befruchtet und getränkt, auf daß das Korn der Menschenarbeit die gehoffte Frucht bringe. In beiden offenbart sich die große, gleiche, ewige Heiligkeit des Lebens und des lebenschaffenden Guten.

Jetzt zucken um uns die Blitze, jetzt rollen die Donner. Wo sie einschlagen – wer weiß es. Aber überwinden werden wir's, einmal wird der Tag kommen, wo Friede emporsteigt, so hell, so klar, so still wie der Sternenglanz in der Sommernacht.

Und so wollen wir denn hingehen in unser Leben des Tages und tragen und leiden, was Gott uns beschert, tragen und leiden, männlich überwinden, aber menschlich auch.

Herr Gott, du bist die Wahrheit, du bist die Gerechtigkeit. Wir bitten nicht für unsere Lieben draußen im Felde, wenn's nötig ist, so sei ihr Leben dahingegeben, aber für unser Deutschland bitten wir, für seine Rettung, für seine Freiheit, für seinen Sieg. Und du wirst ihn geben, denn du bist die Wahrheit und die Gerechtigkeit, und dein ist die Kraft und die Herrlichkeit in Ewigkeit! Amen.

*

Seit Menschen auf Erden wohnen, ist Krieg der wesentliche Faktor, der eigentliche Schöpfer der Staatenbildung und in diesem Sinn elementare Erscheinung der Weltgeschichte, ein weltgeschichtliches Naturgesetz. Kriege brausen daher wie der Sturmwind, dessen Quelle und Triebkraft Menschenwille nicht fassen kann. Nur selten und sicher nicht in jedem Falle hat der Wille des Machthabers entscheidenden Anteil daran. Er selber ist von unsichtbaren Mächten geschobene Kraft. Der Gedanke ewigen Friedens ist daher ein Irrwahn, nicht ein Ideal, und nicht einmal unbedingt ein kulturelles Ideal. Völker, eines ewigen Friedens sicher und gewiß, müßten entnerven. Es ist nicht so, daß sie erst dann die Kraft und Mittel fänden, sich mit vollkommenem Erfolge den Aufgaben der Kultur zu widmen. Sie würden die Nervenstärke und die Spannkraft der Muskeln, den Ehrgeiz und die Energie verlieren, ohne die auch geistige und wirtschaftliche Kultur nicht blühen kann. Lange Friedenszeiten sind gewiß ein Segen und ein Glück. Unsegen und Unglück würden sie als ein den Menschen ewig garantiertes Gut. Ist der Krieg ein weltgeschichtliches Naturgesetz, dann ist er auch als Zulassung göttlicher Weltordnung zu verstehen, als Gottesurteil ewiger Gerechtigkeit, als Volltreffer des Weltgerichts in diesem Sinn.

Es war zuletzt wieder eine arme, eine trübselige Zeit im Vaterland. Man ruft sie nicht gern in die Erinnerung zurück. Wo waren wir hingeraten in Haß und Argwohn, Verbitterung und Nörgelei? Schienen wir oft noch Bürger eines Staates? Es war keine rechte Freude mehr am Reich. Wir begingen Jahrhundertfeiern, aber Worte verhallten und viele standen beiseite. Man tat seine öffentliche Schuldigkeit, aber sie war eine Last. Wann und wie es besser werden sollte, wußte keiner.

Da leuchteten Gottes Blitze und erhellten den Abgrund. Da ertönte der Schlachtruf der Feinde und legte uns die Hände ineinander. Wir sahen Wunder und erlebten das Größte. Es kam der 4. August. Der Kaiser kennt keine Partei, nur Deutsche ohne Unterschied von Stand und Konfession. Er und sein Volk gelobten sich im Handschlag Treue durch Not und Tod. Einmütig und schnell gibt die Vertretung des deutschen Volkes, was immer das Reich bedarf für Krieg und Sieg. Diese Stunden, diesen einzigen Tag nicht verlieren, nicht innerlich, nicht äußerlich, das wäre der Siegespreis daheim. Der 4. August, er wäre würdig, der nationale Festtag der Deutschen zu sein, der Tag der Sammlung aller um das Vaterland.

(Deutsche Reden in schwerer Zeit, gehalten von den Professoren an der Universität Berlin. Bd. I. Berlin 1915)

RECHTE SEITE: »Zum Sturm, Gewehr rechts! Marsch, Marsch, Hurra!« – ein deutsches Vorkriegsgemälde. Den Kriegsverlauf dachte man sich im Sommer 1914 noch als raschen Durchbruch im Stil von 70/71.

FOLGENDE SEITEN: Hindenburg und Ludendorff auf ihrem Feldherrnhügel bei Tannenberg, während hinter ihnen die Stabsoffiziere eifrig arbeiten und unter ihnen die russischen Gefangenen entlangziehen – ein Gemälde von Hugo Vogel.

Die Sorge, zu spät zum ersten Gefecht zu kommen

Unter den Soldaten, die im August 1914 nach Frankreich eindrangen, befand sich auch der Leutnant Erwin Rommel, der im Zweiten Weltkrieg als »Wüstenfuchs« und Hitlers Generalfeldmarschall Berühmtheit erringen sollte. Seine Schilderung der hektischen Tage nach Kriegsausbruch steht beispielhaft für die Stimmung der jungen Offiziere von 1914, denen es mit dem großen Abenteuer Krieg gar nicht schnell genug gehen konnte.

Ulm, 31. 7. 1914. – Unheimlich schwer liegt »die drohende Kriegsgefahr« über deutschem Land. Überall ernste, verstörte Gesichter! Unglaubliche Gerüchte laufen um und finden rascheste Verbreitung. Schon seit Tagesgrauen sind alle Anschlagssäulen belagert. Ein Extrablatt jagt das andere.

Zu früher Stunde rückt die 4. Batterie Feldartillerieregiments Nr. 49 durch die alte Reichsstadt. Die Wacht am Rhein schmettert kräftig durch die engen Gassen. Fenster fliegen auf, alt und jung singt und zieht begeistert mit.

Ich reite als Infanterie-Leutnant und Zugführer der schmucken Fuchsenbatterie, zu der ich seit 1. März kommandiert bin. Wir traben in den sonnigen Morgen, machen unsere Übungen wie an anderen Tagen und kehren dann wieder, von einer nach tausenden zählenden, begeisterten Menge begleitet, in die Kaserne zurück.

Als am Nachmittag auf dem Kasernenhof bereits Pferde angekauft werden, erwirke ich beim Regiment die Aufhebung meines Kommandos. Da es allem Anschein nach jetzt ernst wird, zieht es mich mit Macht zurück zu meinem Stammregiment, dem Infanterieregiment König Wilhelm I. (6. Württ.) Nr. 124, zurück zu den Musketieren der 7. Komp., deren letzte beiden Jahrgänge ich als Rekrutenoffizier ausgebildet habe. Mit dem Musketier Hänle packe ich in aller Eile meine wenigen Habseligkeiten zusammen. Spät abends erreichen wir unsere Garnisonsstadt Weingarten.

Am 1. August 1914 herrscht in der Kaserne des Regiments, dem mächtigen, alten Klosterbau in Weingarten, Hochbetrieb. Probeeinkleidung in Feldausrüstung! – Ich melde mich vom Kommando zurück und begrüße die Männer der 7. Komp., mit denen ich nun voraussichtlich ins Feld ziehen darf. Das ist ein Leuchten vor Freude, Begeisterung und Tatendrang in all den jungen Gesichtern. Gibt es etwas Schöneres, als an der Spitze solcher Soldaten gegen den Feind zu ziehen?

Um 18.00 Uhr Regimentsappell. Nachdem Oberst Haas sein Regiment in Feldgrau sich gründlich angesehen hat, hält er eine packende Ansprache. Beim Wegtreten kommt der Mobilmachungsbefehl. Nun ist es entschieden! Ein Jauchzen wehrfreudiger, deutscher Jugend klingt als Echo durch die altersgrauen Klostermauern.

Der 2. August 1914, ein ernster Sonntag! Abschiedsgottesdienst des Regiments bei strahlendem Sonnenglanz!

Abends marschiert das stolze 6. Württembergische Regiment mit klingendem Spiel und strammen Tritt aus der Garnison zur Verladung nach Ravensburg. Zu Tausenden zieht die Bevölkerung mit. Endlose Militärzüge rollen bereits mit kurzen zeitlichen Abständen der bedrohten Westgrenze zu. Unter nichtendenwollenden Hurrarufen fährt das Regiment bei einbrechender Nacht ab. Zu meinem größten Leidwesen muß ich noch einige Tage in der Garnison bleiben, um Ergänzungsmannschaften nachzubringen. Ich befürchte, dadurch zum ersten Gefecht zu spät zu kommen.

Erwin Rommel
als junger Offizier

Die Fahrt ins Feld am 5. August durch die herrlichen Täler und Auen der Heimat unter dem Jubel aller Volksgenossen ist schön. Die Truppe singt Lied auf Lied. Bei jedem Halt wird sie mit Obst, Schokolade und Brötchen überschüttet.

In Kornwestheim sehe ich noch für wenige Minuten Mutter und Geschwister, dann mahnt der scharfe Pfiff der Lokomotive zur Trennung.

Nachts geht es über den Rhein. Scheinwerfer tasten den Himmel nach feindlichen Fliegern und Luftschiffen ab.

Die Lieder sind verklungen. Auf Bänken und Fußböden schlafen die Musketiere im Sitzen und Liegen. Ich stehe auf der Lokomotive, sehe ins flackernde Feuer der Maschine und dann wieder hinaus in das Rauschen und Raunen der dunklen, schwülen Sommernacht. Was mögen die nächsten Tage bringen?

(Erwin Rommel, Infanterie greift an. Erlebnis und Erfahrung. Potsdam 1937)

LINKE SEITE: Vernichtung einer englischen Kavalleriebrigade bei Maubeuge am 23. August 1914. Die Zeichnung hält einen symbolischen Vorgang fest: Im Feuer des Maschinengewehrs brach nicht nur eine Reiterattacke, sondern überhaupt die Angriffsweise alten Stils zusammen. Alle Armeen hatten umzulernen.

Pferdestall der deutschen Kavallerie in St. Mihiel (Lothringen). Fast eine Million der treuen Vierbeiner war beim Westfeldzug dabei – als Reit- wie als Zugtiere; die Motorisierung befand sich erst in den Anfängen.

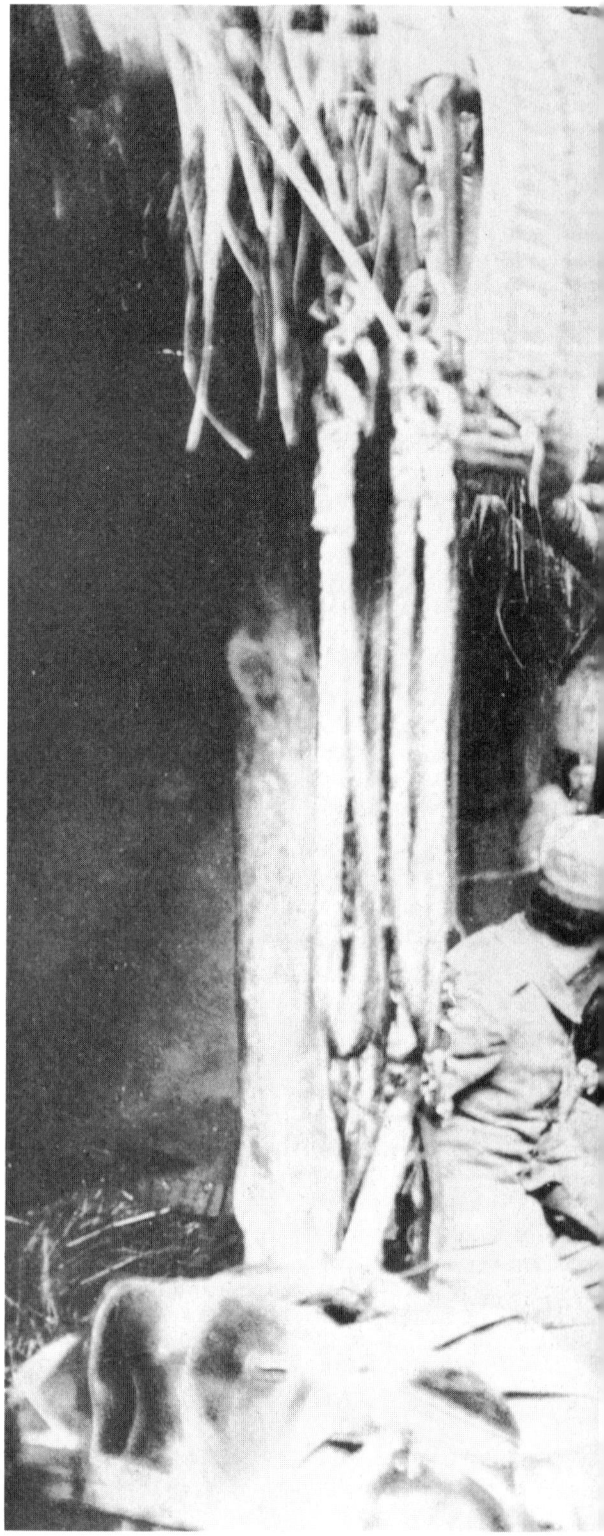

Diskussionen und Fehlentscheidungen, zumal beide Armee-Oberbefehlshaber die Lage unterschiedlich einschätzten. Außerdem hatten beide verschiedenartige, doch gleich vage Nachrichten über den Verbleib des britischen Expeditionskorps.
Klucks 1. Armee erhielt von Bülow den Befehl zur Änderung der gegenwärtigen Marschrichtung: Sie sollte schärfer nach Süden einschwenken. Kluck hielt den Befehl für falsch und fügte sich nur grollend. Im nachhinein gesehen war der Befehl tatsächlich falsch: In der alten Richtung hätte Kluck die Engländer von der Flanke her umgehen können, so aber prallte er bald frontal auf sie. Noch am 21. August hatte die OHL informiert, daß »Landungen in größerem Umfang noch nicht erfolgt sind«. Am folgenden Abend war im Stab der 1. Armee bekannt, daß bei Casteau in Belgien (wo sich jetzt das NATO-Hauptquartier Europa befindet) eine englische Reiterschwadron gesichtet und ein aus dem Raum Maubeuge anfliegendes britisches Flugzeug bei Enghien abgeschossen wurde: Das britische Expeditionskorps war da! Nur, die Stärke und die Position blieben unbekannt.
Am nächsten Tag, dem 23. August, sollte die 1. Armee ins Ungewisse hinein angreifen.
In der 250 Kilometer von der 1. Armee entfernten Koblenzer OHL herrschte Nervosität; nicht nur wegen der Engländer. In Ostpreußen standen die Russen. In Elsaß-Lothringen wurde erbittert gekämpft. Und nun, am 22. August, hatte eine französische Offensive in Richtung Luxemburg begonnen.
Drei französische Armeen stürmten gegen die deutschen Verteidigungslinien in den Ardennen an. Die französische Führung hatte in diesem bewaldeten Mittelgebirge, in denen die wenigen Straßen durch tiefe Schluchten oder enge Täler verlaufen, nur schwache deutsche Kräfte vermutet und die Operation in nachlässiger Stabsarbeit angelegt.
Bei glühender Hitze griffen die Franzosen voller Tapferkeit an. Ihre 7,5-cm-Geschütze mit der rasanten Schußbahn fanden in den schmalen, gewundenen Waldtälern kein Schußfeld. Dagegen vermochten die deutschen Feldhaubitzen im indirekten Richten präzise sitzendes Steilfeuer zu schießen. Französische Kavallerie attackierte wie anno 70, obwohl das Gelände nicht für Reitertruppen taugte und überall die deutschen Maschinengewehre in gedeckten Feuerstellungen lauerten – sie mähten die Reitermassen zusammen. Die Straßen waren verstopft von Pferdewagen der Transportkolonnen und der Artillerie – es kam zu wilden Nahkämpfen. Trotz aller Bravour brach die französische Offensive zusammen.
Die Niederlage war ein Schock. Unverantwortlich hoch lagen die Verlustzahlen, und in der französischen Führung nistete sich die Überzeugung ein, daß die Ardennen absolut nicht kämpfend überwunden werden kön-

nen. Das war den französischen Leutnants von 1914 so drastisch klar geworden, daß sie auch knapp 26 Jahre später – inzwischen zu Regiments- und Divisionskommandeuren geworden – nicht glauben mochten, daß die Deutschen ihrerseits einmal einen Angriff über die Ardennen hinweg wagen würden. Daher die vollständige Überraschung, als es im Mai 1940 dann doch geschah.

Am 22. August um die Mittagszeit entschloß sich Bülow, mit seiner 2. Armee »die Gunst der Stunde zu nutzen« und die nördlich der Ardennen stehende, im ganzen Debakel unversehrt gebliebene französische 5. Armee anzugreifen und den schwierigen Sambre-Abschnitt zu überschreiten.
Dieser Angriff war eigentlich erst für den 23. August

morgens – und dann zusammen mit der südlich stehenden 3. Armee (v. Hausen) – vorgesehen. Bülow – beschäftigt mit der Vorverlegung des Angriffs und der gleichzeitigen Führung der ihm unterstellten 1. Armee – versäumte im Drang der Arbeit, die 3. Armee von seinem vorzeitigen Losschlagen zu informieren. Zwangsläufig blieb Hausens 3. Armee an ihrem Platz, nur die Armee Bülow griff an, warf die französische 5. Armee zwar zurück, doch der vollständige Vernichtungssieg wäre nur zustande gekommen, wenn Hausens Armee die feindlichen Nachschublinien abgeschnitten und die Franzosen eingekesselt hätte.

Der Sommer 1914 war besonders heiß. Die Soldaten marschierten durch Staub und Sonnenglast – die der 1. Armee hatten bereits bei ihrem Schwenkungsmanöver 340 Kilometer zurückgelegt – zu Fuß, mit Gepäck und Waffen, in dicken Uniformröcken. An manchen Tagen hatten sie Strecken von 45 Kilometern überwunden.

Im morgendlichen Nieselregen des 23. August marschierte die 1. Armee den britischen Expeditionsstreitkräften entgegen, ohne genau zu wissen, wo diese sich befanden. Zwischen den Bergarbeitersiedlungen, Schlackenhalden und Schachtanlagen der belgischen Stadt Mons stieß deutsche Kavallerie plötzlich auf britische Reiter und Infanteristen. Es war Sonntag, die Glocken läuteten, und die Zivilbevölkerung ging ahnungslos in die Kirche. Schnell entwickelte sich ein erbitterter Kampf gegen zwei englische Divisionen, die sich jedoch in der Nacht unerkannt absetzen konnten. Die Deutschen gewannen die Schlacht von Mons, verloren aber einen Tag ihres Vormarsches. Auch die anderen Armeen des rechten Flügels meldeten an diesem Tag gloriose Siege.

Der linke Flügel konnte gleichfalls über Triumphe berichten: Die vorwiegend bayerischen Truppen des Kronprinzen Rupprecht waren weiter nach Französisch-Lothringen vorgestoßen, bis nach Lunéville und an den Oberlauf der Vezouse. Die geschlagenen Franzosen wichen ungeordnet zurück. Rupprechts Truppen mußten bald die starken französischen Festungswerke erreichen. Sie hofften auf die »Dicken-Berta-Mörser«, die in Belgien mit den mächtigsten Sperrforts der Welt fertig geworden waren.

Moltke hätte jetzt nach dem Schlieffen-Plan den linken Flügel stoppen müssen. Verlockend aber schien nun ein Zangenangriff beider Flügel. Doch reichten die Kräfte dafür aus? Die prekäre Lage der Ostfront verlangte dort dringend weitere Verstärkungen.

Immer neue Siegesnachrichten aus dem Westen und bedrückende Meldungen aus dem Osten machten die Entscheidung schwer. Hinzu kam, daß mit wachsender Entfernung der Front die Fernmeldeverbindungen und damit die Informationen immer dürftiger wurden. Das

OBEN: In der französischen Armee – wie auch in der ihres englischen Verbündeten – dienten zahlreiche Kolonialsoldaten – Anlaß für nationalistische Kreise in Deutschland, sich immer wieder über die »Neger und Mongolen« zu ereifern.

RECHTS: Ein verwundeter englischer Soldat wird von seinem Kameraden gestützt. Früher als erwartet erschienen die Engländer auf dem belgisch-nordfranzösischen Kriegsschauplatz und brachten den Zeitplan des deutschen Vormarschs erheblich durcheinander.

Zustandekommen von Telefongesprächen dauerte oft Stunden; Störungen überlagerten die ohnedies minimale Lautstärke. Die Offiziere brüllten in die Hörer, um vom Gesprächspartner verstanden zu werden. Mittendrin brachen Gespräche zusammen, und es dauerte lange, ehe die Verbindungen wiederhergestellt wurden. Entstellende Hörfehler waren häufig.

Dennoch: Im Westen überall Sieg. Am 25. August befahl Kluck seiner Armee: »Verfolgung des geschlagenen Gegners ... mit größter Energie!«, und Bülow erteilte die Order: »Verfolgung des geschlagenen Feindes in südwestlicher Richtung mit größtmöglicher Energie!«

Im Hauptquartier zu Koblenz entstand der Eindruck, daß der Sieg fast mit den Händen zu greifen sei. Moltke

Ein deutsches Feldgeschütz wird in Stellung gebracht. »Saubere Arbeit«, nannte ein Augenzeuge die Wirkung der Artillerie. »Im Chausseegraben, den wohl eine feindliche Nachhut behauptet hat, liegt Toter bei Totem.«

zog deshalb 2 Korps, die Namur bis zu dessen Fall belagert hatten, vom rechten Flügel ab und ließ sie an die Ostfront transportieren. Der rechte Flügel wurde dadurch freilich geschwächt. Der linke Flügel mit 2 Armeen unter Kronprinz Rupprecht sollte in Französisch-Lothringen weiter vorgehen und die Festungsfront zwischen Toul und Epinal durchbrechen, um die Franzosen völlig einzukreisen.
Nur: Die Entscheidungsschlacht des rechten Flügels war keineswegs geschlagen, der Gegner nicht besiegt – er hatte sich nur zurückgezogen und seine Kampfkraft erhalten.
In der Heimat nahm der Jubel kein Ende: Es war, wie alle es zu Kriegsbeginn gesagt hatten: »Immer feste druff, und in sechs Wochen ist alles zu Ende!« Die Leute zu Hause wollten auch etwas vom Krieg erleben, und eine Psychose brach aus, Gerüchte schwirrten: Mit Gold beladene Automobile sollten angeblich, von Frankreich kommend, über Deutschland nach Rußland fahren, um die Kriegskasse des Zaren zu füllen. Andere Autos wiederum sollten Spione befördern, überhaupt: Jeder Fremde war zweifelsohne ein Spion.
Bauern streiften mit Jagdgewehren über Feld und Flur, emsig Verdächtige suchend. Straßensperren wurden errichtet, Autos zum Halten gezwungen, durchsucht und – falls die Haltezeichen nicht bemerkt wurden – sofort beschossen. Es gab Tote und Verletzte. Immerhin wurde in Kattowitz tatsächlich die lange gesuchte Frau des russischen Kundschaftsoffiziers Rittmeister Iwanow festgenommen. Die Österreicher wiederum verhafteten im galizischen Poronin eine verdächtige Person namens Iljitsch Uljanow, einen Berufsrevolutionär, der sich Lenin nannte. Zwei sozialistische Abgeordnete verbürgten sich dem Wiener Innenministerium gegenüber: Lenin sei ein erbitterter Feind des Zaren und möglicherweise nützlich. Er wurde freigelassen und durfte in die Schweiz ausreisen.

Die Zeitungen schrieben in einem allgemeinen Pathos nur noch von »unseren Helden«, den »tapferen Feldgrauen« oder den »wackeren Streitern«. Die Deutschen – als Volk der Dichter und Denker – begannen Verse zu schmieden, und die Presse druckte so ziemlich alles ab, was sich auf Heldenmut und Heldentod reimte: »Wir greifen an, und ein Hund, wer meint, heut' würde Pardon gegeben. Schlagt alles tot, was um Gnade fleht, schießt alles nieder wie Hunde. Mehr Feinde, mehr Feinde sei euer Gebet ...«

Kaum Sinn für Poesie verspürten die Soldaten, die noch immer marschierten und kämpften – und sich mit jedem Kilometer weiter von den Nachschubbahnhöfen entfernten. Jeder Kilometer weiter überdehnte auch die Fernmeldeverbindungen. Die Fronttruppe hatte in einer ständigen Folge von Gefechten, Schlachten und Belagerungen den Gegner vor sich her gedrückt und noch immer keine Umfassungsschlacht schlagen können.

Nach zehn Tagen deutscher Offensive verließen aus Belfort herangebrachte französische Truppen im Raum von Amiens die Transportzüge: General Joffre, der französische Oberkommandierende, stellte eine neue Armee auf und bereitete gelassen seinen Gegenschlag auf den rechten deutschen Flügel vor. Joffre erschien bei seinen Kommandeuren an der Front. Moltke dagegen saß noch immer im unsinnig aufgeblähten Hauptquartier in Koblenz. Vom ersten Tage an lebten dort auch das Kaiserpaar mit dem kaiserlichen Hof, und alle gingen sie Moltke mit ihrem Wechsel von läppischen Freudenausbrüchen und tiefer Niedergeschlagenheit auf die Nerven.

Eine Frontreise erschien ihm bedenklich, denn er hatte sich gleichzeitig auch um die Situation im Osten zu sorgen. Im Westen lief offenkundig alles gut. Die Franzosen befanden sich im vollen Rückzug auf Paris. Nach Moltkes Beurteilung kam es darauf an, »durch baldigen Vormarsch auf Paris die französische Armee nicht zur Ruhe kommen zu lassen, Neubildungen zu verhindern und dem Lande möglichst viele Streitmittel zu entziehen«. Er entschied sich zu einem allgemeinen Angriff auf breiter Front – der Schlieffen-Plan war zweitrangig geworden. Am 27. August erging eine entsprechende Weisung mit den Angriffsrichtungen und -zielen an die West-Armeen. Es dauerte zwölf Stunden, ehe sie die 1.

und 2. Armee am äußersten rechten Flügel erreichte. Gerade zu diesem Zeitpunkt hatte der eigenwillige Generaloberst v. Kluck den Generalobersten v. Bülow zu einer Rechtsschwenkung seiner Armeen überredet, um die zurückgehenden Franzosen noch vor Paris zu umfassen und zu schlagen. Kluck sah sich auf sich selbst angewiesen, denn Moltke mit der OHL war fern, und nur selten erreichte ihn ein Funkspruch. Die 1. Armee besaß lediglich zwei Funkgeräte, von denen nur eines in der Lage war, die OHL zu erreichen, die ihrerseits nur einen einzigen Empfänger hatte. Einschließlich der Zeit für das Ver- und Entschlüsseln dauerten selbst Funksprüche mit höchster Dringlichkeitsstufe bis zu 24 Stunden, ehe sie den Empfänger erreichten.

Das Feldtelefon war für die Überbrückung großer Entfernungen unbrauchbar und auch anfällig für Sabotageakte. Der französischen Armee stand dagegen das zivile Telefonnetz zur Verfügung, aber auch das Feldtelefon, denn sie hatten kürzere Strecken zu überbrücken.

Deshalb verlegte die OHL am 29. August ihr Hauptquartier von Koblenz nach Luxemburg in eine geräumte Mädchenschule. Auf der Bahnfahrt schwadronierte der Kaiser: »Ein Unteroffizier hat mit 45 Schuß 27 Franzosen umgelegt – zwei Meter hohe Leichenhaufen!« Der Monarch residierte in Luxemburg in der deutschen Botschaft, Moltke war sehr erleichtert, ihn nicht ständig um sich haben zu müssen. Er schrieb seiner Frau: »Ich werde ganz krank, wenn ich dort das Gerede höre.« Bis zur Armee des Generalobersten v. Kluck waren es immer noch 200 Kilometer.

OBEN: Deutsche 10-cm-Langrohrkanonen vor Paris – für eine Beschießung der Stadt zu weit entfernt.

RECHTS MITTE: Trümmer und weggeworfene Ausrüstungsstücke auf den Vormarschstraßen gaben der deutschen Führung in den letzten Augusttagen die Überzeugung, der Rückzug des Feindes sei ungeordnete Flucht; eine beschleunigte Verfolgung werde ihr schnell ganze Armeen in die Hände fallen lassen – ein verhängnisvoller Irrtum.

RECHTS UNTEN: In den Vororten von Paris wurden Straßensperren und Feldbefestigungen errichtet. Der Militärgouverneur Galliéni erließ einen Aufruf: »Ich habe den Befehl, Paris gegen den Eindringling zu verteidigen. Diesen Befehl werde ich bis zum Ende durchführen.« Dabei war, wie derselbe Galliéni selbst an Generalissimus Joffre meldete, die Stadt gar nicht in der Lage, Widerstand zu leisten, wenn die Armeen im Felde einmal geschlagen waren. In der Nacht vom 2./3. September 1914 setzte sich daher auch die Regierung nach Bordeaux ab.

Als Soissons am 1. September von den Deutschen besetzt wurde, erteilte Generalissimus Joffre den Befehl zum Rückzug. Wenngleich die französischen Armeen noch intakt waren, mehrten sich doch die Zeichen beginnender Auflösung. Frankreich stand am Rande einer Katastrophe.

In der OHL herrschte Optimismus, zumal inzwischen die erlösende Nachricht vom grandiosen Sieg bei Ortelsburg und Neidenburg eingetroffen war – eine klassische Vernichtungsschlacht, die man fortan die »Schlacht von Tannenberg« nannte. Moltke aber wirkte bedrückt: Die Versorgung der vormarschierenden Armeen mit Munition, Verpflegung und Personalersatz gestaltete sich immer schwieriger. Um Paris herum versammelten sich französische Truppen in einer ihm nicht bekannten Zahl. Ihn überfiel die Furcht, daß der rechte Flügel an den Flanken bedroht sein könnte.

Sein Gegenspieler Joffre wurde von anderen Sorgen geplagt: Sein Rückzug und der deutsche Vormarsch ließen ihm nur noch drei Bahnlinien zur Versorgung seiner Armeen übrig. Eine lief jedoch dicht an der Front entlang, eine zweite würde bald überrollt sein. Wie sollten die Armeen noch kämpfen?

Womöglich noch ernster war die Stimmung der französischen Regierungsmitglieder, die sich unter Vorsitz von Ministerpräsident Poincaré zu einer Sondersitzung versammelten und den Beschluß faßten, Paris zu verlassen. Am Abend des 2. September siedelte die französische Regierung nach Bordeaux um. Tags darauf flüchteten allein vom Orléans-Bahnhof 50000 Pariser aus der

LINKS: Rast der Infanterie in einem Straßengraben bei Paris. Besonders die Truppen der 1. Armee des Generaloberst v. Kluck hatten, auf dem äußersten rechten Flügel marschierend, ungeheure Strecken zu bewältigen.

RECHTS: Im Taxi an die Front. Die Ausfahrt von 6000 Soldaten mit den Autos der Pariser Fuhrunternehmer wurde zum gefeierten Ereignis – militärisch hatte sie wenig Nutzen.

Stadt. Im Stadthaus zu Paris beriet man bereits über die Art des Empfangs der deutschen Armeebefehlshaber. Andererseits strömte vor den Deutschen flüchtende Landbevölkerung nach Paris hinein und brachte wilde Gerüchte mit. Einzelne deutsche Flieger knatterten am Himmel und warfen Bomben. General Galliéni, der Militärgouverneur, ließ Feldbefestigungen anlegen.

Unaufhaltsam rückten die deutschen Schützenschleier hinter einem Schirm von Ulanen-, Husaren- und Dragonerpatrouillen vor. Dahinter die Infanteriekolonnen – Mann für Mann 200 Patronen in den Taschen. Generaloberst v. Kluck befahl seiner Armee am 3. September eine erneute Schwenkung, fast direkt nach Süden, um sich vor Paris legen zu können und die zurückflutenden Franzosen aufzufangen. Da flog in 800 Meter Höhe ein zerbrechlich wirkendes Flugzeug an, hoch über den Kolonnen. Es warf keine Bomben, sondern kreiste und drehte wieder ab. Später erschien es wieder – oder war es ein anderes? Französische und britische Aufklärungsflieger hatten die Rechtsschwenkung Klucks beobachtet. Sie spähten nicht aus einem Waldrand heraus wie die Reiterpatrouillen, sie sahen von oben den ganzen Heerwurm, die Artillerie, den Troß. General Joffre erhielt von den Fliegern kurz danach Informationen, wertvoller als sie ein ganzes Kavalleriekorps hätte einbringen können.

Etwa zum gleichen Zeitpunkt hatten sich Kavalleriepatrouillen und pommersche Grenadiere des deutschen II. Armeekorps dem Stadtrand von Paris bis auf 18 Kilometer genähert.

Joffre erteilte seinen Armeen am 4. September den Befehl zum Gegenangriff, der am 6. September beginnen müsse. Dabei sollte die neugebildete französische 6. Armee die kaum geschützte Flanke der deutschen 1. Armee überrennen.
Doch schon am 5. September geriet bei Meaux das IV. Reservekorps mit französischen Truppen ins Gefecht, die weit stärker waren als angenommen. Weitere deutsche Verbände wurden in die Kämpfe hineingezogen – es entwickelte sich an der Marne, dort wo das Flüßchen Ourcq einmündet, eine tagelang anhaltende Schlacht mit Joffres zum Angriff bereitgestellten Großverbänden.
Am 6. September donnerten die Kanonen auf der gesamten Frontlänge von Verdun bis in den Raum Paris: Die Franzosen griffen an! Der energische General Galliéni beschlagnahmte alle Kraftdroschken von Paris, ließ seine Infanteristen aufsitzen und an die Front fahren: Zum ersten Mal in der Geschichte wurden Truppen auf Kraftfahrzeugen ins Kampfgebiet transportiert. Sehr bald entstand die Legende, daß die Pariser Taxis den Sieg in der Marne-Schlacht herbeigeführt hätten. Tatsächlich wurden mit 1100 Taxis ganze 6000 Soldaten zur Front gebracht. Sie kamen dort in großer Unordnung an und griffen erst in die Kämpfe ein, als sich die Deutschen schon auf dem Rückzug befanden. Das Unternehmen lohnte sich höchstens für die Taxiunternehmer: Die französische Armee bezahlte für den Truppentransport insgesamt 70102 Franc.
Zwischen der deutschen 1. und 2. Armee war eine Lükke in der Front entstanden. Das in der Nähe stehende britische Expeditionskorps bemerkte sie, hielt das Ganze aber für eine Falle und schob äußerst vorsichtig Kavallerie-Einheiten heran. Deutsche Kavallerie verschleierte außerdem die Lücke. General Galliéni raffte die bereits stark abgeschlagene französische 5. Armee zusammen, um seinerseits in die Lücke vorzustoßen. Diese Bewegung lief jedoch erst langsam an.
Auch in Luxemburg starrten die Offiziere der OHL auf diese bedrohte Stelle, die sich in der Lagekarte als ein

weißer Fleck zwischen blauen Pfeilen darbot. Reserven, um die Lücke zu schließen, gab es nicht. Dem rechten Flügel fehlten die beiden in den Osten abgezweigten Korps. Moltke sah die ganze Situation mit Unbehagen: »Sieg heißt Vernichtung der Widerstandskraft des Feindes«, sagte er bereits am 4. September. »Wenn sich Millionenheere gegenüberstehen, dann hat der Sieger Gefangene. Wo sind unsere Gefangenen?«

Am 6. September hatte er den Oberstleutnant Hentsch, Feindlage-Experten der Obersten Heeresleitung, an die Front geschickt, um die Lage zu beurteilen. Hentsch erhielt seinen Auftrag mündlich und sah darin eine Vollmacht zu selbständigem Handeln. Angesichts der Notwendigkeit einer schnellen Entschlußfassung und andererseits der langen Zeit, die Funksprüche zur Übermittlung benötigten, erscheint eine Handlungsvollmacht auch angemessen.

Hentsch trat seine Frontfahrt am 8. September mit dem Automobil an (er hatte bereits am 5. schon einmal Kluck und Bülow aufgesucht) und bereiste umständlich sämtliche Stäbe der Armeekorps und der Armeen. In der Nacht vom 8. zum 9. erhielt er bei der 2. Armee den Eindruck einer höchst gefährlichen Situation. Am 9. suchte er die 1. Armee auf, deren Oberbefehlshaber äußerst zuversichtlich erschien. Doch Hentsch schilderte die Lage der Nachbararmee in schwärzesten Farben: Sie sei »nur noch Schlacke«. Hentsch als Bevollmächtigter der OHL hatte bereits an die 2. Armee Weisung zum Rückzug erteilt, den Bülow auch schon eingeleitet hatte. Kluck dagegen und sein Chef des Stabes weigerten sich zurückzugehen, mußten aber endlich nachgeben: Hentsch malte ihnen die Katastrophe des Unterganges an die Wand. Wider besseres Wissen befahl schließlich auch Generaloberst v. Kluck den Rückzug – mitten aus dem Sieg heraus.

Zur gleichen Zeit beriet die französische Generalität über den Zeitpunkt, da sie – angesichts der unhaltbaren Lage – ihren Armeen den Rückzug hinter Paris befehlen sollte.

Es hat Schlachten und Gefechte an der Marne gegeben – die Marne-Schlacht selbst hat nie stattgefunden. Die Truppe – mitten im Siegeslauf – verstand überhaupt nicht, was vor sich ging. Hauptmann Bade vom Füsilierregiment 90 hatte mit seiner 7. Kompanie am Abend des 9. September das Dorf Boissy erobert und schrieb ins Tagebuch: »Am Südrand des Dorfes bot sich uns der ... überwältigende Anblick eines in völliger Auflösung und Unordnung zurückweichenden Feindes ... Wir schossen uns bis Visier 1400 richtig satt; denn ein soeben eingetroffener Befehl zwang uns, dem Feinde nicht über Boissy nach Süden zu folgen.« Generalleutnant v. Kluge hatte »erschüttert und zähneknirschend« diesen Befehl erteilt. Im Stab des IX. Armeekorps wurden Stimmen laut, den Rückzugsbefehl der OHL nicht auszuführen. Der Kommandeur des Feldartillerieregiments 9 weigerte sich, seine Batterien zurückzuziehen. Schließlich sagte Generalmajor Bloch von Blottnitz zu ihm: »Na, dann bleiben Sie bitte allein hier!«

Der Leutnant Ebeling vom Füsilierregiment 86 hatte im Biwak von Bargny die Aufregung und den Abmarsch der Truppe verschlafen. Anderentags erwachte er und ging – seine Kameraden auf dem Vormarsch wähnend – über eine Stunde lang feindwärts, ohne auf französische Soldaten zu stoßen. Beim Infanterieregiment 24 traf ein Haltebefehl ein, der als ein Zeichen der günstigen Lage angesehen wurde, da soeben verwundete Franzosen erklärt hatten: »Frankreich perdu! Alle geflohen!« Weil kein Feind mehr zu sehen war, sangen die Infanteristen an offenen Lagerfeuer Lieder, und es spielte die Regimentsmusik.

Mit der Hand am Helm meldete Major Graf zu Rantzau dem Kommandeur des Grenadierregiments 2: »Herr Oberst, ich melde gehorsamst, daß wir das Vertrauen in die Führung verloren haben ...!« Und ein Musketier schrieb in einem Feldpostbrief: »Wie Diebe, die sich erbärmlich und feige vorkommen, schlichen wir zurück.«

Die Soldaten, die bis an die Grenze ihrer Leistungsfähigkeit gekämpft hatten und marschiert waren, mochten nicht mehr. Die Disziplin lockerte sich. Hunderte von Nachzüglern folgten den geschlossenen Kolonnen, hungrig, müde, ächzend unter dem schweren Gepäck. Von einem Offizier zur Rede gestellt, sagte ein Soldat: »Haben wir unsere Pflicht nicht getan?«

Auf der Feindseite wurde der Rückzug der Deutschen für eine Finte gehalten. Die französische Führung sah noch immer den nächsten Tagen mit größter Sorge entgegen. Leutnant Roussel vom Infanterieregiment 262 schrieb: »Wir hielten die Schlacht für verloren.« Der Kanonier Lintier, französische 7. Division, teilte seiner Familie am 9. September mit: »Wir sind geschlagen – geschlagen. Der Feind geht auf Paris!«

Am 12. September befahl v. Moltke den zurückgehenden Flügelarmeen, sich nördlich der Aisne einzugraben. Oberst Bauer, ein Offizier in Generalstab, über Moltke: »... völlig zusammengebrochen. Er saß bleich vor der Karte, apathisch – ein gebrochener Mann.«

Deutsche Truppen im Schützengraben. Ergebnis der vorzeitig abgebrochenen Marne-Schlacht war das Erstarren der Fronten. Die deutschen Armeen, vorerst nicht mehr fähig, den Bewegungskrieg fortzusetzen, zogen sich hinter die Aisne zurück und gruben sich ein.

FOLGENDE SEITEN: Der Fortgürtel der Festung Namur (Belgien), die am 25. August 1914 in deutsche Hände fiel – Bildbeilage zum reich ausgestatteten Nachkriegswerk »Geschichte des Völkerkrieges« von 1920.

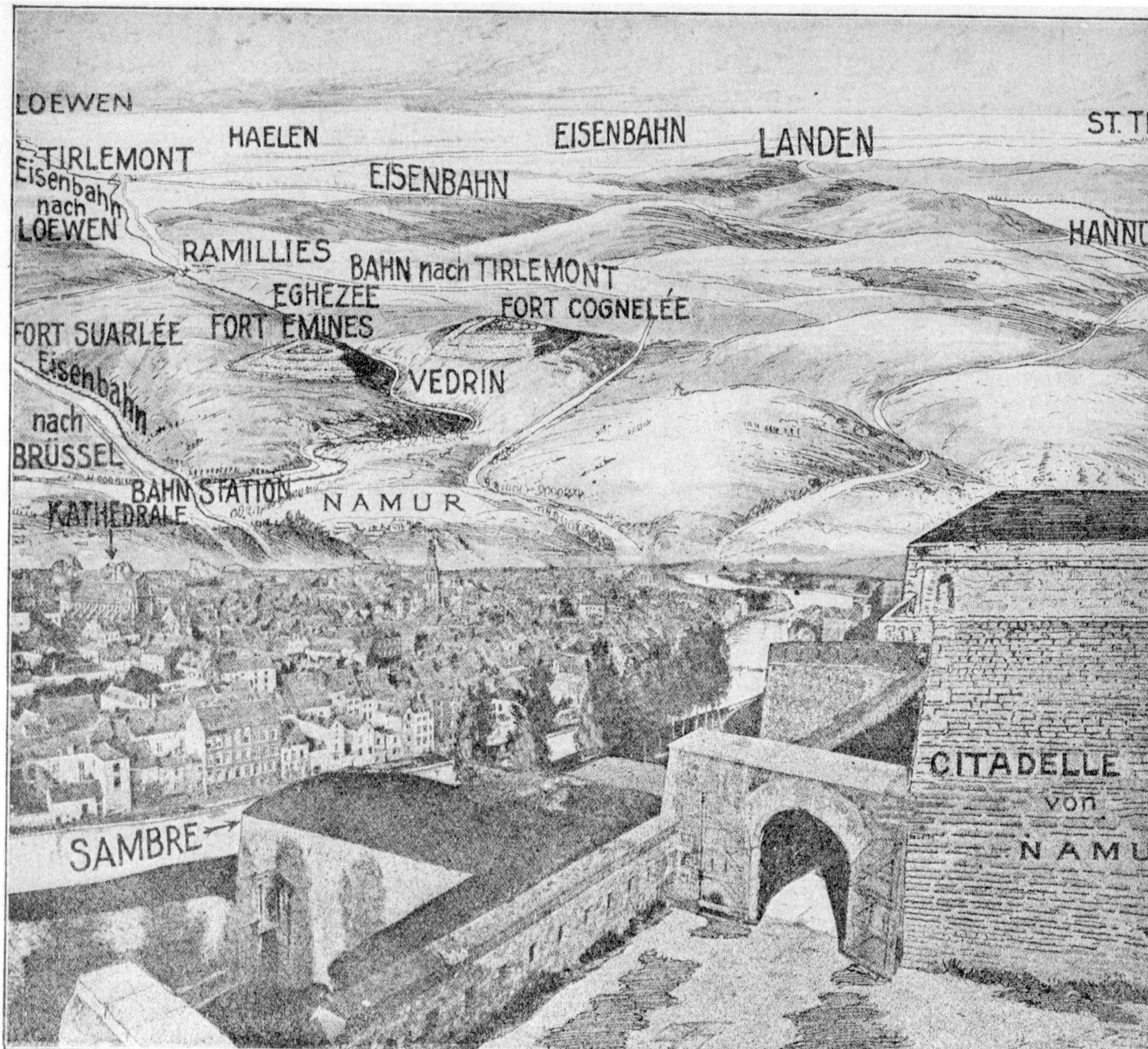

Der Fortgürtel der Festung Namur, deren Außen

Grundriß eines Panzerforts.

a) Hebbare Panzertürme für schwere, weittragende Geschütze.

b) Panzertürme für leichte Nahkampfgeschütze.

c) Panzertürme für Beobachtungsstände.

d) Spitzgraben.

e) Kehlgraben.

f) Kehlkaserne.

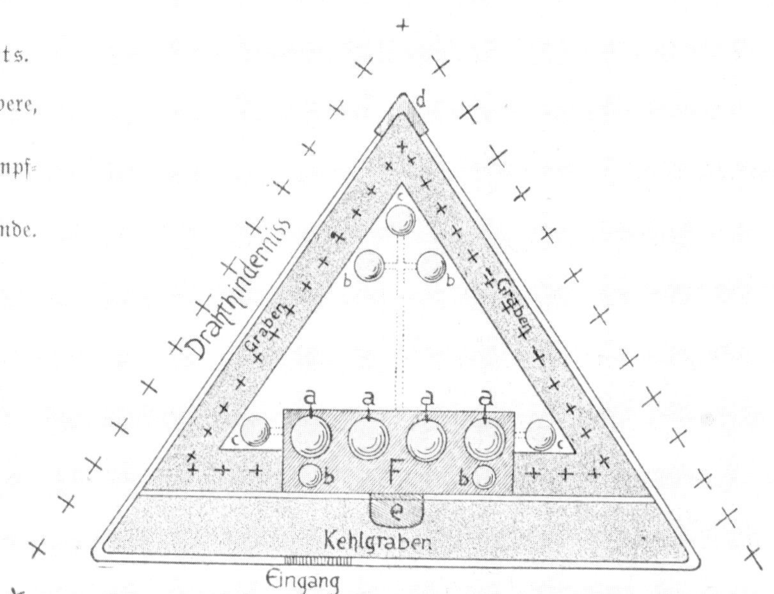

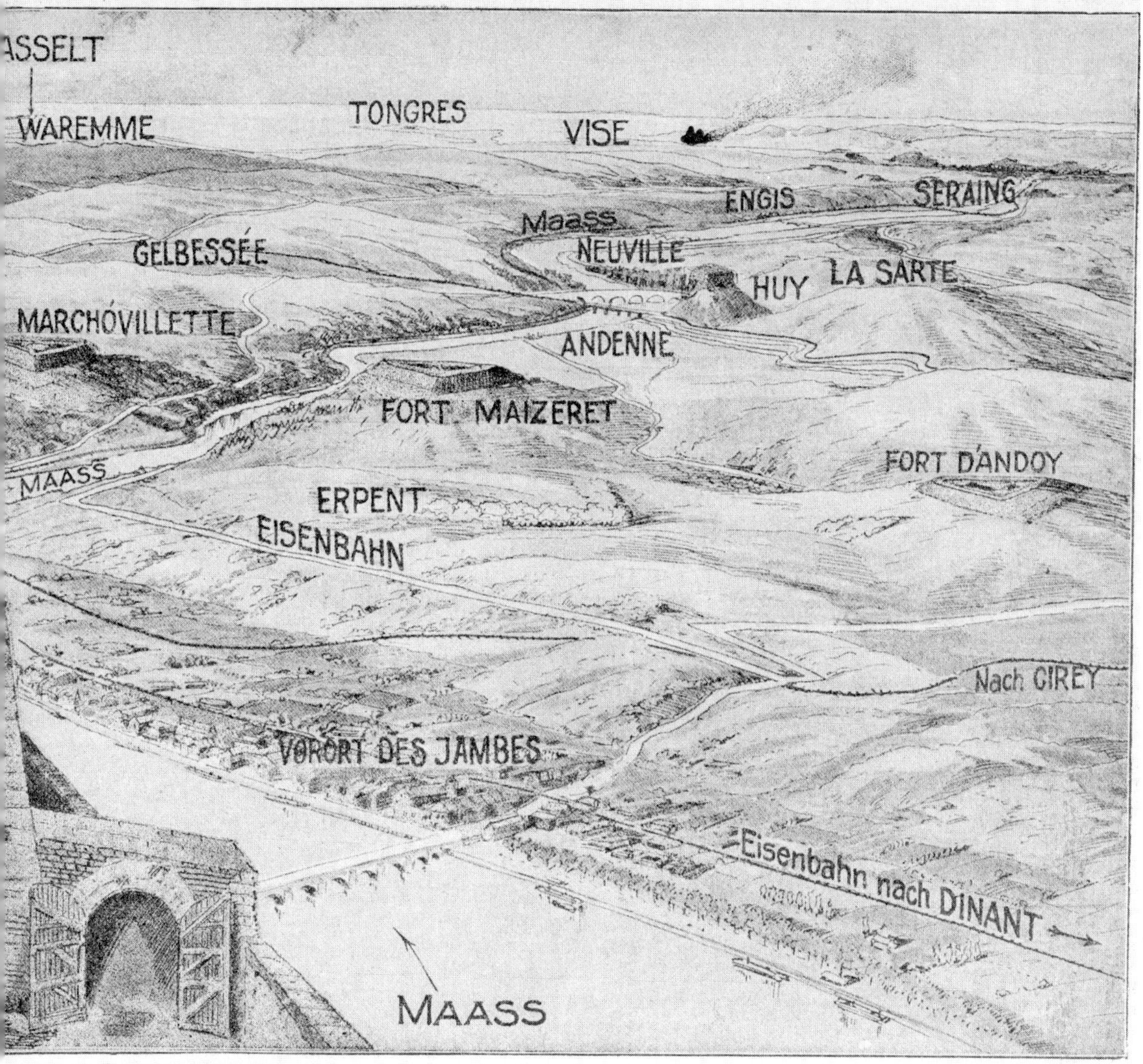

g aus sechs Forts mit Zwischenwerken bestand

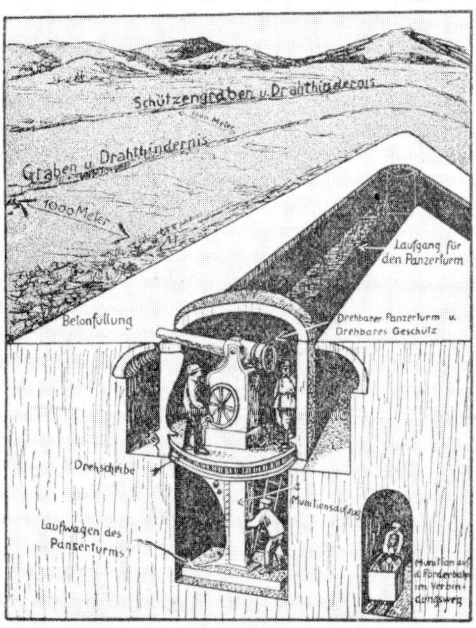

Durchschnitt eines Panzerforts mit drehbarem Panzergeschütz.

Das Vorgelände ist durch ausgedehnte Drahthindernisse, tiefe trockene Gräben und hohe Böschungen befestigt. Die Panzertürme, welche die Geschütze bergen, sind vollständig in eine Betonfüllung eingebettet, so daß nur die drehbaren Panzerkuppeln daraus hervorragen. Innerhalb der Betonbettung befinden sich von einem Panzerturm zum andern führende Laufgänge für die Besatzung, ebenfalls Verbindungswege für die Förderbahnen zum Heranbringen der Munition. Diese Panzerforts hatten bisher für uneinnehmbar gegolten.

Tannenberg

Die Kosaken kamen! Deutschlands Zeitungen veröffentlichten ein erstes regierungsamtliches Telegramm: »Heute nacht (1. August 1914) hat Angriff russischer Patrouillen gegen die Eisenbahnbrücke über die Warthe bei Eichenried stattgefunden. Der Angriff ist abgewiesen ... Der Stationsvorstand Johannisburg und die Forstverwaltung Bialla melden, daß heute nacht (1. zum 2.) stärkere russische Kolonne mit Geschützen die Grenze bei Schwiddern überschritten hat, und daß zwei Schwadronen Kosaken Richtung Johannisburg reiten. Die Fernsprechverbindung Lyck–Bialla ist unterbrochen. Hiernach hat Rußland deutsches Reichsgebiet angegriffen und den Krieg eröffnet.«
Anderentags berichtete die »B. Z. am Mittag« aus Lyck: »Gestern war bei der Stadt Bialla ein Gefecht, bei welchem die Unsrigen glänzend gesiegt haben ... Das russische Schimmelregiment aus Suwalki, eine Elitetruppe aus lauter Rotschimmeln, geriet auf eine Wiese mit ihren schweren Pferden. Sie wurden haufenweise niederbombardiert ... Es wird für bestimmte Wahrheit angegeben, daß die russischen Patronen minderwertig sind. Russische Konservenbüchsen, welche wir erbeutet haben, sind mit Sand gefüllt.«
In einem Brief aus der angegebenen Gegend, datiert vom 3. August, hieß es: »Im eigenen Dorf zucken Feuerflammen in den Strohdächern hier und da auf ... Jammernde Leute stürzen aus den Häusern heraus, und zwischendurch reiten dunkelbraune Teufel in Kosakengestalt umher; und nach welchem Dach sie ihre verruchte Hand strecken, das ist den Flammen verfallen. Die Greuelszenen, die sich entspannen, spotten jeder Beschreibung. Am schlimmsten ging es im Grenzort Schwiddern zu ... Die angesehene Besitzersfrau Wiktor lief mit gerungenen Händen über die Straße und wurde niedergeschossen. Da ihre Leiche zwei Tage liegen blieb, wurde sie von Schweinen angefressen. Die Leiche eines Mädchens wurde am dritten Tag erst in einer Sandgrube, von Krähen und Schweinen angegriffen, gefunden. Der 81jährige Altsitzer Skolowski wurde auf der Hausschwelle erschossen und die Leiche ins brennende Haus geworfen ... Im ganzen wurden in Schwiddern sechs Tote und mehrere Verwundete gezählt. In Bialla wurde die Postschaffnersfrau Buyni, Mutter von sieben Kindern, am Fenster erschossen. Der Kaufmannsgehilfe Günther wurde vor die Tür gelockt und niedergehauen ... fast alle Schaufenster wurden zertrümmert und einzelne Läden geplündert. Die Dörfer Sulimmen, Belzonzen und Skodden sind fast völlig eingeäschert ... Einem Imker wurde der Honig – über zwei Zentner – auf den Hof gegossen, zertreten und verunreinigt.«
Die Landkarte sah damals so aus: Das deutsch besiedelte Ostpreußen war durch die Provinz Westpreußen – bewohnt von Deutschen und Polen – mit dem Reich fest verbunden. Ein polnischer Staat existierte nicht. Polen war aufgeteilt: Seine Gebiete waren in früheren Teilungen zur deutschen Provinz Westpreußen geschlagen worden. Der südliche Teil des heutigen Polens gehörte zur österreichisch-ungarischen Donaumonarchie und das östliche und zentrale Polen mit Warschau – als Russisch-Polen bezeichnet – zum russischen Zarenreich. Auch die baltischen Staaten Litauen, Estland und Lettland waren Teile Rußlands; das kleinere Memelgebiet gehörte zu Deutschland. Das Deutsche Reich grenzte also auf Hunderte von Kilometer Länge an Rußland. Zum Schutz Ostpreußens stand dort die deutsche 8. Armee mit ihren aktiven Truppenteilen in Friedensgarnisonen.
Auch die zum Einfall in Ostpreußen bestimmten russischen Armeen – die Njemen- und die Narew-Armee – lagen mit ihren aktiven Teilen zumeist geographisch in

Bei der Siegesparade Unter den Linden wurden in der Schlacht von Tannenberg erbeutete russische Geschütze mitgeführt. Die Erfolge in Ostpreußen verschafften den vom Gespenst des Zweifrontenkriegs verfolgten Militärs und Politikern zunächst einige Erleichterung.

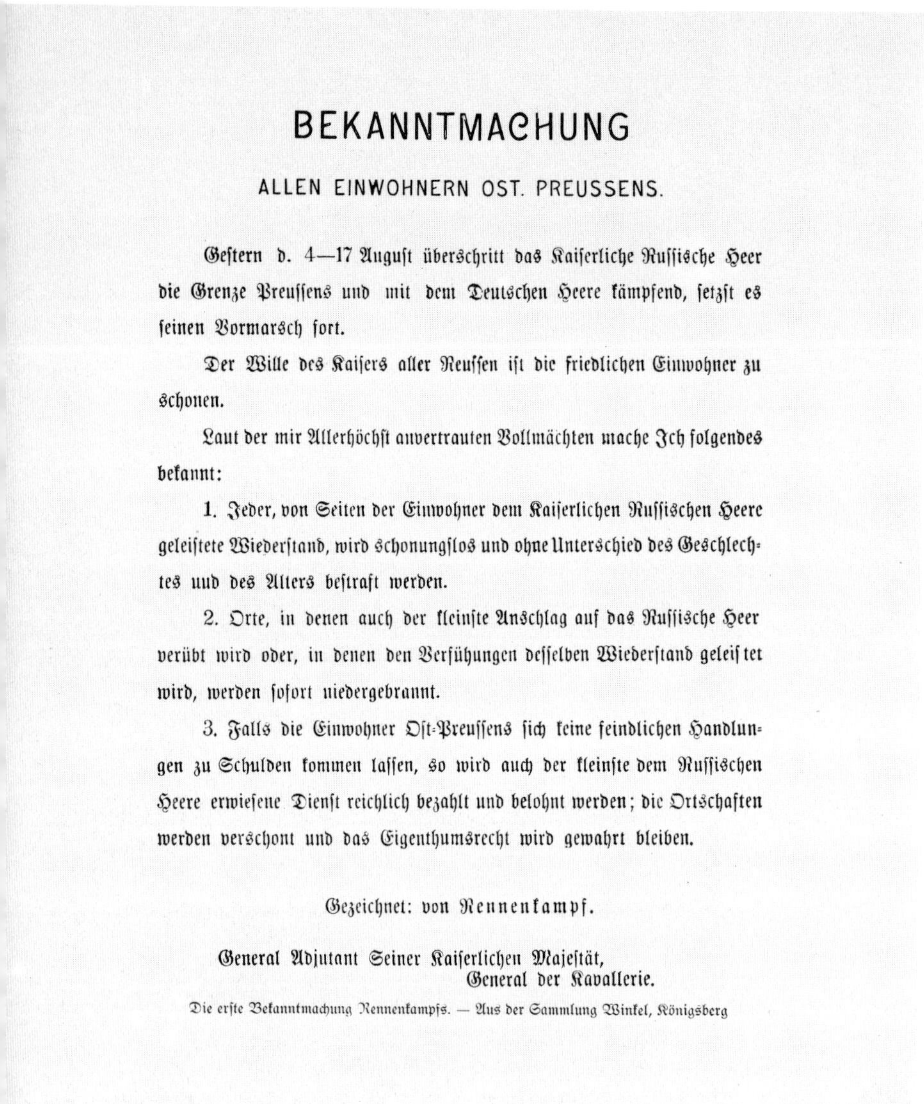

BEKANNTMACHUNG

ALLEN EINWOHNERN OST. PREUSSENS.

Gestern d. 4—17 August überschritt das Kaiserliche Russische Heer die Grenze Preussens und mit dem Deutschen Heere kämpfend, setzst es seinen Vormarsch fort.

Der Wille des Kaisers aller Reussen ist die friedlichen Einwohner zu schonen.

Laut der mir Allerhöchst anvertrauten Vollmächten mache Ich folgendes bekannt:

1. Jeder, von Seiten der Einwohner dem Kaiserlichen Russischen Heere geleistete Wiederstand, wird schonungslos und ohne Unterschied des Geschlechtes und des Alters bestraft werden.

2. Orte, in denen auch der kleinste Anschlag auf das Russische Heer verübt wird oder, in denen den Verfühungen desselben Wiederstand geleistet wird, werden sofort niedergebrannt.

3. Falls die Einwohner Ost-Preussens sich keine feindlichen Handlungen zu Schulden kommen lassen, so wird auch der kleinste dem Russischen Heere erwiesene Dienst reichlich bezahlt und belohnt werden; die Ortschaften werden verschont und das Eigenthumsrecht wird gewahrt bleiben.

Gezeichnet: von Rennenkampf.

General Adjutant Seiner Kaiserlichen Majestät,
General der Kavallerie.

Die erste Bekanntmachung Rennenkampfs. — Aus der Sammlung Winkel, Königsberg

OBEN: Rennenkampfs Aufruf an die ostpreußische Bevölkerung verfehlte seinen Zweck. Denn wider alle Versprechen hausten seine Soldaten im besetzten Gebiet wie die Marodeure des Dreißigjährigen Krieges.

RECHTS: Ostpreußische Flüchtlinge haben sich in einer Notunterkunft eingerichtet.

der Nähe Ostpreußens: Die Njemen-Armee hauptsächlich im baltischen Raum und ostwärts Ostpreußens, die Narew-Armee in Russisch-Polen bis hin zum Gebiet um Warschau.

Nach den ersten begrenzten russischen Vorstößen in ostpreußische Grenzzonen, besetzten deutsche Grenztruppen vier Städte in Russisch-Polen: Kalisch, Czenstochau, Wjelun und Bendzin. »Mit einem Atemzug der Erleichterung wurde die preußische Kavallerie in Czenstochau begrüßt«, meldete eine Krakauer Zeitung. Die »Schlesische Zeitung« druckte einen Feldpostbrief ab, in dem es hieß: »Nach dem Abzug der Russen haben die Polen sich hier behördlich selbst organisiert, betrachten sich als von Rußland unabhängig und unterstützen offen und kräftig das deutsche Heer ... Man hilft den Deutschen, wo man kann.«

Die polnische Bevölkerung wurde überall heftig umworben. Die österreichisch-ungarische Armee war gleichfalls in Russisch-Polen eingedrungen, und das k. u. k. Oberkommando erließ einen »Aufruf an das polnische Volk! ... hiermit bringen wir auch den Polen die Befreiung vom moskowitischen Joche. Begrüßt unsere Fahnen mit Vertrauen, sie bringen euch Gerechtigkeit! ... Polen! Vertraut euch freudig und rückhaltlos unserem Schutz an, unterstützt uns und unsere Bestrebungen aus voller Seele ...!«

Tatsächlich stand die Masse der Polen damals eher auf seiten der Mittelmächte, zumal sich bei deren Truppen

ebenfalls Polen befanden. Einer von ihnen war der k. u. k. Militärevidenzassistent Karl Wojtyla – ein Militärbeamter im Offiziersrang. Er war 1900 ins k. u. k. Infanterieregiment Graf Daun Nr. 56 in Krakau eingerückt und hatte es dort über den Korporal zum Zugführer gebracht. Der gelernte Schneider wurde mehrfach belobigt und stieg auf. Während des Krieges war er beim Etappenstationskommando Wadowice. Niemand konnte ahnen, daß einer seiner Söhne einmal der Papst Johannes Paul II. sein würde.
Der russische Generalissimus Großfürst Nikolai Nikolajewitsch appellierte gleichfalls an die polnische Bevölkerung, offenkundig mit geringem Erfolg: »Polen! Die Stunde hat jetzt geschlagen, in der der heilige Traum unserer Vorfahren in Erfüllung gehen soll. Seit 150 Jahren blieb Polens Körper in Stücke gerissen, aber seine Seele ist nicht gestorben ... Rußland erwartet euch mit offenen Herzen und mit ausgestreckter Bruderhand ... die Morgenröte eines neuen Daseins bricht für euch an. Lasset in diese Morgenröte das Zeichen des Kreuzes strahlen, das Symbol der Leiden und der Auferstehung des Volkes.«
Alle solche Aufrufe – das sollte sich in den folgenden Jahrzehnten zeigen – brachten dem unglücklichen polnischen Volk nichts Gutes: 1939 marschierte die deutsche Wehrmacht – im Einverständnis mit Sowjetrußland – in Polen ein, und das Land wurde abermals geteilt. Aufrufe zur Zusammenarbeit gab es damals nicht. Undenkbar wäre 1939 auch jener Satz gewesen, den eine Krakauer Zeitung 1914 über den Einmarsch der Deutschen in Czenstochau schrieb: »Die preußischen Ulanen, unter denen auch ein Prozentsatz Polen ist, wurde mit Zigarren, Brot und Wasser versorgt. Es wurden ihnen auch Mitteilungen über die Richtung gemacht, in der die russische Reiterei sich entfernt hatte.«
Über die Lage in Ostpreußen stand in den deutschen Zeitungen jener Augusttage des Jahres 1914 nicht allzu-

viel; die Spalten waren mit Siegesnachrichten aus dem Westen gefüllt.
Ostpreußen war in der Planung des deutschen Großen Generalstabes für die erste Kriegsphase als Nebenkriegsschauplatz angesehen worden. Die Entscheidung hatte im Westen zu fallen, und erst danach sollte von Ostpreußen aus ein Schlag nach Rußland hinein geführt werden. Bis dahin mußte die in Ostpreußen stehende 8. Armee die zu erwartende russische 1., die Njemen-Armee und die 2., die Narew-Armee aufhalten.
Im Gegensatz zur Westfront, an der nur deutsche Truppen operierten, sollte im Osten eine gewaltige russische Übermacht von den verbündeten Armeen Deutschlands und Österreich-Ungarns abgewehrt werden. Beide Reiche – so nahm man an – würden dem russischen Ansturm nur gemeinsam gewachsen sein. Dennoch bestanden lediglich Absprachen in großem Rahmen. Aber es gab keinen gemeinsamen Operationsplan, geschweige denn ein gemeinsames Oberkommando. Bereits im Jahre 1909 war es dem deutschen Generalstabschef v. Moltke klar, daß nur eine österreichische Offensive gegen Galizien imstande wäre, die gewaltigen russischen Truppenmassen von einem Vormarsch nach Deutschland hinein abzuhalten. Er sagte damals den Österreichern zu, mit 10 Divisionen in Richtung Narew zu marschieren, sobald die österreichisch-ungarischen Armeen ihre galizische Offensive begännen. Die bereits einen Monat vor Kriegsausbruch – am 30. Juli 1914 – ausgelöste russische allgemeine Mobilmachung brachte indes die deutschen und österreichischen Verteidigungsmaßnahmen in Zeitnot.
Österreich-Ungarn griff Serbien an und begann fast gleichzeitig auch mit der Offensive in Galizien, die tief nach Russisch-Polen hinein führen sollte. Die Angriffe – vorgetragen von einer unzweckmäßig gegliederten und bewaffneten Infanterie – gerieten bald ins Stocken. Bereits in den Schlachten des August 1914 stiegen die Offiziersverluste der k. u. k. Armee in nicht zu ertragender Weise – das österreichische aktive Offizierkorps konnte sich nie mehr davon erholen. Entsprechend sank der Kampfwert der Truppen.
Die deutsche Entscheidungsschlacht im Westen stand noch aus. Deshalb war auch der deutsche Vorstoß zum Narew – er hätte mit aus dem Westen herangeführten Divisionen geführt werden müssen – nicht zu verwirklichen. Es ging um die Existenz Ostpreußens, zu dessen Verteidigung lediglich die deutsche Armee unter dem Oberbefehl des Generalobersten Maximilian v. Prittwitz und Gaffron bereitstand. Sie bestand aus 4 Armeekorps mit insgesamt 9 Infanteriedivisionen, einer Kavalleriedivision und 3 Landwehrbrigaden. Das I. Reservekorps war an Artillerie erheblich schwächer als die drei aktiven Korps. Die Landwehrbrigaden – eigentlich nur als Grenzschutztruppen vorgesehen – besaßen überhaupt keine Artillerie und nicht einmal Maschinengewehre, mußten jedoch anstelle vollwertiger Kampftruppen eingesetzt werden.
Die einzige Chance der 8. Armee bestand darin, die nacheinander anmarschierenden russischen Armeen auch nacheinander zu schlagen – ein kühnes, risikoreiches Unternehmen. Prittwitz hatte größte Bedenken und sah als erreichbares Ziel nur das Halten einer Front an der Weichsel – das bedeutete die Aufgabe Ostpreußens. Zunächst jedoch zog er seine Großverbände nördlich der ostpreußischen Seenketten zusammen, um die russische Njemen-Armee dort zu erwarten und anzugreifen.
General der Infanterie v. François jedoch, der eigenwillige, energiesprühende Kommandierende General des I. Armeekorps (nicht zu verwechseln mit dem I. Reservekorps), hielt nichts von Abwarten und Rückzug, sondern verteidigte Ostpreußen auf eigene Faust an der Grenze. Bei Stallupönen nahm er den Kampf gegen die

OBEN: Von einer russischen Fliegerbombe getroffene Lokomotive. Erstaunlich bei dem sonst niedrigen Stand der Verkehrstechnik im Zarenreich (weniger als 700 Automobile in der Armee) war die Zahl der Flugzeuge: 320 Stück. Hin und wieder wurden diese allerdings von eigenen Soldaten beschossen, die unfehlbar glaubten, nur der Gegner könne solche Teufelserfindungen gemacht haben.

RECHTS: Deutsche Truppen auf dem Waldmarsch. Um die russischen Armeen einzeln schlagen zu können, war in Ostpreußen Beweglichkeit oberstes Gebot der Strategie.

vordrängenden Russen auf. Auf Befehl des Armee-Oberkommandos (AOK) 8 mußte er das Gefecht abbrechen und sein Korps gleichfalls zurückziehen.

Prittwitz entschloß sich nunmehr zur angriffsweisen Verteidigung gegen die von Osten her in Ostpreußen einmarschierende russische 1. Njemen-Armee unter dem Befehl des Generals der Kavallerie Paul v. Rennenkampf.

Bei Gumbinnen stürmten am 20. August dreieinhalb deutsche Korps gegen die zahlenmäßig weit überlegene Njemen-Armee an. Der Kampf schien aussichtsreich zu verlaufen. Deutsche Flieger beobachteten jedoch aus ihren drahtverspannten, zerbrechlich wirkenden »Rumpler-Tauben«, wie sich von Süden her die endlosen Kolonnen der russischen Narew-Armee der ostpreußischen Grenze entgegenwälzten.

Im Stab der deutschen 8. Armee kam es zu einer Nervenkrise, als die Fliegermeldungen eintrafen. Prittwitz mußte seinen Divisionen befehlen, sich mitten in der erfolgreichen Schlacht vom Feind zu lösen und zurückzuziehen.

Erregung breitete sich auch im Koblenzer Großen Hauptquartier aus, als v. Prittwitz in der Nacht zum 21. August meldete: »Da starke Kräfte von Warschau – Pultusk – Lomscha im Vormarsch, kann ich die Lage vor meiner Front nicht ausnutzen und trete noch in der Nacht Rückmarsch nach Westen an. Soviel als möglich Bahntransport.«

Ostpreußen schien verloren. Die Folge mußte eine tödliche Gefahr für Westpreußen und Schlesien sein – und von dort aus war es nicht mehr weit nach Berlin!

Moltke entschloß sich, v. Prittwitz abzulösen und durch einen entschlosseneren Mann zu ersetzen. Da gab es vor allen anderen den Generalmajor Erich Ludendorff, der kurz zuvor aus eigenem Entschluß eine Brigade übernommen und die Festung Lüttich erobert hatte. Von seinem Dienstalter her konnte er als Chef des Stabes, jedoch nicht als Armee-Oberbefehlshaber eingesetzt werden. Zur strategischen Genialität, dem Ehrgeiz und dem explosiven Temperament Ludendorffs passend, wurde als Oberbefehlshaber der bereits pensionierte General der Infanterie Paul von Beneckendorff und von Hindenburg ausgewählt. Er verfügte über die ausgleichende Seelenruhe, Souveränität und die jahrzehntelange Erfahrung des höheren Truppenführers. Hindenburg und Ludendorff sahen sich zum erstenmal am 23. August in den frühen Morgenstunden auf dem Bahnhof Hannover, von wo sie mit einem Sonderzug nach Marienburg fuhren. Dort befand sich das Hauptquartier der 8. Armee. »Der Empfang in Marienburg war frostig. Mir war es wie eine andere Welt: Von Lüttich und dem schnellen Vormarsch im Westen in diese gedrückte Stimmung«, schilderte Ludendorff seinen ersten Eindruck.

Dabei sah man in Marienburg die Lage bereits zuversichtlicher: Prittwitz hatte inzwischen seinen Entschluß geändert und den Gedanken an einen Rückzug hinter die Weichsel aufgegeben. Doch durch den Abbruch der Schlacht von Gumbinnen war das Vertrauen in die Armeeführung schwer erschüttert.

Hindenburg und Ludendorff waren entschlossen, keinen Schritt zurück zu tun, sondern zunächst die Entscheidungsschlacht gegen die von Süden her kommende Narew-Armee zu schlagen. Das Risiko war ungeheuer, denn inzwischen hatten die Kavalleriespitzen der von Osten heranmarschierenden russischen Heeresmasse, der Njemen-Armee, bereits Bischofstein und Heilsberg, tief im Rücken der deutschen 8. Armee erreicht, und zur Abwehr der Njemen-Armee war eine einzige Kavalleriedivision vorhanden. General v. Hindenburg erließ einen Tagesbefehl, ebenso kurz wie schlicht: »Wir wollen zueinander Vertrauen fassen und gemeinsam unsere Schuldigkeit tun.«

Die Narew-Armee des Generals der Kavallerie Alexander Wasiljewitsch Samsonow marschierte durch Staub und Hitze: 156 Bataillone, 140 Schwadronen und 90 Batterien mit 648 Geschützen, dazu die Trosse und die Pferdefahrzeuge der Nachschubkolonnen. Einige Verbände waren vorzeitig auf abgelegenen Bahnhöfen ausgeladen worden und schleppten sich tagelang zu Fuß weiter. Zehn Tage lang marschierte schon die Infanterie, ohne einen einzigen Ruhetag. Die Soldaten fluchten, wenn sie noch die Kraft dazu hatten.

OBEN: Infanteristen beschießen ein russisches Flugzeug. Eine demonstrative Handlung für den Fotografen von daheim, denn mit Gewehren war auch den klapperigen Maschinen von damals wenig anzuhaben.

LINKS: Deutsches Flugzeug über dem Schlachtfeld. Für die 8. Armee in Ostpreußen war es von entscheidender Bedeutung, daß sie sich – neben dem Abhören gegnerischer Funksprüche – mittels Luftaufklärung Gewißheit über die Bewegungen des Gegners verschaffte, die diesem wiederum weitgehend fehlte.

Zar Nikolaus bei seinen Truppen. Anderthalb Millionen Mann zählte sein Heer in Friedenszeiten, dazu drei Millionen, die bei der Mobilmachung einberufen werden konnten, und eine Landwehr-Reserve von zwei Millionen: die »russische Dampfwalze«, in den Augen der Militärs vielleicht im einzelnen unzulänglich, aber in der Masse erdrückend.

Es fluchte auch General Samsonow selbst, denn über seine und General Rennenkampfs Njemen-Armee war ein Oberkommando gesetzt, das ihm einen Großverband nach dem anderen entzog, andere Truppen ihm unterstellte, dann aber auch wieder aus seiner Armee herauslöste. Es war schwierig, den Überblick über die eigene Stärke zu behalten. Samsonow ging schließlich mit 3 und einem halben Armeekorps in die Schlacht, ursprünglich hatte er 5 Korps, 3 zusätzliche Divisionen und noch eine Brigade befehligt.

In Fußmärschen und teilweise im Bahntransport warf Hindenburg seine Korps – in eine westliche und eine östliche Gruppe aufgeteilt – der müdegelaufenen Narew-Armee Samsonows entgegen. Doch die Soldaten des XX. Armeekorps waren gleichfalls seit neun Tagen im Hin und Her von Angriff und Rückzug auf den Beinen. Oft waren die Feldküchen nicht nachgekommen, und auch Brot fehlte tagelang völlig.

Jetzt bezogen sie eine Abwehrstellung – die Russen traten von Neidenburg her den Vormarsch an. Die deutsche 37. Division hatte im Quellgebiet der Alle einen unübersichtlichen Abschnitt zu verteidigen. Das russische Artilleriefeuer brach urplötzlich los – es war um 14 Uhr am 23. August. Landwehr-Kavallerie geriet mitten ins Feuer hinein, wich aus, wurde von deutschen Truppen für den Feind gehalten und beschossen. In Reserve stehende Landwehrtruppen gerieten in Panik und flüchteten sechs Kilometer weit zurück. Dagegen hielt sich das Jägerbataillon Graf York v. Wartenburg gegen Massenangriffe – eine drohende Umfassung der Stellung verhinderte der Feldwebel Krumteich mit seinem Zug.

Überall russische Infanterie in dichten Scharen: Vor der 6. Batterie des Feldartillerie-Abteilung 82 tauchten sie auf. Die Geschütze feuerten im direkten Richten auf kurze Entfernung. Der Batteriechef fiel, ein Leutnant übernahm das Kommando. Die Kanoniere pflanzten das Seitengewehr auf; die Jäger eilten zu Hilfe. Auch ein Zug der 5. Batterie der Feldartillerie-Abteilung 73 hielt feuernd aus. Die Pferde der herbeigerufenen Protzen wurden zusammengeschossen. Die Kanoniere wehrten sich mit Hacke und Spaten. Sie fielen alle. Bei

Lahna wurden 54, bei Orlau 326 deutsche Gefallene bestattet, dazu 1667 russische Soldaten.
Mit diesem deutschen Abwehrerfolg – dem sogar noch ein begrenzter, teilweiser Rückzug folgte – hatte das Feldherrngespann Hindenburg-Ludendorff die Schlacht eingeleitet; die Masse der Kampftruppen war inzwischen eingetroffen. Die Zeit reichte nicht mehr, um abzuwarten bis alle Verbände ihre Bereitstellungsräume erreicht hatten.
Nervenschwache Führer hätten die Lage als verzweifelt ansehen müssen: Im Rücken stand die bereits tief ins eigene Land eingedrungene Njemen-Armee. Und nun sollte die gerade über die Grenzen marschierende Narew-Armee abgewehrt und womöglich vernichtet werden. Es gab keinen fertigen Plan, doch schnelle Entschlüsse und ein talentiertes Improvisieren. Noch etwas gab es: Die von den Kampftruppen belächelten neumodischen »Funkstationen« der Telegrafen-Abteilungen. Erstmalig in der Kriegsgeschichte begann etwas, das heutzutage als »elektronische Kampfführung« seine bisher letzte Steigerung erhalten hat. Damals war es der Beginn der modernen Funkaufklärung: Am 25. August hörten Funker einen russischen Funkspruch ab, der leichtfertigerweise unverschlüsselt gesendet worden war. Er enthielt einen Befehl General Rennenkampfs mit den Vormarschzielen für seine Njemen-Armee. Danach sollten die Russen an diesem Tag – von Osten her in Richtung Königsberg vorstoßend – die Linie Gerdauen–Allenburg–Wehlau erreichen. Das sah für Hindenburg günstiger aus als angenommen.
Stunden später hörte die Funkstation des AOK 8 – unter Oberleutnant v. Richthofen – sowie die Funkenstation Thorn einen vollständigen Befehl der von Süden kommenden Narew-Armee ab. Ein Oberstleutnant jagte im Kraftwagen dem vorausfahrenden Oberbefehlshaber nach, holte ihn ein und übergab – während des Fahrens – die Meldung. Damit erhielt Hindenburg unmittelbar vor der Schlacht die genaue Kenntnis von der Aufstellung der feindlichen Truppen und von ihren nächsten Absichten.
Hindenburg konnte es deshalb wagen, die 100 Kilometer lange offene rechte Flanke des nach Südosten angreifenden I. Armeekorps nur durch einige Landsturmbataillone und einen Eisenbahnpanzerzug schützen zu lassen. Er konnte auch das Risiko eingehen, gegen die nordöstlich fast in seinem Rücken aufmarschierende Njemen-Armee lediglich die 1. Kavalleriedivision und einige Landsturmbataillone stehen zu lassen.
Die Schlacht begann am 26. August bei der noch immer nicht vollständig versammelten westlichen Gruppe, die aus dem I. und dem XX. Armeekorps bestand. Um Zeit und Kräfte zu sparen, wurden die Angriffstruppen so

OBEN: Das Schlachtfeld von Tannenberg. Die Aufnahme von 1914 zeigt noch das Denkmal, das an die Schlacht von 1410 am gleichen Ort erinnerte, die Schlacht, in der das Heer des Deutschen Ritterordens einem polnisch-litauischen Aufgebot erlegen war. Nationalistischen Kreisen in Deutschland erschien dann auch der Sieg von Hindenburg und Ludendorff wie eine späte Revanche an den Slawen.

BILDER RECHTS: Die Verluste der Russen in der Schlacht von Tannenberg betrugen rund 150000 Mann. Besonders das deutsche Artilleriefeuer wütete schrecklich unter den Eingeschlossenen.

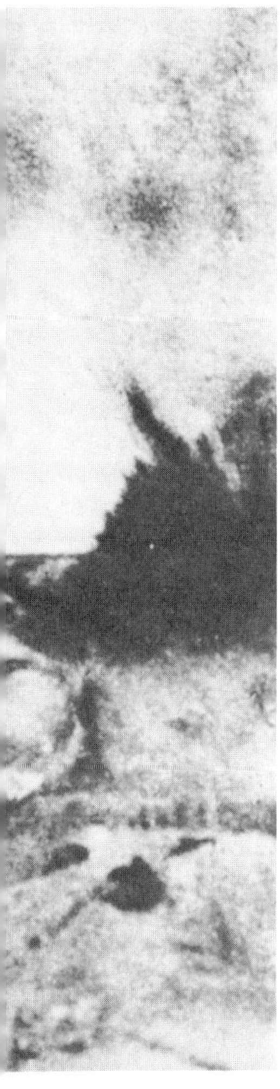

OBEN: General Samsonow kommandierte die russische Narew-Armee, die in die Falle von Tannenberg ging.

RECHTE SEITE: Samsonows Gegenspieler, General v. Hindenburg, wurde berühmt für seine unerschütterliche Ruhe auch in den kritischsten Situationen der Schlacht.

nahe als möglich mit der Eisenbahn ans Schlachtfeld herantransportiert: Gegen alle Vorschriften fuhren die Züge auf freier Strecke dicht hintereinander, ohne Beachtung der Signale. Ein Augenzeuge schrieb nieder: »Rechts und links krachten die Äste von den Kiefern, herabgerissen von einschlagenden russischen Granaten. Der Lokomotivführer tat, als ob ihn das nichts anginge.« Die Infanterie entlud pro Eisenbahnzug in 25 Minuten und ging sofort ins Gefecht.
Da traf die Alarmnachricht ein, daß die nahezu offene rechte Flanke des I. Armeekorps von russischer Reiterei durchbrochen worden sei. Kosaken schwärmten bereits weit hinter der Front und überfielen Trosse der 5. Landwehrbrigade. Der Eisenbahnpanzerzug und zwei Landwehrbataillone schafften es, die Gefahr weitgehend abzuwenden.
Die beiden Korps der westlichen Gruppe hatten derweil in bravourösen Angriffen die mitunter vom plötzlichen Auftauchen der deutschen Infanteristen überraschten Russen überrannt. Nach dem Einbruch der Dunkelheit erstarben die Kampfhandlungen. Die Stäbe fertigten Befehle für die Fortsetzung des Angriffs am nächsten Morgen aus.

An diesem ersten Tag der großen Schlacht hatte auch Hindenburgs Ostgruppe eingegriffen. Sie setzte sich aus dem XVII. Armeekorps, dem I. Reservekorps und der 6. Landwehrbrigade zusammen, die am 20. August die Schlacht von Gumbinnen hatten abbrechen und sich zurückziehen müssen. Besonders beim XVII. Armeekorps waren die Verluste schwer: 7000 Mann an Toten und Verwundeten. Der eilige Rückzug hatte den Eindruck des Mißerfolges verstärkt und verheerend auf die Disziplin eingewirkt. »Versprengte« waren bis nach Danzig geflohen. Welche körperlichen und seelischen Belastungen die Truppe während des Rückzuges auszustehen hatte, kann nur ermessen, so schrieb ein Soldat, »wer die Begleitkolonne der Schwer- und Leichtverwundeten neben der Marschkolonne gesehen, wer in ihren schmerzverzerrten Gesichtern die Wehrlosigkeit und Furcht gelesen, verwundet in die Hand des Feindes zu fallen, wer die Kolonne der flüchtenden, sich an die Truppe klammernden Einwohner in ihrer Verzweiflung und Angst gesehen hat«.
Seit dem Abmarsch aus der Gumbinnener Schlacht hatten beide Korps an die 200 Kilometer, einzelne Teile noch erheblich mehr, vielfach auf schlechten Nebenwegen und behindert durch die Flüchtlingszüge in der Gluthitze jener Augusttage zurückgelegt.
Nun marschierten sie nach Süden. Am 25. August war eine Marschstrecke von 50 Kilometer gefordert und eingehalten worden. 50 Kilometer zu Fuß, mit Waffen, Munition und Gepäck. Am 26. August um 6 Uhr morgens stieß eine Patrouille des 5. Husarenregiments erstmals auf den Feind. Die Artillerie der 36. Infanteriedivision eröffnete um 8.40 Uhr das Feuer auf feindbesetzte Höfe in Görkendorf. Die ganze Division entfaltete sich zum Angriff, der den Tag über ununterbrochen fortgesetzt wurde. Die russische Infanterie zog sich ständig zurück, die russische Artillerie hatte Mühe, die Angreifer in dem unübersichtlichen Gelände zu entdekken. Spät in der Nacht erst kam das XVII. Armeekorps zur Ruhe, desgleichen das I. Reservekorps. Die Erfolge bei Groß-Bössau und Lautern waren die Voraussetzung für das Kommende.
Im AOK 8 waren wieder abgehörte russische Funksprüche eingegangen. Danach war der Vormarsch der von Osten kommenden Njemen-Armee im vollen Gange. Der Gouverneur der Festung Königsberg erhielt den Befehl, mit seinen schwachen Kräften möglichst starke russische Kräfte zu binden und so von der Entscheidungsschlacht im Süden fernzuhalten.
Im Rücken der Westgruppe – XVII. Armeekorps und I. Reservekorps – waren plötzlich starke russische Kavallerieverbände aufgetaucht und drohten die rückwärtigen Verbindungen abzuschneiden. Dadurch war folgende groteske und zugleich gefährliche Situation entstanden: Im Süden die Narew-Armee, weiter nördlich

die deutsche Westgruppe, noch weiter nördlich russische Kavallerie, dahinter die deutsche 1. Kavalleriedivision mit Front nach Norden, denn dort marschierte die russische Njemen-Armee an, und ganz im Norden, die Festung Königsberg: Freund und Feind zogen sich wie die Schichten einer Torte quer durch Ostpreußen.
Hindenburg überblickte diese komplizierte Lage mit Gelassenheit; sein energischer Chef des Stabes, Ludendorff, jagte Entschlüsse und Befehle hinaus.
Die Westgruppe griff am 27. August weiter an und trieb den sich nach Süden zurückziehenden Feind vor sich her. Über Wartenberg erschien gegen 17 Uhr das erste russische Flugzeug, das durch Infanteriewaffen beschossen, mit durchlöchertem Tank notlanden mußte.
Auch auf deutscher Seite kam zum erstenmal die Luftaufklärung zum Tragen: Das AOK 8, jedes der Korps und die Festung Königsberg verfügten über je eine Feldflieger-Abteilung. Sogar zwei Heeresluftschiffe waren vorhanden. Die Erkenntnisse der Funkaufklärung wurden durch die Aufklärungsflieger überprüft und ergänzt.
Die Aufklärung auf dem Gefechtsfeld aber war noch immer Sache der Kavallerie. Husaren, Dragoner und Ulanen stellten ständig Eskadronen zur Vorhut der vorgehenden deutschen Truppen ab.
So gut sich das anhört: Auch die Schlacht von Tannenberg hatte ihre Krisen, ihre Pannen, ihre Mißerfolge. Sie war nicht so strahlend glanzvoll, wie die Zeitungen jener Tage jubelten. Da war die Krise vom 28. August: Kommt die 41. Infanteriedivision vorwärts? Es besteht keine Fernsprechverbindung zu ihr. Wenn sie nicht kommt, wird dann das XX. Armeekorps wenigstens nördlich des Mühlen-Sees angreifen? Was wird aus der schwachen Landwehrdivision Goltz, die fast ohne Artillerie bei Hohenstein womöglich allein auf die Russen stößt und obendrein noch von Allenstein her im Rücken gefaßt werden kann? Was ist mit der 37. Infanteriedivision, die schon mitten im Angriff stehen müßte? Von ihr fehlt jegliche Meldung. Das I. Reservekorps muß herumgeworfen werden. Mit Kraftwagen und Flugzeug wird versucht, den Befehl zu übermitteln: »... auf kürzestem Weg gegen Linie Stabigotten – Grieslienen vor. Eile geboten!« Aber noch marschiert das I. Reservekorps weiter – in die ursprüngliche Richtung, nach Allenstein ...
Dies alles kam wieder ins Lot: nur nicht bei der 41. Infanteriedivision. Diese hatte am 27. August abends nur noch schwache Feindberührung gehabt: Leutnant v. Seydlitz-Kurzbach hatte mit einem Zug des Infanterieregiments 59 die letzten Feindposten vertrieben. Erst spät in der Nacht wurde die Truppe soweit möglich verpflegt. Brot kam – wie so oft – nicht vor. Todmüde legten sich die Musketiere zum Schlaf, wo immer sie gerade standen.

Doch bereits um 2 Uhr morgens mußten die Kompanien übernächtigt wieder antreten. Zur Dunkelheit kam auch noch Nebel. Batterien, Bataillone, verirrte Trosse suchten ihre Sammelplätze, und dann trat die Division in Kolonnen an. Statt Straßen gab es Sandwege; das Gelände, schon am Tage unübersichtlich, machte den Übermüdeten ein Zurechtfinden geradezu unmöglich. Gros und Vorhut marschierten – ohne Verbindung – auf verschiedenen Wegen fast zwei Kilometer voneinander getrennt.
Das Dragonerregiment Nr. 10 sollte über die Kolonnen der Division verteilt sein. Aus irgendeinem Grund war es jedoch zusammengeblieben. Als die Dragoner zur Orientierung in Waplitz anhielten, wurden sie plötzlich aus allen Häusern von rasendem russischen Infanteriefeuer überschüttet. Der Nebel verhütete eine Katastrophe – die Reiter galoppierten ohne allzu große Verluste aus dem Ort hinaus. Dann geriet die Vorhut der Division vor Waplitz ins Feuer. Zwei Bataillone des Infanterieregiments 59 erreichten den Südwesteingang des Dorfes und schossen sich mit einem Feind herum, von dem sie nur Mündungsblitze aus dicken Nebelschwaden sahen.
Die Artillerie der Vorhut hingegen hatte bei der Domäne Adamsheide haltgemacht, weil für sie im Nebel keine Einsatzmöglichkeit bestand. Von Waplitz her war Gefechtslärm zu hören. Verwundete brachten schlechte

3

OBEN: Der Sieg von Tannenberg machte Hindenburg zum populärsten General des Weltkrieges. Wunderdinge wurden fortan von ihm erwartet.

LINKS: 90000 Russen wurden bei Tannenberg gefangengenommen. »Stundenlang sah man die Gefangenentransporte abführen«, schrieb ein Augenzeuge, »während wir immer weiter vordrangen.«

Nachrichten. Die 59er hatten schwere Verluste. Major Fuchs, der Abteilungskommandeur, ließ einen Zug der 2. Batterie auffahren und über Waplitz hinweg das Feuer eröffnen. Es war inzwischen 6 Uhr geworden. Da – »ganz plötzlich, wie so oft in Ostpreußen«, schilderte der Major, »hebt sich der Nebel! Nun nahm russische Artillerie ... Adamsheide unter schnell heftiger werdendes Schrapnellfeuer, das unter Bagagen und Verwundeten eine Panik erzeugte«.
Nun griff das Gros der Division mit allem, was vorhanden war, den umkämpften Ort an. Das erste Bataillon hatte schon den Friedhof südlich des Dorfes erreicht, da geriet es in eigenes Artilleriefeuer und mußte wieder zurück.

Die deutschen Batterien stellten sofort das Feuer ein – dennoch schlugen noch immer Granaten bei Waplitz ein – irgendwo im Süden mußte russische Artillerie stehen. Plötzlich griffen russische Schützen die deutschen Batteriestellungen von rückwärts her an. Die letzten Reserven mußten eingesetzt werden.
Unter dem Feuer der eigenen Artillerie gelang das Absetzen vom Feind. Ein junger Offizier schrieb später: »...es gab eine Unmenge Versprengte, Verwundete, ledige Pferde ... Ein Ordonnanzoffizier trifft stärkere Trupps, redet ihnen zu, sammelt aus verschiedenen Regimentern, was er zu fassen bekommt. Zwei Fahnen und 230 Mann sind bald zusammen. Wie aber sehen die Leute aus! Das Entsetzen blickt aus ihren Augen! Die Angst ums nackte Leben jagt sie! Der Ordonnanzoffizier steigt zu Pferde, zieht den Degen. Das Streufeuer der Russen wird heftiger, in manchem Gesicht zuckt es von neuem! Hell und scharf klingt das Kommando: ›Stillgestanden! – Das Gewehr – über!‹ Prüfend läßt der Offizier seinen Blick über die Gewehrlage gleiten ... Der Zweck ist erreicht, der Drill hat über das Menschliche, allzu Menschliche gesiegt.«
Andere Offiziere bildeten ähnliche zusammengewürfelte Kampfgruppen. Die 41. Division begann sich neu zu formieren. Auf einem Soldatenfriedhof bei Waplitz wurden 427 deutsche und 159 russische Gefallene bestattet.
Die Schlacht von Tannenberg – ein Mosaik aus zahllosen Geplänkeln, Gefechten und Artillerieduellen, aus Rückzügen und Angriffen, Kämpfen in Wäldern und in Ortschaften – näherte sich dem Höhepunkt. Der Plan – aus der Situation heraus geboren – sah so aus: Das XX. Armeekorps als Zentrum hatte den frontalen Angriff möglichst vieler Divisionen der Narew-Armee standzuhalten und – sollte der Druck übermächtig werden – Schritt um Schritt zurückzuweichen.
Das I. Armeekorps hatte sich südlich von Tannenberg zwischen Gilgenburg und Lautenburg aufzustellen und befehlsgemäß über Usdau auf Neidenburg vorzugehen. So würde es die russische Rückzugslinie abschneiden.
Das I. Reservekorps und das XVII. Armeekorps bildeten den linken Stoßflügel der 8. Armee. Beide Korps mußten weit ausholen, um den Feind einkreisen zu können. Zwischen Allenstein und Passenheim kämpften sich die Truppen von Wald zu Wald vor und rannten über das deckungslose Gelände zwischen den vielen Seen. Am 27. August arbeitete sich das XVII. Armee-

»Sibirischer Besuch in Ostpreußen« wird diese Aufnahme in einem zeitgenössischen Bildband genannt – ein Besuch, der Episode blieb: Nach der Winterschlacht in Masuren im Februar 1915 betraten die Russen deutschen Boden nicht mehr.

Die Winterschlacht in Masuren war der letzte Kampf der Russen in Ostpreußen. Abermals wanderten Zehntausende in Gefangenschaft.

korps bis an Ortelsburg heran. Am 28. August standen deutsche Soldaten bereits tief im Rücken der Russen.

Das I. Armeekorps hatte am 27. August, zusammen mit der 5. Landwehrbrigade, das brennende Usdau erobert. Die Verbände waren bis Soldau vorgedrungen und dann nach Norden gegen Neidenburg eingeschwenkt.

Das Zentrum – gebildet vom XX. Armeekorps, verstärkt inzwischen durch die Landwehrdivision Goltz – hielt eisern den russischen Angriffen stand, deren Schwerpunkt bei Hohenstein lag. Erst am 28. August begann dort die Wucht der verzweifelten russischen Angriffe nachzulassen: Die Narew-Armee war bereits schwer angeschlagen.

Das russische I. Korps bei Mlawa und das russische VI. Korps in der Johannisburger Heide – die beiden Flügelkorps der Narew-Armee – waren außerhalb des sich bildenden Kessels geblieben. Sie bewegten sich – gleichfalls empfindlich geschwächt – auf Neidenburg und Ortelsburg zu.

Währenddessen marschierte die Njemen-Armee noch immer langsam weiter. Selbst Ludendorff und mehrere Offiziere im Operationsstab der 8. Armee gerieten in Zweifel, ob die Schlacht noch durchzuführen sei. Aus dem Raum Warschau sollte bereits eine neu aufgestellte russische 9. Armee im Anmarsch sein, und die Österreicher hatten ihre galizische Offensive bei Lemberg wegen hoher Verluste einstellen müssen.

Hindenburg – in olympischer Ruhe – entschied nüchtern: An dem einmal gefaßten Plan muß festgehalten

werden! Die Kesselschlacht wurde zu Ende gekämpft, der Ring um die eingeschlossene Armee immer enger gezogen. Die russischen Soldaten in ihren erdbraunen Uniformen waren gut ausgebildet und kämpften zäh.
Am 28. August stürmte das Grenadierregiment Kronprinz (1. Ostpr.) Nr. 1 das Städtchen Soldau. Oberleutnant d. R. Leitner, Führer der 6. Kompanie, erzählt: »Vor den brennenden Häusern mit verkohlten Balken und Brettern lagen gräßlich verstümmelte Leichen, Pferde und Kriegsmaterial, Geschütze und MG wirr durcheinander. Auch getötete und verwundete Einwohner fanden sich vor, darunter Frauen und Mädchen, die von den entmenschten Soldaten in nicht zu beschreibender Weise umgebracht worden waren. Durch ein Chaos von Rauch, Qualm und Schrapnellfeuer stießen wir weiter vor ...«
Ostwärts Mühlen griff das Infanterieregiment 147 gegnerische Stellungen an und erlebte erste Auflösungserscheinungen bei den Russen: Sie stießen ihre Gewehre mit dem Bajonett nach unten in die Brustwehr ihres Grabens und winkten mit weißen Tüchern. Bald ergaben sie sich in Scharen. Andere flohen.
Am Nachmittag des 28. August herrschte im Stab des AOK 8 Siegesstimmung: Das I. Reservekorps war im Anmarsch auf Stabigotten, das I. Armeekorps stand vor Neidenburg – damit war die letzte Lücke in der Einkreisung geschlossen und das Unglück der 41. Infanteriedivision ausgeglichen. Hindenburg stand vor der Molkerei in Frögenau an einem Tisch, auf dem sonst die Butter verpackt wurde. Nun waren darauf die Lagekarten ausgebreitet. Von hier aus wurde die Endphase der Schlacht geführt.
Am späten Nachmittag wollte Hindenburg nach Mühlen zum XX. Armeekorps fahren. Doch kaum setzte sich die Wagenkolonne in Bewegung, erscholl aus Sanitäts- und Munitionskolonnen, die panikartig über die

Straße jagten, der Schreckensruf: »Die Russen kommen!« Ohne Kenntnis der Lage, angewiesen auf Gerüchte, hatten die Fahrer lange Kolonnen gesehen – das immer größer werdende Heer der Gefangenen.
Wenig später trafen unerfreuliche Meldungen ein: Im Osten war der Einschließungsring noch gar nicht geschlossen: Das I. Reservekorps hatte seine Marschziele noch lange nicht erreicht; das die andere Zange bildende XVII. Armeekorps hatte einen Teil seiner Truppen wieder abgezogen, weil diese bereits in dem Raum standen, der für das I. Reservekorps vorgesehen war. Außerdem war da noch die Nachricht, daß die 41. Infanteriedivision noch immer ungeordnete Verbände habe, die Soldaten total erschöpft und zu einer Verfolgung des Feindes nicht imstande seien.
Die 1. Kavalleriedivision – einzige, hauchdünne Sicherung gegen die gewaltige Njemen-Armee – erhielt den Befehl, eine Brigade – ein Drittel ihrer Stärke! – abzugeben und gegen Ortelsburg vorgehen zu lassen. Endlich, in der Nacht vom 29. zum 30. August, wurde der Einschließungsring endgültig geschlossen. Dennoch kam es auch jetzt zu Krisen: Das I. Armeekorps war am 30. August – in zahlreiche kleine Teile aufgelöst – im Vorwärtsdrängen auf die noch keineswegs besiegten russischen Massen. Da wurde im Rücken des Korps eine lange feindliche Kolonne gemeldet. General v. François ließ weiter stürmen und baute gleichzeitig eine Rückendeckung auf.
Der Sieg blieb ungefährdet, die Russen ergaben sich in Massen. In einer Regimentsgeschichte heißt es: »... teils mit, teils ohne Waffen kam die gewaltige Masse aus dem Walde heraus, ohne zu ahnen, daß ihnen nur wenige Kompanien den Weg nach Rußland versperrten.« Oberleutnant Martens vom Schweren Reserve-Reiterregiment 3 notierte: »... war ein Heerlager waffenloser Russen zusammengedrängt ... in wüstem Durcheinander. Dann aber wieder ernste Sorge, als Nachricht kommt, daß bei Neidenburg ein sehr starker Angriff russischer Kräfte im Gange sei ... Hatten die Russen Erfolg, konnten wir bald die Gefangenen unserer Gefangenen sein.«
Am 31. August war die Schlacht geschlagen, im Deutschen Reich läuteten die Glocken. 92000 Gefangene wurden eingebracht, darunter 13 Generale. Tage später fand man in einem Waldstück die Leiche eines weißhaarigen hohen russischen Offiziers: General Samsonow, der Oberbefehlshaber der Narew-Armee, hatte sich selbst den Tod gegeben.
Hindenburg schrieb an den Kaiser: »... wage ich die ehrfurchtsvolle Bitte zu unterbreiten, diesen viertägigen Kämpfen die Bezeichnung: Schlacht bei Tannenberg allergnädigst verleihen zu wollen ...« Hindenburgs Gefechtsstand an der Molkerei von Frögenau befand sich nur 1000 Meter entfernt vom Gedenkstein an den Tod des Hochmeisters des deutschen Ritterordens: Dieser war 1410 mit dem Heer des Ordens im Kampf gegen Polen und Litauer westlich des Dörfchens Tannenberg unterlegen.
Die zahlenmäßig schwächere deutsche Armee von 153000 Mann – mit einer allerdings stärkeren Artillerie – hatte die 191000 Russen der Narew-Armee in einer der seltenen klassischen Vernichtungsschlachten besiegt. Ein Sieg, der über 4000 Tote gekostet hatte. Seine unmittelbare Folge war, daß die inzwischen auf breiter Front weit nach Westen vorgedrungene Njemen-Armee des Generals Rennenkampf sich nordwestlich der ostpreußischen Seenplatte in eine Abwehrstellung zurückzog. Rennenkampf verstand es, sich der nun auch ihm drohenden Umklammerung zu entziehen. Dennoch verlor er in der Schlacht an den Masurischen Seen vom 7. bis 11. September 1914 45000 Gefangene. Er zog sich über die Grenze nach Rußland zurück.
Ostpreußen war gerettet, doch der weitere Kriegsverlauf dadurch nur wenig beeinflußt. Die deutsche Oberste Heeresleitung sah den Hauptkriegsschauplatz weiterhin im Westen und begann sich dort allmählich in immer verlustreichere Materialschlachten zu verwikkeln, obwohl im Osten die Chance eines beweglichen Manövrierens bestand.
Die Schlacht bei Tannenberg hatte jedoch ganz andere, damals nicht absehbare Auswirkungen auf die Weltgeschichte: Der wenig bekannte, aus dem Ruhestand geholte General v. Hindenburg, durch die Entscheidung des Generalobersten v. Moltke Oberbefehlshaber der 8. Armee geworden, war nun als Sieger von Tannenberg weltweit berühmt. In Deutschland erschien sein Bild auf Postkarten, es zierte Tassen und Kaffeekannen, Bücher wurden ihm gewidmet, Gedichte und Lieder über ihn geschrieben.
1925 wurde Hindenburg zum Reichspräsidenten gewählt und 1932 in seinem Amt bestätigt. Er schien vielen Deutschen als Garant dafür, daß mit ihrem Staat alles in Ordnung sei – selbst als schließlich nur noch mit Notverordnungen regiert und schließlich Adolf Hitler die Reichskanzlerschaft übernahm, dessen Regime der greise Feldmarschall noch bis zu seinem Tod im Juli 1934 als Galionsfigur dienen mußte.

Hindenburg (im hellen Mantel) mit seinem Stab im Osten. Links von ihm sein Generalstabschef Ludendorff, rechts außen dessen Stellvertreter Hoffmann, der eigentliche Architekt von Tannenberg, der später bei Besichtigung des Schlachtfeldes über Hindenburgs stoische Ruhe zu spotten pflegte: »Hier hat der Feldmarschall vor der Schlacht geschlafen, hier hat er nach der Schlacht geschlafen, hier hat er während der Schlacht geschlafen.«

Illustrirte Zeitung

Nr. 3726. 143. Bd.

Die deutschen Juden und der Krieg

Ungefähr 100000 deutsche Juden nahmen am Weltkrieg teil; 12000 von ihnen fielen. Diese Tatsachen wurden später planmäßig unterdrückt und gerieten in Vergessenheit, genau wie auch die Begeisterung, mit der die Juden für Deutschland in den Krieg gezogen waren, in ihren Verlautbarungen noch vaterländischer gestimmt als ihre Umgebung, vom Wunsch beseelt, nun da der Krieg gekommen, ihr Deutschtum endgültig zu beweisen.

Letzter Brief des jüdischen Reichstagsabgeordneten Ludwig Frank (gefallen am 3. September 1914) an seine Freundin 23.8.1914

Meinen freien Sonntagmittag verbringe ich am Schreibtisch in meiner Wohnung. Ich bin in der Kaserne einquartiert und schlafe auf dem harten Feldbett – wie mein Stammvater Jakob »zu Häupten den Stein«, traumlos von zehn bis fünf Uhr und manchen Morgen auch bis vier Uhr; der Trompeter weckt mich. Die Strapazen der Felddienstübung und des Marsches ertrage ich mühelos. Ich bin froh darüber: das Blut für das Vaterland fließen lassen ist nicht schwer und umgeben von Romantik und Heldentum.

Ein viel größeres Opfer ist es, täglich den Schweiß unter dem Druck des Tornisters zu vergießen und stündlich auf tausend Selbstverständlichkeiten von Reinlichkeit und Bequemlichkeit zu verzichten, an die man jetzt wie an ein weit zurückliegendes schönes Land denkt. Aber der Körper ist wirklich der Knecht der Seele. Der feste Vorsatz, sich einzuordnen und auch in kleinen und kleinsten Pflichten das große Ziel nicht aus dem Bewußtsein zu verlieren, hilft über alle Hemmnisse hinweg.

Wann wir abmarschieren, weiß ich noch nicht. Wir warten täglich auf den Ruf vom Regiment Nr. 110, das die letzten Kämpfe bei Mülhausen und Metz mitgemacht hat, und dessen Lücken wir ausfüllen sollen. Ich stehe in der Front wie jeder andere, ich werde von allen (Mannschaften wie Offizieren) mit größter Rücksicht (protzig ausgedrückt: Ehrerbietung!) behandelt. Aber ich weiß nicht, ob auch die französischen Kugeln meine parlamentarische Immunität achten. Ich habe den sehnlichen Wunsch, den Krieg zu überleben und dann am Innenausbau des Reiches mitzuschaffen. Aber jetzt ist für mich der einzig mögliche Platz in der Linie in Reih und Glied, und ich gehe wie alle anderen freudig und siegessicher.

Der Gedanke an meine Eltern ist schmerzlich. Sie wissen, wie sehr ich an ihnen hänge. Aber ich habe schon mehr als einmal in entscheidenden Augenblicken meines Lebens ihnen wehtun müssen, und ich kann es nicht bereuen. Als ich vor elf Jahren mich öffentlich zur sozialdemokratischen Partei bekannte und damit manche Brücke hinter mir abbrach, zerstörte ich sicherlich manche Hoffnungen meiner guten, braven Eltern, – aber ich mußte mir mein eigenes Leben zimmern, und jetzt geht es ja um mehr! Nicht um die bürgerliche Existenz, sondern vielleicht um das Leben. Das Hüttenlied wird die Jahrhunderte hindurch immer wieder erlebt:

Ob auch die liebe Mutter weint
Daß ich das Ding hab fangen an,
Ich hab's gewagt.

Die unerschöpfliche Güte und Liebe der beiden wird ihnen und mir über dieses innere Hemmnis hinweghelfen.
Jetzt also – b'hüt Di Gott!
Dein Ludwig

Aus dem Aufruf des Centralvereins deutscher Staatsbürger jüdischen Glaubens, September 1914

Deutschland ist zu den Waffen gerufen worden. Was wir lange kommen sahen und was kommen mußte, ist eingetroffen; die niedrigsten Instinkte der Menschheit, Habsucht und Neid, haben Deutschlands Gegner zur Herausforderung veranlaßt ...

Über die deutschen Juden und den Krieg sprechen, erübrigt sich für den, der die Verhältnisse einigermaßen kennt. Die deutschen Juden waren und sind deutsch bis auf die Knochen. Sie sind im Laufe der Geschichte ein unlösbarer Bestandteil des deutschen Volkes geworden. Daß sie alles für ihr Vaterland, für ihre Heimaterde, für die Kultur, in der sie geboren und erzogen sind, einsetzen werden, ist selbstverständlich. Daß sie mit Gut und Blut bis zum letzten Mann für die Ehre und das Wohl der Gesamtheit eintreten müssen, ist zu klar, um es zu betonen.

Der Krieg hat den Juden die Freude gebracht, daß aus kaiserlichem Munde Parteien und Konfessionen im öffentlichen Leben als abgetan erklärt worden sind. Das kaiserliche Wort: »Ich kenne nur noch Deutsche« soll für uns Juden ein Panier sein! Besondere Begeisterung führte die Juden ins Feld: die unmenschliche Behandlung der Juden in Rußland gibt dem Kampf gegen das russische Moskowitertum für die Juden eine besondere Bedeutung. Indem Frankreich und England sich mit einem solcher Staate verbündeten, ihn zu fördern suchten, haben sie sich derselben Unkultur schuldig gemacht. Und wenn wir als Deutsche schon an sich mit Begeisterung zu den Waffen gegriffen haben, so haben wir es als deutsche Juden noch um so lieber getan, als ein Kampf gegen Barbarei und Unkultur mit diesem Kriege verbunden ist. Und Gott wird mit unsern deutschen Fahnen sein, weil sie einem Heere voranschweben, das einig und kräftig ist in sich, tapfer und gottesfürchtig, getragen von der Liebe der Zurückgebliebenen und von der Güte und Wahrheit der Sache, welche es vertritt!

Der jüdische SPD-Reichstagsabgeordnete Ludwig Frank

Aus dem Kriegstagebuch des Julius Marx

1. Dezember 1914
Link hat schon wieder einmal in seinem Rausch über den »Juden« geschimpft, daraufhin habe ich umgeschnallt, mich beim Hauptmann von Degen melden lassen und diesen um Verwendung an der Front gebeten.
»Gut, reichen sie ein Gesuch ein!«
Gleich darauf verlangt er, mich unter vier Augen zu sprechen. Weshalb ich an die Front wolle? Ich erzählte ihm nun ausführlich, wie es in unserer Abteilung aussieht.
»Ja, glauben Sie denn, die Verhältnisse in der Stellung seien besser? Das weiß ich von Afrika her: Sobald der Krieg zum Stellungskampf wird und die Leute vor Langeweile nichts mit sich anzufangen wissen, reiten sie aufeinander herum. Ich gebe Ihnen deshalb den guten Rat: Bleiben Sie, wo Sie sind! In der Stellung kennen Sie sich nicht aus und sind deshalb doch nur das fünfte Rad am Wagen, während Sie bei der Gefechtsbagage sehr Gutes leisten und nicht ohne Weiteres zu ersetzen sind.«
»Herr Hauptmann, ich kann nicht auf diesem Posten bleiben. Man schimpft ja doch nur hinten herum über den »feigen Juden«. »Sie sind Jude? Das wußte ich nicht, nun verstehe ich so manches. Hören Sie, Sie dürfen sich nicht unterkriegen lassen: Tun Sie so, als ob Sie nichts merkten wenn man über Sie loszieht! Auf diese Weise werden Sie mit dieser Sorte von Leuten am besten fertig!«
Er versprach mir zum Schluß, dafür zu sorgen, daß es bei der Kolonne anders werde; wenn es jemals wieder Streitigkeiten gebe, solle ich ihm Meldung machen – er werde die Urheber unnachsichtlich bestrafen. Als er mir sagte, er wolle mich zum Eisernen Kreuz eingeben, erwiderte ich, ich möchte es mir erst verdienen.
Schon längst haben Sie es verdient, meinte er, »im übrigen hoffe ich, daß es bald vorwärts geht, dann haben Sie mehr Gelegenheit als bisher, sich hervorzutun.«
Diese Unterredung tat mir sehr wohl.
Gegen Abend sah ich den Hauptmann mit Leutnant Mauch zusammen. Sie sprachen scheinbar über mich, denn als ich hinzukam, um eine Meldung zu machen, ging man plötzlich auf ein anderes Thema über.

12. Mai 1916
Das habe ich nun doch nicht glauben wollen – aber die Sache scheint wahr zu sein: Kommt da vor wenigen Wochen ein neuer Oberleutnant zum Bataillon, ein guter Kompagnieführer, ein tapferer Soldat. Bei Tisch bringt er das Gespräch auf die Juden. Sie seien von Natur aus feig und hätten ja auch gar nicht tapfer zu sein, dieses Handelsvolk – und ähnlichen Unsinn mehr. Nachmittags bei der Handgranatenübung, als ein Rekrut, der wohl noch nie so ein Ding angefaßt hatte, ein wenig zitterte, ließ sich der Herr Oberleutnant vernehmen:
»Natürlich ... ›Schwarzberger‹ ... das scheint mir auch so ein Mosaiker zu sein. Sehen Sie, wie er zittert, dieser feige Kerl! Aber das ist ganz gut so – die Leute sollen selber sehen, was für feige Hunde die Juden sind!«
Nun ja, Herr Oberleutnant Reich, da haben Sie sich aber einmal gründlich geirrt: Schwarzberger ist ja kein Jude!
Wie leicht werden wir unsere Gegner besiegen, denn bei ihnen wird zwischen Juden und Andersgläubigen kein Unterschied gemacht. Eine große Anzahl jüdischer Generäle kommandiert sogar in ihren Reihen.
Armes Frankreich!

3. Juni 1916
Gestern erhielt ich eine Auszeichnung mit Schwertern. Was soll mir das, was heute jeder Schreibersknecht, jeder Musikant, jeder Etappenhengst bekommt!
Heute meldete ich mich beim Regiments-Adjutanten und bat ihn um Versetzung zu einer Maschinengewehr-Kompagnie; es sei mir unerträglich, von gewissen Herren, die erst seit einigen Wochen beim Regiment sind, als Drückeberger verschrien zu werden, nur weil ich Jude bin und der Gefechtsbagage angehöre.

(Rolf Vogel, Ein Stück von uns. Deutsche Juden in deutschen Armeen 1813–1976. Eine Dokumentation. Mainz 1977)

Kampf in den Kolonien

Der junge Südseeinsulaner war vom langen Lauf ganz außer Atem. Keuchend übergab er dem Rittmeister v. Klewitz einen angespaltenen Stab, in den ein Telegramm eingeklemmt war. Das war am 9. August 1914, und das Telegramm enthielt die Nachricht vom Ausbruch des Weltkrieges.

Der Rittmeister, Inspektor der Polizeitruppe des deutschen Schutzgebietes in der Südsee, begab sich eilends zum deutschen Gouverneur Dr. Haber nach Rabaul auf der Insel Neupommern.

Das deutsche Südsee-Schutzgebiet – entstanden zwischen 1884 und 1899 – umfaßte den größten Teil Melanesiens und Mikronesiens: Das Kaiser-Wilhelms-Land als Teil der Insel Neuguinea; die Inseln des Bismarckarchipels, einen Teil der Salomoninseln, die Admiralitätsinseln, die Marshall-, Karolinen-, Palau- und Marianen-Inselgruppen.

Die Südseeinseln, stets mit dem Eigenschaftswort »friedlich« geziert, waren auf einen Kriegsfall nicht eingestellt. Die deutsche Truppe setzte sich aus 15 weißen Polizeimeistern und 932 Farbigen zusammen. Zur Not ließ sich noch eine »Expeditionstruppe« von 120 deutschen Reservisten aufbieten. Bewaffnung: alte Militärgewehre vom Typ 88 und 280 Karabiner 98. Maschinengewehre und Geschütze waren nicht vorhanden.

Mit dieser Streitmacht war das Südseekolonialreich natürlich nicht zu verteidigen. Doch zwei Aufgaben waren über einen gewissen Zeitraum hin durchführbar: Verteidigung – und notfalls Zerstörung – der soeben in Betrieb genommenen Funkstation Bitapaka sowie Schutz des Gouvernements.

Deutsche Gefangene in Japan, Dezember 1914. Mit dem Eingreifen Japans in den Krieg – was durch keinerlei Bündnisverpflichtungen zu rechtfertigen war – begannen im Fernen Osten die Kampfhandlungen. Japan verlangte die Herausgabe des auf dem chinesischen Festland gelegenen deutschen Pachtgebietes Kiautschou. Am 23. August erklärte es den Krieg.

Klewitz stellte Posten an der Küste, beim Gouverneurssitz und rund um die Funkstation auf und hoffte vergebens auf das Erscheinen des deutschen Ostasiengeschwaders unter Vizeadmiral Graf v. Spee.

Statt der deutschen erschienen am 11. September 1914 jedoch australische Kriegsschiffe in der Rabaul-Bucht.

Der Reserveleutnant Kempf spähte an diesem Morgen mit seinem Fernglas über die Böschung der Feldstellung an der Straße nach Bitapaka und erblickte »fremdartige Gestalten«. Um 8.30 Uhr pfiffen die ersten Kugeln; um Kempf herum spritzte unter den Einschlägen der Sand auf. Kempf: »Der Gegner war im Buschwerk fast unsichtbar. Die Farbigen waren nicht zum Schießen zu bewegen, auch nicht durch Drohungen. Die wenigen Weißen hatten allein das Feuer unterhalten müssen. Verschiedene der jungen farbigen Rekruten zitterten vor Angst und weinten. Ein Doppelposten zur Rückendeckung hatte sich davongemacht.« Die Australier schickten einen Parlamentär. Kempf verhandelte lange, um Zeit zu gewinnen – er hatte veranlaßt, die Funkstation zu sprengen. Dann kapitulierte er.

Zwei Tage darauf rückte ein australisches Bataillon in Richtung Gouverneurssitz vor. Am 15. September ergaben sich der Gouverneur und v. Klewitz mit der Truppe unter ehrenvollen Bedingungen.

Das deutsche Südsee-Schutzgebiet war verloren – und in der Folge wurde die Ausgangsbasis für einen anderen, fürchterlichen Krieg geschaffen: Die Marianen-, Karolinen- und Marshall-Inseln bekam Japan zugesprochen. Sie bildeten das strategische Vorfeld Japans für seinen Überraschungsangriff auf die US-amerikanische Flotte im Hafen von Pearl Harbor am 7. Dezember 1941. Daraufhin entbrannte der pazifische Krieg, in dem das ehemalige deutsche Südseegebiet zum am heftigsten umkämpften Raum gehörte.

Selbst danach trat keine Ruhe ein: Das Bikini- und Eniwetok-Atoll wurde Testgebiet für 66 Atom- und Wasserstoff-Sprengkörper. Bei der Versuchsflotte, an der

Artilleriekuppeln bei Tsingtau, dem Hafen von Kiautschou. Zwei Monate dauerte es, bis sich die Besatzung des deutschen Stützpunktes den japanischen Belagerern ergab. Diese verloren fast zweitausend Mann vor der Festung.

man die Auswirkungen atomarer Bombardierungen studieren wollte, befanden sich auch deutsche Kriegsschiffe, die 1945 bei der Kapitulation in alliierte Hände gefallen waren.

Noch früher als das Südsee-Schutzgebiet war in Afrika die kleine deutsche Kolonie Togo von den Alliierten besetzt worden. Hauptmann Pfaehler, der einzige aktive Infanterieoffizier in Togo, führte eine über das Land verstreute Polizeitruppe von 700 Farbigen.

Wie auch in allen anderen deutschen Kolonien war auch hier im westafrikanischen Togo kaum für einen Kriegsfall vorgesorgt worden: Das Deutsche Reich vertraute auf die »Kongo-Akte«, in der die Kolonialmächte beschlossen hatten, bei militärischen Auseinandersetzungen ihre Kolonialgebiete als neutralisiert anzusehen.

Auf die Nachricht vom Kriegsausbruch kamen am frühen Morgen des 2. August 1914 die Deutschen der Hauptstadt Lome vor dem Gouvernementshaus zusammen. Der stellvertretende Gouverneur, Geheimrat v. Doering, hatte als Reservemajor die Befehlsgewalt übernommen und hielt eine kurze Ansprache. Dann sangen alle die »Wacht am Rhein«.

Die Hauptaufgabe war der Schutz von Kamina, einer der größten Funkstationen der Welt. Reservisten bildeten die »Europäer-Kompanie«, die am 7. August nach Kamina aufbrach – auf den Tag genau 30 Jahre zuvor war in Togo die deutsche Flagge erstmals gehißt worden.

Bei einem Grenzscharmützel am 11. August 1914 fiel Hauptmann Pfaehler durch eine verirrte Kugel, zwei weitere Weiße gerieten verwundet in Gefangenschaft. Tage danach kam es zu einem größeren Gefecht mit englischen Truppen am Fluß Chra. Zuletzt wurde noch um das Dorf Amuno gekämpft, dann war es Zeit, die Funkstation Kamina zu sprengen. Unter dem Aufblitzen der Detonationen sanken die vier Sendetürme von 120 Meter Höhe und die acht je 80 Meter hohen Masten in sich zusammen; das Maschinenhaus barst auseinander. Kamina hatte mit der deutschen Station Nauen bei Potsdam in Verbindung gestanden und Schiffsfunkverkehr weit über den Atlantik geführt. Am 27. August, morgens, wurde Togo an französische und britische Truppen übergeben.

Weit langwieriger und verlustreicher entwickelte sich das Ringen um das deutsche Pachtgebiet Kiautschou. Dieses 515 Quadratkilometer große Gebiet mit der Stadt Tsingtau – auf der chinesischen Schantung-Halbinsel gelegen – war 1898 gemäß einem deutsch-chinesischen Abkommen für 99 Jahre gepachtet worden.

Am 15. August 1914 stellte Japan – nicht etwa China – dem Deutschen Reich ein Ultimatum: Das gesamte Pachtgebiet Kiautschou sollte an Japan übergeben und alle Kriegsschiffe zurückgezogen werden. Die deutsche Seite antwortete nicht. Am 23. August erklärte Japan den Krieg.

Gouverneur des Pachtgebietes war Kapitän zur See Meyer-Waldeck. Ihm unterstanden 2500 Mann Besat-

zung, verstärkt durch zahlreiche Kriegsfreiwillige und das eilig aus Peking und Tientsin herangezogene, 500 Mann starke deutsche Ostasiatische Marine-Detachement. Im Hafen von Tsingtau lagen das Kanonenboot »Jaguar«, Torpedoboot »S 90« und der österreichische Kreuzer »Kaiserin Elisabeth«.

Am 27. August erschienen 40 japanische Kriegsschiffe und blockierten Kiautschou von See her. Anfang September landeten 40000 japanische Soldaten auf chinesischem Territorium an der Nordküste von Schantung und riegelten die Stadt auf der Landseite ab. Der erste Monat verging mit Vorpostengefechten, durch die allmählich die Verteidiger in ihre vorbereiteten Stellungen zurückgedrückt wurden. Der erste japanische Sturmangriff Anfang Oktober brach unter hohen Verlusten zusammen. Nach der Taktik des Russisch-Japanischen Krieges 1904–1905 arbeitete sich die japanische Infanterie allmählich in Laufgräben an die Befestigungswerke heran; den Feuerschutz dazu gaben die Schiffsgeschütze. Am 31. Oktober hatten die Japaner auch ihren schweren Geschützen auf der Landseite ausreichende Stellungen geschaffen: Die Beschießung der 200000-

Einwohner-Stadt setzte ein. Der Assistenzarzt Dr. Scheidemann berichtete: »Tsingtau besaß eine Unmenge Automobile. So geschah der Rücktransport Verwundeter nur durch sie ... Doch hatte fast jedes Auto etwas durchlöcherte Scheiben ... Nach den Verwundetensammelstellen transportierten wir mit Tragen oder Rikschas, natürlich nur nachts.«
Auch zur See wurde gekämpft: Am 17. Oktober lief nachts das Torpedoboot »S 90« aus, näherte sich der Blockadelinie und entdeckte den japanischen Kreuzer »Takachiho«. »S 90« feuerte auf Distanzen zwischen 500 und 300 Metern drei Torpedos ab. Der Kommandant, Kapitänleutnant Brunner, berichtete: »Schornstein, Masten, Geschütze, Kessel wirbelten in der Luft herum, und eine 100 Meter hohe Feuerlohe schoß aus dem Schiff empor. Ein Hagel von Sprengstücken ergoß sich über das Boot, und ›S 90‹ mußte noch 200 Meter weit laufen, ehe es aus diesem Hagel herauskam ... Eine Rückkehr nach Tsingtau war unmöglich, da der Feind den Rückweg abgeschnitten hatte. Im Morgengrauen erreichte ich die Küste und sprengte mit dem verbliebenen Reservetorpedo das Boot noch eben vor dem Erscheinen des Feindes.«
An der Landfront donnerten die Geschütze. Das einzige deutsche Flugzeug mit dem Piloten Gunther Plüschow, berühmt als »der Flieger von Tsingtau«, leitete das deutsche Artilleriefeuer.
Der japanische Artilleriekommandeur Sato war seinem deutschen Kollegen, der einmal als Artillerielehrer nach Japan kommandiert gewesen war, freundschaftlich verbunden. Sato ließ dem deutschen Artilleriehauptmann durch einen Parlamentär mitteilen, daß es ihm sehr leid tue, gegen die Deutschen schießen zu müssen. Er bete täglich für seinen deutschen Freund.
Die Japaner stürmten eine deutsche Befestigung nach der anderen. Am 7. November 1914 ließ der Gouverneur um 6.30 Uhr die weiße Flagge setzen. Um 7.30 Uhr ergab sich auch Hauptmann Sodan, der ein Außenwerk befehligte. Er schrieb später einen Brief nach Hause: »Also wir sitzen hier seit 14 Tagen in Südjapan in Kriegsgefangenschaft. Behandlung sehr freundlich und liebenswürdig. Die Offiziere erklären immer, wie sie nur auf Befehl ohne Haß gegen uns gefochten haben ...«

Noch länger als Kiautschou hielt sich in Westafrika die deutsche Kolonie Kamerun, die wie Togo 1884 gegründet worden war. Auch für Kamerun – wie für alle übrigen deutschen Kolonien – ließen die Gegner den Schutz der Kongo-Akte nicht gelten.
Die Lage Kameruns war von Anfang an aussichtslos: Im Nordwesten grenzte die Kolonie vom Ozean bis zum Tschad-See an Britisch-Nigeria, im Osten und Süden an Französisch-Äquatorialafrika, im Südosten an belgisches Gebiet und im südlichen Teil der Westküste an Spanisch-Guinea; auch das Meer wurde vom Feind beherrscht.
Dem Kommandeur der deutschen Schutztruppe Kameruns – Oberstleutnant Zimmermann – unterstanden 205 weiße Offiziere, Unteroffiziere und Beamte sowie 1650 farbige Soldaten, gegliedert in 12 Kompanien. Bei Kriegsbeginn trat auch noch die Polizeitruppe mit 30 weißen Polizeimeistern und 1650 Farbigen unter seinen Befehl. Außerdem kamen noch weiße und farbige Reservisten sowie Rekruten hinzu. Die Bewaffnung bestand aus dem verlängerten Karabiner 98, einer größeren Zahl von Maschinengewehren und wenigen veralteten, kleinkalibrigen Geschützen.
Engländer, Franzosen und Belgier hatten Truppen in einer Gesamtstärke von etwa 1000 Weißen, 18000 Farbigen, dazu 25 Geschütze. Sie erhielten aber während der Kämpfe noch Verstärkungen aus Westafrika, Westindien und Indien.
Die Deutschen konnten weder auf Verstärkungen noch auf Nachschub hoffen. Der Reserve-Oberjäger Petersen notierte über die »Etappen-Kompanie«: »Die Kompanie hatte ihre Europäer beritten gemacht ... Jedem Europäer waren sechs bis acht Lasten (Bett, Koffer, Küchengeschirr, Decken) bei der Gefechtsbagage erlaubt. Die farbigen Soldaten führten ihre sämtlichen Weiber, Kinder und Jungen mit sich. Träger, Weiber und Boys bildeten eine wahre Räuberhorde, die unter der Aufsicht des Gefreiten Spengler stand. Fünf Stunden hinter der Front lag die ›Große Bagage‹. Ihr Leiter, Landsturmmann Bartsch, mußte zunächst Salz für die Truppe erzeugen. Ein Haufen Sumpfagavenstämme und Sumpfgras wurde getrocknet, verbrannt und die Asche in einen Trichter geschüttet und mit Wasser begossen. Die heraustropfende Flüssigkeit wurde verkocht. Zurück blieb ein stark kalihaltiges Salz. Als Ersatz für Butter und Schmalz lieferte Bartsch uns Palmöl. Daraus gewann er auch, mit Asche und Elefantengras als Zusätzen, eine gut schäumende Seife. Ein Gemisch aus Planten und Mais diente als Mehlersatz zum Brotbacken. Schmalz von Wildschweinen oder Elefanten war beliebt ... Mus aus Kassada mit Jamba-Jamba, Kuscha und Erdnüssen war die allgemein bekannte Kriegskost für Weiß und Schwarz ...«
In Jaunde hatte der einfallsreiche Bezirksrichter Dr. Winter eine Patronenfabrik eingerichtet. Seine Produkte – von fabrikmäßig hergestellten kaum zu unterscheiden – blieben ohne Versager, und seine Pulvermischung war fast rauchlos. Bald produzierte er auch Waffen.
Der Regierungsarzt Dr. Stein wiederum hatte eine grüne Farbe entwickelt, die den damit gefärbten Uniformen im Grün des Urwaldes eine vorzügliche Tarnung verliehen; es war eine Mischung von Methylenblau mit Alaun.

Truppen eines nigerianischen Regiments, kommandiert von britischen Offizieren, besteigen einen Zug, der sie nach Lagos bringen soll. Von Nigeria aus wurde die benachbarte deutsche Kolonie Kamerun besetzt.

Alle Erfindungsgabe und Improvisation konnte nicht darüber hinweghelfen, daß für den Kriegsfall nicht vorgesorgt worden war und, vor allem, eine Befestigung des Tores zur Kolonie – des Hafens Duala – fehlte. Duala ging im September 1914 verloren; vorher waren drei von Norden her geführte Angriffe abgeschlagen worden. Im Januar 1915 trat die Schutztruppe zum Gegenangriff gegen Duala an; sie erreichte zwar das Ziel nicht, doch der Gegner blieb ein volles Jahr an der Küste stehen.

Bei der Schutztruppe fehlte es an Munition – die Fabrik von Dr. Winter allein konnte den Bedarf nicht decken, und bald fiel Jaunde in Feindeshand. Die Absicht, den Kampf bis zum Kriegsende im Hochland weiter zu führen, um so den Kern der Kolonie zu erhalten, ließ sich nicht durchführen. Der feindliche Druck wurde immer kräftiger, doch die Schutztruppe hielt unter schwersten Strapazen 18 Monate lang durch. Am 15. Februar 1916 erreichten die letzten Verteidiger Kameruns neutrales spanisches Gebiet und wurden in Spanien interniert.

Von allen deutschen Kolonien hatte lediglich Deutsch-Südwestafrika eine gut bewaffnete, wenn auch zahlenmäßig schwache Schutztruppe. Diese hatte ihre Kampferfahrung in den Herero- und Hottentottenaufständen von 1897 und 1903–1907 gesammelt, die kurzzeitig die deutsche Kolonialherrschaft erschüttert hatten und die mit äußerster Härte und Grausamkeit niedergeschlagen worden waren.
Zu Beginn des Weltkrieges wurde die Schutztruppe durch Reservisten auf eine Stärke von 5000 Mann gebracht; ihr Kommandeur war Oberstleutnant v. Heydebreck. In Südwest gab es auch zwei Flugzeuge, die ebenso für die Schutztruppe requiriert wurden wie alle fünf Automobile der Kolonie.
Die im benachbarten Südafrika lebenden Buren waren nach dem Burenkrieg – 1899–1902 – unter britische Herrschaft gekommen. Die Engländer überließen jedoch in der Südafrikanischen Union, die 1910 als britisches Dominion geschaffen worden war, den Buren die politische Führung. Bei Ausbruch des Krieges 1914 standen die Buren in einem Zwiespalt. Der Burenführer Andries de Wet stellte in Deutsch-Südwest ein burisches Freiwilligenkorps zum Kampf gegen England auf. Der Burengeneral Louis Botha – er hatte 13 Jahre zuvor während des Burenkrieges Deutschland bereist, Unterstützung gefunden und eine Spende von drei Millionen Mark mitnehmen können – fiel mit einer Streitmacht von 80000 Mann in Deutsch-Südwest ein und kämpfte gegen seine früheren Freunde. In Südafrika selbst kam es zu einem Aufstand englandfeindlicher Buren, der mit aller Macht niedergeschlagen wurde. Dieser Aufstand war der Anlaß für die wahrscheinlich erste militärische Propaganda-Aktion aus der Luft. Leutnant v. Scheele, einer der beiden Piloten, warf Flugblätter über burischem Gebiet ab, in denen in afrikaanser Sprache zum Kampf gegen England in dem burischen Freiwilligen-Verband aufgerufen wurde.
Die gesamte deutsche Schutztruppe war beritten, mit Gewehr 98 bewaffnet, und besaß pro Kompanie zwei Maschinengewehre. Gegliedert war sie in 3 Feldbataillone zu je 3 bis 4 Kompanien, eine selbständige Kamelreiter-Kompanie, 3 reitende Batterien (darunter eine Haubitzbatterie), 3 Gebirgsbatterien, 2 Eisenbahnzüge, 2 Kolonnen-Abteilungen, verschiedene Ortsbesatzungen, den Küstenschutz Swakopmund, verschiedene Etappenformationen und 4 Feldlazarette. Als nachteilig erwies sich das Fehlen von Pionieren und motorisierten Fahrzeugen.
Am 18. September gingen britische Kriegsschiffe im Hafen von Lüderitz-Bucht vor Anker und landeten Truppen, ohne auf deutschen Widerstand zu stoßen. Den fand hingegen eine englische Abteilung bei Sandfontain am Oranje-Fluß. Sie wurden von drei deutschen Bataillonen eingeschlossen. Nach langem Feuergefecht kam die Infanterie über eine freie Fläche nicht mehr voran. Die 3. Gebirgsbatterie brachte die Entscheidung. Hauptmann Hensel, ihr Chef, schrieb ins Tagebuch: »... dann ging's über die große offene Fläche im Galopp auf 300 Meter an den Feind heran – wie ich erst später merkte, weit über unsere eigene Schützenlinie hinaus.« Der Kriegsfreiwillige Stintzing ergänzte in seinem Tagebuch: »... im nächsten Moment rollten die Protzen zurück, und schon löste sich der erste Schuß, dann feuerte die ganze Batterie ... Da sprang endlich in verzweifelten Sätzen eine Gestalt aus der britischen Befestigung heraus und schwenkte eifrig in beiden langen ausgestreckten Armen weiße Tücher.« Hauptmann Hensel: »Der Gefechtstag blödsinnig heiß, die Tage vor- und nachher desgleichen, dazu die Riesenmärsche im Sand. Geschlafen habe ich drei Tage und drei Nächte fast gar nicht; im Gefecht furchtbar durstig, so daß man kaum mehr ein verständliches Kommando herausbringen konnte. Die Tiere hatten die gleichen Strapazen, mindestens zwei Tage kein Wasser und eineinhalb Tage kein Futter.« Der Kriegsfreiwillige Stinzing: »Die Hitze in den Bergen wurde unerträglich, prall brannte die Sonne, und kein Tropfen Wasser zu haben. Erschöpft vom Sturmlauf und den vorangegangenen Anstrengungen fingen viele Leute an mitten im Feuer einzuschlafen.« 254 Engländer gerieten in deutsche Gefangenschaft, 50 Briten waren gefallen, etwa 100 verwundet. Auf deutsche Seite hatte es 14 Gefallene gegeben.
Wenig später fand der Schutztruppenkommandeur Oberstleutnant v. Heydebreck bei Versuchen mit Gewehrgranaten den Tod. Nachfolger wurden der bald zum Oberstleutnant beförderte Major Franke.
Die Lage der Kolonie Südwest begann schwierig zu werden: Von Lüderitz-Bucht her schob sich der Feind immer weiter ins Land hinein – stets an der Eisenbahnlinie entlang, die mehrfach von deutschen Patrouillen gesprengt wurde. Unterdessen landeten Truppen der Südafrikanischen Union in der Walfisch-Bai und traten ihren Vormarsch in Richtung auf die Hauptstadt Windhuk an. Die Abteilung von Major Wehle stellte sich ihnen entgegen, wurde aber am 20. März 1915 durch eine zehnfache Übermacht zum Rückzug gezwungen.
Noch schlimmer: Im April brach ein Aufstand des »Rehobother-Bastaards«-Stammes aus. Auch drang längs der Bahn Swakopmund – Otawi der Feind vor. Am 13. Mai zog General Botha in Windhuk ein.
Oberstleutnant Franke zog nun seine gesamten Streitkräfte im nördlichen Teil des Landes bei Kalkfeld-Waterberg zusammen, während zahlreiche Buschpatrouillen immer wieder die Eisenbahnlinien sprengten, um den Vormarsch des Gegners zu verlangsamen.

Die deutsche Schutztruppe von Südwestafrika wehrt bei Sandfontain einen Angriff britischer Kavallerie ab. Zeichnungen dieser Art füllten seinerzeit alle illustrierten Blätter.

Doch in der zweiten Junihälfte 1915 mußte sich die Schutztruppe von Waterberg absetzen – ihr drohte die Umfassung und Einkreisung. Am 6. Juli entschloß sich der Gouverneur Dr. Seitz in Übereinkunft mit dem Schutztruppenkommandeur zu Übergabeverhandlungen mit General Botha. Am 9. Juli 1915 kapitulierte die Schutztruppe von Südwestafrika zu ehrenvollen Bedingungen. Sie hatte 171 Tote zu beklagen; 316 Soldaten waren verwundet und 860 in Gefangenschaft geraten.

Der Plan einiger jüngerer Offiziere, sich mit einem Teil der Truppe über den Grenzfluß Okavango hinaus bis nach Ostafrika durchzuschlagen, wurde verworfen, weil die Gefahren durch Malaria, Tsetsefliegen und Hunger zu groß schienen. Außerdem sei es die Pflicht, nutzloses Blutvergießen zu vermeiden und die deutsche Präsenz in Südwest zu erhalten. Eine Überflutung des Landes durch englische und burische Ansiedler wäre die Folge, wenn die Deutschen wichen.

Diese Standhaftigkeit zeitigte Folgen, die bis in die heutige Zeit hineinwirken: Die Deutschen blieben nicht nur in Südwest, sondern ihre Zahl vermehrte sich sogar beträchtlich. Nach der Volkszählung von 1910 lebten 10644 Weiße im Land, davon 7935 Deutsche, einschließlich der Schutztruppensoldaten. Nach Zahlen des Jahres 1978 wohnen jetzt in Südwest, heute Namibia genannt, rund 28000 deutschsprachige Bürger neben rund 60000 Buren und etwa 10000, die englisch sprechen.

Nach dem Fall von Deutsch-Südwestafrika war es um die Mitte des Jahres 1915 nur die Kolonie Deutsch-Ostafrika, in der noch Kolonialtruppen Widerstand leisteten. Wir werden später davon hören.

Dynamit in der Kaffebüchse

Noch während des Krieges verfaßte Gunther Plüschow, auf abenteuerliche Weise aus China heimgekehrt, ein Buch, das in heute kaum begreiflicher, lausbubenhafter Manier seine Erlebnisse als „Flieger von Tsingtau" schildert. Solange es möglich gewesen, war er mit seiner Rumpler „Taube" Aufklärung über der belagerten Festung geflogen – wobei es für den schneidigen Piloten immer neue Gelegenheit zu Draufgängerstückchen gab.

Im Artilleriedepot hatte einer der Herren inzwischen Bomben für mich angefertigt. Ganz großartige Dinger! Große Zwei-Kilogramm-Blechbüchsen, auf denen schön zu lesen war: »Sietas, Plambeck & Co., bester Javakaffee«, wurden mit Dynamit, Hufeisennägeln und Eisenstücken gefüllt. Unten wurde eine Bleispitze angebracht und oben ein Zünder, der daraus bestand, daß ein spitzer Eisenkern beim Aufschlagen auf das Zündhütchen einer Gewehrpatrone schlug und dadurch die ganze Bombe zur Explosion brachte. Etwas unheimlich waren mir ja diese Dinger, und wie ein rohes Ei faßte ich sie an, und ich war immer herzlich froh, wenn ich sie abgeworfen hatte. Viel Schaden haben sie nicht angerichtet. Einmal habe ich ein Torpedoboot getroffen, und da ging das Ding nicht los; mehrere Male hätte ich beinahe einen Transportdampfer erwischt, und einmal habe ich gemäß japanischen Nachrichten eine Bombe mitten in eine japanische Kolonne geworfen und damit dreißig Gelbe zum Hades befördert.

Bei einer Gelegenheit hatte ich mich ganz besonders geärgert, und das war, als ich eines frühen Morgens das Lager unserer lieben Vettern erkundet hatte und ihnen zu ihrem Morgenkaffee meinen echt javanischen Kaffee beisteuern wollte. Die Bombe fiel nach englischen Berichten auf ihr Küchenzelt, und da dieses stark federte, prallte sie leider wirkungslos ab.

Das Vergnügen des Bombenwerfens habe ich mir bald verkniffen. Ich hatte sowieso schon, wo ich immer allein war, genug zu tun. Die Wirkung rechtfertigte auch nicht die mit Bombenwerfen verschwendete Zeit.

Mit meinen feindlichen Fliegerkollegen habe ich mich dann öfters in der Luft getroffen. Suchen tat ich diese Begegnung nicht, denn ich allein mit meiner langsam steigenden, schwerfälligen Taube konnte gegen die großen Doppeldecker, die drei Mann Besatzung an Bord hatten, nichts ausrichten. Und vor allen Dingen hatte ich die verdammte Pflicht, aufzuklären und dann »das« Flugzeug Tsingtaus heil nach Hause zu bringen.

Einmal war ich in meine Beobachtungen ganz vertieft, als mein Flugzeug sehr stark anfing zu schlingern und zu stampfen. Ich dachte, es wären wieder einmal Luftstörungen, die durch die vielen steilen und schroffen Gebirge hervorgerufen wurden und ja das ganze Fliegen in dieser Gegend so außerordentlich erschwerten. Ohne also aufzusehen, beobachtete ich weiter und erfaßte nur mit der einen Hand das Höhensteuer, um das Flugzeug zur Ruhe zu zwingen.

Nach meiner Rückkehr wurde mir zu meinem Erstaunen erzählt, daß eins der feindlichen Flugzeuge dicht über mir weggeflogen wäre, und alles dachte schon, ich würde von diesem heruntergeschossen werden.

Das nächste Mal paßte ich besser auf. Und als ich einen meiner feindlichen Landkollegen dicht unter mir erblickte, verfolgte ich ihn und schoß ihn mit meiner Parabellumpistole mit dreißig Schuß herunter.

Kurze Zeit hinterher wäre es mir fast selbst so ergangen. Ich war nur eintausendsiebenhundert Meter hoch, und trotz der größten Anstrengung kam und kam ich nicht höher. Ich war gerade über dem feindlichen Wasserfliegerlager, und einer der großen Doppeldecker startete soeben. Ich führte nun meine Erkundigungen weiter aus und dachte: Na, der kann ja lange krebsen, bis er so hoch ist wie du!

Aber schon nach vierzig Minuten, als ich nach links über die Tragflächen hinwegschaute, schwebte der Feind nur wenig tausend Meter entfernt in derselben Höhe wie ich. Donnerwetter, nun hieß es aufpassen und höher steigen. Aber wie verhext streikte mein Vogel. Nicht einen Meter gewann ich mehr, und schon nach fünfzehn Minuten war der andere ein ganzes Stück höher als ich, kam schräg auf mich zu, und ich merkte seine Absicht, mir den Weg nach Tsingtau abzuschneiden. Jetzt ging's um die Wette, wer zuerst ankam und sich zuerst über Tsingtau befand.

Ich gewann das Rennen.

Und als ich über meinem Platz war, da ging's im steilsten Sturzfluge nieder, und als ich eben auf dem Platze aufsetzte, da krepierten auch schon die ersten feindlichen Bomben dicht hinter mir ...

In Tsingtau war strenger Befehl, daß bei Annäherung der feindlichen Flieger jedermann sofort in Deckung zu gehen hätte, wodurch es ermöglicht wurde, daß keine Verluste eintraten.

Nur so'n brauner Geselle blieb an einem Tage mitten auf dem Platze mutterseelenallein sitzen und sah sich erstaunt den großen Vogel an. Bums! ging eine Bombe nieder, und wo krepierte sie? Ausgerechnet einige Schritte neben diesem armen Teufel – und verletzte ihn schwer.

Ja, ich sage, man muß nur Pech haben und gerade da stehen, wo Granaten und ähnlich schwerverdauliche Gegenstände herniederfallen.

(Gunter Plüschow, Die Abenteuer des Fliegers von Tsingtau. Berlin 1916)

Rechte Seite: Deutsche Albatros C III-Flugzeuge im Luftkampf mit britischen „Martinsydes".

Folgende Seiten: Inmitten von Schrapnellwolken erwehrt sich ein britischer Doppeldecker dreier deutscher Jäger.

Spaß beim Bombenwerfen

Manfred Freiherr von Richthofen, genannt der »rote Kampfflieger« oder »rote Baron« (wegen des knallroten Anstrichs seiner Maschine), faßte Briefe und Erlebnisschilderungen in einem Buch zusammen, das 1917, ein Jahr vor seinem Tod im Luftkampf, erschien und sofort rascheste Verbreitung fand. Sein Text enthält alle Stereotypen der Fliegerliteratur, die später noch gewaltig ins Kraut schießen sollte: Draufgängertum, Rauflust, Schnoddrigkeit, Alberei und eine gänzliche Unempfindlichkeit gegenüber dem Leid, das der Flieger mit seinen Waffen über die Gegner zu bringen vermag. Von der oft beschworenen »Ritterlichkeit« ist dagegen wenig zu finden.

In Rußland warf unser Kampfgeschwader viele Bomben. Wir beschäftigten uns damit, die Russen zu ärgern, und legten auf ihre schönsten Bahnanlagen unsere Eier. An einem dieser Tage zog unser ganzes Geschwader los, um eine sehr wichtige Bahnhofsanlage zu bewerfen. Das Nest hieß Manjewicze und lag etwa dreißig Kilometer hinter der Front, also nicht so übertrieben weit. Die Russen hatten einen Angriff geplant, und zu diesem Zweck war der Bahnhof ganz ungeheuerlich mit Zügen angefüllt. Ein Zug stand neben dem anderen, eine ganze Strecke war mit fahrenden Zügen belegt. Man konnte das von oben sehr schön sehen; an jeder Ausweichstelle stand ein Transportzug. Also ein wirklich lohnendes Ziel für einen Bombenflug.

Man kann sich für alles begeistern. So hatte ich mich mal für eine Weile für dieses Bombenfliegen begeistert. Es machte mir einen unheimlichen Spaß, die Brüder da unten zu bepflastern. Oft zog ich an einem Tag zweimal los. An diesem Tag hatten wir uns also Manjewicze zum Ziel gesteckt. Jede Staffel für sich zog geschlossen gen Rußland.

Die Maschinen standen am Start, jeder Flugzeugführer versuchte noch einmal seinen Motor, denn es ist eine peinliche Sache, auf der falschen Partei notzulanden, und besonders in Rußland. Der Russe ist auf Flieger wie wild. Kriegt er einen zu fassen, schlägt er ihn ganz bestimmt tot. Das ist auch die einzige Gefahr in Rußland, denn feindliche Flieger gibt es da nicht oder so gut wie gar nicht. Kommt mal einer vor, so hat er sicherlich Pech und wird abgeschossen. Die Ballonabwehrgeschütze in Rußland sind manchmal ganz gut, aber ihre Zahl nicht ausreichend. Gegen den Westen jedenfalls ist das Fliegen im Osten eine Erholung.

Die Maschinen rollen schwer bis an den Startplatz. Sie sind bis auf ihr letztes Ladegewicht mit Bomben angefüllt. Ich schleppte manchmal einhundertfünfzig Kilogramm Bomben mit einem ganz normalen C-Flugzeug. Außerdem hatte ich noch einen schweren Beobachter mit, dem man die Fleischnot gar nicht ansah, ferner »für den Fall, daß« noch zwei Maschinengewehre. Ich habe sie nie in Rußland ausprobieren können. Es ist sehr schade, daß in meiner Sammlung kein Russe vorhanden ist. An der Wand würde sich seine Kokarde gewiß ganz malerisch machen. So ein Flug mit einer dicken, schwerbeladenen Maschine, besonders in der russischen Mittagsglut, ist nicht von Pappe. Die Kähne schaukeln sehr unangenehm, 'runterfallen tun sie natürlich nicht, dafür sorgen die einhundertfünfzig »Pferde«, aber es ist doch kein angenehmes Gefühl, so viel Sprengladung und Benzin bei sich zu haben. Endlich ist man in einer ruhigen Luftschicht und kommt allmählich zu dem Genuß des Bombenfluges. Es ist schön, geradeaus zu fliegen, ein bestimmtes Ziel zu haben und einen festen Auftrag. Man hat nach einem Bombenflug das Gefühl: Du hast etwas geleistet, während man manchmal nach einem Jagdflug, wo man keinen abgeschossen hat, sich sagen muß: Du hättest es besser machen können. Ich habe sehr gern Bomben geworfen. Mein Beobachter hatte es sachte sehr ordentlich wegbekommen, das Ziel genau senkrecht zu überfliegen und mit Hilfe eines Zielfernrohres den guten Augenblick abzupassen, um sein Ei zu legen. Es ist ein schöner Flug nach Manjewicze. Ich habe ihn öfters hinter mir.

Wir kamen über riesige Waldkomplexe, in denen gewiß die Elche und Luchse herumturnen. Die Dörfer sahen allerdings auch so aus, als ob sich die Füchse darin gute Nacht sagen könnten. Das einzige größere Dorf in der

Manfred Freiherr von Richthofen

LINKE SEITE: »Zeppelin-Kreuzer über Antwerpen« – ein Gemälde von L. Muralt.

ganzen Gegend war Manjewicze. Um das Dorf herum waren zahlreiche Zelte aufgeschlagen und am Bahnhof selbst unzählige Baracken. Rote Kreuze konnten wir nicht erkennen. Vor uns war eine Staffel dagewesen. Dieses konnte man an einzelnen rauchenden Häusern und Baracken noch feststellen. Sie hatten nicht schlecht geworfen. Der eine Ausgang des Bahnhofs war durch einen Treffer offenbar versperrt. Die Lokomotive dampfte noch. Gewiß waren die Herren Zugführer irgendwo in einem Unterstand oder sowas Ähnlichem. Auf der anderen Seite fuhr gerade eine Lokomotive mit großer Fahrt heraus. Natürlich reizte einen das, das Ding zu treffen. Wir fliegen das Ding an und setzen einige hundert Meter davor eine Bombe. Der gewünschte Erfolg war da, die Lokomotive blieb stehen. Wir machen kehrt und werfen noch sauber Bombe für Bombe, fein gezielt durch das Zielfernrohr, auf den Bahnhof. Wir haben ja Zeit, es stört uns niemand. Ein feindlicher Flughafen ist zwar ganz in der Nähe, aber seine Piloten sind nicht zu sehen. Abwehrgeschütze knallen nur ganz vereinzelt und in einer ganz anderen Richtung, als wir fliegen. Wir heben uns noch eine Bombe auf, um sie besonders nutzbringend beim Nachhauseflug anzuwenden.
Wir machen noch einige Umwege und suchen Truppenlager, denn das macht besonders Spaß, die Herren da unten mit Maschinengewehren zu beunruhigen. Solche halbwilden Völkerstämme wie die Asiaten haben noch viel mehr Angst als die gebildeten Engländer. Besonders interessant ist es, auf feindliche Kavallerie zu schießen. Es bringt ungeheure Unruhe unter die Leute. Man sieht sie mit einem Mal nach allen Himmelsrichtungen

Fokker-Dreidecker, die Maschine, mit der Richthofen berühmt wurde, im Angriff auf einen britischen Eindecker – eine Zeichnung, die Claus Bergen, später bekannt als Marinemaler, für Richthofens Buch »der rote Kampfflieger« anfertigte.

davonsausen. Ich möchte nicht Schwadronschef von so einer Kosakeneskadron sein, die von Fliegern mit Maschinengewehren beschossen wird. Allmählich konnten wir wieder unsere Linien sehen. Nun wurde es Zeit, daß wir unsere letzte Bombe loswurden. Wir beschlossen, einen Fesselballon, »den« Fesselballon der Russen, mit einer Bombe zu bedenken. Wir konnten ganz gemütlich auf wenige hundert Meter heruntergehen und den Fesselballon bewerfen. Anfangs wurde er mit großer Hast eingezogen, wie aber die Bombe gefallen war, hörte das Einziehen auf. Ich erklärte es mir dadurch, nicht etwa, daß ich getroffen hatte, sondern eher, daß die Russen ihren Hetman da oben in dem Korb im Stich ließen und weggelaufen waren.

*

Am stolzesten war ich, als ich eines schönen Tages hörte, daß der von mir am 23. November 1916 abgeschossene Engländer der englische Immelmann war. Dem Luftkampf nach hätte ich mir's schon denken können, daß es ein Mordskerl war, mit dem ich es zu tun hatte.
Ich flog quietschvergnügt eines Tages wieder mal auf Jagd und beobachtete drei Engländer, die scheinbar auch nichts anderes vorhatten, als zu jagen. Ich merkte, wie sie mit mir liebäugelten, und da ich gerade viel Lust zum Kampfe hatte, ließ ich mich darauf ein. Ich war tiefer als der Engländer, folglich mußte ich warten, bis der Bruder auf mich 'runterstieß. Es dauerte auch nicht lange, schon kam er angesegelt und wollte mich von hinten fassen. Nach den ersten fünf Schüssen mußte der Kunde schon wieder aufhören, denn ich lag bereits in einer scharfen Linkskurve. Der Engländer versuchte, sich hinter mich zu setzen, während ich versuchte, hinter den Engländer zu kommen. So drehten wir uns beide wie die Wahnsinnigen im Kreise mit volllaufendem Motor in dreitausendfünfhundert Meter Höhe. Erst zwanzigmal linksrum, dann dreißigmal rechtsrum, jeder darauf bedacht, über und hinter den anderen zu kommen. Ich hatte bald spitz, daß ich es mit keinem Anfänger zu tun hatte, denn es fiel ihm nicht im Traum ein, den Kampf abzubrechen. Er hatte zwar eine sehr wendige Kiste, aber meine stieg dafür besser, und so gelang es mir, über und hinter den Engländer zu kommen. Nachdem wir so zweitausend Meter tiefer gekommen waren, ohne ein Resultat erreicht zu haben, mußte mein Gegner eigentlich merken, daß es nun höchste Zeit für ihn war, sich zu drücken, denn der für mich günstige Wind trieb uns immer mehr auf unsere Stellungen zu, bis ich schließlich beinahe über Bapaume, etwa einen Kilometer hinter unserer Front, angekommen war. Mein Gegner winkte mir noch, als wir bereits in tausend Meter Höhe waren, ganz vergnügt zu, als wollte er sagen: »Well, well, how do you do?«
Die Kreise, die wir umeinander machten, waren so eng, daß ich sie nicht weiter als achtzig bis hundert Meter schätzte. Ich hatte Zeit, mir meinen Gegner anzusehen, ich guckte ihm senkrecht in die Karosserie und konnte

Hermann Göring, der spätere Reichsmarschall, war einer der Nachfolger Richthofens als Geschwaderkommandeur.

jede Kopfbewegung beobachten. Hätte er nicht seine Kappe aufgehabt, so hätte ich sagen können, was für ein Gesicht er schnitt.
Allmählich wurde selbst dem braven Sportsmann dies doch etwas zu bunt, und er mußte sich schließlich entscheiden, ob er bei uns landen wollte oder zu seinen Linien zurückfliegen. Natürlich versuchte er letzteres, nachdem er durch einige Loopings und solche Witze vergeblich probiert hatte, sich mir zu entziehen. Dabei flogen meine ersten blauen Bohnen ihm um die Ohren, denn bis jetzt war keiner zum Schuß gekommen. In hundert Meter Höhe versuchte er, durch Zickzackflüge, während derer sich von dem Beobachter bekanntlich schlecht schießen läßt, nach der Front zu entkommen. Jetzt war der gegebene Moment für mich. Ich folgte ihm in fünfzig bis dreißig Meter Höhe, unentwegt feuernd. So mußte der Engländer fallen. Beinahe hätte mich eine Ladehemmung noch um meinen Erfolg gebracht.
Mit Kopfschuß stürzte der Gegner ab, etwa fünfzig Meter hinter unserer Linie. Sein Maschinengewehr rannte in die Erde und ziert jetzt den Eingang über meiner Haustür.

(Manfred Freiherr von Richthofen, Der rote Kampfflieger. Berlin 1917)

Die Fronten erstarren

Das »Wunder an der Marne« – wie die Franzosen den überraschenden Rückzug der Deutschen vor Paris nannten – hatte dazu geführt, daß sich auf beiden Seiten der Front die Soldaten in Schützengräben verschanzten. Teils geschah dies spontan auf Befehl der unteren Truppenführung, um größeren Schutz gegen Feindbeschuß zu haben, teils auf Weisung höherer Führungsstellen, die ein weiteres Vorgehen für unmöglich ansahen.

Der berühmte Schlieffen-Plan war zu den Akten gelegt, der glücklose Generalstabschef Moltke aus optischen Gründen zwar noch im Dienst, doch die Operationsführung hatte bereits General Erich v. Falkenhayn – der amtierende Kriegsminister – übernommen. Bald durfte er sich auch offiziell Chef des Generalstabes nennen. Er gehörte zum Typ des schneidigen, aber phantasielosen Offiziers. Die Möglichkeiten großräumiger Operationen im Osten erkannte er nicht, sondern suchte nach wie vor die Entscheidung im Westen. Er glaubte sie erneut mit der Grundidee Schlieffens zu erreichen: durch Überflügelung des Feindes.

Die Fronten waren erstarrt, von der Schweizer Grenze bis dorthin, wo die Kämpfe an der Marne geendet hatten. Weiter nördlich aber lag – vom Fluß Oise beim Städtchen Noyon bis zur flandrischen Nordseeküste – ein leerer Raum von 200 Kilometer Breite. Durch diesen Raum hindurch mußte die gegnerische Front zu umfassen sein.

Es lag nahe, daß der französische Generalissimus Joffre genau das gleiche dachte. Und er konnte schneller handeln, weil ihm das gut ausgebaute und gerade im Großraum Paris besonders dichte französische Eisenbahnnetz zur Verfügung stand. Von Amiens aus trat die französische »Verfolgungsarmee« am 21. September 1914 ihren Vormarsch an, stieß aber bald auf harten deutschen Widerstand: Die Franzosen waren auf die sich zum Angriff bereitstellende, soeben aus Lothringen verlegte 6. Armee des bayerischen Kronprinzen geprallt.

Wieder dachten beide Oberbefehlshaber das gleiche: Weiter nördlich überflügeln! Eine andere französische Armee trat nun zwischen Béthune und Arras – Zentrum die Lorettohöhe – zum Angriff an und traf bereits wieder auf die deutsche 6. Armee, die ebenfalls gerade zur Überflügelung angesetzt hatte. Die Schlacht um die Lorettohöhe begann am 5. Oktober 1914 – die Kämpfe, zeitweilig abgeflaut, dauerten bis in den Juli 1915. Das Ergebnis waren lediglich hohe Verluste auf beiden Seiten.

Doch die Westfront war nun um 100 Kilometer länger geworden. Nur die belgische Küste gewährte noch einen Bewegungsspielraum – außerdem die lockende Möglichkeit, dort eine U-Boot-Basis mit kürzeren Anmarschwegen zum Feind zu haben als bisher. Diesen Plänen entgegen stand die von belgischen Truppen gehaltene Festung Antwerpen.

Das Belagerungskorps unter General v. Beseler war zahlenmäßig schwach, personeller Ersatz jedoch nicht möglich: Die bisherigen hohen Verluste ließen sich so schnell nicht ausgleichen. Fast noch schlimmer wirkte sich der Mangel an Artilleriemunition aus – der sich allerdings gleichermaßen auch auf der anderen Seite der Front bemerkbar machte. Es dauerte eine lange Zeit, die Friedens- auf Kriegsproduktion umzustellen. Außerdem fehlte Deutschland der bisher aus Übersee eingeführte Salpeter zur Schießpulverherstellung. Deutsche Wissenschaftler hatten ein Verfahren zur synthetischen Gewinnung von Salpetersäure entwickelt, doch die Produktion größerer Mengen war erst ab Frühjahr 1915 möglich.

Die deutsche Artillerie erhielt Befehl zu sparsamem Munitionsverbrauch. Die Unterstützung der Infanterie-

Abtransport von Toten und Verwundeten in einem französischen Laufgraben. Im Herbst 1914 begann der Grabenkrieg, das elende Vegetieren in Erdhöhlen, Bunkern, Unterständen, das über vier Jahre lang den Alltag im Westen bestimmen sollte.

Erich v. Falkenhayn (oben) trat im September 1914 die Nachfolge Moltkes als Generalstabschef an. Seine Strategie im Westen zielte zunächst darauf ab, den Gegner im Raum Flandern zu überflügeln – was auf französischer Seite ganz ähnlich beabsichtigt wurde. Symbol für die im Herbst sich entwickelnden blutigen und vergeblichen Durchbruchsschlachten wurde Langemarck, wo am 10. November 1914 deutsche Regimenter, zumeist aus Studenten und Akademikern bestehend, mit dem Deutschlandlied auf den Lippen, gegen den Feind stürmten.

(Bild rechts: Gemälde von F. Grotemeyer)

angriffe durch das Feuer der Artillerie wurde spärlich – entsprechend stiegen die Verluste.

Mangel an Munition für schwere und schwerste Geschütze war auch der Grund, weshalb sich das Korps v. Beseler gezwungen sah, den Fortgürtel von Antwerpen an nur einer Stelle anzugreifen. Der Durchbruch dort gelang. Nach zwölftägigem Kampf fiel die Festung Antwerpen in deutsche Hände. Wertvollste Beute: wichtige Rohstoffvorräte. Die Masse der Festungsbesatzung allerdings konnte über Gent zur Küste entkommen. Die deutschen Truppen hatten für eine vollständige Einschließung nicht ausgereicht.

Der Weg zur großen Offensive in Flandern war frei. Falkenhayn entschloß sich zum Einsatz seiner letzten Reserve, der neuen 4. Armee. (Die Korps der bisherigen 4. Armee waren auf andere Armeen aufgeteilt worden).

Die Mannschaften der neuen 4. Armee setzten sich aus Kriegsfreiwilligen zusammen; die Masse waren Abitu-

rienten und Studenten, die künftige geistige Elite Deutschlands.
Von den 52708 an den Universitäten eingeschriebenen Studenten hatten sich 29863 freiwillig zur Armee begeben; von den 10490 Studenten der Technischen Hochschulen waren 6476 eingerückt, dazu 1585 Professoren.
Anstatt diese Kriegsfreiwilligen über verschiedene Truppenverbände zu verteilen und sie bald an ruhigen Frontabschnitten auszubilden, hatte man sie regimenterweise zusammengefaßt und schickte sie nun dorthin, wo der härteste Einsatz zu erwarten war.
All die jungen Leute waren acht Wochen lang, und damit nur mangelhaft, ausgebildet worden. Ihre Offiziere hingegen waren durchweg überaltert, oft auch körperlich nicht mehr leistungsfähig, dazu noch befangen in den Vorstellungen der Kriegstaktik von 1870 und ohne Ahnung von der Wirkung von Maschinengewehren und modernem Artilleriefeuer. Ein General, der einer Schlußbesichtigung beiwohnte, entsetzte sich über das »harmlose Vorgehen in dicken Massen«.
Diese aus blutjungen Freiwilligen und älteren Reserveoffizieren rekrutierte Armee sollte aus dem Raum nördlich Lille nach Westen vorstoßen, schließlich westlich St. Omer nach Süden einschwenken und den Alliierten in die Flanke fallen.
Am 20. Oktober griff die 4. Armee an. Ihr Gegner war an Zahl unterlegen: Zusammengeschmolzene belgische Divisionen und das britische Expeditionskorps, das zum Schutz der Nachschubhäfen nach Flandern verlegt worden war.

OBEN: Französische Stellungen in Westflandern zwischen Boesinghe und Lizerne.

LINKE SEITE: An der Yser steigt das Wasser und überflutet Laufgräben und Stellungen. Die Öffnung der Schleusen gegen das Meer machte das Land zur Wasser- und Schlammwüste, in der kein Vormarsch möglich war: Die deutschen Truppen wurden mit einer Kampfweise konfrontiert, die an der Nordseeküste Tradition hatte; so waren auch im Freiheitskampf der Niederlande im 16. Jahrhundert die Deiche durchstochen und die Schleusen geöffnet worden, um die Spanier abzuwehren.

Ein Unteroffizier vom Reserve-Infanterieregiment Nr. 235 brachte seine Erlebnisse zu Papier: »Zurück, bis wir kurz vor dem Dorf auf einen Oberst stießen, der uns umkehren ließ und wieder vorwärts trieb. Hätte man uns doch gesammelt und geordnet, ein Ziel gesetzt und mit entsprechender Führung nach vorn geschickt, es wäre besser gewesen. Stundenlang ging es vorwärts, bald seitwärts, bald zurück. Das Gefühl, als deutscher Soldat im Felde zu stehen, unsere Sache gut zu verteidigen und der Schrecken des Gegners zu sein, wollte gar nicht aufkommen. Man kam sich im Gegenteil zwecklos aufgeopfert und als Kanonenfutter im miserabelsten Sinne vor ... Wer in dieses mörderische Feuer von Infanterie und Artillerie hineinlief, mußte abgeschlossen haben mit sich und der Welt ... In großen Mengen quollen die Feldgrauen aus den Schützengräben heraus und stürzten vorwärts. Wer konnte unterscheiden, ob einer unfreiwillig zu Boden sank oder ob er nur eine Atempause machen wollte? Die Reihen lichteten sich, wurden regelloser. Hier und da liefen Gruppen, dort einzelne Leute, alle in der gleichen Haltung, halb gebückt, den Kopf vorgestreckt ... Wo waren die Leute geblieben, meine Gruppe? Gefallen, verwundet? Den Streifschuß, der mich nachher zurückführte, spürte ich gar nicht. Ich sah die Hand bluten ...«

In Flandern verblutete eine idealistische, begeisterte Jugend, der Nachwuchs an Wissenschaftlern, Forschern, Pädagogen, Offizieren und Künstlern. Ihr Tod sollte ein Opfer sein fürs Vaterland, doch es war ein sinnloses, oft qualvolles Sterben.

Nicht viel anders sagt es der für das Reichsarchiv zusammengestellte »Ypern«-Bericht: »In dichten Massen quellen die Truppen aus den Gräben ... Im gleichen Augenblick pfeifen und krachen die Kugeln ... Jedes Haus scheint mit einem Maschinengewehr besetzt, jeder Baum einen Schützen zu verbergen ... Da wälzen sich schon ganze Reihen auf der Erde. Sterbende schreien, Verwundete schlagen um sich. Die Offiziere springen vor und geben Befehle. Major Strelin, der Führer des III. Bataillons der 247er, setzt sich in wehendem hellen Mantel an die Spitze. Weiter geht's gegen das Kiefernwäldlein vor Reutel. Jeder Schritt über Leichen. Das Wäldlein wird passiert. Todesmutig werfen sich die Kompanien auf das freie Feld ... Wie eine Herde drängen sich die Freiwilligen zusammen, Schutz suchend vor dem irrsinnigen Feuer. Ganze Gruppen fallen zu Boden und bleiben liegen. Fürchterlich würgt der Todesengel. Hauptmann Stockmayer nimmt das Glas vor, ein leiser Aufschrei, mitten ins Herz getroffen krümmt sich der Offizier. Einen blutjungen Freiwilligen überkommt der Todesentschluß. Er springt auf. ›Die Kompanie hört auf mein ...‹ Eine Handvoll Kugeln zerreißt die junge Brust in Fetzen. Major Strelin nimmt die Pistole in die Faust. Alles, was sich noch bewegen kann, folgt dem Kommandeur. Ein ungeheures Geprassel schlägt ihnen entgegen wie eine eisensplitternde Wolke. Der Major bricht zusammen. Tot. Noch flattert sein heller Mantel im Fall. Der Tod mäht mit breiter Sichel ... Das III. Bataillon der 247er besteht nicht mehr. In Reihen und Gruppen liegen die Freiwilligen auf dem Feld und schlafen den letzten tiefen Schlaf im Schoße der flandrischen Nacht ...«

So ging es über Tage hinweg: Stürmen und sterben. Am Morgen des 10. November brachen mehrere Regimenter beim Sturm auf das Dorf Langemarck tot oder verwundet zusammen. Langemarck wurde zum Symbol des Opfergangs der studentischen Jugend. Die Regimenter 205, 206, 207 und 208 der 44. Reservedivision rannten gegen Langemarck und das Nachbardorf Bixschote an. Mitten im Stürmen schrie einer ein Lied, und andere fielen ein. Dann sangen es ganze Schützenreihen: »Deutschland, Deutschland über alles, über alles in der Welt ...«

Ein Jägerbataillon beim Vormarsch in Russisch-Polen. »Die Gegend wird immer trauriger«, schrieb ein Augenzeuge. »Unwillkürlich kam uns der Gedanke: Was wollen wir eigentlich in diesem trostlosen Lande?«

Der Regen hatte die Erde aufgeweicht, und aus dem Schlamm stieg das Wasser: Feindlichen Patrouillen war es gelungen, die im Niemandsland liegenden Schleusen von Nieuport bei Flut zu öffnen und bei Ebbe zu schließen. Kniehoch stand das Wasser. Es brachen Ruhr und Typhus aus, und die Truppen hatte Verpflegungsschwierigkeiten. Nicht einmal das Angriffsziel Ypern war genommen worden. Am 18. November 1914 ließ die Oberste Heeresleitung die Angriffe einstellen. Die 4. und die benachbarte 6. Armee hatten 100000 Mann verloren.

Die Katastrophe der Flandernschlachten hatte Falkenhayn zutiefst erschüttert. Unerwartet plötzlich veränderte sich seine Lagebeurteilung: Er informierte den Reichskanzler v. Bethmann Hollweg über seine Erkenntnis, daß der Krieg militärisch nicht mehr zu gewinnen sei. Das deutsche Heer sei »ein zertrümmertes Werkzeug«. Es müsse mit Rußland ein Sonderfrieden abgeschlossen werden.

Für einen Sonderfrieden mit Rußland – dessen militärische Stärke sich immer mehr zu erhöhen schien – waren allerdings zunächst deutsche militärische Erfolge notwendig. Darüber kam es mit Hindenburg und Ludendorff zu heftigen Auseinandersetzungen. Im Osten war – zusätzlich zur 8. Armee, die weiterhin Ostpreußen zu schützen hatte – die 9. Armee aufgestellt worden. Den Oberbefehl über diese Armee übernahmen wiederum Hindenburg und Ludendorff. Sie führten mit ihr eine Offensive nach Westpolen und entlasteten die in Galizien kämpfenden Österreicher wirksam vom russischen Druck. Nach der Schlacht von Iwangorod vom 22. bis 26. Oktober 1914 mußte sich die 9. Armee zurückziehen. Die Russen verstärkten ihre Truppen hinter Weichsel und San – wieder bestand Gefahr für Westpreußen und Schlesien.

Nun wurde ein Oberkommando Ost – »Oberost« – gebildet, dem die 8. und 9. Armee sowie alle übrigen Verbände von Landwehr und Landsturm unterstanden.

Oberbefehlshaber: wiederum Hindenburg, mit Ludendorff als Stabschef. Am 11. November 1914 eröffnete Oberost eine Offensive – eine noch kühnere Operation als die von Tannenberg. Durch einen Vorstoß aus dem westpreußischen Raum Thorn-Posen heraus in Richtung Lodz war die Möglichkeit entstanden, die russischen Truppen in der Flanke zu packen. Eine neue Einkreisungsschlacht zeichnete sich ab. Nur: Die deutschen Kräfte waren zu schwach. Ludendorffs Bitte um zwei Armeekorps wurde von Falkenhayns Oberster Heeresleitung abgelehnt. So geschah es im kleineren Rahmen umgekehrt: Bei Lodz wurden nahezu drei deutsche Divisionen eingekesselt, die sich aber unter schweren Kämpfen der Vernichtung zu entziehen vermochten. Der Erfolg der Offensive: Die Bedrohung war von Schlesien abgewendet, die russische Armee zum Stillhalten gezwungen worden.
In der österreichisch-ungarischen Armee jedoch war ein rapide fortschreitender Kräfteverfall zu verspüren: Ende 1914 hatten die russischen Streitkräfte bereits 260000 Soldaten der k. u. k. Armee gefangengenommen, darunter befanden sich allerdings nur 17000 Deutsch-Österreicher. Alle übrigen gehörten anderen Völkern der Donaumonarchie an – die Masse waren Überläufer, zumeist Tschechen und Polen. Hinzu kam eine Cholera-Epidemie, die Österreichs Armee in ihrer Schlagkraft schwächte.
Erst nach der Flandern-Schlacht trafen von dort im Osten 5 deutsche – stark dezimierte – Divisionen zur Verstärkung ein. Zu einer neuen Offensive reichten sie zusammen mit den abgekämpften Verbänden der 8. und 9. Armee nicht aus. Auch im Osten begann die Front zu erstarren.
An der Westfront hockten Freund und Feind schon lange in tiefen, mit Balken abgesteiften Unterständen. Über abgewinkelte »Grabenspiegel« beobachteten die Posten aus der Deckung der Schützengräben heraus die gegnerischen Stellungen. Hinter den vordersten Gräben zogen sich weitere Gräben der zweiten und dritten Abwehrstellung. Sie waren alle durch zickzackförmige Laufgräben untereinander verbunden.
Aus der vorderen Linie heraus wurden wiederum Laufgräben feindwärts getrieben, die oft nur 20 oder gar 10 Meter vor dem Feindgraben in einem Kampfstand, der »Sappe«, endeten. Dort lauerten des nachts Horchposten, von dort aus stürmten Stoßtrupps feindliche Stützpunkte, brachen Spähtrupps auf, dort fielen aber auch feindliche Stoßtrupps ein, um den Horchposten auszu-

heben oder um einen Ausgangspunkt für weitere Vorstöße zu gewinnen. Die Schützengräben waren im Vorfeld meist durch Stacheldrahtverhaue – manche davon später sogar elektrisch geladen – gesichert. Zur Ausstattung von Späh-, Stoß- und Angriffstrupps gehörten nun Drahtschere, Leuchtpistole und der Spaten. Alte Waffen bekamen neue Bedeutung: Handgranate, Minenwerfer – hinzu kamen Gewehrgranaten und Flammenwerfer. Obwohl nach der Haager Landkriegsordnung von 1899 die Benutzung von Geschossen mit erstickenden Gasen verboten worden war, rüsteten sich alle kriegführenden Parteien zum Kampf mit Giftgasen. Die Deutschen machten den Anfang: Am 31. Januar 1915 bliesen sie zum erstenmal Kampfgas mit dem Wind in Richtung auf russische Stellungen. Der erste Großeinsatz von Gas erfolgte am 22. April 1915 bei Ypern: Aus 5000 Gasflaschen in der vordersten Linie wurden von deutschen Truppen bei günstiger Windrichtung Chlorgaswolken erzeugt, die in 6 Kilometer Breite den französischen Gräben zutrieben. Dort entstand eine Panik; 1800 französische Soldaten gerieten in Gefangenschaft, 51 Geschütze und 70 Maschinengewehre fielen als Beute in deutsche Hand. Dennoch wurde der Angriff nicht ausgeweitet – es fehlten ausreichende Mengen von Sturmtruppen. Am 25. September 1915 erwiderten die Briten den Gasangriff bei Loos, später auch die Franzosen. Gasmasken wurden entwickelt, aber auch giftigere Gase. Anstelle des Abblasens trat der Verschuß von Gasgranaten, mit denen dann auch flüssige Kampfstoffe an den Feind gebracht wurden. Trotzdem gewann der Gaskampf keine kriegsentscheidende Wirkung, zumal sich die medizinische Behandlung von Verletzten schnell den jeweiligen Kampfstoffarten anpaßte. In den Jahren 1915/1916 starb einer von vier Gasvergifteten, 1917 einer von zwölf und im Jahr 1918 einer von 36 Vergifteten.

Die Zusammenarbeit von Artillerie mit Fliegern wurde verbessert – die Luftbildfotografie und ihre Auswertung machte erhebliche Fortschritte. Die Artillerieflugzeuge erhielten Funkgeräte – von der Luft aus konnte der Beobachter das Artilleriefeuer genauer als je zuvor lenken. Die deutsche Armee entwickelte Schall- und Lichtmeßverfahren, mit denen feindliche Geschützstellungen präzise geortet und dann durch Planfeuer vernichtet werden konnten.

Die Zeit der großen Vormärsche schien endgültig vorüber: Maschinengewehr- und Artilleriefeuer waren imstande, jede große Truppenoperation in einem Meer von Blut enden zu lassen. Das ganze Jahr 1915 über hatten die Alliierten die Initiative, während das deutsche Heer infolge Mangels an Artilleriemunition nur selten größere Angriffe versuchen konnte.

Nach wochenlangem, sich in der Intensität steigerndem Artilleriebeschuß setzte in der Champagne ostwärts Reims ein mit starken Kräften geführter französischer Großangriff ein.

Wilde Grabenkämpfe tobten monatelang in den Argonnen. Dort entstand ein Soldatenlied, schlicht gereimt mit einfacher Melodie, nichts mehr von Heldentum, doch viel von der Einsamkeit der Grabenkämpfer erzählend: »Argonnerwald um Mitternacht. Ein Pionier steht auf der Wacht ...«

Das deutsche Heer stand, alle Kräfte angespannt, in schwerem Abwehrkampf. Doch die Alliierten begannen jetzt erst ihre Kräfte zu entfalten: Das britische Expeditionskorps wurde erheblich verstärkt. Die Alliierten hatten nun an der Westfront 600 Bataillone mehr als die Deutschen.

Von Mai bis Juni 1915 setzte der Kampf um die Lorettohöhe wieder mit voller Wucht ein. Dennoch: Die Aliierten erzielten nur geringe Geländegewinne, trotz immensen Munitionsaufwandes. Berechnungen ergaben, daß ein Tag der Kämpfe im Westen etwa genausoviel Geld kostete wie der gesamte Krieg von 1870/71!

General v. Falkenhayn hatte sich – wir werden noch davon hören – inzwischen entschlossen, einen Feldzug gegen Serbien zu führen; dort sah er Erfolgschancen. Deshalb entzog er der Westfront die dafür benötigten Truppen, ungeachtet der Durchbruchsversuche, welche die Alliierten dort mit allmählich schon stur werdender Zähigkeit immer wieder versuchten, bei denen sie aber stets höchstens kleine Geländestückchen gewannen. Sie griffen im September bei Arras mit ungeheurem Materialeinsatz auf einem schmalen Geländestreifen an. Sie versuchten den Durchbruch im gleichen Monat noch einmal in der Champagne zu erzwingen. In diesen Herbstschlachten verloren die Alliierten 250000, die Deutschen 150000 Mann. Dadurch glich sich die alliierte Überlegenheit ein wenig aus. Inzwischen produzierte die deutsche Industrie ausreichend Salpetersäure; zivile Fabriken waren auf Rüstungsproduktion umgestellt worden; die deutsche Artillerie erhielt immer reichlicher Munition.

In den Gräben formte sich ein neuer Typ des Kämpfers. Vaterländische Phrasen waren ihm ein Greuel. Militärische Äußerlichkeiten wurden unwichtig. Seine Heimat war die Kompanie, seine taktische Einheit der Stoßtrupp. In dieser Zeit löste das Wort »Frontsoldat« den abgenützten Ausdruck »Held« ab. Der Krieg hatte sich gewandelt und mit ihm die Soldaten, die ihn führen mußten.

Hölzerne Kreuze für französische Gefallene. Unaufhörliche Offensiven gegen die deutschen Linien ließen übers Jahr 1915 die Verluste auf alliierter Seite rasch ansteigen.

33
3

Der phlegmatische Oberbefehlshaber

Ganz im Gegensatz zu den deutschen Oberbefehlshabern, dem kranken und nervösen Moltke und dem hochmütig-verschlossenen Falkenhayn, war ihr französischer Gegenspieler ein behäbiger Typ mit unerschütterlicher Gemütsruhe – genau, was Frankreich in den kritischen Tagen des Spätsommers und Herbstes 1914 brauchte. Der britische Militärhistoriker Alistair Horne entwirft ein Porträt des Generalissimus Joseph Césaire Joffre.

Das in mehrfachem Sinne hervorragendste äußere Merkmal Joffres war sein Bauch. Sein Appetit war sagenhaft. Stabsoffiziere beobachteten oft, wie er ein ganzes Huhn auf einen Sitz aufaß; einer davon erklärte seine Schweigsamkeit bei Tisch damit, daß er sich niemals Zeit zum Sprechen ließ, selbst, wenn er hätte sprechen wollen. Joffre behielt seinen Appetit noch auf dem Totenbett: als er schon im Koma lag und ein Sanitäter ihm ein paar Tropfen Milch einflößen wollte, öffnete er plötzlich die Augen, ergriff das Glas, trank es aus und schlief wieder ein. Als er einmal einen General kritisierte, klopfte er sich selbst auf den Bauch und bemerkte, daß jener keinen hätte; zweifellos hat seine eigene Überlegenheit in diesem Punkte dazu beigetragen, ihn demokratischen Politikern, die dem Cassiustyp mißtrauten, noch vertrauenswürdiger erscheinen zu lassen.
Joffres Wesen stand in einem ungewöhnlich engen Zusammenhang mit seinen Eingeweiden; das war die Quelle seiner wichtigsten Stärken und Schwächen. Mit intuitiver Bauernschläue dachte er mehr mit dem Bauch als mit dem Kopf. Selbst einer seiner loyalsten Mitarbeiter und zugleich sein Biograph, General Desmazes, stellt seinen außergewöhnlichen Mangel an Intellektualität fest. Vor dem Kriege hatte er wenig über Kriegswissenschaft gelesen; nachher las er nicht eines der Bücher über jenen Krieg, in dem er eine so bedeutende Rolle gespielt hatte. Es fehlte ihm völlig sowohl an Wißbegier wie an Phantasie. Haig bemerkte über ihn etwas gönnerhaft: »Der arme Mann kann weder diskutieren noch kann er ohne Mühe eine Karte lesen.« Doch war Joffre zumindest in zwei Punkten Haig sehr ähnlich. Der eine bestand in seiner Zurückhaltung. (Es ist wirklich rätselhaft, wie sie sich überhaupt gegenseitig etwas mitgeteilt haben.) Bei Haig lag alles daran, daß er sich nicht ausdrücken konnte, während Joffre meistens einfach nichts zu sagen hatte. Wenn Joffre ein Hauptquartier besuchte, das von ihm richtunggebende Weisungen erwartete, hoffte es im allgemeinen auch dann noch, wenn der große Mann wieder abfuhr. Es gibt die berühmte Geschichte von dem Artillerieoberst, der mit einem schwierigen Problem zum Generalissimus gekommen war. Nachdem Joffre ihm eine Weile zugehört hatte, entließ er ihn mit einem Schulterklopfen und einem lakonischen »Sie waren immer in ihre Kanonen verliebt, ausgezeichnet.« Wenn ihn Politiker belagerten, kam Joffre seine Schweigsamkeit sehr zustatten. »Er rollte sich wie ein Igel zusammen« – und die verwirrten Belagerer verschwanden.
Vor allem gaben die behagliche Körperlichkeit und der gesunde Appetit Joffre völlig unerschütterliche Nerven und eine fast unmenschliche Ruhe. In Chantilly lebte er nach einem peinlich genauen Plan. Nichts, vor allem nicht ein nationales Unglück, durfte ihn darin stören. Am Morgen, nicht sehr frühzeitig, unterrichtete der Offizier vom Dienst Joffre über die Ereignisse während der Nacht. Um 11 Uhr legte der Generalmajor Befehle zur Unterschrift vor. Um 12 Uhr war das Mittagessen; jede Verzögerung darin versetzte Joffre in stillen, aber heftigen Zorn. Danach ging Joffre, den dabei später de Castelnau begleitete (nach seiner Ernennung zum Stabschef Joffres), im Walde von Chantilly spazieren, die Hände hinter dem Rücken verschränkt, den rechten Fuß ein wenig nachschleppend. Wenn sie an eine bestimmte Bank kamen, setzten sie sich nieder; Castelnau dachte nach, Joffre schlummerte. Später, am Nachmittag, empfing Joffre Besucher. Um 17 Uhr erschien der Generalmajor von neuem mit den Befehlen für den Nachmittag. Um 19 Uhr gab es Abendessen, unmittelbar danach legte sich der Generalissimus ins Bett. Er schlief den gesunden, arglosen Schlaf eines Kindes, und wie Montgomery gab er strengen Befehl, daß er unter keinen Umständen – ich wiederhole, unter keinen Umständen – gestört werden sollte. Joffre haßte das Telefon, weil es das einzige war, was seinen Arbeitsrhythmus stören konnte; sogar während der Krise an der Marne hat er sich geweigert, mit dem Präsidenten verbunden zu werden. Tag und Nacht wurde Joffres Geruhsamkeit von zwei Ordonnanzoffizieren wie von Wachhunden behütet. Einer war der treue Thouzelier, oder, wie Joffre ihn gewöhnlich nannte, »sacré Tou-Tou«; als der alte Mann in Ungnade fiel, war er der einzige seines Stabes, der ihm in die Verbannung folgte. Gab es eine Krise, so pflegte Joffre rittlings auf einem Stuhl in Tou-Tous Zimmer zu sitzen, während die beiden Ordonnanzoffiziere telefonisch Befehle durchgaben. Das einzige Zeichen, durch das er je zu erkennen gab, daß die Dinge schlecht standen, war das rituelle Auf- und Zuschrauben der Kappe seines Füllfederhalters. Auf diese Weise wurden zwei schicksalhafte Jahre lang die Angelegenheiten der größten Armee der französischen Geschichte geleitet.

(Alistair Horne, Des Ruhmes Lohn. Verdun 1916. Minden/Westf. 1965)

RECHTE SEITE: Skizzen vom westlichen Kriegsschauplatz. Originalseite aus der Leipziger »Illustrirten« von 1914.

FOLGENDE SEITEN: Ein zum Waffendienst eingezogener Straßburger Volksschullehrer erteilt einheimischen Kindern Deutschunterricht. Der Kommentar der Kriegsillustrierten, aus der dies Bild stammt, weist nachdrücklich darauf hin, daß die an der Wand hängengebliebene französische Karte »Elsaß-Lothringen als nicht zum Deutschen Reich gehörig« ausweist.

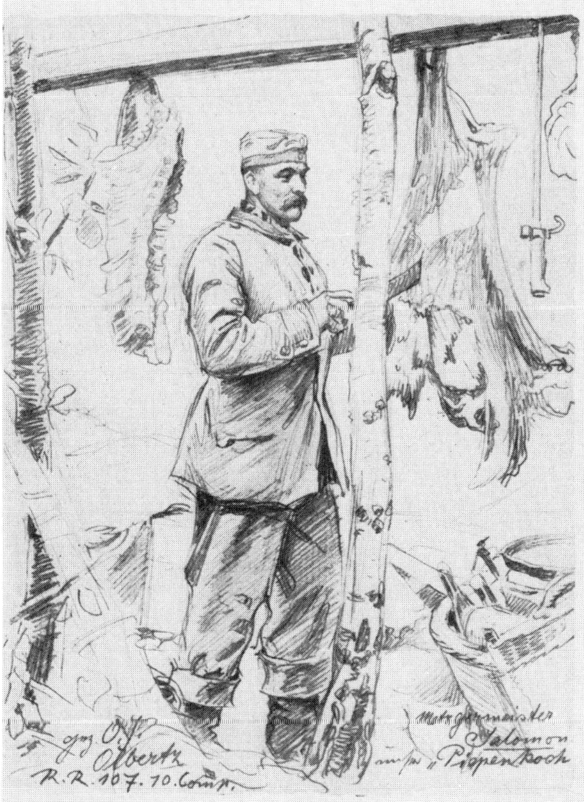

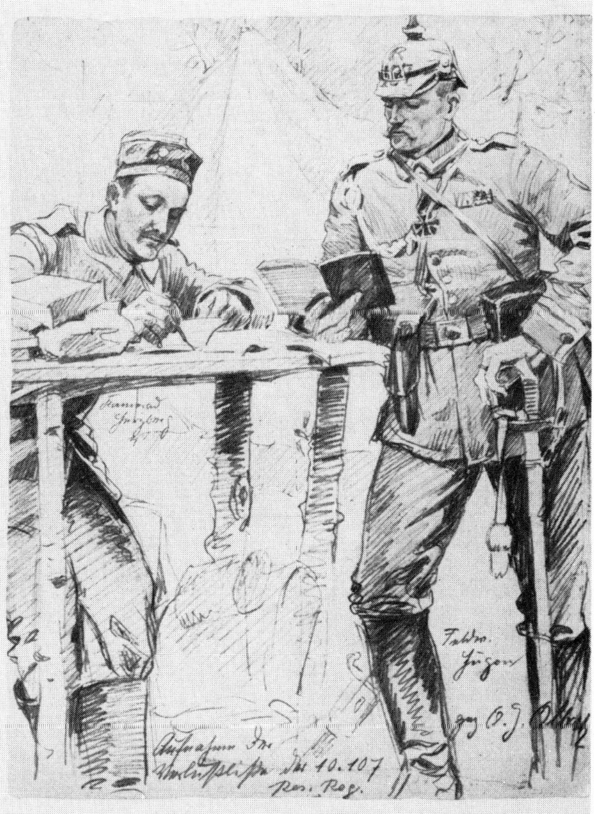

Augenblicksbilder vom westlichen Kriegsschauplatz. Nach Skizzen des in der Front kämpfenden Mitarbeiters der Leipziger „Illustrirten Zeitung" O. J. Olbertz.

Die Voge
sind mein
Les Vo
sont ma p

„Süh, Korl, de oll Papa wull mi noch kennen as Landwehrmann von Anno siebentig her. Nu soll noch eens seggen, dat ick nich die Näs' von mien Ollen selig ins Gesicht hab'!"

„Ja, ja, Korl, wir hebben dat hier nu janz kumfurtabel, aewerst unse pommerschen Gänsebrüste, unse pommerschen Gänsebrüste!" — —

Die Spieler

In einer Analyse, die wohltuend vom üblichen Forschen nach verpaßten Chancen abweicht, beleuchtet der britische Militärhistoriker Correlli Barnett das Dilemma der Politiker und Militärs nach der Marneschlacht: Jede Partei suchte zwanghaft eine Entscheidung herbeizuführen, ohne daß eine von ihnen die Mittel dazu besaß.

Was den Fehlschlag des Schlieffen-Planes angeht, so ist der Schlacht an der Marne ein übermäßiges Gewicht beigemessen worden, denn jeder vermag den Zeitpunkt zu erkennen, wenn ein Heer aufhört vorzurücken und zurückzuweichen beginnt. Doch war die Marne nur die letzte Phase, so wie das Zurückweichen der Alten Garde bei Waterloo die letzte, nicht jedoch die entscheidende Phase jener Schlacht gewesen war. Der Rückzug ist die Frucht eines Sieges, nicht der Augenblick der Entscheidung. Auch läßt sich oft der Zeitpunkt der Entscheidung gar nicht exakt bestimmen, sondern es handelt sich eher um eine langsame und komplexe Akkumulation kleiner Entscheidungen. In der Schlacht von Frankreich im Jahre 1914 verfügten die Deutschen anfänglich über einen gewissen festen Grundstock von Vorteilen – Geschwindigkeit, Überraschung und zahlenmäßige Überlegenheit. Durch das Versäumnis, die Belgier vernichtend zu schlagen, begann dieser Bestand zu schwinden. Der Mißerfolg bei den Schlachten im Grenzgebiet, als die Lage so viele Vorteile bot, ist ein Faktor, dem hinsichtlich der Gesamtentscheidung des Feldzuges mindestens die gleiche Bedeutung zukommt wie der Marneschlacht. Danach besaßen die Deutschen in der Tat nur noch einen sehr geringen Bestand an Vorteilen. An der Marne war dieser gänzlich geschwunden; beide Seiten hielten sich in bezug auf physische und moralische Kraft etwa die Waage.

Eine Erörterung von Moltkes oder Klucks schuldhaftem Verhalten, als sie die Schwenkung vor Paris durchführten, erübrigt sich, da ihnen nicht mehr die Kräfte zur Verfügung standen, anders zu handeln. Von weit größerer Bedeutung ist das Versäumnis der deutschen Planer, während des Vormarsches die Abhängigkeit der Franzosen von ihrem Eisenbahnnetz zu erkennen und auszunützen.

Eine Selbsttäuschung kann verblassen, doch für jene, die Täuschungen bequemer finden als die Wirklichkeit, gibt es stets eine neue. Der Sieg in sechs Wochen wurde zum Sieg im nächsten Jahr – und als das Jahr 1915 anbrach, zum Sieg in diesem Jahr. Neuve Chapelle, Artois, Champagne – ohne genügend schwere Artillerie oder Grabenmörser stellten die französischen und englischen Generale ihre unzulänglichen Kampfmethoden und den Mut ihrer Soldaten den Drahtverhauen, Maschinengewehren und Kanonen der Deutschen gegenüber. Die Reihen lichteten sich, und die Friedhöfe vermochten den Toten kaum mehr Platz zu bieten; das Jahr endete mit einem Mißerfolg. Im nächsten Jahr sollten neue riesige englische Armeen mit zahlreichen schweren Waffen und genügend Munition gefechtsbereit in Frankreich stehen; die taktischen Fehler, die Joffre und die Franzosen um einen großen Sieg gebracht hatten, sollten vermieden werden. Der Sieg wurde deshalb planmäßig für das Jahr 1916 vorgesehen.

In Wahrheit waren die Politiker und Militärs des Ersten Weltkrieges Spieler; Spieler, nicht im Sinne des Risikos, sondern hinsichtlich ihrer Besessenheit. Sie begannen mit einem System: der erste Einsatz und das erste Spiel würden ihr Glück machen. Sie verloren. Das nächste Spiel, um den Verlust auszugleichen, bei einem höheren Einsatz und vielleicht mit Hilfe eines neuen Systems, würde Erfolg bringen. Allmählich wurden sie tiefer in das Spiel hineingezogen; sie setzten mehr und mehr Menschenleben und das Wohlergehen ihrer Völker ein, besessen von der Jagd nach einem gewinnbringenden System, besessen ein jedes Mal von dem Glauben, daß sie es gefunden hätten und daß das nächste Spiel ihnen die Bank einbringen würde. Wie bei einem Spieler ließ die Konzentration auf das augenblickliche Spiel das Gesamtausmaß der sich auftürmenden Verluste vergessen; sie verhinderte jede nüchterne und genaue Veranschlagung des Gesamtbetrages bei sich weiter fortsetzenden Verlusten. So schritten sie weiter, immer tiefer in das Blut, in die Lügen und in den Haß. Die Wahrheit jedoch war – eine Wahrheit, die man hätte erkennen können und müssen –, daß sich die Mittelmächte und die Alliierten, war der anfängliche Mangel an Gleichgewicht, den sich der Schlieffen-Plan zunutze machen wollte, erst einmal ausgeglichen, hinsichtlich ihrer industriellen und militärischen Macht in einem Gleichgewichtszustand befanden. In den Gräben der Westfront drückte sich dieses Gleichgewicht in gegenseitiger Lähmung aus. In den unermeßlichen Weiten Osteuropas kam es zu heftigen Schwankungen, da jede Seite bei zeitlich und örtlich beschränkter Überlegenheit wechselnde lokale Erfolge erzielte; doch auch hier kam es nicht zu einer Entscheidung: die großen Offensiven endeten stets mit einem wiederhergestellten Gleichgewicht. Durch Überraschung ließ sich ein kurzlebiger Vorteil, so wie Gallipoli, erringen, aber ein neues Gleichgewicht der Kräfte folgte alsbald und mit ihm die Lähmung. Die Ursachen des Gleichgewichts lagen in den langen und im großen und ganzen gleichartigen Kriegsvorbereitungen beider Seiten.

(Correlli Barnett, Anatomie eines Krieges. Eine Studie über Hintergründe und entscheidende Phasen des Ersten Weltkriegs. München – Esslingen 1963)

LINKE SEITE: Heinrich Zille, bekannt durch seine realistisch-satirischen Zeichnungen aus dem Berliner Arbeiter- und Armenmilieu, erfreute mit seinem Humor auch die Soldaten im Ersten Weltkrieg. Texte und Bilder sind der Broschüre »Vadding in Frankreich« entnommen.

Krieg im Hochgebirge

Italien – mit den Mittelmächten Deutschland und Österreich-Ungarn im Dreibund alliiert – hatte bisher in den Kampf noch nicht eingegriffen. Die formal richtige Begründung der Italiener: Der Bündnisfall sei nicht gegeben, denn die Mittelmächte hätten als erste Staaten die Kriegserklärungen ausgesprochen.
Frankreich konnte deshalb seine an der Grenze zu Italien stehenden Korps abziehen und an die Westfront werfen. England hatte freie Hand im Mittelmeer, und Italien brauchte die britische Flotte nicht mehr zu fürchten. Nun umwarb die »Entente« – das Bündnis von England, Frankreich und Rußland – die Italiener, um sie als kriegführende Partei an ihre Seite zu ziehen.
Die Deutschen rieten ihren österreichischen Bundesgenossen, das italienischsprachige Gebiet um Trient, das Trentino, an Italien abzutreten, um die weitere Neutralität Italiens zu gewährleisten.
Die Italiener setzten einen höheren Preis an; Österreich zog nach: Alle italienischsprachigen Gebiete Südtirols, dazu alles Land westlich des Isonzo-Flusses und einen Sonderstatus für das damals zur Donaumonarchie Österreich-Ungarn gehörende slowenisch-italienisch-deutschsprachige Triest.
Selbst dieser Kompromiß genügte den Italienern nicht mehr – die Alliierten hatten geboten, was die Mittelmächte niemals hätten bieten können: Am 26. April 1915 schloß Italien ein Bündnis mit der Entente ab, das ihm als Preis für den Kriegseintritt ganz Südtirol bis zum Brenner-Paß, Stadt und Hafen Triest, die Halbinsel Istrien und Teile der dalmatinischen und albanischen Küste zubilligte – darunter waren auch Gebiete, die keineswegs italienisch besiedelt waren.

Österreichisches Gebirgsgeschütz am Pleißhorn in der Ortlergruppe in über 3000 Meter Höhe. Selbst wenn sie in mehrere Teile zerlegt waren, bedeutete der Transport von Kanonen in die Hochgebirgsstellungen unendliche Mühsal.

Am 23. Mai 1915 erklärte Italien an Österreich-Ungarn den Krieg. Deutschland brach zum abtrünnigen Bundesgenossen zunächst nur die diplomatischen Beziehungen ab, wurde aber bald in den Kriegszustand mit hineingerissen.
Für die Mittelmächte war die Lage schlimm genug: Vom österreichisch-schweizerisch-italienischen Dreiländereck in Nähe des Stilfser Jochs bis zur Adria westlich von Triest verlief mit einem Male eine zusätzliche Front, die Österreich vom Süden her direkt bedrohte – und kaum ein Soldat befand sich an dieser Grenze. Nur Gendarmen und Zollbeamte hielten Wacht im künftigen Kriegsgebiet. Die wehrfähigen Männer der Tiroler Alpenregion standen zumeist bei den Regimentern der Kaiserjäger und der Landesschützen – der späteren »Kaiserschützen« – an den Fronten in Galizien und Serbien und hatten bereits hohe Verluste erlitten. Nur die Männer über 45 und die Jugendlichen unter 18 Jahren waren in Tirol zurückgeblieben.
Zudem gab es kaum Grenzbefestigungen. Zwar hatte man im ersten Kriegsjahr vorsichtshalber mit dem Bau von Sperrlinien begonnen, doch es fehlten Arbeitskräfte und Material. So war nur eine schwache Grabenlinie mit zahlreichen Lücken entstanden. Die aus halbtauglichen, unausgebildeten und älteren Männern bestehenden Arbeitskolonnen wurden fürs erste zu Landsturmbataillonen formiert und mit Gewehren bewaffnet. 22 dieser Bataillone sicherten nun die 500 Kilometer lange Alpengrenze Tirols – während auf der anderen Seite die italienische Armee 43 Divisionen kampfbereit machte.
Gleichzeitig besann sich Österreich auf seine »Standschützen«. Das waren die Mitglieder der örtlichen Schützengesellschaften, die – gemäß dem »Landlibell« von 1511 nach Gerichtsbezirken gegliedert – seit einem Dekret der Erzherzogin Claudia von 1632 eine Tiroler Landwehr bildeten. Die Standschützen wurden aufgerufen, und sie stiegen von ihren Bergen herab, um sich zu versammeln und die gefährdete Heimat zu verteidi-

gen. Es erschienen 30000 Mann – Bauern, Handwerker, Bergführer. Es kamen Halbwüchsige von 16 Jahren und Greise mit schlohweißen Bärten.
In der Regel formierte sich in jedem Ort eine Kompanie, die nach altem Brauch die Besten aus ihrer Mitte zu Offizieren wählte. In größeren Tälern entstanden sogar Standschützenbataillone, so etwa in Schlanders, in Glurns, in Prad und in Meran.
Als erste Einheit kam die Standschützenkompanie Stilfs zum Einsatz: Sie stieg bereits am 21. Mai 1915 – 120 Mann stark und von ihren gewählten Offizieren, einem Hauptmann und zwei Leutnants, geführt – zum Kleinboden auf. Am 4. Juni nahmen sie im Handstreich den vom Feind besetzten Großen Scorluzzo.
Das Standschützenbataillon Schlanders blieb bis zum Kriegsende die Kerntruppe der Cevedalefront und hielt acht wichtige Stützpunkte in über 3000 Meter Höhe gegen alle Angriffe.
Da die Italiener nur zögernd und vorsichtig angriffen, gelang es diesen schwachen Einheiten, die Grenze erfolgreich zu verteidigen und den Schutzschirm für die von den übrigen Fronten eilends herbeigeführten Kaiserjäger und Landesschützen zu bilden. Auch Deutschland entsandte als erste Notmaßnahme das eilends aus Eliteverbänden zusammengestellte »Deutsche Alpenkorps«. Es bestand aus dem bayerischen Infanterie-Leibregiment, dem bayerischen Jägerregiment, einem Regiment preußischer und mecklenburgischer Jäger und einem je zur Hälfte aus Bayern und Soldaten aus anderen Teilen des Reiches formierten Schneeschuh-Jägerregiment. Dazu kamen Maschinengewehrabteilungen und starke Artillerie. Kommandeur war General der Artillerie Krafft von Dellmensingen. Den meisten Soldaten des Deutschen Alpenkorps fehlte jegliche Gebirgserfahrung. Lediglich die österreichischen Kaiserjäger verfügten teilweise über bergsteigerische Kenntnisse, die jedoch nie zuvor militärisch nutzbar gemacht worden, sondern rein sportlicher Natur waren. Die aus den Alpen stammenden Kaiserjäger wurden sehr schnell mit den Widrigkeiten des Hochgebirgskrieges fertig, ebenso die Standschützen, die ihre mangelhafte oder ganz fehlende militärische Ausbildung in der rauhen Praxis der Front schnell erwarben.
Es war ein in der Kriegsgeschichte einmaliger Vorgang: In kürzester Zeit hatte sich ohne vorangegangene Ausbildung, ohne taktische Schulung, ohne Generalstabsstudien, ohne Dienstvorschriften eine neue Form des Krieges entwickelt: der Kampf im Hochgebirge.
Bisher waren Gebirge im Krieg allenfalls Durchzugsland, in dem höchstens um Paßstraßen gerungen wurde. Doch nun waren die Gebirge dem Verkehr erschlossen: Brücken überspannten Schluchten, Straßen führten auch in entlegene Täler, und sogar Eisenbahnen schnauften an Berghängen entlang, durch Tunnels hindurch und über Pässe hinweg. Gleichzeitig hatte sich der Alpinismus entwickelt. Das Ersteigen von Gipfeln über steile, sogar überhängende Felswände, war zum Sport geworden, für den es das Zubehör gab: Kletterschuhe, Eispickel, Seile, Steigeisen, Mauerhaken.
Schließlich paßte sich auch die Technik den Bergen an: Geschütze konnten zerlegt und über schwieriges Gelände hinweg transportiert werden, sie konnten Steilfeuer schießen, die Richtverfahren verbesserten sich, ebenso die Nachrichtenmittel Telefon und Funk.
Sperrwerke in den Tälern konnten jetzt in Kletterarbeit durch die Berge umgangen werden – es wurde erforderlich, auch höchste Gipfel, schroffste Berghänge und sogar unwirtlichste Gletscher militärisch zu besetzen: Von der Schweizer Grenze bis nahe an den Gardasee heran verlief die Front auf einer Länge von 100 Kilometer fast ausschließlich durch das ewige Eis und auf Höhen über 3000 Meter – der Tonalepaß mit 1900 Metern war einer der niedrigsten Punkte. Zum Frontgebiet gehörte auch der höchste Berg des damaligen Österreichs, der 3905 Meter hohe Ortler.
Unter kriegsmäßigen Bedingungen war bisher lediglich im Winter 1913 eine komplette militärische Einheit in solche Höhen vorgedrungen: Hauptmann Ludwig Scotti hatte in den Dolomiten mit seiner Landesschützenkompanie den 3309 Meter hohen Gipfel der Marmolata bestiegen. Größer als das Lob für diese Leistung war der Tadel: Einige Soldaten hatten sich die Zehen erfroren – die Truppe besaß kein geeignetes Schuhwerk.
Von nun an lebten Tag und Nacht, im Sommer wie im Winter, ganze Divisionen auf den Bergen. Der höchste Schützengraben war auf dem Ortler – 3905 Meter hoch. Dort lag auch die höchstgelegene Geschützstellung des Ersten Weltkrieges. Nur wenig niedriger lag die Feuerstellung einer Kanone auf der Marmolata – fast 3300 Meter hoch –, und die Italiener hatten sechs Geschütze auf der Tofana di Fuori (III) in 3237 Meter Höhe postiert.
Da diese offenen Feuerstellungen allzu stark der Feindartillerie ausgesetzt waren, wurden höhlenartige Kavernen in den Fels der Berge gebohrt und gesprengt. Aus der Tiefe dieser Höhlungen feuerten nun die Geschütze – kaum noch zu erkennen und schon gar nicht mehr auf herkömmliche Weise wirkungsvoll zu bekämpfen. Auch im Eis der Gletscher entstanden solche gut geschützten Kavernenbatterien.
Was im Frieden nie für möglich gehalten wurde, war auf einmal Kriegsalltag: Der Transport auch großkalibriger Artillerie in Bergregionen, die nur von erfahrenen Bergsteigern erklettert werden konnten. Beim wohl schwierigsten Transport wurde ein zerlegtes Geschütz auf Schlitten von Sulden zur Schaubachhütte gezogen, von dort über den Suldengletscher in die Firnmulde zwischen Schröterhorn, Kreilspitze und Königsspitze trans-

OBEN: Aufstieg einer Patrouille über den Tabarettaferner. Ein Bild, das aus einem Buch über die Schönheit des Bergsteigens stammen könnte, doch die Kletterer sind Soldaten und ihr Ziel eine Stellung knapp unter der Viertausendergrenze.

LINKS: Posten in einer Hochgebirgsstellung. Sandsäcke, mühsam heraufgeschleppt, verstärkten die natürlichen Deckungen.

portiert und sodann durch eine Eisrinne über die bis dahin noch niemals bestiegene, vereiste Nordwand der Kreilspitze auf den Gipfel gezogen. Bei diesem Transport stürzten zwei erfahrene Bergführer von der Nordwand ab, fielen – sich überschlagend – fast 500 Meter tief in den hohen Schnee des Gletschers – und überleb-

ten: Einer hatte ein gebrochenes Bein, der andere eine schwere Kopfverletzung.

Selbst schwere 30,5-cm-Mörser wurden bis in entlegene Hochtäler vorgebracht, nachdem Bergstraßen extra gebaut oder auf lange Strecken verbessert und die Brükken verstärkt worden waren. Einer dieser Skoda-Mörser stand oberhalb Corvara, ein anderer hinter Canazei im Fedaja-Hochtal.

Die Wirkung der Granaten war im Hochgebirge fürchterlich: Zusätzlich zu den Metallfetzen schlugen sie Steinsplitter aus dem Fels. Noch schlimmer, wenn eine Granate in einer steilen Felswand detonierte. Abgesprengte Steinbrocken schlugen andere ab und lösten Steinlawinen aus, die in die Tiefe donnerten. Bei hohem Schnee dagegen verloren die Artilleriegeschosse ihre Splitterwirkung, manche detonierten gar nicht.

Notwendigerweise verlegte die Truppe, um sich gegen das verheerende Artilleriefeuer zu schützen, ihre Kampfstände, Unterkünfte, Küchen, Depots und Seilbahnstationen immer mehr in Kavernen. Noch heute wundern sich Touristen in Südtirol über die in vielen Felshängen sichtbaren schwarzen Löcher und Höhlen – Reste der damaligen Frontstellungen.

Es entstanden damals richtige Kasernen im Fels. So hatten die Italiener südlich des Pasubio in eine 25 Meter hohe Felswand ein ganzes Dorf eingebohrt. Es waren so viele Höhlen entstanden, daß in einer Nacht die Felswand zusammenstürzte. 200 Soldaten starben. Eine ganze Stadt mit Unterkünften und Depots entstand im Gletscher der Marmolata. Im Eis zogen sich Stollengänge in einer Länge von acht Kilometern hin.

Auch Tunnels bohrte man durch das Eis, aus denen heraus die Feindstellungen angegriffen wurden. Aus Eistunneln von mehreren Kilometer Länge brachen österreichische Stoßtrupps hervor und eroberten die italienischen Stellungen auf dem Gipfel der Hohen Schneid (3431 m) und auf der Trafojer Eiswand (3568 m).

Gefährlich wie der Feind konnte auch die Witterung werden: Hohe Verluste auf beiden Seiten wurden verursacht durch Schneestürme und Nebel, in denen sich Soldaten hoffnungslos verirrten; vereiste Wände, Leitern, Stege und Gletscherwege, von denen sie abrutschten und oft viele hundert Meter in die Tiefe stürzten; Blitzschläge zur Sommerszeit, Eiseskälte im Winter, in der viele Männer erfroren.

Der furchtbarste Feind der Bergsoldaten aber war die Lawine. So lautete eine Tagesmeldung des Standschüt-

Kümmerliche Barackenbauten wurden hinter der Front errichtet – für die Soldaten, die in ihren eisigen, sturmgezausten Gipfelstellungen abgelöst wurden, ein Traum von Komfort.

zenbataillons Schlanders: »Schneedecke: 8 Meter, Temperatur: −40 Grad. Riesenlawine verschüttet sämtliche Zugänge.« Die Standschützenkompanie Stilfs am 28. Februar 1916: »Steinbaracke am Großboden verschüttet, 13 Tote, darunter 4 Standschützen.«
Die größte überhaupt bekanntgewordene Lawinenkatastrophe geschah am Freitag, dem 13. Februar 1916. Seit Monaten war so viel Schnee gefallen wie seit Jahrzehnten nicht. Plötzlich ließ ein aufkommender Föhn die Schneemassen tauen. Selbst dort, wo nie Lawinen abgegangen waren, gerieten nun die Schneeschichten der Hänge ins Rutschen. Bei Freund und Feind ereigneten sich ganze Serien von Unfällen.
Vom Gipfel der Marmolata brach eine große Schneedecke ab und donnerte – immer größer und gewaltiger werdend – zu Tal. Dabei begrub sie das große österreichische Lager auf Gran Poz unter sich. Obwohl Rettungsmannschaften – ihrerseits von weiteren Lawinen bedroht – sofort zu graben begannen, waren über 300 Soldaten tot. Noch im Mai des nächsten Jahres wurden Leichen geborgen.
Sogar der Krieg mußte vor der Macht der Elemente für einige Zeit kapitulieren: An den Hängen des Tals südlich Schluderbach lagen sich Österreicher und Italiener in Schützengräben gegenüber. Von beiden Hängen rollten Lawinen ins Tal – Freund und Feind mußten die Gräben verlassen, wenn sie nicht unter dem Schnee ersticken wollten. Es gab nur eine Stelle, nicht größer als ein Fußballfeld, die von den Lawinen nicht erreicht wurde – dorthin retteten sich die Soldaten beider Fronten, standen nebeneinander, und keiner dachte daran, die Waffe zu gebrauchen.
Der Krieg in den Alpen hatte mit Patrouillen und Stoßtrupps begonnen. Die Kämpfe gingen um Berggipfel und um das Ausschalten von Feldwachen. Doch je stärker der Truppen- und Artillerieeinsatz wurde, je stärker deshalb die Stellungen ausgebaut werden mußten, desto weniger war noch an ein erfolgreiches Vordringen zu denken. Weil die Gipfel auf immer schwierigere Weise erobert werden mußten, begann ein teuflischer Krieg in tieferen Lagen: Minierstollen wurden unter die Feindstellung vorgetrieben, mit Sprengstoff gefüllt und gezündet: Der Gipfel zerbarst mitsamt der Besatzung – die Trümmer wechselten den Besitzer.
Den längsten Minierstollen bohrten mehrere hundert italienische Soldaten bis unter die Vorkuppe des Kleinen Lagazuoi – er war 1110 Meter lang, die Bauzeit betrug über ein halbes Jahr. Die größte Mine des Ersten Weltkrieges legten die Österreicher unter den Pasubio: 55000 Kilogramm Sprengstoff.
Weil der Feind den Auswurf der Bohrarbeiten erkannte und meist auch die Bohrgeräusche hörte, sah er die einzige Möglichkeit der Abwehr darin, einen Gegenstollen in den Berg zu treiben, ihn zu sprengen und damit auch den Feindstollen zu zerstören. So kam es zu gnadenlosen unterirdischen Kämpfen, in denen es galt, die ungefähre Richtung und Lage des Feindstollens festzustellen, ihm genau entgegenzubohren und zur richtigen Zeit zu zünden.
In dramatischer Weise geschah das am Pasubio: Die Italiener hatten vom Pasubio-Kopf aus einen Stollen unter die österreichisch besetzte Pasubio-Platte vorgetrieben und mit 13000 Kilogramm Sprenggelatine geladen. Gleichzeitig aber hatten die Österreicher einen Miniergang bis genau unter den Pasubio-Kopf gebohrt und mit 55000 Kilogramm Dynamit vollgepackt. Von beiden Seiten wurde mit fieberhafter Hast an den letzten Vorbereitungen zur Sprengung gearbeitet, denn auf beiden Seiten war klar, daß die Gegenpartei sprengbereit sein mußte. Die italienische Mine sollte am 13. März 1918 um 8 Uhr früh gezündet werden. Die Österreicher waren anderthalb Stunden früher fertig und sprengten bereits im Morgengrauen. Aus allen Ritzen, Fugen und Stollen des Berges schlugen die Stichflammen. Die Höhe der Verluste ist nicht bekannt.
Als die Italiener im Sommer 1916 an Bohrgeräuschen erkannten, daß die Österreicher einen Stollen in Richtung des Cimone d'Arsiero anlegten, versuchten Alpini vergeblich einen Überfall auf den Stollenausgang. Bald darauf merkten die Österreicher, daß die Italiener an einem Gegenstollen arbeiteten, der dem eigenen immer näher kam. Die Österreicher trieben ihrerseits wieder einen Stollen vor, mit dessen Hilfe sie den italienischen unschädlich machten. Unaufhaltsam drangen die Österreicher durch den Berg. Doch am 11. September hörten sie erneut Arbeitsgeräusche, die nicht von ihnen stammen konnten: Ein neuer Stollen! Also wühlten sich die Österreicher schleunigst entgegen. Doch ehe diese Stollen aufeinandertrafen, war die österreichische Mine bereit.
In den frühen Morgenstunden des 23. September flog der Gipfel des Cimone in die Luft. Um 6 Uhr besetzten die Österreicher die Trümmerstätte im italienischen Granathagel, während unter den Trümmern noch verschüttete italienische Soldaten lagen. Ein österreichischer Hauptmann begab sich als Parlamentär durch die Linien und bat um Waffenruhe zum Bergen der Verletzten. Der italienische Kommandant lehnte unbegreiflicherweise ab. Die Soldaten des Salzburger 59. Infanterieregiments setzten daraufhin ihr eigenes Leben ein, um die Italiener mitten im Feuer zu retten. Bis zum

Am Ausgang eines Gletscherstollens; Stromleitungen führen ins Innere. Das ewige Eis wurde genauso in die Kampfhandlungen einbezogen wie die steilsten Felstürme.

2. Oktober holten sie 90 verwundete und völlig erschöpfte Gegner aus den Trümmern hervor.
Eine Kette von Tod, Leiden, Blut und Schweiß ließ den Kampf um den Dolomitenberg Col di Lana zur Legende werden. 12 italienische Infanterie- und 14 Alpinikompanien rannten im Jahre 1915 immer wieder vergeblich gegen ihn an. Trotz übermenschlicher Anstrengungen war in dem meterhohen Schnee über die Steilhänge hinweg kein Erfolg zu erringen. Die Verluste waren so hoch, daß die italienischen Soldaten den Col di Lana nun »Col di Sangue«, den Blutberg, nannten. Nach dem Wintereinbruch verloren die Italiener allein durch Lawinen 278 Mann und 97 Verwundete, 63 Mann blieben vermißt.
Der italienische Pionierleutnant Caetani arbeitete einen Plan zur Unterminierung des Berges aus. Im Dezember 1915 begannen die Arbeiten. Um Bohrgeräusche zu vermeiden, wurde auf Maschinen verzichtet. Nur immer zwei Mann schufteten im engen Stollen mit Handbohrmaschine, Meißel und Schlegel. Während der täglichen Sprengung der Bohrlöcher übertönte die italienische Artillerie durch Feuerschläge auf den Gipfel die Detonationen tief unten im Berg. Täglich wurde der Minierstollen einen Meter länger.
Doch Anfang Januar 1916 meldete ein österreichischer Artilleriebeobachter vom Pordoi-Joch einen ungewöhnlich hohen Schuttauswurf beim Col di Lana, der unmöglich nur vom Bau einer Mannschaftskaverne stammen konnte. Ein daraufhin eingerichteter Horchdienst hörte zwar schwache Geräusche aus der Tiefe, die aber sehr wohl nur vom Bau einer kleinen Kaverne kommen konnten.
Erst Mitte März wurden die Geräusche immer deutlicher. Für die Besatzung des Berges begann eine qualvolle, nervenzermürbende Zeit: Tag und Nacht hörten sie unter sich das Bohren und die Sprengschüsse – es war der Tod, der sich an sie heranarbeitete und dem sie nicht entrinnen konnten. Die Österreicher begannen aus einer Gipfelkaverne heraus mit den Arbeiten an einem Gegenstollen. Täglich versuchte nun die italienische Artillerie, die Arbeiten zu stören. Dennoch: Am 5. April glaubten die österreichischen Sappeure ganz nahe am italienischen Stollen zu sein. Es wurde gesprengt. Aber man hatte sich getäuscht – der Stollen lag zu weit ab. Die Männer des Leutnants Caetani bohrten weiter. Am 12. April 1916 war der italienische Stollen fertig. Seine Länge betrug 52 Meter, mit allen Abzweigungen sogar 105 Meter: Am äußersten Ende verliefen zwei Stollen U-förmig unter dem Col-di-Lana-Gipfel. Außerdem gab es den Zweigstollen »Trieste«. Dieser war bis dicht unter die Oberfläche eines Abhangs getrieben worden. Von hier aus sollten nach der Sprengung zwei Kompanien zum Sturm auf den Gipfel antreten.

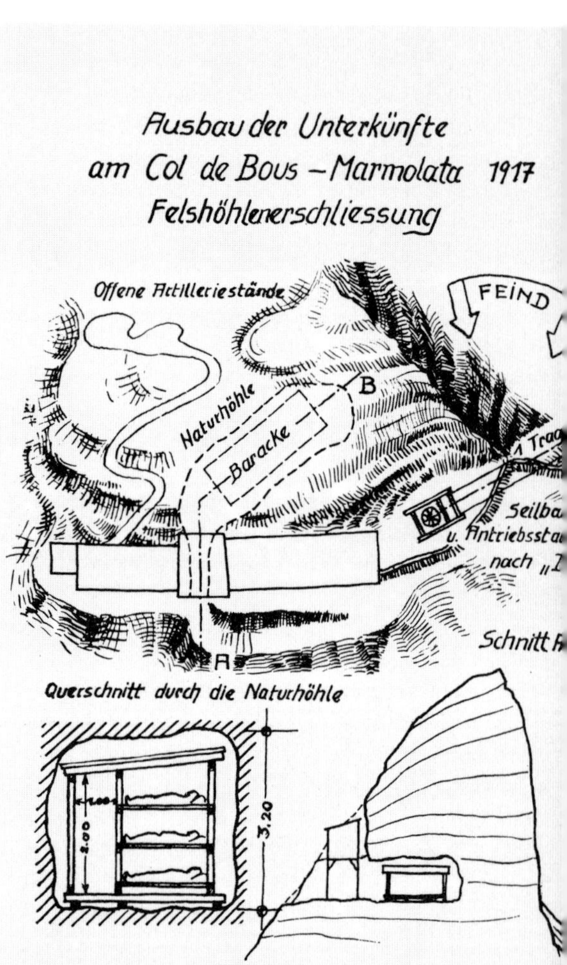

OBEN: Der Hochgebirgskrieg wurde schon bald nicht nur auf den Gipfeln ausgetragen, er fraß sich buchstäblich in die Berge hinein. Stellungen wurden, wenn sie im Kampf nicht zu bezwingen waren, unterminiert und in die Luft gejagt, so die italienische am Kleinen Lagazuoi in den Dolomiten im Mai 1917.

LINKE SEITE OBEN: Jede Möglichkeit des Geländes nutzte man aus. Das kleinste Loch im Fels war willkommen, wenn es nur Schutz vor Sicht und Beschuß gab.

LINKS: Österreichischer Bohrtrupp im Fels – von der Ausrüstung her eine Besonderheit. Viele Minierarbeiten wurden, teils um dem Gegner nichts zu verraten, teils weil schweres Gerät fehlte, mit einfachen Werkzeugen von Hand bewältigt.

In der Nacht vom 15. zum 16. April wurden die beiden Minenkammern mit 5000 Kilogramm Nitrogelatine, je 100 Rollen Schießbaumwolle und je 100 Sprengkapseln geladen, die Panzerkabel der elektrischen Zündung verlegt und die Minenkammern durch Sandsäcke und Eisenträger verdämmt.

In der folgenden Nacht wurde die Gipfelbesatzung des Col di Lana, die 5. Kompanie des 2. Kaiserjägerregiments, durch die 6. Kompanie unter Oberleutnant Toni v. Tschurtschenthaler abgelöst. Seit dem Abend des 14. April waren keine Bohrgeräusche mehr zu hören. Das Laden einer Mine – so schätzten die Österreicher – würde gut 48 Stunden dauern. Jeden Augenblick – und die Kaiserjäger der 6. Kompanie wußten das – konnte unter ihnen der Fels beben, Feuer emporschlagen und sie alle verschlingen.

Von der Division kam der Befehl: »Der Col di Lana ist unter allen Umständen zu halten!« Zehn Meter unter den Soldaten lagerte eine Riesenmenge von Spreng-

stoff. Von den italienisch besetzten Bergen spien seit drei Tagen ohne Pause 140 Geschütze Feuer und Verderben auf den kleinen Gipfel.
Der Oberleutnant reduzierte die Zahl der Posten in den Kampfständen auf ein Mindestmaß, ließ die Unterstände räumen und die Masse der Kompanie in die große Kaverne der Reservestellung einrücken. Eine Granate zertrümmerte die Holzstiege, den wichtigsten Zugang zu den Kampfständen der Stellung. Kurz danach verschüttete der Einschlag eines 21-cm-Geschosses den Eingang zur großen Kaverne. Die Trümmer konnten bald weggeräumt werden, doch jetzt drangen Pulvergase in die Höhlung. Mehrere Soldaten wurden ohnmächtig. Durch ständiges Wedeln mit Decken holte man Frischluft in die Kaverne. Ein Teil der Soldaten zog in andere Unterstände um. Ein Volltreffer verschüttete erneut den Eingang der großen Kaverne, wieder drangen Pulvergase ein, wieder wurde er freigeräumt. Tote lagen herum, Verwundete stöhnten. Das Feuer hielt den ganzen Tag lang an und endete abrupt um 21 Uhr.
Etwa um diese Zeit traf beim Bataillonsstab ein Meldegänger vom Col di Lana ein. Auf dem zerknitterten, verschmutzten Meldeblatt stand: »... Die Stellung ist vollkommen zerschossen. Die Reservestellung ist ebenfalls vollkommen zerschossen, die Sappe, die Alarmstiege, der Weg zum Tunnel sind Trümmerhaufen. Offizier- und Mannschaftsunterkünfte durch Volltreffer vollkommen zerstört und unbrauchbar. Der Aufenthalt in den Kavernen wird wegen schlechter Luft allmählich unmöglich. Telefonverbindung seit heute früh unterbrochen. Die Lage ist furchtbar, ich weiß keinen Rat mehr! Im Falle eines feindlichen Angriffes werden wir möglichstes leisten, doch sind alle Zugänge zu den Kampfgräben nahezu unpassierbar. Erbitte Sanität für Abtransport der Verwundeten. Die Meldung ist *nicht* im Zustand großer Aufregung verfaßt, alles entspricht traurigst den Tatsachen. Im Falle Unterstände nicht hergerichtet werden können, wird morgen bereits Ablösung dringend notwendig. Ich bitte sofort um Hilfe! v. Tschurtschenthaler, Oberleutnant.«
Um 22.30 Uhr meldete ein Unteroffizier aus dem Kampfgraben durch Zuruf: »Die Italiener kriechen vor!«
Die Telefonverbindung zwischen Col di Lana und Bataillonsstab war wieder zustande gekommen. Tschurtschenthaler meldete: »Die Sache wird ernst, es bereitet sich etwas vor!«
Seine Soldaten hatten die Gräben besetzt. Es war hundekalt, die Nacht rabenschwarz und totenstill. Auf einmal blendeten zahlreiche italienische Scheinwerfer auf. Ihre Strahlen tanzten über die Berggipfel und blieben schließlich auf den Col di Lana gerichtet stehen: ein Spinnennetz aus weißem, kaltem Licht. Der Oberleutnant ließ die Hälfte seiner Kompanie in die Kaverne zurückgehen. Zwei Züge blieben in der Stellung.
Es war 23.30 Uhr, als der italienische Leutnant Caetani den Taster des Sprengapparates drückte. Da öffnete sich der Berg, und Feuerlohe schoß in den nachtschwarzen Himmel hinein, tausende Tonnen Fels wirbelten dröhnend durch die Luft, dazwischen Soldaten der Grabenbesatzung, zerfetzt ... In der großen Kaverne flogen die Kaiserjäger durcheinander. Die Felsenhöhle rüttelte und schwankte wie ein Schiff auf hoher See. Geröll polterte vor den Eingang. Ebenfalls zur gleichen Zeit setzte das italienische Trommelfeuer wieder ein. Durch das Toben und Krachen der Einschläge klagten die Schreie von Verwundeten, donnerten Felslawinen, peitschten aber auch Gewehrschüsse: Die italienischen Sturmtruppen waren aus dem Zweigstollen »Trieste« herausgestürzt. Die Posten des linken Flügels der Kompanie – von der Sprengung verschont geblieben – kämpften verzweifelt, bis sie überrannt wurden. Das Artilleriefeuer verstummte, die Italiener erklommen den Berg und hielten mit Handgranaten und Gewehrfeuer die Männer in der Reservestellung nieder.
Durch einen schmalen Schlitz zwischen den Felsbrokken, die die große Kaverne verschüttet hatten, schossen Alpinis mit Gewehren. Die Pulvergase brachten die Soldaten drinnen fast zum Ersticken. Die wenigen Kerzenflammen erloschen aus Mangel an Sauerstoff. Die Eingeschlossenen kapitulierten. Etwa 200 Mann waren der Sprengung, dem nachfolgenden Kampf und dem Artilleriefeuer zum Opfer gefallen. Der Rest der Kompanie ging in die Gefangenschaft. Nur ein österreichischer Soldat war weder tot noch gefangen: Die Minensprengung hatte ihn hoch emporgeworfen, dann war er in die Siefschlucht gestürzt ... in metertiefen Schnee. Schwer verletzt kroch er zwei Tage lang bis zu einer österreichischen Kampfstellung. Er konnte nichts berichten. Der Schock der grausigen Nacht hatte ihm die Sprache geraubt.
Bergwanderer besteigen jetzt oft den Col di Lana: Die italienische Kriegsstraße entlang, dann einen immer steiler werdenden Pfad zum Gipfel, vorüber an halb verschütteten Schützengräben und Kaverneneingängen, vorüber auch an einer Holzkapelle zum Gedenken der Opfer. Was von ihnen sterblich ist, ruht unten im tiefen Sprengtrichter von gut hundert Meter Durchmesser. Spärliches Gras ist über diese Narbe des Berges gewachsen.

Italienische Alpini-Soldaten, die Gegner der Österreicher im Hochgebirgskrieg.

Sternenhelle, klare Nacht

Wie Hitler war auch sein Diktator-Kollege Mussolini ein einfacher Soldat des Ersten Weltkriegs. Während der Deutsche aber mangels Vorbildung gar nichts anderes sein konnte und die Kriegszeit verbrachte, ohne daß jemand auf ihn aufmerksam geworden wäre, trat der Italiener bereits als bekannter Politiker ins Heer ein, in der erklärten Absicht, fürs Vaterland sein Blut vergießen und die Leiden des einfachen Mannes teilen zu wollen. Auch sein Tagebuch aus dem Hochgebirgskrieg schrieb er schon mit einem Seitenblick auf baldige Veröffentlichung.

Benito Mussolini als Bersagliere

19. September 1915
Wir müssen nicht Festungen erobern, sondern Berge. Hier ist jedes Felsstück eine Waffe, die ebenso tödlich wirkt wie das Geschütz, der Abendwind erhöht die Kälte und bringt uns den Verwesungsgeruch vergessener Leichen von Gefallenen. Sternenhelle, klare Nacht ...

15. Oktober
Stürmische Nacht. Der Wind heult vom Monte Nero zur Flitscher Klause und bricht sich an der hohen und schon weißen Wand des Rombon.
Düsterer Morgen. Zwei tote Bersaglieri werden vorbeigetragen. Sie müssen heute nacht bei den Vorposten gefallen sein. Wir sehen sie vorbeikommen, von den Blessiertenträgern getragen, gefolgt von den Sappeuren, welche ihr Grab schaufeln sollen. Niemand fragt, wer sie sind. Man zieht vor, es nicht zu wissen. Einige Stunden Arbeit erfordert der Wiederaufbau unseres Unterstandes, welchen der nächtliche Sturm verwüstet hat.

15. November
Heute ist der erste Jahrestag der Gründung des »Popolo d'Italia«. Erinnerungen, Heimweh. Düsterer Morgen. Um neun Uhr verlassen wir Pulfero. Drei Stunden braucht man, um nach Karfreit zu kommen. Der gewohnte enorme Verkehr von Lastautomobilen und Wagen. Man sagt, daß die Front vom Hinterland gespeist wird, aber in Wirklichkeit frißt dieses vielmehr die Front auf. Im Hinterland gibt es wirklich ein gewaltiges Heer, während die Feuerlinie einen leichten Schleier darstellt, der in der Entfernung zu schwinden scheint ...

15. Februar 1916
Karfreit. Zum viertenmal durchquere ich diese kleine slowenische Stadt, welche die Unsrigen knapp nach der Grenzüberschreitung besetzten. Im Etappenkommando finde ich noch denselben Hauptmann und die Unteroffiziere, die im September da waren. Nichts hat sich geändert. Die Stadt erscheint mir sauberer, ich möchte sagen verjüngt, aber still und verlassen. Wenig Soldaten, wenig Wagen. Der schwindelerregende Verkehr der ersten Kriegsmonate existiert noch immer, aber er ist weiter weg verlegt worden, wo eine zweite Soldatenstadt entstand mit breiten Straßen und weiten Plätzen. Auch die Bevölkerung ist noch die gleiche. Ich betrete einige Kaufläden und sehe noch dieselben rätselhaften Gesichter wie das erste Mal. Nein; diese Slowenen lieben uns noch nicht. Sie ertragen uns mit Ergebung und schlecht verhehlter Feindseligkeit. Sie glauben, daß wir nur vorübergehend hier sind und wollen sich nicht kompromittieren für den Fall, daß die Herren von gestern zurückkehren sollten. Düsterer Nachmittag. Ich lenke meine Schritte zum Militärfriedhof. Im November gab es hier dreihundert Gräber, jetzt sind es deren siebenhundert. Der Drahtzaun ist einer Einfassungsmauer gewichen. Die Kapelle trägt auf ihrer Außenseite folgende Inschrift:

> »Um die heiligen Marksteine, welche die Natur an der Grenze des Vaterlandes schuf, rückzufordern, sahen sie dem Tode furchtlos ins Auge. Ihr edles Blut heiligt dieses nun erlöste Land.«

Man hebt noch mehr Gräber da unten aus.

2. März
Nächtlicher Wachdienst. Schnee, nichts als Schnee. Ich bin wie berauscht von all dem blendenden Weiß ringsum. Der Hauptmann hat uns begleitet und sich in unserer Höhle so gut als möglich eingerichtet – von allen Seiten triefen freilich die Wände vor Nässe.

3. Mai
Nach so viel Schnee endlich ein herrlich sonniger Morgen. Aus dem durchsichtig klaren Horizont heben sich die Umrisse der weiß verschneiten Berge scharf ab. Weit rückwärts sieht man die Dolomitentürme des Cadore. Eine schmale Purpurlinie kündet den Sonnenaufgang an. Wenn ich nur ein Dichter wäre!

(Benito Mussolini, Mein Kriegstagebuch. Zürich – Leipzig – Wien 1930)

RECHTE SEITE: »Schneeschuhläufer-Patrouille« – eine Pressezeichnung von 1915.

FOLGENDE SEITEN: »Minenwerfer in voller Tätigkeit«, ein Beispiel für die seinerzeit in Massen verbreiteten, mit liebevoller Präzision gezeichneten Kriegsdarstellungen.

Winterkampf

Der Augenzeugenbericht eines rumänischen Offiziers in Diensten der k. u. k. Armee schildert die Strapazen des Krieges in den winterlichen Karpaten im November 1914, als die Russen in das Waldgebirge an der ungarischen Grenze eindrangen und die Soldaten der Donaumonarchie in harte, verlustreiche Kämpfe verwickelten.

... Um halb elf kam der Befehl zum Rückzug, zwei Stunden zu spät. Wir kamen durch Tarnawa und marschierten nach Serednie, das wir um sechs Uhr morgens erreichten. Das ging übers Menschenmögliche hinaus. Wir marschierten wie die Schlafwandler, die Truppen gerieten durcheinander. Einige fielen um und schliefen, wo sie hingefallen waren. Tote Pferde und schlafende Männer lagen im Straßengraben. In einem Wald fanden wir Männer, gegen die Bäume gelehnt, schlafend. Kein Karikaturist hätte groteskere Stellungen erfinden können. Und was zur Müdigkeit hinzukam, war der Hunger. Seit drei Tagen hatten wir kein Brot gesehen, nur Kartoffeln.

*

Der Kampf in den Karpaten verlangte wegen der Schwierigkeiten des Geländes und der bitterkalten Jahreszeit den höchsten Einsatz und die höchste Leidensfähigkeit, die unsere Armee jemals hatte erbringen müssen. Wer nicht dabei war, wird keine Vorstellung davon haben können, wozu der Mensch imstande ist. Die Lebenskraft ist schier unerschöpflich. Vor allem unsere rumänischen Soldaten wurden bewundert wegen ihrer Zähigkeit. Das machte sie in diesem winterlichen Bergland zu erstklassigen Truppen. Der große Napoleon sagte: »Die beste Eigenschaft des Soldaten ist Standhaftigkeit gegen Müdigkeit und Entbehrung. Armut, Entbehrung und Elend sind die richtige Schule für den Soldaten.«

*

Am Nachmittag nahm ich fünfzig Mann, um einen Abhang, bedeckt mit Wacholder-Bäumen, zu besetzen. Die Männer gruben hastig Löcher, und ich bastelte einen Schutz aus Wacholder und Zweigen. Es schneite wieder, an Feuermachen war nicht zu denken.

*

Alles war in einen Schneemantel gehüllt, dessen jungfräuliches Weiß uns an den Tod denken ließ, den wir mehr denn je ersehnten. Die Männer gruben sich Löcher in Sargform, und als ich sie beim abendlichen Rundgang bedeckt mit dem Wacholder darinliegen sah, kamen sie mir vor wie lebendig begraben.

*

Trotz der Kälte gingen die Männer sofort daran, ihre Wäsche zu wechseln. Da sah ich menschliche Körper, die nichts als ein großer Schorf waren, vom Hals bis zum Bauch. Sie waren regelrecht von Läusen aufgefressen. Zum erstenmal verstand ich die volkstümliche Redewendung »Dich sollen die Läuse fressen!« Einer der Männer, der sein Hemd auszog, riß dabei ganze Streifen verkrusteten Blutes ab, und das Ungeziefer saß in schmutzigen Schwärmen auf seiner Kleidung. Der arme Bauer war davon dünn geworden. Die vorstehenden Kiefer und eingesunkenen Augen gaben beredtes Zeugnis davon. Die Offiziere werden genauso heimgesucht. Fothi zählte gestern 50. Er zog sie eine nach der anderen aus den Kragennähten. Er zählte sie, warf sie ins Feuer, und während wir Tee tranken und rauchten, kratzten wir uns und lachten.

*

Halt in Polena. Aber Österreichs Bürokratie ließ uns nicht in Ruhe: Wir sollten eine Aufstellung machen von allem, was den Männern verloren gegangen war. Was fehlte den armen Kerlen denn *nicht?* Alles, was sie am Leib trugen, war in Fetzen gerissen, unsagbar schmutzig. Läuse krabbelten auf ihnen herum wie Bienen um den Korb. Viele waren barfuß, hatten sich Lumpen um die Füße gebunden. Ihre Füße waren zerrissen und schorfig, aber es hatte für sie keinen Sinn, zum Doktor zu gehen. Ein strikter Befehl lautete, daß nur Halbtote ins Lazarett durften. Einer unserer Männer war zwei Wochen im Einsatz mit einem gebrochenen Arm. Aber er dachte nicht daran, zu einem Arzt zu gehen.

Nachtkampf im Wald, wo man auch bei Tage wenig sehen kann, hat etwas ganz Unwirkliches an sich. Konfusion herrscht, die Furcht ist allgegenwärtig. Man sieht nur Mündungsfeuer und sonst nichts vom Feind. Gruppe kämpft gegen Gruppe. Oft genug begegnet man dem Feind nicht frontal, sondern von hinten, ohne daß man es gewußt hat. Einmal traf ich einen Leutnant, dessen Mütze hinten abgeschnitten war. Er war durch die russischen Linien gebrochen, auf allen vieren. Kugeln hatten seine Kleidung zerrissen, aber indem er sich an tiefhängenden Ästen entlangzog, hatte er es bis zu uns zurückgeschafft.

(O. C. Taslauanu, Mit der österreichischen Armee in Galizien)

LINKE SEITE: Geschütztransport in den verschneiten Karpaten – Gemälde von A. Höger.

FOLGENDE SEITEN. Zwei Zeichnungen aus einer Kriegsillustrierten von der italienischen Alpenfront. Links österreichische Standschützen in Bereitschaft, eine Steinlawine auf italienische Alpini loszulassen. Rechts ein deutscher Flieger auf Erkundungsflug.

Illustrirte Zeitung

Nr. 3897. 150. Band.

THE TEUTONISING OF TURKEY.

GERMAN KAISER. "GOOD BIRD!"

Türkei und Naher Osten

Bereits Ende 1912 waren der Schlachtkreuzer »Goeben« und der Kleine Kreuzer »Breslau« zum Schutz deutscher Interessen ins Mittelmeer entsandt worden. Der Grund: Im Oktober 1912 hatten Serbien, Montenegro, Bulgarien und Griechenland der Türkei den Krieg erklärt. Die Türkei – bekannt als »der kranke Mann am Bosporus« – verlor diesen Krieg und büßte den größten Teil seines europäischen Staatsgebietes ein. Dennoch: Die Lage auf dem Balkan blieb brisant. Auf den Ersten folgte der Zweite Balkankrieg: Beim Streit um die Beute fielen Serbien, Griechenland und Rumänien über Bulgarien her und brachten den Bulgaren eine Niederlage bei. Der Balkan war, einem damals umgehenden Wort zufolge, »das Pulverfaß Europas«.

In dieser Situation verblieb die deutsche »Mittelmeer-Division« – nämlich die Schiffe »Goeben« und »Breslau« unter Admiral Souchon – weiterhin an den Küsten des unruhigen Balkans.

Und sie hatten zu tun! Im Verband einer internationalen Polizeitruppe – bestehend aus österreichischen, italienischen, französischen und britischen Kontingenten – besetzte ein Landungskorps der »Breslau« die Stadt Skutari, nachdem dort montenegrinische Truppen eingedrungen waren.

Monate später setzte die »Breslau« erneut ein Landungskorps aus – zum Schutz der deutschen Gesandtschaft in der damaligen albanischen Hauptstadt Durrës (Durazzo) bei einem Insurgentenaufstand.

Der Ausbruch des Ersten Weltkrieges kam den Offizieren der deutschen Mittelmeer-Division – nach allem, was sie erlebt hatten – nicht mehr überraschend. Sie kannten auch die überlegene Stärke der französischen und britischen Mittelmeerflotten und ahnten, daß nun eine gnadenlose Jagd auf die beiden deutschen Schiffe anheben würde, bei der kaum Aussicht auf ein Entkommen bestand.

Dennoch: Im Morgengrauen des 4. August 1914 erschienen »Goeben« und »Breslau« wie Geister vor den Häfen Bône und Philippeville an der Küste des französischen Algeriens, beschossen Transportschiffe und Hafenanlagen und verzögerten so den Abtransport eines französischen Armeekorps um mehrere Tage, was den deutschen Vormarsch in Frankreich begünstigte.

In den folgenden Tagen überlistete die deutsche Mittelmeer-Division die alliierten Verfolger, entkam aus Messina und erschien am 10. August in der türkischen Meerenge der Dardanellen, ohne von den Türken an der Einfahrt gehindert zu werden: Seit dem 2. August bestand ein Bündnis zwischen dem Deutschen Reich und der Türkei, die jedoch weiterhin in Neutralität verharrte.

Stunden später dampfte die britische Flotte auf die Dardanellen zu und begehrte Einlaß. Die Türken lehnten ab. Die Engländer konterten: »Goeben« und »Breslau« seien auch eingelassen worden. Da signalisierten die Türken kühl zurück: »Es gibt keine deutschen Schiffe in den Dardanellen, sondern nur den türkischen Schlachtkreuzer ›Sultan Yavuz Selim‹ und den türkischen Kleinen Kreuzer ›Midilli‹.«

Tatsächlich wurden unter diesen türkischen Namen die beiden deutschen Schiffe samt ihren Besatzungen in die türkische Flotte übernommen. Am 16. August setzten die vormalige »Goeben« und »Breslau« erstmals die Flagge der Türkei. Am gleichen Tag trugen die Matrosen zum erstenmal den türkischen Fez zur deutschen Uniform – sie gehörten nun den Streitkräften der Türkei an. Admiral Souchon wurde zum Chef der gesamten türkischen Flotte ernannt. Das war gar nicht ungewöhnlich, denn schon seit dem Jahre 1913 reorganisierte der deutsche General Otto Liman von Sanders das türkische Heer. Seit langem nämlich waren die Beziehungen

»Guter Vogel«, freut sich der Kaiser über seinen neuen türkischen Helfer – britische Karikatur aus »Punch« vom September 1914. Die Türkei, hier dargestellt als Truthahn (englisch »turkey«), entschied sich auf Grund starker Wirtschaftshilfe für den Kriegseintritt zugunsten der Mittelmächte.

der Türkei zum Deutschen Reich sehr eng, nicht nur in militärischer, sondern auch in politischer und wirtschaftlicher Hinsicht.
Dennoch: Die Türkei befand sich noch nicht im Krieg. Allerdings setzte nun das diplomatische Werben um viele neutrale Staaten ein, und das von beiden kriegführenden Parteien. Es wurde um so heftiger, je mehr nach dem Ausgang der Marne-Schlacht allen Beteiligten klar wurde, daß die bestehenden Fronten militärisch nur noch schwer zu verschieben seien. Die fünf europäischen Großmächte waren durch ihre Bündnisverflechtungen in diesen Krieg hineingezogen worden, doch von den kleineren Mächten nur Serbien und – gegen seinen Willen – Belgien. War der Krieg bei den Großmächten zu einer Sache auf Leben und Tod geworden, so ließen sich die kleineren Staaten zu einer Beteiligung nur durch die Aussicht auf Beute – auf Landgewinn – ködern. Italien sprach denn auch auf die Zusagen beträchtlicher Gebiete an und opferte in Aussicht darauf seine Soldaten.
England hatte seine ursprünglich türkeifreundliche Politik zugunsten des russischen Bundesgenossen aufgeben müssen. Den Russen versprach man sogar Konstantinopel als Siegespreis.
Das allein schon prädestinierte die Türkei als Bündnispartner der Mittelmächte. Für Deutschland und Österreich-Ungarn mußte eine aktiv am Krieg beteiligte Türkei erhebliche Vorteile bringen: Nämlich die Sperrung der Dardanellen; die russische Schwarzmeerflotte blieb in ihrem Meer eingesperrt und das große russische Reich von nahezu jeder Versorgung durch die Alliierten abgeschnitten. Schließlich beherrschte die deutsche Flotte die Ostsee, so daß eine materielle Unterstützung Rußlands nur noch über Sibirien und die Eismeerküste mit allen Widrigkeiten und unzureichenden Bahnverbindungen denkbar blieb.
Freilich: Das schlecht ausgerüstete und durch den Ersten Balkankrieg hart angeschlagene türkische Heer war seinerseits auf Versorgung durch die Mittelmächte angewiesen. Ungefährdet war dies nur auf dem Landwege möglich. Dazu waren aber Transitvereinbarungen mit den von den Alliierten durch Beuteversprechen hingehaltenen Staaten Rumänien und Bulgarien vonnöten. Eine zweite Möglichkeit, die Landverbindung zur Türkei herzustellen, bestand darin, endlich Serbien zu besetzen, was den Österreichern bislang trotz schwerer Anstrengungen und hoher Opfer nicht gelungen war.
Verbündete vermochten jedoch nur jene Mächtekonstellationen zu gewinnen, die Siegesaussichten hatten und die ihre Beuteversprechungen auch eines Tages würden einlösen können.
So entbrannte mitten im Krieg ein intrigenreicher diplomatischer Kampf um die heillos miteinander und gegeneinander in Interessenkoalitionen und -kollisionen verstrickten Balkanstaaten. Die Alliierten versprachen den Rumänen das ungarische Siebenbürgen; die Mittelmächte boten ihnen statt dessen russische und den Bulgaren serbische Gebiete, wodurch freilich wiederum die Griechen nicht verprellt werden durften, denn auch sie blickten begehrlich auf serbische Landstriche. Bulgarien aber hätte gern auch einen Zugang zur Ägäis und einen fetten Happen türkischen Bodens gehabt. Das Ergebnis: Bis zum Jahre 1917 waren alle Balkanstaaten in den Krieg hineingerissen.
Zunächst aber gelang es deutscher Diplomatie, die Türken zum Kriegseintritt zu bewegen. Ab dem 27. Oktober 1914 kämpften Türken und Deutsche gemeinsam gegen die Entente-Mächte.
An diesem Tag war gerade die türkisch-deutsche Flotte zu gemeinsamer Übung durch den Bosporus ins Schwarze Meer gefahren. Am Nachmittag ging auf dem Flaggschiff »Sultan Yavuz Selim« – der bisherigen »Goeben« also – nach der Mitteilung des Kriegszustandes das Signal hoch: »Tun Sie Ihr Äußerstes. Es gilt die Zukunft der Türkei!«
»Goeben« und »Breslau« dampften sofort mit hoher Fahrt in verschiedenen Richtungen ins Schwarze Meer hinein: Sie beschossen russische Schwarzmeerhäfen und legten Minen vor die Straße von Kertsch.
Die türkische Armee wurde mit 6 Armeekorps im Zentrum des Reiches – an den Dardanellen und bei Konstantinopel – zusammengezogen; 2 Korps standen im armenischen Grenzgebiet gegen Rußland und eines im damals türkischen Palästina. Aber zwischen den beiden Fronten und Konstantinopel existierten keine durchlaufenden Bahnlinien.
Theoretisch sah die strategische Lage für die Mittelmächte sehr günstig, ja großartig aus: Eine türkische Offensive im Kaukasus-Raum mußte dort erhebliche russische Streitkräfte binden und die deutsch-österreichische Ostfront entlasten. Ein türkischer Vormarsch an den Suezkanal aber würde eine der Hauptschlagadern des britischen Imperiums abbinden: Der Schiffsverkehr durch den Kanal wäre gelähmt, Versorgungs- und Truppentransporte aus Indien hätten fortan den riesigen Umweg ums Kap der Guten Hoffnung zu machen. Das Problem beider Offensivmöglichkeiten waren die ungenügenden Nachschubverbindungen an die

Britisches Schlachtschiff feuert auf die Dardanellen-Befestigungen. Die schwache türkische Armee war kaum imstande, von sich aus erfolgreich die Alliierten anzugreifen, aber schon die Sperrung der Dardanellen und des Bosporus und damit der Seetransportverbindung zwischen Engländern und Franzosen im Mittelmeer und den Russen im Schwarzen Meer, genügte, um den Kriegsgegner Türkei zur ernsten Bedrohung für die Alliierten zu machen.

Türkisches Geschütz, zerstört bei der Kanonade vom 18. März 1915. Gewiß waren Küstenartillerie und Forts der Türken an den Dardanellen veraltet, aber dennoch keine leichte Beute.

Fronten. Die türkische Führung entschloß sich zunächst zum Angriff auf das Kaukasusgebiet.
Während die deutsche Hochseeflotte zumeist untätig auf Reede lag, hatten »Goeben« und »Breslau« ununterbrochene Einsätze zu fahren. Es galt einmal, Kohle-Transportschiffe aus den türkischen Schwarzmeerhäfen auf der Fahrt in den Bosporus zu geleiten, zum anderen Truppen- und Versorgungstransporter zum Kaukasus-Kampfgebiet hin- und zurück vor der weit überlegenen russischen Schwarzmeerflotte zu schützen. Ständig liefen die beiden ehemals deutschen Schiffe die 500 Seemeilen vom Bosporus bis nach Trapezunt, bedroht von Torpedobooten, Kreuzern und von Minen. Vor Sewastopol hatte die »Goeben« eine überraschende Begegnung mit der russischen Schwarzmeerflotte. Doch nur für zehn Minuten, denn dichter Nebel lag auf der See. Nur kurz riß er auf und schloß sich wieder. Die Zeit reichte dennoch zum Anbringen einiger schwerer Treffer, die das russische Flaggschiff verheerten.
Am 4. Januar 1915 jedoch erschütterte in dunkler, regnerischer Nacht eine heftige Detonation die »Breslau«: Sie war auf eine Mine gelaufen, erlitt jedoch keinen Wassereinbruch. Tage zuvor hatte es bereits die »Goe-

ben« erwischt: Zwei Minentreffer, die monatelange Reparaturen nötig machten.
Die türkische Kaukasus-Offensive brachte anfangs erhebliche Geländegewinne im erst 1877 von den Russen besetzten armenischen Gebiet. Die dort lebenden islamischen Armenier unterstützten die türkischen Soldaten. Während des fürchterlichen Hochgebirgswinters im Kaukasus schlug die Lage um. Von 90000 Türken, die das früher türkisch gewesene Kars zurückerobern sollten, kehrten nur rund 12000 zurück.
Aus dem türkischen Vormarsch wurde ein verheerender Rückzug. Auch viele Armenier flüchteten zusammen mit den Türken, weil sie die Bestrafung durch die nachrückenden Russen fürchteten.
In den folgenden Kriegsjahren drehten die Russen den Spieß um: Sie versprachen den auf türkischem Gebiet lebenden Armeniern Hilfe für den Aufbau eines unabhängigen armenischen Staates und bewegten sie zum Aufstand gegen die Türken. Die Türken schlugen ihn in blutigen Metzeleien nieder. Die Zahl der Opfer soll mehr als eine Million betragen haben. Die Tragödie der Armenier wurde damals nur wenig bekannt – der Krieg an allen anderen Fronten überschattete das Leid eines unglücklichen Volkes.
Hoffnungsfroh stimmte die Mittelmächte dagegen ein kühner Raid des deutschen Oberstleutnants Freiherr Kress von Kressenstein, der mit 16000 meist türkischen und wenigen deutschen Soldaten aus Palästina hervor-

brach, in sieben Tagen die Wüste Sinai durchquerte und am 2. Februar 1915 völlig überraschend am Suezkanal erschien. Dennoch mißglückte der Übergang, auch erwies es sich als unmöglich, am östlichen Kanalufer dauerhafte Stellungen zu beziehen – die Nachschubprobleme waren mit den vorhandenen unzulänglichen Mitteln nicht zu lösen. Die Truppe trat den Rückzug an. Dennoch blieb ein für die Mittelmächte positives Ergebnis: Die Bedrohung des Kanals und Ägyptens band fortan 85000 englische Soldaten.

Tödlich ernst aber gestaltete sich bald die Lage, als die Entente-Mächte die Türkei mitten ins Herz treffen wollten, noch bevor die Landverbindung zwischen den Mittelmächten und der Türkei hergestellt war. Die Idee zu dieser neuen Offensive hatte der Erste Seelord Großbritanniens, Winston Churchill, und er verfolgte sie mit aller Energie. Bereits im Winter 1914/1915 war in Ägypten ein starkes englisch-französisches Landungskorps zusammengezogen worden. Gleichzeitig stellte sich in Odessa eine russische Armee bereit.

Churchills strategische Absicht war es, die Dardanellen anzugreifen, während die Russen vom Schwarzen Meer gegen den Bosporus vorstoßen sollten. Beim Gelingen dieses Plans wäre die Verbindung zwischen den Alliierten und Rußland hergestellt, Deutschland noch enger eingeschlossen und die Gefährdung Englands im Orient, vor allem am Suezkanal, beseitigt. Die Dardanellen-Befestigungen waren veraltet, schlecht bewaffnet, und die türkische Armee hatte ernste Versorgungsschwierigkeiten – die Offensive hatte alle Chancen zu gelingen.

Am 19. und am 25. Februar 1915 erschienen alliierte Flotteneinheiten in den Dardanellen und begannen mit ihrer Artillerie die vordersten Forts sturmreif zu schießen. Am 18. März erschienen sie wieder: 18 englische und französische Schlachtschiffe, dazu rund 30 kleinere Einheiten, liefen, aus allen Rohren feuernd, in die Dardanellen ein. Sechs Schiffe sanken im Feuer der Küstenartillerie, die von Türken und deutschen Marinekanonieren bedient wurde. Einige Schiffe erlitten in den Minensperren schwere Beschädigungen. Der Verband drehte ab – im letzten Augenblick: Die Verteidiger verfügten nur noch über acht Granaten. Minen gab es gar keine mehr.

Nach diesen Vorspielen begann am 25. April die Invasion. Das alliierte Landungskorps hatte inzwischen auf den Inseln Lemnos und Tenedos im neutralen Griechenland Lager und Depots errichtet. An diesem Oster-

Türkische Maschinengewehrschützen erwarten die Landung von Briten und Franzosen auf der Halbinsel Gallipoli. Ausgebildet von deutschen Offizieren, waren die Soldaten unter dem Halbmond ein unerwartet zäher Gegner.

Oben: Der englische Truppentransporter »River Clyde« (in der linken Bildhälfte) fuhr direkt auf den Strand von Gallipoli.

Rechts: In Konstantinopel riefen die Kämpfe auf Gallipoli große Erregung hervor. Der »Heilige Krieg«, den Sultan Mehmet V. ausgerufen hatte und der vor der Hagia Sophia in Istanbul begeistert gefeiert worden war (Bild), schien der Hauptstadt zuzurollen und unversehens zu einem Kampf ums Überleben zu werden.

tag dampfte die Invasionsflotte vor die türkischen Küstenforts, und die Schiffsartillerie hämmerte stundenlang auf die Befestigungen ein. Unter dem Feuerschutz der Kanonen begannen die auf Transportern eingeschifften Landungstruppen in die Boote und Barkassen zu gehen. Acht Landungsstellen waren vorgesehen, doch nur an dreien gelang es den Alliierten, Fuß zu fassen: 8 Divisionen gingen an Land. Ihre Truppen

OBEN: Alliierte Infanterie tritt zum Sturm an. »Das war das einzige, was wir wünschten«, schrieb ein Soldat des Landungskorps, »die verdammten Türken in die Finger zu kriegen.«

stammten aus England, Indien, Australien, Frankreich und den französischen Kolonien.
In den Befestigungsanlagen standen 60000 türkische Soldaten der 5. Armee, die von dem deutschen General Liman von Sanders befehligt wurden. Um Munition zu sparen – aber noch mehr, weil es der Mentalität und Tradition der Türken entsprach –, stürzten sie sich mit Messer und Bajonett auf die Landungstruppen. Von dieser wütenden Metzelei verstört, zogen sich die Invasoren unter die Schutzglocke ihrer Schiffsartillerie zurück. Neue Truppen landeten. General Liman von Sanders führte seine Reserven heran.
Nach drei Tagen gelang es den Türken, die Franzosen auf dem asiatischen Ufer bei Kum Kale wieder zurück ins Meer zu werfen – unmittelbar bei den Resten

des alten Troja. Die Engländer blieben hart am Meer, dicht gedrängt; zwischen ihnen immer wieder hochaufspritzende Granateinschläge. Der Truppenverschleiß war ungeheuer: Nach und nach wurden, statt der ursprünglichen acht, 20 alliierte Divisionen in die Hölle von Gallipoli gejagt. Die bis dahin unbeachtete Halbinsel, auf der alliierte Soldaten in Massen starben, wurde in jenen Tagen zum Begriff.

Inzwischen war es deutschen Unterseebooten gelungen, durch die Meerenge von Gibraltar ins Mittelmeer einzudringen. U 21 unter Kapitänleutnant Hersing versenkte zwei britische Panzerschiffe (nach anderen Quellen drei Schlachtschiffe).

Bei einer erneuten Landung in der Suvla-Bucht bei Anaforta gelang es englischen Soldaten, einen schmalen Küstenstreifen in Besitz zu nehmen – weiter kamen sie keinen Schritt. Dafür brachen bei den Invasionstruppen Krankheiten aus.

Der geplante Angriff der russischen Armee wurde nach diesem Debakel erst gar nicht begonnen. Dagegen pirschte sich unentwegt noch immer der Kleine Kreuzer »Breslau« durch das Schwarze Meer, wurde gejagt und entkam jedesmal – doch im Juli 1915 lief er wieder auf eine Mine. Mit 600 Tonnen Wasser im Schiff schlich er – zu monatelanger Reparatur – in den Bosporus. Aus Offizieren und Mannschaften entstand ein Landungskorps zur Hilfe auf Gallipoli.

Im Herbst 1915 hatte Falkenhayn Truppen aus Frankreich herangeholt. Nun traten Österreicher und Deutsche gemeinsam zum entscheidenden Schlag gegen Serbien an – im November war das Schicksal des Staates erfüllt: Die Landverbindung der Mittelmächte zur Türkei war hergestellt.

Nach achteinhalb Monaten verlustreichen Ringens um Gallipoli hatte die britische Führung die Hoffnungslosigkeit ihres Dardanellen-Unternehmens erkannt. Die Engländer schifften sich ein und zogen ab – 150000 Mann weniger als gelandet waren – ungeheure Mengen von Material zurücklassend. Winston Churchill, der Marineminister, mußte zurücktreten. Churchills Stunde kam erst wieder im Zweiten Weltkrieg, als er 1940 am Tag des deutschen Angriffs im Westen zum Premierminister bestellt wurde. Einer seiner gefährlichsten Gegner sollte als Befehlshaber der deutschen U-Boot-Flotte jener Karl Dönitz werden, der vor Gallipoli in einem klapperigen Gotha-Flugzeug als Beobachter flog und – auf die Tragfläche kletternd – eine kleine Bombe auf Churchills Invasionsflotte warf.

Der blutige Kampf um Gallipoli hatte auch die Russen geschwächt: Kein Nachschub von seiten der westlichen Alliierten erreichte das Zarenreich, und der Kampf der Türken hat dazu beigetragen, den russischen Zaren seinem Ende näherzubringen.

Die Gefahr von Gallipoli war abgewendet, doch eine neue wuchs heran: Von Basra her drangen englisch-indische Truppen gegen Bagdad vor. Bei Ktesiphon erlitten sie eine Niederlage, bei Kut-el-Amara gelang es dem deutschen Feldmarschall Colmar von der Goltz mit überwiegend türkischen Truppen, eine britische Division einzuschließen. Ende April 1916 kapitulierte sie mit 13000 Mann. Der 71jährige Feldmarschall war zehn Tage zuvor dem Fleckfieber zum Opfer gefallen. Am Tigris verschanzten sich britische Truppen, aber die türkische Armee hatte nicht mehr die nötigen Kräfte, um sie aus ihren Stellungen zu werfen.

An der Kaukasus-Front hatten die Russen im April 1916 die Initiative ergriffen, die Türken aus Erzerum und Trapezunt geworfen und weiter zurückgedrängt. Die türkischen Verluste waren ungeheuer.

Auch erneute deutsch-türkische Operationen zur Blokkierung des Suezkanals scheiterten: Der nunmehrige Oberst Kress von Kressenstein ging im April 1916 wiederum durch die Halbinsel Sinai gegen den Kanal vor, doch die Briten in Ägypten stoppten alle Versuche, an den Kanal zu gelangen. Ein weiteres Unternehmen mißlang im August. Die Gründe waren stets die gleichen: Zu schwache Kräfte, unüberwindliche Nachschubschwierigkeiten.

Schlimmer noch, die Briten griffen nun ihrerseits an und verdrängten die türkisch-deutschen Truppen endgültig aus der Sinai-Halbinsel.

Die großen strategischen Absichten der Mittelmächte im Orient ließen sich nicht verwirklichen. Auch die Hoffnung, daß die Ausrufung des »Heiligen Krieges« durch die Türken die islamischen Völker gemeinsam gegen die Engländer aufstehen ließe, erfüllten sich nicht. Dieses alte türkische Riesenreich war für die arabischen Völker nicht mehr attraktiv, der Zerfall ließ sich erkennen. Mehr noch, die Araber gingen in das Lager der Briten über. Der legendäre englische Oberst Lawrence brachte es fertig, die unter sich zerstrittenen Stämme zu einen, ihnen die Hoffnung auf ein großes Arabien zu eröffnen und sie zum Kampf gegen die Türken anzuspornen. 1916 rief der Scherif Hussein von Mekka die Araber zum Aufstand gegen die Türken auf. Berater, Waffen und Geld lieferte England.

Im Januar 1917 setzten britische Truppen im Irak zum Vormarsch an und eroberten am 11. März Bagdad. In Deutschland wurde das »Asienkorps« in Stärke von 4500 Mann aufgestellt – doch wegen der schwierigen Transportverhältnisse verzögerte sich das Eintreffen dieser deutschen Soldaten um mehrere Monate.

Man versuchte, mit konspirativen Mitteln vor allem Persien und Afghanistan in eine Frontstellung gegen England zu manövrieren. Der deutsche Militärattaché in Teheran ließ durch Agentengruppen einen Untergrund- und Sabotagekampf gegen britische Niederlas-

Deutsch-türkische Patrouille in der Wüste. Der Einsatz des »Asienkorps«, des Vorläufers sozusagen von Rommels Wüstentruppe im Zweiten Weltkrieg, vermochte den Verfall der türkischen Herrschaft im Nahen Osten nicht aufzuhalten.

sungen führen. Doch weder Persien noch Afghanistan gingen auf deutsche Vorschläge ein – der abenteuerliche Gedanke, daß die Afghanen für deutsche Interessen in Indien einfallen sollten, blieb Illusion.

Die Türkei wurde dem Abgrund entgegengetrieben. Zeitweilig war sie auf deutsche Getreide- und Kohlelieferungen angewiesen, ihre Industrie reichte nicht aus, die Bedürfnisse der kriegführenden Armee auch nur annähernd zu befriedigen. Die Soldaten waren schlecht ernährt, erbärmlich uniformiert und medizinisch kaum versorgt.

Am 10. Dezember 1917 fiel Jerusalem. Die Engländer gingen langsam, aber methodisch vor. Am 19. September 1918 erst setzten sie zu neuer Offensive in Palästina an, unterstützt von arabischen Beduinenvölkern, die wild ihre britischen Gewehre schwangen. Die türkische Armee wurde hinweggefegt. Am 1. Oktober verloren die Türken Damaskus und Beirut. Dann drohte auch von Griechenland her Gefahr: Aus Richtung Saloniki drangen die Gegner gleichfalls vor. Die Hauptstadt Konstantinopel schien bedroht. Am 20. Oktober 1918 unterzeichnete die Türkei einen Waffenstillstand mit den Alliierten: Das gesamte türkische Staatsgebiet einschließlich der Dardanellen war den alliierten Truppen zu öffnen.

Alle Opfer waren vergebens gewesen. Die Türkei, so schien es, war endgültig verloren. Doch zerstört war nur das alte osmanische Reich. Wenig später baute Kemal Atatürk einen neuen, modernen türkischen Staat auf – freilich floß auch dabei reichlich Blut.

England hatte, trotz seines Sieges, auf lange Sicht verloren: Die von England gegen die Türken aufgewiegelten arabischen Völker vereinigten sich in der panarabischen Bewegung, die sich lange Zeit später gegen England selbst richtete: Großbritannien verlor schließlich die Herrschaft über Ägypten und den Suezkanal. Vieles von dem, was heute im Nahen Osten geschieht, geht auf die heute nahezu vergessenen Kämpfe im Orient zurück, auf eine Nebenfront des Ersten Weltkrieges.

Die große Chance

Bei Umbildung des Kabinetts Asquith am 26. Mai 1915 verlor der britische Marineminister Winston Churchill seinen Posten. Fünf Tage später legte er in einem leidenschaftlichen Memorandum noch einmal die Gründe dar, weswegen das Dardanellen-Unternehmen, seine Lieblingsidee, auf keinen Fall abgebrochen werden dürfe. (Es wurde gleichwohl abgebrochen). Das Dokument enthüllt die Zielsetzung der Operation wie auch Churchills eisernes Beharrungsvermögen, das er als Premier seines Landes im Zweiten Weltkrieg abermals beweisen sollte.

Winston Churchill als Marineminister

Die Lage vor den Dardanellen ist hoffnungsvoll und gefährlich zugleich. Je länger sie andauert, um so gefahrvoller wird sie. Je eher das Unternehmen durchgeführt ist, um so eher kann auch die ganze Truppenmacht, wenn erforderlich, wieder an die französische und flämische Front geworfen werden. Die unerwarteten Verzögerungen bei Beginn der militärischen Operationen und die abschnittsweise Entsendung der Truppen haben den Türken Zeit gegeben, umfangreiche Vorbereitungen für die Verteidigung zu treffen, Verstärkungen von Syrien und von anderen Orten heranzuziehen, und die Deutschen fanden Zeit, Unterseeboote zu entsenden. Wenn wir noch länger zögern, die erforderlichen Verstärkungen zu entsenden oder sie nach und nach einsetzen, werden wir schließlich alles und mehr hinausschicken müssen, als was bis jetzt angefordert ist, und wir laufen Gefahr, das gesamte türkische Heer bekämpfen zu müssen, das um den Höhenzug von Kilid Bahr herum liegt. Wir werden außerdem durch eine große Anzahl deutscher Unterseeboote bedroht werden, die durch den Erfolg, den das erste Boot gehabt hat, sicherlich dorthingelockt werden. Es will mir höchst dringlich erscheinen, daß wir versuchen, hier baldmöglichst eine Entscheidung herbeizuführen und daß wir das Unternehmen in befriedigender Weise aufziehen.

Neuve Chapelle und andere Schlachten in Frankreich haben gezeigt, daß sowohl unsere wie die französischen Truppen mit angemessener artilleristischer Unterstützung die feindlichen Schützengräben nehmen können. Es sind aber keine strategischen Erfolge in Frankreich und Flandern dadurch erzielt worden, daß man unter unverhältnismäßig hohem Einsatz 3 oder 4 Meilen weiter vorwärts gekommen ist, denn hinter dem so teuer erkauften Boden liegt das ausgedehnte Flandern, bevor der Rhein selbst erreicht werden kann, und bevor die angreifende Artillerie nachgezogen und wieder in Stellung gebracht ist, hat der Feind neue Schützengräben ausgeworfen, die nicht weniger stark sind als die alten. Ein Geländegewinn von 3 oder 4 Meilen auf der Gallipolihalbinsel würde jedoch strategisch von ausschlaggebender Bedeutung sein. Wir haben augenblicklich nicht genug Brisanzgranaten, um einen großangelegten Angriff in Frankreich zu unternehmen. Die verhältnismäßig geringen Mengen, die für die Dardanellen erforderlich sind, ständen jedoch zur Verfügung. Hier ist kein Platz für neue Schützengrabenlinien im Rücken vorhanden und kein Rückzug nach irgendeiner Seite, außer in die See, möglich. Jede 500 m, die gewonnen werden, sind hier ein wichtiger Schritt vorwärts, einem bedeutenden und lebenswichtigen Erfolg entgegen. Und was für einem Erfolg!

Sobald unsere Truppen Stellungen einnehmen können, von denen aus das Kilid-Bahr-Plateau unhaltbar gemacht werden kann, ist die ganze dort zusammengezogene türkische Armee verloren. Sobald das Plateau von Kilid-Bahr in unseren Händen ist, müssen die Forts auf der europäischen Seite vom Feind geräumt werden. Diejenigen auf der asiatischen Seite werden von der europäischen Seite aus beherrscht. Der Weg steht somit unserer Flotte offen, die im gegebenen Augenblick während dieser Kämpfe gegen die Meerengen vorgehen und die Minensperren räumen soll. Sind aber die Forts und Minensperren in den Meerengen einmal passiert, so kann nichts mehr unsere Flotte hindern, in das Marmarameer einzudringen, und ist sie erst einmal im Marmarameer, so hat sie bis nach Konstantinopel nur noch wenige Stunden. Die türkisch-deutsche Flotte kann dann mit Bestimmtheit vernichtet werden. Ist sie aber vernichtet, so schwindet damit die Bedrohung, die bisher verhindert hat, daß eine russische Armee über das Schwarze Meer kommt, um Konstantinopel von Norden her anzugreifen. Obwohl die russische Armee, die bereitgehalten wurde, um unseren Sieg auszunutzen, nunmehr für inzwischen dringend gewordene anderweitige Zwecke verwendet werden mußte, werden die Russen sicherlich nicht zugeben, daß Konstantinopel fällt, ohne daß sie beteiligt sind. Bulgarien kann angesichts dieser Ereignisse nicht gleichgültig beiseite stehen.

(Winston Churchill, Weltkrisis 1915/16. Bd. II. Berlin – Leipzig 1926)

Überfall auf die Eisenbahn

Dem britischen Agenten Thomas Edward Lawrence gelang es, die Beduinenstämme Arabiens zum Aufstand gegen die Türken zu bewegen. Sein legendärer Feldzug, eine Kette kühner Guerilla-Unternehmen, endete mit der Befreiung Palästinas. Lawrences Erlebnisbuch, einem klassischen Stück Abenteuerliteratur, ist der folgende Auszug, die Schilderung eines erfolgreichen Überfalls auf einen türkischen Militärtransport, entnommen.

Während wir noch von der Bergkuppe aus beobachteten, setzte sich der Zug plötzlich auf uns zu in Bewegung. Wir riefen den Arabern zu, so rasch als möglich ihre Stellungen einzunehmen, und es begann eine wilde Hatz die Hänge hinauf. Stokes und Lewis konnten in ihren schweren Stiefeln das Rennen natürlich nicht gewinnen, aber sie kamen doch rasch genug hinauf und hatten plötzlich ihre Ruhr und alle sonstigen Beschwerden vergessen.
Die Schützen postierten sich längs des Höhenrandes, der sich – die Zündungsstelle verdeckend – von der Artilleriestellung bis zu dem Talausgang hinzog. Sie konnten von da aus die entgleisten Wagen auf eine Entfernung von kaum hundertfünfzig Yard beschießen, während die Schußweite für den Mörser und die Maschinengewehre etwa dreihundert Yard betrug. Auf der Höhe hinter der Artillerie stand ein Posten und rief uns zu, was der Zug machte – eine durchaus notwendige Vorsichtsmaßnahme, denn wenn er Truppen heranbrachte und diese hinter unseren Höhen auslud, mußten wir mit blitzartiger Geschwindigkeit eine Drehung machen und uns – nur auf Erhaltung des Lebens bedacht – fechtend das Tal hinauf zurückziehen. Zum Glück fuhr er, von zwei mit Holz geheizten Lokomotiven gezogen, immer in der gleichen Geschwindigkeit weiter.
Er kam an die Stelle, wo man uns gestern gesehen hatte, und begann aufs Geratewohl in die Wüste hineinzufeuern. Ich hörte den Spektakel näher und näher kommen, während ich auf meinem Auslug oberhalb der Brücke hockte, um im geeigneten Moment das Zeichen an Salem zu geben, der in wilder Erregung auf den Knien um den Zündapparat herumrutschte und mit lauter Stimme Gott anflehte, ihm Gelingen zu gewähren. Das türkische Feuer klang stark; und ich überlegte besorgt, mit wieviel feindlichen Kräften wir's zu tun bekommen würden, und ob uns die Sprengung genügenden Schaden anrichten würde, um die zahlenmäßige Unterlegenheit unserer achtzig Mann wettzumachen. Ich hätte es lieber gesehen, wenn mein erster Versuch mit elektrischer Zündung unter weniger schwierigen Umständen erfolgt wäre.
In diesem Augenblick bogen die beiden, anscheinend sehr schweren Maschinen unter schrillem Pfeifen in die Kurve ein, und der Zug kam uns in Sicht. Er bestand aus zehn gedeckten Wagen; Fenster und Türen starrend von Gewehrmündungen, während auf den Dächern in kleinen Sandsacknestern türkische Schützen gespannt im Anschlag lagen, um auf uns zu feuern. Ich hatte nicht mit zwei Maschinen gerechnet, entschloß mich aber sofort, die Ladung unter der zweiten zur Explosion zu bringen, damit nicht, im Falle nur geringer Wirkung der Mine, die unbeschädigte Maschine abkuppeln und mit den Waggons zurückfahren könnte.
Demgemäß hob ich, als das vordere Triebrad der zweiten Maschine auf der Brücke war, die Hand zu Salem hin. Es erfolgte ein furchtbarer Knall, und die Bahn entschwand den Blicken hinter einer aufschießenden Säule schwarzen Staubs und Rauchs, hundert Fuß hoch und ebenso breit. Man hörte Krachen und Splittern und den schrillen Metallklang zerberstenden Stahls. Eisen- und Holzteile flogen hoch, und plötzlich wirbelte schwarz aus der Rauchwolke ein ganzes Lokomotivrad hoch in die Luft und segelte rauschend über unsere Köpfe hinweg, bis es mählich niedersank und schwer auf den Wüstenboden hinter uns aufschlug. Außer diesem singenden Flug herrschte Totenstille, kein Schreien oder Schießen, während der nun graue Dampf der Explosion von der Bahn zu uns herüberzog und sich über den Höhenrücken hinweg langsam in den Bergen verlor.
Während dieses lähmenden Schweigens eilte ich zur Artilleriestellung zurück. Salem hatte sein Gewehr ergriffen und schoß blindlings in den Rauch. Ehe ich noch unsere Geschütze erreicht hatte, war der ganze Hang nach der Eisenbahn zu lebendig geworden von Schüssen und den braunen Gestalten der Beduinen, die sich in großen Sätzen auf den Feind stürzten. Ich wandte mich um, um festzustellen, was sich inzwischen ereignet hatte, und sah jetzt auf dem Gleis den auseinandergerissenen Zug stehen. Die Waggonwände zitterten unter dem Geprassel der einschlagenden Geschosse, während aus den offenen Türen Türken herausstolperten, um in den Schutz des Bahndamms zu gelangen. Indes ich noch schaute, knatterten über meinem Kopf die Maschinengewehre los, und die langen Reihen der Türken oben auf den Waggons kugelten durcheinander und wurden gleich Wollflocken von den Dächern heruntergefegt durch den Geschoßhagel, der prasselnd die Waggons entlangstrich und ganze Wolken gelber Holzsplitter aufstieben ließ. Unsere überhöhende Geschützstellung war ein großer Vorteil für uns.
Als ich dann Stokes und Lewis erreichte, hatte der Kampf eine neue Wendung genommen. Der Rest der türkischen Truppen hatte sich hinter dem Bahndamm, der hier elf Fuß hoch war, gesammelt und eröffnete, gedeckt durch die Räder, ein wohlgezieltes Feuer auf die Beduinen, zwanzig Yard jenseits der sandgefüllten Senke. Der Feind lag hier an der erhöhten Kurve im toten Winkel für unsere Maschinengewehre. Doch nun feuerte Stokes seine erste Granate, die wenige Sekunden später jenseits des Zuges in der Wüste explodierte.

T. E. Lawrence, der sagenumwobene »Lawrence von Arabien«.

Stokes stellte die Richtschraube, und die zweite Granate schlug unmittelbar hinter den Geleisen in den toten Winkel unterhalb der Brücke ein, wo die Türken Schutz gesucht hatten. Sie machte die Stellung zur Schlachtbank. Die Überlebenden der Gruppe stürzten panikartig in die offene Wüste hinaus, im Laufen Gewehre und Ausrüstung von sich werfend. Jetzt kam die Gelegenheit für die Maschinengewehre; und Sergeant Lewis streute Garbe auf Garbe über die offene Fläche, bis der Boden mit Leibern besät war. Mushagraf, der junge Scherari, der das zweite Maschinengewehr bediente, sah, daß der Kampf vorbei war, warf mit einem Freudenschrei seinen Abzugshaken fort und eilte, sein Gewehr aufraffend, den anderen nach, die gleich wilden Bestien über die Waggons herstürzten und zu plündern begannen. Das Ganze hatte nur etwa zehn Minuten gedauert.
Ich ging hinunter an die Sprengstelle, um die Wirkung der Mine zu sehen. Ein Brückenbogen war in die Luft geflogen, und der erste mit Kranken vollbesetzte Wagen war in den Abgrund gestürzt. Der Aufprall hatte alle, bis auf drei oder vier, getötet und Sterbende und Tote an das zersplitterte Ende des Waggons zu einem blutenden Haufen zusammengeschüttelt. Einer der noch Lebenden schrie im Delirium immer nur das eine Wort »Typhus«. Ich verschloß die noch offenstehende Tür und überließ sie dort ihrem Schicksal.
Die nachfolgenden Wagen waren entgleist und ineinandergefahren; einige der Untergestelle waren hoffnungslos verbogen. Die zweite Maschine war nur noch ein Trümmerhaufen rauchenden Eisens. Die Triebräder waren in die Luft geflogen und hatten die Seiten des Feuerungskessels aufgespalten; Führerstand und Tender lagen in Stücke gerissen zwischen dem Schuttgeröll der Brücke. Diese Maschine war für immer dahin. Die vordere Lokomotive war besser weggekommen; zwar lag sie, vollständig entgleist, halb auf der Seite, und der Führerstand war geborsten, aber der Dampf stand noch unter Druck, und das Gestänge war intakt.
Das Tal war der reinste Hexenkessel. Die Araber, wie von Sinnen gekommen, rasten umher, barhäuptig, halbnackt, brüllend, blindlings schießend und sich gegenseitig mit Nägeln und Fäusten bearbeitend, während sie Waggons aufbrachen und mit riesigen Ballen hin und her stolperten, die sie dann dicht bei den Geleisen aufschnitten und durchwühlten, alles kaputtschlagend, was sie nicht brauchen konnten.
Da lagen weit umhergestreut Stapel von Teppichen; Dutzende von Matratzen und geblümten Polstern; Männer- und Frauenkleider in buntestem Durcheinander; Uhren, Kochtöpfe, Nahrungsmittel, Schmuckstücke, Waffen. Dort stand eine Gruppe von dreißig bis vierzig Frauen, unverschleiert, mit zerrissenen Kleidern, wie wahnsinnig schreiend und sich die Haare raufend. Die Araber, ohne einen Blick für sie, fuhren fort zu rauben und zu zerstören und sich nach Herzenslust sattzuplündern. Kamele waren Gemeingut geworden. Jeder packte in wahnsinniger Hast auf das nächste beste auf, was das Tier tragen konnte, und jagte es dann westwärts in die Weite, sofort wieder auf neuen Raub bedacht.
Lewis und Stokes waren heruntergeeilt, um mir behilflich zu sein. Ich war etwas besorgt um sie; denn die Araber, völlig von Sinnen, waren drauf und dran, Freund und Feind in gleicher Weise anzugreifen. Ich selbst hatte mich dreimal gegen sie wehren müssen, da sie taten, als kennten sie mich nicht, und nach meinen Sachen griffen. Immerhin mochten die abgenutzten Khakiuniformen meiner Sergeanten ihnen wenig begehrenswert erscheinen. Lewis ging nach der offenen Ebene jenseits der Eisenbahn, um die dreißig Toten zu zählen, die seine Maschinengewehre niedergemäht hatten, und so beiläufig nach Gold und sonstigen Kriegstrophäen in den türkischen Tornistern zu suchen. Stokes schlenderte unter der zerstörten Brücke hindurch, traf dort auf die Leichen der zwanzig Türken, die sein zweiter Granatschuß in Stücke gerissen hatte, und machte schleunigst wieder kehrt.
Meine Leute, von der Beutegier angesteckt, hatten sich zusammen mit den Beduinen über das Land zerstreut.

Türkische Truppen in der Nähe des Bahnhofs von Jerusalem.

FOLGENDE SEITEN: Die arabischen Stämme kämpften nicht von Anfang an und auch nicht alle gegen die Türken. Auf dieser Zeichnung einer deutschen Kriegsillustrierten greifen Beduinen als Verbündete der Türken eine englische Stellung am Suezkanal an.

Schließlich blieben nur noch die Sergeanten und ich bei den Trümmern zurück, über die sich jetzt eine seltsame Stille lagerte. Ich begann schon zu fürchten, daß wir die Geschütze zurücklassen und uns selbst aus dem Staub machen müßten, als ich plötzlich zwei Kamele den Hang herabsteigen sah. Zaal und Howeimil hatten mich vermißt und waren zurückgekehrt, um mich zu suchen.

Wir rollten gerade das Kabel auf, es war unser einziges. Zaal stieg von seinem Kamel und wollte, daß ich an seiner Stelle aufsäße; stattdessen wurden Kabel und Zündapparat auf das Tier geladen. Zaal fand noch Zeit, über meine sonderbare Beute zu lachen, angesichts all des Goldes und Silbers im Zuge. Howeimil war stocklahm von einer alten Wunde im Knie und konnte nicht gehen; aber wir ließen sein Kamel niedergehen und verstauten die Maschinengewehre, die Läufe kreuzweis zusammengebunden wie eine Schere, hinten auf seinem Sattel. Blieb nur noch der Grabenmörser; doch Stokes erschien wieder und brachte ein Lastkamel, es ungeschickt an der Nase führend, heran, das er irgendwo aufgegriffen hatte. Wir beluden es eiligst mit dem Mörser, setzten Stokes (der noch schwach war von seiner Ruhr) in Zaals Sattel und sandten die drei Kamele unter der Obhut Howeimils fort, was sie laufen konnten.

Inzwischen hatten Lewis und Zaal in einer geschützten und versteckten Senke hinter der alten Artilleriestellung einen Scheiterhaufen aus Geschoßkörben, Holztrümmern und Benzin gemacht, ringsherum wurden Patronenstreifen der Maschinengewehre und sonstige Infanteriemunition aufgeschichtet und das Ganze vorsichtig mit zurückgelassenen Mörsergranaten bekrönt. Dann wurde es angesteckt, und wir machten uns schleunigst davon. Sobald das Feuer die Munition erreicht hatte, begann ein gewaltiges und unausgesetztes Gekrache. Die Tausende von Patronen gingen los in Serien wie Maschinengewehrfeuer, und die Granaten explodierten mit hohen Staub- und Rauchsäulen. Auf die vorgehenden Türken machte diese tapfere Verteidigung starken Eindruck, und sie mußten meinen, daß wir sehr stark und in gut befestigter Stellung waren. Sie hielten im Angriff inne, gingen in Deckung und begannen die Stellung weitausholend zu umgehen und sich nach Kunst und Regel langsam heranzupirschen, während wir eiligst davonkeuchten, den Verstecken in den Bergen zu.

(Thomas Edward Lawrence, Aufstand in der Wüste. München 1935)

BRUNO RICHTER

Verdun

Die Frage: »Was werden die Deutschen tun?« bewegte Anfang 1916 die französischen und britischen militärischen Führungsstellen. Die Deutschen hatten einen erstaunlichen Handlungsspielraum gewonnen: Rußland schien am Ende seiner Kraft. Im Westen war den Alliierten kein Durchbruch gelungen. In der Türkei sah es günstig aus. Serbien war besiegt und besetzt, Bulgarien auf deutscher Seite in den Krieg eingetreten, der Weg in den Orient geöffnet. Rumänien nicht auf die Seite der Alliierten übergegangen, und auch die Front gegenüber Italien hielt eisern.

Das methodische Vorgehen des Generalstabschefs v. Falkenhayn schien sich zu bewähren. Die Sektion IIIb West des deutschen Generalstabes – der für die Westfront zuständige Geheime Nachrichtendienst – ließ Gerüchte kursieren und dem Gegner irreführende Meldungen über die deutschen Absichten zuspielen: Generalfeldmarschall August von Mackensen stünde mit 300000 Mann bei Mülhausen. Aber auch bei Dünkirchen, Amiens und Belfort, so hieß es, bereiteten die Deutschen den Angriff vor.

Tatsächlich gelang es, die Vorbereitungen für den Angriff auf Verdun zu verschleiern. Die weiten Wälder nördlich und östlich der Festung verbargen den stärksten Aufmarsch deutscher Artillerie, den es bisher gegeben hatte, vor den Beobachtern der französischen Aufklärungsflugzeuge. Der Beginn des Unternehmens »Waldfest« war für den 12. Februar 1916 angesetzt, mußte aber wegen Nebel und Regen verschoben werden. In dieser Zeit des Wartens entdeckten zwar die Franzosen die deutsche Bereitstellung; sie wurde jedoch für eine Finte gehalten.

Die Erde von Verdun. Über Dutzende von Kilometern zog sich um die Stadt ein Bogen zerstörten, von Granaten immer wieder umgepflügten Landes, eine breit aufgerissene Wunde, die sich erst Jahre, an manchen Stellen erst Jahrzehnte nach dem Krieg, wieder schließen sollte.

In der Morgenfrühe des 21. Februar endlich donnerten 1500 deutsche Geschütze, auf engem Raum konzentriert, und deckten die französischen Stellungen mit einem bis dahin noch nicht erlebten Feuer ein. Um 5 Uhr nachmittags begann der Vorangriff. Leutnant Schlömer vom Infanterieregiment 159 kritzelte in sein Tagebuch: »Ohne Verluste erreichten die erste und zweite Welle die feindlichen Grabenstellungen und drangen in das dichte Unterholz des Haimontwaldes ein ... Die zweite Stellung wurde von der Besatzung noch mit verzweifelter Anstrengung gehalten. Nach 20 bis 30 Minuten hatten wir uns so dicht an sie herangearbeitet, daß wir sie mit Handgranaten belegen konnten ... Der Musketier Heinrich Eggenkämper aus Rheine warf einem Franzosen, der gerade stehend auf mich anlegen wollte, einen Erdklumpen in das Gesicht ... Erstaunt ließ der Franzmann sein Gewehr fallen.«

Am nächsten Tag stürmten 4 Armeekorps und kamen verhältnismäßig gut vorwärts. Am 25. Februar nahmen Teile des brandenburgischen Infanterieregiments 24 im Handstreich das Fort Douaumont. Doch am folgenden Tag versteifte sich der französische Widerstand. Der deutsche Angriff hatte sich festgefressen. Etwa acht Kilometer weit waren die französischen Linien auf die Festung zurückgedrängt worden. Nun kam es zur mörderischsten Schlacht der Weltgeschichte, die ein dreiviertel Jahr, bis in den Dezember hinein, andauern sollte. Es war eine Schlacht der Artillerie. Wenn im Krieg 1870/71 statistisch noch auf 350 Soldaten ein Geschütz gerechnet wurde, so kam nun ein viel wirksameres Geschütz auf 60 Soldaten. Theoretisch konnten die 36 Geschütze eines Feldartillerieregiments innerhalb von drei Monaten ebenso viele Granaten verfeuern wie die gesamte deutsche Artillerie im Krieg 1870/71 verschossen hatte: 670000 Stück. In den 30 schlimmsten Kampfwochen hagelten 1,35 Millionen Stahl – 135000 Waggonladungen voll Granaten – auf das Schlachtfeld nieder. Auf jeden Hektar des 260 Quadratkilometer großen Kampfgebietes schlugen im Durchschnitt 50 Tonnen

Anna

Für das Eröffnungsbombardement auf die Stellungen um Verdun wurde das bisher stärkste Aufgebot der deutschen Artillerie zusammengezogen: 1500 Geschütze auf engstem Raum.
Oben: Richtkanonier eines Mörsers.
Linke Seite: Ein deutscher 21-cm-Mörser in einer eroberten französischen Geschützstellung.

Stahl. In den ersten drei Angriffsmonaten verschoß die Artillerie der Heeresgruppe Deutscher Kronprinz 8,2 Millionen Granaten.

Falkenhayn wollte den Stier bei den Hörnern packen: Bei Verdun, der stärksten Festung Frankreichs, sollte das französische Heer ausbluten. Im Dezember 1915 hatte er seine Gedanken in einer Studie niedergelegt: Die Entscheidung könne nur im Westen fallen, so stellte er fest. Doch Deutschland war schwächer als Frankreich und England zusammen. England galt dem deutschen Generalstabschef als der gefährlichere Gegner. Doch ihn erfolgreich anzugreifen, hieße 30 zusätzliche Divisionen einsetzen, die indessen nicht vorhanden waren. Frankreich sei bereits am Rande der Erschöpfung angelangt – so urteilte Falkenhayn, und er täuschte sich dabei –; seine Armee müsse sich aufreiben lassen. Geschehe das, dann könnte Deutschland auch mit England fertig werden. Falkenhayn schrieb: »Hinter dem französischen Abschnitt der Westfront gibt es in Reichweite Ziele, für deren Behauptung die französische Führung gezwungen ist, den letzten Mann einzusetzen. Tut sie es, so werden sich Frankreichs Kräfte verbluten ... Tut sie es nicht und fällt das Ziel in unsere Hand, dann wird die moralische Wirkung in Frankreich ungeheuer sein.«

Falkenhayns Ziele waren Belfort oder Verdun. Er entschied sich für Verdun. Allerdings, so wünschte es Falkenhayn, gehörte zur Operation »Waldfest« gegen Verdun auch der uneingeschränkte U-Boot-Krieg gegen England als strategische Ergänzung.

Verdun – Eckpfeiler der französischen Front – war zu einem Dreiviertel von deutschen Truppen umgeben. Zwei Bahnlinien, eine davon eine Schmalspurstrecke, führten in die Festung. Dazu kamen einige Straßen, vor allem der »Voie Sacrée« – »Heiliger«, aber auch »Verfluchter Weg« –, auf dem bald Tag und Nacht ein ununterbrochener Lastwagenverkehr rollte.

Verdun war die modernste und stärkste Festung Frankreichs, umgeben von zwei Fortgürteln, davor vier Verteidigungsstellungen mit betonierten Bunkern, MG-Stellungen, Drahtverhauen und Beobachtungsanlagen.

Die erste Angriffswoche schien die Beurteilung Falkenhayns zu bestätigen, denn die französische Führung befahl, Verdun um jeden Preis zu halten. Außerdem hatte die furchtbare Wucht des deutschen Artilleriefeuers und das ungestüme Vorstürmen der deutschen Infante-

rie die 9 französischen Divisionen im Raum Verdun beträchtlich zermürbt. Prompt pumpte die französische Führung so viel weitere Menschenmassen und Material in die Schlacht wie möglich: Am 27. Februar standen bereits mehr als 16, Mitte März sogar über 23 Divisionen im Verteidigungsraum; die französische schwere Artillerie war Ende Februar bereits verdreifacht. Die Verteidigung von Verdun übertrug man dem zähen und energischen General Pétain, jenem Pétain, der später nach der Niederlage von 1940 die undankbare Rolle des französischen Staatschefs übernehmen sollte. Dies trug ihm den Vorwurf der Kollaboration mit dem Feind ein und ein Todesurteil (das allerdings nicht vollstreckt wurde).
Doch Falkenhayns Kalkulation stimmte dennoch nicht: Frankreich mobilisierte die letzten Reserven und war keineswegs dabei, bald zusammenzubrechen. Außerdem blutete nicht nur die französische, sondern auch die deutsche Armee aus. Die deutschen Infanteristen waren erschöpft, hinter ihnen standen keine Reserven mehr, und bis zum 1. März hatte das deutsche Heer bei Verdun bereits 25000 Mann verloren.
Die Blutpumpe von Verdun saugte Blut aus beiden kriegführenden Parteien. Nicht nur die Infanteristen starben zu Tausenden, auch die weiter rückwärts liegenden Artilleristen standen im verlustreichen Duell mit der französischen Artillerie. Der Oberleutnant Linneborn vom Feldartillerieregiment 99 zeichnete auf: »Bei Abgabe von Sperrfeuer konnte man buchstäblich sein eigenes Wort nicht mehr verstehen, so donnerte es aus allen Schluchten – untermischt mit dem Krachen der berstenden feindlichen Granaten. Es regnet Tag und Nacht. Die Granaten rissen drei bis vier Meter tiefe Löcher, die schon nach Stunden kaum vom übrigen sumpfigen Terrain zu unterscheiden waren, und des öfteren passierte es, daß ein ganzes Fahrzeug hineinkippte und im Schlamm verschwand. Sogar Meldereiter sind auf diese Weise ums Leben gekommen. Der Feind beschoß alle Zugangsstraßen bei Tag und Nacht ununterbrochen ... Die Batterien verlieren Mannschaften wie Pferde in Massen. Die ewige Nässe und die furchtbaren Strapazen lassen die Pferde an Schwäche eingehen ... Jeden Tag laufen jetzt mehr Meldungen ein, daß Pferde, Mannschaften, ja ganze Munitionswagen versoffen oder steckengeblieben sind ...«
Am 8. Mai, morgens um 6.10 Uhr ging bei der 5. Division eine Meldung ein, wonach im Fort Douaumont

Französische Sanitäter versuchen in schwerstem Artilleriefeuer einen verwundeten Kameraden zu bergen. Die zerstampfte Landschaft um Verdun bot bald kaum mehr den geringsten Schutz; dennoch harrten die Truppen mit unbegreiflich stoischem Gleichmut an den ihnen befohlenen Plätzen aus.

eine heftige Explosion stattgefunden habe. Durch Unvorsichtigkeit oder Selbstentzündung sei es erst im Handgranatenlager losgegangen. Splitter brachten mehrere Flammenwerfer zum Auslaufen. Das Öl fing Feuer, floß durch Gänge und Kasematten und erreichte ein Depot von 15-cm-Granaten. Eine ungeheure Explosion ließ das Fort erbeben. Das Licht verlöschte. Rauch und giftige Pulvergase erfüllten alle Räume. Im Brief eines namentlich nicht bekannten Artilleristen hieß es: »Du standest im Dunkeln und versuchtest deine Gasmaske zu erwischen. Im Raume rief oder schrie alles in Todesangst durcheinander. Der eine hatte keine Gasmaske, der andere schrie nach Frau und Kindern. Alles lief sinn- und planlos durcheinander ... Die in den Gängen zusammengepferchten Infanteristen waren zum Teil tot oder dem Tode nahe. Sobald einige Leute die Türen zu den Kasematten aufgerissen hatten, drang das Gas in unseren Raum ein ... Mittlerweile fiel um uns herum ein Kamerad nach dem anderen zu Boden ... Wir tappten im Dunkeln auf den gefallenen Kameraden herum ... Im letzten Augenblick sah ich noch einen Lichtschein. Als ich wieder zu mir kam, versuchte mich ein Infanterist unter einem toten Kameraden wegzuziehen. Ich kroch schleunigst nach draußen, wo ich dann bei den Rettungsarbeiten half.« Eine Kompanie des Pionierbataillons 23 schaffte 36 Stunden lang die Toten aus dem Fort heraus. Doch es waren so viele, daß man eine große Anzahl von Leichen in den untersten Gang des Forts schleifte. Dann wurde der Gang zugemauert. Insgesamt waren 650 deutsche Soldaten umgekommen.

Es war eine psychologisch höchst unglückliche Idee, ausgerechnet den Kronprinzen, den Thronerben des Deutschen Reiches, mit seiner 5. Armee den Angriff auf Verdun ausführen zu lassen. Und gerade der Kronprinz verspürte Zweifel und Unbehagen. Am 13. Mai beantragte er bei der Obersten Heeresleitung den Abbruch des Angriffs. Falkenhayn bestand – nicht zuletzt aus Prestigegründen – auf der Fortführung der Schlacht.

Offenbar war der Chef der Obersten Heeresleitung auch von einem reizenden, sehr gebildeten, vornehmen Mann beeinflußt, der als deutscher Agent in Paris saß und ausgezeichnete Kontakte zu französischen Parlamentsmitgliedern, höheren Beamten und Offizieren des Kriegsministeriums unterhielt. Der deutsche Geheime Nachrichtendienst – die Abteilung IIIb des Generalstabes – führte ihn unter der Codebezeichnung »A 17«, sein richtiger Name: Freiherr v. Schluga. Er war k. u. k. Leutnant gewesen, hatte sich aber kurz vor dem Preußisch-Österreichischen Krieg von 1866 auf die preußische Seite geschlagen und arbeitete seit dieser Zeit als deutscher Geheimagent in Paris. Er war ungewöhnlich klug, vielseitig begabt und absolut seriös. Seine Berichte hatten bereits den Deutsch-Französischen Krieg 1870/71 günstig beeinflußt. 1916 war er bereits 70 Jahre alt, doch seine Lagebeurteilungen aus Paris erwiesen sich stets als richtig – und sie lagen genau auf der Linie Falkenhayns. Seine Meldungen gelangten über ein Botensystem von Paris über die Schweiz binnen 48 Stunden nach Lörrach. Von dort wurde das Wichtigste telegrafisch zur Obersten Heeresleitung durchgegeben; der umfangreiche vollständige Text der Berichte folgte durch Kurier oder Post. General v. Falkenhayn ließ sich die Berichte sofort nach Eingang vorlegen. Sie enthielten nicht nur Mitteilungen über die militärische Lage, sondern auch Informationen über die Stimmung in der französischen Regierung, im Parlament, im Volk, über die Beziehungen der Alliierten untereinander, die wirtschaftlichen Verhältnisse, und lieferten somit ein umfassendes Bild von der Lage Frankreichs.

So erhielt Falkenhayn einen Bericht von »A 17«, der am 5. März 1916 abgesandt worden war. Darin hieß es: »Vielfach glaubt man, daß Verdun verlorengeht und damit ein Durchbruch gelingen wird ... Die Moral der Armee ist sichtlich geschwächt ... Das Volk trägt schwer an den Verlusten ...«

Die Berichte des Herrn v. Schluga, obwohl wahrheitsgetreu, unterstützten mit ihren Schilderungen der Schwäche Frankreichs allzusehr das Wunschdenken Falkenhayns. Er beachtete nicht das erste Gebot jedes Feindlageoffiziers, nämlich Einzelberichte nur im Zusammenhang mit allen übrigen Meldungen zu werten. Hinzu kam, daß »A 17« auf dem Höhepunkt der Verdunkrise – wo sich seine Lagebeurteilung möglicherweise geändert hätte – infolge Altersschwäche seine Tätigkeit einstellen mußte. Er kehrte über die Schweiz nach Deutschland zurück und verstarb ein Jahr später.

Die deutschen und französischen Soldaten verbluteten weiter vor Verdun. Nacheinander setzten die Deutschen 47 Divisionen ein – ein knappes Drittel des Westheeres. Die Franzosen lösten ihre Divisionen häufiger ab. Sie jagten im Laufe der Zeit vier Fünftel ihres Heeres durch die »Blutmühle von Verdun«.

Der von Falkenhayn als strategisches Gegengewicht zur Verdun-Schlacht geforderte uneingeschränkte U-Boot-Krieg aber kam vorerst nicht zustande. Dennoch blieb der Generalstabschef bei seinem Optimismus. Dem Reichskanzler versprach er, auch ohne U-Boot-Krieg

Deutsche Infanterie verläßt die Gräben zum Angriff. Die Soldaten, bis hinauf zum Armeekommandeur, glaubten, bei Verdun gehe es um den entscheidenden Durchbruch. Niemand sagte ihnen, daß ihre Angriffe nur den Gegner in möglichst großer Zahl heranlocken sollten, damit er sich dort »weißblutete« – so der Ausdruck des Generalstabschefs Falkenhayn.

werde Deutschland bis zum Ausgang des Winters 1916/17 einen siegreichen Frieden erkämpfen, da Frankreich dann zum Weißbluten gebracht sei.
Von den Gedanken der obersten Führung wußte die kämpfende Truppe nichts. Auch sie glaubte noch immer, daß Verdun der Schlüssel zum Sieg sei, daß ein Durchbruch an dieser Stelle den Bewegungskrieg wieder möglich machen werde. Nur diese Höhe noch, dieses Fort noch, dann war es geschafft. So wurden irgendwelche Punkte im Verteidigungssystem von Verdun – der Hügel »Toter Mann«, die »Höhe 304«, das Fort Vaux – zu magischen Orten, um die Hoffnung und Furcht von Hunderttausenden unablässig kreisten.
Nach dreimonatiger Beschießung gelang es am 2. Juni, den oberirdischen Teil des Forts Vaux zu erobern. Im Inneren aber setzte der französische Major Raynal mit rund 600 Mann den Kampf fort. Am 4. Juni begann Leutnant Sandmann mit seiner 1. Kompanie des Pionierbataillons 27, die französische Besatzung mit Flammenwerfern auszuräuchern.
Aus einem Bericht für das deutsche Reichsarchiv: »Fürchterlicher Qualm preßt sich in den Gang. An den Wänden und der Decke fängt die Holzverschalung Feuer. Im Flackerlicht des Brandes stürmen die Pioniere eine kleine Treppe hinauf ... Handgranaten fliegen ihnen entgegen. Aus Rauch und Flammen knattert wahrhaftig wieder ein Maschinengewehr ... Von den tapferen Pionieren wurde die Hälfte verwundet, alle aber waren durch Rauchvergiftung halbtot, als sie mit geschwärzten Gesichtern und angesengten Kleidern der Kampfstätte den Rücken kehrten.«
Major Raynal, der Fortkommandant, schrieb in sein Tagebuch: »Ein noch schrecklicherer Tag als der vorhergehende.« Alle Lichter im Fort waren erloschen; die Flammen hatten den Flur der Kehlkaserne erreicht. Viele Leute wurden ohnmächtig. Raynal sandte die letzte Brieftaube und drei Mann als Melder zum Fort Souville, um Hilfe zu erbitten. Am nächsten Tag griffen die Deutschen mit Flammenwerfern und geballten Ladungen weiter an. »Schreckliche Leiden«, notierte der französische Kommandant. Inzwischen schoß die französische Artillerie Trommelfeuer auf Fort Vaux, um die an der Oberfläche sitzenden Deutschen zu vernichten. Derweil ging der Kampf im Inneren des Forts weiter. Französische Gegenangriffe zur Befreiung der Kameraden drangen nicht durch, deren schlimmster Feind – neben den Deutschen – der Durst war.
Am 7. Juni tauchte im westlichen Hohlgang des Forts

Vor einem zertrümmerten Unterstand. Der Abnützungskrieg in der »Blutmühle von Verdun« kostete Hunderttausende von Menschenleben auf beiden Seiten.

eine weiße Flagge auf: Die Besatzung kapitulierte. Der Kommandant wurde zu General v. Engelbrechten auf den Divisionsgefechtsstand geführt. Es sei keine Schande, so sagte der General, nach so tapferer Gegenwehr besiegt zu sein. Der Franzose antwortete stolz: »Sie haben mich nicht besiegt, der Durst hat mich bezwungen.«

Der Kampf um das Fort Vaux ging weiter: In immer neuen Angriffen versuchten die Franzosen es zurückzuerobern. Am 2. November 1916 verlangte die Frontlage die Räumung des Forts; ein Sprengtrupp und der Kommandant verließen als letzte Deutsche das Werk.

Die Schlacht um Verdun beraubte, je länger sie dauerte, die deutsche Oberste Heeresleitung ihrer Handlungsfreiheit. Sie verschlang alle deutschen Reserven und die Masse der Munitionsvorräte. Für eine zweite Operation verblieb kein Spielraum. Am 1. Juli 1916 aber hatten die Alliierten ihre Somme-Schlacht begonnen, und Anfang Juni waren die Russen zur Brussilow-Offensive angetreten.

Endlich, am 12. Juli, befahl Falkenhayn, die Verdun-Schlacht abzubrechen. Doch das war nun gar nicht mehr ohne weiteres möglich: Die Franzosen griffen ihrerseits unentwegt an. Eine Rückverlegung der deutschen Front war die Voraussetzung für das Ende der Offensive, und das wollte Falkenhayn nicht zulassen.

Der Kronprinz, Oberbefehlshaber der 5. Armee, unternahm einen neuen Vorstoß zur Beendigung der Schlacht und erreichte bei seinem Vater die Ablösung Falkenhayns. Am 29. August 1916 wurde Generalfeldmarschall v. Hindenburg neuer Chef des Generalstabes des Feldheeres und General Ludendorff Erster Generalquartiermeister. Es war höchste Zeit: Am 27. August hatte Rumänien Österreich den Krieg erklärt. Die Mittelmächte waren in eine ernste Krise geraten. Die deutschen Truppen vor Verdun begannen nach und nach auf rückwärtige, ausgebaute Stellungen zurückzugehen.

Das Fort Douaumont lag bis in den Oktober hinein unter schwerstem französischem Beschuß. Am 23. Oktober waren die Lebensmittel zu Ende, die Munitionsvorräte erschöpft, das Wasser bei Löschversuchen aufgebraucht, das Fort zertrümmert, das Pionierdepot stand in Flammen, Qualm und Gas zogen durch die Gänge. Die letzten 100 Mann waren gaskrank. Um 7.30 Uhr verließen sie das Fort. Gaskranke trugen die Bahren der Verwundeten. Doch zwei Mann hatte der Abzugsbefehl nicht erreicht. Sie waren noch am Morgen des 25. Oktober auf ihrem Posten, als Hauptmann Prollius mit drei Offizieren und einigen Versprengten den Douaumont erreichte. Prollius besetzte das Festungswerk auf eigene Faust und schickte einen Melder ab: »Schwache Besatzung hält das Fort bis zum Eintreffen von Verstärkung.«

Die Verstärkung kam nicht. Es bestand kein Interesse mehr am Douaumont. Am Nachmittag trommelten die Franzosen mit allen Kalibern auf das Fort. Als sich der Herbstnebel hob, waren französische Infanteristen heran. Prollius ließ das Feuergefecht aufnehmen. Der Kampf verlagerte sich in das Innere, wo noch immer Feuer schwelte. Ein Durchbruchsversuch scheiterte. Um 19 Uhr ergaben sich die letzten Deutschen vom Douaumont: Vier Offiziere und 24 Mann.

Als Bezonvaux am 16. Dezember in französische Hand fiel, endete die Schlacht um Verdun. Nichts war erreicht worden, alle Opfer umsonst. Der Kampfraum um Verdun blieb verwüstet bis auf den heutigen Tag. Es lagen so viele unkenntliche Tote und Teile von solchen auf dem Schlachtfeld, daß eine normale Bestattung oft nicht möglich war. Am jetzigen Mahnmal wurde ein Beinhaus für unzählige Tote errichtet. Wie viele Soldaten bei Verdun starben, ist nicht genau feststellbar, weil zahllose Schwerverwundete erst später ihren Verletzungen erlagen.

So viel ist gewiß: Die deutsche 5. Armee verlor bei Verdun an Gefallenen und Verwundeten 323396 Mann. Aufgeschlüsselt nach dem Stand von Ende 1918: 41632 Soldaten waren sofort tot, 13164 starben in den Feldlazaretten an ihren Wunden, 26739 blieben vermißt und müssen auch als gefallen angesehen werden. 241860 Soldaten waren verwundet, von denen eine unbekannte Zahl nach dem Krieg an ihren Verletzungen starb; 398293 erkrankten vor Verdun, davon 2744 durch Kampfgas. Die französische Armee verlor an Gefallenen und Verwundeten 314000 Mann.

Der Schmelzofen von Verdun grub sich tief ins Gedächtnis von Franzosen und Deutschen ein. Verdun wurde zum Sinnbild für das sinnlose Aufopfern Hunderttausender in einer Materialschlacht. Der Gedanke an Verdun bewog die Franzosen nach dem Ersten Weltkrieg zum Bau einer riesigen Festungsanlage, der Maginotlinie, und ließ ihre gesamte Strategie in starres »Festungsdenken« verfallen.

Dieses Denken führte über den Zweiten Weltkrieg hinaus weiter bis zum Desaster von Dien Bien Phu, wo man mit dem Bau einer Festung mitten im Dschungel Indochinas den nationalistisch-kommunistischen Viet Minh ein asiatisches Verdun glaubte bereiten zu können. »Ausbluten« sollten sie sich daran, ganz nach Erster-Weltkrieg-Manier. Aber Dien Bien Phu war nicht Verdun; es fiel, und danach waren die Tage französischer Herrschaft in Indochina gezählt.

Deutsche Soldaten bei einer Beerdigung. Nicht einmal Falkenhayns zynisches Konzept vom Ausbluten des Gegners ging vor Verdun auf. Am Ende zählten die Deutschen sogar noch mehr Gefallene als die Franzosen.

Was die Dicke Berta leistete

Ein ehemaliger Referent der Artillerieprüfungskommission, der Erprobung und Einsätze der Dicken Berta miterlebte, berichtet, was von Krupps sagenumwobenen Wundergeschütz zu erwarten war – und auch, was nicht.

Da die Dicke Berta mit verschiedenen Ladungen schießen konnte, die der jeweiligen Schußentfernung angepaßt wurden, so war die Auftreffwucht bei Verwendung der größten Ladung und der dazugehörigen größten Geschwindigkeit natürlich am größten; sie betrug bei dem an die Eisenbahn gebundenen Gamma-Gerät im Höchstfalle 6000 mt, bei dem fahrbaren M-Gerät aber nur rund 3500 mt. Zum Vergleich sei erwähnt, daß die Auftreffwucht einer 30,5 cm-Granate im Durchschnitt rund 2000 mt, einer 21-cm-Granate rund 600 mt und einer 15-cm-Granate nur rund 200 mt beträgt.
Auch die Energie der Detonationsgase der Sprengladung läßt sich mathematisch ziemlich genau ermitteln, da 1 kg der damals üblichen nitrierten Sprengstoffe ein Arbeitsvermögen von rund 350 mt besaß. Die Leistung der Detonationsgase der 42-cm-Granate betrug rund 38000 mt, der 30,5-cm-Granate rund 14000 mt, der 21-cm-Granate rund 6000 mt und der 15-cm-Granate rund 1900 mt.
Die Energien der 42-cm-Granate waren also an sich gewaltig. Man muß in der Technik schon zu unseren großartigsten maschinellen Anlagen greifen, um dem Laien ein Vergleichsbild von der Riesenhaftigkeit der Leistung zu geben, die in dem doch verhältnismäßig kleinen Geschosse steckte. Die reine Bewegungsenergie der 42-cm-Granate kommt etwa derjenigen von 4 je 50 t schweren D-Zugwagen bei 90 km Stundengeschwindigkeit und die Energie von 5 42-cm-Sprengladungen etwa derjenigen gleich, die ein großer Ozeandampfer von 30000 t bei einer Stundengeschwindigkeit von 22 Seemeilen sekundlich leistet. Würde der obige D-Zug gegen einen Betonblock rasen, so würde er vollkommen zerschellen, während der letztere nur geringfügige äußerliche Abschürfungen erhielte. Die Granate dagegen bohrt sich mit ihrer harten massiven Stahlspitze in den Beton und bleibt unversehrt.
Wie groß war nun aber nicht nur die ideelle mathematische Wirksamkeit, sondern die tatsächliche Wirkung der 42-cm-Geschosse gegen Betonziele? Diese Wirkung ist eine Funktion von so vielartigen Einzelfaktoren wie der Auftreffwucht, der Geschoßform, dem Geschoßwerkstoff, dem Auftreffwinkel, der äußeren Beschaffenheit und der inneren Widerstandsfähigkeit des Zieles, der Art und Form der Sprengladung, der Zündeinleitung usw., daß selbst auf Grund praktischer Versuchsergebnisse nur angenäherte empirische Formeln aufgestellt werden können. Am einfachsten zu ermitteln ist die Eindringungstiefe der blinden Geschosse in ein Ziel bei senkrechtem Auftreffen. Aber selbst unter dieser günstigsten Voraussetzung dringt die 42-cm-Granate kaum viel mehr als 1 m in einen gut abgebundenen, harten, massiven, eisenarmierten Betonblock ein. Ist dagegen die Betondecke freitragend mit großem Stützabstand gelagert, so wirkt die Granate nicht mehr bohrend, sondern durchbiegend und brechend und hat wesentlich leichtere Arbeit.
Im allgemeinen hat die 42-cm-Langgranate die in sie gesetzten Erwartungen im Kriege nicht voll erfüllt. Die Aufbauten auf den Forts, gegen welche die Dicke Berta eingesetzt wurde, hat sie zwar restlos vernichtet und auch die in einigen älteren belgischen und nordfranzösischen Forts noch vorhandenen Ziegelsteinhohlräume, insonderheit die in den rückwärtigen Höfen gelegenen Kehlkasernen usw. glatt durchschlagen. Diese Wirkung genügte vielfach auch in den ersten Monaten des Krieges, in denen man drüben die Erfolge eines hartnäckigen Widerstandes noch nicht genügend erfaßt hatte. Gegen alle neuzeitlich und tief versenkt angelegten Betonräume, insonderheit gegen die Außenwerke der Festung Verdun, hat sich aber auch das 42-cm-Kaliber als machtlos erwiesen.
Ein so kostbares und schwer zu ersetzendes Gerät wie die »Dicke Berta« durfte natürlich nur gegen die stärksten Ziele verwendet werden, denn jeder Schuß kostete rund 1500 Mark; davon entfielen 1000 Mark auf die Munition und 500 Mark auf die Amortisation des Geschützes, das bei einem Wert von fast 1 Million Mark (einschließlich Troß und Zubehör) nur eine Lebensdauer von 2000 Schüssen besaß. Es mußte also mit dem Einsatz des Geschützes sehr haushälterisch und wählerisch umgegangen werden. Es wurde daher nur im Einzelfeuer verwendet, bei dem jeder Schuß für sich beobachtet und korrigiert wurde; es konnte auch nicht gegen Luftziele oder frei bewegliche Ziele auf der Erde verwendet werden; es eignete sich nicht für Sperrfeuer, Feuerwalze, Streuschießen oder Schnellfeuer. Zu all diesen Aufgaben war das Geschütz wegen seiner geringen Beweglichkeit und langsamen Feuergeschwindigkeit nicht befähigt und war daher auch mit keinerlei Sondermunition ausgestattet; es hatte keine Gas-, Brand-, Nebelmunition, keine Schrapnells; es hatte auch keinen empfindlichen Aufschlagzünder und keinen Zeitzünder. Es hatte nur Granaten verschiedenen Gewichts zu 1160, 930 und 810 kg mit einem unempfindlichen Bodenzünder, der auf Verzögerung eingestellt werden konnte, und eine Haubengranate zu 400 kg für eine etwas größere Schußweite.

(Karl Justrow, Die Dicke Berta. Das Wundergeschütz des 1. Weltkrieges. Neuaufl. 1965)

RECHTE SEITE: Krupps 42 cm-Mörser »Dicke Berta«, oben in Lade-, unten in Feuerstellung.

FOLGENDE SEITEN: Nach einer Offensive transportieren deutsche Gefangene französische Tote und Verwundete aus der vordersten Kampflinie – Aquarell des französischen Malers François Flameng.

Verteidigung an allen Fronten

Im Osten nichts Neues! Die Front war erstarrt, die Armee des Zaren offenbar zu größeren Operationen nicht mehr fähig. Zwar hatten die Russen seit Oktober 1915 im Südabschnitt einige Male angegriffen, doch zu größeren Operationen langte es augenscheinlich nicht. Als die verbündeten deutschen, österreichisch-ungarischen und bulgarischen Armeen Serbien besetzten, konnten die Soldaten des Zaren ihren serbischen Bundesgenossen keine Hilfe leisten: Rumänien verweigerte das Durchmarschrecht. An der bulgarischen Schwarzmeerküste zu landen, wagte die russische Führung nicht, aus Furcht vor deutschen U-Booten.

Doch der Kanonendonner der Schlacht um Verdun ließ die Zarenregierung aufhorchen: Frankreich – Finanzier der russischen Rüstung – verlangte dringend eine Entlastungsoffensive. Die Muschiks stürmten deshalb bei Wilna aus ihren Gräben gegen die deutsche 10. Armee. Maschinengewehre mähten sie zusammen, doch in dichten Massen kamen sie heran und starben zu Tausenden. Mitte März 1916 hatte die russische Frühjahrsoffensive begonnen, Mitte April erstickte sie in Blut, Tauwasser und Morast.

Auch die Italiener, in schweren Abwehrkämpfen stehend, forderten russische Entlastung. Der tatkräftige russische General Brussilow, Befehlshaber des Südabschnittes, ließ am 4. Juni 1916 mit 4 Armeen auf breiter Front angreifen. Von den Pripjet-Sümpfen bis zum Djnestr rollte die russische Dampfwalze an. Bereits am zweiten Angriffstag zerbröckelte die österreichische 4. Armee, die südlich der Pripjet-Sümpfe stand. Der Rückzug artete in panikartige Flucht aus. Tschechische und ruthenische Truppen liefen mitunter in ganzen Bataillonen zu den Russen über. Am 7. Juni standen diese in Luzk, am 13. erschienen sie bereits am Stochod südöstlich von Kowel.

Vormarsch in Rumänien. Eine Feld-Luftschiffer-Abteilung müht sich, ihr Transportgefährt aus dem Sumpf zu befreien. Schlechte Wegverhältnisse waren seinerzeit in Südosteuropa noch überall das Normale.

In aller Eile wurden deutsche Verbände an die Einbruchsstelle geworfen. Der deutsche Landsturmmann Sander vom Infanterieregiment 92 zeichnete seine Erlebnisse auf: »Als wir auf dem Bahnhof Kowel ankamen, sammelten sich dort einige Kameraden vom Landwehr-Infanterieregiment Nr. 39, teilweise ohne Helm, ohne Koppel, ohne Gewehr. Sie waren mit den Österreichern gegen die vordringenden Russen eingesetzt worden, wurden jedoch, als die Österreicher sich zurückzogen, nicht in Kenntnis gesetzt und auf diese Weise in einem Wald von den Russen umzingelt und zum guten Teil gefangengenommen ... Am 17. Juni griffen wir die feindliche Stellung an und erlitten empfindliche Verluste. Mehr als die Hälfte der Kompanie war verwundet, tot oder auch gefangengenommen. Wir erkannten, daß der Russe sich gegenüber früher sehr geändert hatte, er hielt zähe stand, bediente sich mit Erfolg der Maschinengewehre zur Abwehr, schoß dank französischer Führung mit seiner Artillerie ausgezeichnet und besaß eine auffallend gute Beobachtung ... Der Russe kam in großen Massen, durch eine vor unserem Graben befindliche Terrasse des Geländes gut gedeckt, ziemlich dicht an unseren Graben heran. Durch unser rasend einsetzendes Maschinengewehr- und Gewehrfeuer wurde er furchtbar überrascht und mitgenommen. Ein großer Haufen flüchtete in ein nahe unserem Graben stehendes Haus. Wir riefen laut: ›Panje, Panje‹, und ich rief: ›Rußki kamerad, idjom, idjom!‹ Bald kamen die Russen, erst einzeln und zaghaft, dann in großer Menge; das weite Kornfeld vor uns schien lebendig zu werden; aus dem ganzen Vorgelände kamen sie, brachten viele Verwundete mit, die wir verbanden. Zuletzt, als fast alle übergelaufen waren, kam ein russischer Oberleutnant, stattlich, stark gebaut, Zigarette rauchend und militärisch grüßend. Als die Russen sich sammelten, um nach hinten transportiert zu werden, schoß die russische Artillerie ganz mörderisch

Die Soldaten des Zaren – ein Gemisch vieler Völker. Von Weißrussen und Balten im Westen bis zu Sibiriaken und Mongolen im Osten, von Finnen im Norden bis zu Turkmenen im Süden reichte das Rekrutierungsgebiet.

in den Haufen ihrer eigenen Soldaten ... Nach einigen Stunden gingen wir unsererseits vor. Dicht vor unserem Graben lagen die Russen beinahe wie gesät. Sie lagen in die Erde verkrampft, mit verzerrten Gesichtern; einem war an der Stelle, wo einst sich das Auge befand, ein faustgroßes Loch in den Kopf gerissen, einem anderen war der Oberschenkel abgerissen, wie ein Stück Schlachtvieh lag er da.«

Auch ganz im Süden der Ostfront, nahe der rumänischen Grenze, brachen die Russen tief in die Front der k. u. k. 7. Armee ein, auch hierbei kam es zu Auflösungserscheinungen.

Da der deutsche Gegenangriff bei Kowel allmählich vorankam und die schlimmste Gefahr beseitigte, verlagerten die Russen ihren Schwerpunkt an den südlichsten Teil der Front und stießen zügig entlang des Dnjestr vor. Zwischen dem österreichisch-ungarischen und dem deutschen Generalstab entstand eine schwere Vertrauenskrise. Die Österreicher forderten deutsche Truppen. Doch vom deutschen Abschnitt nördlich der Pripjet-Sümpfe ließen sich keine Reserven abziehen – auch dort, bei Baranowitschi, stürmten die Russen seit Mitte Juni an. Die deutsche Westfront aber brauchte jeden Mann: Die Kämpfe um Verdun fraßen Truppen, schlimmer noch: An der Somme hatten die Alliierten ihrerseits eine Materialschlacht begonnen, noch umfangreicher und mörderischer als die von Verdun. Dennoch zweigte Falkenhayn – der kurz vor seiner Ablösung stand – Truppen aus dem Westen zur Stabilisierung der österreichischen Ostfront ab. Sie wurden von den Endbahnhöfen weg sofort in den Kampf geworfen. Ab dem 20. August kämpfte sogar ein türkisches Armeekorps an der österreichischen Südfront.

Als Ende August 1916 nun auch Rumänien auf seiten der Entente in den Krieg eintrat, verspürten die Russen neue Hoffnung – die Brussilow-Offensive wurde weiter angefacht. Die russische Führung ließ die Massenangriffe noch weiter steigern, ohne jede Rücksicht auf die ungeheuren Verluste. Dennoch gelang es den Mittelmächten allmählich, den Schwung der russischen Offensive zu bremsen. Dies vor allem auch, weil – ähnlich wie schon bei Tannenberg – die deutsche Führung durch einen inzwischen verfeinerten Funkaufklärungsdienst die russischen Funksprüche abhören und entschlüsseln konnte. So lagen die Absichten der russischen Führung nahezu wie ein offenes Buch vor den Auswertern. Rechtzeitige Gegenzüge waren möglich. Nach heftigen

Kämpfen an der Karpaten-Front im November schlief die Brussilow-Offensive ein. Die Kraft des Zarenreiches war endgültig erlahmt. In russischen Truppenteilen kam es erstmals zu Aufsässigkeiten und Befehlsverweigerungen in größerem Maße.

Die russischen Verluste betrugen etwa eine Million Soldaten. Ähnlich hoch waren die der Österreicher – die Hälfte davon waren in Kriegsgefangenschaft geraten oder übergelaufen, wobei die Überläufer fast ausschließlich Tschechen, Polen und Ruthenen waren. Das deutsche Heer hatte 350000 Mann verloren, 8 Prozent davon waren in Gefangenschaft geraten.

Die unglückselige Brussilow-Offensive, die das Zarenreich dem Abgrund näherbrachte, den Mittelmächten die bislang gefährlichste Krise des Krieges verschärfte und der Entente kaum eine spürbare Erleichterung im Westen verschaffte, trug den Krieg auch nach Rumänien hinein. Die Rumänen – bisher in wohlwollender Neutralität gegenüber den Westalliierten verharrend, wurden nun durch jene unter Druck gesetzt: Keine Kriegsbeute ohne Kriegseintritt. Im Westen Rumäniens lag Siebenbürgen, das reiche Land. Ein weiteres Zögern würde es dem rumänischen Griff entgleiten lassen: Rumänien schloß am 17. August 1916 das Bündnis mit der Entente ab.

An der Südgrenze Rumäniens formierte sich alsbald eine, allerdings schwache, Heeresgruppe unter Generalfeldmarschall August v. Mackensen. Sie fiel unmittelbar nach der rumänischen Kriegserklärung ins Land ein und eroberte die Donaufestung Tutrakan. 35000 rumänische Soldaten gerieten in deutsche Gefangenschaft.

Dagegen marschierten 3 rumänische Armeen über die Pässe der Transsilvanischen Alpen in die ungarische Ebene ein, die nur von geringen österreichisch-ungarischen Kräften gesichert wurde. Erst ab Mitte September traf die neugebildete deutsche 9. Armee – zahlenmäßig den Rumänen weit unterlegen – in Siebenbürgen ein. Zu dieser 9. Armee gehörte das eilends aus den Kämpfen um Verdun herausgelöste Alpenkorps. Armee-Oberbefehlshaber wurde der soeben als Chef des Generalstabes abgelöste General v. Falkenhayn. In der Schlacht von Hermannstadt, Ende September, wurde die rumänische 1. Armee vernichtend geschlagen. Aus dem Tagebuch des Jägers Pfaff, Jägerbataillon 10 (Alpenkorps): »Noch tagelang trieben sich rumänische Abteilungen im Gebirge herum, bis sie dann gefangengenommen wurden. Hätten wir genügend Truppen gehabt, so wäre kein Rumäne nach seiner Heimat gekommen. So aber mußte oft eine Kompanie einen Abschnitt von 3 bis 4 Kilometern besetzen. Daß die Kämpfe einen so glücklichen Verlauf für uns genommen haben und wir nicht alle in Gefangenschaft geraten sind, läßt mich jetzt noch manchmal den Kopf schutteln.«

Falkenhayns Armee schlug auch noch mit ihren geringen Kräften die rumänische 2. Armee am Geister-Wald und bei Kronstadt und befreite Siebenbürgen in einem

Blitzfeldzug von drei Wochen Dauer. Nun aber leisteten die Rumänen zähen Widerstand. In überaus hartnäckigen, verlustreichen Gefechten, bei winterlicher Kälte, Schneetreiben und Eis kämpfte das Alpenkorps in Höhen bis zu 2000 Metern um Gebirgsübergänge. Am 11. November stürmte – die Rumänen völlig überraschend – die Stoßgruppe des Generals Kühne aus dem Szurduk-Paß hervor und bahnte sich den Weg in die Walachei. Zusammen mit dem Kavalleriekorps Schmettow erzwang sie sich den Übergang über den Alt-Fluß. Auch vom Roten-Turm-Paß herab stießen deutsche Truppen in die Walachei: das Alpenkorps. Mackensen aber überschritt mit seinen Truppen die Donau. Am 6. Dezember 1916 zogen die Deutschen in die rumänische Hauptstadt Bukarest ein; gleichzeitig wurden die Erdölfelder von Ploesti besetzt. Beträchtliche Teile des rumänischen Heeres konnten allerdings nach Osten entkommen. Die Rumänen riefen ihre Bündnispartner um Hilfe, und die Russen eilten herbei, so schnell sie konnten. Doch »schnell« hieß in Rußland mehrere Wochen – die Transportwege waren lang und umständlich. Auch die Brussilow-Offensive wurde durch das Abziehen russischer Truppen nach Rumänien erheblich beeinträchtigt. Die rumänische Militärführung – schon von französischen Beratern beeinflußt – verlor mit der Ankunft der Russen jede Selbständigkeit. Es kam zu Differenzen. Auch die Westmächte wollten die Rumänen entlasten. Im neutralen Griechenland stand im Raume Saloniki eine französisch-britische Armee unter dem französischen General Sarrail. Sie attackierte mit erheblichen Erfolgen die hauptsächlich von bulgarischen Verbänden besetzte Mazedonien-Front der Mittelmächte. Auch hier mußten die wenigen deutschen Einheiten stützend eingreifen und durch aus Deutschland herangeführte Reserven verstärkt werden. Dadurch festigte sich die Lage wieder – die alliierte Unterstützung Rumäniens blieb unwirksam.

Die Folge war ein kräftiger Druck Frankreichs und Englands auf Griechenland, das sich mühte, seine Neutralität weiter zu erhalten. Sie besetzten den Athener Hafen Piräus, wie schon zuvor eine Reihe griechischer Inseln, und verhängten sogar eine Lebensmittelblockade. Im Juni 1917 dankte König Konstantin zugunsten seines zweiten Sohnes ab. Wenig später trat Griechenland unter einer neuen Regierung als letztes Balkanland in den Krieg ein.

Krisenstimmung bei den Mittelmächten: Die am wenigsten geschützte Südostflanke war bedroht. Nicht zuletzt wegen der deutschen U-Boot-Gefahr wagten Frankreich und England nicht, in diese Flanke hineinzustoßen. Dafür aber hatten sie sich zu einer gemeinsamen Großoffensive an der Somme entschlossen. Noch während der Verdun-Schlacht erkannten deutsche Aufklärungsflieger im Somme-Gebiet riesige Munitionsdepots, den Ausbau von Artilleriestellungen und das Heranführen großer alliierter Truppenverbände. Doch, wie schon bei Verdun, nahm die deutsche Führung von den Fliegermeldungen zunächst keine Notiz – erst später gewann sie Vertrauen zur Luftaufklärung.

Die Alliierten aber hatten gerade den Luftstreitkräften für die künftige große Schlacht wesentliche Aufgaben zugedacht: Die Aufklärung von Zielen und Leitung des Artilleriefeuers, die Bombardierung des Hinterlandes im Masseneinsatz von Bombergeschwadern und schließlich die Abwehr deutscher Fliegerverbände.

Ebenbürtig neben der Fliegerei stand die Artillerie: Bereits seit dem Winter 1915/16 arbeiteten die Munitionsfabriken Frankreichs, Englands und der noch nicht im Krieg befindlichen USA an den für die Entscheidungsschlacht erforderlichen Vorräten. Schwerpunkt: Masseneinsatz von Gasmunition, die bisher von deutscher wie von alliierter Seite nur in beschränktem Umfang verwendet worden war.

Die deutsche Verdun-Operation war auf einer Breite von 15 Kilometer angesetzt worden. Die Alliierten planten für die Somme eine Angriffsbreite von 80 Kilometer sowie ein dem Sturm vorangehendes Trommelfeuer von sieben Tagen. Entsprechend größer waren der Artillerieaufmarsch und die Munitionsvorräte. Die Verdun-Offensive aber verschlang Teile der für die Somme vorgesehenen Munition, dezimierte vor allem aber die französischen Truppen. England führte deshalb die allgemeine Wehrpflicht ein, weit mehr als zuvor wurden auch Eingeborenen-Truppen aus den französischen und britischen Kolonien an die Westfront gebracht. Die Angriffsbreite wurde auf 40 Kilometer verringert. Auf diesem Raum standen 37 Angriffsdivisionen.

Anfang Juni, als die deutschen Fliegermeldungen über einen Aufmarsch an der Somme sich häuften und nicht mehr zur übersehen waren, verstärkten die Deutschen ihre Truppen an der bislang ruhigen Somme-Front auf 11 Divisionen. Drei davon waren, abgekämpft und ausgebrannt, erst kurz vor Angriffsbeginn von Verdun herantransportiert worden.

Am 24. Juni 1916 begann die Somme-Schlacht mit einem Trommelfeuer, das ununterbrochen sieben Tage und sieben Nachte auf die deutschen Stellungen von Infanterie und Artillerie, auf Stäbe und Nachschubwege einhämmerte. Bei günstiger Wetterlage war das Grummeln der Abschüsse und Einschläge noch in West-

Am Brunnen in einer mazedonischen Stadt. Die immer weitere Ausdehnung der Kriegsschauplätze führte Deutschlands Soldaten in Gegenden, die ihnen zuvor noch kaum vom Hörensagen bekannt gewesen sein mochten.

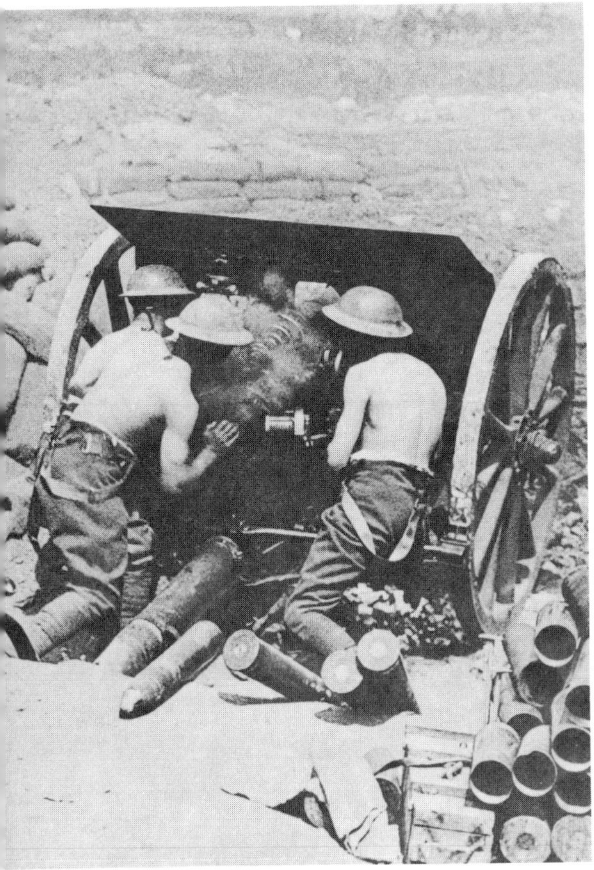

OBEN: Britische Kanoniere an einem Feldgeschütz.

LINKE SEITE: Angriff britischer Infanteristen bei Morval. »Eine Stunde Artilleriebeschuß tötet allen Mut«, schrieb ein deutscher Soldat von der Somme-Front, »aber Infanterie gegen Infanterie, dann heißt es stets bei uns: ›Lat se man kummen!‹ «

deutschland wie fernes Gewitter zu vernehmen. Tagsüber standen alliierte Artillerieflugzeuge am Himmel, von Jagdflugzeugen geschützt. Dreimal täglich kontrollierten Aufklärungsflugzeuge mit Luftaufnahmen die angerichteten Zerstörungen. Nachts flogen Bombergeschwader ins deutsche Hinterland und bombardierten Eisenbahnknotenpunkte und Stabsquartiere.
Die deutschen Stellungen, längst mehrfach umgepflügt, lagen unter Rauch- und Gasschwaden, aus denen tausendfach die Detonationsblitze der Granaten zuckten. Am 1. Juli, 10.30 Uhr, wanderte der Eisenhagel des Trommelfeuers auf die zweite deutsche Linie zurück. Hinter der Feuerwalze gingen die französischen und englischen Infanteristen vor. Widerstand erwarteten sie nicht mehr. Dieses Feuer mußte alles Leben ausgelöscht haben. Dennoch: Vereinzelt tackten Maschinengewehre durch die von Granaten eingeebnete Landschaft, Leuchtkugeln forderten Sperrfeuer an. In den Batteriestellungen, die noch unter Feuer lagen, hasteten die Kanoniere – soweit sie noch lebten – an ihre Geschütze – soweit sie noch nicht zerschlagen waren – und schossen Sperrfeuer. Meist nicht lange – dann sahen sie plötzlich die feindlichen Schützenlinien unmittelbar vor ihren Batterien. Nun feuerten sie im direkten Beschuß auf nahe Entfernungen. Gegen Mittag tobte der Kampf um die zweite Linie, die sich in eine Kette von Widerstandsnestern aufgelöst hatte. Ortschaften, längst bis auf die Grundmauern zerstört, wurden zu Inseln der Abwehr.
Als die Nacht eintrat, ergab ein erster Überblick: Zwischen Albert und Bapaume waren die Engländer in die erste deutsche Linie eingedrungen und im Gegenstoß wieder geworfen worden. Bei La Boiselle und Mametz hatten sie etwa 1000 Meter Trichterfeld gewinnen können.
Die Franzosen hatten fünf Dörfer besetzt und waren an Einzelstellen bis zur Linie der deutschen Batteriestellungen vorgedrungen.
Nach fünf Tagen weiteren Trommelfeuers auf Widerstandsnester war das ganze Ergebnis des ungeheuren Aufwandes lediglich, daß der Frontbogen von Combles und Péronne um etwa vier Kilometer vorgeschoben werden konnte.
Die zweite Phase der Schlacht bestand aus einer Kette von Einzelstößen. Dabei wurden vier total zerstörte Dörfer von den Alliierten genommen und eine Erweiterung des Einbruchbogens auf fünf Kilometer Breite in drei Kilometer Tiefe erzielt.
Vom 23. August bis Ende September dauerte die Zermürbungsperiode: Großangriffe auf der ganzen Linie an 15 Tagen, dazwischen fast täglich Einzelvorstöße. Es war für die Deutschen der gefährlichste Zeitraum der Schlacht.
Am 15. September 1916 hatte Leutnant Noack, Führer der 12. Kompanie des Reserve-Infanterieregiments Nr. 28, zusammen mit seinem Meldegänger ein unglaubliches Erlebnis. Er lag im Frontabschnitt von Flers mitten im Trommelfeuer, das im Morgengrauen nach hinten zu wandern begann – untrügliches Zeichen für den bevorstehenden Feindangriff. Doch statt der erwarteten britischen Infanterie sah er einen großen, ungefügen Kasten durch Staub und Qualm hindurch über das Trichterfeld hinweg langsam und unbeirrt auf sich zuschwanken. Noack hat die Gedanken, die ihm durch den Kopf jagten, später niedergeschrieben: »Unsere Nerven sind auf das äußerste gespannt. Was mag sich hinter diesem Teufelsspuk verbergen? Eine Dreschmaschine, die sich hierher verirrt hat, oder ein Autopflug zum

Aufwerfen von Schützengräben? Verdammt, das Ding fährt über Granattrichter und Minenlöcher und kommt ruhig und sicher auf uns zu. Wir liegen in den Dreck gedrückt im Anschlag. Jetzt geht ein Hagel von Maschinengewehrschüssen über uns hinweg. Aha, das gilt uns!« Der Leutnant ließ die Kompanie alarmieren. Sein Meldegänger schrie in die Unterstände: »Raus! Es kommen Ungeheuer!«

Noack war Augenzeuge des ersten Panzerangriffs der Weltgeschichte: Alle 49 Panzer der britischen Armee – bis dahin streng geheimgehalten unter der Tarnbezeichnung »Tank« – rollten der Stellung bei Flers entgegen. Allerdings, nur 32 hatten das Gefechtsfeld erreicht, 17 waren steckengeblieben oder hatten Motor- und Kettenschäden erlitten. Dem Tankgeschwader – Geschwindigkeit 5 km/h – folgte neuseeländische Infanterie.

Die deutschen Frontsoldaten aber verspürten erstmalig ihre Ohnmacht gegenüber Panzerkampfwagen: Maschinengewehrgarben prallten funkensprühend am Stahl ab, Handgranaten detonierten ohne Wirkung auf die Kolosse. Wer weglief, wurde zusammengeschossen, wer liegenblieb, niedergewalzt. Doch nicht nur der Panzerschreck, sondern auch der Panzernahkämpfer traten bei Flers erstmals auf: Ein Soldat hatte sich von der Raupenkette eines Tanks hochziehen lassen und von oben Handgranaten ins Innere geworfen. Eine Batterie unter Freiherr v. Watter fuhr im offenen Gelände auf und feuerte in direktem Schuß auf die Stahlkästen.

Am Nachmittag war der Tankangriff abgeschlagen, der größte Teil des eroberten Geländes den Neuseeländern wieder entrissen. Neun Tanks waren von deutscher Infanterie oder Artillerie vernichtet worden. Fünf hatten sich in Granattrichtern festgefahren, neun blieben mit Motorpannen liegen. Nur neun Kampfwagen kehrten wieder in die Ausgangsstellung zurück.

Der Tag von Flers gilt als die erste Stunde der Panzerwaffe – auch der deutschen: Die Oberste Heeresleitung entschloß sich ebenfalls zum Bau von Panzerwagen.

Fortsetzung S. 194

Oben: Hier war einmal eine Ortschaft, Beaumont-Hamel, von der im Trommelfeuer der Somme-Schlacht nichts übrigblieb. In der Bildmitte – so die zeitgenössische Angabe zum Foto – der Platz, wo die Kirche stand.

Rechts: Franzosen schleppen Flügelminen nach vorn. Solche Steilfeuerwaffen waren speziell dafür konstruiert, nach oben ungeschützte Stellungen des Gegners zu bekämpfen.

Der Soldat von 1916

Ungeheuerliche Strapazen hatten die Soldaten des Ersten Weltkrieges an allen Fronten zu erleiden. Kaum begreiflich, wie sie dennoch aushielten, ja sich noch immer wieder zu Angriffen bereitfanden. Der englische Militärhistoriker A. Horne gibt in seinem Verdun-Buch »Des Ruhmes Lohn« Hinweise zur Erklärung dieses Phänomens.

Verwundet zu werden, war in jedem Falle schlimm genug, aber eine Kugel verursachte zumindest relativ glatte Wunden. Wurde man von Gewehr- oder Maschinengewehrfeuer getroffen, so hatte man die Aussicht, entweder auf der Stelle getötet zu werden oder am Ende mehr oder weniger heil ins Leben zurückzukehren. Aber im Gegensatz zum Zweiten Weltkrieg waren Schußverletzungen in der Minderheit; der größte Teil der Verluste wurde durch die furchtbaren Wirkungen des Artilleriebeschusses verursacht. In *Le Feu,* einem der besten französischen Romane über den Ersten Weltkrieg, beschreibt Barbusse den Vorgang auf eine Weise, die mehr bedeutet als nur die Anhäufung von Schrecknissen: »... eine normale Granate zerquetschte die Soldaten, schnitt sie längs oder quer entzwei, riß sie in Fetzen, die Eingeweide wurden herausgerissen und umhergestreut, die Schädel wie durch Keulenschläge in den Brustkorb hineingetrieben ...«

Erstaunlich war nur, welches Maß solcher Verstümmelungen der menschliche Körper aushalten konnte, ohne zu sterben. Duhamel, dessen Schriften ihm später die Wahl in die Académie eintrugen, diente im Kriege als Arzt und berichtet von den zerlöcherten, aber trotzdem noch lebendigen Leibern, die man nach seinem Verbandplatz brachte – »sie erinnerten uns an beschädigte Schiffe, die in jeder Fuge lecken« ...

Für einen Soziologen, der sich mit dem menschlichen Verhalten während des Ersten Weltkrieges beschäftigt, muß eine der erstaunlichsten Entdeckungen darin bestehen, in welchem Ausmaß die Frontkämpfer aller Nationen sich an Zustände gewöhnt und sie schließlich hingenommen haben, wie die Verstümmelung, die Entwürdigungen, die wiederholte Bloßstellung der Unfähigkeit der Führung, und die Bestialität des Grabendaseins schlechthin. Liest man bezüglich des Verlaufs der Schlacht, daß die Soldaten dann und wann der Mut verließ, und versucht man, sich vorzustellen, was es bei Verdun gekostet haben mag, den Mut zu bewahren, so kann man nur darüber staunen, daß dieses »Versagen« nicht öfter vorkam, daß es nicht zur allgemeinen Verhaltensregel wurde. Man fragt sich unwillkürlich, ob wir Menschen der Mitte des zwanzigsten Jahrhunderts auch nur ein Viertel von dem aushalten könnten, was die Männer des Ersten Weltkrieges aushalten mußten. Gewiß erklärt sich ihre Fähigkeit zum stoischen Ausharren teilweise aus dem starken Anteil zäher und kräftiger bäuerlicher Elemente in den Truppen, besonders in Frankreich, wo die auffallende Leere und Einsamkeit französischer Dörfer noch heute von ihren furchtbaren Verlusten zeugt. Aber bis 1914 waren alle Männer in der »ungeheuren Zuverlässigkeit und Bestimmtheit des Verhältnisses zwischen den verschiedenen Klassen« aufgewachsen, wie es sich in den langen Jahren viktorianischer Solidität und der entsprechenden Verhältnisse in Kontinentaleuropa herausgebildet hatte. Sie waren dazu erzogen worden, hinzunehmen. Sie hatten die festen Überzeugungen und den fraglosen Gehorsam ererbt, die ihnen volles Vertrauen in die Weisheit der Oberen verliehen – Gewißheiten, die der Erste Weltkrieg für immer auslöschen sollte.

Um 1916 war das »Hinnehmen« wirklich der entscheidende Begriff. Wer 1914 noch über die Verhältnisse gemurrt hatte, war inzwischen verschwunden oder hatte sich gefügt. Auf einen, der sich in Gedanken damit abquälte, für das Dasein unter diesen Bedingungen einen vernünftigen Grund zu finden, kamen zehn, die es stumpf, hilflos und gedankenlos als gegeben hinnahmen. In der Art, wie der Soldat von 1916 die Situation widerspruchslos hinnahm, lag ein gewisser Zynismus, aber es war ein rauher Zynismus. Er sah sich nicht mehr als Verfechter edler Ziele wie das Elsaß, Belgien, das Vaterland oder die Seeherrschaft. Der Kampf, um weiterzumachen, um am Leben zu bleiben, war ihm zu einer Gewohnheit geworden, gegen die er nichts vermochte. Achtzehn Monate Grabenkrieg hatten den schönen Idealen von 1914 ihren Glanz genommen. Trotzdem schien es, als könne der Mann an der Front dieses »Hinnehmen« noch auf unbestimmte Zeit fortsetzen. Franzosen und Deutsche waren körperlich und seelisch so abgehärtet, daß sie es immer noch aushalten konnten, sie waren sozusagen gegen die Leiden des Krieges geimpft. Lungenentzündungen waren in den verschneiten Gräben fast unbekannt, ebenso wie Verstöße gegen die Disziplin, die ein kriegsgerichtliches Verfahren erforderten. Die Truppen, die sich bei Verdun gegenüberstanden, waren das Beste, was dieser Krieg hervorbringen sollte. Wie Stahl, der in vorgeschriebener Zeit gehärtet wurde, waren sie zugleich hart und elastisch, ohne doch spröde zu sein; sie waren nicht mehr die enthusiastischen Neulinge von 1914, und noch nicht die kampfesmüden Veteranen von 1917–18. Verdun war die Wasserscheide – danach würde keine der beiden Armeen jemals wieder ganz die gleiche sein.

(Alistair Horne, Des Ruhmes Lohn. Verdun 1916. Minden/Westf. 1965)

RECHTE SEITE: Zwei französische Kriegsgemälde verherrlichen die Triumphe der neuen Panzerwaffe. Oben rast ein Wagen durch eine deutsche Infanteriekolonne, unten rollen St. Chamond-Panzer einen Graben auf.

FOLGENDE SEITEN: »La Voie Sacrée«, der heilige (oder verfluchte) Weg, die Straße von Bar-le-Duc nach Verdun, auf der ein unablässiger Strom von Nachschub in die belagerte Festung rollte – Gemälde von Georges Scott

2
2
3

Der Kohlenkeller

Der Schriftsteller Kurt Tucholsky besuchte 1924 Verdun. Seine grimmige Reportage beschwört noch einmal das Grauen der Materialschlacht herauf – ein Stück Schlachtfeld-Journalismus, aber eins, das über die Beschreibung dessen, was noch zu sehen ist, weit hinausgeht und nach Hintergründen und Ursachen fragt.

Der Wagen hält. Diese kleine Hügelgruppe: Das ist das Fort Vaux. Ein französischer Soldat führt, er hat eine Karbidlampe in der Hand. Einer raucht einen beißenden Tabak, und man wittert die Soldatenatmosphäre, die überall gleich ist auf der ganzen Welt: den Brodem von Leder, Schweiß und Heu, Essensgeruch, Tabak und Menschenausdünstung. Es geht ein paar Stufen hinunter.

Hier. Um diesen Kohlenkeller haben sich zwei Nationen vier Jahre lang geschlagen. Da war der tote Punkt, wo es nicht weiter ging, auf der einen Seite nicht und auf der anderen auch nicht. Hier hat es haltgemacht. Ausgemauerte Galerien, mit Beton ausgelegt, die Wände sind feucht und nässen. In diesem Holzgang lagen einst die Deutschen; gegenüber, einen Meter von ihnen, die Franzosen. Hier mordeten sie, Mann gegen Mann, Handgranate gegen Handgranate. Im Dunkeln, bei Tag und bei Nacht. Da ist die Telephonkabine. Da ist ein kleiner Raum, in dem wurde wegen der Übergabe parlamentiert. Am 8. Juni 1916 fiel das Fort. Fiel? Die Leute mußten truppweise herausgehackt werden, mit den Bajonetten, mit Flammenwerfern, mit Handgranaten und mit Gas. Sie waren die letzten zwei Tage ohne Wasser. An einer Mauer ist noch eine deutsche Inschrift, mit schwarzer Farbe aufgemalt, schwach zu entziffern. Und dann gehen wir ins Verbandszimmer.

Es ist ein enges Loch, drei Tische mögen darin Platz gehabt haben. Einer steht noch. An den Wänden hängen kleine Schränke. Oben ist, durch eine Treppe erreichbar, der Alkoven des Arztes. Ich habe einmal die alte Synagoge in Prag besucht, halb unter der Erde, wohin sich die Juden verkrochen, wenn draußen die Steine hagelten. Die Wände haben die Gebete eingesogen, der Raum ist voll Herzensnot. Dieses hier ist viel furchtbarer. An den Wänden kleben die Schreie – hier wurde zusammengeflickt und umwickelt, hier verröchelte, erstickte, verbrüllte und krepierte, was oben zugrunde gerichtet war. Und die Helfer? Welcher doppelte Todesmut, in dieser Hölle zu arbeiten! Was konnten sie tun? Aus blutdurchnäßten Lumpen auswickeln, was noch an Leben in ihnen stak, das verbrannte und zerstampfte Fleisch der Kameraden mit irgendwelchen Salben und Tinkturen bepinseln und schneiden und trennen, loßmeißeln und amputieren ...

Linderung? Sie wußten ja nicht einmal, ob sie diese Stümpfe noch lebendig herausbekämen! Manchmal war alles abgeschnitten. Die Wasserholer, die Meldegänger – wohl eine der entsetzlichsten Aufgaben des Krieges, hier waren die wahren Helden, nicht im Stabsquartier! –, die Wasserholer, die sich, mit einem Blechnapf in der Hand, aufopferten, kamen in den seltensten Fällen zurück. Und der nächste trat ein ... Wir sehen uns in dem leeren, blankgescheuerten Raum um. Niemand spricht ein Wort. Oben an dem Blechschirm der elektrischen Lampe sind ein paar braunrote Flecke. Wahrscheinlich Rost ...

Vor dem Tor hat man für einige der Gefallenen Gräber errichtet, das sind seltene Ausnahmen, sie liegen allein, und man weiß, wer sie sind. An einem hängt ein kleiner Blechkranz mit silbernen Buchstaben: Mon mari.

Und an einem Abhang stehen alte Knarren, die flachen, schiefgeschnittenen Feldflaschen der Franzosen, verrostet, zerbeult, löcherig. Das wurde einmal an die durstigen Lippen gehalten, Wasser floß in einen Organismus, damit er weitermorden konnte. Weiter, weiter –!

Drüben liegt das Fort Douaumont, das überraschend fiel; da die Höhe 304; da das Fort de Tavannes. Teure Namen, wie? Einem alten Soldaten, der hier gestanden hat und lebendig herausgekommen ist, muß merkwürdig zumute sein, wenn er jetzt diese Gegend wiedersieht, still, stumpf, kein Schuß. Weit da hinten am Horizont raucht das, was dem deutschen Idealismus so sehr gefehlt hat: das Erzlager von Briey. Und wir fahren weiter.

Die Sturmreihen sind in die Erde versunken, die armen Jungen, die man hier vorgetrieben hat, wenn sie hinten als Munitionsdreher ausgedient hatten. Hier vorn arbeiteten sie für die Fabrikherren viel besser und wirkungsvoller. Die Rüstungsindustrie war ihnen Vater und Mutter gewesen; Schule, Bücher, die Kirche mit dem in den Landesfarben angestrichenen Herrgott – alles das war im Besitz der Industriekapitäne, verteilt und kontrolliert wie die Aktienpakete. Der Staat, das arme Luder, durfte die Nationalhymne singen und Krieg erklären. Gemacht, vorbereitet, geführt und beendet wurde er anderswo.

Und die Eltern? Dafür Söhne aufgezogen, Bettchen gedeckt, den Zeigefinger zum Lesen geführt, Erben eingesetzt? Man müßte glauben, sie sprächen: Weil ihr uns das einzige genommen habt, was wir hatten, den Sohn, – dafür Vergeltung! Den Sohn, die Söhne haben sie ziemlich leicht hergegeben. Steuern zahlen sie weniger gern. Denn das Entartetste auf der Welt ist eine Mutter, die darauf noch stolz ist, das, was ihr Schoß einmal geboren, in Schlamm und Kot umsinken zu sehen.

(Kurt Tucholsky, Vor Verdun. In: Weltbühne. August 1924)

LINKE SEITE: Zwei französische Kriegsgemälde. Oben der Vorstoß im Trichterfeld, unten der abgeschlagene Angriff am »Roten Tor«.

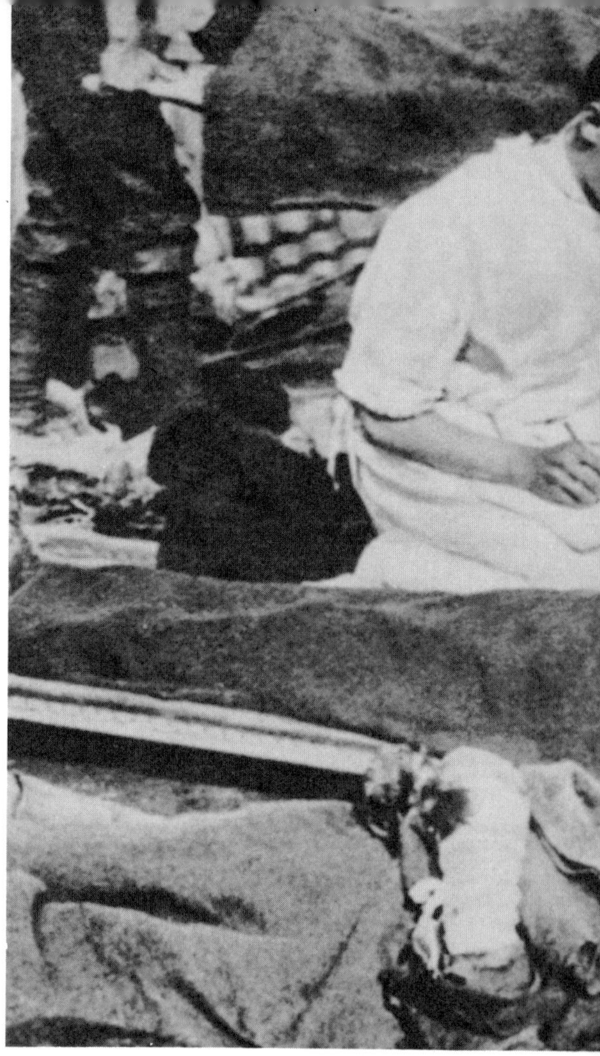

Ein Sanitäter notiert die Personalien der Verwundeten. Zu Hunderttausenden verloren an der Somme Engländer und Franzosen ihre Gesundheit, wenn nicht ihr Leben – für einen Geländegewinn von gerade 12 Kilometer Tiefe.

Die »Tanks« hatten es nicht vermocht, die Somme-Schlacht zu beeinflussen, deren Getöse ab Oktober nachzulassen begann. Mitte Oktober verlöschte sie ganz. Außer Verlusten hatte sie nichts eingebracht. Die Engländer verloren 410000, die Franzosen 341000, zusammen also etwa eine dreiviertel Million Mann an Toten, Verwundeten und Vermißten. Das deutsche Heer verzeichnete Verluste von etwa einer halben Million Soldaten. 1250000 Menschen also auf einer Breite von 40 Kilometern.
Nach und nach erfaßte die Schlacht 105 Divisionen auf alliierter und 70 Divisionen auf deutscher Seite. Die deutschen Divisionen wurden zwei-, drei- und mehrmals eingesetzt und verloren bei jedem Einsatz etwa zwei Drittel ihrer jeweiligen Stärke. Die deutsche Artillerie verschliß während der Schlacht sechs Garnituren Geschütze. Kein Tag in diesen viereinhalb Monaten verging ohne Trommelfeuer, 25 Tage galten als »Großkampftage«, in denen auf ganzer Frontbreite gekämpft wurde.
Allein beim siebentägigen Eröffnungs-Trommelfeuer verschossen die Engländer 4283550 Granaten mit einem Gesamtgewicht von 107000 Tonnen, die 214 Millionen Dollar gekostet hatten. Zur gleichen Zeit verfeuerte die französische Artillerie die Ladung von 18000 Eisenbahnwaggons. Allein am 1. Juli, dem letzten Tag der Trommelfeuerwoche, schlugen auf nur 15 Kilometer Breite, aus 1655 Feld- und 1348 schweren Geschützen 350000 Geschosse ein.
Doch tagelanges Trommelfeuer gab dem Verteidiger Zeit zu Abwehrmaßnahmen. Die Angreifer aber mußten, wenn sie die Front nicht nur einbuchten, sondern durchbrechen wollten, ihre Infanterie durch Begleitartillerie unterstützen. Etwa die Hälfte der Geschütze mußte man also vorverlegen. Bei 800 Geschützen waren aber je Geschütz sechs Fuhrwerke nötig, insgesamt 4800 Fuhrwerke und 13400 Pferde, um die Batterien samt 7000 Tonnen Munition der Infanterie nachzuführen. Das aber war erst möglich, wenn diese das genommene Gelände restlos gesäubert hatte. Das Gelände

Kurzer Schlaf im Graben. »Die ›Friedenseinteilung‹: zwei Stunden Posten, vier Stunden Ruhe«, heißt es in einer Regimentsgeschichte, »hat längst aufgegeben werden müssen. Zwei Stunden Posten, zwei Stunden Ruhe, und statt der Ruhe häufig auch noch Schanzarbeit, so ist es jetzt.«

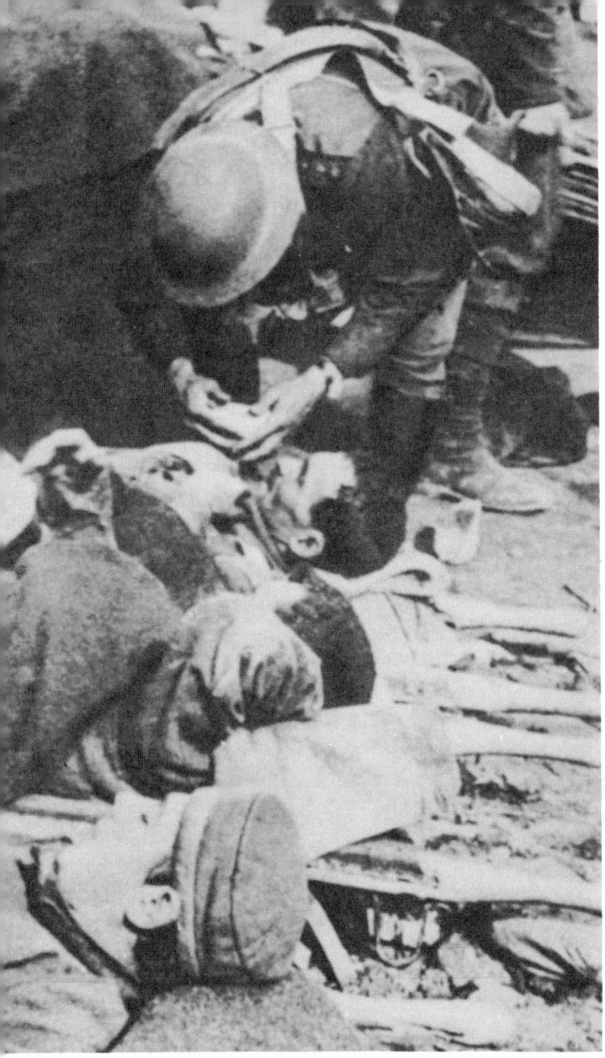

war zudem für Pferdegespanne mit schwerer Last durch Trichter und Gräben kaum passierbar; ein flexibles Ausweichen in günstigeres Gelände wegen der Schwerfälligkeit der Gespanne nicht möglich. Das alles waren Gründe, die Durchbruchsschlachten verhinderten.
Nach der Verdun-Schlacht hatte der deutsche Generalstabschef v. Falkenhayn abtreten und zugunsten von Hindenburg und Ludendorff Platz machen müssen. Frankreich wiederum opferte nach der Somme-Schlacht den vergötterten Sieger von der Marne, den Oberkommandierenden der Armee Marschall Joffre. An seine Stelle trat General Nivelle, der Nachfolger Pétains in Verdun.
Genau wie bei Verdun gab es an der Somme weder Sieger noch Besiegte. Doch die alliierten Soldaten hatten nur ein Sechstel der Artilleriewirkung gegenüber den deutschen Soldaten zu ertragen, und sie konnten häufiger abgelöst werden. Die deutschen Soldaten waren schlechter ausgerüstet und ernährt als die Alliierten. Sie waren durch so viele Trommelfeuer gegangen, daß auch bei seelisch Kräftigen die Spannkraft nachzulassen begann. Und die deutschen Verluste ließen sich kaum noch ersetzen.
Etwa 70 Prozent der Verwundeten genasen wieder bis zur Kriegsverwendungsfähigkeit. So kamen 15 bis 20 Prozent des notwendigen Ersatzes zusammen. Es blieb nichts anderes übrig, als garnisonsverwendungsfähige Soldaten, also nur halbtaugliche, dem Feldheer zuzuführen. Bereits im November 1916 mußte der Jahrgang 1898 eingezogen werden. Der vorzeitig gemusterte Jahrgang 1899 erwies sich als körperlich schwach; die Nahrungsrationen hatten gekürzt werden müssen. Bereits 1916 waren in Deutschland 121000 Menschen an den Folgen der über die Mittelmächte verhängten Blokkade – Unterernährung und Epidemien – gestorben. Wehrpflichtige aus Elsaß-Lothringen und den polnischen Gebieten Westpreußens galten oft als unzuverlässig.
Hinzu trat der Mangel an Offizieren. Die meisten Kompanieführer waren Reserveoffiziere. Dennoch unterblieben schnelle Beförderungen. Steile Karrieren begabter Offiziere gab es nicht – Maßstab für den Aufstieg blieb in der Regel das Dienstalter.
Sorgen bei den Mittelmächten – der Friede schien fern. Dennoch, die Krise des Jahres 1916 hatte in wichtigen Punkten gemeistert werden können: Die Westfront hatte gehalten, die Russen waren endgültig am Ende ihrer Kraft, an der mazedonischen Front herrschte Ruhe, die Türken standen in Armenien und im Kaukasus; die Operationen gegen den Suezkanal freilich waren mißglückt. Die Österreicher standen fest an der italienischen Front. Erstarrung an den Landfronten, und in den Schützengräben standen abgekämpfte, ausgepumpte Soldaten auf der Wacht.

Hitler bekommt das Eiserne Kreuz

Der Kriegsfreiwillige Adolf Hitler, ein junger Mann aus Österreich, dem noch in keiner Weise anzumerken war, daß er Deutschlands »Führer« werden würde, verbrachte fast die gesamte Kriegszeit als Angehöriger des bayrischen Regiments List an der Westfront. Man kann sagen, daß wohl kein Kriegserlebnis eines einfachen Mannes die Weltgeschichte nachhaltiger beeinflußt hat als das seine. Als der »einfache Gefreite des Weltkriegs« trat er ins politische Leben der Weimarer Republik mit dem Ziel, das Ergebnis des Krieges, Deutschlands Niederlage und Versailler Diktat, rückgängig zu machen – ein Ziel, das er, zur Macht gekommen, unermüdlich weiterverfolgte.

Aus den Erinnerungen von Hitlers Vorgesetzten im Regiment List

Am 17. November 1914 wurden die Stellungen des Regiments List von starker Artillerie beschossen. Für 14.30 Uhr hatte der Regimentskommandeur die Kompanieführer der vordersten Linie zu sich befohlen, um mit ihnen den weiteren Ausbau der Stellungen zu besprechen. Einige waren schon kurz nach 14 Uhr eingetroffen und drängten sich mit den Befehlsempfängern des Regimentsstabes in den kleinen Keller des Befehlsstandes. Gegen 14.15 Uhr schlug eine schwere englische Granate, die vom Kemmel, der Stellung der schweren englischen Schiffsgeschütze, herüberkam, in den Befehlsunterstand ein. Drei Mann waren sofort tot; vier andere, darunter der Regimentskommandeur, lagen mit zerschmetterten Gliedern in ihrem Blut. Eisenteile, Erdbrocken und Mauerwerk stürzten auf die Verwundeten und Toten. Ein Mann, Meldegänger des Regimentsstabes, der zum Befehlsstand gehörte, hatte den Keller wenig Sekunden vor dem Volltreffer verlassen und war so dem Tode entgangen: Adolf Hitler.

Einer der ständig zum Regimentsstab kommandierten Meldegänger war Adolf Hitler. Wann ich mir zum ersten Mal diesen Gefreiten, denn das war er inzwischen geworden, näher angesehen habe, weiß ich heute nicht mehr. Auf jeden Fall gehörte er zu denjenigen Soldaten, die mir unmittelbar unterstanden und mit denen ich mich deshalb im Laufe der Zeit genauer beschäftigte, um zu wissen, auf wen man sich wirklich verlassen konnte ...

Hatten unsere Meldegänger in ruhigen Zeiten auch ein ruhiges Leben, so änderte sich das, sobald es zu Kampfhandlungen kam. Die Fernsprechleitungen zu den Bataillonsbefehlsstellen und zu den Kompanieführern waren meist sehr rasch zerschossen, und die Befehle des Regimentskommandeurs konnten nur noch durch Melder an die Empfänger gelangen. Da half dann nichts anderes, – ob schweres oder leichtes Feuer – die Meldegänger mußten heraus aus dem Bunker, durch das Feuer hindurch und nach vorn bis in die vorderste Linie. Die Verluste und damit der Wechsel unter unseren Meldern waren entsprechend groß. Andererseits lernte man sehr rasch diejenigen kennen, auf die Verlaß war.

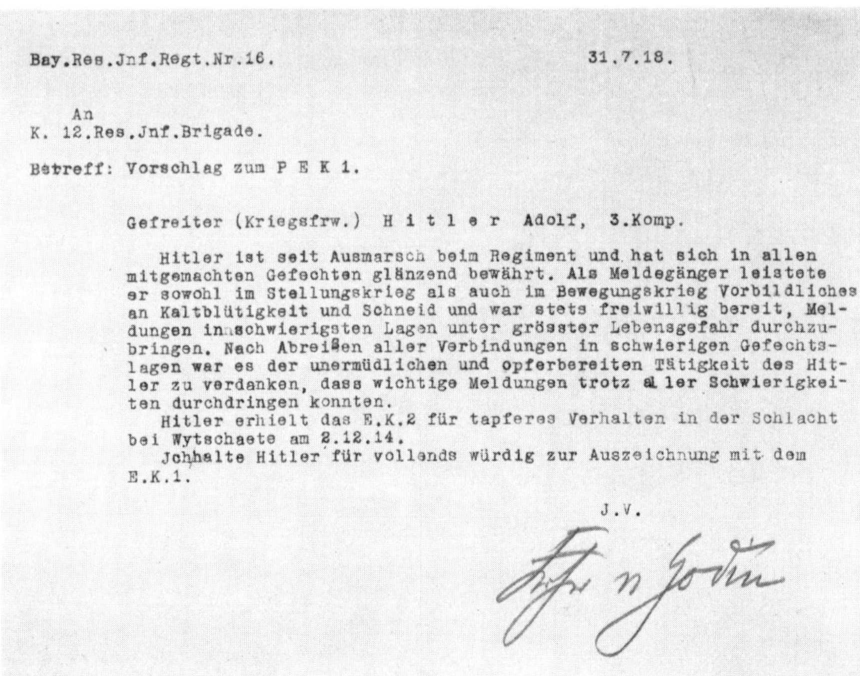

Bay.Res.Jnf.Regt.Nr.16. 31.7.18.

An
K. 12.Res.Jnf.Brigade.

Betreff: Vorschlag zum P E K 1.

Gefreiter (Kriegsfrw.) H i t l e r Adolf, 3.Komp.

Hitler ist seit Ausmarsch beim Regiment und hat sich in allen mitgemachten Gefechten glänzend bewährt. Als Meldegänger leistete er sowohl im Stellungskrieg als auch im Bewegungskrieg Vorbildliches an Kaltblütigkeit und Schneid und war stets freiwillig bereit, Meldungen in schwierigsten Lagen unter grösster Lebensgefahr durchzubringen. Nach Abreißen aller Verbindungen in schwierigen Gefechtslagen war es der unermüdlichen und opferbereiten Tätigkeit des Hitler zu verdanken, dass wichtige Meldungen trotz aller Schwierigkeiten durchdringen konnten.

Hitler erhielt das E.K.2 für tapferes Verhalten in der Schlacht bei Wytschaete am 2.12.14.

Jchhalte Hitler für vollends würdig zur Auszeichnung mit dem E.K.1.

J.V.

Adolf Hitler
wird zum Eisernen Kreuz
1. Klasse vorgeschlagen

In Großkampfzeiten konnte man nur selten zwei Meldegänger zugleich abschicken, wie wir das im Frieden gelernt hatten. Somit blieb der einzelne Melder ganz auf sich gestellt und unbeobachtet. Wenn uns einmal ein Mann erzählte, daß er aus diesem oder jenem Grunde seinen Befehl nicht überbringen konnte, dann war nichts anderes zu machen, als noch einen weiteren Mann loszuschicken. Von den zuverlässigen Männern behielten wir beim Regiment drei bis vier zurück, die wir so wenig wie möglich in Anspruch nahmen, um sie unter besonders schwierigen Umständen zur Verfügung zu haben. Einer von diesen Zuverlässigen war Adolf Hitler ...

Im sogenannten Wilhelmstraßen-Prozeß in Nürnberg wurde ich von dem stellvertretenden Hauptankläger, Professor Kempner, ins Kreuzverhör genommen. Er richtete u. a. die Frage an mich: »Sie sind doch im Kriege der Vorgesetzte Hitlers gewesen. Können Sie uns sagen, warum er nicht zum Unteroffizier befördert wurde?«

»Weil wir keine entsprechenden Führereigenschaften an ihm entdecken konnten«, antwortete ich.

»Also, weil er keine Führerpersönlichkeit war!« beendete Kempner das Verhör unter dem Gelächter der Anwesenden – auch der Angeklagten. Kempner war der Meinung, einen prächtigen Witz gemacht zu haben. Was ich Kempner geantwortet hatte, traf jedoch zu. Hitler hatte damals nach militärischer Auffassung wirklich nicht das Zeug zum Vorgesetzten. Ich sehe einmal davon ab, daß er nach den Friedensbegriffen eines aktiven Offiziers keine besonders gute Figur machte; seine Haltung war nachlässig und seine Antwort, wenn man ihn fragte, alles andere als militärisch kurz. Den Kopf hielt er meist etwas schief auf die linke Schulter geneigt. Nun, alles das spielt im Kriege keine Rolle. Aber irgendwie mußte ein Mann schließlich zum »Anführer« geeignet sein, wenn man ihn mit Recht zum Unteroffizier befördern wollte.

Adolf Hitler (rechts) als Gefreiter im Westen

Aus einem Brief des Kriegsfreiwilligen Adolf Hitler, Februar 1915 (Schreibweise unverändert)

Nun geht es bei uns zum Sturm.

Wir kommen blitzschnell über die Felder, und nach stellenweise blutigem Zweikampf werfen wir die Burschen aus einem Graben nach dem anderen heraus. Viele heben die Hände hoch. Was sich nicht ergibt, wird niedergemacht. Graben um Graben räumen wir so. Endlich sind wir auf der großen Straße angelangt. Links und rechts von uns ist junger Wald. Also vorwärts hinein. Rudelweise treiben wir die Burschen heraus. So kommen wir bis an die Stelle da der Wald endet und die Straße frei weiterführt. Links liegen einige Gehöfte die sind jetzt noch besetzt und wir bekommen furchtbares Feuer. Einer nach dem Anderen bricht von uns zusammen. Da kommt tollkühn unser Major, ruhig rauchend, mit ihm sein Adjutant Ltn. Pyloty. Der Major übersieht schnell die Lage und befiehlt links und rechts der Straße zum Sturm zu sammeln. Offiziere haben wir keine mehr, kaum noch Unteroffiziere. So springt dann jeder von uns, der auch nur etwas Kerl ist zurück und holt Verstärkungen heran. Als ich das zweite Mal mit einem Trupp versprengter Württenberger zurückkomme, liegt der Major mit aufgerissener Brust am Boden. Ein Haufen Leichen um ihn herum. Nun ist noch ein Offizier übrig, sein Adjutant. In uns kocht die Wut. ›Herr Leutnant führen Sie uns zum Sturm‹, schreit alles. Also dann vorwärts durch den Wald links hinein: auf der Straße kommen wir nicht vor 4 mal dringen wir vor und müssen wieder zurück, von meinem ganzen Haufen bleibt nur mehr einer übrig außer mir, endlich fällt auch der ...

In Messines wurde ich zum erstenmal in Wytschaete zum zweitenmal zum Eisernen Kreuz vorgeschlagen, diesesmal, mit (unleserliches Wort) anderen, von Herrn Obstlt. Engelhardt, unserem Regimentskommandeur. Am 2ten Dezember erhielt ich es dann endlich. Ich bin jetzt beim Stab als Gefechtsmeldegänger. In Bezug auf Schmutz ist es da etwas besser, dafür aber auch gefährlicher.

(Fritz Wiedemann, Der Mann der Feldherr werden wollte. Erlebnisse und Erfahrungen des Vorgesetzten Hitlers im 1. Weltkrieg und seines späteren Persönlichen Adjutanten, Velbert-Kettwig 1964; Werner Maser, Hitler. Legende, Mythos, Wirklichkeit. München – Esslingen 1971)

Die ersten Panzer

Gegen Pfeilschüsse gepanzerte, von Pferden gezogene Kriegswagen gab es schon im Altertum. Aber erst im Weltkrieg von 1914 bis 1918 formte sich der Panzerkampfwagen als selbständig operierendes Waffensystem. Zwar hatte es auch vor dem Krieg schon zahlreiche Patente und Erfindungen gegeben, doch die meist technikfeindlichen Generalstäbe der Großmächte konnten sich mit dem Gedanken an solch phantastische, unerprobte Kriegsmaschinen nicht anfreunden.
Erst als sich die Fronten des Ersten Weltkrieges schier unverrückbar festgelaufen hatten und die Maschinengewehre jeden Beginn eines Bewegungsgefechtes sofort im Blut erstickten, trat die Notwendigkeit zutage, ein Instrument zu schaffen, das beweglich, gepanzert, selbst stark bewaffnet und den Maschinengewehren überlegen war. Die Zeit war reif: Es gab den Verbrennungsmotor und Schnellfeuerkanonen sowie Maschinengewehre. Es fehlte die Idee, und ausgerechnet der Erste Lord der britischen Admiralität, Winston Churchill, hatte sie. Er wollte »Landkriegsschiffe« bauen, aus zusammengekoppelten Dampfmaschinen.
Der britische Oberst Swinton und der Major Fuller waren realistischer und entwarfen die »Maschinengewehrfresser«. Unter größter Geheimhaltung wurde in England im Dezember 1915 ein Panzer namens »Little Willie« erprobt, dem bald der Prototyp »Big Willie« folgte. Er konnte bereits Gräben von 2 Meter Breite überwinden und Hindernisse von 1,45 Meter überklettern. »Big Willie« wurde als erster Kampfpanzer der Welt in einer Serie von 75 Stück produziert. Weil die ungefügen Stahlkästen großen Wasser- oder Benzintanks ähnelten, erhielten sie die Tarnbezeichnung »Tanks«, die Typbezeichnung für »Big Willie« aber war »Mark I«.
Als die ersten »Tanks« von England nach Frankreich überführt wurden, stellte sich heraus, daß die Franzosen unter Leitung des Oberstleutnants Estienne im geheimen gleichfalls Kampfwagen entwickelt hatten.
Franzosen und Engländer bauten von den meisten Tanktypen eine »männliche« Version – bestückt mit Kanonen und Maschinengewehren – sowie eine »weibliche«, die nur mit Maschinengewehren ausgerüstet war.
Der »männliche« Mark I besaß zwei 5,7-cm-Kanonen und 4 Maschinengewehre, hatte 8 Mann Besatzung und wog 28 Tonnen. Jeder Tank wurde von einem Offizier als Kommandant geführt. Dem Fahrer halfen ein Assistent und ein Mechaniker beim Schalten der Gänge. Um die Richtung zu ändern, blieb der Mark I stehen, eine Raupenkette wurde ausgekuppelt und mit einem Hebel abgebremst, während die andere Kette mit doppelter Kraft den Tank herumzuschieben hatte. Dazu mußten Mechaniker und Assistent einen niedrigen Gang einlegen.
Mitten durch den fahrenden, halbdunklen und von unerträglich heißer Luft erfüllten Tank schleppte kriechend durch einen engen Gang der Ladeschütze die Munition zu den Geschützen. Die schmalen Sehschlitze schränkten die Sicht nach draußen stark ein. Der Fahrbereich betrug ganze 37 Kilometer, und die Geschwindigkeit lag bei 6 km/h.
Nach dem ersten Tank-Einsatz bei Flers, am 15. September 1916 während der Somme-Schlacht, produzierte England genügend Tanks, um am 9. April 1917 ein weiteres Mal angreifen zu können. Doch das Gelände war verschlammt, es schneite und regnete. Einigen Tanks gelang zwar der Durchbruch durch die deutsche Front, aber sie fielen anschließend der Artillerie zum Opfer. Der Angriff blieb stecken. Drei Tage danach versuch-

Die ersten Tanks vor der deutschen Front – für die Infanteristen in den Gräben eine entsetzliche Überraschung.

Britische Tanks mit Gerät zum Überqueren von Gräben. Bei ihrem massenhaften Einsatz in der Schlacht von Cambrai im November 1917 kam die neue Waffe aus dem Experimentierstadium heraus – obwohl es noch Jahrzehnte dauern sollte, bis die Stahlkästen wirklich beweglich gemacht und eine angemessene Taktik für sie entwickelt wurde.

ten die restlichen elf Panzer erneut den Sturm – neun blieben brennend liegen. Auch der folgende Angriff scheiterte: Am 31. Juli 1917 rollte das britische Tank-Korps bei Ypern zum Angriff vor. Viele der Kolosse rutschten in Trichter ab und versanken im Morast. Die übrigen boten in deckungslosem Gelände vortreffliche Zielscheiben für die deutschen Feldgeschütze. Fast jeder Treffer setzte einen Wagen in Brand. Die Elite des englischen Tank-Korps verschmorte in ihren Stahlsärgen: Die Ausstiegsluken waren so klein, daß immer nur ein Mann – die Beine voran – aussteigen konnte.

Auch die Franzosen erlitten bei den ersten Einsätzen fürchterliche Verluste, zumal sie auf ihrer Oberseite einen ungeschützten Zinkblechtank mitführten, den die deutschen Infanteristen mit Handgranaten in Brand setzten. Schnell wurde vom Ende der Tankwaffe gesprochen. England drosselte für das Jahr 1918 die Produktion von geplanten 4000 auf 1350 Stück. Aber die Engländer lernten aus ihren Mißerfolgen: Am 20. November 1917 griffen sie bei Cambrai überraschend mit mehr als 400 Tanks an. Diesmal hatten sie ihre Kräfte konzentriert und ein geeignetes Angriffsgelände ausgesucht. Den Tankgeschwadern folgten britische Elite-Infanterieregimenter nach. Die Schlacht – für beide Seiten verlustreich – währte 14 Tage. Ihr Held war der deutsche Unteroffizier Krüger. Die Bedienung seines Geschützes war gefallen. Krüger vernichtete allein 16 Tanks, bis ihn die tödliche Kugel traf. Die britische Führung aber hatte erkannt, daß Massenangriffe von Tanks erfolgversprechend waren.

Nach der Somme-Schlacht hatte auch die deutsche Führung den Wert von Kampfwagen erkannt. Am 13. November 1916 wurde vom Kriegsministerium ein Entwicklungsauftrag erteilt, und schon sechs Wochen danach hatte der Oberingenieur Vollmer das Projekt »A7V-Sturm-Panzer-Kampfwagen« fertiggestellt.

Doch nur 20 von geplanten 100 A7V-Kampfwagen konnten gebaut werden: Die Industrie war mit der Produktion von U-Booten, Flugzeugen und Lastwagen bereits überfordert.

Bei Büssing und Daimler lief im März 1917 die A7V-Fertigung an. Jeder Wagen kostete 250000 Mark. Weil die Erprobungen und die Ausbildung der Besatzungen viel Zeit in Anspruch nahmen, konnte sich erst im Februar 1918 der Kaiser bei einer Gefechtsübung über die Kampfbereitschaft seiner neuen Panzerkampfwagen freuen.

Mit ihrem Einsatz wartete die Oberste Heeresleitung bis zur Frühjahrsoffensive 1918. Nach einem ersten, erfolgreich verlaufenen kleineren Angriff bei St. Quentin am 21. März rollten die deutschen Sturm-Panzer-Kampfwagenabteilungen am 24. April zur Unterstützung eines Infanterieangriffs auf Villers-Bretonneux nach vorn. Beteiligt waren 14 A7V-Kampfwagen, aufgeteilt in drei Gruppen.

Die Geländeverhältnisse waren ausgezeichnet: Trockene Äcker und Wiesen, keine Hindernisse, kaum Gräben, vereinzelt nur Granattrichter. Das Wetter: dichter Nebel. Gegen Mittag rollte die Panzergruppe I zurück. Sie hatte mehrere hundert Gefangene eingebracht. In der Panzergruppe II kam es zu Schwierigkeiten. Zwar hatte der Wagen 1 mehrere Stützpunkte mit MG-Feuer niedergekämpft und Gefangene gemacht, doch die Kanone war ausgefallen. Der Wagen 3 trieb der Infanterie 245 Gefangene zu, vernichtete mehrere Stützpunkte und MG-Nester, dann aber verstopften die Düsen des Motors. Die Besatzung brachte den Schaden in Ordnung, doch der Wagen geriet danach in einen Trichter, kippte um, konnte aber später wieder geborgen werden. Beim Wagen 5 saßen die Gänge fest; der Fahrer wurde verwundet. Nach Instandsetzung kehrte der Wagen heil zurück. 30 Meter vor dem Feind versagten beide Motoren des Wagens 6 durch Überhitzung. Nach einiger Zeit konnte er langsam wieder zurückfahren.

Der Panzergruppe III wurden Unglück und Erfolg gleichermaßen zuteil: Ihr Wagen 1 geriet in eine Bodenvertiefung und kippte genau im nämlichen Moment um, da sich ihm eine Gruppe feindlicher Infanteristen ergeben hatte. Der Kampfwagenkommandant ließ die Waffen ausbauen und aussteigen. Da griffen die Gefangenen wieder zu ihren Waffen und schossen die Panzerleute nieder. Einer wurde gefangengenommen, ein anderer konnte sich zur deutschen Front durchschlagen. Deutsche Infanteristen versuchten später, den Wagen zu sprengen. Nur wenig beschädigt, fiel er aber dem Feind in die Hände. Der Wagen 2 jedoch führte das erste Gefecht von Panzer zu Panzer. Mehrere britische Tanks attackierten ihn, als er Feindstellungen bei Cachy unter Feuer nahm. Leutnant Bilz, der Kommandant, ließ sofort das Feuergefecht gegen die Britentanks aufnehmen. Einer wurde durch Volltreffer vernichtet, ein zweiter beschädigt. Dann erhielt jedoch der Wagen 2 selbst drei Treffer. Dennoch schaffte es der Wagen noch, zurück zur deutschen Linie zu fahren. Wagen 4 stieß ebenfalls auf zwei britische Tanks, schoß beide in Brand, hatte dann aber eine Hemmung am Geschütz und fuhr zurück.

Nur in einem 50-Tage-Zeitraum waren die deutschen Panzer im Einsatz – unterstützt von deutschen Besatzungen in britischen Beutetanks. Die Zeit des Angriffs aber war für die Deutschen vorüber – ihre Tanks hatten nur noch die Aufgabe, die heranstürmende Feindflut abzuwehren. Denn nun, gegen Ende des Krieges, brachten Massenangriffe von Tanks die deutsche Westfront ins Wanken. Die deutsche Infanterie besaß keine ausreichenden Abwehrwaffen gegen die stählernen Ungetüme. Am Ende des Ersten Weltkrieges standen 6000 alliierte Kampfpanzer gegen 20 deutsche. Der Panzerschreck ging um, die Kampfmoral sank rapid ab.

Viel zu spät hatte die Oberste Heeresleitung die Möglichkeiten der Panzer erkannt und nicht rechtzeitig eine konsequente Abwehrtaktik entwickelt. Beim Bau von Panzern fehlte gleichfalls die Konsequenz. Die Entwicklung mehrerer Typen kostete Zeit und Material. Dabei war der A7V-Panzerkampfwagen für die damalige Zeit der modernste Panzer und den alliierten Tanks durchaus überlegen: Mit 30 Millimetern war die Panzerung fast doppelt so stark wie die der Gegner; der stärkere 200-PS-Motor erbrachte eine relativ hohe Geschwindigkeit von 12 km/h gegenüber den 8 km/h des britischen Mark V von 1918. Allerdings war der A7V mit 3,30 Meter Höhe ein zu auffälliges Ziel, und er be-

Oben: Der »Sturmpanzerwagen A 7 V«, ein Stahlhaus von mehr als drei Meter Höhe. Mindestens 18 Mann in seinem Bauch, rumpelte der Koloß mit einer Geschwindigkeit von 12 km/h über das Gefechtsfeld.

Links: Meldungen an den Gefechtsstand wurden per Brieftaube abgegeben. Jeder A 7 V hatte im Heck einen Verschlag für die Nachrichtenvögel.

saß eine nur mäßige Geländegängigkeit. Seine Besatzung bestand aus 18 bis 26 Mann. Drei Mann allein waren zur Bedienung der belgischen 5,7-cm-Beute-Kanone nötig. Je zwei Mann standen an den beiden vorderen Maschinengewehren. Im hinteren Gefechtsraum waren weitere vier MG – zwei davon mit seitlichem Schußfeld – eingebaut. Hinten hielten sich auch das Nachrichtenpersonal und der Meldegängertrupp auf. Im Kommandantenturm saßen ein Offizier oder Feldwebel als Führer des Wagens neben dem Fahrer. Neben dem Kommandanten hatte eine Gefechtsordonnanz ihren Platz, um Befehle innerhalb des Wagens zu überbringen. Die 500 Liter Treibstoff im Tank reichten den beiden 100-PS-Daimler-Motoren für eine Fahrstrecke von 35 Kilometer. Die Temperaturen stiegen im Inneren des Wagens bis zu 86 Grad an; der Motorenlärm war ungeheuer. Hinzu kam das Getöse der eigenen Waffen und das Aufprallen feindlicher Geschosse auf die Panzerung. Die Besatzung trug dicke Asbestanzüge, und das bei Einsätzen, die – trotz des geringen Fahrbereichs – bis zu acht Stunden dauerten, denn oft standen die Wagen bei Beschießungen lange irgendwo in Dekkung oder wegen Reparaturen mitten auf dem Gefechtsfeld.

Schwierig waren die Nachrichtenverbindungen: Die Erschütterungen ruinierten jedes Funkgerät in kurzer Zeit; die nachgeschleppten Funkantennen verfingen sich in Stacheldrahtverhauen und rissen ab. Blinkgeräte durchdrangen selten Rauch und Dunst des Gefechtsfeldes. Am zuverlässigsten waren Brieftauben, die im hinteren Gefechtsraum verängstigt in einem Korb hockten. Außerdem wurden Meldegänger eingesetzt, die dem jeder Kampfwagenabteilung nachfolgenden »Kampfwagen-Meldekopf« – bestehend aus einem Offizier, Kraftradmeldern, Fernsprechern und Brieftaubenwarten – Meldungen überbrachten und wieder zum Wagen zurückkehrten.

Beim A7V sollte es nicht bleiben. Im Mai 1917 erteilte die Oberste Heeresleitung den Auftrag zum Bau des »Großkampfwagens A7V-U«. Zwei Stück wurden produziert: 13 Meter lang, 150 Tonnen schwer, bewaffnet mit 7,7-cm-Feldkanonen und zwei MG, angetrieben von zwei Motoren zu je 600 PS. Die Wagen sind niemals gefahren. Nach Kriegsende ließ eine Entente-Kommission sie verschrotten. Außerdem entstanden noch die »leichten Kampfwagen« der Typen L.K. I, L.K. II und L.K. III mit 17 Tonnen Gewicht. 600 Stück waren insgesamt geordert worden – kein Wagen gelangte an die Front. Einige übernahm nach dem Krieg die schwedische Armee und fuhr sie noch jahrelang.

Das letzte Gefecht der deutschen Kampfwagen fand am 1. November 1918 statt. Sie wurden bald nach Wiesbaden verlegt, wo sich die Abteilungen auflösten. Eine »Freiwillige Kampfwagenabteilung Vetter« kämpfte in Berlin gegen die Spartakisten, wurde aber nach dem Abschluß des Versailler Vertrages aufgelöst. Ein A7V-Kampfwagen stand jahrelang auf einem Kinderspielplatz in London.

Fünf A7V-Wagen kamen als Kriegsbeute ins neuentstandene Polen. Eingegliedert ins Panzerregiment der Pilsudski-Armee, wehrten sie von 1919 bis 1920 im Polnisch-Russischen Krieg Kavallerieangriffe sowjetischer Schwadronen ab.

OBEN: Britischer Tank mit deutschem Kennzeichen. Das Reich entwickelte seine Panzerwaffe später als die alliierten Gegner und auch nicht mit derselben Intensität wie diese. Die schmalen Bestände der deutschen »Sturmpanzerwagen« wurden mit Beutefahrzeugen aufgefüllt, die man so gut es ging flottgemacht hatte. Im Bericht eines Panzerkommandanten heißt es: »Unheimlich muß die Überraschung der Tommies sein, als sie plötzlich ihre totgeglaubten Riesenkinder auf sich zurollen sehen.«

LINKS: Französischer Renault-Tank auf einer Vormarschstraße. Bei Kriegsende besaßen die Alliierten 3500 Panzerwagen.

Das Lied von Stahl und Eisen

In einem Heft der Serie »Spannende Geschichten« erschienen nach 1936, erzählt der Kriegsschriftsteller P. C. Ettighoffer die Abenteuer einer deutschen Panzerabteilung – weniger ein Zeugnis dafür, wie es tatsächlich auf dem Schlachtfeld zuging, als dafür, wie der nächsten Generation der Krieg schmackhaft gemacht wurde.

Es schlittert, prasselt und kracht, wo der 35-Tonnen-Tank vorbeizieht. Und aus seinen Öffnungen speien alle Mündungen Tod und Verderben. Die Motoren singen unbeirrt ihr Lied von Stahl und Eisen, überdröhnen, im Innern des Kampfwagens, das Brüllen der trommelnden Materialschlacht.
Von seinen vier Kameraden ist der kämpfende Kriegswagen nun getrennt. Niemand weiß, wo die anderen Tanks hingekommen sind. Sie werden wohl irgendwo in Dunst, Gasschwaden und Geschoßqualm unterwegs sein und ihre Pflicht tun.
»Hagen A. 7 V.« rattert derweil geradeaus, über die flachgeschossenen britischen Reservestellungen hinweg. Es ist bereits 7.15 Uhr.
Und da ist die Zone der rückwärtigen Maschinengewehrnester erreicht. Hier verdichtet sich der Widerstand. Die britischen Maschinengewehre knallen los, zwingen die vordringenden deutschen Sturmtruppen zum Halten, zum Verweilen und Deckungnehmen. Jetzt ist die große Minute des Kampfwagens gekommen. Unbeirrt rasselt er heran. Wie rasche Hammerschläge prasselt die Geschoßgarbe gegen seine Flanken. Nur hundert Meter vor dem Maschinengewehrnest dreht er langsam bei, und dann jagt das Geschütz rasch drei Granaten heraus. Schon der zweite Schuß ist ein Volltreffer. Das feindliche Maschinengewehr fliegt als Metallknäuel in die Luft, wird weggeschleudert.
Das nächste Maschinengewehrnest! Der Tank schwenkt halbrechts herum, einem neuen Nest entgegen, dessen Geschoßgarben wie Hagel auf die Panzerung prasseln. Mit Granaten laden! Halt, es geht nicht. Das Geschütz hat Ladehemmung. Eine Kartusche steckt festgeklemmt im Rohr und kann nur von außen nach innen gestoßen werden. Das Geschütz ist kampfunfähig. Was kann ein Tank mit kampfunfähigem Geschütz? Die Kanoniere zerren an der Hülse, bohren sie an, ziehen und mühen sich ab. Vergebens. Wie festgeschmiedet sitzt die Hülse.
Es nutzt alles nichts, von draußen muß die Hülse zurückgestoßen werden. Zu diesem Zweck muß ein Mann hinaus ins Freie. Und zwar jetzt, und zwar sofort.
Der Kommandant läßt den Tank langsamer fahren, hält Rundfrage. »Na, wer will hinaus, das Geschütz wieder in Ordnung bringen, wer?«
Es meldet sich zuerst freiwillig der Geschützführer, ein Unteroffizier. Legt Rock und Koppel ab, späht eine Sekunde lang durch den Sehschlitz nach vorn, öffnet rasch den Deckel zum Einmannloch, klettert hinaus und stürzt im Augenblick, von mehreren feindlichen Kugeln getroffen, tot nieder. Der Körper rollt ins Trichterfeld. Und der nur halb kampffähige Tank fährt weiter. Er

Titelseite des Ettighoffer-Heftes

wird in sein Verderben fahren, wenn das Geschütz nicht schießen kann. Das Geschütz muß also freigemacht werden, unter allen Umständen.
Kurz entschlossen klettert ein zweiter Mann hinaus. Gelangt bis an die Geschützmündung, steckt den Reinigungsstock hinein und will gerade zustoßen, da verdrehen sich seine Augen, und langsam sinkt er nieder, will sich noch festhalten, stürzt ab, tot. Der Tank fährt weiter.
Und da springt der dritte Mann hinzu. Ein junger Berliner. Gelangt hinaus, stößt die Kartusche durch, fährt noch zweimal, dreimal reinigend mit dem Wischer durch das Geschützrohr, kommt dann, die Lippen spöttisch zum Pfeifen gespitzt, an seinen Platz am Maschinengewehr 3 zurück. Tut, als sei nichts geschehen.
Der Tank ist wieder voll kampfkräftig. Warum sich aufregen über Selbstverständlichkeiten! Einer mußte doch das Geschütz wieder frei machen. Was ist denn schon dabei! Der Berliner sitzt am Gewehr 3 und pfeift. Manchmal zuckt das Gewehr lebhaft und schüttelt sich. Dann weiß man, daß es schießt. Aber davon hört man

nichts, auch nichts vom Lied, das der Berliner unentwegt pfeift ...
Pünktlich um 3 Uhr werden die drei Kampfwagen vom Brimont aus in Marsch gesetzt. Sie rollen langsam gegen den Bahndamm, wo die vorderste deutsche Infanterielinie eingegraben liegt.
Kaum ein Schuß weit und breit. Hier scheint der Krieg halb erstarrt zu sein. Was wollen denn die drei Kampfwagen? Wahrscheinlich nur mal eine Übungsfahrt machen. So sieht sich das an. Es ist fast ein friedliches Manöverbild, sie so dahinfahren zu sehen. Nur die geschlossenen Klappen und die drohend nach vorne und seitwärts gerichteten Mündungen lassen bitteren Ernst erkennen.
Das Dröhnen der Motoren schallt weithin und ist das einzige Geräusch des scheinbar schlafenden Schlachtfeldes. Aus Erdlöchern und Straßengraben erheben sich die Infanteristen und starren entgeistert dem Spuk nach.
Nun sind sie am Bahndamm angekommen. Nun hat der Tank »Hagen A. 7 V.« die Unterführung hinter sich und erscheint, prall von der Sonne beschienen, im Niemandsland, groß und deutlich. In wenigen Augenblikken wird er am Feind sein, ihn niederwalzen. Jetzt will er rechts abbiegen, so wie es der Befehl sagte, aber da ist schon das erste, auf der Karte nicht verzeichnete Hindernis, ein Graben. Der Tank kommt nicht über diesen sehr breiten und tiefen Graben hinweg. Und während er so zögert, fährt der Tank »Nixe II.« an ihm vorbei. »Hagen« dreht bei und setzt sich dicht dahinter, denn Leutnant Schliewinsky will nun gemeinsame Sache mit den beiden machen, da er doch, wie er sieht, seinen besonderen Auftrag nicht durchführen kann, weil er unmöglich über den Graben kommt. Der dritte Tank folgt dicht auf.

Originalillustration: Der Panzermann macht das Geschütz frei

FOLGENDE SEITEN: Angriff deutscher Sturmpanzerwagen-Abteilungen in der Schlacht bei Villers-Bretonneux und Cachy am 24. April 1918.
Das martialische Bild des Kriegsmalers Professor Hugo Ungewitter kann nicht darüber hinwegtäuschen, daß die deutsche Panzerwaffe im Ersten Weltkrieg erst recht spät entwickelt wurde und noch äußerst mangelhaft war.

Die drei Tankwagen rattern dahin.
Da brüllt die Erde auf.
Nein, es brüllen Luft und Erde. Alles brüllt und bebt und zischt. Die Materialschlacht brüllt und tobt. Die Hölle ist los! Die Hölle – –!
Mit einem Schlag ist das Schlachtfeld erwacht, und tausend Mündungen speien Spitzgeschosse gegen die vorrückenden deutschen Kampfwagen. Maschinengewehre streuen ihre Garben gegen die Stahltiere, auf deren Front und Flanken das Eiserne Kreuz leuchtet. Auf den grauen Panzerplatten erlischt rauchend die Farbe des Anstriches, so heiß wird der Stahl unter dem steten Anprall und Hämmern der Kugeln. Die Tanks aber rattern, rattern, rattern. Sie rücken vor wie unbesiegbare Panzertürme. Es ist ein Sieg ohnegleichen für deutschen Schneid und deutsches Material. Das ausgepumpte, materialarme Deutschland wirft dem Feind noch Tanks entgegen, die es versuchen können, am hellen Tag in das Toben der Geschoßgarben zu fahren.
Drüben ist schon das Gehöft, das vorläufige Ziel. Unbeirrt rattern die drei Tanks dahin. In einer Minute müssen sie das Gehöft erreicht haben, da heulen die Granaten einer rasch vorgezogenen Batterie heran. Wütend durchjohlen die Stahlvögel die Luft – ruch – ruch – ruch! Die drei deutschen Tankwagen ziehen unbeirrt ihren Weg. Ihre Geschütze und Maschinengewehre speien nach allen Seiten hin Tod und Verderben. Die Motoren heulen ihr Lied von Stahl und Eisen.
Nein, es ist jetzt nicht mehr eine, es sind schon zwei Batterien, die nun in direktem Schuß auf die Kampfwagen halten, aus der knappen Entfernung von 300 Meter. Ruch – ruch – ruch! – ruch – ruch – ruch! – die Einschläge ringsum. Und dazwischen hämmern die Maschinengewehre ihr helles, satanisches Hähä, hähä – – Die Hölle! Wahrhaftig, die Hölle hat sich rings um diese drei Panzertiere aufgetan!
Es flammt und blitzt und dröhnt, und die Leute im Tank sind geblendet von den Stichflammen. Hochauf fahren Erdsäulen, rechts und links. Erde, Steine, Grasnarben prasseln gegen die Panzerplatten. Da fährt eine Stahlgranate dem Tank »Schnucki« in die Flanke, drückt an einer schwächeren Stelle die Wandung ein, zerknallt im Innern und bringt der Besatzung schwere Verluste ein. Ein Motor fällt sofort aus, der andere treibt den Kampfwagen quer, so daß die Straße völlig versperrt ist. Ausweichen rechts oder links wird unmöglich wegen der hohen Böschungen und tiefen Gräben. »Schnucki« liegt wundgeschossen, ohnmächtig. Aus seinem Benzinbehälter spritzt es in dickem Strahl über die Straße. Wenn jetzt eine Granate in der Nähe platzt, fängt der Tank obendrein noch Feuer.
Durch diesen Qualm und Dunst und Nebel jagen unaufhörlich die französischen Granaten. Die deutschen Kampfwagen antworten tapfer. Qualm verschleiert ihren Rückzug, den sie durch ununterbrochenes Schnellfeuer aus allen Maschinengewehren und Mündungen decken. Ohne Unterbrechung feuernd, gelangen die beiden Tanks in Deckung hinter den Bahndamm und von dort zum Brimont.
(Paul C. Ettighoffer, Deutsche Tanks fahren in die Hölle. Gütersloh o.J.)

Krieg zur See

Während Millionenheere in erbitterten Schlachten grauenvolle Verluste erlitten, verlief der Erste Weltkrieg auf dem größten aller Schlachtfelder, der weltweiten See, zunächst ohne den erwarteten Zusammenprall von gepanzerten Schiffsriesen. Dennoch spielten sich eine Reihe von Tragödien ab, die meist kleine Schiffseinheiten und kleinere Seekampfverbände betrafen.
Der Deckoffizier Käßner vom Torpedoboot »G 9« war Augenzeuge, als am Morgen des 8. August 1914 der Seekrieg mit einem Überfall englischer Leichter Kreuzer auf die deutsche Vorpostenlinie bei Helgoland begann. Als deutsche Kreuzer in den Kampf eingriffen und plötzlich britische Schlachtkreuzer erschienen, sanken die deutschen Kleinen Kreuzer »Ariadne«, »Cöln«, »Mainz« und ein Torpedoboot im Feindfeuer. Die Mannschaft von »G 9« rettete 69 Überlebende vom gleichfalls versenkten Vorpostenboot »V 187«: »Manche sahen furchtbar aus«, schilderte Käßner. »Der eine hatte zwei Schüsse durch die Brust und außerdem das linke Bein handbreit unter dem Knie abgeschossen, so daß das Wasser im Rettungsboot eine einzige Blutlache war. Knochensplitter und Fleischfetzen hingen dran herum, und außerdem war noch am rechten Fuß die Fußsohle weggeschossen. Beim Verbinden erkundigte er sich immer noch nach dem Befinden seines neben ihm liegenden Kameraden ... Wir haben auch noch zahlreiche Tote aufgefischt ...«
Die auf Nachrichten aus dem Krieg erpichte Welt horchte auf, als am 8. September 1914 das U-Boot »U 21« unter Kapitänleutnant Hersing vor Edinburgh, mitten im Versammlungsraum der britischen Flotte, den englischen Kreuzer »Pathfinder« durch einen Torpedoschuß versenkte.

Das Deutsche Ostasiengeschwader des Grafen Spee vor Kap Hoorn. Nach einem glänzenden Sieg bei Coronel (Chile), bei dem zwei britische Kreuzer versenkt wurden, lief es im November 1914 bei den Falkland-Inseln einem stärkeren Schlachtkreuzerverband in die Falle.

Das Unterseeboot – bislang ein neues, wenig erprobtes und von manchen Marineexperten nicht für voll angesehenes Kriegsmittel – hatte seinen ersten Erfolg errungen. Er wurde zur Sensation, als am 22. September 1914 das »U 9« unter Führung von Kapitänleutnant Otto Weddigen gleich drei britische Panzerkreuzer, die »Cressy«, »Hogue« und »Aboukir«, in die Tiefe schickte. Das geschah bei Hoek van Holland, weit jenseits der britischen Sperrlinien.
Dann aber blieb es wieder still. Erst am 24. Januar 1915 kam es an der Doggerbank zu einem größeren Seegefecht: Teile der britischen »Grand Fleet« stießen auf deutsche Aufklärungskräfte. Der deutsche Panzerkreuzer »Blücher« ging unter, zwei britische Schlachtkreuzer wurden schwer beschädigt.
Ansonsten ließ sich die britische Armada nicht sehen, meist lag sie bei Scapa Flow, sicherte mit Teilen die Seeverbindungen nach Frankreich, andere jagten das deutsche Auslandsgeschwader.
In bedrückender Tatenlosigkeit verharrte auch die Masse der deutschen Marine. Sie war als Lieblingskind von Kaiser Wilhelm II. unter dem tatkräftigen Großadmiral v. Tirpitz, aber gegen den Widerstand zahlreicher Parlamentarier aufgebaut worden. Für den Kaiser war die Flotte ein Symbol der Stärke des Reiches, ein Prestigeobjekt. Tirpitz hatte die Notwendigkeit einer schlagkräftigen Marine mit dem Schutz der Kolonien und Welthandelsverbindungen begründet. Aber gerade diese Aufgabe konnte die Flotte nicht lösen. Tirpitz ging vom »Risikoprinzip« aus, einer Form der Abschreckung: Eine starke deutsche Flotte sollte für England das Risiko eines Krieges so hochschrauben, daß es einen Konflikt gar nicht erst auslöste. Dem Flottenbau lag ein politisches, jedoch kein militärisches Konzept zugrunde.
Des Kaisers Flotte konnte die eigenen Küsten verteidigen – aber für diese Aufgabe hätte eine kleinere Marine vollauf genügt. Sie vermochte auch im weiteren Verlauf des Krieges mit ihren U-Booten die Seeverbindungen

Das erste Zusammentreffen britischer und deutscher Großkampfschiffe in der Nordsee endete in einem Fiasko für die kaiserliche Marine. Im Seegefecht vor der Doggerbank am 24. Januar 1915 konnten sich die Schlachtkreuzer »Seydlitz«, »Derfflinger« und »Moltke« knapp der Vernichtung entziehen, Panzerkreuzer »Blücher« ging mit mehr als 600 Mann unter.

des Gegners empfindlich zu stören. Nur, sich mit der englischen Flotte in einem Kampf um die Seeherrschaft zu messen, war sie nicht imstande.

Das deutsche Auslands-Kreuzergeschwader unter Vizeadmiral Graf v. Spee war ausgerechnet bei Kriegsausbruch zersplittert: Graf Spee befand sich mit den Panzerkreuzern »Scharnhorst« und »Gneisenau« sowie dem Kleinen Kreuzer »Nürnberg« auf dem Weg von Tsingtau im deutschen Pachtgebiet Kiautschou in der Südsee; die »Emden« war in Tsingtau zurückgeblieben; der Kleine Kreuzer »Leipzig« kreuzte vor Mexiko, die »Dresden« vor Westindien. Spee änderte seinen Kurs und hielt auf die Westküste Südamerikas zu. Ein Schutz der deutschen Südsee-Besitzungen war nicht möglich: Die japanische und die australische Flotte hätten diesen Versuch mit ihrer Übermacht im Keim erstickt. Graf Spee unternahm es, Handelskrieg zu führen, britische Funkstationen zu zerstören und die Forts der französischen Insel Tahiti zu beschießen. Am 1. November 1914 – die »Dresden« und die »Leipzig« waren inzwischen zum Geschwader gestoßen – traf das Auslands-Kreuzergeschwader in der Nähe des chilenischen Hafens Coronel mit dem britischen Südamerika-Geschwader zusammen. Die deutschen Seeleute siegten auf der ganzen Linie und versenkten zwei britische Panzerkreuzer. Das

Geschwader des Grafen Spee hatte – außer einigen Leichtverwundeten – keine Verluste erlitten.
Dennoch war das Geschwader dem Untergang geweiht – und Graf Spee wußte das. Am 8. Dezember 1914 war es soweit: Vor den Falkland-Inseln, im Atlantik, stand ein um zwei zusätzliche Schlachtkreuzer verstärktes Geschwader der britischen Flotte. Nur dem Kleinen Kreuzer »Dresden« glückte es zu entkommen. Im März 1915 ließ der Kommandant, vor der chilenischen Küste in die Enge getrieben, das Schiff sprengen. Die Besatzung wurde in Chile interniert.
Der in Tsingtau zurückgebliebene Kleine Kreuzer »Emden« war ausgelaufen und führte Handelskrieg im Indischen Ozean auf eigene Faust. In sieben Wochen versenkte er 16 englische Dampfer mit 70000 Tonnen und brachte zwei Kohlenschiffe auf, beschoß die Öltanks bei Madras, vernichtete den russischen Kreuzer »Schemtschug« und den französischen Zerstörer »Mousquet«. Am 9. November 1914 setzte der »Emden«-Kommandant, Fregattenkapitän v. Müller, ein Landungskorps auf den Cocos-Inseln aus. Es sollte die dortige Funk- und Kabelstation zerstören. 45 Mann und drei Offiziere – Führer war der Erste Offizier, Kapitänleutnant v. Mücke – fuhren mit der Dampfpinasse zu den Inseln, sprengten Funkmast und Kabelhaus – da sahen die Seeleute des Landungskorps die »Emden« abdampfen, dann eine Salve abfeuern: Der australische Kreuzer »Sydney«, an Feuerkraft und Geschwindigkeit der »Emden« weit überlegen, war überraschend erschienen. Die »Emden« wurde schwer beschädigt, der Kommandant ließ sie bei einer der Inseln auf Strand setzen.

Kapitänleutnant v. Mücke aber beschlagnahmte den englischen Segelschoner »Ayesha« und ließ in See stechen. In abenteuerlicher Reise kreuzte das Landungskorps mit der »Ayesha« in den Seegebieten von Batavia und Sumatra und führte wahrhaftig weiter Handelskrieg. Später fanden die »Emden«-Leute einen deutschen Dampfer, der sie an die arabische Küste brachte und dort absetzte. Zu Fuß zogen die Seeleute durch die Wüste, schlugen sich mit Beduinenstämmen herum und erreichten Mitte Mai 1915 Damaskus. Mit der Hedschas-Bahn reisten sie nach Konstantinopel und von dort in die deutsche Heimat.

Erfolgreichen Kreuzerkrieg führte auch der Kleine Kreuzer »Karlsruhe« an der Ostküste Südamerikas, bis das Schiff einer Explosion zum Opfer fiel.

Einfallsreichtum, Mut und Abenteuergeist spielten eine Rolle beim Kaperkrieg der Hilfskreuzer »Cormoran«, »Kaiser Wilhelm der Große«, »Kronprinz Wilhelm«, »Prinz Eitel Friedrich«, »Möwe« und »Cap Trafalgar«. Doch viele Hunde sind des Hasen Tod; irgendwann kam für alle das Ende ihrer Fahrten.

Legendär wurde Felix Graf v. Luckner, der mit einem Segelschiff auf Hilfskreuzerfahrt ging. Sein »Seeadler« war das letzte unter Segeln fahrende Kriegsschiff; es brachte 14 Schiffe auf, ohne daß dabei ein Mensch getötet wurde. Die Flutwelle eines Seebebens zerschlug den Segler. Ein Großteil der Besatzung wurde später in Chile interniert. Luckner geriet in neuseeländische Gefangenschaft.

Den Verlauf des Krieges beeinflußten diese Einzeltaten natürlich nicht. Sie waren nur eben eine lästige Plage, banden alliierte Seestreitkräfte in weit vom europäischen Kriegsherd entfernten Seegebieten; doch die Entente-Mächte hatten jederzeit die Möglichkeit, genügend Soldaten, Munition und Ausrüstungen an die Front zu bringen.

Die britische Grand Fleet – die damals größte Flotte der Welt – hatte lange Zeit keinerlei Interesse an einer Entscheidungsschlacht. Die britische Führung glaubte – und das nicht zu Unrecht – ihr Ziel durch eine Blockade des Deutschen Reiches weit besser und gefahrloser zu erreichen. Weit ab vom Schuß sperrten englische Kriegsschiffe den Eingang zum Englischen Kanal und die Nordsee zwischen Schottland und Südnorwegen.

Im Maschinenraum eines deutschen U-Bootes. Im Kampf gegen Englands Transporte aus Übersee sahen die deutschen Strategen die einzige Möglichkeit, dem Gegner beizukommen.

FOLGENDE SEITEN: Die Torpedierung des US-Passagierdampfer »Lusitania« am 7. Mai 1915 durch ein deutsches U-Boot war eine der Stationen auf dem Weg Amerikas in den Krieg.

Ungeachtet der von Großbritannien gebilligten internationalen Deklarationen, die eine Behinderung neutraler Mächte durch kriegführende Staaten untersagten, stoppten britische Schiffe neutrale Dampfer auf See, durchsuchten sie und beschlagnahmten die für Deutschland bestimmten Frachten. Daraufhin erklärte Deutschland am 4. Februar 1915 die Gewässer um England und Irland zum Kriegsgebiet, in dem feindliche Handelsschiffe ohne Warnung versenkt würden und neutralen Schiffen eine unbehinderte Durchfahrt nicht garantiert werden könne.

Dieser Entschluß war eine Folge des damals im Schwange befindlichen U-Boot-Enthusiasmus. Die Versenkung der drei Panzerkreuzer durch Otto Weddigens »U 9« hatte vor allem bei technischen Laien den Eindruck hinterlassen, daß mit der Wunderwaffe U-Boot vieles, wenn nicht alles zu erreichen sei. Tatsächlich befanden sich die U-Boote erst am Anfang ihrer Entwicklung: 1913 waren die ersten deutschen Frontboote in Dienst gestellt worden. Im Februar 1915 besaß die kaiserliche Marine ganze 27 U-Boote, von denen 21 in der Nordsee eingesetzt waren. Ihre Zahl stieg bis Ende 1915 auf 40 Boote an. Doch nicht mehr als 6, später 10 Boote befanden sich jeweils in See, die anderen zur Überholung in den Werften. Der Anmarsch in die Operationsgebiete dauerte lange. Dort angelangt, hatten die U-Boot-Leute von ihren niedrigen Booten aus Schwierigkeiten, überhaupt Schiffe zu entdecken. Ihre Chancen waren also nicht groß. Eines der ersten Opfer war ein großes Passagierschiff, die US-amerikanische – und damit neutrale – »Lusitania«, die nahezu 1200 Menschen an Bord hatte, aber auch Munition für England. Ein deutsches U-Boot torpedierte das Schiff; die Munition explodierte, die »Lusitania« sank schnell. Ein Entrüstungssturm ging durch die Welt – er war ausgeblieben, als wenige Wochen zuvor im Kanal das deutsche »U 27« vor einem Dampfer unter neutraler Flagge auftauchte, um ihn nach Konterbande zu untersuchen. Das war nämlich die erste U-Boot-Falle – die englische »Baralong«. Sie schoß mit ihren getarnten Geschützen das U-Boot zusammen. Im Wasser schwimmende deutsche Seeleute wurden durch Gewehrfeuer getötet.

Reichskanzler v. Bethmann Hollweg hatte vor dem uneingeschränkten U-Boot-Krieg gewarnt, weil er die Neutralen gegen Deutschland aufbringen werde. Er setzte sich durch: Am 1. September 1915 stellte Deutschland diese Form des U-Boot-Krieges ein – erst im Januar 1917 wurde sie wieder aufgenommen.

Bereits im Januar 1916 hatte Vizeadmiral Reinhard Scheer das Kommando der deutschen Hochseeflotte übertragen bekommen. Seine Absicht war, häufiger als bisher Vorstöße in die Nordsee hinein zu unternehmen, um Teilerfolge gegen die stärkere britische Grand Fleet zu erzielen.

Am Morgen des 30. Mai 1916 setzte Scheers Flaggschiff »Friedrich der Große« einen Funkspruch ab – unnötigerweise, denn andere Signalmittel hätten genügt. Der Funkspruch besagte, daß die Hochseeflotte sich auf der äußeren Jade zu sammeln habe. Der britische Funkaufklärungsdienst hatte den Code der deutschen Flotte schon vor einiger Zeit entschlüsseln können. Der Inhalt des abgehörten Funkspruchs, wie auch der eines zweiten mit Operationsbefehl und Kurs, wurde umgehend der britischen Admiralität zur Kenntnis gebracht.

Admiral Sir John Jellicoe, Oberbefehlshaber der britischen Flotte, nach den vielleicht etwas überspitzten Worten Churchills »der einzige Mann, der den Krieg an einem Nachmittag verlieren konnte«, dieser Mann erteilte am späten Nachmittag den Befehl an die Grand Fleet, seeklar zu machen. Am späten Abend verließ die englische Flotte ihre Ankerplätze und nahm Kurs auf Südnorwegen. Zu diesem Zeitpunkt lag die deutsche Flotte noch in ihrem Sammelraum. Allerdings hatte Scheer nun mit Funktäuschungsmanövern begonnen,

um die Engländer zu verwirren: Eine Küstenstation hatte das Rufzeichen des Flaggschiffs übernommen. Die Flotte hingegen bewahrte Funkstille bis zur Sichtung des Gegners.
Am frühen Morgen des 31. Mai dampften die schweren Schiffe der Aufklärungsgruppe 1 unter Vizeadmiral Franz Hipper von Wilhelmshaven die Jade abwärts durch die Deutsche Bucht und dann an Helgoland vorüber. Minensuchboote hatten zuvor einen Weg durch die Minensperren geräumt. Der Morgen war diesig,

OBEN: Admiral Reinhard Scheer, der deutsche Oberbefehlshaber in der Schlacht am Skagerrak.

LINKS: Das erste Geschwader der deutschen Hochseeflotte, begleitet von Torpedobooten, auf dem Weg zum Skagerrak. Niemand ahnte, daß die britische Flotte dorthin schon unterwegs war – wenn deren Führung auch wiederum die Überzeugung hegte, nur ein Teil von Kaiser Wilhelms »schimmernder Wehr« laufe ihr entgegen.

doch nach Sonnenaufgang versprach das Wetter einen schönen Frühsommertag.
Jellicoe stand auf der Brücke seines Flaggschiffes »Iron Duke« und war der Ansicht, daß die deutsche Flotte noch nicht ausgelaufen sei – denn unter dem Rufzeichen von Scheers Flaggschiff sendete die Küstenstation noch immer beruhigend wirkende Befehle. Doch inzwischen marschierte die gesamte deutsche Hochseeflotte durch die Deutsche Bucht, ohne zu wissen, daß auf Gegenkurs die englische Armada auf sie zusteuerte.
Die damaligen Kriegsschiffe befanden sich auf einem technisch durchaus hohen Stand, doch die Technik der Aufklärungsmittel hatte dieses Niveau noch nicht erreicht. Es gab noch kein Radar, das auf mehr als hundert Meilen voraus den Gegner erkennen konnte. Es gab freilich Luftschiffe und Flugzeuge. So gehörte zu der Flotte, die Jellicoe persönlich führte, das Wasserflugzeug-Mutterschiff »Campania« mit 10 Flugzeugen. Es hatte versehentlich den Auslaufbefehl nicht erhal-

Die ersten britischen Granaten schlagen ein. Die Aufnahme wurde auf einem deutschen Torpedoboot gemacht, kurz nach Beginn des Gefechtes der Aufklärungsgruppen am Skagerrak.

ten, folgte später nach, wurde aber zurückgeschickt. Zum Schlachtkreuzergeschwader des Vizeadmirals David Beatty zählte das Wasserflugzeug-Mutterschiff »Engadine«. Ein Flugzeug wurde tatsächlich zur Aufklärung eingesetzt, jedoch auf falschem Kurs. Alle anderen Flugzeuge blieben untätig an Bord.

Scheer besaß kein Flugzeugmutterschiff, dafür aber 10 Marineluftschiffe. Nur 5 hatten den Auftrag zur Luftaufklärung erhalten. Doch am späten Nachmittag erhielten sie den Befehl zur Umkehr, weil das Wetter diesig geworden war. Doch ihre Sichtweite betrug dennoch sechs bis acht Seemeilen. Unmittelbar nach ihrem Abmarsch wäre für sie die Gelegenheit gewesen, eine schlachtentscheidende wichtige Aufklärungsarbeit leisten zu können.

So kam es, daß die größten Flotten der Welt mit ihren gepanzerten Riesenschiffen gewissermaßen blind aufeinander zuliefen und nur auf die scharfen Ferngläser und die Aufmerksamkeit ihrer Ausguckposten angewiesen blieben.

Auf britischer Seite rauschten 28 moderne Schlachtschiffe, aber auf deutscher nur 16, zum Teil veraltete, durch die See. 7 englische standen gegen 5 deutsche Schlachtkreuzer, 34 britische gegen 11 deutsche Kreuzer, während die Zahl der Zerstörer und Torpedoboote sich etwa die Waage hielt. Auf beiden Seiten fuhren in der Flotte keine U-Boote mit – sie hätten die hohe Marschgeschwindigkeit nicht mithalten können. Scheer hatte allerdings einige U-Boote vor den britischen Stützpunkten aufgestellt – doch sie kamen nicht zum Schuß. Dennoch herrschte Nervosität bei beiden Parteien. Ständig wurden die Wogen nach etwa auftauchenden U-Boot-Sehrohren beobachtet.

Die britische Übermacht war ganz erheblich – dennoch, es gab mindestens einen Mann, der um ihre Schwächen wußte: Admiral Jellicoe selbst. Ende 1914 schrieb er: »Häufige Kontakte mit der deutschen Flotte hatten mich überzeugt, daß uns die Deutschen in bezug auf ihre technischen Qualitäten voraus waren.« Die deutschen Schiffe waren besser gepanzert, ihre Geschütze schossen weiter, ihre Granaten und Torpedos waren wirksamer, die deutschen Seeminen besser.

Aber nicht nur die Technik war voraus, auch die deutschen Marineoffiziere waren besser ausgebildet als die britischen, für die es bis zum Jahre 1912 weder eine Marineakademie noch einen Admiralstab gegeben hatte. Jetzt, beim Anmarsch zur großen Schlacht, sollten sich die Ausbildungsmängel zeigen: Jellicoe erhielt zahlreiche Meldungen über das Auftauchen deutscher Flottenverbände. Doch entweder stimmten die angegebenen Kurse nicht, oder die eigene Position des Meldenden war falsch angegeben, oder die Meldungen waren nichtssagend oder unklar. Erst nachträglich stellte sich heraus, daß es auch exakte Meldungen gegeben hatte – aber wer hätte sie aus dem Durcheinander herausfinden können?

Über der See kam stärkerer Dunst auf, die Sicht verschlechterte sich. Bei beiden Flotten nahm die Spannung zu; immer mehr war man der Meinung, daß der Feind in der Nähe sein müsse. Von dieser knisternden Atmosphäre, von den Tausenden geladener Geschütze, ahnte die Besatzung des dänischen Frachters »N. J. Fjord« allerdings gar nichts. Dieses harmlose Schiff befand sich unmittelbar zwischen den beiden Flotten und sollte die letzte Ursache zur bis dahin größten Seeschlacht der Weltgeschichte werden. Am frühen Nachmittag sichtete der deutsche Kleine Kreuzer »Elbing« – westlicher Flankensicherer von Hippers Aufklärungsgruppe – das dänische Schiff und schickte zwei Torpedoboote zu ihm, die es durchsuchen sollten.

Nach 15 Minuten erkannte ein Ausguck auf dem britischen Kreuzer »Galatea« den senkrecht aufsteigenden Rauch eines gestoppt liegenden Dampfers und wenig später die deutschen Torpedoboote und die »Elbing«.

Der Kommandant meldete sofort: »Feind in Sicht.« Admiral Beatty ließ Kurs auf den gemeldeten Gegner nehmen, doch sein Flaggensignal wurde nicht auf allen Schiffen wahrgenommen – einige verharrten in der bisherigen Fahrtrichtung; die Flotte teilte sich.
Der deutsche Admiral Hipper aber ließ sofort seine Aufklärungsgruppe durch Funkspruch auf die »Elbing« zuschwenken. »Elbing« traf mit einem Schuß derweil die »Galatea« direkt unter der Brücke und zwang sie zum Abdrehen. Nach geraumer Zeit erschien Admiral Beatty mit seinen Schiffen. Im Feuergefecht mit Hippers Aufklärungskräften sanken die Schlachtkreuzer »Indefatigable« und »Queen Mary«. Doch nun griffen deutsche Schlachtschiffe ein. Just zur rechten Zeit war Admiral Scheer mit dem Gros auf dem Schlachtfeld erschienen, gerade, als ein dritter Schlachtkreuzer, die »Invincible«, im Kampf Hippers mit den Spitzenschiffen von Jellicoes Hauptmacht, unterging.
Jellicoe, der noch immer kein deutsches Schiff gesehen hatte, vereinigte nun seine vier Flotten zu einer einzigen, sieben Seemeilen – fast 13 Kilometer – langen Schlachtlinie. In der deutschen Kriegsgeschichte heißt es: »Das deutsche Spitzengeschwader sah sich den feuerspeienden Geschützen einer endlosen Linie von Schiffen gegenüber, die sich von Nordwesten bis Nordosten hinzog, wobei fast ohne Unterbrechung Salve auf Salve erfolgte – eine Wirkung, die sich dadurch verstärkte, daß den deutschen Schiffen eine Erwiderung des Feuers nahezu unmöglich war, da keines der britischen Schlachtschiffe durch den Rauch und Nebel ausgemacht werden konnte.«
Es war eine Meisterleistung Jellicoes – Scheer befand sich in der Falle. Doch Scheer tat Unerwartetes. Er befahl: »Gefechtskehrtwendung Steuerbord!« Das war ein in der britischen Marine unbekanntes Manöver, bei dem jedes Schiff – das letzte in der Kiellinie beginnend – um 180 Grad wendet. Binnen weniger Minuten war die deutsche Flotte im Dunst verschwunden wie eine Schar von Geistern.
Jellicoe folgte nicht, aus berechtigter Sorge vor Torpedobootangriffen und Minen.
Bei den Engländern brach eine gewisse Nervosität aus: Beatty funkte die Sichtung eines U-Bootes. Die »Marlborough« meldete einen Minen- oder Torpedotreffer – er stammte wahrscheinlich von einem Torpedoschuß der waidwunden »Wiesbaden«, die vom Schlachtkreuzer »Inflexible« zusammengeschossen worden war. Dann erreichte Jellicoe eine Funkwarnung: »Vor Ihnen befindet sich ein U-Boot!«. Eine Minute darauf signalisierte die »Duke of Edinburgh«: »U-Boot Backbord voraus.« Doch es befanden sich keine U-Boote im Skagerrak.
Doch plötzlich war Scheer mit seiner gesamten Hochseeflotte wieder da: Er wollte die »Wiesbaden« retten

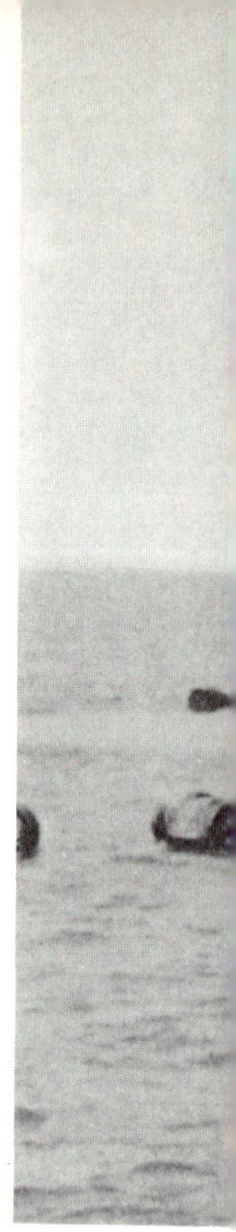

Ein französischer Frachter, Opfer eines deutschen U-Bootes. Das Unentschieden vom Skagerrak oder genauer, Deutschlands glimpfliches Davonkommen, enthüllte, daß mit der deutschen Hochseeflotte Englands Seeherrschaft nicht zu brechen war. Die Befürworter des unbeschränkten U-Boot-Krieges setzten sich durch, im Januar 1917 wurde er wieder aufgenommen, nachdem er seit Mai 1916 geruht hatte.

und gleichzeitig einen Überraschungsschlag führen. Jellicoe hatte gerade von der Brücke seines Flaggschiffs das treibende Bug- und Heckteil eines Schiffes ausgemacht, daneben einen britischen Zerstörer. »Ist das das Wrack eines unserer Schiffe?« ließ er signalisieren. Die Antwort des Zerstörers: »Die ›Invincible‹«.
Unmittelbar nach Sichtung des Wracks stießen aus Nebel und Dämmerung die Schiffe der Aufklärungsgruppe hervor. Wieder rollte der Kanonendonner über die Weite des Skagerraks. Wenig später war die Hauptstreitkraft unter Admiral Scheer auf der nassen Walstatt – aber genau wie beim erstenmal befand sich Scheer vor der langen britischen Schlachtlinie, aus der unablässig blutrotes Mündungsfeuer aufzuckte. Scheer befahl Hippers Aufklärungsgruppe und den Torpedobooten den Angriff: »'ran an den Feind! Voll einsetzen!«
Es muß ein großartiges Bild gewesen sein – das freilich ungeheure Verluste nicht aufwog – als die 4 noch kampfbereiten Schlachtkreuzer der Aufklärungsgruppe 1 zum Angriff auf 33 britische Großkampfschiffe antraten. »Derfflinger«, »Moltke«, »Seydlitz« und »Von der Tann« (auf der kein Geschütz mehr feuern konnte) dampften mit 23 Knoten (gut 42 km/h) gegen den Feind. »Derfflinger« brannte, kämpfte aber weiter, auch »Von der Tann« erhielt schwere Treffer. »Seydlitz« war in Qualm gehüllt, aus dem Feuergarben emporschossen. Auch die vorher schon zusammmengeschossene »Lützow«, die am Angriff nicht teilgenommen, sondern einzeln fahrend sich ihrer Haut wehrte,

geriet mit einem Male in den Brennpunkt des Angriffs und erhielt weitere Treffer.
An den Schlachtkreuzern vorbei jagten die Torpedoboote, den roten Stander »Z« – das Signal zum Angriff – gehißt. Sie rasten in einen Wald von Wassersäulen hinein – die Einschläge der schweren britischen Granaten. Doch keiner ihrer Torpedos traf – die Laufbahnen konnten von den britischen Ausguckposten erkannt und allesamt geschickt ausmanövriert werden. Was den Torpedobooten blieb, war einen Vorhang künstlichen Nebels zwischen sich und die britische Schlachtlinie zu legen, hinter derem Schutz sie und die Schlachtkreuzer abdrehen konnten. Der Erfolg dieser schneidigen, jedoch verlustreichen Attacke lag darin, daß der Hauptmacht Scheers das Abdrehen erleichtert wurde.
Bei diesem Angriff zeigten sich die Mängel der britischen Führung: Keiner der englischen Kommandanten handelte selbständig und ging daran, die zusammengeschossenen deutschen Schlachtkreuzer zu vernichten. Es gab keinen Befehl dazu; es konnte auch keinen geben, weil sie die Situation dem Oberbefehlshaber nicht gemeldet hatten. Die britischen Zerstörer wiederum führten keinen Angriff durch – er hätte auf Scheers Flotte eine fürchterliche Wirkung haben können.
Jellicoe setzte auch nicht zur Verfolgung an, obwohl noch etwa 100 Minuten Dämmerungslicht zur Verfügung standen – er fürchtete, in einen Nachtkampf verwickelt zu werden. Für den Nachtkampf aber waren die Deutschen besser ausgebildet als die Briten.
Nach Einbruch der Dunkelheit nahm Scheer Kurs auf die eigenen Minenfelder. Es kreuzten sich sogar die Kurse beider Flotten, ohne daß diese es merkten. Der Schlachtkreuzer »Lützow«, die Kleinen Kreuzer »Elbing« und »Rostock« mußten – nach Ausschiffung der Besatzungen – versenkt werden. Der Kleine Kreuzer »Wiesbaden« versank mit seiner Besatzung in den Fluten. Das Schlachtschiff »Thüringen« schoß den Panzerkreuzer »Black Prince« zusammen.
Jellicoe ließ Scapa Flow, Scheer Wilhelmshaven ansteuern. Am 1. Juni 1916 reklamierten sowohl Deutschland als auch England in Depeschen an die Presseagenturen der Welt den Sieg für sich. England argumentierte, daß Jellicoe die deutsche Flotte zum Abdrehen gezwungen habe. Deutschland nahm den Sieg für sich in Anspruch, weil die Engländer höhere Verluste hinnehmen mußten.
Das war die Bilanz der Skagerrak-Schlacht: Englands Flotte verlor 6261 Mann und eine Gesamttonnage von 115025 Tonnen (3 Schlachtkreuzer, 3 Kreuzer, 8 Zerstörer). Die deutsche Marine hatte Verluste in Höhe von 2551 Mann und einer Tonnage von 61180 Tonnen (1 Schlachtkreuzer, 1 älteres Linienschiff, 4 Kleine Kreuzer, 5 Torpedoboote untergegangen; 4 Schlachtkreuzer, 3 Schlachtschiffe schwer beschädigt) hinnehmen müssen.
Es hatte sich das hohe artilleristische Können der Deutschen gezeigt sowie eine Überlegenheit in Material und Technik: Die deutschen Schlachtkreuzer hatten Tref-

Fortsetzung Seite 232

Der letzte Kampf des Panzerkreuzers »Blücher«

Einer der Überlebenden des deutschen Panzerkreuzers »Blücher« erzählt von den letzten Stunden des Kriegsschiffes, das im Gefecht an der Doggerbank am 24. Januar 1915 von mehreren englischen Schlachtkreuzern zusammengeschossen und schließlich mit Torpedos versenkt wurde (Bilder Seite 212/13 und Seite 226/27).

Es mag jetzt etwa 12.45 Uhr nachmittags sein, als wir einen Volltreffer auf die Panzerdecke bekommen, der Schmutz, Splitter und Gase durch die Sehschlitze und das BG-Loch (Entfernungsmeßgerät) hereindringen läßt. Verschiedene sind durch Splitter schwer verletzt zusammengebrochen. Sie stöhnen und schreien anfänglich, bis sie schließlich ganz still sind. Mich hat der Luftdruck in die Ecke geworfen, einen Augenblick dreht sich alles um mich her, dann habe ich meine fünf Sinne wieder zusammen, richte mich auf und konstatiere, daß ich unverwundet bin. Krach – eine zweite kolossale Erschütterung, Volltreffer Kommandostand. Ich bin wieder zusammengebrochen. Der ganze Stand ist von giftigen Gasen verpestet, so daß man die Hand nicht vor den Augen sehen kann. Wimmern, Stöhnen, Fluchen, ein Drängen nach Tür und BG-Loch, nur raus, lieber im feindlichen Feuer fallen, als in dem verpesteten Raum ersticken müssen. Ich presse Binde und Taschentuch vor Mund und Nase, taste mich nach der Tür, da stekken schon 5–6 Menschen über den toten Fähnrich die Köpfe in die frische Luft. Ich halte den Atem an und dränge mit einer letzten, verzweifelten Anstrengung mit 2 oder 3 Leuten durch das BG-Loch, an dem der letzte Treffer die hindernden Eisenstäbe weggerissen hat. Ich bin draußen auf der Decke des Kommandostandes. Es war höchste Zeit, daß ich herauskam. Ich empfinde trotz der Trostlosigkeit der Situation die Wohltat, reine Luft zu atmen und mir den Wind um die Ohren blasen zu lassen. Aus dem verpesteten Artilleriestand bin ich ja glücklich heraus, aber hier, außerhalb jedes Panzerschutzes, regnet es Eisen und Stahl. Hui, wie das heult, zischt und prasselt. Die meisten von denen, die vor mir den Stand verlassen haben, sind so schnell als möglich vom Kommandostand in den Trümmerhaufen der Brücke gesprungen. Ich überlege eine Sekunde, wohin, zurück ist unmöglich, aus dem BG-Loch brodelt der dicke, grüngelbe Giftdampf. Also vorwärts, irgendwo unter Panzerschutz. Ich rufe den paar Mann, die neben mir stehen, zu, mir zu folgen, und dann springen wir an Steuerbord vom Stand herunter, der fast unbeschädigt aus dem rauchenden Trümmerhaufen der Brücke ragt. Wie wir in dem feindlichen Granathagel durch dieses Gewirr von Stangen, Trägern, Blechen und Platten gekommen sind, vorbei an dem riesenhaften Loch, wo ehemals das Kartenhaus stand, ist mir heute ein Rätsel. Ich habe die Absicht, mit den paar Leuten, die noch bei mir sind, in den Turm Bautzen zu gehen. Im Herunterklettern von der Brücke nach dem Steuerbordseitendeck sehe ich, daß die Turmdecke von Bautzen durch einen schweren Treffer durchschlagen ist, der im Innern des Turmes krepiert war.

Über die Lotspier springe ich auf das wenig beschädigte Steuerbordseitendeck. Mehrere Tote und Verwundete, die sich hierher nach Feuerlee geschleppt haben, liegen an Deck zwischen Trümmern, die irgendwo losgerissen und hier liegengeblieben sind. Etwa 15–20 Leute, die meisten unverwundet, stehen teilnahmslos umher, einer unserer Fähnriche hat sich vollkommen ausgezogen und springt gerade über Bord. Ich will versuchen, mit den Leuten nach dem scheinbar weniger stark beschädigten Achterschiff durchzukommen. Ich klettere über den Steuerbordwellenbrecher und sehe dort ein Knäuel von etwa zwanzig Toten und Sterbenden, zur Unkenntlichkeit verstümmelt und verbrannt.

Nach dem in der Längsschiffrichtung recht achteraus ziehenden Qualm zu schließen, liegen wir jetzt etwa Nordkurs an. Das in Rauch und Flammen gehüllte, arg zerschossene Schiff macht noch etwas Fahrt und krängt stark nach Backbord. Noch ab und zu feuern einige unserer Rohre. Auch das feindliche Feuer ist schwächer geworden. Der Grund hierfür ist uns bald klar: Zwei der feindlichen Schlachtkreuzer ziehen sich eben mit höchster Fahrt in Kiellinie in etwa 30–40 hm Entfernung quer vor unserem Bug vorbei, schwenken nach Backbord, parallel zu unserer Kursrichtung und nehmen mit ihren achteren Geschützen nunmehr auch wieder die Steuerbordseite der »Blücher« unter Feuer. Mehrere der Leute, etwa 20 Mann, versuchen sofort, als sie das Mündungsfeuer und die braunen Rauchwolken der feindlichen Salven sehen, nach der Backbordseite durchzukommen. Ich rufe ihnen zu, daß auch von Backbord geschossen wird und das Schiff voraussichtlich nach Backbord kentern wird. Sie lassen sich nicht zurückhalten und klettern so schnell wie möglich an den zertrümmerten Aufbauten und Turm Bautzen hoch. Rummmms schlagen die Salven ein, ein Hagel von Granatsplittern, abgerissenen Eisen- und Holzteilen schlägt mehrere Leute tot, verletzt verschiedene, die in meiner Nähe stehen. Nur noch wenige Salven sind es, die über die unglückliche »Blücher« wegfegen, dann stellt der Feind das Feuer ein.

(Fritz Otto Busch und Georg Günther Freiherr von Forstner, Unsere Marine im Weltkrieg. Berlin 1934)

RECHTE SEITE: »Der letzte Mann«. Das Gemälde von Hans Bohrdt verherrlicht einen Vorgang, der sich beim Untergang des Kreuzers »Nürnberg« in der Falklandschlacht 1914 abgespielt haben soll: Auf dem Kiel ihres sinkenden Schiffes zeigten die Matrosen dem Gegner noch die Kriegsflagge. Darunter ebenfalls von Hans Bohrdt »Stolz weht die Flagge Schwarz-Weiß-Rot«.

FOLGENDE SEITEN: Das letzte Gefecht des Panzerkreuzers »Blücher«.

M.S. ,THÜRINGEN
SKAGERRAK

Kleinliche Nadelstiche

Im Sommer 1917 kam es in der Hochseeflotte zu Meutereien. Zwei Matrosen, Köbis und Reichpietsch, wurden als »Rädelsführer« herausgegriffen und hingerichtet. Den Hintergrund dazu, die miserable Behandlung der Mannschaften durch die Offiziere, sind Auszüge aus dem Tagebuch eines Matrosen vom Schlachtschiff »Helgoland«.

23. August 1915

Einige niedliche Befehle muß ich noch aufschreiben, die für den Geist unseres Offizierskorps bezeichnend sind.
1. Es ist streng – bei Arreststrafe – verboten, bei Tag oder Nacht anderes als weißes Arbeitszeug zu tragen (NB. Der Kommandant bestraft jeden, der sich dagegen vergeht, mit fünf Tagen Mittelarrest.)
2. die Überzieher, Zeitungen und Bücher mit in den Turm zu bringen. (Zum besseren Verständnis dieser verrückten Maßregel sei bemerkt, daß der Überzieher auch nirgends anderswohin gelegt werden darf.)
3. Der Kommandant bestrafte zwei Mann mit sieben Tagen Mittelarrest, weil sie ihre Schwimmwesten nicht bei sich trugen. (Der Erste Offizier bestrafte sechs Mann mit je sechs Stunden Strafexerzieren, weil die Westen durch das viele Tragen undicht wurden.)
4. Das Aufhängen der Hängematten ist auch da verboten, wo keine Geschütze stehen. (Weshalb, ist mir dunkel, nur erklärte Bosheit kann derartiges ersinnen.)
Solche kleinlichen Nadelstiche gegen die Besatzung gibt es eine ganze Menge. Sie verekeln die Lust und Liebe am Dienst, ja sie reizen direkt zur Sabotage an. Hier und dort verschwindet etwas, oder es ist ruiniert. Unser aller Wunsch ist es, die »Helgoland« möchte auf eine Mine laufen und das ganze Offiziers-Wohndeck in Fetzen reißen.

25. Juli 1916

Die berühmte Werftordnung ist in Kraft getreten, wonach jeder nur mit Erlaubnis des Wachtoffiziers austreten darf, über die Länge des Schiffes nicht hinausgehen darf, das Rauchen ist verboten, das Baden, Wäscheaufhängen usw. Alle diese Vorschriften sind da, um übertreten zu werden. Aber einem Offizier mit kleinlicher Denkungsart bieten sie hundert Handhaben, um uns zu quälen und zu schikanieren. Wie beschämend ist es, einen Leutnant von 20 Jahren fragen zu müssen ob man austreten darf. Und wenn man dann hören muß, ob es dringend sei oder nur ein Vorwand zum Drücken, da juckt es mir in den Fingern. Der frischgebackene Leutnant A. ist in diesen Kleinigkeiten wirklich groß. Es ist eine tiefe Schande, daß so einem Schnösel, den man noch als Kadett gekannt hat, eine solche Machtbefugnis in die Hand gegeben wird. Ich muß sagen, daß er noch lange nicht der gemeinste in dieser Hinsicht ist.

2. August 1917

Soviel mir bis jetzt sicher bekannt ist, war der Aufstand auf den Schiffen der »Kaiser«-Klasse am heftigsten, besonders auf »Prinzregent Luitpold« und »König Albert«. Auf letzterem Schiffe scheint die Hauptschuld beim Kommandanten zu liegen. Er ließ einen Heizer in Untersuchungshaft bringen, weil er Abonnenten für den »Vorwärts« gesammelt hatte. Infolge des einmütigen Verlangens zweier Heizerwachen mußte er ihn jedoch freigeben. Am nächsten Morgen wurde der Kommandant vermißt, und später fand man seine Leiche bei der Netzsperre treibend ... Niemand weiß, was geschehen, ob Mord, Selbstmord oder Unglücksfall. Jedenfalls ein Menetekel für alle anderen.

19. August 1917

Ich bin gespannt, ob die fünf Todesurteile auch wirklich vollstreckt werden. Mit ewiger Schande ist die Marine befleckt, wenn sie eine Korporalschaft findet, die sich dazu hergibt.

4. September 1917

Eines Nachmittags mußten alle Mann auf der Schanze antreten, um zu hören, wie der Kommandant die in letzter Zeit gefällten Gerichtsurteile vorlas. Von fünf Todesurteilen seien »nur« zwei vollstreckt, während die anderen zu lebenslänglich »begnadigt« wurden. Auch die Zuchthausstrafen sind größtenteils ermäßigt worden. Unsere beiden müssen nun anstatt zehn nur sechs Jahre büßen. Auf weitere Begnadigung sei aber nicht zu hoffen, und ein Amnestieerlaß käme für Kriegsverrat gar nicht in Frage. Damit hat nun das grausige Drama seinen (vorläufigen?) Abschluß gefunden. Wir aber, die hier geblieben sind, genießen nun die Früchte des Opfers. In der richtigen Erkenntnis, daß ein gefüllter Magen nicht leicht zu Gewalttätigkeiten neigt, gibt man uns jetzt gut und reichlich zu essen. Der alte Trick: Zuckerbrot und Peitsche. Die im Zuchthaus sitzen, sind fast vergessen. Von nun ab erhalten fünf Mann ein ganzes Brot.

(Richard Stumpf, Warum die Flotte zerbrach. Kriegstagebuch eines christlichen Arbeiters. Berlin 1927)

LINKE SEITE: Linienschiff »Thüringen« im Nachtgefecht am Skagerrak, 31. Mai 1916.

FOLGENDE SEITEN: Gedenkblätter einer deutschen Kriegsillustrierten für die »Emden«, deren Kreuzerfahrten am 9. November 1914 bei den Cocos-Inseln endeten. Ein Teil der Besatzung unter dem 1. Offizier, Kapitänleutnant von Mücke, kaperte den englischen Schoner »Ayesha«. Mit ihm, der »Emden II«, gelangten die deutschen Matrosen bis an die Südküste von Arabien, wo sie von verbündeten türkischen Truppen begeistert empfangen wurden.

Die Heldenfahrt der „Emden II.“
Kapitänleutnant v. Mücke

Indischer Ozean
Arabien
Arabisches Meer
Britisch Indien
CHINA
Golf v. Bengalen
Türkei
Rotes Meer
Oman
Erythrea
Abessinien
Brit.-Somalil.
Ital. Somaliland
Brit.-Ostafrika
Deutsch O.-A.
Portug. Ost-A.
Madagaskar
SIAM
Franz. Indo-China
Sumatra
Niederländisch Indien
Süd-Chinesisches Meer
Malakka
Java
Borneo
Vermutlicher Kurs der Ayesha cirka 8150 Kil. od. 4390 Seem.
Äquator
Medina
Mekka
Dschidda
Maskat
Karatschi
Bombay
Haiderabad
Nagpur
Kalkutta
Madras
Ceylon
Colombo
Point de Galle
Hodeida
Perim
Aden (Br.)
Massaua
Sokotra (Br.)
Addis Abeba
Makdischu
Mombassa
Pemba (Br.)
Sansibar (Br.)
Daressalam
Kufiji
Komoren (Fr.)
Moçambique
Tananarivo
Réunion (Fr.)
Mauritius (Br.)
Rodriguez (Br.)
Maskarenen
Seychellen (Br.)
Amiranten (Br.)
Galega I. (Br.)
Tschagos Iⁿ (Br.)
Malediven
Lakkadiven (Br.)
Andamanen (Br.)
Nikobaren
Kotaradscha
Pulo Pinang
Malakka
Singapore
Padang
Palembang
Batavia
Samarang
Keeling od. Kokos Iⁿ
Rangoon
Bassein
Bangkok
Saigon
Hanoi
Kanton

Feuerbereites Geschütz eines deutschen U-Bootes. Unangenehme Erfahrungen mit Geleitfahrzeugen und bewaffneten Handelsschiffen zwangen jedoch die U-Boot-Kommandanten mehr und mehr, auf Artilleriegefechte zu verzichten und ihre Angriffe unter Wasser mit Torpedos vorzutragen.

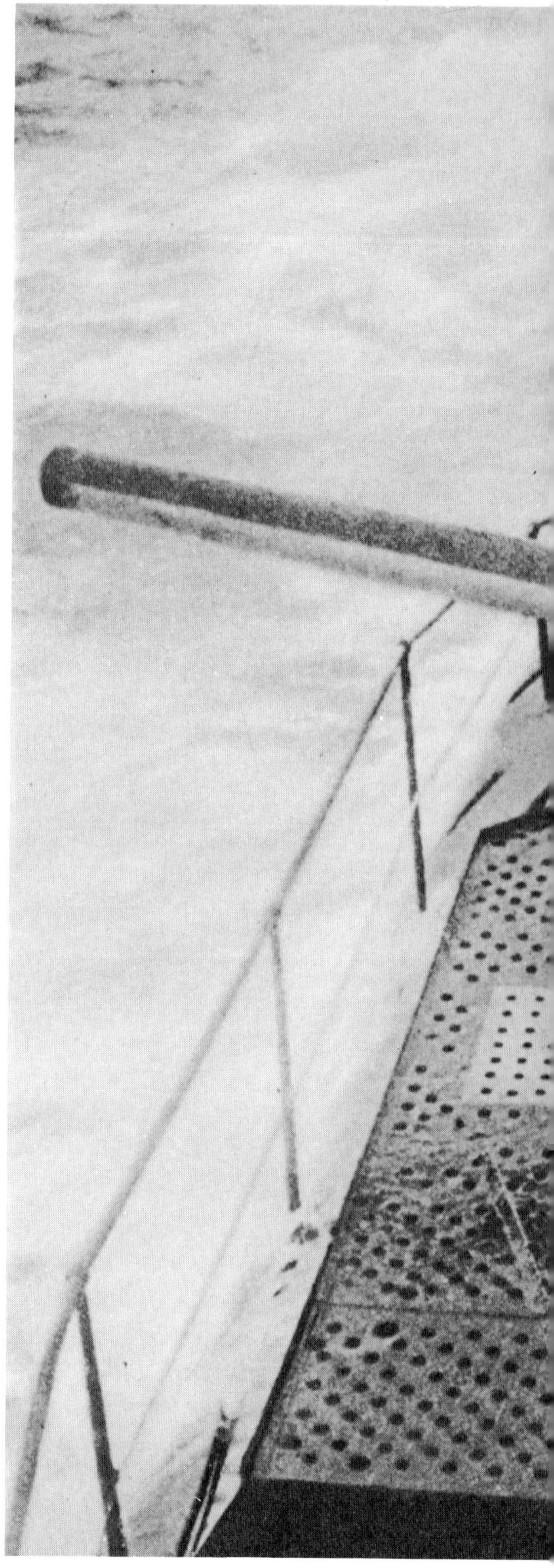

fern standgehalten, die englische Schiffe nicht überlebt hätten. Auch die taktische Ausbildung der deutschen Marine erwies sich als der der Royal Navy überlegen.
Strategisch hatte die Skagerrak-Schlacht keine Entscheidung herbeigeführt: Die deutsche Flotte war nicht imstande, die britische Blockade aufzubrechen. Die Briten wiederum hatten erkennen müssen, daß es kaum möglich war, tief in die Nordsee oder gar in die Ostsee einzudringen, um die schwierige Lage der Russen zu bessern oder gar die deutschen Erztransporte von Skandinavien über die Ostsee zu unterbinden.
Dennoch blieb nicht alles so, wie es vorher war. Admiral Scheer wußte nun, daß eine Entscheidungsschlacht der großen Flotten nicht möglich war. Er wurde zum härtesten Befürworter des uneingeschränkten U-Boot-Krieges als einzige Art des Kampfes gegen die britische Blockade. Tatsächlich wurde der uneingeschränkte U-Boot-Krieg 1917 wieder aufgenommen. Skagerrak war der Anlaß, der Kriegseintritt der USA die Folge. Die Unmöglichkeit, Rußland durch Lieferung von Munition und Ausrüstung zu unterstützen, führte Rußland zur Niederlage und geradewegs in die Revolution – mit allen ihren heute noch auf die Weltpolitik einwirkenden Einflüssen.
Aber auch für die strategische Gesamtlage im Ersten Weltkrieg war die Skagerrak-Schlacht von größter, freilich deprimierender Bedeutung: Die See war Deutschlands letzte verbliebene offene Flanke gewesen. Auch hier war keine Bewegung mehr möglich. Die Seefront erstarrte genauso wie die Fronten zu Lande.
Die Marine des Kaisers war erneut zur Untätigkeit verurteilt – und aus dieser Untätigkeit erwuchs erst Unzufriedenheit der Matrosen, dann Mißstimmung, schließlich Meuterei und Revolution. Skagerrak war der Anfang vom Ende des deutschen Kaiserreiches. Nicht nur des deutschen. Skagerrak war auch der Beginn vom Ende der seebeherrschenden britischen Royal Navy und somit auch vom Ende des britischen Weltreiches.
Die britische Flotte war im traditionellen Denken erstarrt, neue Impulse drangen nicht mehr durch. Gewiß, sie kämpfte noch hervorragend im Zweiten Weltkrieg, doch da bereits hatte sie ihre Unabhängigkeit an die Amerikaner verloren.
So besehen war Skagerrak eine der ganz großen Entscheidungsschlachten der Weltgeschichte – obwohl dort draußen auf den Wellen der Nordsee scheinbar nichts entschieden wurde.

Arras, Champagne, Chemin des Dames

Erschöpft von den mörderischen Schlachten vor Verdun und an der Somme, lagen die deutschen Infanteristen in Nässe, Morast und Kälte des Winters 1916/1917. Die neue Oberste Heeresleitung unter Hindenburg und seinem Chef des Stabes Ludendorff hatte Erfahrungsberichte der Fronttruppen ausgewertet und neue taktische Vorschriften herausgegeben. Es hatte sich gezeigt, daß die Verluste enorm angestiegen waren, wenn die Infanterie jeden Quadratmeter Bodens stur zu verteidigen hatte, daß aber bei einer elastisch geführten Verteidigung im Trichtergelände die Erfolgsaussichten gleich hoch waren, jedoch geringere Opfer forderten. Deshalb wurde fortan nicht mehr eine starre Linie, sondern ein Raum verteidigt, in dessen Tiefe getarnt eingesetzte Maschinengewehre wirken sollten.

Geschützte Grabenstellungen wurden freilich beibehalten, obwohl sich auf sie stets das Artilleriefeuer konzentrierte. Aus Gründen der besseren Führung und Versorgung erschien das notwendig. Die Infanterie hatte inzwischen leichte Maschinengewehre in großen Mengen erhalten, dazu leichte Minenwerfer. Zur schnelleren Versorgung der Fronttruppen wurden in verstärktem Maße Lastwagen produziert, wobei Material- und Facharbeitermangel Grenzen setzten und der Mangel an Gummi dazu zwang, die Räder mit Eisen zu bereifen. Hatte das Heer im August 1914 ganze 5000 Kraftfahrzeuge im Dienst, so waren es 1918 siebenmal soviel.

Unabhängig von diesen Verteidigungsmaßnahmen hatte Ludendorff hinter der Front neue Reservestellungen bauen lassen. Die wichtigste davon war die »Siegfriedstellung«, die etwa von Arras nach Laon führte. 370000 Arbeiter hatten zwei hintereinander liegende Linien mit starken Drahtsperren, Unterständen, Feuerstellungen für die Artillerie, Beobachtungsstellen, Gefechtsständen und Nachrichtenverbindungen errichtet.

Die Befehlshaber der 1. und 2. Armee schlugen der OHL einen Rückzug in die Siegfriedstellung vor: Die der Witterung ausgesetzte Fronttruppe sei geschützter, die Front werde um 50 Kilometer verkürzt, was einige Divisionen einspare. Nach anfänglichem Zögern willigte Ludendorff ein. In drei Nächten im März 1917 zogen sich die Truppen auf die neue Linie zurück – der Feind folgte nur zögernd.

Deutsche Angriffsabsichten bestanden nicht: Der immer stärker werdenden Aufrüstung Englands und Frankreichs vermochte Deutschland nicht mehr zu folgen. Seine Kräfte reichten zur Abwehr gerade aus. Außerdem war seit der Skagerrak-Schlacht erstmalig eine gemeinsame Strategie zwischen Land- und Seestreitkräften zustande gekommen – danach hatte jetzt die Marine den offensiven Part zu spielen: Die U-Boote sollten Englands überseeische Verbindungen abschneiden. Deutsche Vorausberechnungen hatten ergeben, daß England mit Sicherheit zusammenbrechen müsse, wenn fünf Monate lang monatlich 600000 Tonnen Schiffsraum versenkt würden.

Obwohl die USA erklärt hatten, daß ein erneuter uneingeschränkter U-Boot-Krieg ihre Kriegserklärung an Deutschland bedeuten müßte, nahm dies die Reichsregierung – obwohl sich der Reichskanzler und viele Politiker sträubten – in Kauf. Sie war sich ihrer Berechnungen sicher. Am 1. Februar 1917 begann deshalb mit 111 U-Booten der uneingeschränkte U-Boot-Krieg. Die Reichsregierung sah in ihm das einzige militärische Mittel zum Sieg. Durchschnittlich operierten fortan 32 Boote in den Seegebieten um England, 20 davon an der englischen Westküste, wo die Versorgungsschiffe aus Übersee die Häfen anliefen.

Der uneingeschränkte U-Boot-Krieg brachte erstaunli-

In einem englischen Schützengraben. Welches verzweifelte Bewußtsein die Männer im dritten Kriegsjahr erfüllte, zeigt der Bericht eines britischen Kompanieführers: »Ich konnte meinen Leuten nur sagen, ihre Aufgabe sei zu töten, zu töten und immer weiter zu töten, bis irgendwann einmal ein Zusammenbruch der deutschen Widerstandskraft erfolgen würde.«

OBEN: Die zerstampfte Erde Nordfrankreichs. Um den Besitz von Schlammpfützen, Sprengtrichtern, kümmerlichen Unterständen wurde hier wochenlang erbittert gerungen.

LINKS: Kanadische Truppen haben eine deutsche Grabenbesatzung überwältigt und sammeln Soldbücher ein.

che Erfolge: Allein in den ersten vier Monaten versanken 3,5 Millionen Tonnen Schiffsraum mit Versorgungsgütern in der See. Damit hätte den Berechnungen zufolge das Ende Englands schon eintreten müssen. Die OHL erwartete nun den Eintritt einer Hungerkatastrophe auf dem Inselreich für den Herbst 1917. Doch die Engländer verhungerten nicht, auch nicht, als nach 20 Monaten uneingeschränkten U-Boot-Krieges zwischen 8 und 14 Millionen Tonnen Schiffsraum vernichtet worden waren. Die Lage Englands war in der Tat ernst, doch niemals existenzbedrohend. Als die Nachschubdampfer in Geleitzügen zusammengefaßt und von Sicherungskräften eskortiert wurden, nahmen die Verluste der deutschen U-Boote in hohem Maße zu. Etwa die Hälfte der U-Boot-Männer sind auf See geblieben.

Auf dem Boden Frankreichs aber stellten sich englische und französische Truppen zur neuen Großoffensive bereit. Das war nicht ohne erhebliche Auseinandersetzungen zwischen den Alliierten abgegangen. Zunächst einmal hatten die blutigen Mißerfolge von Verdun und der Somme-Schlacht zur Ablösung des französischen Generalissimus Joffre geführt. Der energische junge General George Robert Nivelle war sein Nachfolger geworden. Vor Verdun hatte er unter dem Befehl von General Pétain gekämpft, der die Lage Verduns stabilisiert hatte. Später jedoch, als Pétains Nachfolger im Oberkommando der 2. Armee, war es Nivelle, der das symbolträchtige Fort Douaumont zurückeroberte. Pétain, der eigentliche Retter Verduns, hatte den Oberbefehl für sich erhofft und stand grollend abseits.

Von alliierter Warte aus betrachtet, sah die gegenwärtige Lage düster, ja verzweifelt aus: England schien nicht in der Lage zu sein, mit den deutschen U-Booten fertig zu werden. Hatten sich die Deutschen in ihren Berechnungen zum U-Boot-Krieg getäuscht, so enthielten auch die britischen Statistiken unglaubliche Rechenfehler: Die britische Admiralität hatte in ihren Zahlen des Schiffsverkehrs von und nach England nicht nur die Küstenschiffahrt, den Verkehr über den Kanal wie den von Nordamerika zur britischen Insel, sondern auch den gesamten Ozean-Verkehr eingeschlossen. Sie nahm mithin an, daß sie wöchentlich 5000 ein- und auslaufende Schiffe zu sichern habe statt tatsächlicher 200. Ein durchorganisierter Führungsapparat war ebensowenig vorhanden wie eine durchdachte U-Boot-Abwehrtaktik. Admiral Jellicoe und andere Admirale zögerten, das Geleitzugsystem einzuführen, weil das die Gefahr der Zusammenballung von Zielen für die U-Boote bot.

Eine Hilfe von Rußland – etwa durch eine Großoffensive an der Ostfront – war durch die dort ausgebrochenen revolutionären Wirren nicht zu erwarten. Im Februar 1917 hatten Truppenteile in Petersburg gemeutert, im März hatte Zar Nikolaus II. abgedankt; eine provisorische (liberale) Regierung, die den Krieg fortsetzen wollte, stritt sich mit Arbeiter- und Soldatenräten, die ihn zu beenden wünschten. Ebensowenig konnte es zunächst eine fühlbare Entlastung durch die USA geben. Die waren zwar am 3. April 1917 in den Krieg eingetreten, verfügten jedoch nur über eine kleine Berufsarmee. Ihr Ausbau und die industrielle Mobilmachung konnten noch lange dauern.

Die einzige Hoffnung der Entente-Mächte: eine Großoffensive in Frankreich – ungeachtet der Blutopfer von Verdun und der Somme-Schlacht. Wenn am Skagerrak keine Entscheidung gefallen war, so wollte Nivelle in Frankreich die Entscheidungsschlacht schlagen, noch bevor Rußland als Alliierter ganz ausfiel: Ein deutscher Sonderfriede mit Rußland würde die Masse der deutschen Armeen der Ostfront zum Einsatz in Frankreich freistellen – und das konnte eine Katastrophe für die Alliierten herbeiführen.

Richtig wäre es gewesen, einen gemeinsamen Oberbefehlshaber an die Spitze der englischen und französischen Armeen in Frankreich zu stellen – doch diese Absicht scheiterte an den Reibereien der Militärs untereinander. Immerhin konnte sich Nivelle durchsetzen: Er überredete die Engländer, nicht in Flandern – wie es ihre Absicht war –, sondern bei Arras anzugreifen. Nahezu gleichzeitig wollte Nivelle an zwei weiteren Punkten die deutsche Front durchbrechen: An der Aisne und in der Champagne. Mit allerstärkstem Artilleriefeuer und der bei Verdun so erfolgreichen Feuerwalze sollte das deutsche Abwehrsystem in einem Zuge durchstoßen und der Durchbruch zu Operationen im freien Raum weit hinter den deutschen Linien ausgeweitet werden.

Es begann, wie immer, mit einem Trommelfeuer, das in seiner Wirkung gegenüber dem von Verdun und an der Somme noch vielfach gesteigert war.

Ritter v. Dittelberger, Kommandeur des ersten Bataillons des bayerischen Reserve-Infanterieregiments Nr. 2, notierte: »Die Erde schwingt, die Luft wird geschleudert und fegt wie ein Windstoß um die Ohren. Donnerschlag auf Donnerschlag. Dazwischen leichtere und mittlere Kaliber ... Dann wieder Lagen von Streufeuer über die kalten, mürben Hänge, an deren feuchtem Boden giftige Gaswolken kleben ... Torpedominen, 138-Pfünder – von ungekannter Wirkung. Langrohre zerhageln die Anmarschstraßen ...«

Das Feuer begann am 3. April 1917. Karfreitag hielt es an, auch als aus Pulvernebeln der Ostersonntag, 8. April, heraufdämmerte, raste es noch immer, ebenfalls am Ostermontag, wo es sich zu einem krachenden, knirschenden, grellen Furioso steigerte – doch um 5.20 Uhr, so erinnerte sich der Leutnant d. R. Bittkau: »Dünn, von weit her ein Schrei: ›Die Engländer – raus – raus!‹ Von links kommen sie ... Da tobt der Kampf. Gewehrschüsse, Rufe, Handgranaten ...«

Zwei Batterien des Feldartillerieregiments 63 feuerten weiter, obgleich feindliche Artilleriefeuer auf ihren Stellungen lag. Um 10 Uhr erschienen durchgebrochene Engländer im Farbus-Wald. Maschinengewehrgarben fetzten in die Stellungen. Die Kanoniere feuerten weiter, wer abkömmlich war, lag mit dem Karabiner zwischen den Geschützen und schoß. Gegen 11 Uhr war nur noch Grünkreuz-Giftgasmunition vorhanden. Die Batterien belegten damit die Anmarschstraßen. Die Engländer umlagerten nun die Batterien in einem Halbkreis aus 200 Meter Entfernung. Um 11.45 Uhr waren auch Karabinermunition und Handgranaten verbraucht. Die Geschütze wurden gesprengt. Die Überlebenden schlugen sich nach rückwärts durch.

Aus einer Darstellung für das Reichsarchiv: »Voran zahlreiche Handgranatentrupps, dahinter dichte Wellen Schützen mit umgehängtem Gewehr, große Spaten in der Hand, so bricht der Engländer, gedeckt von seiner gewaltigen Artillerie, gegen 6 Uhr bei der 5./Res. Inf. Rgt. 262 in den Abschnitt Zollern ein. Schnell ist jedes Leben erstickt. Zwischen verschütteten Maschinengewehren ragen die Glieder der Toten, Posten der letzten Stunden. Die Mannschaft aber liegt tot in den zerquetschten Stollen.«

Vereinzelt hielten sich noch Maschinengewehrnester in der Tiefe des Abwehrraumes. Eines nach dem anderen schalteten die Engländer aus. Tanks rollten heran. Die Reste der Infanterie forderten Sperrfeuer an. Die deutsche Artillerie war vielfach zerschlagen, überrannt oder besaß keine Munition mehr. Die Artilleriebeobachter in den vorderen Linien waren gefallen, gefangengenommen, verwundet, die wenigen, die noch ausharrten, hatten keine Verbindung mehr zu ihren Batterien – die Fernsprechleitungen hatte das Artilleriefeuer zerfetzt. Ganze Infanteriebataillone gingen verloren. Der Leutnant d. R. Weil vom Kampfbataillon des 25. Infanterieregiments hielt mit wenigen Männern – den letzten des Bataillons – einen Bahndamm am Bataillonsgefechtsstand. Leutnant Weil wurde durch einen Schuß getroffen, der einen Rückenwirbel streifte, eine Niere verletzte, den Beckenknochen zersplitterte und ihn linksseitig vollkommen lähmte. Um 14 Uhr fanden ihn Engländer und legten ihn in den verlassenen Gefechtsstand. Anderentags wurde er abends in ein britisches Lazarett transportiert und operiert. Dann kam er auf das Hospitalschiff »La France«, um nach England gebracht zu werden. Am 17. April, abends 19.30 Uhr, sank es im Kanal. Weil wurde erst nach langer Zeit aufgefischt und gerettet. Im Wasser hatte er sich die Füße erfroren.

Horchposten in einem Stollen, die Minierarbeiten des Gegners feststellen sollen. Wo auch mit tagelanger Beschießung durch stärkste Kaliber nichts zu erreichen war, wurden, wie schon im Hochgebirge, nun auch im Flachland die Stellungen angebohrt und mit gewaltigen Minenladungen in die Luft gejagt.

An vielen Stellen, so zeigte sich bald, wurden die vorgehenden britischen Infanteristen von Tanks unterstützt. Aus Berichten für das Reichsarchiv: »Handgranaten in ganzen Bündeln fliegen unter die Raupenketten – ohne Erfolg. Nutzlos auch das kühne, opferfreudige Beginnen, die Tanks zu erklettern, um durch Öffnungen und Klappen ins Innere zu schießen oder Sprengkörper hindurchzuzwängen ... Endlich gegen 6 Uhr werden die Ungetüme von der Artillerie entdeckt ...« Viele Tankangriffe scheiterten an der Artillerie, so bei Monchy. Das Reichsarchiv: »Auch hier ein ungleiches Ringen mit Gewehr, Handgranate und Maschinengewehr gegen die Panzerwände der mit vollen Breitseiten feuernden Kampfwagen. Erst durch das Feuer der Batterien ... werden die Tanks außer Gefecht gesetzt und gehen in Flammen auf. Ihre Besatzungen finden in den Explosionen ihrer Benzinvorräte ein furchtbares Ende.«

Bei der deutschen Führung entstand ein erschreckendes Bild der Lage: Die Engländer waren tief in den Abwehrraum eingebrochen – schlimmer noch: Sie konnten ungehindert weitermarschieren, wenn sie selbständig handelten. Doch sie warteten auf Befehle.

Die deutschen Truppen, die für Gegenstöße bereitgestanden hatten, waren mit den Stellungstruppen zusammen überrannt worden. Kreuz und quer über das Gefechtsfeld rollten inzwischen ungehindert die britischen Tanks. Die deutsche Artillerie hatte hohe Verluste erlitten. Über dem Angriffsraum kurvten britische Flugzeuge im Tiefflug. Zwar wurden bereits um Mitternacht – also vor dem Angriff – die Eingreifdivisionen alarmiert, doch es sollte Stunden dauern, ehe sie heran waren.

Bald stellte sich die Ursache der Katastrophe heraus: Die Grundsätze des neuen Abwehrverfahrens waren nicht vollständig, sondern vermischt mit dem alten Verfahren angewendet worden. Vorn lagen die Abwehrlinien zu dicht aufeinander, die Artillerie stand zu nahe bei der Hauptwiderstandslinie, die Eingreifdivisionen wiederum waren zu weit entfernt.

Bereits am folgenden Tag – die Eingreifdivisionen waren herangekommen – entspannte sich die Lage. In örtlichen Gegenangriffen wurden Einbruchstellen beseitigt, die Masse der Tanks wurde abgeschossen – doch zumeist durch die Artillerie. Folgerungen zog die deutsche Führung daraus nicht. Ihr genügten die Zahlen. Eine wirksame Panzerabwehr der Infanterie wurde nicht entwickelt.

Am 11. April zogen sich die Engländer bei Monchy zurück. Deutsche Feldgeschütze schlugen mit Schrapnells und Granaten in das Gewimmel von Infanterie, Kavallerie und Artillerie. Das Reichsarchiv: »Munitionswagen krachen auseinander, berstend zerfetzt ihr Inhalt in alle Winde, die Wirkung der deutschen Granaten verdoppelnd. Protzen rasen hierhin – dorthin in stoßender, polternder, springender Fahrt, rücksichtslos die Gefallenen zerrädernd, die Stehenden niederreißend. Die Bedienungen sind in alle Winde versprengt, die Bespannungen wälzen sich zuckend am Boden ... Der Wirrwarr ist zu einem grausigen Chaos verstrickt. Drei in den Hexenkessel geratene Reitergeschwader suchen ihre Rettung in befreiender Attacke gegen die deutschen Linien ... Die Musketiere und MG-Schützen des Bataillons Brandt haben das von ihnen in mehr als 2½jährigem Feldzug nie geschaute Bild attackierender Reitergeschwader fast ungläubig betrachtet ... ›Kavallerie – Visier 400 – Schützenfeuer!‹ Wie eine Salve schlägt es aus den Läufen ... Man sieht die Pferde stürzen, die Reiter sich aus den Sätteln werfen ... Nur wenige satteleere, meist verwundete Pferde hatten die deutsche Stellung durchbrochen. Der Inhalt ihrer wohlgefüllten Packtaschen kam ein paar hungrigen Musketieren zugute.«

Am 14. April beendete Marschall Sir Douglas Haig, der britische Oberkommandierende, die Arras-Schlacht. Er hatte sie ohnedies nicht gewollt. Weit notwendiger schien es ihm, in Flandern offensiv zu werden, um die dortigen deutschen U-Boot-Basen auszuschalten.

Am Ostermontag, als die Briten mit ihrem Großangriff begannen, hatte General Nivelle das Trommelfeuer für die Doppelschlacht der Franzosen beginnen lassen. 10 Millionen Granaten lagen bereit, dazu 5 Millionen Handgranaten, 170 Millionen Gewehrpatronen. 53 Divisionen und 80 Tanks warteten das Feuer der 5300 Geschütze ab – das dauerte eine Woche. Nivelle erließ einen Tagesbefehl: »Die Stunde ist gekommen. Habt Vertrauen und seid mutig. Es lebe Frankreich!«

Am frühen Morgen des 16. April erhoben sich die Infanteristen der französischen 5. und 6. Armee und rannten gegen die zerschossenen deutschen Stellungen vor. Sie kannten inzwischen die neue deutsche Abwehrtaktik und versuchten, die Deutschen bis zum letzten Augenblick in der vordersten Linie festzuhalten. Außerdem stellten sie ihre Sturminfanterie so weit vorn auf, daß sie unmittelbar der eigenen Feuerwalze folgend sofort in der ersten deutschen Linie sein konnte – und so das deutsche Sperrfeuer ins Leere ging. Doch genaue deutsche Artilleriebeobachtung stellte das fest und legte das Vernichtungsfeuer exakt im richtigen Moment auf die französische Sturmausgangsstellung.

Die Franzosen erreichten die deutsche Abwehrzone und zogen die zweite und dritte Angriffswelle dicht an die erste heran, um sie dem Sperrfeuer zu entziehen. Das schien möglich, weil das deutsche Infanteriefeuer spärlich war – die deutschen Musketiere hatten sich in die Tiefe der Abwehrzone zurückgezogen.

Die näher der Abwehrzone liegenden deutschen Eingreiftruppen machten sich zum Gegenangriff bereit. Die französische Feuerwalze aber war nun der eigenen

OBEN: Handgranatenwurf aus dem Graben

LINKS: Deckung nehmen vor den Handgranaten des Gegners. Wie das blutige Einerlei des Schützengrabenkampfes auf den Soldaten wirkte, beschreibt der Brief eines Studenten von der Front: »Ich habe das Gruseln verlernt. Ich habe mich mit der Zeit daran gewöhnt und bin ebenso kalt dagegen geworden wie unsere Landser. Der Krieg verroht Herz und Gemüt, macht den Menschen kalt gegen alles, was ihn sonst ergriff und bewegte; und doch sind diese Eigenschaften, Härte und Unbarmherzigkeit gegen das Schicksal und den Tod notwendig für die heißen Kämpfe, zu denen der Schützengrabenkrieg führt. Wer die ganze Tragik der mannigfachen Ereignisse, die schon der normale Tag hier bringt, auf sein Gemüt einwirken läßt, der muß seinen Verstand verlieren oder überlaufen ...«.

Infanterie weit voraus über die zweite deutsche Linie hinweggewandert. Als die Franzosen sich der verstärkten deutschen Hauptwiderstandslinie näherten, schlug mit einem Male ein verheerendes Feuer in ihre dicht aufeinanderfolgenden ersten, zweiten und dritten Angriffswellen. Dazu setzte das deutsche Artilleriefeuer mit aller Heftigkeit ein.

Nur an zwei Stellen – bei Vailly und bei Craonne – gelang es französischen Truppen, tief in den deutschen Abwehrraum einzudringen, eine – angesichts der elastischen Abwehrtaktik – nicht ernst zu nehmende und korrigierbare Lage.

Die Engländer hätten bei Arras die deutsche Front durchbrechen können, wenn nur rechtzeitig gehandelt worden wäre. Nivelle wollte diesen Fehler nicht begehen. Als er die Meldungen von den Erfolgen bei Vailly und Craonne erhielt, glaubte er, daß der richtige Zeitpunkt gekommen sei, die Schlacht zu entscheiden. Er befahl gegen Mittag den Angriff der in Reserve stehenden 10. Armee über die Einbruchstellen und den Chemin des Dames hinweg, mitten durch die beiden vorn kämpfenden beiden Armeen hindurch. Am Abend, so kalkulierte Nivelle, müßten seine Soldaten bereits Laon erreicht haben. Dann wäre der Durchbruch gelungen, die Front in Bewegung geraten, die Entscheidungsschlacht geschlagen.

Dies war ein verhängnisvoller Irrtum, für den die Franzosen Nivelle mit dem Namen »Blutsäufer« bestraften. Die Infanterie der beiden vorn kämpfenden französischen Armeen – ohnedies schon zu dicht geballt – wurde durch die nach vorn stürmenden Infanteristen der 10. Armee zu Klumpen und Menschentrauben, die sich vor dem deutschen Feuer stauten. Es entstand ein unbeschreibliches Durcheinander. Massen von Soldaten im dichtesten Feuer, Kompanien, Bataillone, Regimenter, Divisionen, Korps und Armeen miteinander vermischt und verknäuelt. Keine Befehlsgebung mehr, nur noch Chaos und einschlagende deutsche Granaten. Doch immer mehr Infanteristen strömten herbei. Nivelle, den Sieg vor Augen, schickte alles nach vorn, was kämpfen konnte. Eine Angriffswelle nach der anderen strömte mitten hinein in das konzentrierte Abwehrfeuer. Meldungen, verzweifelte Bitten, den Menschennachschub einzustellen, gelangten in dem Chaos nicht rechtzeitig nach hinten. Auf deutscher Seite aber traten nun frische Eingreifdivisionen ins Gefecht.

An einem einzigen Tag wurden Nivelles 3 Armeen zerschlagen. Er hatte noch eine Hoffnung: den Erfolg seines Angriffes zwischen Prosnes und Auberive am Morgen des nächsten Tages, am 17. April. Er führte ebensowenig zum Sieg. Anstelle des großen, raumgreifenden Durchbruchs entstand wieder die gleiche Situation wie in allen Materialschlachten zuvor: sinnloses Trommeln, Verbluten zwischen Angriff und Gegenangriff. Nivelle rang dem Marschall Haig einen Entlastungsangriff bei Arras ab. Er begann am 23. April und führte zu nichts als zu blutigen Opfern.

Nivelle ließ verbittert immer wieder seine Poilus stürmen, bis in den Mai hinein. Noch während der Schlacht, am 15. Mai, enthob ihn die französische Regierung des Kommandos. Der »Blutsäufer« hatte seine Karriere und das Leben von 130000 seiner Soldaten verspielt. Nivelles Nachfolger wurde General Philippe Pétain.

Denn Furchtbares war geschehen, Undenkbares: Am 3. Mai war es zu einer Meuterei in der 2. Kolonial-Infanteriedivision gekommen. Sie sollte sich zu einem weiteren Angriff auf den Chemin des Dames bereitstellen, als Agitatoren unter den Soldaten Flugblätter verteilten: »Nieder mit dem Krieg! Tod denen, die dafür verantwortlich sind!«

Die Gehorsamsverweigerungen griffen rasch auf andere Truppenteile über. Jedoch waren es eher die Reserveeinheiten, unter denen es gärte, nicht die Fronttruppen. Dadurch blieben diese Vorgänge dem deutschen Gegner zumeist verborgen. Nachträglich angestellte Spekulationen, wie es denn wohl gewesen wäre, wenn ein rascher Angriff die moralisch erschütterten Franzosen getroffen hätte, sind müßig; die Poilus hatten ihre Lager nicht verlassen, verteidigt hätten sie sich wohl, nur ihrerseits angreifen wollten sie nicht mehr. Immerhin enthüllen Pétains Gegenmaßnahmen den gefährlichen Umfang der Meutereien und auch die Zustände, denen sie ihr Entstehen verdankten: 23000 Soldaten wurden von den Kriegsgerichten verurteilt, davon 400 zum Tode. Eine Urlaubsregelung wurde – erstmals – eingeführt, ebenso eine Urlaubsorganisation, die den Soldaten auf dem schnellsten Weg zu seiner Familie brachte – Dinge, die in der britischen oder deutschen Armee selbstverständlich, in der französischen dagegen fast unbekannt waren. Das Sanitätswesen und die Truppenverpflegung wurden verbessert; bisher hatte eigentlich nur die Versorgung mit billigem Rotwein (dem Brennstoff der Meutereien!) geklappt, jetzt gab es auch Frischgemüse. Entscheidend jedoch war das Auftreten Pétains. Anders als sonst beim französischen Generalstab üblich, machte er ausgedehnte Truppenbesuche, ließ sich an Ort und Stelle Beschwerden vortragen und errang durch Ehrlichkeit und Geduld das Vertrauen der Soldaten. Er versprach den demoralisierten, frierenden und kranken Männern nicht viel; aber was er versprach, das hielt er auch. »Wenn sein Wagen von einer Einheit abfuhr«, schreibt der Militärhistoriker Correlli Barnett, »hatten Offiziere und Unteroffiziere eine wertvolle Lektion über Menschenführung, über simple Anteilnahme an ihren Soldaten erhalten, die die französische Armee verzweifelt nötig hatte.«

Mitte Juli 1917 hörten die Meutereien gänzlich auf.

Tote und Lebendige in einem französischen Schützengraben. Offensiven im Frühjahr 1917, die erkennbar nichts einbrachten und doch immer aufs neue befohlen wurden, schlechte Behandlung durch die Offiziere und mangelnde Versorgung des einfachen Mannes – verständlich, daß französische Soldaten im Mai begannen, sich weiteren Angriffsbefehlen zu widersetzen.

Kriegsbegeisterung

Die eigentümliche Wechselwirkung von Front und Heimat beschreibt der englische Historiker Correlli Barnett: Lange Zeit blieben die Zivilisten gänzlich im Unklaren über die wahren Verhältnisse auf den Schlachtfeldern, träumten noch die Vorkriegsträume von Sieg und Ruhm und verhinderten so, daß realistische Anschauungen, wie sie die Soldaten längst gewonnen hatten, in der Heimat Fuß faßten – wodurch sich zwangsläufig der Krieg und die Leiden der Soldaten verlängerten, denn die massenhafte Selbsttäuschung wirkte bis in die Politik hinein.

Im wesentlichen lag dem Krieg ein ungeheurer Widersinn zugrunde, der alle Politik und alle Ereignisse beeinflußte, der den Krieg zu der riesigen Tragödie, die er war, werden ließ und ihm eine besondere historische Faszination verleiht.
1914 hatten eine universelle Erziehung und die populäre Presse eine öffentliche Massenmeinung erzeugt, doch war es eine Meinung, die noch immer auf der Unkenntnis der Welt beruhte – insbesondere der Welt jenseits der eigenen Grenzen. Ein anderes Land war ein anderer Planet, der von geheimnisvollen, minderwertigen, vermutlich feindlich gesonnenen Wesen bewohnt wurde. Die Romanautoren der Zeit, die sich mit der Gesellschaft befaßten, zeichnen ein Kleinbürgertum von einfachen, unwissenden Menschen, in deren Leben es eine unerträgliche Arbeitsdisziplin, Tabus in der Privatsphäre und einen ökonomischen Standard gibt, der dicht an Armut grenzt und nur wenige Möglichkeiten für eine schöpferische Entspannung bietet. Das wahre Bild vom Leben der großen Masse, von denjenigen, die 1914 in den Krieg zogen, ist nicht die arkadische Legende von der Tee-Gesellschaft auf dem Rasen unter Zedernbäumen, sondern ein trostloses Grau, das wenig Freude zuließ und der Persönlichkeit nur geringe Ausdrucksmöglichkeiten bot. Emotionelles Kolorit und Erfüllung, Machtgefühl und Heldentat mußten diese Menschen außerhalb ihrer Lebenssphäre suchen; all das fanden sie stellvertretend in Kaiser und Vaterland, in König und Empire, in Truppen- und Flottenparaden. Bis nach dem Abschluß der tödlichen Kämpfe an der Somme im November 1916 ließ der unversöhnliche, unlogische Haß an den Heimatfronten, insbesondere in England, einen Frieden ohne Triumph undenkbar erscheinen. Die Soldaten in Frankreich kannten die Wirklichkeit des Krieges und wußten, wie wenig er mit den Phrasen und der Propaganda gemein hatte. Für sie wurde der Krieg nicht nur sehr schnell zu etwas Furchterregendem und Grausigem, sondern ebensosehr zu etwas Langwierigem, zu einem Beruf, zu einer Lebensform. In der Heimat lebten die Menschen in einer viktorianischen Atmosphäre sich lautstark kundtuender Gefühlserregung; sie sahen den Krieg in den simplen Formen und kruden Farben der religiösen oder Mäßigkeits-Traktate des 19. Jahrhunderts.

Aufbruch zum Krieg. Die begeisterte Stimmung vom Sommer 1914 hielt sich in der Heimat weit länger als draußen an der Front.

Diese Menschen zu Hause wußten überhaupt nicht, worüber sie sprachen und was sie zu fühlen vermeinten; ihre Vorstellung vom Krieg war von der Realität so weit entfernt wie die Handlung eines Groschenromans von wirklicher Liebe und Ehe. Und die Soldaten konnten ihnen die Wahrheit nicht sagen.
Soweit es die britische Armee anbelangte, stand an erster Stelle die für die Nation charakteristische Wortkargheit, die bei den Offizieren infolge der schulischen Erziehung zum Schweigen und zum Stoizismus noch stärker hervortrat. Für den Soldaten, der sich in England auf Urlaub befand, war die Kluft zwischen der Front und seinem heimatlichen Kreis unüberbrückbar. Wie konnte man den Menschen, die man liebte, deren Leben noch immer so sorgenfrei und sicher verlief und die solch einen naiven Unsinn über den Krieg redeten, die eigenen Erfahrungen wahrheitsgemäß schildern – die tägliche Langeweile, das tägliche Elend, die Schrekken, den vertrauten, nicht mehr entsetzlichen Anblick Verstümmelter, die Ratten, die Läuse? Wie konnte man das merkwürdige Gefühl der Verwandtschaft mit den Deutschen, die im gegenüberliegenden Graben das gleiche erduldeten, diesen sauberen, strahlenden Zivilisten verständlich machen, für die der Krieg gleichbedeutend mit Ehre, Ruhm und Sieg war, für die es nur »unsere heldenmütigen Jungen« und »die verruchten Hunnen« gab? Front und Heimat blieben zwei Welten, die durch geistige Fallgitter getrennt waren, Fallgitter, die vielleicht auf dem Schiff, vielleicht in der Entlausungsstation herabfielen. Im Gegensatz zum Zweiten Weltkrieg gab es keine Radioberichte, die die Wahrheit auf kürzestem Wege vom Schlachtfeld in die Heimat vermittelten; die populäre Presse lieferte statt Wahrheit Illusion, um die Illusion zu nähren. Es war ein Aspekt des tragischen Wahnsinns des Krieges, daß es gerade die eigene Familie des Soldaten mit ihrer Siegessucht war, die ihn in den Gräben festhielt, daß es die geistige Haltung eben der Menschen, die so ängstlich auf ein Telegramm des Kriegsministerium warteten, war, die die Wahrscheinlichkeit erhöhte, daß sie tatsächlich die Nachricht vom Tode eines ihrer Lieben erhalten würden.
Denn das Verlangen nach einem totalen Sieg hatte nichts mit Vernunft gemein. Die Früchte des Sieges oder das Schicksal, das er abwenden würde, konnten niemals in einem angemessenen Verhältnis zu den Opfern stehen.

(Correlli Barnett, Anatomie eines Krieges. Eine Studie über die Hintergründe und entscheidende Phasen des Ersten Weltkriegs. München – Esslingen 1963)

Flandern und Cambrai

Die Steigerung von Verdun, Somme und Arras hieß Flandern. Seitdem im Herbst 1914 die Schleusen von Nieuport geöffnet worden waren, stand das Grundwasser drei Spatenstiche tief unter der Erdoberfläche. Gräben, Deckungslöcher und Granattrichter liefen in kurzer Zeit voll. Die Soldaten beider Seiten lagen fast dekkungslos im Feuer und schutzlos im Wasser. Die einzige Rettung waren aus Beton gebaute und durch Erdaufschüttungen getarnte Bunker. Feindliche Artillerieflieger erkannten sie dennoch irgendwann an den zu ihnen hinführenden Trampelpfaden und leiteten das Feuer der schweren Artillerie so lange, bis der Betonklotz unter der Wucht vieler Einschläge zerschellte oder sich im weichen Boden auf die Seite neigte. Die Geschütze standen zumeist, nur notdürftig abgedeckt, frei im Gelände. Die Munition mußte herangetragen werden – Pferde und Wagen versanken im Morast.

Nur bei St. Eloi und Wytschaete, einem Hügelgelände von 80 Meter Höhe, war es trocken, aber keineswegs angenehm. Genau dort beulte sich die deutsche Front in einem Bogen nach Westen aus. Weil es den Engländern nicht möglich war, die Deutschen aus ihren auf den Hügeln liegenden Stellungen zu vertreiben, begannen sie – Grundwasser war nicht zu befürchten – Stollen unter die deutschen Gräben vorzutreiben und sie mit Sprengstoff zu laden, um die darüber befindliche Verteidigungsstellung in die Luft zu jagen. An der flachen Küste wiederholte sich der unterirdische Kampf in düsteren Stollen, der auch unter den Berggipfeln Südtirols mit Erbitterung tobte.

Nach dem Beginn des uneingeschränkten U-Boot-Krieges wurde der Frontbogen von Wytschaete für die Engländer noch bedeutungsvoller als zuvor: Weiter ostwärts ging Unheil aus von den deutschen U-Boot-Stützpunkten Ostende und Zeebrügge. Dieser Stützpunkte wegen bereitete Marschall Haig langfristig die große Flandern-Offensive vor – Ostende und Zeebrügge sollten eingenommen, mindestens aber in den Feuerbereich der britischen Artillerie einbezogen werden. Voraussetzung für die Offensive war die Wegnahme des Höhengeländes von Wytschaete.

Das deutsche Heeresgruppenkommando Kronprinz Rupprecht erwog, die äußerst gefährdete Wytschaete-Stellung zu räumen, aber die örtlichen Kampftruppenkommandeure sprachen sich dagegen aus: Die jetzige Vorderhangstellung bot bessere Abwehrmöglichkeiten als jede andere Linie im Sumpf. Hinzu kam, daß zwar einige Anzeichen britischer Angriffsvorbereitungen erkannt worden waren, andererseits aber seit dem letzten Winter die Briten ihre Minierarbeiten vollkommen eingestellt hatten. Tatsächlich aber waren die Stollen längst fertig – wie Pessimisten in deutschen Stäben auch befürchtet hatten –, und die Mineure warteten nur auf den Befehl zur Sprengung. Sie warteten monatelang.

Bereits im Mai 1917 nahm das britische Artilleriefeuer deutlich an Stärke zu und steigerte sich vom 4. bis zum 6. Juni zu einem noch nie erlebten Feuerorkan, der am Abend des 6. allerdings fast verstummte. Gegen 4 Uhr morgens, am 7. Juni, warf ein britisches Flugzeug eine grüne Leuchtbombe ab. Sofort brach das Trommelfeuer wieder mit äußerster Heftigkeit aus. Es war so ungeheuer, daß kaum bemerkt wurde, wie gleichzeitig auf einer Frontbreite von 10 Kilometern 19 unterirdische Sprengungen – zum Teil in 60 Meter Tiefe – ausgelöst wurden – insgesamt 40 Eisenbahnwaggon-Ladungen Dynamit.

Unmittelbar danach griffen – immer auf 10 Kilometer Breite – 12 britische Divisionen die deutschen Stellungen an. Sie wurden von Tanks und Tieffliegern unterstützt. Die Reste der deutschen Stellungstruppe – 7000 Mann – gerieten in Gefangenschaft. Die blutigen Verlu-

Zerschossenes Dorf bei Ypern. Hier wurde schon im Herbst 1914 unendlich viel Blut vergossen. Inzwischen zur Mondlandschaft geworden, war Flandern 1917 abermals Schauplatz erbitterter Kämpfe, als Engländer versuchten, zu den deutschen Marinebasen an der belgischen Küste durchzubrechen.

ste waren sehr hoch, ihre Zahl ist jedoch nicht genau bekannt.
Nach dieser Ouvertüre setzte die Flandern-Schlacht beiderseits Ypern von neuem ein: Artilleriestreufeuer – in den folgenden Tagen steigerte es sich. Es gibt kein genaues Datum, wann die Schlacht begann und keines, wann sie endete. Es steht nur fest, daß den ganzen Juli über das Trommelfeuer raste. Täglich wurden mehr Granaten verschossen als im ganzen Krieg von 1870/1871. Stichtag für den Angriff der Infanterie war der 31. Juli 1917. Die Feuerwalze wurde so allmählich vorverlegt, daß nicht mehr festzustellen ist, wann genau die Briten die vorderste deutsche Linie erreichten. Das war übrigens schon deshalb nicht möglich, weil es diese vorderste Linie nicht mehr gab. Sie war zerschlagen, untergegangen in einem gleichförmig aussehenden Trichterfeld, das keine besonderen örtlichen Merkmale mehr aufwies. Auf einer Breite von 16 Kilometern brachen die Engländer in die deutsche Front ein. Aus der Tiefe der Abwehrzone traten ihnen die deutschen Eingreifdivisionen entgegen. Sie stoppten die englische Infanterie und brannten dabei selbst zu Schlacke aus.
Der Brief eines unbekannten Musketiers des Infanterieregiments Nr. 46 ist erhalten geblieben: »Ich sage Euch, wir hatten ganz erschöpfte Nerven, denn wir hatten Tag und Nacht keine Ruhe mehr. Von unseren Schützengräben war nichts mehr zu sehen, man mußte frei oben weg, um seine Lebensmittel zu erlangen. Wir glaubten, der Weltuntergang käme. Mit 20- und 38-Zentimeter-Kaliber schossen sie nach unseren Unterständen, dazu kamen ihre schweren Torpedominen, die eine Wirkungskraft haben, daß, wenn ein Volltreffer richtig sitzt, eine 7 bis 8 Meter tiefe Deckung vollständig zertrümmert wird ... Nun kam der 31. Juli, der Angriffstag, den ich gewiß und alle, die ihn mitgemacht haben, zeitlebens nicht mehr vergesse ... Von 8 Uhr morgens bis 8.30 Uhr machte der Feind aus sämtlichen Geschützen und Minenwerfern einen unbeschreiblichen, kaum glaubhaften Feuerüberfall, speziell bloß auf unseren vordersten Graben. Unter diesem Schutze seines Feuers machte sich der Feind durch eine Mulde im Vorgelände bis 40 Meter an unseren Graben heran. Plötzlich ertönten Alarmsignale, Alarmrufe und dergleichen, und wir wußten, was los war ... Nach zweistündigem Handgranatenkampf war der Hauptangriff für den Feind unter schweren Verlusten abgeschlagen ... Der Kampf tobte unter schwerem Artilleriefeuer noch den ganzen Tag und die ganze Nacht, so daß wir unsere Toten und Verwundeten kaum wegschaffen konnten und dann nur immer mit Verlusten. Ich sage Euch, man wünschte sich selber den Tod, nur daß man mal Ruhe hätte. Unsere Kompanie hatte an diesem Tag allein 16 Tote und 34 Schwerverwundete. Die 9. Kompanie hatte 42 Tote und über 40 Schwerverwundete ...«
Es gab aus diesem Irrsinn kein Entrinnen, weder für den Soldaten vorn, noch für die Strategen in ihren Hauptquartieren. Sie alle waren in diesem Bannkreis gefangen: Trommelfeuer, Angriff, Gegenstoß, Verteidigung. Der Krieg hatte sich festgerannt. Eine Bewegung war nicht mehr möglich. Den ganzen August hindurch tobte die Schlacht. Ganz langsam kamen die Engländer voran: Trommelfeuer, Angriff, zwei Kilometer Geländegewinn. Dann wieder das gleiche, und wieder, und dann der Gegenangriff – Teile des eroberten Geländes brachten die Deutschen wieder an sich. Regenfälle verwandelten das Schlachtfeld in einen einzigen Sumpf.
Marschall Haig hatte eine Landungsoperation an der belgischen Küste geplant und sie dann doch nicht durchführen lassen, weil das Unternehmen aussichtslos schien. Die Schlacht dauerte im September noch immer an. Der Unteroffizier Schreiner schrieb in einem Feldpostbrief nach Hause: »Eine eigentliche Stellung ist hier noch nicht. Wir sind jedesmal vier Tage vorne. Da sitzt man vier Tage und Nächte in den Granattrichtern bis über die Knie im Schlamm. Das Essen kann nur mit größter Mühe herangebracht werden. Schlaf gibt es dann während der vier Tage überhaupt nicht, und man muß sich ganz zusammenreißen, daß einen die Verzweiflung nicht überkommt. Aber es geht. Besieht man sich bei Tage das Gelände, so glaubt man sich in eine andere Welt versetzt. Ich habe schon viel erlebt im Krieg, aber hier war ich doch erschüttert, als ich das Bild sah. Vom alten Boden sieht man überhaupt nichts mehr. Trichter an Trichter. Fängt man an zu graben, so stößt man auf Leichen, Engländer wie Deutsche liegen umher. Da gehören eiserne Nerven dazu. Furchtbares haben die Leute hier mitgemacht ... Aber sie sind nicht durchgekommen. Dörfer sind weggeblasen von der Erde. So sieht es hier aus. Wie schon gesagt, die Kämpfe haben hier nachgelassen. Seit einigen Tagen haben wir hier nun Frost, das ist auch besser. Da wird man wenigstens nicht so lehmig und naß ...«
Zu den Scharen von Verwundeten gesellten sich die an Darmkatarrh Erkrankten. Im November schlief die Ypern-Schlacht ein. In vier Monaten hatten die Engländer ein Geländestück von acht Kilometer Tiefe und 20 Kilometer Breite gewonnen. So gesehen, waren sie die Sieger der Flandern-Schlacht. Ihr Ziel, den deutschen U-Boot-Basen mindestens bis auf die Reichweite ihrer Ferngeschütze nahezukommen, blieb unerreicht. Ihr Preis: 320000 Tote, Verwundete, Vermißte, Kranke und Gefangene.
Der britische Marschall Haig befahl eine neue, wenngleich begrenzte Operation, und dies nur zögernd und widerstrebend: einen Massenangriff von Panzerkampfwagen. Das allein war schon etwas völlig Neues, denn bislang wurden die Tanks lediglich in kleinen Gruppen

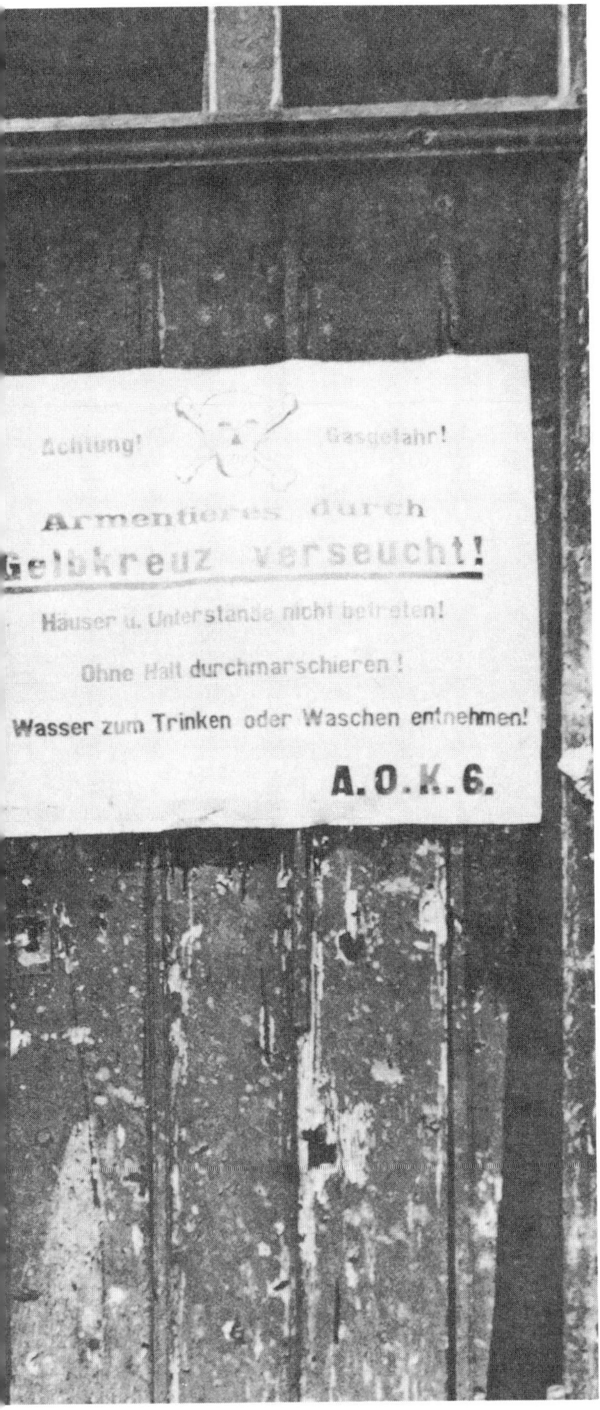

Im Westen wurde Kampfgas auf beiden Seiten verwendet. Besonders scheußlich war das Dichloräthylsulfid, genannt Gelbkreuz, das sogar Uniformstücke durchfraß und manchmal tagelang sich im Gelände hielt.

FOLGENDE SEITEN: Gasmasken für Mensch und Tier – oft genug kein ausreichender Schutz gegen die heimtückische Waffe.

der Infanterie beigegeben. Unerhört aber war für die Verhältnisse des Ersten Weltkrieges, in dem das Trommelfeuer in jeder Schlacht zur Einleitung unabdinglich war – und je länger es dauerte, um so besser, daß diese Angriffsoperation völlig überraschend und ohne Vorbereitungsfeuer der Artillerie erfolgen sollte.

In der Nacht zum 20. November 1917 rasselten 378 britische Kampfwagen, gegliedert in 3 Brigaden zu je 3 Tank-Bataillonen, in ihre Sturm-Ausgangsstellung vor, ohne von den Deutschen gehört oder bemerkt zu werden. Auf 13 Kilometer Breite sollten sie bei Cambrai die deutschen Stellungen überwalzen.

John Frederik Charles Fuller, Generalstabsoffizier des »Royal Tank Corps« und einer der Schöpfer der britischen Kampfwagen, schildert die Tankschlacht von Cambrai aus britischer Sicht so: »Der Angriff begann ... um 6.20 Uhr auf einem Gelände, das nicht zerschossen war. Der Feind floh in panischem Schrecken, und um 16 Uhr war – von der Operationsbasis mehr als sieben Meilen entfernt – ein Durchbruch von knapp sechs Meilen erzielt worden. Während der dritten Ypern-Schlacht hatte man für ein gleiches Vordringen ohne Durchbruch über drei Monate gebraucht. 8000 Gefangene wurden gemacht und 100 Geschütze erbeutet, allein die Gefangenenzahl machte das Doppelte der Verluste aus, die die zwei angreifenden Korps erlitten hatten ... Klar und deutlich hatte sich gezeigt, daß die Wiedereinführung der Panzerung auf dem Schlachtfeld – die durch den Explosionsmotor möglich geworden war – den Stillstand beenden würde ...«

Das war in der Tat das Rezept des Sieges, doch noch war es zaghaft angewendet worden. Die Tank-Bataillone hatten die nichtsahnenden deutschen Infanteristen überrollt, die keinerlei wirksame Panzerabwehrmittel besaßen und natürlich auch im Kampf gegen Panzerwagen nicht ausgebildet waren.

Die Tanks zerwalzten Drahtverhaue und kämpften MG-Nester nieder – die Infanterie hatte freie Bahn. Ihr folgte britische Kavallerie dichtauf. Doch als sie über die Einbruchstelle hinausritt, genügte das Feuer einiger weniger deutscher Maschinengewehre in der Tiefenzone, sie blutig abzuwehren. Dennoch: In zwölf Stunden stießen die Briten auf 13 Kilometer Breite neun Kilometer weit vor. Mit einem derartigen Erfolg hatte die englische Führung nicht gerechnet und keine Infanterie-Reserven zum Nachstoßen bereitgestellt. Nur deshalb war es den Engländern nicht mehr möglich, weiter durchzubrechen und, unter Umständen, schlachtentscheidend in das Hinterland hinein vorzudringen.

Am zweiten Kampftag brachten schnell zusammengekratzte Reserven die Engländer nach heftigen Kämpfen zum Stehen. Die Oberste Heeresleitung entschloß sich zum Gegenangriff, zog 18 Divisionen zusammen und schlug am 30. November nach kurzem Trommelfeuer

zu. Diesmal wurden die Briten überrascht. Nach zweitägigen Kämpfen gewannen die Deutschen den größten Teil des verlorengegangenen Geländes wieder zurück.
Der französische Oberkommandierende, General Pétain, wartete indessen geduldig auf das Eintreffen der amerikanischen Divisionen – fürs Jahr 1918 waren sie angesagt. Bis dahin bemühte er sich, den Kampfwert seiner Streitkräfte zu heben.
Er prüfte auch in der Praxis, ob die Armee nach ihrer Meuterei wieder zuverlässig geworden sei. Deshalb hatte er dem britischen Marschall Haig für die Flandernschlacht die 6 Divisionen seiner 1. Armee unterstellt, denen wesentlich mehr Geschütze und Flugzeuge zur Unterstützung beigegeben waren als in den vorherigen Schlachten. Die Franzosen hatten bei der Flandern-Schlacht lediglich Flankenschutz zu gewähren, erlitten verhältnismäßig geringe Verluste und erwiesen sich als verläßlich.
Pétain wagte sich auch an ein eigenes, begrenztes Angriffsunternehmen heran: Im Vorfeld von Verdun befanden sich noch die herrschenden Höhen »304« und »Toter Mann« in deutschem Besitz. Die französische Armee zerhämmerte diesen kleinen Geländeabschnitt in einwöchigem Trommelfeuer, in dem neben Brisanz – außerordentlich viel Gasmunition verschossen wurde. Die Frontlänge betrug etwas mehr als 17 Kilometer. Die Armee sollte nicht weiter als 3000 bis 4000 Meter vordringen. Die Artilleriekonzentration war beispiellos: 60 Prozent der Soldaten der 2. Armee gehörten zur Artillerie. Im August stürmten die französischen Infanteristen. Sie erlitten nur geringe Verluste. Etwa 10000 deutsche Soldaten gerieten in Gefangenschaft. Reserven konnte die deutsche Führung kaum ins Gefecht werfen – alle verfügbaren Truppen standen in der Flandern-Schlacht.
Ähnlich perfekt organisiert und erfolgreich verlief ein weiteres Pétain-Unternehmen: Nach sechstägigem Trommelfeuer stürmte die französische 6. Armee, ebenfalls nur drei Kilometer weit, auf elf Kilometer Breite die deutschen Gräben bei Malmaison, westlich der Hügelkette des Chemin des Dames. Auch hier wieder: 10000 deutsche Gefangene und ein winziger Geländegewinn. Ein kleiner Sieg, doch kein Rezept, um den Krieg zu gewinnen. Cambrai wies da schon eher in die Zukunft.
Doch auch auf deutscher Seite wurde für das kommende Jahr geprobt, und zwar dort, wo es weniger auffallen konnte: Ohne das warnende, umständliche und langdauernde Einschießen der Artillerie drückte ein deutsche Großverband unter General v. Hutier bei Riga den russischen Brückenkopf an der Drina ein. Ein plötzliches Trommelfeuer von nur fünf Stunden Dauer hatte die Operation eingeleitet. In kleinen Gruppen brachen

OBEN: Britischer Tank nach einem Artillerie-Volltreffer. Die Gesamtzahl aller vernichteten alliierten Panzer wird auf rund 4500 geschätzt.

LINKS: Fast 400 Panzerkampfwagen boten die Briten im November 1917 bei Cambrai auf.

FOLGENDE SEITEN: Zonnebeke, ein Dorf im heißumkämpften flandrischen Wytschaete-Bogen, nach der Schlacht. Nur die Grundmauern der Kirche sind noch zu erkennen.

die deutschen Infanteristen in die russischen Stellungen ein und nahmen sie. Dies konnte der Schlüssel zum Durchbruch sein.
Der Durchbruch beschäftigte die Stäbe aller kriegführenden Armeen. Der Durchbruch und seine schnelle Ausweitung hinter den feindlichen Linien war die einzig mögliche militärische Form zur Beendigung des Krieges.

Isonzo und Piave

Der Gedanke an den Durchbruch beseelte auch die italienische Führung. In den Bergen Südtirols war er nicht zu erreichen, doch viel wahrscheinlicher im Karstgebiet um Görz, im Tal des Isonzo-Flusses.
General Graf Luigi Cadorna, der italienische Oberkommandierende, hatte seine Soldaten in zehn Isonzo-Schlachten immer wieder gegen die Österreicher anrennen lassen. Besonders die Elitetruppen – Alpini und Bersaglieri – kämpften außerordentlich zäh und gut. Doch nach zweijährigem, nahezu ergebnislosem Stürmen war auch bei den Italienern der Punkt erreicht, an dem die Moral mürbe wurde. Die Desertionen nahmen zu. 20000 der Armee entlaufene Sizilianer verbargen sich in unzugänglichen Gegenden Süditaliens und formierten regelrechte Räuberbanden. Bei der zehnten Isonzo-Schlacht im Mai 1917 verloren die Italiener 200000 Mann, darunter 3 Regimenter, die sich ohne Gegenwehr gefangennehmen ließen. In anderen Großverbänden kam es zu Meutereien.
Nach französischem Vorbild reorganisierte General Cadorna seine Armee und riskierte mit ihr am 18. August 1917 die elfte Isonzo-Schlacht. Die italienischen Truppen hielten durch, wenngleich ihnen der Schwung fehlte. Dafür aber zeigten sich nun bei den österreichisch-ungarischen Gegnern Auflösungserscheinungen: Ganze Abteilungen – meist Ruthenen, Slowenen und Tschechen – liefen zu den Italienern über. Die deutsch-österreichischen Einheiten dagegen schlugen sich hervorragend. Cadorna schaffte den Durchbruch nicht.
Doch bei der k. u. k. Führung entstanden Zweifel, ob ihre Armee eine zwölfte Isonzo-Schlacht durchhalten könne. Dann schon eher eine eigene Offensive, sofern sie durch deutsche Truppen unterstützt würde. Auf deutscher Seite gab es entschiedene Befürworter einer solchen Operation: Italien, und gerade die Isonzo-Linie, war die weiche Stelle der westlichen alliierten Front. Ludendorff, der seine wenigen Verfügungsdivisionen im Osten einsetzen wollte, um doch noch die russische Front zu zerschlagen, sagte zögernd zu. Die Vorstellung eines Zusammenbruchs der österreichischen Alpen-Front beunruhigte ihn denn doch. Er ließ aus 8 deutschen und einigen österreichisch-ungarischen Divisionen die 14. Armee unter General Otto v. Below bilden. Äußerste Geheimhaltung und schnelles Handeln waren die Bedingungen. Ein erkannter Aufmarsch mit zusammengeballten Truppen- und Materialmassen in engen Gebirgstälern hätte mit katastrophalen Folgen durch Feindartillerie zerschlagen werden können. Eile war geboten, weil der Herbst und der Gebirgswinter nahten und so alle Bewegungen erstarren lassen konnten.
Das k. u. k. Evidenzbüro organisierte die Feindaufklärung und besondere Täuschungsmaßnahmen: So wurde eines der deutschen Korps zunächst nach Südtirol transportiert. Deutsche Soldaten zeigten sich an der Hochgebirgsfront in den vordersten Linien, telefonierten und funkten. Deutsche Quartiermacher beschlagnahmten aber auch Schulen und andere Unterkünfte im damals österreichischen Triest. General v. Below unternahm selbst, begleitet von zahlreichen Offizieren, eine Fahrt nach Südtirol. Tatsächlich verstärkte Cadorna die italienische Südtirol-Front um 7 Brigaden.
Die zur Erkundung für Anmarsch, Bereitstellung und Kampfplanung unerläßlichen Kommandos wurden zahlenmäßig beschränkt und durften an der Front nur österreichische Kopfbedeckungen tragen. Der Radiohorchdienst des Evidenzbüros hatte den italienischen Funk-Code »geknackt« – das Schlüsselwort hieß »Capitombolano«, nämlich »Purzelbaumschläger«. Zahlreiche Horchgruppen – sie hießen »Penkala« nach dem Reklamebild einer gleichnamigen Bleistiftmarke, die einen Kopf mit großem Ohr zeigte – lauschten den italie-

Minenwerfer am Isonzo. Für ihre Herbstoffensive 1917 organisierten Österreicher und Deutsche das stärkste Artillerieaufgebot, daß es bisher im Alpenraum gegeben hatte.

nischen Funksprüchen und dechiffrierten sie. Auch die deutsche 14. Armee erhielt eine österreichische »Penkala« unterstellt.
Die Masse der deutschen Verbände wurde außerhalb der rückwärtigen Kampfzone in Kärnten und Krain untergebracht. Dort erhielten sie von ihren österreichischen Waffengefährten die nötige Gebirgsausrüstung. Wichtig waren vor allem Tragtiere, durch die sich der Pferde- und Maultierbestand jeder Division um rund 1000 vermehrte – eine Zahl, die nicht einmal ausreichte. Deshalb hatten die Infanteristen bis zu 37 Kilogramm Gepäck »am Mann« zu schleppen. Die bisher meist nur im Flachland eingesetzten deutschen Soldaten mußten sich mit Tragesätteln, Tragekörben, Kochkisten, Karren, Gebirgs-Werkstätten, Gebirgs-Bäckereien und leichten Gebirgs-Trains vertraut machen. Sie übten außerdem Bergmärsche mit zunehmender Gepäckbelastung, Gebirgspatrouillen, Gefechtsübungen in den Bergen und das Schießen bei großen Höhenunterschieden.
Arbeiter, Strafgefangene, aber auch Rekruten verbesserten inzwischen die Marschwege – es waren dies sämtlich Straßen; Eisenbahnstrecken gab es im Aufmarschgebiet überhaupt nicht –, verstärkten Brücken, sicherten

OBEN: Italiener im Schützengraben. Die Verteidigungsanlagen im Isonzo-Gebiet waren trotz der Warnungen vor einer bevorstehenden deutsch-österreichischen Offensive nicht verstärkt worden. Man hielt diese höheren Orts angesichts der Geländeschwierigkeiten für unwahrscheinlich.

RECHTS: Das Festungswerk von Flitsch, heute jugoslawisch Bovec, an dem vorbei der Angriff vorgetragen wurde.

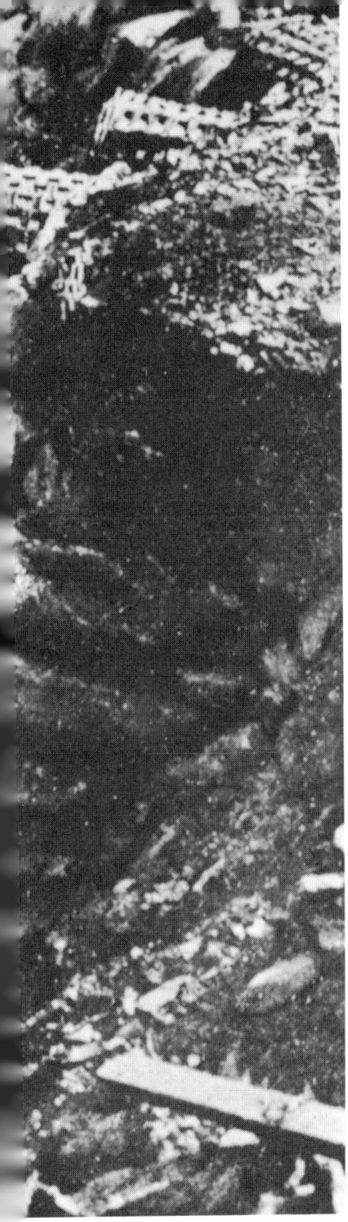

abschüssige Strecken, legten Rast- und Ausweichstellen an. Besondere Vorkehrungen betrafen die Verkehrsregelung an einspurigen Straßen und Wegen.
Eine unendliche Mühsal war der Aufmarsch der Artillerie. Oft mußten Geschütze durch Menschenkraft über weite Strecken die Höhen emporgeschleppt und gezerrt werden – das dauerte mitunter Tage für ein einziges Geschütz, oder besser Nächte, denn alle Bewegungen durften nur im Schutze der Dunkelheit stattfinden. Alle entbehrlichen Fahrzeuge mußten danach wieder mehrere Tagesmärsche weit zurückgebracht werden.
Deutsche Jagdflieger trafen ein und wehrten die italienischen Aufklärer und Caproni-Bomber ab. Außerdem übernahmen deutsche Flak-Einheiten die Luftsicherung. Deutsche Aufklärer fotografierten das gesamte Angriffsgelände mit Reihenbildgeräten, um das mangelhafte Kartenmaterial zu ergänzen.
Zuletzt wurde die Artilleriemunition nach vorn gebracht, gleichfalls bei Nacht, mit Fuhrwerken, oft auch nur mit Tragtieren. Die Kampfgruppe Flitsch erhielt ihre Geschosse durch den Raibler Bergwerkstollen, unterhalb des Predilpasses, zugeführt. Vier Wochen lang beförderten 3000 Mann täglich 300 Tonnen Munition durch den Stollen. Ab Mitte Oktober 1917 begannen die Nachtmärsche der Angriffstruppen aus ihren weit entfernten Ruheräumen in die Bereitstellungen. Manche Verbände mußten bis zu sieben Nächte lang marschieren. Starke Regenfälle weichten die Straßen auf, deren Zustand sich durch den starken Lastwagen- und Fuhrwerksverkehr noch weiter verschlechterte.
Es kam zu schrecklichen Unfällen auf den glitschigen Straßen, neben denen oft mehrere hundert Meter tiefe Abgründe gähnten. Unterhalb des Kirchheimer Passes lagen über 50 abgestürzte Lastautos. Durch die Regenfluten bildeten sich reißende Gebirgsbäche, die stellenweise über die Bergstraßen flossen. Wer in der Dunkel-

Ein Gebirgsgeschütz wird in Stellung gebracht. Einmal aus der Gebirgsregion in die Ebenen von Friaul und Venetien gelangt, vollzog sich der österreichisch-deutsche Vormarsch in beeindruckender Präzision und Schnelligkeit.

heit vom Wege abkam, wurde von ihnen in die Tiefe gerissen. Unermeßlich lang zogen sich die Kolonnen von schwer bepackten Soldaten, Pferden, Tragtieren und Kraftwagen durch die regengepeitschten, stockdunklen Nächte. Jedes Einschalten von Scheinwerfern oder Taschenlampen war verboten. Die tagsüber bezogenen Ruheplätze versanken im Schlamm; kaum bot sich eine Möglichkeit, die durchnäßten Uniformen zu trocknen.

Besorgniserregend war dabei, daß wiederum tschechische, serbische und rumänische Soldaten des österreichischen Heeres zu den Italienern überliefen, darunter sogar aktive Offiziere rumänischer Abkunft, der Oberleutnant Maxim und ein anderer Leutnant. Sie hatten mehrere Befehle und Karten mit Einzeichnungen mitgenommen. Die Italiener waren gewarnt, unterließen aber das befürchtete Artilleriefeuer auf die Anmarschstraßen. Vermutlich reagierten sie deshalb nicht, weil das schlechte Wetter Aufklärungsflüge nicht zuließ, den Überläufern aber das Angriffsdatum nicht bekannt gewesen sein konnte.

Erst kurz vor Angriffsbeginn besserte sich die Wetterlage. Nach Mitternacht, in der ersten Stunde des 24. Oktober, goß es nicht mehr, nur noch ein feiner Sprühregen nieselte herab. Genau um 2 Uhr donnerte aus Tausenden von Geschützrohren die erste Salve des österreichisch-deutschen Trommelfeuers, das sich bald zum Orkan verstärkte. Obwohl sich die Feuerdichte nicht mit jener der Schlachten im Westen messen konnte, war die moralische Wirkung mindestens gleich hoch, denn in

den hohen Bergen rollte das Echo so stark hin und zurück, daß der Donner der Artillerieschlacht sich zum Toben des Weltunterganges vervielfältigte. Auf italienischer Seite blitzten Suchscheinwerfer auf, in deren Licht lediglich weit über das Tal hinwogende Gasschwaden und daraus hochwachsend die Detonationspilze der Brisanzgeschosse zu erkennen waren. Die italienische Artillerie erwiderte das Feuer mit einzelnen Geschützen, verstummte aber bald. Auch die Scheinwerfer verlöschten einer nach dem anderen. Die österreichisch-deutsche Artillerie bekämpfte die Haupt- und die Kammstellungen sowie die italienischen Kavernen-Batterien – diese vor allem mit Gasmunition. Das Feuer der Minenwerfer lag indessen auf der vordersten Linie der Italiener.

Schon lange vor dem Zeitpunkt des Angriffs hatten sich die deutschen und österreichischen Sturmtruppen nahe an die vordersten italienischen Stellungen herangearbeitet. Um 8 Uhr morgens, als das Feuer weiterwanderte, stürzten sich die Angreifer auf der ganzen Front gleichzeitig auf die italienischen Gräben und überrannten sie fast mühelos. Die Nebel zogen an den Berggipfeln hoch, die anfänglich gute Sicht wich bald neu einsetzendem Regen. Auf die Gipfel fiel Schnee. Die durchnäßten und vom langen Anmarsch erschöpften Sturmtruppen rannten der zweiten Linie entgegen. Nur spärlich setzte italienisches Sperrfeuer ein.

Bereits kurz nach 8 Uhr morgens an diesem 14. Oktober beobachteten italienische Offiziere von den Bergen oberhalb Volarje eine lange Marschkolonne, die in Richtung Karfreit zog. Die Italiener waren sicher, österreichische Gefangene gesehen zu haben. Gegen Mittag erkannte auch der General Farisoglio, Kommandeur der italienischen 43. Division, unten im Tal ein wildes Durcheinander von Kolonnen und Trossen. Er verließ seinen Gefechtsstand auf einem Berghang nörd-

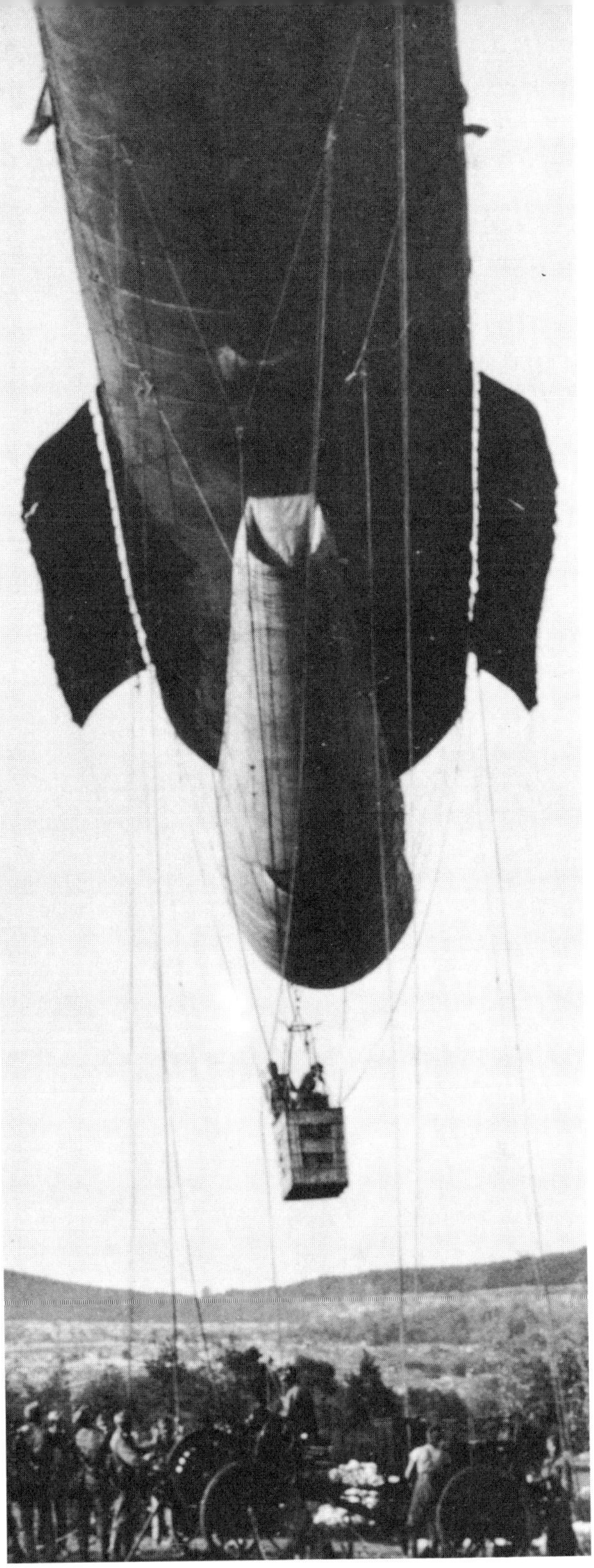

lich Karfreit und eilte hinunter, um Ordnung zu schaffen. Deutsche Truppen nahmen ihn gefangen – er war mitten in den Vormarsch der deutschen 12. Infanteriedivision hineingeraten.

Weder die Italiener noch die Österreicher und Deutschen hatten mit einem derart raschen, seit dem August 1914 nicht mehr erlebten Vormarsch gerechnet. Im Raum Tolmein hatte er mit einem zähen Angriff der k. u. k. 50. Infanteriedivision unter General Gerabek begonnen. Diese Division mußte zwar nicht, wie die meisten anderen, mühsam auf Berge steigen; ihr Angriff führte im Gegenteil anfangs bergab. Aber ihr Kampf spielte sich in einem wild zerklüfteten Gelände ab. Nach dem Erstürmen der ersten italienischen Linie hatte sie mehrere steile und befestigte Schluchten zu überwinden und dann die zweite, stark ausgebaute Stellung zu nehmen, diese nun in Höhen bis zu 2000 Meter, die teilweise bereits tief verschneit waren. Die zur 50. Division gehörende Gebirgsbrigade Tlaskal stieß auf italienische Eliteformationen, darunter Bersaglieri. Dennoch blieb der Angriff stets im Fluß. Am Abend hatte die 50. Division 7000 Gefangene eingebracht und 90 Geschütze erobert. Ihr Vorgehen ermöglichte ihrem links angelehnten, im Isonzo-Tal vorgehenden Nachbarn einen bravourösen Siegeslauf: Die in der Masse aus Schlesiern bestehende preußische 12. Infanteriedivision des Generals Lequis mit unterstellten österreichischen Artillerieabteilungen drang rechts und links des Isonzo so schnell vor, daß sie bereits nach 11 Uhr die zweite italienische Linie in Besitz nahm und unverzüglich weiter vorstieß.

Am Fuße der Kolovrat-Abhänge überrumpelte sie mehrere feuernde schwere Batterien, deren Kanoniere – trotz völliger Überraschung – sich hartnäckig wehrten, doch bald überwunden wurden.

Der Stab des zur 12. Division gehörenden I. Bataillons/Infanterieregiment 23 ging allein auf der Straße nach Golobi, stieß auf eine italienische Munitionskolonne und entwaffnete sie, sah einen Fernsprechtrupp der Bersaglieri und nahm ihn gefangen, ebenso wie eine weitere Bersaglieri-Gruppe. Diese bildete die Marschspitze einer herannahenden Truppe, mit der sich bald ein Feuergefecht entwickelte. Glücklicherweise kamen jetzt Teile des eigenen Bataillons, eine bayerische MG-

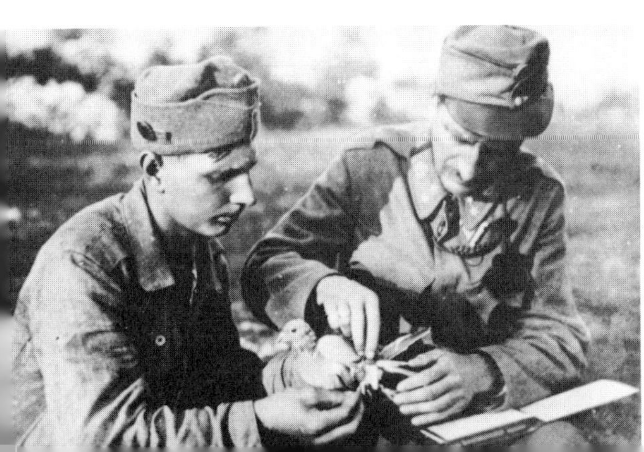

LINKS OBEN UND UNTEN: Zwei fliegende Beobachtungs- und Nachrichtenmittel, an der italienischen Front in gleicher Weise gebraucht wie auf anderen Kriegsschauplätzen: der Fesselballon und die Brieftaube.

LINKE SEITE: Gefangenen-Sammelstelle bei Tolmein. In den drei Tagen der Durchbruchschlacht am Isonzo gerieten 60 000 Italiener in Gefangenschaft.

Oben und rechts: Gesprengte Brücken, wie hier der Eisenbahnviadukt von Salcano bei Görz (italienisch Gorizia) über den Isonzo, waren ernste Hindernisse für den Vormarsch der Verbündeten. Infanterie konnte sich mit Booten behelfen, aber für das Übersetzen von schwerem Gerät fehlte es zumeist an Pioniermitteln.

Abteilung und auch das III. Bataillon heran. Über Luico führten die Italiener weitere Verstärkungen zu. Artillerie- und Minenwerferfeuer setzten ein, erste schwere Verluste traten auf. Die Munition wurde knapp. Zwei Geschütze des oberschlesischen Feldartillerieregiments v. Clausewitz Nr. 21 wurden eilig herbeigeschafft. Die Kampfgruppe hielt die Nacht über durch, bis sie am Morgen Hilfe erhielt.
Inzwischen drangen andere Teile der 12. Division weiter auf Karfreit zu vor, brachten bei Idersko reiche Beute und Hunderte von Gefangenen ein, die »Evviva Germania« riefen und sich in Richtung Tolmein in Sicherheit brachten.
Um 15.30 Uhr bereits erreichte die 11. Kompanie des

Infanterieregiments 23 die 15 Kilometer hinter der italienischen Front liegende Ortschaft Karfreit. In den Aufzeichnungen des Chefs dieser Kompanie, Oberleutnant Kattner, heißt es: »Rasch ging es durch die Stadt, von Straße zu Straße, überall Hunderte von Gefangenen machend, die häufig aus den einzelnen Häusern herausgeholt werden mußten. Die Einwohner kamen überall jubelnd aus den Häusern gestürzt und küßten uns Hände und Füße. Überall pflanzte sich der Ruf fort: ›Hoch die Deutschen!‹ Erst auf dem Marktplatz wurde haltgemacht ... Mitten auf dem Platz standen die Spielleute und bliesen ›Sammeln‹; auch ein Bild, wie ich es nirgends wieder im ganzen Kriege erlebte. Außer vielen Vorräten fiel uns hier eine Militärbäckerei mit 5000 Broten in die Hände ... Der linke Flügel der Kompanie unter Vizefeldwebel Becker ... erreichte als erste den Westausgang von Karfreit, auch hier zahlreiche Gefangene machend, als ein Auto aus dem Ort herauskam und entweichen wollte. Dem schneidigen Vizefeldwebel gelang es sofort, das Auto zum Halten zu bringen, und wie groß war sein Erstaunen, als er aus dem Auto einen Divisionskommandeur mit Adjutant und Generalstabsoffizier herausholte!«

Das Angriffsziel des Tages war bereits genommen; Oberleutnant Kattner aber ließ weiter vorrücken und traf in Staro-Selo seinen Bataillonskommandeur mit den übrigen Kompanien. Ohne Aufenthalt ging es weiter. Kattner in seinen Aufzeichnungen: »Lichterloh brannten vor uns ein Dorf und große Magazine, welche die Italiener selbst in Brand gesteckt hatten, ein bei der nunmehr völlig hereingebrochenen Nacht unheimlicher Eindruck. In völliger Dunkelheit stößt die Spitze unter Leutnant Schaffranek plötzlich wieder auf eine befestigte Stellung, die ebenfalls nach kurzem Kampf genommen wird ... Von überall her knallt es, Freund und Feind konnte man in der Dunkelheit nicht mehr unterscheiden. In Creda machten wir endlich halt, da wir völlig erschöpft waren und in der Dunkelheit ein weiteres Vorgehen zwecklos schien. Die Ortswachen wurden organisiert, der Rest sinkt ermattet in einer kleinen verlausten Stube auf dem Marktplatz nieder. Eigentlich eine unerhörte Frechheit, mit kaum 100 Mann so mutterseelenallein in Feindesland zu sitzen ohne jeden Anschluß und Verbindung! Dazu noch unten im Tal; rechts und links auf hohen Bergen der Gegner. Nachts trieben unsere Patrouillen noch über 150 Mann zusammen. Die Einwohner erzählten uns, daß vor wenigen Stunden der König mit Cadorna hier gewesen und nach einer Besprechung südwärts abgefahren sei. Wenn wir die erwischt hätten!«

Das Reichsarchiv bemerkte in seiner Geschichte der Isonzoschlacht: »Der kühne, mit unvergleichlicher Tapferkeit ausgeführte Durchbruch der schlesischen 12. Infanteriedivision ist ohne Beispiel in der Geschichte des

Stellungskrieges. Am ersten Angriffstag gelangte die Division unter fortwährenden Kämpfen ohne jede Rücksicht auf die eigene Sicherheit 27 Kilometer tief hinter die feindliche Front. Das ganze Stellungsgebiet zwischen Flitsch und Tolmein war derart im Rücken gefaßt, daß die Verteidiger zum größten Teil abgeschnitten waren und der Gefangennahme nicht mehr entgehen konnten. Die Division hatte im ersten Anlauf ferner den wichtigen Zugang des Natisone-Tals in ihre Hand bekommen und hier dem Gegner wirksam das Heranführen seiner Reserven verwehren können.«

Südlich des Isonzo, anschließend an die 12. Infanteriedivision, hatte sich an jenem 24. Oktober das schon aus den Kämpfen in Südtirol und bei Verdun bekannte Deutsche Alpenkorps zum Angriff bereitgestellt.

Das erste Angriffsziel war die stark befestigte Höhe 1114 auf dem Kolovrat-Kamm. Dort liefen die in jahrelanger Arbeit ausgebauten italienischen Abwehrstellungen zusammen – es war der gordische Knoten des gesamten italienischen Stellungssystems, den es zu durchschlagen galt. Aus dem nördlichen Teil des Brückenkopfes von Tolmein brach das Deutsche Alpenkorps zum Angriff hervor, durchstieß die italienischen Linien und stürmte bereits um 11.30 Uhr die Stellungen der italienischen Artillerie. Das bayerische Leibregiment überraschte Offiziere beim zweiten Frühstück, scheuchte Kanoniere beim Kartenspiel auf und erbeutete 30 Geschütze; später vereinnahmte es noch eine Tragtierkolonne.

Gegen 16 Uhr erreichte das III. Bataillon der bayerischen »Leiber« den Fuß des Monte Kolovrat. Für kurze Zeit rissen die Wolkenschwaden auf: Am Berg schlugen noch unaufhörlich die deutschen Artilleriegeschosse ein. Ganze Felsblöcke donnerten – losgerissen von den Einschlägen – den Hang hinab. Die 12. Kompanie unter Oberleutnant Schörner kletterte dennoch Mann für Mann den weglosen Grat zum Gipfel hinauf, der eine große Hochfläche mit mehreren Kuppen bildet und von einer ringförmigen Befestigung gekrönt wurde.

Die Soldaten stiegen in größter Eile und unter stärksten Strapazen auf. Wechselweise schleppten sie die 6 leichten Maschinengewehre mit, die nur »leicht« hießen, weil bei ihnen die schwere Lafette fehlte. Bleischwer waren auch die vielen Munitionskästen. Mehrere Mann brachen vor Erschöpfung zusammen, einer starb aus Überanstrengung.

Das Heranheulen der deutschen Granaten und die erschütternden Einschläge, das grollende Echo von den Berghängen hatten aufgehört. Die Dämmerung brach herein, als Schörner mit der aus Freiwilligen gebildeten Spitze einen Felsabsatz dicht unterhalb des Gürtelringes der Nordkuppe erstieg. Jetzt erst erkannte er die Einzelheiten: Tiefe Hindernisse, eckige Felsbauten – ein regelrechtes Fort. Italienische Kommandos waren zu hören, Rufe hallten – doch sie galten nicht Schörners Einheit, sondern Patrouillen der 9. und 11. Kompanie, die an anderer Stelle den Monte Kolovrat erstiegen hatten und sich nun von Osten her der Kuppe näherten. Die italienischen Soldaten eröffneten ein lebhaftes Gewehrfeuer.

Die Kompanie Schörner war hingegen noch nicht erkannt; einige ihrer Soldaten fanden einen schmalen Durchlaß am Drahthindernis. Nur die leichten Maschinengewehre und zwei Züge waren am Hindernis angelangt, die restliche Kompanie befand sich noch im Anstieg. Dennoch entschloß sich Oberleutnant Schörner zum sofortigen Sturm. Der vorderste Zug rannte durch die Gasse im Hindernis, zehn Meter vor einem italienischen Schützengraben wurde er mit Handgranaten beworfen. Der Zug sprang kurzerhand in den Graben, rollte ihn auf; der nächste Zug folgte nach und besetzte sofort ein Teilstück des zweiten Grabens. Deutsche Handgranaten detonierten in den Ausgängen zweier Stollen. Erst vor der Gipfelkrone stockte der Angriff. An zwei Stellen wiesen ihn die Italiener ab, an einer dritten Stelle gelang einer Gruppe der Einbruch.

Um 17.30 Uhr war der Monte Kolovrat in deutscher Hand. Ein eisiger Wind setzte ein, der in der Nacht zum orkanartigen Sturm anschwoll. Nur noch schreiend war eine Verständigung möglich. Die erschöpften und durchnäßten Soldaten zitterten in der Kälte und suchten in Höhlen und Stollen Schutz. Dort stießen sie auf weitere Italiener. Eine Patrouille stellte ferner fest, daß wenige hundert Meter westlich des Gipfels noch stark besetzte italienische Gräben lagen. Gegen die im Osten aufgestiegenen Teile der 9. und 12. Kompanie erfolgte ein gefährlicher Gegenstoß. Feuerkampf im Orkan. Von Ruhe war keine Rede mehr. Von Forni her stiegen gegen Mitternacht zwei Abteilungen des württembergischen Gebirgsbataillons auf. Eine, bestehend aus drei Kompanien, führte der junge Oberleutnant Rommel. Die Lage stabilisierte sich. Im eisigen Wind starrten zwei junge Oberleutnants in Feindrichtung: Ferdinand Schörner und Erwin Rommel. Beide wurden in dieser Schlacht mit dem höchsten deutschen militärischen Orden, dem Pour le mérite, ausgezeichnet. Beide sollten später einmal Generalfeldmarschälle des Zweiten Weltkrieges werden. Jetzt aber kämpften sie gegen das italienische IV. Korps unter Generalleutnant Pietro Badoglio – auch ein Name, der in den Annalen des Zweiten

RECHTS: Unübersehbare Mengen an Kriegsmaterial ließen die Italiener auf ihrer hastigen Flucht hinter die Piave zurück.

FOLGENDE SEITEN: Nahkampfszene aus einer der Isonzo-Schlachten. Das böhmische Feldjägerbataillon Nr. 2 im Kampf um die Oslavijahöhe.

RICHARD
ASSMANN
ISONZO
FRONT

Weltkrieges häufig auftauchen sollte: Marschall Badoglio führte Italien aus der Allianz mit Hitlers Deutschland in das Lager der Alliierten hinüber.

Der erste Tag der zwölften Isonzo-Schlacht war im schnellen Vorstoß aus dem Raum Tolmein heraus über alle Erwartungen hinweg gelungen. Aber auch aus einem zweiten Raum heraus, nämlich dem von Flitsch, war die »Gruppe Krauß« tief in die italienischen Stellungen eingebrochen. Dieser Großverband, geführt vom österreichischen General der Infanterie Alfred Krauß, bestand aus dem k. u. k. I. Korps mit der Edelweiß-Division, der 22. Schützendivision, der 55. Infanteriedivision sowie der deutschen Jägerdivision, einem deutschen Pionier-Gaswerferbataillon und einer deutschen Fliegerabteilung. Die »Gruppe Krauß« hatte infolge der im Flitscher Gebiet noch ungünstigeren Wetterlage und des zum Teil tief verschneiten, hoch gelegenen Kampfgebietes erhebliche Schwierigkeiten. Der Angriff eines Salzburger und eines Tiroler Regiments blieb vor unversehrten italienischen Drahthindernissen und im dichten Schneetreiben liegen, doch an anderen Stellen wurden die Angriffsziele zum Teil vorfristig erreicht. Am Abend zeigte sich, daß die k. u. k. 22. Schützendivision die Flitscher Stellungen vollständig durchbrochen hatte.

Der eisige Sturm, die Bora, hatte die Wolken vom Himmel gewischt – am Morgen des 25. Oktober schien die Sonne und ließ die schneebedeckten Gipfel glänzen. An der ganzen Isonzo-Front drangen die österreichischen und deutschen Sturmtruppen, in viele Einheiten und Teileinheiten aufgegliedert, durch Täler, Wälder, kletterten über Grate, stiegen über Hochflächen und vollendeten den Durchbruch.

Noch waren die Italiener im Besitz des Stol, des Monte Matajur und wichtiger Teile der Kolovrat-Stellung. Aus den Aufzeichnungen des Oberleutnants Niemann, Adjutant des Infanterieregiments Nr. 52 (5. Infanteriedivision): »Wir traten um 7 Uhr an und gewannen bald Fühlung mit dem Leibregiment. Die eroberten Stellungen waren ihrer Lage und Einrichtung nach vorbildlich. Der Italiener hatte augenscheinlich keine Zeit mehr zum Kofferpacken gehabt und hatte uns fast alles dagelassen: Butter, Wein, Sardinen und andere lang entbehrte Genüsse. Die Hauptsache aber war reiche Beute an erstklassig ausgerüsteten, großen und starken Tragtieren, so daß wir uns schnell und schmerzlos von den schwachen Panjes trennten. Auf den fast ebenen, tadellos erhaltenen Gebirgsstraßen ging es nun weiter ... Als das III. Bataillon bei Srednje um eine Bergnase biegt, fällt es beinahe über die Italiener, die hier eine Höhe stark besetzt haben. Ohne Besinnen wird zugefaßt und nach kurzem Ringen die Höhe genommen ... Wir saßen, wie sich herausstellte, mitten in den Italienern drin ...«

Die k. u. k. 50. Infanteriedivision brachte es fertig, die in Eis und Schnee starrende, von Bersaglieri tapfer verteidigte und für unersteigbar gehaltene Krn-Spitze zu erobern.

Auf der Höhe 1114, dem Monte Kolovrat, hielten die heftigen Kämpfe noch stundenlang an. Doch als das Stellungssystem immer weiter aufgerollt wurde, mehrten sich die Zeichen beginnender Auflösung beim Gegner. Auf einmal füllten sich die Gipfel und Grate mit schreienden, gestikulierenden Italienern, die bisweilen – ihr MG noch auf den Schultern – ohne Bewachung abstiegen und sich in die Gefangenenzüge im Tal einreihten.

Oberleutnant Rommel wandte sich mit seiner Abteilung gegen die bislang noch nicht angegriffene, zum Isonzo-Tal steil abfallende Nordfront des Kolovrat-Kammes. Gedeckt durch Bachrinnen und Latschendikkicht kamen Rommels Soldaten rasch voran. Ein Stoßtrupp griff von vorn, die übrige Abteilung von rückwärts an – der Feindwiderstand brach zusammen. Um 16 Uhr befanden sich Rommels Soldaten – aber auch solche der »Konkurrenz«, nämlich des Leibregiments – im Rücken der italienischen Brigade vor Luico und sperrten dem Feind bei Polova den Rückzugsweg. Nach dreistündiger Rast ließ Rommel bereits wieder marschieren, obwohl die Nacht hereingebrochen war. Sein Ziel: der Monte Matajur.

An diesem zweiten Offensivtag leisteten zwei Bataillone des österreichischen Kaiserschützenregiments 1 (k. u. k. 22. Schützendivision) im Hochgebirgskrieg Ungewöhnliches: Fast ohne jede artilleristische Unterstützung stürmten sie den 1168 Meter hohen Stol. Dazu mußten die Kaiserschützen zunächst die stark verteidigten Stellungen am Hum (1109 m) und am Prvi Hum (1079 m) nehmen. Danach hatten sie bergauf steigend 13 übereinander gestaffelte Stützpunkte im Kampf zu überwinden. Die Österreicher standen vom frühen Morgen bis um Mitternacht ununterbrochen im Gefecht. Dann hatten sie es geschafft, auch noch den letzten Stützpunkt westlich der Höhe 1450 nach zweieinhalbstündigem Kampf zu nehmen. Dieses Stellungssystem hatte als uneinnehmbar gegolten.

Am dritten Offensivtag, dem 26. Oktober, fiel das letzte Bollwerk: der Monte Matajur. Die Abteilung Rommel – abzüglich einer dreistündigen Rast – seit 56 Stunden im Kampf stehend, hatte um 11.40 Uhr den Gipfel des Monte Matajur erreicht, aber wie: Dieser Gipfel

Eine italienische Grabenbesatzung läßt sich von Österreichern gefangennehmen. Die Kampfmoral der Italiener war im Spätherbst 1917 auf dem Tiefpunkt angelangt. Es kam zu Meutereien, Reserve-Einheiten wurden an der Front mit dem Ruf »Streikbrecher« empfangen.

war von der zum Teil aus Bersaglieri bestehenden italienischen Brigade Salerno hartnäckig verteidigt worden. Deren Offiziere lagen selbst hinter den Maschinengewehren. In erbitterten Nahkämpfen und erschöpfenden Feuergefechten war es den drei Kompanien Rommels gelungen, fast die gesamte Besatzung – mehr als 4000 Mann – gefangenzunehmen und 30 Geschütze zu erbeuten. Die Verluste der Abteilung Rommel in drei Tagen: sieben Tote und 29 Verwundete.

Jenseits der italienischen Linien dröhnten dumpfe Detonationen; Feuerschein und Rauchwolken standen am Horizont: Die Italiener bereiteten ihren Rückzug vor. Jeder Gedanke an einen Gegenangriff war aufgegeben worden. Wie aus dem Bericht einer später eingesetzten Untersuchungskommission hervorgeht, stand die italienische Armee damals am Rande des Zusammenbruchs. Der häufige Wechsel der Kriegsminister und das Dulden zersetzender Propaganda durch den Innenminister hatte eine Kluft zwischen General Cadorna und der Regierung aufgerissen. Eine Kluft bestand aber auch zwischen Cadorna und seinen Offizieren. Bis zum Oktober 1917 hatte Cadorna 307 Generale und Oberste des Kommandos enthoben. In zehn Monaten hatte er 24 Kommandierenden Generalen ihre Armeekorps weggenommen. Das Regiment 144 besaß im Oktober 1917 den 31. Kommandeur seit Kriegsbeginn. Am 1. November 1917 verbargen sich im Hinterland außer 48000 gar nicht erst Eingerückten noch 66000 Deserteure. 1917 fand in der Armee täglich mindestens eine Hinrichtung statt. Nach dem Beginn der zwölften Isonzo-Schlacht flüchteten Soldaten ohne Waffen in Massen von der Front. Sie riefen: »Der Krieg ist aus! Nach Hause!« Selbst frisch eingesetzte Reserven wollten nicht mehr nach vorn. Zurückflutende Soldaten plünderten die Zivilbevölkerung aus. Kampfbereit anrückende Reserven von Eliteformationen wurden mit dem Ruf: »Streikbrecher« empfangen. Betrunkene Soldaten torkelten durch die Ortschaften der Etappe. Schließlich begann fast die ganze italienische 2. Armee ihre Waffen wegzuwerfen, die Dienstgradabzeichen von der Uniform zu reißen oder sich in Zivil einzukleiden.

Am 27. Oktober befahl um 2.30 Uhr morgens die italienische Heeresleitung den allgemeinen Rückzug über den Tagliamento. Den Anlaß dazu gab die Meldung, daß die k. u. k. 22. Schützendivision nun auch den Montemaggiore eingenommen habe. Eine Stunde später verließ General Cadorna sein Hauptquartier in Udine und begab sich nach Treviso. Tags darauf rückten bereits deutsche und österreichische Truppen in Udine ein. Auf dem Bahnhof war gerade ein Transportzug mit 2000 italienischen Soldaten eingelaufen. Sie wurden beim Aussteigen gefangengenommen. An diesem Tag stürzte die gesamte italienische Front von Görz bis zur Adria ein.

So war es nicht die italienische Armee, die den weiteren Vormarsch erheblich hemmte: Wolkenbrüche hatten den Tagliamento und alle anderen Flüsse anschwellen lassen. Die meisten Brücken waren gesprengt. Es fehlte an ausreichendem Pioniergerät, um die Flüsse zu überwinden, denn dieser riesige Erfolg war zu Beginn der Offensive nicht annähernd erwartet worden. Jetzt mangelte es an den nötigen Voraussetzungen, den Sieg zu vollenden.

Das österreichische Evidenzbüro erhielt inzwischen Agentenmeldungen aus der Schweiz, aus Spanien und Frankreich, wonach 10 englische und französische Divisionen nach Italien verlegt werden sollten.

Den Italienern gelang es derweil, an der Piave eine neue Widerstandslinie aufzubauen. Sie sprengten alle Brücken und brachten so den Vormarsch endgültig zum Stehen. Die deutschen und österreichischen Angriffstruppen waren völlig erschöpft; das Pioniergerät reichte immer noch nicht aus, und ernste Nachschubschwierigkeiten an Munition ließen das Brechen hartnäckigen Widerstandes nicht zu.

Das österreichische Oberkommando hatte inzwischen einen allerdings zu spät gefaßten Entschluß in die Tat umgesetzt: Es ließ aus dem Südtiroler Frontbogen heraus – aus dem Gebiet der »Sieben Gemeinden« – angreifen. Nach einem Durchbruch wäre ein Stoß in den Rücken der italienischen Piave-Front zum Ende der italienischen Armee geworden. Doch die Angriffskräfte erwiesen sich als zu schwach.

Nur die Zuführung weiterer deutscher Divisionen hätte die Offensive wieder in Gang bringen können. Die deutsche Oberste Heeresleitung aber benötigte sie nun für die geplante Frühjahrsoffensive des kommenden Jahres. Ende November 1917 wurde deshalb die Isonzo-Offensive eingestellt. Ihr Ergebnis: 10 französische und britische Divisionen standen nun in Italien und fehlten somit in Frankreich. Italiens Armee hatte Verluste in Höhe von 400000 Mann erlitten – die meisten waren in Gefangenschaft geraten. Die Österreicher hatten zu Kriegsbeginn 2240 Quadratkilometer ihres Bodens an der italienischen Front aus strategischen Gründen geräumt. 335 Quadratkilometer hatten die Italiener in 27 Kampfmonaten erobert – mit einem durchschnittlichen Verlust von 5400 Mann pro Quadratkilometer. Die Isonzo-Offensive aber hatte in drei Wochen 12000 Quadratkilometer italienischen Bodens eingebracht. Es war ein glänzender Sieg, der am Ausgang des Krieges allerdings nicht das geringste zu ändern vermochte.

Österreichische Truppen machen Rast auf der Piazza Vittorio Emanuele in Udine. Die Provinzhauptstadt wurde am 27. Oktober 1917 von den Italienern aufgegeben.

Standgericht am Tagliamento

Der amerikanische Journalist Ernest Hemingway diente als Sanitätssoldat in der italienischen Armee. In seinem Roman »In einem anderen Land« verarbeitete er eigene Erlebnisse in dichterischer Form, so auch Szenen aus der Flucht vor der deutsch-österreichischen Offensive im Herbst 1917, als Italiens Armee nahe der Auflösung war.

Ich sah auf den Mann, den die Offiziere gerade verhörten. Es war der fette, grauhaarige, kleine Oberstleutnant, den sie aus der Reihe geholt hatten. Die Verhörenden hatten alle die Tüchtigkeit, Kühle und Selbstbeherrschung von Italienern, die selbst schießen und auf die nicht geschossen wird.
»Ihre Brigade?«
Er sagte es ihnen.
»Regiment?«
Er sagte es ihnen.
»Wieso sind Sie nicht bei Ihrem Regiment?«
Er sagte es ihnen.
»Wissen Sie nicht, daß ein Offizier bei seiner Truppe sein muß?«
Er wußte es.
Das war alles. Ein zweiter Offizier sprach.
»Sie und Ihresgleichen sind es, die die Barbaren den heiligen Boden des Vaterlandes betreten ließen.«
»Ich bitte um Verzeihung«, sagte der Oberstleutnant.
»Durch Verrat wie den Ihren sind wir um die Früchte des Sieges gebracht.«
»Waren Sie jemals auf einem Rückzug?« fragte der Oberstleutnant.
»Italien sollte sich niemals auf dem Rückzug befinden.«
Wir standen im Regen und hörten dem zu. Wir standen den Offizieren gegenüber, und der Gefangene stand vor ihnen, ein bißchen zur Seite von uns aus gesehen.
»Wenn Sie mich erschießen wollen«, sagte der Oberstleutnant, »erschießen Sie mich bitte gleich ohne weiteres Verhör. Das Verhör ist dämlich.« Er machte das Zeichen des Kreuzes. Die Offiziere sprachen zusammen. Einer schrieb was auf ein Bündel Papier.
»Seine Truppe im Stich gelassen, Befehl, ihn zu erschießen«, sagte er.
Zwei Carabinieri führten den Oberstleutnant ans Flußufer. Er ging in dem Regen, ein alter Mann, ohne Hut, zu jeder Seite ein Carabinieri. Ich sah nicht, wie sie ihn erschossen, aber ich hörte die Schüsse. Sie verhörten jetzt einen anderen. Dieser Offizier war auch von seiner Truppe getrennt. Man erlaubte ihm nicht, die Sache zu erklären. Er weinte, als sie ihm das Urteil vorlasen, und sie verhörten den nächsten, als man ihn erschoß. Sie legten Wert auf ein genaues Verhör des nächsten, während der Mann, der vorher verhört worden war, erschossen wurde. Auf diese Weise war es ganz klar, daß sie nichts daran ändern konnten. Ich wußte nicht, ob ich auf mein Verhör warten oder gleich einen Fluchtversuch machen sollte. Ich war offensichtlich ein Deutscher in italienischer Uniform. Ich sah, wie ihr Verstand arbeitete; vorausgesetzt, daß sie Verstand hatten, und vorausgesetzt, daß er arbeitete. Es waren alles junge Leute, und sie retteten ihr Vaterland. Die zweite Armee wurde jenseits des Tagliamento wieder neu aufgestellt. Sie exekutierten alle Offiziere von Hauptmannsrang und darüber, die von ihren Truppen getrennt waren. Sie rechneten auch summarisch mit deutschen Agenten in italienischer Uniform ab. Sie trugen Stahlhelme. Nur zwei von uns hatten Stahlhelme. Einige der Carabinieri trugen einen. Die anderen Carabinieri trugen große Hüte. Wir nannten sie »Aeroplane«. Wir standen im Regen und wurden einer nach dem andern vorgeführt, verhört und erschossen. Bis jetzt hatten sie jeden, den sie verhört hatten, erschossen. Die Verhörenden hatten die Gleichgültigkeit und wunderbare, ungehemmte Hingabe an die starre Gerechtigkeit von Männern, die mit dem Tode zu tun haben, ohne in Gefahr zu sein, ihn selbst zu erleiden.

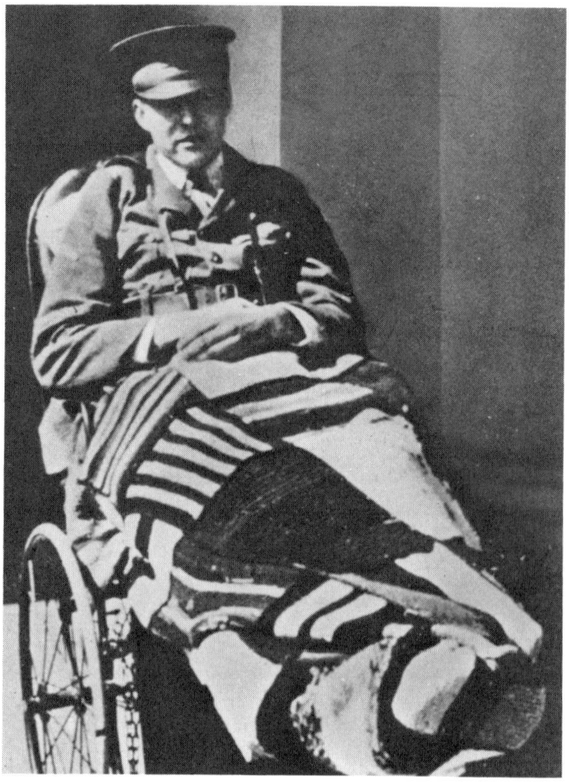
Ernest Hemingway in einem Lazarett in Mailand

Ernest Hemingway, In einem anderen Land. Hamburg 1930

RECHTE SEITE: Österreichisch-ungarische Bodentruppen im Kampf gegen englische Infanterieflieger – eine Zeichnung von Theo Matejko in der Leipziger »Illustrirten Zeitung«.

Illustrirte Zeitung

Nr. 3916. 151. Band.

Ein Truppentransporter wird versenkt

Martin Niemöller, der große alte Mann der evangelischen Kirche in Deutschland, auch bekannt als unbeugsamer Hitlergegner, war im Ersten Weltkrieg als U-Boot-Offizier im Mittelmeer eingesetzt. Seiner im Jahre 1934 erschienenen Autobiographie ist die folgende Schilderung eines typischen Unterwasserangriffs entnommen.

Wieder warten und suchen wir tagelang; das Wetter wird schlechter und schlechter. Außer den normalen Bewachern rührt sich nichts; Es ist zum Verzweifeln! Alles knurrt, und kalt ist es hier auch, von der Nässe von oben und unten ganz zu schweigen! Der Leitende Ingenieur Schroeder wünscht dringend den Heimmarsch, weil eine gründliche Überholung der Akkumulatorenbatterie fällig ist.

Es sieht draußen nicht gerade erfolgversprechend aus: Wohin der Blick sich wendet, weht der Wind die Schaumkronen von den überkämmenden Wellen als stäubenden Gischt fort. Die Augen schmerzen von dem scharfen Wasserstaub, der über den Turm hingetrieben wird. Aber die Kimm ist klar und sichtig! Und kaum ist die Frühstücksstunde vorüber, da meldet Oberleutnant von der Lühe eine oder auch mehrere Rauchwolken im Westen; und dieses Mal sind es keine Bewacher, jedenfalls nicht *nur* Bewacher, sondern es ist mindestens ein dicker Dampfer dabei.

Beim Näherkommen werden es sogar zwei. Und sie sind schon durch ihre Begleitung als etwas ganz Besonderes ausgezeichnet; denn vor und neben ihnen kreuzen drei französische, moderne Torpedobootszerstörer! – Also doch noch eine Chance für uns!

Forstmann fährt seinen Angriff, ruhig und überlegen.

Wenn man so neben ihm im engen Turm steht und jedes Wort hört und jede Bewegung sieht, bekommt man einen Eindruck davon, wie dieser Mann, der schon längst den Pour le mérite trägt, seine Aufgabe mit absoluter Ruhe und eiserner Zähigkeit durchführt. Da geht alles wie im Manöver, und ist doch bitterster Ernst. Nach vielen Kurs- und Fahrtänderungen sind wir heran; der Zerstörer, der auf unserer Seite als Seitendeckung fährt, ist eben auf fünfzig Meter an uns vorbeigezogen. »Beide langsame Fahrt!« – Ein Blick nach der Gradeinteilung an der Sehrohrmuffe: Es sind noch vier Grad bis zum Schuß. »Truppentransport! Viele Soldaten auf der Back!« flüstert der Kommandant. »Sehrohr aus!« – »Erstes Rohr Achtung!« – Das Sehrohr kommt hoch; der Kommandant blickt durch, die Mütze hat er weit ins Genick geschoben: ... »Los!« – »Auf dreißig Meter gehen! Sehrohr ein!« Und nun kommt die Pause, während der Torpedo läuft. Zwanzig Sekunden: Treffer! Die Wasserbomben bleiben aus. Nach zehn Minuten sind wir wieder auf Sehrohrtiefe. Der Dampfer sinkt über den Achtersteven weg; der eine Zerstörer ist bei ihm geblieben und nimmt Menschen über! Die beiden anderen haben mit dem zweiten Dampfer nach Süden abgedreht und laufen mit höchster Fahrt davon.

Was tun? – Es liegt uns nicht, den Zerstörer bei seinem Rettungswerk zu stören. Wir möchten ohnehin nicht in seiner Haut stecken; denn wie vielen wird er nicht helfen können! Aber Krieg ist Krieg, und die Leute, die da aus dem Meer gezogen werden, sind Soldaten, die auf unsere deutschen Brüder schießen werden. Krieg ist Krieg! Und wir versuchen, zu einem zweiten Torpedoschuß auf den Zerstörer zu kommen. Aber der sieht uns, nimmt Fahrt auf und überschüttet uns mit einem Hagel von Granaten. Sie treffen zwar nicht, denn das Sehrohr ist ein allzu kleines Ziel; nur ist es mit unserem Angriff jetzt aus. Wir können nur hier und da noch unser Sehrohr zeigen und auf diese Weise verhindern, daß der Zerstörer allzu viele Leute aus dem Wasser fischt. Dann laufen wir ab, nachdem der Dampfer gesunken ist, und begeben uns, wie vorgesehen, auf den Heimmarsch!

Martin Niemöller
im Ersten Weltkrieg

In der Offizierskammer gibt es noch ein längeres Gespräch: taten wir recht, als wir den Franzosen bei seinem Rettungswerk störten? Ganz wohl war uns allen bei der Frage nicht; aber die Gegenfrage barg ja dieselben Schwierigkeiten: Hätten wir recht getan, wenn wir den Zerstörer bei seinem »Rettungswerk« nicht gestört hätten?! Und plötzlich breitete sich das ganze Rätsel »Krieg« vor unseren Augen aus; mit einemmal wußten wir aus einem Stückchen eigenen Erlebens um die Tragik der Schuld, der zu entgehen der einzelne kleine Mensch einfach zu schwach und zu hilflos ist.

(Martin Niemöller, vom U-Boot zur Kanzel. Berlin 1934)

RECHTE SEITE: U 53 auf Atlantikfahrt – ein Gemälde von Claus Bergen.

FOLGENDE SEITEN: Vom selben Künstler: Ein heimkehrendes U-Boot begrüßt auslaufende Schlachtkreuzer.

Deportation

Zu den dunklen Seiten deutscher Kriegführung 1914–18 gehört die Besatzungspolitik in Belgien. Hier wurden in einer Weise, wie sie nachher im Zweiten Weltkrieg massenhaft Übung werden sollte, Menschen deportiert, um das Arbeitskräftepotential Deutschlands zu verstärken. Wie schon zuvor die übereifrige Suche nach Franktireurs, den bewaffneten Zivilisten, so erregten jetzt diese brutalen »Anwerbungen« große Empörung in der Welt.

Anweisung der Kommandantur Lille für Suchpatrouillen, 18. 4. 1916

1. Aufgabe der Suchpatrouillen ist es, in dem ihnen zugewiesenen Stadtteil ein Haus nach dem anderen zu durchsuchen und die für den Abschub geeigneten Leute festzunehmen. Diese sind auf der in jedem Hausflur angebrachten Hausliste, die alle Bewohner des Hauses enthalten muß, anzustreichen. Ihnen ist unter Aufsicht zu gestatten, den nötigsten Hausrat (ungefähr 30 kg pro Kopf) mitzunehmen. (Besonders aufmerksam zu machen auf Mitnahme von Eßgeschirr.)
Sodann sind die Leute nach dem Sammelplatz zusammen zu führen.
2. Die Durchführung der befohlenen Maßnahmen muß mit Energie erfolgen. Sie wird nicht ohne Härte vor sich gehen. Doch ist jede unnötige Schärfe und Roheit zu vermeiden. Vom Geschick der mit der Durchführung beauftragten Führer wird es abhängen, ob der Abschub ohne Unruhen vor sich gehen kann. Diese sind unerwünscht.
3. Die Personalien der Hausbewohner sind aus den Identitätskarten ersichtlich, die alle 14–55 Jahre alten Leute haben müssen. Frauen haben blaue, Männer rote Karten.
4. Festzunehmen sind nur arbeitsfähige Personen im Alter von 14–55 Jahren, und zwar allgemein Männer und Weiber zu gleichen Teilen. Abänderungen in diesem Verhältnis werden jeweils befohlen.
5. Männer, ebenso Kinder männlichen und weiblichen Geschlechts von und über 17 Jahren, können von ihren Familien getrennt werden. Nicht festzunehmen sind Frauen, die Kinder unter 14 Jahren haben. Kinder, die noch nicht 17 Jahre alt sind, bleiben grundsätzlich mit ihrer Mutter oder wenn weder Mutter noch Großmutter da sind, mit ihrem Vater zusammen.
Beispiel: Eine Arbeiterfamilie besteht aus Vater (45 Jahre), Mutter (38 Jahre) und fünf Kindern im Alter von 18, 17, 15, 10 und 8 Jahren. Es sind mitzunehmen: der Vater und die beiden ältesten Kinder. Wären die Kinder von 10 und 8 Jahren nicht vorhanden, so wäre die ganze Familie mitzunehmen, da in diesem Falle das 15jährige Kind mit seiner Mutter mitgenommen würde. Wäre die Mutter nicht vorhanden, so müßte der Vater mit den fünf Kindern zurückgelassen werden, es sei denn, daß eine Großmutter da wäre, der die jüngsten Kinder anvertraut werden könnten ...

Nach Durchsuchung des Hauses und Feststellung der Schüblinge ist in dem den Suchpatrouillen mitgegebenen Papierblock zu notieren: Straße, Nummer, Zahl der Männer, Zahl der Weiber.

Protokoll einer Besprechung im Reichsamt des Inneren über »Versorgung der Industrie mit Arbeitskräften«, 17. 10. 1916

I. Heranziehung von Arbeitern aus den besetzten Gebieten.
a) Arbeiter aus dem Gebiete des Generalgouvernements Warschau. Die durch die behördlichen Arbeitsämter sowie die deutsche Arbeiterzentrale bisher wirksam betriebene Anwerbung von russisch-polnischen Arbeitern ist auch weiterhin nach Möglichkeit zu fördern. Die vom Verwaltungschef in Warschau angeregte Gewinnung von etwa 30000 jüdischen Arbeitern ist in Aussicht genommen ...
b) Arbeiter aus dem Gebiete des Generalgouvernements Belgien. Die Gewinnung von Arbeitern zur freiwilligen Arbeit verdient vor der zwangsweisen Heranziehung zur Arbeit bei weitem den Vorzug. Sie ist daher mit allen Mitteln zu fördern. Zu diesem Zwecke ist das in Belgien eingerichtete Industriebureau auf das schleunigste wirksam auszugestalten. Durch eine Beteiligung des Kriegsministeriums ist sicherzustellen, daß die belgischen Arbeiter unmittelbar denjenigen Arbeitsstellen zugeführt werden, die Kriegsarbeit leisten ... Auch für die zwangsweise zur Arbeit heranzuziehenden belgischen Arbeiter ist durch Vermittlung des Industriebureaus und unter Mitwirkung des Kriegsministeriums die Arbeitsstelle in Deutschland zu bestimmen ... Durch geeignete Maßnahmen ist dahin zu wirken, daß die zur Zwangsarbeit herangezogenen Arbeiter sich nachträglich zur Übernahme freiwilliger Arbeit entschließen. Eigentliche Konzentrationslager für zwangsweise abgeführte belgische Arbeiter sollen nicht errichtet, auch der Ausdruck »Lager« vermieden werden und statt dessen von »Unterkunftsstätten für Industriearbeiter« gesprochen werden.
II. Heranziehung von Arbeitskräften aus dem Inland ... Männliche Arbeiter sind aus dem Inland nur sehr wenig zu bekommen, so daß der Mehrbedarf an ihnen aus den in den besetzten Gebieten vorhandenen Arbeitern und Kriegsgefangenen gedeckt werden muß. Arbeiterinnen stehen dagegen noch in größerer Menge zur Verfügung ... Einführung eines gesetzlichen Arbeitszwanges nicht angezeigt.

(Lille. Beiträge zur Naturgeschichte des Krieges. Berlin 1920; Bundesarchiv Koblenz, Nachlaß Bauer)

LINKE SEITE: Zwei britische Kriegsgemälde. Oben »Der Konvoi«, unten »Versenkung eines Frachters«

Kriegswirtschaft

Die Generalstäbe aller am Weltkrieg beteiligten Nationen hatten ihre Aufmarschpläne für alle Eventualfälle vor Kriegsausbruch längst fertig ausgeführt in ihren Panzerschränken. Wie der Krieg dann aber wirklich aussehen würde, welche Werte und Mittel er täglich verschlingen und vor allem, welche Dauer er haben sollte, das bedachte kaum jemand. Nie zuvor hatte es in der Weltgeschichte ein Völkerringen dieses Ausmaßes gegeben, nie zuvor den Zusammenprall von Millionenheeren und zum erstenmal einen solchen Konflikt im Industriezeitalter (er wäre zuvor auch gar nicht möglich gewesen).

Zwar gab es Erfahrungen, aber es waren solche, die den Blick auf die Gegenwart verstellten: Alle Kriege der vergangenen Jahrzehnte hatten nur kurze Zeit gedauert: Der Krieg gegen Dänemark von 1864 nicht einmal vier Monate; der Sechswochen-Feldzug Preußens gegen Österreich von 1866 kannte nur zwei Schlachten, die jeweils nur knapp zwei Tage gedauert hatten. Die Entscheidung im Deutsch-Französischen Krieg 1870/71 fiel ebenfalls nach sechs Wochen bei Sedan in einer Schlacht von 48 Stunden Dauer.

Freilich war ein anderer Krieg zuwenig beachtet worden, schon weil sein Schauplatz so weit ab lag: der vier Jahre dauernde Amerikanische Bürgerkrieg 1861/65. Dort, auf den Schlachtfeldern in Virginia, Maryland und Georgia standen sich bereits Millionenarmeen gegenüber, und vieles, das den Ersten Weltkrieg kennzeichnen sollte, war bereits beim Krieg zwischen den Nord- und Südstaaten zu beobachten gewesen: Vernichtung der Lebensgrundlagen des Gegners, etwa durch Verbrennen von Getreidevorräten. Dazu kam eine Haßproganda, die spätere Friedensregelungen überaus erschwerte; der Gedanke der »bedingungslosen Kapitulation« kam damals auf, ja sogar die Idee der »reeducation«, die nach dem Zweiten Weltkrieg im besiegten Deutschland und Japan eine Rolle spielte. Es zeigte sich, daß die industrielle Überlegenheit den Sieg garantierte. Moderne Waffen wirkten verheerend: Die ersten Maschinengewehre, Eisenbahngeschütze, Panzerschiffe, U-Boote kamen zum Einsatz – und ein höherer Materialbedarf entstand als je in einem Krieg zuvor. Nie auch war bisher ein Krieg so teuer gewesen wie jener – mit allen Nebenkosten nach damaligem Kurs runde 10 Milliarden Dollar.

Überall in Europa glaubte man an einen kurzen Krieg, in dem das Leben der Zivilbevölkerung in der Heimat fast so weiterginge wie im Frieden. Wirtschaftlich wäre allenfalls mit zahlreichen Überstunden in der Rüstungsindustrie zu rechnen. In Deutschland war diese Industrie hauptsächlich von der Firma Krupp verkörpert, aber auch von der emsigen Firma Rheinmetall und schließlich von den Heereswerkstätten in Spandau und in Ingolstadt.

Von einer »Mobilisierung der Wirtschaft« war zwar vor dem Krieg einmal die Rede, doch im Mai 1914 wurde ein dafür zu schaffender »Beirat« vom »Reichsamt des Inneren« und anderen Instanzen abgelehnt. Unter dem Eindruck drohender Kriegsgefahr rief man ihn dann einen Monat später ins Leben. Niemand offenbar hatte sich überlegt, daß Deutschland von allen ausländischen Zufuhren abgeschnitten werden könnte. Generalstabschef v. Moltke hatte 1911 in einer Denkschrift auf die Gefahren des Zweifrontenkrieges hingewiesen und eine Heeresvermehrung verlangt. Regierung und Parlament waren für solche Ideen nicht zu gewinnen gewesen.

Allerdings sah es in Frankreich nicht besser aus. Immerhin gab es einen Mobilmachungsplan für die Rüstungsindustrie, die hauptsächlich aus der Firma Schneider-Creuzot und den Werken de Wendel bestand. Danach sollten etwa 30 staatliche und private Fabriken mit zu-

Frauen in der Munitionsfabrik. Durch Reservisten-Einziehungen waren viele Arbeitsplätze verwaist, für die man nun Frauen warb – allerdings vorwiegend dort, wo es sich um untergeordnete Tätigkeiten handelte. Aber auch so vollzog sich hier – durchaus wider Willen der Verantwortlichen – ein wichtiger Schritt auf dem Wege zur Frauenemanzipation: der Zugang zu Berufen, die bisher Männern vorbehalten waren.

sammen 50000 Arbeitern und Arbeiterinnen täglich 2,4 Millionen Gewehrpatronen, 24000 kg Pulver B, 13000 Schuß 75 mm und 465 Granaten für die schweren Feldhaubitzen produzieren. Sehr bald sollte sich erweisen, daß die 75-mm-Geschütze täglich mehr als das Zehnfache der geschätzten Menge verfeuerten.

Rußland war ganz und gar nicht auf hohe Produktionsleistungen eingestellt. Die meisten Heereswerkstätten befanden sich an der Westgrenze, in Russisch-Polen – in Reichweite deutscher Armeen. Lediglich die Putiloff-Werke und die staatlichen Geschützfabriken lagen in ungefährdetem Raum, nämlich in St. Petersburg.

Eine industrielle Mobilmachung und eine vorausschauende kriegswirtschaftliche Organisation waren in England nicht vorgesehen. England war nur auf Kolonialkriege eingestellt. Seit dem Krimkrieg hatte es nicht mehr mit größeren Heeresteilen in einen kontinentalen Krieg eingegriffen.

Die Rüstungsindustrie Österreich-Ungarns bestand aus der staatlichen »Artillerie-Zeugfabrik des Arsenals« in Wien und Neuburg-Mariazell, der Hirtenberger Patronenfabrik und der – erstklassigen – Privatfabrik von Skoda in Pilsen.

Italien, nicht imstande, seinen Heeresbedarf aus eigenen Werken zu decken, war vor allem bei der Artillerie auf Auslandslieferungen angewiesen. Bereits der Kolonialfeldzug von Tripolis 1911/12 hatte die Vorräte an Munition, Waffen und Ausrüstung aufgezehrt. Im Sommer 1914 war die Schlagkraft der italienischen Armee ernstlich beeinträchtigt.

Die allseitige europäische Ahnungslosigkeit führte sehr bald nach Kriegsausbruch zu ganz erheblichen inneren Erschütterungen.

Das Deutsche Reich verlor in ganz kurzer Zeit den größten Teil der wirtschaftlichen Auslandswerte: Betriebe, Firmen, Waren, Kunden, Handelsschiffe und

OBEN: Schlangestehen vor der »Speisen-Ausgabestelle«. »Fast zwei Stunden gestanden – immer besser, als daß der Feind im Lande steht!« schrieb 1917 eine Hausfrau mit grimmigen Humor im Wochenblatt »Allgemeiner Wegweiser für jede Familie«.

RECHTS: Altmetall wird zum Einschmelzen gebracht. Dem Rohstoffmangel suchte die Kriegswirtschaft in immer neuen Sammelaktionen beizukommen.

Handelsniederlassungen. Kaum noch gab es Einfuhren, der Strom der Rohstoffe ließ nach. Und dabei war bereits im Jahr 1913 etwa die Hälfte aller in Deutschland verarbeiteten Eisenerze aus dem Ausland eingeführt worden. Von den in Deutschland selbst geförderten Erzen kamen immerhin zwei Drittel aus den frontnahen lothringischen Erzbergwerken. Mangan und fast alle übrigen Nichteisen-Metalle mußten ausnahmslos importiert werden, dazu fast der ganze Bedarf an Wolle und Baumwolle, außerdem sehr viel Leder. Völlig vom Ausland abhängig war Deutschland in der Versorgung mit Kautschuk, Schwefel, Mineralöl und der zur Munitionsherstellung wichtigen Salpetersäure.
Nicht die Regierung, sondern der Präsident der AEG Walther Rathenau erkannte als erster die bedrohliche Situation. Auf seine Warnung hin richtete das Kriegsministerium eine Rohstoffbewirtschaftungsstelle ein. Unverzüglich wurden alle vorhandenen Vorräte erfaßt, schließlich beschlagnahmt und vom Staat an kriegswichtige Betriebe verteilt.
Positiv an der Rohstoffsituation war einzig, daß Kohle in Deutschland ausreichend zu fördern war und Eisenerze von Schweden über die Ostsee geliefert werden konnten.
Die Zivilbevölkerung allerdings spürte bald den Mangel: Schon 1915 begannen Textilien knapp zu werden, auch Leder fehlte. Solange Italien noch neutral blieb, konnten aber via Genua noch große Baumwollmengen aus den USA eingeführt werden.
Es wurde alles getan, um an Rohstoffe heranzukommen: Chrom und Mangan lieferte die Türkei, Kohle kam aus dem von Deutschland besetzten Belgien und Nordfrankreich, Erdöl aus Rumänien.
Sammelaktionen begannen, zu denen die Bevölkerung mit beträchtlichem Propagandaaufwand aufgerufen wurde. Verwertbare Türklinken wurden genauso eingesammelt wie Kupferkessel, Firmenschilder, Beschläge von Eisenbahnwaggons; schließlich wurden auch die Kirchenglocken heruntergeholt – die Artillerie benötigte Granaten. Fahrrad- und Autoreifen, alte Wolldecken und sonstige Textilien, aber auch goldene Ringe – »Gold gab ich für Eisen« – benötigte der Staat zur Kriegführung.
Die Bevölkerung lernte, Papier zu verarbeiten und mit Ersatzstoffen zu leben: Kleidungsstücke wurden fortan aus merkwürdigen Produkten gefertigt, deren Grundstoffe Papier, Bast, Brennessel, Hopfen, Ginster waren. Aus den Abfällen der Zellstoffindustrie gewannen die Chemiker Spiritus, Glyzerin aus Zucker, Öl aus Schiefer und Schwefel aus Gips. Kurz vor dem Krieg hatten die Professoren Haber und Bosch ein Verfahren zur Stickstoffgewinnung aus der Luft entwickelt. Bisher mußte Deutschland Chilesalpeter einführen, um die zur Sprengstoffherstellung nötige Salpetersäure gewinnen zu können. Jetzt wurde sie über das Haber-Bosch-Verfahren hergestellt. Im Schnellverfahren errichtete man kurz nach Kriegsbeginn die Produktionsstätten dafür.
Um den mangelnden Naturgummi zu ersetzen, entwickelten findige Wissenschaftler eine Methode zur Produktion von synthetischem Hartgummi. Die ersten Kunststoffe entstanden damals – freilich noch in oft kümmerlicher Qualität: Kunstleder, Kunsttextilien.
Natürlich fehlte auch in der Bewirtschaftung knapper Materialien zunächst jegliche Erfahrung. Die Versorgung mit Kohle und Eisenerzen schien gesichert, weshalb diese Rohstoffe auch nicht rationiert wurden. Doch bereits 1915 zeigte sich ein dramatischer Rückgang der Kohleförderung wie auch der Roheisen- und Stahlproduktion. Es waren zu viele Hüttenarbeiter und Bergleute eingezogen worden. Es bedurfte also, wie sich herausstellte, einer Koordinierung militärischer und industrieller Stellen, um einerseits den Bedarf der Streitkräfte an Soldaten, andererseits den der Industrie an Arbeitern zu decken.
Es stellte sich heraus, daß nicht nur Rohstoffe, sondern auch Arbeitskräfte knapp wurden: 1914 waren 7,5 Prozent der deutschen Gesamtbevölkerung Soldaten – nämlich 5 Millionen Mann. Bei der Armee standen – Ende 1914 – auch ein Drittel der Industriearbeiter. Im Laufe des Krieges aber stieg die Stärke der Armee bis auf 10,9 Millionen Soldaten – auf 16,4 Prozent der Bevölkerung.
In den Fabriken arbeiteten Jugendliche, Frauen und Kriegsgefangene. Ihre Zahl genügte nicht annähernd, denn die dritte Oberste Heeresleitung, ab Spätsommer 1916, verlangte im »Hindenburgprogramm« eine enorme Steigerung der Rüstungsproduktion. Sie war nur möglich, wenn neue, zusätzliche Werke gebaut und die Zahlen der Industriearbeiter wesentlich erhöht werden konnten. Das wiederum ging nur durch die »Reklamierung«, durch die Zurückstellung von Wehrpflichtigen. Im Sommer 1916 arbeiteten bereits 740000 kriegsverwendungsfähige Wehrpflichtige in der Industrie. 1918 waren sogar 2,3 Millionen Arbeiter vom Wehrdienst freigestellt, darunter 1,2 Millionen kriegsverwendungsfähige: 15 Prozent aller Wehrpflichtigen.
Dennoch reichte die Zahl der Arbeiter nicht annähernd aus, um alle die neuen Fabriken fertigzustellen. Andere neuerrichtete Fabriken standen leer, weil Arbeiter oder

Mit dem populären Hindenburg wurde für die Zeichnung von Kriegsanleihen geworben. 98 Millionen Mark kamen insgesamt in die Kassen des Reiches. Die Verschuldung des Staates bei seinen Bürgern, eingegangen in der Hoffnung auf Sieg, sollte nach dem Zusammenbruch 1918 zu einer schweren Belastung der Nachkriegsregierungen werden.

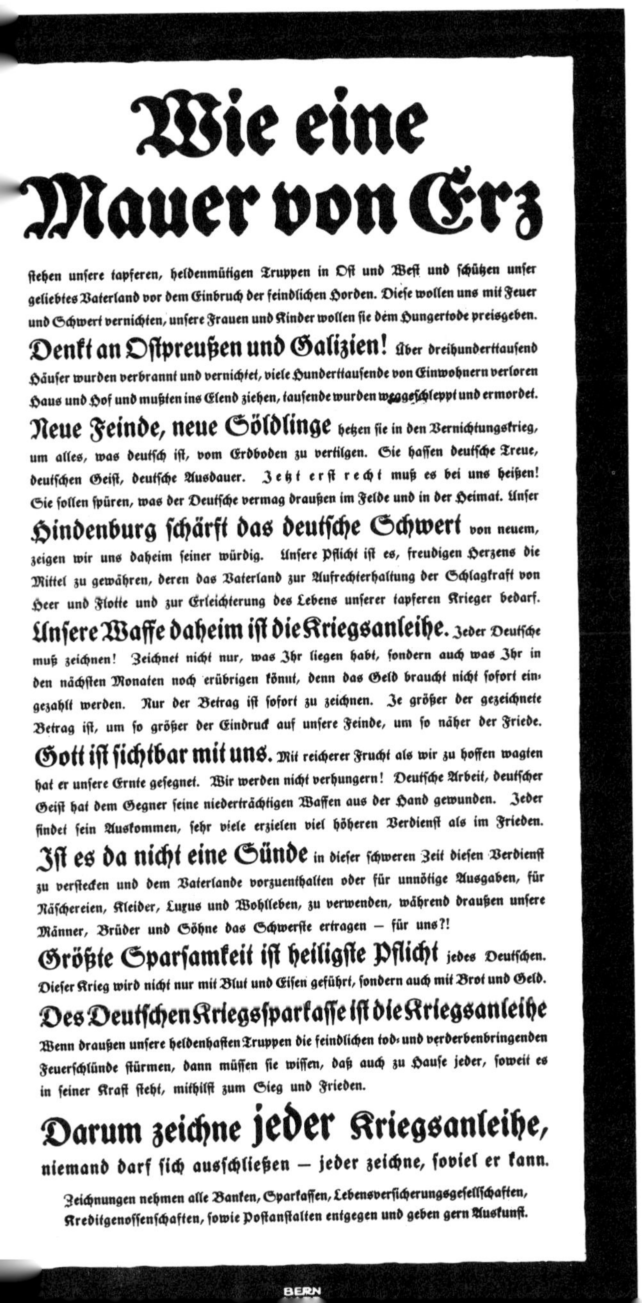

Wie eine Mauer von Erz

stehen unsere tapferen, heldenmütigen Truppen in Ost und West und schützen unser geliebtes Vaterland vor dem Einbruch der feindlichen Horden. Diese wollen uns mit Feuer und Schwert vernichten, unsere Frauen und Kinder wollen sie dem Hungertode preisgeben.

Denkt an Ostpreußen und Galizien! Über dreihunderttausend Häuser wurden verbrannt und vernichtet, viele Hunderttausende von Einwohnern verloren Haus und Hof und mußten ins Elend ziehen, tausende wurden weggeschleppt und ermordet.

Neue Feinde, neue Söldlinge hetzen sie in den Vernichtungskrieg, um alles, was deutsch ist, vom Erdboden zu vertilgen. Sie hassen deutsche Treue, deutschen Geist, deutsche Ausdauer. Jetzt erst recht muß es bei uns heißen! Sie sollen spüren, was der Deutsche vermag draußen im Felde und in der Heimat. Unser

Hindenburg schärft das deutsche Schwert von neuem, zeigen wir uns daheim seiner würdig. Unsere Pflicht ist es, freudigen Herzens die Mittel zu gewähren, deren das Vaterland zur Aufrechterhaltung der Schlagkraft von Heer und Flotte und zur Erleichterung des Lebens unserer tapferen Krieger bedarf.

Unsere Waffe daheim ist die Kriegsanleihe. Jeder Deutsche muß zeichnen! Zeichnet nicht nur, was Ihr liegen habt, sondern auch was Ihr in den nächsten Monaten noch erübrigen könnt, denn das Geld braucht nicht sofort eingezahlt werden. Nur der Betrag ist sofort zu zeichnen. Je größer der gezeichnete Betrag ist, um so größer der Eindruck auf unsere Feinde, um so näher der Friede.

Gott ist sichtbar mit uns. Mit reicherer Frucht als wir zu hoffen wagten hat er unsere Ernte gesegnet. Wir werden nicht verhungern! Deutsche Arbeit, deutscher Geist hat dem Gegner seine niederträchtigen Waffen aus der Hand gewunden. Jeder findet sein Auskommen, sehr viele erzielen viel höheren Verdienst als im Frieden.

Ist es da nicht eine Sünde in dieser schweren Zeit diesen Verdienst zu verstecken und dem Vaterlande vorzuenthalten oder für unnötige Ausgaben, für Näschereien, Kleider, Luxus und Wohlleben, zu verwenden, während draußen unsere Männer, Brüder und Söhne das Schwerste ertragen – für uns?!

Größte Sparsamkeit ist heiligste Pflicht jedes Deutschen. Dieser Krieg wird nicht nur mit Blut und Eisen geführt, sondern auch mit Brot und Geld.

Des Deutschen Kriegssparkasse ist die Kriegsanleihe

Wenn draußen unsere heldenhaften Truppen die feindlichen tod- und verderbenbringenden Feuerschlünde stürmen, dann müssen sie wissen, daß auch zu Hause jeder, soweit es in seiner Kraft steht, mithilft zum Sieg und Frieden.

Darum zeichne jeder Kriegsanleihe,

niemand darf sich ausschließen – jeder zeichne, soviel er kann.

Zeichnungen nehmen alle Banken, Sparkassen, Lebensversicherungsgesellschaften, Kreditgenossenschaften, sowie Postanstalten entgegen und geben gern Auskunft.

BERN

Kohlen fehlten. Kohlen aber waren knapp, weil es nicht genug Bergarbeiter gab: 1913 waren in Deutschland 190 Millionen Tonnen Kohle gefördert worden, 1917 nur noch 167 Millionen.

Dennoch: Die Waffenproduktion stieg steil an: 1914 wurden monatlich 200 Maschinengewehre hergestellt, 1916 bereits 2300 und ein Jahr darauf 9000, dazu monatlich 200 Millionen Gewehrpatronen, aber auch 2000 Feldgeschütze. Im Frieden lieferten die Munitionsfabriken monatlich 200 Tonnen Schießpulver, 1915 aber 4000, 1917 sogar 14000 Tonnen.

Die freien Gewerkschaften mit etwa 2,5 Millionen Mitgliedern forderten höhere Löhne und erhielten sie nach entsprechenden Verhandlungen auch bewilligt.

Dadurch bildete sich eine Kluft zwischen den Frontsoldaten, die eine nach Pfennigen täglich bemessene Löhnung erhielten, und den verhältnismäßig gut verdienenden Rüstungsarbeitern, die noch den Vorteil hatten, die Leiden, Entbehrungen und Todesgefahren der Soldaten nicht durchstehen zu müssen.

Es muß dazu gesagt werden, daß die Masse der Gewerkschaftsführer keineswegs radikal dachte, sondern politisch zumeist dem rechten Flügel der Sozialdemokraten angehörte. Nach drei Jahren Krieg hatten die Löhne immerhin einen Anstieg von mehr als 100 Prozent erlebt, wobei die höchste Steigerung in der Rüstungsindustrie und dort wiederum in den Munitionsfabriken zu verzeichnen war. Die Lohnerhöhungen schienen allerdings auch gerechtfertigt, weil Hausrat und Textilien – schlechter Qualität – um das Sechsfache gegenüber 1914 teurer geworden waren. Zusätzliche Lebensmittel konnten ohnedies nur zu Schwarzmarktpreisen erhandelt werden.

Ganz ähnliche Schwierigkeiten traten in Österreich auf, und sie wurden auch ähnlich wie in Deutschland so gut es ging gelöst.

Bei den Feinden Deutschlands sah es gleichfalls nicht rosig aus: Schon Ende 1915 mangelte es den russischen Armeen an Waffen und Munition. Dieser Zustand steigerte sich ins Ungeheuerliche, als im Sommer 1915 das russisch-polnische Industriegebiet in deutsche Hände geriet. Monatelang hatte die schwere Artillerie keine Munition, die leichte nur vier Granaten pro Tag und Geschütz. Ersatztruppen wurden ohne Gewehre an die Front geschickt. Erst als die Murmanbahn – Murmansk – St. Petersburg – ausgebaut war und die Alliierten Munition zu liefern begannen, besserte sich die Munitionsversorgung ein wenig.

Entschlossen und durchaus auch rücksichtslos ging England vor. Dort war zwar ebenfalls nicht die geringste wirtschaftliche Vorsorge für den Krieg getroffen worden, doch als er nun ausgebrochen war, wurde er mit allen Konsequenzen unterstützt. Zunächst übernahm man einzelne Werke der Schwerindustrie sowie Kohlen-

Fortsetzung Seite 293

Militär und Industrie. Aus den Papieren eines deutschen Generalstabsoffiziers

Das sogenannte Hindenburgprogramm, mit dem die Rüstung Deutschlands ab September 1916 angekurbelt wurde, war nicht das Werk des Chefs der Obersten Heeresleitung, sondern einiger Mitarbeiter im Stabe seines Generalquartiermeisters Ludendorff und interessierter Kreise der deutschen Schwerindustrie, die zum erstenmal, über alle Bedenken konservativer Politiker und Militärs hinweg, eine Art von »militärisch-industriellem Komplex« erprobten. Memoiren-Auszüge und die zufällig erhalten gebliebenen Papiere eines Generalstabsoffiziers belegen diese Zusammenarbeit; darüber hinaus zeigen sie, daß die Organisatoren des »totalen Kriegs« (ein Wort von Ludendorff!) in einer Radikalität planten, die bereits an die Politik im Zweiten Weltkrieg denken läßt.

Oberst Bauer in seinen Erinnerungen

Mein Arbeitsgebiet in Ludendorffs Abteilung war besonders die schwere Artillerie ... Im engsten Zusammenarbeiten mit der Firma Krupp gelang es, Geschütze zu schaffen und einzuführen, die später tatsächlich das geleistet haben, was von ihnen verlangt wurde. In dieser Zeit [ab 1906] wurde auch die 42-Zentimeter-Kanone geboren. Direktor Dreger und Prof. Rausenberger von der Firma Krupp haben dieses technische Wunder geschaffen. Ich hatte, der ewigen Schererei durch die Bureaukratie überdrüssig, alles Nötige mit den Herren verhandelt. So kam es, daß das erste Geschütz von der Fabrik auf eigene Kosten und ohne Auftrag und Bestellung des Kriegsministeriums gebaut wurde. Dieser direkte Verkehr mit der Firma Krupp wurde mir damals vom Kriegsministerium übel genommen ...
[Im Herbst 1914] gab Falkenhayn den Auftrag, die Munitionserzeugung zu steigern. Ich sollte durch persönliche Fühlung mit der Industrie ebenfalls dahin wirken ... Es gab für mich unerquickliche Zeiten, denn das bureaukratische Kriegsministerium fühlte sich hochgradig in seiner Würde verletzt, weil es sich bevormundet glaubte. Unsere dringenden Vorstellungen auf dauernd zu steigernde Munitionsherstellung wurden damit beantwortet, »daß dies eine Schraube ohne Ende sei«. Ich konnte nur erwidern, »daß dies stimme und daß es bei der Entente genauso sei. Es komme nur darauf an, wer die Schraube schneller anziehe« ...

Briefe des IG-Farben-Direktors Carl Duisberg an den damaligen Major Bauer, März und Juli 1915

Lieber Herr Major! Lange, lange habe ich von Ihnen nichts mehr gehört und noch viel weniger Sie gesehen, und Sie brachten doch so manche Anregung, und man hörte von Ihnen viel Neues. Es ist deshalb begreiflich, daß ich Sehnsucht nach Ihnen habe. Hoffentlich gelingt es mir, Sie recht bald einmal, sei es gelegentlich meiner fast in jeder Woche notwendigen Anwesenheit in Berlin zu sehen, zumal ja jetzt alle Spitzen dort sind ...

... Sähen Sie jetzt einmal, wie es hier in Leverkusen aussieht, wie die ganze Fabrik umgekrempelt und umorganisiert ist, wie wir fast nichts mehr als Kriegslieferungen ausführen und hinter der Front in weitgehendstem Maße, wie wohl kaum eine andere Friedensfabrik tätig sind, so würden Sie als der Vater und Anstifter dieser Fabrikationen Ihre helle Freude haben.

Aus Ludendorffs »Kriegserinnerungen«

Am nächsten Nachmittag [9. September 1916] sprach ich unterwegs über diese Frage mit den Herren Duisberg und Krupp v. Bohlen und Halbach ... Sie hielten eine Erhöhung des Kriegsgeräts aufgrund unserer Rohstofflage durchaus für möglich, wenn die Arbeiterfrage gelöst würde.

Brief des IG-Farben-Direktors Carl Duisberg an den damaligen Oberstleutnant Bauer, 10. September 1916

Mein lieber Herr Oberstleutnant! Es war zu lieb und nett von Ihnen, daß Sie mir bei der Durchfahrt des Extrazuges, mit dem Hindenburg und Ludendorff die Westfront besucht hatten, Gelegenheit gaben, ... den Volksheros Hindenburg und den Moltke dieses Krieges, Ludendorff, persönlich kennenzulernen. Der neunte im neunten Monat 1916 war ein ereignisvoller Tag in meinem Leben, den ich so bald nicht vergessen werde. Es war ähnlich wie damals nach der Marneschlacht 1914 ... Auch damals war es Munitionsmangel, in weit bedrohlicher Form wie heute, der uns zusammenführte und uns nicht nur menschlich näher brachte, sondern auch praktisch in die Speichen des Kriegsrades eingreifen ließ ...

Entwurf Bauers für ein Schreiben der Obersten Heeresleitung an den Reichskanzler, September 1916

Die Fragen, wie
1) der Ersatz für das Feldheer gesichert bleibt und zugleich
2) die Kriegsindustrie – ohne Schädigung der Landwirtschaft noch gesteigert werden kann,

sind – wie in meinem Schreiben vom 31. 8. Az. 33825 ausgeführt – überaus dringend und für den Ausgang des Krieges von entscheidender Bedeutung ...

In einer französischen Rüstungsfabrik. Munition und Bewaffnung waren angesichts des ungeheuren Verschleißes an der Front Kernprobleme aller kriegführenden Nationen.

Dazu sind nötig:
I) Maßnahmen zur Einschränkung der Reklamationen, insbesondere eingehende Nachprüfung in jedem Fall.
II) Einstellung aller z. Zt. Untauglichen, die an heilbaren Krankheiten usw., z. B. Herzschwäche, Sportherz, allg. Körperschwäche usw., leiden, in besondere Abteilungen, die an geeigneten Orten einer Gesundungskur unterworfen werden. Es kommt vor allem darauf an, die Großstadtjugend den gesundheitsschädigenden Einflüssen zu entziehen ...
IV) Energische staatliche Ausbildung der männlichen Jugend vom 16. Lebensjahr an für den Militärdienst ...
Zu 2) Zur Schaffung von Arbeitskräften bleibt das wirksamste und gerechteste Mittel ein Kriegsleistungsgesetz, wie es bereits früher vorgeschlagen ist ...
Ich bemerke, daß ein Kriegsleistungsgesetz vor allem ein Akt der Gerechtigkeit ist ... Ausdehnung des Kriegsleistungsgesetzes auch auf die abkömmlichen Frauen ist nötig. Es gibt ungezählte Tausende von kinderlosen Kriegsfrauen, die nur den Staat Geld kosten. Ebenso laufen Tausende Frauen und Mädchen herum, die nichts tun oder höchstens unnützen Berufen nachgehen. Der Grundsatz »Wer nicht arbeitet, soll auch nicht essen« ist in unserer jetzigen Lage mehr denn je berechtigt, auch den Frauen gegenüber ... Zwangsweise, staatliche Ausbildung und Verwendung der Kriegsbeschädigten in der Kriegsindustrie und Landwirtschaft ... Schließung von Universitäten, Seminaren usw. ...
Ich zweifle nicht, daß unser Volk, wenn ihm der Ernst der Lage klargemacht wird ... sich willig fügt. Täte es dies nicht, so wäre Deutschland nicht des Sieges wert ...
Das ganze deutsche Volk darf nur im Dienst des Vaterlandes leben ...
Es ist möglich, daß innerpolitische Rücksichten dagegen sprechen. Der bittere Ernst der Lage zwingt aber dazu, und ich hoffe, daß bei einer sachlich ruhigen Aufklärung das Volk nicht zögern wird, die gewiß nicht gering einzuschätzenden Pflichten zu übernehmen ...
Arbeit für das Allgemeinwohl ist jetzt Pflicht für alle und gibt keinen Anspruch auf besondere Rechte, sondern ist höchstens ein Grund für die Existenzberechtigung.

(Max Bauer, Der große Krieg in Feld und Heimat. Erinnerungen und Betrachtungen. Tübingen 1921; Erich Ludendorff, Meine Kriegserinnerungen 1914–1918. Berlin 1919; Bundesarchiv Koblenz, Nachlaß Bauer)

FOLGENDE SEITEN: Zeitgemäße Inserate aus deutschen Kriegszeitungen.

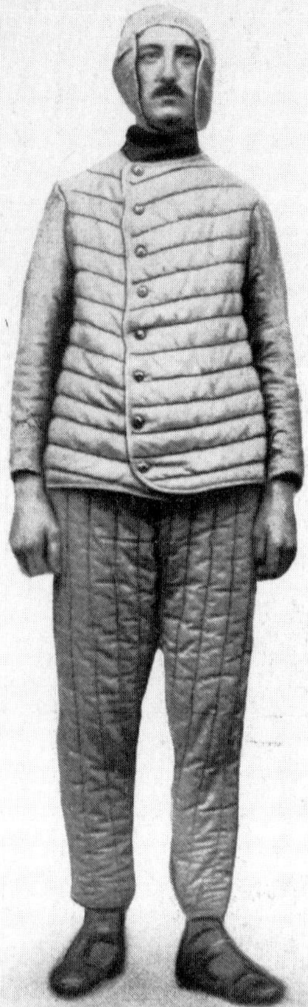

Zweckmässige Feldausrüstung

Steiner-Panzer

Jacke Nr. 46, 48, 50		Mk. 8.—
„ „ 52, 54		„ 8.50
Hose 100, 105 und 110 cm lang		Mk. 8 50, 9.—, 9.50
Leibbinde, Normaltrikot, gleichseitig mit Wolle,	klein	Mk. 2.10
do.	groß	„ 2.30
Brust- und Rückenwärmer mit Wolle	klein	„ 2.50
do.	groß	„ 2.80
Kniewärmer (Paar)		„ 1.50
Ohrenschützer		„ 1.—

Diese Ausrüstungsstücke aus feldgrauem Baumwollstoff sind, mit Ausnahme der Leibbinde

wasserdicht imprägniert

mit Wolle gefüllt und mit Trikot abgesteppt, warm, wie ein Pelz, aber porös, leicht und bequem.

Wiederverkäufer erhalten Rabatt!

Paradiesbettenfabrik
M. Steiner & Sohn A.-G., Frankenberg i. Sa.

und deren Filialen in Chemnitz, Dresden, Leipzig, Berlin, Hamburg, Altona, Bremen, Hannover, Elberfeld, Düsseldorf, Köln, Frankfurt a/M., Stuttgart, München.

Versand nur gegen Voreinsendung des Betrages, zuzüglich Porto, oder gegen Nachnahme. — Ansichtssendungen lehnen wir ab.

Für Lazarette empfohlen:

Metallbettstellen. — Polstermatratzen. Uebermatratzen. Kopfkissen mit Roßhaar und Kapok. — Spezialofferte zu Diensten.

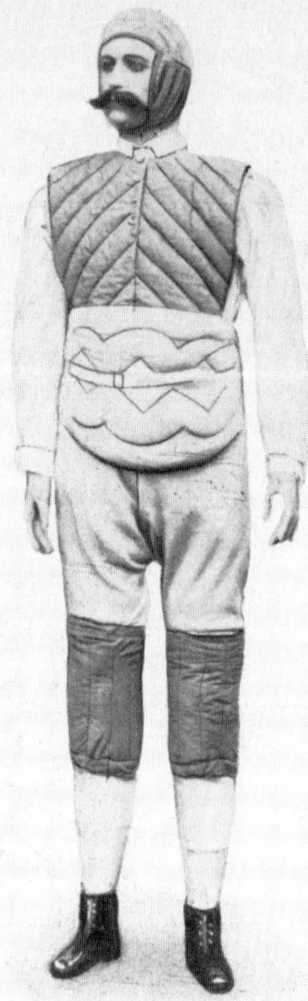

Des Krieger's Traum
Görtitz 14

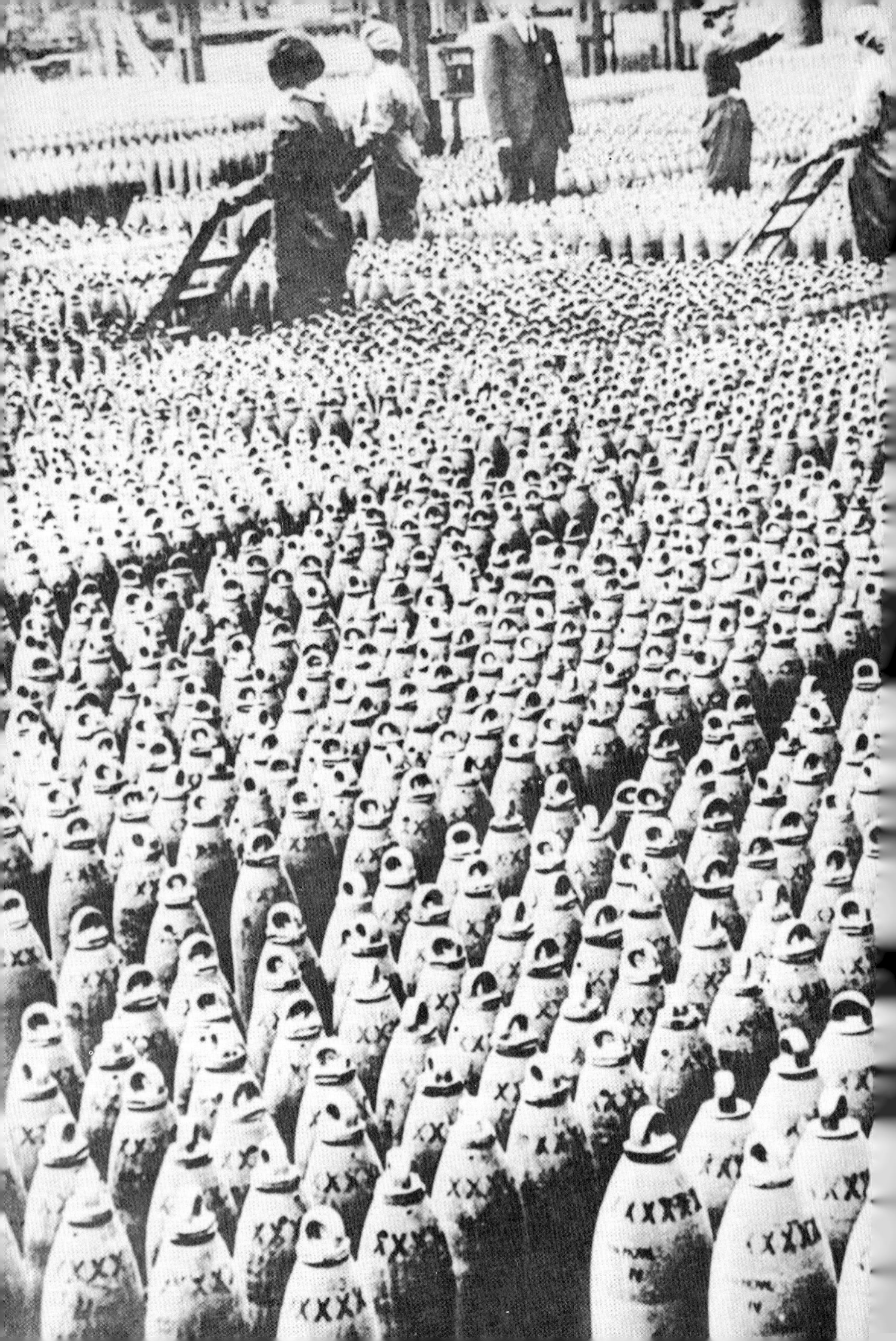

und Erzbergwerke in den Staatsbetrieb. Die allgemeine Industrie wurde weitgehend auf Heereslieferungen umgestellt – ein Prozeß, der freilich lange Zeit benötigte, um richtig anzulaufen. Als der Munitionsmangel an der Front unerträglich wurde, erging 1915 das »Munitionsgesetz«, wonach »kontrollierte Betriebe« unter staatlicher Aufsicht zu arbeiten hatten. Die Gewerkschaften mußten jegliche marxistische Agitation unterlassen und sich vollständig in den Dienst des Vaterlandes stellen. Gewinne der Betriebe wurden beschnitten, Streiks und Aussperrungen verboten, ebenso jeder Wechsel von Arbeitsplätzen.

In Deutschland ging man keineswegs derart rigoros vor wie in England mit seiner langen demokratischen Tradition. Immerhin wurde im November 1916 auf das Drängen der Obersten Heeresleitung hin das »Kriegsamt« als Führungsbehörde für die gesamte Wehrwirtschaft ins Leben gerufen. Wenig später, im Dezember, billigte der Reichstag mit großer Mehrheit das Gesetz über den Vaterländischen Hilfsdienst. Danach waren alle männlichen Deutschen zwischen 16 und 60, die nicht zur Armee eingezogen worden waren, dienstpflichtig und mußten in der Rüstungsindustrie arbeiten.

In diesem Winter 1916/17 traten neben einer schweren Ernährungskrise noch ganz erhebliche Transportschwierigkeiten und akuter Kohlemangel auf. Die deutschen Eisenbahnen hatten unter der jahrelangen Überbeanspruchung gelitten. Das Hindenburgprogramm brachte auch ihnen eine Leistungssteigerung, denen der verbrauchte Lokomotiv- und Wagenpark nicht mehr immer gewachsen war. Gleichzeitig trat eine Kältewelle ein, die alle Wasserstraßen zufrieren ließ. Das Verkehrschaos wurde daraufhin so unüberschaubar, daß zeitweilig alle Transporte überhaupt eingestellt werden mußten, damit man einen Überblick über die Lage gewinnen und sie dann entwirren konnte. Da die Transporte ausfielen, brach die Kohleversorgung zusammen. Es wurde ein Reichskohlekommissar berufen, der fortan den Betrieben die Kohle zuteilte, wobei es große oder kleine Rationen sein konnten, die Betriebe also davon völlig abhängig wurden.

Doch schlimmer noch als all dies war der Hunger. Die von England durchgeführte Blockade war zweifellos die schlimmste aller gegen die Mittelmächte gerichteten Waffen. Zunächst hatte sie nicht einmal allzu gefährlich

Nachschub für die Materialschlacht. Produktions- und Verbrauchsziffern stiegen während des Weltkrieges ins Phantastische. Für einen deutschen Angriff am Chemin des Dames im Mai 1918 etwa wurden zwei Millionen Schuß Munition bereitgestellt, und die Artillerie brachte es fertig, diese Menge in viereinhalb Stunden zu verschießen.

ausgesehen: Die deutsche Landwirtschaft erzeugte vor dem Krieg etwa 90 Prozent des benötigten Brotgetreides selbst, hatte dazu auch den gesamten Bedarf an Rüben und Kartoffeln gedeckt. Auch Schlachtfleisch wurde im eigenen Land aus der großen Viehzucht gewonnen. Eingeführt werden mußten allerdings über die Hälfte der Milchprodukte, 35 Prozent der Eier und nahezu alle Pflanzenfette. Aus Rußland kam schließlich noch Kraftfutter in großen Mengen und ein erheblicher Teil des Kunstdüngers.
Bald zeigte sich, daß die Ernteergebnisse im Krieg weit hinter denen der Vorkriegszeit zurückblieben: Es mangelte an Arbeitskräften und an Zugtieren; außerdem fehlte der Dünger, und Saatgut war knapp. Lediglich der Gemüseanbau konnte gesteigert werden. Als geradezu verheerend erwies sich der Mangel an Futtermitteln.
Obwohl diese Probleme allesamt verhältnismäßig bald auftraten und sich bald überblicken ließen, scheute sich die Reichsregierung lange – bald zwei Jahre – eine Bewirtschaftung einzuführen. Anfangs war das noch verständlich: Die Ernte von 1914 war gut, außerdem waren noch Vorräte vorhanden. Es wurden deshalb amtlicherseits nur örtlich verschiedene Höchstpreise für Getreide und Kartoffeln festgesetzt. Im Winter allerdings zeigten sich erste Mangelerscheinungen: Weizen und Roggen mußten nun stärker ausgemahlen werden, Zusatz von Kartoffeln verlängerte das Mehl, Brotgetreide durfte keinesfalls mehr verfüttert werden. Anfang 1915 kam es zur Getreidebewirtschaftung, bald wurden Brot und Mehl rationiert. Später folgten Rationierungen von Kartoffeln, Zucker, Ölen, Fetten und Futtermitteln: Sofort nach der Ernte waren die Produkte vom Erzeuger an Regierungsstellen abzuliefern. Notwendig wäre nun ein großer Kontrollapparat gewesen, doch der ließ sich schon aus Personalmangel nicht aufbauen.
Weil es nicht genug Futtermittel gab, sollten zwar die Kühe erhalten, jedoch die Bestände an Schweinen und an körnerfressendem Geflügel drastisch vermindert werden. Auf Regierungsanordnung fanden Zwangsschlachtungen von Schweinen statt. Der Verbraucher hatte nicht sehr viel davon, und die Landwirte waren verärgert.
Da war es gut, daß Deutschland immerhin noch in den skandinavischen Staaten und in Holland Lebensmittel in großen Mengen einkaufen konnte. Doch der Druck Englands auf diese Staaten wurde so groß, daß ab 1916 von dort nur noch kleine Mengen geliefert werden konnten. Zur Versorgung blieb Rumänien, das sowohl Deutschland als auch Österreich mit erheblichen Weizenmengen die allergrößten Sorgen nahm.
Bereits 1915 waren alle Lebensmittel knapp, und die Preise für nicht rationierte Nahrungsmittel – dazu gehörten damals Fleisch, Eier, Fisch und Hülsenfrüchte – stiegen immer höher. Kaffee, Tee und Kakao gab es bald überhaupt nicht mehr. Es bildete sich der Schwarzmarkt und mit ihm der Typ des »Schiebers«; ihm stand der »Kriegsgewinnler« zur Seite, der Typ des Fabrikanten, der an Rüstungsgütern über Gebühr verdiente oder des Händlers, der sich an Heereslieferungen gesundstieß.
Im Frühjahr 1916 kam es auf den Straßen zu ersten Hunger-Demonstrationen. Die Gründung eines Reichsernährungsamtes im Mai 1916 vermochte die Hungernden nicht zu sättigen, obwohl das Amt sich immerhin um eine möglichst gerechte Verteilung der Lebensmittel bemühte. Die Vollmachten des Amtes aber waren zu gering, es konnte sich nicht gegenüber den Interessen der einzelnen Landesbehörden durchsetzen.
Im April 1917 wurde die tägliche Brotration auf 170 Gramm Mehl festgesetzt. Es hungerten nicht nur die Menschen, es hungerte auch das Vieh: 1913 waren über 4 Millionen Tonnen Kraftfutter importiert worden, 1917 aber nur 85 500 Tonnen. Der Friedensbestand von 25,3 Millionen Schweinen war bei Kriegsende auf 10 Millionen reduziert, das Schlachtgewicht betrug indessen nur die Hälfte des üblichen Gewichts.
Die Pferde – gleichfalls schlecht im Futter – wurden eingezogen: Alle Haferernten beschlagnahmte man sofort nach der Ernte und verwendete sie zur Versorgung der Heerespferde; doch auch diese waren schlecht ernährt.
Die Landwirte – von den Großstädtern beneidet und oft genug auch beschimpft – hatten weder Pferde, Maschinen, Arbeitskräfte und Dünger. Aus ausgelaugten Böden mühten sie sich, zu produzieren so gut es ging. Die von der Regierung niedrig gehaltenen Preise waren kein Ansporn.
So konnte es geschehen, daß Landwirte und Konservative der Regierung vorwarfen, sie unterstütze die Linke, nämlich die Arbeiter in den Städten. Tatsächlich war die Arbeiterschaft der Rüstungsfabriken – vertreten durch ihre Gewerkschaften – in eine Machtposition gelangt. Wenn die Arbeiter streikten, konnte das strategische Folgen haben: Ohne Waffen und Munition mußte Deutschland den Krieg verlieren. 1916 kam es zu den ersten Streiks. 1917 aber forderten bereits 1,5 Millionen Arbeiter in 561 Streiks mehr zu essen oder eine bessere Entlohnung – oder beides zugleich. Bald beeinflußten aber auch Parolen, die in der russischen Revolution ausgegeben worden waren, die Streikpropaganda. In Leipzig wurde von radikalen Gruppen schon anderes gefordert: Frieden ohne Annexionen, Freilassung politischer Gefangener und gleiches Wahlrecht in Preußen.
Die Lage war kompliziert und heikel: Die Gewerkschaften stellten sich nicht gegen die Regierung, sondern arbeiteten eher mit ihr zusammen, um ihrerseits mitzuhelfen, den Krieg, wenn nicht siegreich, so doch

Frauen und Kinder beim Pflügen, eine Aufnahme aus Frankreich. Während für den Krieg alles großzügig eingesetzt wurde, was Technik und Wissenschaft inzwischen ersonnen hatten, sah sich die Landwirtschaft in vorindustrielle Zeiten zurückversetzt.

mit einem günstigen Verhandlungsfrieden zu beenden. Die Linksradikalen attackierten wütend die Gewerkschaften.
Regierung und Gewerkschaften wurden aber gleichermaßen von rechts angegriffen: Eine große Zahl von Unternehmern war den Gewerkschaften feindlich gesonnen, mithin auch der mit ihnen zusammenarbeitenden Regierung. Auch führende Militärs mochten nicht zu einer Gemeinsamkeit mit Gewerkschaftern kommen. Die Landwirte mißtrauten ohnedies den Arbeitern und der Regierung, die sie beständig gängelte und kontrollierte.
Der Hunger besorgte das übrige: Er zermürbte, er schwächte die Körper und machte sie für Krankheiten anfällig. Die einen stumpfte er ab, die anderen machte er zu Radikalen.
In der Vorkriegszeit, so war es ausgerechnet worden, nahm jeder Deutsche – im statistischen Durchschnitt – pro Tag 320 Gramm Mehl, 140 Gramm Fleisch und 56 Gramm Fett zu sich. Im vierten Kriegsjahr aber mußte er stundenlang vor den Lebensmittelgeschäften Schlange stehen, um dann zu erhalten: 116 Gramm Mehl, 18 Gramm Fleisch und 7 Gramm Fett. Der Mindestbedarf an Kalorien beträgt 2300, normalerweise benötigt der erwachsene Mensch 3000 – die Deutschen erhielten im Jahre 1918 nur noch 1000 Kalorien, teilweise 1200, der Frontsoldat das Doppelte. 1200 Kalorien aber decken den Nahrungsbedarf eines zweijährigen Kindes.
Das Reichsgesundheitsamt ermittelte damals: An den Folgen der Hungerblockade starben im Jahre 1916 bereits 121000, 1918 sogar 297000 Menschen, im ganzen Krieg mehr als eine Dreiviertelmillion. Die Zahl der Todesfälle an Lungentuberkulose war 1918 doppelt so hoch wie 1913, doppelt so viele Mütter starben im Kindbett. Blutarmut, Rachitis, Magen- und Darmerkrankungen sowie Hauterkrankungen nahmen in erschreckenden Ausmaßen zu.
Die Deutschen sammelten Brombeerblätter und brühten sie als Tee auf. Kohlrüben waren lange Zeit ihr Hauptnahrungsmittel. Pferde und Rinder erhielten Laub als Futter.
Alle diese Schwierigkeiten vermochten nicht zu verhindern, daß der Krieg immer weiter ausuferte. Immer stärker wurde die Artillerie, immer mehr Munition war herzustellen, und deutsche wie französische Statistiken bestätigten die Wirkung der Granaten: Im Kriege 1870/1871 waren 8,5 Prozent aller Verluste durch Artillerie-Einwirkung verursacht worden. Im Ersten Weltkrieg hingegen wurden an der Westfront von 100 Gefallenen oder Verwundeten 62 durch Artilleriebeschuß, 26 durch Maschinengewehr- oder Gewehrfeuer und 12 durch andere Waffen getroffen. Um im Ersten Weltkrieg einen Soldaten kampfunfähig zu machen, mußte für 35000 Mark Munition verschossen werden.
Wer sollte diese Summen bezahlen? Wer sollte die Kriegskosten tragen? Im Laufe des Krieges wurde selbst dem letzten Zivilisten klar, was früher kaum jemand gewußt hatte: In einem Krieg von solchem Umfang erlangen Wirtschaft und Industrie eine alles überragende Rolle. Sind auch alle erforderlichen Rohstoffe, dazu auch die Nahrungsmittel vorhanden und schließlich noch die Arbeitskräfte, dann hängen Sieg oder Niederlage von diesen Voraussetzungen noch mehr ab als von der Leistungsfähigkeit der Armee.
Der Generalstabsoffizier Ferdinand Otto Miksche schreibt dazu in seinem Buch »Vom Kriegsbild«: »Die Maschinengewehre und Geschütze ›arbeiteten‹ an den Fronten 24 Stunden täglich. Der Krieg hatte sich zu einem kontinuierlichen Betrieb mit einem kaum noch zu sättigenden Massenverbrauch entwickelt, den sich vorher niemand vorzustellen vermochte. Die vorhandenen Rohstoffvorräte wurden ebenso rasch verbraucht wie die erzeugten Rüstungsgüter. Dies erzwang eine enge Zusammenarbeit zwischen Produktion und Verbraucher. Infolge der zentralen Bewirtschaftung entstand

allmählich eine Art von militärischem Konsumsozialismus.«
Für jeden Frontsoldaten im Schützengraben sorgten sechs bis acht Zivilisten in der Heimat mit ihrer Arbeitsleistung. In allen kriegführenden Staaten ersetzten immer mehr Frauen die Männer an den Arbeitsplätzen.
Im Deutschen Reich waren es 1,7 Millionen Frauen, die in der Rüstungsindustrie an den Werkbänken standen, weitere 2,9 Millionen arbeiteten in anderen kriegswichtigen Betrieben.
Hier hauptsächlich – das ist inzwischen meist vergessen worden – ist der Ursprung der heute so weit verbreiteten Frauenarbeit zu finden. Erstmalig verließen die Frauen damals – und keineswegs aus Begeisterung, viel eher aus Not, um die Familie zu erhalten, manchmal vielleicht auch mit patriotischen Gefühlen – ihren angestammten Arbeitsbereich im Haus und am Herd. Damals übernahmen sie die Arbeit der Männer – als eine Folge des »militärischen Konsumsozialismus«, nicht unbedingt mit dem Gedanken an Gleichberechtigung.
Im Ersten Weltkrieg war das oft genug lebenswichtig: Die Preise waren ebenso gestiegen wie der Hunger. Der Kampf gegen die Wirkung der Blockade war in Deutschland das Gesetz Nummer eins.
Die Blockade war vorausgesehen worden, wenngleich nicht in diesem fürchterlichen Umfang. In deutschen Wirtschaftskreisen hatte man angenommen, daß über neutrale Länder genügend Waren ins Reich einfließen würden, daß vor allem die USA ein Interesse haben müßten, weiterhin mit Deutschland Handel zu treiben. Es war vor allem angenommen worden, daß eine britische Blockade das gesamte Welthandelsnetz zerreißen und England selbst dabei argen Schaden erleiden müßte. Das Gegenteil war der Fall: England und die USA kontrollierten fortan den Weltmarkt.
Was jedoch keine der kriegführende Mächte erwartet hatte, trat sehr schnell ein: Schon nach wenigen Monaten stiegen die Kriegskosten steil an und kletterten weiter in wahnwitzig erscheinende Höhen. 1913, im letzten Friedensjahr, hatten die Ausgaben des Deutschen Reiches bei 2,6 Milliarden Mark gelegen. Im Jahr 1917 war der normale Haushalt des Reiches auf 6,9 Milliarden Mark angewachsen; der außerordentliche Haushalt aber, der die gesamten Kriegskosten betraf, war auf 45 Milliarden hochgeschnellt.

Propaganda-Parade in New York. Mit dem Kriegseintritt Amerikas im April 1917 gewannen die Entente-Mächte ein Rüstungspotential dazu, das endgültig die materielle Unterlegenheit Deutschlands und seiner Verbündeten besiegelte.

FOLGENDE SEITEN: Französische Greuelpropaganda gegen die Deutschen, von der »Illustrirten Zeitung« wiederum dem deutschen Publikum vorgeführt.

Derart enorme Kostenexplosionen verursachten natürlich auch den anderen kriegführenden Staaten erhebliche Sorgen. Nicht eine dieser Mächte war imstande, die finanzielle Last dieses Krieges kurzerhand über erhöhte Steuern abzudecken. Nur England brachte die Härte auf, seine Staatsbürger rigoros zu besteuern: Die Einkommensteuer wurde erhöht, eine ganze Reihe zusätzlicher Verbrauchssteuern traten hinzu und, vor allem, eine Kriegsgewinnsteuer, die rücksichtslos allzu kräftige Gewinne aus Rüstungsgeschäften abschöpfte.
Frankreich deckte seine Kriegskosten hingegen durch Kredite und auch Deutschland die seinen nur zu einem Bruchteil durch Steuern. Die Steuerpolitik wurde unentschlossen, halbherzig, mit viel Parteihader und oft zu spät den Erfordernissen angepaßt. Zu spät kam vor allem die deutsche Kriegsgewinnsteuer – in ihrer verschärften Form erst 1918 – und konnte sich nicht mehr auswirken.
Die Kriegskosten Deutschlands wurden weit mehr durch Anleihen finanziert. Ein zunächst kaum beachtetes Gesetz, dem bereits am 4. August 1914 – also mitten im Trubel des Kriegsbeginns – der Reichstag zustimmte, war die Grundlage. Es ermächtigte nämlich den Bundesrat zum Erlaß von Verordnungen auf wirtschaftlichem Gebiet. Es befreite zudem die Reichsbank von der Pflicht zur Einlösung ihrer Noten in Gold. Damit war praktisch die Goldwährung beseitigt und die Inflation eingeleitet, die im Jahre 1923 ihren fürchterlichen Höhepunkt erreichen sollte.
Die finanzielle Last des Krieges verschob die deutsche Regierung auf die Zeit nach dem Kriege – wobei der Gedanke an den deutschen Sieg und eine Kriegsentschädigung durch die Kriegsgegner eine Rolle spielte: Das Deutsche Reich forderte seine Bürger auf, Kriegsanleihen zu zeichnen. Es gab hintereinander neun Kriegsanleihen, die insgesamt 98 Millionen Mark einbrachten.
Kriegsanleihen gab es auch in den anderen kriegführenden Nationen. Sie alle verschuldeten sich. Irgendwann einmal mußte der Tag kommen, da sie die Schulden zurückzahlen mußten. Sie alle hofften, nach ihrem Sieg durch Tributzahlungen des Unterlegenen ihre Verbindlichkeiten begleichen zu können – eine moralische Einstellung, die etwa so seriös ist wie die eines Betrügers oder Vabanquespielers. Weil aber alle den Bankrott fürchteten, scheuten sie vor einem Verhandlungsfrieden zurück: Er hätte ihnen den Verlierer nicht rettungslos zum Schröpfen ausgeliefert.
Deshalb dauerte der Erste Weltkrieg weit länger als es nötig gewesen wäre, deshalb starben Hunderttausende. Es ging um Sieg und Niederlage, um aufatmend gelungene Flucht aus der Staatspleite für den einen und den Weg in eine hoffnungslose Zukunft der Armut für den anderen.

Galanterie allemande. (Deutsche Galanterie.) Zeichnung von E. Tap. Nach der dem Bilde beigegebenen Beschreibung sollen im September 1914 in Fumay deutsche Soldaten ein junges Mädchen gezwungen haben, sich völlig zu entkleiden. Danach sollen sie dem Mädchen die Brüste abgeschnitten und es in die Maas geworfen haben. Aus „La «Kultur» germanique en 1914—1915". Librairie de l'Estampe, Paris.

Die zusammengeschnürten Geschwister. Zeichnung von J. G. Domergue. Aus „Le Livre Rouge". Le Magazine, Paris. Nach der Bildunterschrift sollen in Bertrix zwei junge Menschen, Bruder und Schwester, getötet, aufeinandergelegt und zusammengebunden worden sein.

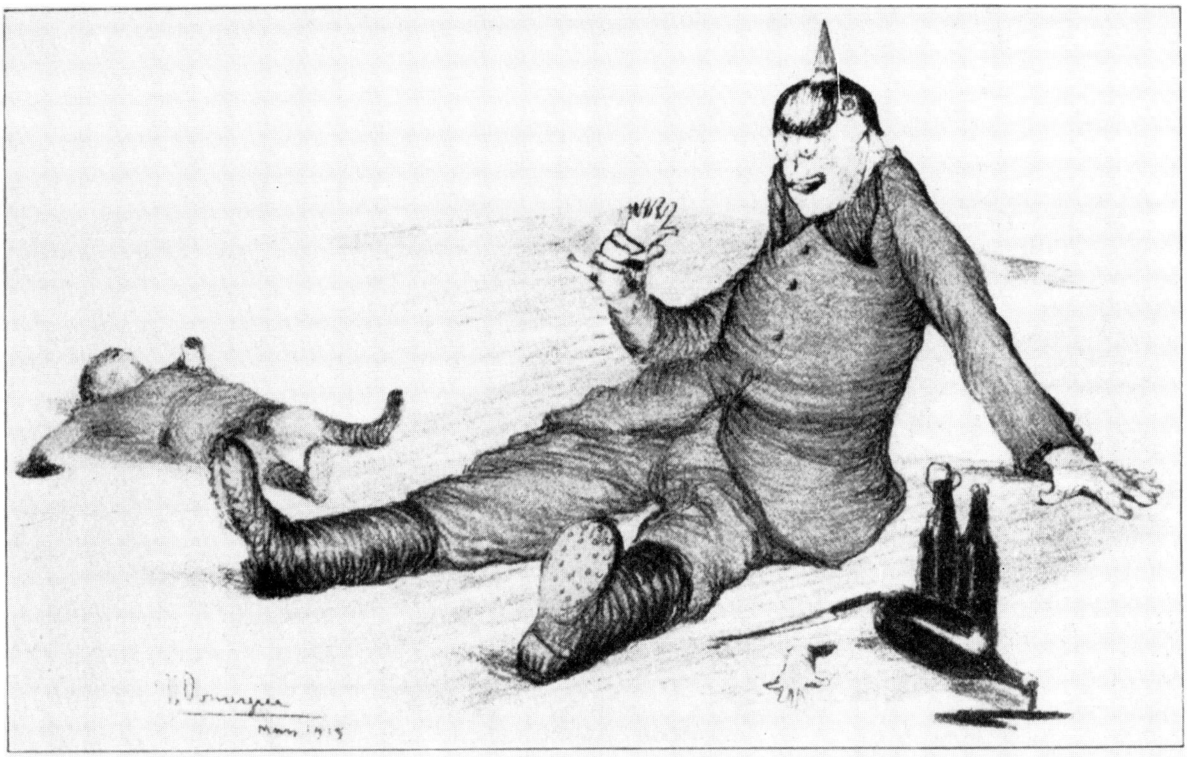

Die abgeschnittenen Kinderhände. Zeichnung von J. G. Domergue. Aus „Le Livre Rouge". Le Magazine, Paris. Nach der Bildunterschrift sollen bei einem am 20. Oktober 1914 an der Yser bei einem Sturmangriff auf Pervyse gefangengenommenen Deutschen zwei abgeschnittene Kinderhände gefunden worden sein.

Die totgetrampelte Greisin. Zeichnung von J. G. Domergue. Aus „Le Livre Rouge". Le Magazine, Paris. Nach der Bildunterschrift sollen deutsche Soldaten in Triaucourt an der Maas eine 75 Jahre alte Frau so mit Fußtritten bearbeitet haben, daß sie einige Tage danach starb. Während die Frau malträtiert wurde, sollen andere die Schränke ausgeplündert haben.

Friedensbemühungen, Zusammenbruch Rußlands

Die Macht und die Ohnmacht der Staatsmänner, ihre Bündnissysteme und Bestrebungen, ihre Einflüsse auf andere Regierungen und nationale Gruppierungen, dazu die Zufälle eines geheimnisvollen Schicksals – etwa das falsche Abbiegen des Chauffeurs von Erzherzog Franz Ferdinand – hatten den Weltkrieg heraufbeschworen. Entscheidungen und Entschlußlosigkeit der Staatsmänner waren es, die Millionenheere gegeneinander zu Felde ziehen ließen. Blut, Tod, Elend, Hunger und Zerstörung, Meutereien, Revolutionen, der Untergang alter Ordnungen, das Auseinanderbrechen des Gleichgewichts der bestehenden Welt und damit die heraufziehenden Gefahren für die Zukunft der Menschheit waren die Folgen dieses Hineinschlitterns.

Nicht die Heerführer und ihre Soldaten, sondern die Staatsmänner aller kriegführenden Staaten mußten es nun als ihre dringendste Aufgabe ansehen, den Frieden wiederherzustellen. Den ersten Versuch dazu unternahm der deutsche Reichskanzler v. Bethmann Hollweg. Er beauftragte den deutschen Botschafter in den USA, mit dem US-Präsidenten Wilson über eine Friedensvermittlung zu sprechen. Das war im September 1916; die USA standen noch nicht im Krieg, aber ihr Präsident war mitten im Wahlkampf. Die Unterredung fand nicht statt, weil sie, nach Ansicht des deutschen Botschafters, vor der Wahl sinnlos sei.

Bethmann Hollweg wagte am 12. Dezember 1916 einen neuen Versuch. Rumänien war besiegt worden, an den übrigen Fronten herrschte nahezu Gleichgewicht – das schien eine gute Ausgangsposition zu sein. Der Reichskanzler übergab den Botschaftern neutraler Staaten eine Erklärung der Reichsregierung, in der Friedensverhandlungen vorgeschlagen wurden. Die Antwort der Staatsmänner Frankreichs, Englands, Italiens und auch Rußlands war negativ. Sie erblickten in dem deutschen Angebot ein Zeichen der Schwäche und nutzten es agitatorisch, um den Kampfgeist ihrer Völker anzuspornen.

Nur von Woodrow Wilson, dem inzwischen wiedergewählten US-Präsidenten, kam am 18. Dezember 1916 eine positiv klingende Note: Man solle sondieren, »wie nahe wohl die Zeit des Friedens sei, nach welchem die ganze Menschheit mit heißem und immer wachsenden Begehren sich sehne«. Acht Tage darauf antworteten die Mittelmächte in einer Note. Sie schlugen vor, daß möglichst bald bevollmächtigte Vertreter der kriegführenden Mächte an einem neutralen Ort zu unmittelbarem Gedankenaustausch zusammenkommen sollten.

Die Entente reagierte am 10. Januar 1917 mit einer gemeinsamen Note an Wilson: »Die alliierten Mächte sind der Ansicht, daß es unmöglich ist, bereits heute einen Frieden zu erzielen, der ihnen die Wiedergutmachungen, Rückerstattungen und Bürgschaften sichert, auf die sie ein Recht haben.« Es ginge ihnen, so hieß es weiter, in erster Linie um »die Wiederherstellung von Belgien, Serbien und Montenegro, die Rückgabe der Provinzen und Gebiete, die früher den Verbündeten durch Gewalt und gegen den Willen der Bevölkerung entrissen worden sind, die Befreiung der Italiener, Tschechen, Slawen, Rumänen und Slowaken von der Fremdherrschaft«. Es ginge ferner darum: »Europa der brutalen Gewalt des preußischen Militarismus« zu entreißen, doch bestünde nicht die Absicht »die Vernichtung der deutschen Völker und ihr Verschwinden aus der Politik anzustreben«. Andererseits forderten die Entente-Staatsmänner, daß Deutschland nicht als gleichberechtigter Verhandlungspartner zugelassen werden dürfe.

Diese Note gab der deutschen Reichsregierung wie der Obersten Heeresleitung einen letzten Anstoß, den un-

Kaiser Wilhelm II. von Deutschland und Kaiser Karl I. von Österreich, der Nachfolger des im November 1916 verstorbenen Franz Joseph I. Unter dem politischen, wirtschaftlichen und militärischen Übergewicht des Bundesgenossen sank die Donaumonarchie im Laufe des Krieges zu einem Befehlsempfänger Deutschlands herab.

eingeschränkten U-Boot-Krieg zu beginnen, woraufhin am 6. April 1917 Präsident Wilson Deutschland den Krieg erklärte. Die erste Maßnahme der USA bestand in der Beschlagnahme des deutschen Privateigentums und aller in US-Häfen liegenden deutschen Schiffe. Außer Mexiko, Kolumbien, Venezuela, Argentinien, Chile und Paraguay erklärten die übrigen Staaten Süd- und Mittelamerikas nun gleichfalls den Krieg und legten ihre Hand ebenfalls auf das deutsche, in ihren Staaten befindliche Privatvermögen. Portugal war schon zuvor in den Krieg gegen Deutschland eingetreten, China folgte später, ebenso Griechenland. Frankreich und England – selbst geschwächt – hofften auf die Hilfe Amerikas und damit auf den Sieg. Zeitweilig hatte den britischen wie den französischen Ministerpräsidenten noch eine weitere Erwartung beschwingt: Einen Sonderfrieden mit Österreich-Ungarn abschließen zu können. Denn am 21. November 1916 war der greise Kaiser Franz Joseph gestorben und der junge, unerfahrene Erzherzog Karl sein Nachfolger geworden. Dessen Gemahlin Zita stammte aus dem Bourbonen-Geschlecht. Zwei ihrer Brüder, die Prinzen Sixtus und Xaver von Bourbon-Parma, dienten in der belgischen Armee. Prinz Sixtus übernahm – ohne jegliche Verhandlungsvollmacht – eine Kontaktanbahnung zum französischen Ministerpräsidenten. Der Prinz befürwortete einen Sonderfrieden mit Österreich-Ungarn unter Bestätigung nahezu aller Kriegsziele der Entente. Graf Czernin, neuer, von Kaiser Karl ernannter k. u. k. Außenminister, war in diese Geheimverhandlungen nicht oder höchstens am Rande eingeweiht. Aber Czernin selbst hatte eine Denkschrift verfaßt und dem deutschen Kaiser zur Kenntnis gegeben. Darin war festgestellt, daß Österreich-Ungarn am Ende seiner Kraft sei und Deutschland kaum noch auf Hilfe rechnen könne. Czernin informierte Ende April 1917 auch den deutschen Reichstagsabgeordneten Matthias Erzberger über seine Denkschrift und gab ihm hiervon eine Kopie. Erzberger war bestürzt und unterrichtete weitere Parlamentarier von den österreichischen Friedensbemühungen.

Es kam zu mehreren Geheimgesprächen: Czernin mit v. Bethmann Hollweg, Prinz Sixtus erschien sogar in Wien, österreichische Kontakte liefen über die Schweiz nach Paris. Letztlich zerschlug sich alles: Frankreich wollte Elsaß-Lothringen zurückhaben; Italien verlangte von Österreich-Ungarn nicht nur italienisch, sondern auch große deutsch bevölkerte Gebiete. Für die Entente war Deutschland ohnedies der gefährlichere Gegner. Deshalb gewann der Gedanke des Kampfes bis zum Sieg die Überhand. Nur so waren alle alliierten Ansprüche ohne jeglichen Kompromiß zu befriedigen.

Aus ähnlichen Gründen scheiterten auch Bemühungen Deutschlands, Belgiens und des Vatikans. Es wurde weiter geschossen. Sogar das am Boden liegende Rußland rappelte sich wieder auf. Kerenski hatte innerhalb der Revolutionsregierung die Macht errungen. Er bekräftigte die Bündnistreue zur Entente mit einer russischen Offensive, die nach ihm benannt war. Er reiste zu den in einer Art Waffenstillstand mit Deutschen und Österreichern stehenden russischen Truppen an die Front. Tatsächlich brachte er es fertig, die kriegsmüden Soldaten noch einmal aufzurütteln und für den Kampf des neuen Rußlands zu begeistern. Nach einem Trommelfeuer, wie es in dieser Intensität bisher nur an der Westfront erlebt worden war, traten die Russen am

OBEN: Vereidigung russischer Truppen, März 1917. Kerenskis liberale Regierung setzte den Krieg fort, den der Zar begonnen hatte. Die Loyalität der Soldaten aber war brüchig.

RECHTE SEITE: Auch Rußland litt schwer unter dem Krieg. Hungersnöte griffen um sich, es kam sogar zu Fällen von Kannibalismus.

1. Juli 1917 zum Großangriff an. Er brach überall dort zusammen, wo deutsche oder türkische Soldaten hinter den Maschinengewehren lagen. Er gelang dort, wo österreichische Verbände eingesetzt waren. Gegen die in der k. u. k. Armeen dienenden Tschechen schossen die aus Überläufern formierten Landsleute der »Tschechischen Legion«.

Dennoch: Über Anfangserfolge kam die Kerenski-Offensive nicht hinaus. Die Einmischung der Soldatenräte in die Truppenführung, die nur wie ein Strohfeuer kurz auflodernde Begeisterung und die – trotz der Flandernkämpfe – von der Westfront herangeführten zusätzlichen 6 deutschen Divisionen sorgten für ein rasches Erlahmen der russischen Attacken.

OBEN: Ab August 1916 führte das siegreiche Gespann von Tannenberg, Hindenburg und Ludendorff, die Oberste Heeresleitung. Das Staatsoberhaupt Kaiser Wilhelm (in der Mitte) war weitgehend ausgeschaltet, die beiden Generäle regierten mit diktatorischer Machtvollkommenheit.

RECHTE SEITE: Das amerikanische Schmuckblatt feiert Politiker und Feldherren als »Giganten der Demokratie«: die Engländer Lloyd George und Haig, die Amerikaner Wilson und Pershing und den Franzosen Foch.

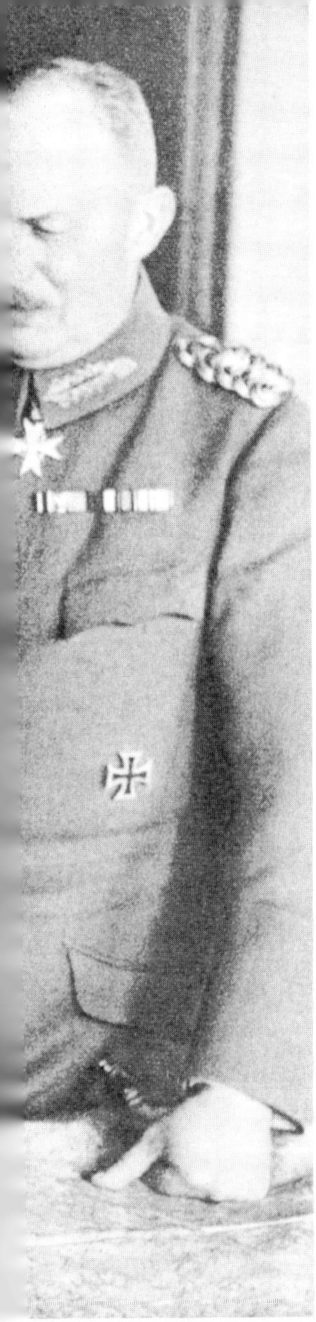

Im Gegenteil: Am 19. Juli besetzten im Gegenangriff deutsche Verbände ganz Ostgalizien gegen nur schwachen russischen Widerstand. Vor allem Versorgungsschwierigkeiten waren der Grund, weshalb nicht noch weiter vorgegangen werden konnte.
Das letzte Aufwallen des Kampfgeistes der russischen Armee war nur ein Zucken vor dem Ende. Finnische, polnische und ukrainische Soldaten bildeten eigene Truppenteile. Die Disziplin verfiel. Offiziere wurden mißhandelt und ermordet. In dichten Haufen verließen Soldaten das Frontgebiet und marodierten im Hinterland. Erstmalig versuchten die in den Arbeiter- und Soldatenräten stark vertretenen Bolschewiken in Petersburg einen Putsch. Als er mißlang, mußte Lenin vorerst nach Finnland fliehen. Kerenski übernahm als Ministerpräsident nun die Macht, die er sich freilich mit den Arbeiter- und Soldatenräten teilen mußte.
Am 6. Juli 1917 aber gerieten auch die Deutsche Reichsregierung und die Oberste Heeresleitung in eine schwere Krise. Der Abgeordnete Erzberger hatte im Reichstag eine düstere Lagebeurteilung abgegeben: Der Krieg sei militärisch nicht mehr zu gewinnen, der U-Boot-Krieg wirkungslos geblieben, Industrie und Wirtschaft seien am Ende. Erzberger hatte dann das Parlament aufgefordert, eine Mehrheit zu bilden, um mit ihr einen Frieden der Verständigung und des Verzichts auf alle Eroberungen anzustreben. Deshalb schlug er die Annahme einer Friedensresolution vor.

Die feldgraue Brunst

Von den militärischen Obrigkeiten widerwillig gestattet, aus Sorge vor der Ausbreitung von Geschlechtskrankheiten dann genauestens beaufsichtigt, war die Befriedigung sexueller Bedürfnisse für den Soldaten nur im traurigen Milieu der Prostitution zu haben – in Frontbordellen und Etappenlokalen. Im folgenden eine Schilderung der flandrischen »Etappe Gent« und der Bericht eines zum Bordellwächter ernannten Sanitätssoldaten von der Ostfront.

Der Modenaaisteeg, besser bekannt als »Kleine Feldstraße«, das Zaagermanstraatje beim Vogelmarkt und die düstere und übel duftende Engelstraat beim Vrijdagsmarkt bargen eine Reihe kleiner, buntbemalter und vom Wind und Zeit geduckte »Liebestempel«, vor deren niederen Türen sich die liebesdurstigen Feldgrauen in langen Polonäsen anstellten wie zu Hause ihre Mütter, Schwestern, Bräute und Frauen vor den Lebensmittelläden.

Da die Reihen der Soldaten, die sich vom »Muskoten« bis zum »Spieß« in zwangloser Folge vor den Heimen der Genter Venuspriesterinnen anstellten, von Tag zu Tag länger wurden und sich zum öffentlichen Ärgernis auswuchsen, so griffen nicht nur Sittlichkeitsfanatiker, wie Superintendent Matthes, Pfarrer Eichel, Pfarrer Sturm und der Sekretär des Weißen Kreuz-Bundes ein, sondern auch die hohe Etappeninspektion.

Die Stadt Gent mußte auf ihren Befehl verhüllende Bretterverschläge vor den Eingängen der drei genannten Gäßchen aufrichten, damit die zum Gottesdienst wandernden jungen Genter Frauen und Mädchen durch den Anblick dieser vielen brunsttollen Männer nicht in ihrer Andacht gestört wurden, mit der sie zur alles verzeihenden Beichte schritten.

Außerdem mußte die Kommandanturpolizei ständig schwerbewaffnete Posten in den Gäßchen aufstellen, die für Ruhe und Ordnung und strengste Einhaltung der Reihenfolge zu sorgen hatten. Diese Aufseher waren auch angewiesen, mit peinlicher Sorgfalt darüber zu wachen, daß die Huren die christlichen Sonn- und Feiertage durch vollständige »Arbeitsruhe« heiligten und sich dafür an des Kaisers Geburtstag mit um so größerem Eifer der Befriedigung feldgrauer Brunst widmeten.

Die behelmten Wächter der Genter Liebesstadt wurden aber auch von den Freudenmädchen als Schutzgarde angesehen, die ihnen mit Rat und Tat zur Seite stand. Feldgraue, die diese geschminkten Dämchen um den Lohn ihrer Liebe prellen wollten, kamen nicht weit. Sie wurden auf die kreischenden Hilferufe der Benachteiligten von den im Gäßchen postierten Militärpolizisten festgenommen, noch ehe sie den Ausgang der Liebesstadt erreicht hatten, und langsam aber energisch an den Ort ihres erlebten Vergnügens zurückgeleitet, um dort ihre Schuld auf Heller und Pfennig zu berappen.

Der Satz betrug gewöhnlich fünf Mark oder ein Kommißbrot. Für »Extratouren«, die mit der Bezeichnung »französisch« angedeutet wurden, wurde der Preis vorher ausgemacht.

... Da die jungen Leute, die vordem die Stammgäste gewesen waren, im Kriege von Haus und Hof weg waren und den älteren Einheimischen mit der Länge des Krieges immer mehr das nötige Kleingeld mangelte, so waren die deutschen Soldaten die zahlungsfähigste Kundschaft der Estaminets.

Feldpostkarte aus einem Estaminet, einem verrufenen Lokal in Brüssel.

Aber die biederen Feldgrauen, die oft schon viel zu lange von der Mutter weg waren, wollten nicht nur »een groote pint bier« oder »een warm pottje koffie« haben, sondern auch etwas für das Herz und Gemüt. Sie beehrten darum in erster Linie die Estaminets mit ihrem Besuch, in denen eine mollige Wirtin oder hübsche Tochter die Getränke und Speisen kredenzten. An ihrer Seite oder gar mit ihnen auf dem Schoß fühlten sie sich wohl und geborgen.

Aus diesem Grunde war ein Estaminet im Dorf Aisné bei Gent ständig überfüllt. Sein Besitzer hatte sieben Töchter, von denen die jüngste vierzehn Jahre alt war und in der Kunst des Flirtens ihren sechs älteren Schwestern in nichts nachstand. Bei den Soldaten hieß dieses gemütliche Lokal »Zu den vierzehn Arschbacken«. Es war die volkstümlichste Kneipe in der Etappe Gent.

*

Praktisch lagen die Dinge so, daß etwa der erste Soldat, der nachmittags um 4 Uhr nach Öffnung des Mannschaftsbordells bei einem der Bordellmädchen war, geschlechtskrank sein konnte. Dann bestand die Möglichkeit, daß alle weiteren Soldaten, die am selben Nachmittage zu demselben Mädchen gingen, sich anstecken.

Um dem entgegenzuwirken, war in einem kleinen Häuschen neben dem Bordell ein Sanitäter einquartiert, an dem jeder Soldat, der ins Bordell wollte, vorbeigehen mußte. Die Wache hatte dafür zu sorgen. (Für das Offiziersbordell galt das nicht, da hatte die Wache

nichts zu sagen. Es war wohl mit darauf zurückzuführen, daß die Offiziersabteilung der »Ritterburgen«, wie die Geschlechtskrankenabteilungen der Lazarette genannt wurden, besonders stark belegt war.)
Jeder Soldat also, der ins Bordell wollte, hatte beim Sanitäter sein Soldbuch vorzuzeigen. Name und Truppenteil wurden in eine Liste eingetragen, damit er seinem Truppenteil gemeldet werden konnte, wenn bei der Bordellinsassin, die er beehrt hatte, in den Tagen darauf eine Erkrankung festgestellt wurde.
Das Verfahren war aber auch vorbeugend. Jeder Soldat hatte dem Sanitäter seinen Geschlechtsteil zu zeigen, er wurde auf Krankheitserscheinungen untersucht und dann einer Behandlung mit Protargol und Vaseline unterzogen. So vorbereitet ging der Soldat ins Bordell. Kam er zurück, so hatte er in Gegenwart des Sanitäters zu urinieren, außerdem bekam er eine neue Protargol-Einspritzung. Dann mußte er angeben, bei welchem Mädchen er gewesen war.
Der Sanitäter hatte ein schweres Amt. Der Andrang war oft so stark, daß wir draußen alle Mühe hatten, die Viererreihen von Kompanielänge, die nach der Frau anstanden, wie daheim die Frauen nach ein paar Gramm Butter, in Raison zu halten. Wie der Sanitäter mit all der Arbeit gewissenhaft fertig wurde, haben wir oft nicht begreifen können.
Diese Organisation des militärischen Geschlechtsverkehrs nun gab mir die Möglichkeit, am Abend (das Bordell wurde um 9 Uhr geschlossen) aus den Listen des Sanitäters Frequentierungszahlen zu ermitteln. Es war mir vor allem darum zu tun, eine Rekordzahl herauszukriegen. Gewissenhaft verglich ich von Tag zu Tag meine Aufzeichnungen.
Während der kurzen Zeit, da ich die zweifelhafte Ehre hatte, Wachposten Seiner Majestät im Militärbordell Mitau zu sein, ermittelte ich als Höchstbesuch eines Bordellmädchens mit Namen Osol die Zahl von 32 Soldaten, die in der Zeit zwischen nachmittags 4 Uhr und abends 9 Uhr bei ihr gelegen hatten. Das kam natürlich (und glücklicherweise) nicht alle Tage vor. Aber die niedrigste Leistung während meiner Wachpostenzeit war an einem Tage, an dem das Bordell mit sechs Mädchen besetzt war: 12, 10, 10, 10, 7 und 6 Besuche ...
Auch im Offiziersbordell ereigneten sich manchmal tolle Szenen. Was sollten wir von unseren würdevollen Vorgesetzten halten, wenn wir sahen, wie Offiziere von Bordellmädchen ins Gesicht geschlagen, angespuckt und mit Brachialgewalt zur Tür hinausgeworfen wurden! Wieviel Achtung konnte übrigbleiben, wenn wir durch einen Spalt im Fensterladen sahen, wie sich im Salon des Offiziersbordells Offiziere und Bordellmädchen auf eigenartige Weise vergnügten.
An einem Abend zu vorgeschrittener Stunde ging es besonders lustig zu. Am Klavier saß ein Offizier, der irgend einen Tanz herunterpaukte. Zu dieser Melodie bewegten sich auf dem Fußboden im Kreise herum, auf allen Vieren, ein reichliches halbes Dutzend Offiziere in Uniform. Auf jedem Offiziersrücken saß ein splitternacktes Mädchen und trieb mit Stößen und Knüffen den Partner, der nicht mehr Chevalier, sondern Cheval war, zu schnellerer Gangart an.
Wie bereits gesagt, wurde die interne Verwaltung der Bordelle, ihre Autonomie, von den Militärbehörden nicht angetastet. So konnte es kommen, daß der Rangabstand zwischen Offizieren und Mannschaft auch in Unterschieden der Lebenshaltung der Dirnen zum Ausdruck kam. Diese Unterschiede waren gewiß nicht kleiner als in Herzog Albas Heer zwischen den verschiedenen Dirnenkategorien. Während die Insassinnen der Offiziersbordelle im allgemeinen gut lebten, weil sie von ihren Konsumenten große Mengen Lebensmittel erhielten, ging es den gewöhnlichen Mannschaftsdirnen erbärmlich schlecht. Die Taxen, die von den Militärbehörden festgesetzt und sehr häufig in Naturalien, zumeist in einem Kommißbrot, entrichtet wurden, waren durchschnittlich sehr niedrig bemessen. Die Not der Dirnen war in manchen Gegenden besonders der Ostetappe entsetzlich ...

(Magnus Hirschfeld, Sittengeschichte des Weltkrieges. Leipzig–Wien 1930)

Schlangestehen vorm Bordell – Holzschnitt aus dem Krieg

FOLGENDE SEITEN: Gegenübergestellt sind das Formular für eine Todesanzeige aus den Tagen des Kriegsbeginns und ein Blatt aus einer Illustrierten von 1916. In der jubelnden Aufbruchstimmung von 1914 dachte man an festlichen Sieg und gloriosen Heldentod, aber nicht an Verstümmelung, Amputation und Prothesen – die doch schon bald hunderttausendfache Wirklichkeit werden sollten.

Im Feldzuge 1914
starb den ehrenvollen Tod
fürs Vaterland
Der Dank für seine Hingabe wird
nicht aufhören und sein Andenken
wird in aller Deutschen Herzen
fortbestehen
Gewidmet von der Nachrichtenstelle
für den Bezirk der Königlichen
Kreishauptmannschaft Leipzig

Schlosser- und Schmiedewerkstatt.

Tischlerwerkstatt.

Aus der Kriegsbeschädigtenschule der Festung Posen.

Der Schule werden Kriegsbeschädigte nach Ablauf des Heilverfahrens überwiesen, um dort ihre künstlichen Ersatzglieder (Prothesen) zu erhalten und zu erproben. Die Schule hat den Zweck, diejenigen Leute, die infolge ihrer Kriegsverletzung in der Ausübung ihres Berufes schwer geschädigt sind, für ihren Beruf wieder verwendbar zu machen oder sie für eine neue Tätigkeit vorzubereiten. Neben dieser Berufsberatung verfolgt die Schule überhaupt den Zweck, in den seelisch oftmals niedergebrochenen Kriegsverletzten die Lust und Liebe zur Arbeit wiederzuerwecken und ihnen zu zeigen, daß sie nach wie vor nützliche Mitglieder der menschlichen Gesellschaft sind.

Nach Konferenzen, Besprechungen und Sondierungen schrieben Hindenburg und Ludendorff ihre Abschiedsgesuche. Tags darauf reichte auch der Reichskanzler v. Bethmann Hollweg seinen Rücktritt ein. Er hatte dem Kaiser erklärt, daß keineswegs die Entlassung der beiden verdienten und vom Vertrauen des Volkes getragenen Heerführer in Erwägung gezogen werden dürfe. Der Reichskanzler trat zurück. Hindenburg und Ludendorff blieben. Ihre Besprechungen mit den Parlamentariern der Mitte und der Linken über die Friedensresolution führten zu keinem Ergebnis; zu groß waren die Meinungsunterschiede. Dennoch nahm am 19. Juli der Reichstag mit einer klaren Mehrheit die Friedensresolution an. Auch die Reichsregierung bekräftigte sie, und der OHL blieb nichts anderes übrig, als ihr ebenfalls beizustimmen.

In der Resolution hieß es: »Der Deutsche Reichstag erstrebt einen Frieden der Verständigung und der dauernden Versöhnung der Völker. Mit einem solchen Frieden sind erzwungene Gebietsabtretungen, politische, wirtschaftliche und finanzielle Vergewaltigungen unvereinbar ... Solange jedoch die feindlichen Regierungen das nicht einsehen, solange sie Deutschland und seine Verbündeten mit Eroberung und Vergewaltigungen bedrohen, wird das deutsche Volk wie ein Mann zusammenstehen und unerschütterlich ausharren und kämpfen, bis sein und seiner Verbündeten Recht auf Leben und Entwicklung gesichert ist.«

Hindenburg und Ludendorff sahen als nächstes Ziel eine Beendigung des Krieges im Osten an – nur so waren genügend Kräfte für die Frühjahrsschlacht des kommenden Jahres frei zu machen. Sie war die letzte Chance zum Sieg im Westen, denn ab Sommer 1918 mußte mit dem Auftreten der amerikanischen Divisionen gerechnet werden.

Den größten Erfolg mit geringstem Einsatz versprach die Besetzung von Riga. Bei diesem Unternehmen ließ sich vor allem die neue Durchbruchstaktik erproben. Tatsächlich gelang die bereits geschilderte Operation mit durchschlagendem Erfolg.

Auch die Einnahme der baltischen Inseln Ösel, Moon und Dagö im Oktober 1917 glückte. Zweck der Operation war, eine mögliche Ausgangsbasis zum Angriff auf Petersburg zu schaffen und die russische Regierung für einen Friedensschluß geneigt zu machen.

Die Insel-Invasion war rasch beendet, aber auch sie kostete Opfer. Eines davon war der damals und bei der Jugend der Nachkriegszeit populäre Dichter Walter Flex. Im Nachwort seines Buches »Der Wanderer zwischen beiden Welten« ist sein Tod beschrieben: »Er hatte seine neunte Kompanie zum Angriff auf Lewwal (Insel Ösel) entwickelt. Das Gefecht neigte sich zu siegreichem Ende. Unschlüssig zwischen Widerstand und Aufgabe schwankend hielten die Russen noch vor Peudehof. Sein linker Zugführer geht vor und fordert Ergebung. Russische Offiziere erklären den Ankommenden für gefangen. Der springt zurück, das Gewehr im Anschlag: ›Herr Leutnant, sie wollen sich nicht ergeben!‹ Walter Flex hat ein russisches Beutepferd ergriffen und reitet vor. Ein Schuß kracht und fehlt ihn. Er zieht den Säbel, der ihm am Sattel hängt. Mit blanker Klinge reitet er gegen den Schützen an. Gewehrfeuer schlägt ihm entgegen. Eine Kugel fährt ihm durch die Degenhand in den Leib und wirf ihn vom Pferd. Seine Kompanie greift an. Die Russen heben die Hände ... Seinem treuen Burschen diktierte er diese Karte: ›Liebe Eltern! Diese Karte diktiere ich, weil ich am Zeigefinger der rechten Hand leicht verwundet bin. Sonst geht es mir sehr gut. Habt keinerlei Sorge. Viele herzliche Grüße! Euer Walter.‹

Am nächsten Tage ist er gestorben ...«

Die innere Situation Rußlands wurde immer undurchsichtiger. General Kornilow – als Nachfolger von Brussilow Oberbefehlshaber der russischen Armee – hatte im September 1917 einen Putschversuch unternommen, um die Revolution zu stoppen. Der Putsch scheiterte am Widerstand vor allem der Bolschewisten in den Arbeiter- und Soldatenräten. Die Regierung Kerenski indessen, so zeigte es sich, besaß kaum noch wirkliche Macht. Mit wem also sollte – trotz der gelungenen militärischen Operationen – die deutsche Regierung über einen Frieden verhandeln?

Drei Wochen später war es klar: mit Lenin und Trotzki! Dieser hatte sein amerikanisches Exil verlassen; jener war im April 1917 zusammen mit 31 Genossen unter Hilfestellung deutscher Behörden in einem verschlossenen, aber wohl nicht, wie es vielfach hieß, »plombierten« Eisenbahnwaggon von der Schweiz aus über Deutschland, Schweden und Finnland nach Petersburg gereist. Dieselbe Reichsregierung, die in ihrem Herrschaftsbereich Kommunisten auf das schärfste verfolgte, hatte einen ihrer Todfeinde, ausgestattet auch noch mit beträchtlichen Geldmitteln, ins Land des Kriegsgegners transportiert, in der Hoffnung, er werde dort die Revolution anzetteln, die Rußland aus dem Krieg herausbringen würde – dieser »Pakt mit dem Teufel« beweist eindringlich, wieweit die Frage »Sieg oder Niederlage« alle anderen Überlegungen erstickt hatte. Denn daß Lenin nicht zögern würde, die Revolution auch nach Deutschland zu tragen, mußte eigentlich jedem

Auf einer gesprengten Brücke, die notdürftig instand gesetzt wurde, marschieren deutsche Truppen über die Düna. Der gelungene Vorstoß auf Riga im September 1917 wurde von der Obersten Heeresleitung als Generalprobe für die im folgenden Frühjahr geplante Offensive im Westen betrachtet.

kaiserlichen Beamten klar sein. Aber für einen Sieg war man inzwischen bereit, jeden Preis zu zahlen. Am 6. November stürzten die Bolschewisten die Regierung Kerenski. Sie proklamierten die Diktatur des Proletariats. Sie gingen daran, ihre tatsächlichen und vermeintlichen Gegner in Serien von Massakern zu vernichten. Das russische Bürgertum ging unter. Lenin und Trotzki stiegen auf. Durch Funkspruch »An Alle« erließ Lenin sein Manifest, in dem er mitten im russischen Blutvergießen die Welt zum Frieden aufforderte. Gleichzeitig wurde begonnen, aus den wirren Haufen von Kerenskis verlotterten Revolutionssoldaten eine weit besser disziplinierte, straff geführte »Rote Armee« aufzubauen.

Am 26. November fingen deutsche Funkstationen einen an die deutsche OHL gerichteten Funkspruch auf. Der russische Befehlshaber Krylenko, ein ehemaliger Fähnrich der Zarenarmee, fragte darin nach einer deutschen Bereitschaft zum Abschluß eines Waffenstillstandes an. Die OHL signalisierte Bereitschaft, Termin und Treffpunkt. Prompt fanden sich die russischen Unterhändler im deutschen Hauptquartier Oberost in Brest-Litowsk ein. Am 15. Dezember unterzeichneten sie und ihre deutschen Vertragspartner eine zehntägige Waffenruhe und verabredeten gleichzeitig den Beginn von Friedensverhandlungen am 23. Dezember. Im Osten begann es ruhig zu werden. Auch mit Rumänien war am 9. Dezember ein Waffenstillstand vereinbart worden.

Es war höchste Zeit: Die OHL benötigte ihre Divisionen zur Frühjahrsoffensive in Frankreich. Auf den Verladebahnhöfen herrschte Hochbetrieb: Ein Großteil der deutschen Ostfront-Divisionen rollte nach dem Westen.

Freilich: In diesen Dezemberwochen stellte die deutsche Aufklärung auch die ersten amerikanischen Divisionen in Frankreich fest. Weitere wurden laufend im Hafen von Bordeaux ausgeladen.

Derweil setzten sich in Brest-Litowsk, wie vereinbart, deutsche, österreichische und russische Vertreter zur Friedenskonferenz zusammen. Die Russen wußten natürlich genau über die deutschen Probleme Bescheid und stellten entsprechend hohe Forderungen. Durch immer neue von ihnen ins Gespräch gebrachte Schwierigkeiten zogen sich die Verhandlungen endlos hin. Die deutschen und k. u. k. Unterhändler erleichterten den Russen dieses Spiel durch Uneinigkeit in den Auffassungen beider Staaten und innerhalb der Regierungen und Heeresführungen. In Grundsatzdebatten und theoretischen Auseinandersetzungen ging die Zeit dahin.

Diese Debatten hatten allerdings auch für die russische Seite unangenehme Folgen: Die Ukraine hatte von dem durch die Russen geforderten Selbstbestimmungsrecht Gebrauch gemacht und sich zum selbständigen Staat erklärt. In russischen Augen war das freilich Verrat. Trotzki erschien persönlich auf der Konferenz und hielt

OBEN: Friedensverhandlungen in Brest-Litowsk. Die russischen Unterhändler Joffe, Karachan und Trotzki werden von deutschen Offizieren begrüßt.

RECHTE SEITE: Die russische Revolutionsregierung bot den Mittelmächten im November 1917 Waffenstillstand an. Zwischen den Gräben setzte reger Tauschhandel ein.

propagandistische Reden, während die noch an der Waffenstillstandsfront stehenden deutschen Truppen systematisch mit kommunistischer Agitation überschüttet wurden. Gleichzeitig marschierte bereits die Rote Armee gegen die Ukraine auf, die ihrerseits nun österreichische Gebiete in ihren Staat einzubringen gedachte.

Das russische Verhalten brachte die Vertreter der Mittelmächte zur Einigkeit. Sie verlangten von Trotzki eine klare Antwort; wenn sie nicht bald käme, so drohten sie, sähen sie sich gezwungen die militärischen Operationen fortzusetzen. Das bewirkte Trotzkis Abreise. Die Mittelmächte setzten ihre Verhandlungen mit der Ukraine fort und schlossen mit ihr am 9. Februar 1918 einen Friedensvertrag, den »Brotfrieden«, ab. Danach hatten die Mittelmächte das Recht, die Ukraine zu besetzen und ihre Getreidevorräte zu nutzen.

Nach zwölftägiger Abwesenheit erschien Trotzki wieder am Verhandlungstisch. Seine feierliche Erklärung besagte, daß sich Rußland jede Vergewaltigung verbitten müsse, jedoch nicht in der Lage sei, den Krieg fortzusetzen. Mithin sehe es ihn ab sofort als beendet an, werde aber keinen Frieden schließen. Mitsamt der rus-

Deutsche Truppen verfolgen Sowjetsoldaten in der Ukraine. Die deutsche Führung nutzte die innere Schwäche des bolschewistischen Rußland, die »Kornkammer des Reiches« und weitere Gebiete Rußlands bis zum Kaukasus zu besetzen.

sischen Delegation reiste er ab und ließ verblüffte Gesichter zurück.
Eine derart unsichere Situation im Osten mochte die Reichsregierung angesichts der bevorstehenden Frühjahrsoffensive im Westen nicht bestehen lassen. Der Feldzug begann von neuem, nun aber gegen die Rote Armee, die sich gerade in der ersten Aufbauphase befand. Ihr militärischer Widerstand war entsprechend gering. Die schwachen deutschen Kräfte – 40 Divisionen an der riesenhaften Ostfront – reichten aus, den größten Teil Estlands zu besetzen sowie weitere Teile der Ukraine; aber auch Kiew und Odessa wurden von Österreichern und Deutschen eingenommen. Vor Petersburg standen deutsche Truppen.
Alsbald erklärte die russische Regierung ihre Bereitschaft zur Unterzeichnung des Friedensvertrages. Ohne weitere Aussprache wurde sie am 3. März 1918 in Brest-Litowsk vorgenommen. Rußland verlor Polen, Kurland, Litauen, Estland, Finnland, und einige Gebiete im Kaukasus. Weißrußland sollte als Garantie für die Durchführung der Friedensbestimmungen bis zu deren Abschluß besetzt werden. Rußland mußte Polen, Finnland und die Ukraine als selbständige Staaten anerkennen. Es war der erste Friedensschluß des Ersten Weltkrieges. Zwei Tage später schloß Rumänien mit den Mittelmächten einen Vorfrieden ab.

Solide war der Friede mit Rußland freilich nicht: Finnland rief die Deutschen Ende März zu Hilfe: Die Sowjettruppen hatten keineswegs vertragsgemäß das finnische Territorium geräumt. Eine deutsche Division kreiste die Rote Armee in Finnland im Zusammenwirken mit der soeben entstandenen finnischen Armee unter General Mannerheim ein und zwang sie zur Kapitulation. Deutsche Truppen besetzten auch Charkow und das Donezbecken, gingen bis zum Kaukasus und im Norden bis Narwa und Dorpat vor.
Jenseits des Atlantiks hatte auch der US-Präsident Wilson ein Friedensprogramm vorgelegt, die berühmten »Vierzehn Punkte«. Das geschah vor dem Kongreß am 8. Januar 1918 als Antwort auf das Friedensprogramm der russischen Revolutionäre. Hinter den »Vierzehn Punkten« stand unverkennbar Wilsons Absicht, als Schiedsrichter der Welt moralische Maßstäbe anzulegen. Idealistische, in eine ferne Zukunft reichende Vorstellungen waren mit bemerkenswerter Unkenntnis der tatsächlichen Verhältnisse in Europa – sowohl auf sei-

ten der Entente wie auch auf seiten der Mittelmächte – untrennbar verwoben. Die »Vierzehn Punkte« besagten:

1. Öffentlichkeit der Verträge und der diplomatischen Verhandlungen.
2. Freiheit der Meere für den Seehandel aller Staaten im Frieden wie im Krieg.
3. Aufhebung der wirtschaftlichen Schranken zwischen allen Nationen.
4. Kontrollierte Abrüstung.
5. Unparteiische, gerechte Lösung der Kolonialprobleme.
6. Räumung der besetzten russischen Gebiete.
7. Wiedererrichtung Belgiens.
8. Räumung Frankreichs und Angliederung Elsaß-Lothringens an Frankreich.
9. Abtretung der italienischsprachigen Gebiete Österreichs an Italien.
10. Weitgehende Autonomie aller Völker Österreichs.
11. Wiederherstellung Serbiens, Montenegros und Rumäniens.
12. Verkleinerung der Türkei auf den kleinasiatischen Raum.
13. Errichtung eines polnischen Staates mit freiem Zugang zur Ostsee.
14. Gründung eines Völkerbundes.

Die »Vierzehn Punkte« fanden weder bei Freund noch bei Feind ungeteilten Beifall.
Georg Graf v. Hertling, neuer deutscher Reichskanzler, trug am 24. Januar die deutsche Beurteilung der »Vierzehn Punkte« vor: Mit den ersten vier Punkten wie auch mit dem letzten war er einverstanden. Er wies jedoch die Einmischung der Westmächte in die Verhandlung der Mittelmächte mit Rußland zurück. Auch die Gestaltung Polens, so meinte er, sei Sache der Mittelmächte. Über Belgien und Frankreich äußerte er sich vorsichtig, doch nicht ablehnend: Darüber müsse verhandelt werden. Für die Westmächte waren diese deutschen Vorstellungen unannehmbar.
Ludendorff antwortete den Unterzeichnern einer Denkschrift – das waren der Industrielle Robert Bosch, die liberalen Publizisten Ernst Jäckh und Friedrich Naumann –, die noch einen weiteren Versuch zur Verständigung anregten, daß Deutschland nicht die Wahl zwischen Krieg und Frieden, sondern nur die zwischen Angriff und Verteidigung habe. Ludendorff wählte den Angriff. Es war der letzte Schlag, den Deutschland noch führen konnte, ehe die Amerikaner zum Eingreifen bereit waren. Dieser Schlag war unter der Deckbezeichnung »Unternehmen Michael« langfristig und mit äußerster Sorgfalt vorbereitet worden. Dieses Mal sollte der Durchbruch im Westen gelingen.

Der Aufbau der sozialistischen Ordnung

Lenin, der Mann, dem Deutschlands Regierung beim Verlassen seines Schweizer Exils tatkräftig geholfen und dessen kommunistische Partei sie mit reichen Geldmitteln versehen hatte, verstand es, die durch den Untergang des zaristischen Regimes in Fluß gekommene bürgerliche Revolution in Rußland weiter zu treiben, in Richtung auf eine proletarische. Ein Augenzeugenbericht zeigt ihn in der Stunde, da er sein politisches Ziel, die Errichtung der Sowjetmacht erreicht hat; seine Rede zum Vertrag von Brest-Litowsk weist ihn als Realpolitiker aus, der frei von den Zwängen herkömmlicher Staatsführung, einen Krieg unter schlechtesten Bedingungen abzubrechen vermag.

Augenzeugenbericht des Amerikaners John Reed über Lenins Auftritt auf dem II. Allrussischen Sowjetkongreß, 8./9. 11. 1917

Es war genau vierzig nach acht, als ein Ausbruch jubelnder Begeisterung den Eintritt des Präsidiums, mit Lenin – dem großen Lenin – in seiner Mitte, ankündigte. Eine untersetzte Gestalt, mit großem, auf stämmigem Hals sitzenden Kopf, ziemlich kahl, kleinen beweglichen Augen, großem sympathischen Mund und kräftigem Kinn; jetzt rasiert, der bekannte Bart jedoch, den er fortan wieder tragen sollte, schon wieder sprossend. In armseligen Kleidern, mit Hosen, viel zu lang für ihn. Unempfänglich für den Beifall der Menge und doch geliebt und verehrt, wie selten ein Führer es gewesen. Ein Volksführer eigener Art – Führer nur dank der Überlegenheit seines Intellekts; farblos, humorlos, unnachgiebig. Als Redner nüchtern, aber mit der Fähigkeit, tiefe Gedanken in einfachste Worte zu kleiden, die Analyse konkreter Situationen zu geben, und verbunden mit großem Scharfsinn eine außerordentliche Kühnheit des Denkens. Kamenew gab den Aktionsbericht des Revolutionären Kriegskomitees: Abschaffung der Todesstrafe in der Armee, Wiederherstellung der Propagandafreiheit, Freilassung der wegen politischer Vergehen verhaftet gewesenen Offiziere und Soldaten, Erlaß eines Haftbefehls gegen Kerenski, Beschlagnahme der Lebensmittelvorräte in den privaten Warenhäusern. Ungeheurer Beifall ...

Darauf ein Vertreter der Internationalistischen Menschewiki, von erstaunten Zurufen empfangen: »Auch ihr noch hier?« Der Redner erklärte, daß nur ein Teil der Internationalistischen Menschewiki den Kongreß verlassen habe, der Rest würde bleiben. »Wir erachten die Übernahme der Macht durch die Sowjets für gefährlich, ja sogar für tödlich für die Revolution (lebhafte Zurufe); aber wir bleiben im Kongreß, um hier gegen diese Übernahme zu stimmen.«

Andere Redner folgten, offenbar ohne bestimmte Anweisungen, welche Stellung sie einnehmen sollten ...

Einige von der Front angekommene Soldaten überbrachten die begeisterten Grüße ihrer Regimenter. Und nun Lenin, die Hände fest an den Rand des Rednerpults gekrampft, seine kleinen, blinzelnden Augen über die Menge schweifen lassend, wartend, bis der minutenlange, ihm offensichtlich gleichgültige Beifallssturm sich gelegt haben würde. Als er endlich beginnen konnte, sagte er einfach: »Wir werden jetzt mit dem Aufbau der sozialistischen Ordnung beginnen.« Und wieder raste wilder Begeisterungssturm durch den Saal.

»Das erste ist die Durchführung praktischer Maßregeln zur Verwirklichung des Friedens. Wir werden den Völkern aller kriegführenden Länder den Frieden anbieten auf der Grundlage der Sowjetbedingungen: Keine Annexionen, keine Kriegsentschädigungen, Selbstbestimmungsrecht der Völker. Gleichzeitig werden wir unserm Versprechen gemäß die Geheimverträge veröffentlichen und für ungültig erklären ... Wir schlagen dem Kongreß die Ratifikation unserer Erklärung vor. Wir wenden uns sowohl an die Regierungen als auch an die Völker der kriegführenden Staaten, weil eine nur an die Völker gerichtete Erklärung den Abschluß des Friedens hinauszuzögern geeignet sein könnte. Die im Verlauf des Waffenstillstandes ausgearbeiteten Friedensbedingungen werden durch die Konstituierende Versammlung ratifiziert werden. Mit der Festsetzung eines dreimonatigen Waffenstillstandes wünschen wir den Völkern nach dieser blutigen Menschenvernichtung eine so lange wie möglich währende Ruhepause zu geben und genügend Zeit, ihre Vertreter zu wählen. Der Friedensvorschlag wird auf den Widerstand der imperialistischen Regierungen stoßen. Wir machen uns darüber keine Illusionen; aber wir hoffen auf den baldigen Ausbruch der Revolution in allen kriegführenden Ländern. Das ist der Grund, weswegen wir uns an die Arbeiter Frankreichs, Englands und Deutschlands im besonderen wenden.

Die Revolution vom 24./25. Oktober (6./7. November) hat die Aera der sozialen Revolution eröffnet. Die Arbeiterbewegung wird, im Namen des Friedens und des Sozialismus, den Sieg davontragen und ihre Mission vollenden.« Damit endete er.

In seiner Art zu sprechen lag etwas Ruhiges und Machtvolles, das die Seelen der Männer aufwühlte. Man begriff, warum die Menschen felsenfest glaubten, wenn Lenin sprach. Durch Handaufheben wurde schnell beschlossen, daß nur Vertreter der politischen Parteien zur Resolution sprechen sollten und daß die Redezeit nicht länger als 15 Minuten dauern dürfe ...

Redner folgte auf Redner, unter steigender Begeisterung ... Um zehn Uhr fünfunddreißig Minuten forderte Kamenew alle, die mit der Proklamation einverstanden waren, auf, ihre Karten in die Höhe zu heben. Ein Delegierter wagte es, dagegen zu stimmen; aber der plötzliche Ausbruch des Zornes um ihn herum ließ ihn die Hand schnell wieder herunternehmen ...

Wladimir Iljitsch Uljanow, genannt Lenin

Lenin verlas das Landdekret:

§ 1 Das Eigentumsrecht der Gutsbesitzer an Grund und Boden wird sofort ohne jede Entschädigung aufgehoben.

§ 2 Die gutsherrlichen Ländereien ebenso wie die Ländereien der Kloster- und Kirchendomänen, mit dem gesamten lebenden und toten Inventar, mit den Gutsgebäuden und allem Zubehör gehen bis zur Einberufung der Nationalversammlung in die Verwaltung der Bezirks-Agrarkomitees und der Kreis-Sowjets der Bauerndelegierten über.

§ 3 Jede Beschädigung des beschlagnahmten Eigentums, das von nun an dem ganzen Volke gehört, wird als schweres Verbrechen betrachtet und vom Revolutionsgerichtshof abgeurteilt.

Das Land der als gemeine Soldaten dienenden Kosaken und Bauern wird nicht beschlagnahmt.

Punkt zwei Uhr erfolgte die Abstimmung über das Landdekret. Nur eine Stimme war dagegen ... Die Bauerndelegierten waren außer sich vor Freude. So stürmten die Bolschewiki vorwärts, unwiderstehlich, ohne Zögern, alle Opposition niederwerfend; die einzigen in Rußland, die ein klar umrissenes Aktionsprogramm besaßen, während die andern Parteien acht Monate hindurch nur geredet hatten ...

Lenin auf dem VII. Parteitag der Kommunistischen Partei Rußlands, 7. 3. 1918

Wenn man sich nicht anpassen kann, wenn man nicht fähig ist, auf dem Bauch durch den Schmutz zu kriechen, dann ist man kein Revolutionär, sondern ein Schwätzer, und ich schlage nicht etwa deswegen vor, sich auf diese Weise vorwärtszubewegen, weil mir das so gefällt, sondern weil es keinen anderen Weg gibt, weil die Geschichte es nicht so angenehm gefügt hat, daß die Revolution überall zu gleicher Zeit ausreift.
Die Dinge entwickelten sich so, daß der Bürgerkrieg als Versuch eines Zusammenstoßes mit dem Imperialismus begann, der bewies, daß der Imperialismus durch und durch verfault ist und daß die proletarischen Elemente innerhalb einer jeden Armee sich zu erheben beginnen. Ja, wir werden die internationale Weltrevolution erleben, aber sie ist zunächst nur ein sehr gutes, sehr schönes Märchen ...
Es wäre schön, wenn das deutsche Proletariat imstande wäre, in Aktion zu treten. Habt ihr das aber ausgemessen, habt ihr ein Gerät gefunden, um zu bestimmen, daß die deutsche Revolution an dem und dem Tage ausbrechen werde? Nein, ihr wißt das nicht, und wir wissen es auch nicht. Ihr setzt alles auf eine Karte. Wenn die Revolution ausbricht, dann ist alles gerettet. Natürlich! Aber wenn sie nicht so kommt, wie wir es wünschen, wenn sie wie zum Trotze nicht schon morgen siegt, was dann? ...
Ich gestehe euch das Recht zu, von der Weltrevolution auf dem Schlachtfeld zu schwärmen, denn sie wird eintreten. Alles wird zu seiner Zeit eintreten, jetzt aber beginnt mit der Selbstdisziplin, ordnet euch um jeden Preis unter, damit wir eine musterhafte Ordnung bekommen, damit die Arbeiter wenigstens eine Stunde am Tage lernen, wie man kämpfen muß. Das ist etwas schwieriger, als ein schönes Märchen zu erzählen ...
Wenn ich den Frieden in einem Augenblick annehme, wo die Armee flieht und fliehen muß, wenn sie nicht tausende Menschen verlieren will, so tue ich das, um Schlimmeres zu verhüten. Ist etwa der Vertrag eine Schande?
... Ich wiederhole, daß wir in einem solchen Augenblick, wo die Erkrankung der Armee eine Tatsache ist, wo wir jede Gelegenheit um jeden Preis ausnutzen, um auch nur einen Tag Atempause zu bekommen, sagen, daß jeder ernste Revolutionär, der mit den Massen verbunden ist und weiß, was Krieg, was Masse heißt, verpflichtet ist, diese Masse zu disziplinieren , zu heilen, auf den neuen Krieg vorzubereiten – daß jeder ernste Revolutionär uns rechtfertigen wird, die Annahme eines jeden schändlichen Vertrags als richtig anerkennen wird, denn das liegt im Interesse der proletarischen Revolution und der Erneuerung Rußlands, seiner Befreiung von einem kranken Organ. Dadurch, daß wir diesen Frieden unterschreiben, geben wir – das wird jeder Mensch mit gesundem Menschenverstand begreifen – unsere Arbeiterrevolution nicht auf ...

(John Reed, Zehn Tage, die die Welt erschütterten. Wien–Berlin 1927; W. I. Lenin, Ausgewählte Werke Bd. I, Stuttgart o. J.)

Das Ende der Zarenfamilie

Im Haus Ipatiew, auch genannt »Haus zur besonderen Verwendung« in Jekaterinburg wurde die Zarenfamilie bis zum Sommer 1918 gefangengehalten. Eigentlich hatte ihnen der Prozeß gemacht werden sollen, aber unter dem Eindruck der gegen das sowjetische Rußland vorrückenden konterrevolutionären Verbände des Admirals Koltschak, entschloß man sich in Jekaterinburg, Zar Nikolaus und alle seine Angehörigen umzubringen.

Bericht des Vorsitzenden des Ortssowjets von Jekaterinburg

Das Präsidium des Allrussischen Zentralen Exekutivkomitees neigte dazu, Nikolaus Romanow einen öffentlichen Prozeß zu machen. In dieser Zeit wurde der Fünfte Allrussische Sowjetkongreß einberufen. Man hatte die Absicht, ihm diese Frage vorzulegen und zu erreichen, daß die Romanows in Jekaterinburg gerichtlich belangt würden ...
Der örtliche Sowjet war der Meinung, die Front sei schon zu nahe, und der geringste Aufschub des Prozeßverfahrens könne neue Komplikationen nach sich ziehen. Er entschied, daß es nicht mehr möglich sei, den von Moskau geplanten Prozeß zu veranstalten. Man beschloß also, die Meinung des Frontkommandanten über die wirkliche Lage an der Front einzuholen. Der Kommandant erstattete dem örtlichen Sowjet den geforderten Bericht. Daraus ergab sich, daß die allgemeine Lage äußerst schlecht war. Die Tschechen standen im Süden von Jekaterinburg und griffen die Stadt von beiden Seiten an. Die Kräfte der Roten Armee waren unzureichend, und man mußte mit der Einnahme der Stadt innerhalb von drei Tagen rechnen. Unter diesen Umständen beschloß der örtliche Sowjet, die Romanows zu erschießen, ohne ein Urteil abzuwarten. Die Erschießung und Beseitigung der Leichen wurde dem Kommandanten des Hauses und einigen verläßlichen kommunistischen Arbeitern anvertraut. In der vorbereitenden Konferenz regelte man den Verlauf der Exekution und die Vernichtung der Leichen.
Diese letzte Entscheidung wurde im Hinblick auf die Übergabe von Jekaterinburg getroffen, um den Konterrevolutionären nicht die Möglichkeit zu lassen, die Unwissenheit der Volksmassen auszunutzen, indem sie sich der »Reliquien« des Ex-Zaren bedienten.
Am Abend des 16. Juli versammelten sich die Personen, die von dem örtlichen Sowjet bestimmt worden waren, das Urteil zu vollstrecken, in dem Kommandantenzimmer des »Hauses zur besonderen Verwendung«. Die Zimmer des oberen Stockwerks, in dem die Familie wohnte, wurden für die Ausführung des Urteils für ungeeignet gehalten. Man entschied sich also, die Familie in einen der Kellerräume hinuntersteigen zu lassen. Bis zu dem Augenblick der Erschießung wußten die Romanows nichts von dem Todesurteil des Sowjets. Gegen Mitternacht desselben Tages wurden sie aufgefordert, sich anzuziehen und in den Keller hinunterzugehen. Um keinen Verdacht zu wecken, erklärte man, diese Maßnahme sei nötig, weil man einen Angriff der Weißgardisten vermutete.

Zar und Zarin im Krönungsornat, 1896

Augenzeugenbericht eines Mitglieds der Wachmannschaft

Am 16. Juli gegen 7 Uhr abends befahl mir der Kommandant des Hauses Ipatiew, Jurovskij, die Revolver aller Posten einzusammeln. Im ganzen waren es 12 Naganrevolver. Ich sammelte also die Revolver ein, brachte sie zu Jurovskij in das Kommandantenzimmer und legte sie auf den Tisch. Am Morgen hatte Jurovskij den kleinen Diener entfernt und hatte ihn bei der Wachmannschaft im Hause Popov untergebracht. Jurovskij gab mir für dies alles keine Erklärung, aber nachdem er die Revolver erhalten hatte, sagte er: »Heute werden wir die ganze Familie erschießen.« Er befahl mir, die Wachtposten um 10 Uhr zu unterrichten, sie sollten sich nicht beunruhigen, wenn sie Schüsse hörten. Ich sagte den Posten zur besagten Zeit Bescheid und ging dann ins Haus zurück. Um Mitternacht weckte Jurovskij die kaiserliche Familie. Alle standen auf, zogen sich an und kamen ungefähr nach einer Stunde aus ihren Zimmern. Sie waren ruhig und vermuteten keine Gefahr. Sie stiegen die Treppe hinunter. Nikolaus selbst trug Aleksej. Sie gingen in das am äußersten Ende des Hauses gelegene Zimmer. Einige hatten ein Kissen mit, die Kammerfrau trug zwei. Jurovskij ließ Stühle bringen. Man brachte drei. In diesem Augenblick kamen zwei Mitglieder der Tscheka. Der andere war mir unbekannt. Jurovskij, sein Gehilfe und diese beiden Männer gingen in das Untergeschoß, wo sich die kaiserliche Familie schon befand. Außerdem waren noch sieben Letten dabei. Die drei anderen waren in ihrem Zimmer. Jurovskij hatte die Revolver an die sieben Letten, die beiden Tschekisten und an seinen Gehilfen verteilt. Er selbst hatte einen behalten. Das machte zusammen elf. Mir befahl er, den zwölften wieder wegzunehmen. Jurovskij trug außerdem eine Mauserpistole. Die Kaiserin, der Kaiser und Aleksej nahmen auf den Stühlen Platz. Die anderen blieben an der Wand stehen. Alle waren ruhig. Einige Minuten danach kam Jurovskij in das Nebenzimmer, in dem ich mich befand, und sagte: »Geh auf die Straße und sieh nach, ob dort niemand ist, und paß auf, ob man die Schüsse hört oder nicht.« Ich ging hinaus und hörte sogleich Schüsse und kam, um Jurovskij Bescheid zu sagen, daß man sie hörte. Als ich in das Zimmer kam, lagen alle Gefangenen in verschiedenen Stellungen in großen Blutlachen auf der Erde. Alle waren tot, nur Aleksej stöhnte noch. In meinem Beisein gab Jurovskij noch zwei oder drei Schüsse aus seinem Naganrevolver auf ihn ab, und er hörte auf zu stöhnen. Der Anblick dieses Blutbades machte auf mich einen solchen Eindruck, daß mir übel wurde und ich hinausgehen mußte. Dann befahl mir Jurovskij, zu den Posten zu laufen und ihnen zu sagen, sie sollten sich wegen der Schüsse nicht aufregen. Beim Weggehen hörte ich noch zwei Schüsse. Auf der Straße traf ich Starkov und Konstantin Dobrynin, die auf mich zuliefen. Sie fragten mich: »Hat man Nikolaus II. erschossen? Denn wenn man einen anderen an seiner Stelle erschossen hätte, hättest Du dafür einzustehen. Du hast die Sache übernommen.« Ich antwortete ihnen, ich hätte mit eigenen Augen gesehen, wie man Nikolaus II. und seine Familie erschossen habe, und sagte ihnen, sie sollten gehen und ihre Männer beruhigen. Ich habe also gesehen, wie man den Ex-Kaiser, seine Frau Aleksandra, seinen Sohn, seine vier Töchter, Doktor Botkin, den Koch, seinen Diener und eine Kammerfrau erschoß. Jeder hatte mehrere Wunden, ihre Gesichter und ihre Kleider waren blutüberströmt ...

Nach dem Abtransport der Leichen ließ Jurovskij die Abteilung kommen und gab ihr den Befehl, den Fußboden und den Hof vom Blut zu reinigen, was auch geschah. Danach kehrte Jurovskij wieder in sein Zimmer zurück, und auch ich ging wieder in das Haus Popov und verließ es bis zum Morgen nicht mehr.

Das Haus Ipatiew wurde noch bis zum 20. Juli weiter bewacht, obgleich keine Gefangenen mehr darin waren. Dies geschah, um das Volk nicht zu beunruhigen und es glauben zu machen, die kaiserliche Familie sei noch am Leben.

(Richard Kohn (Hrsg.), Die Russische Revolution in Augenzeugenberichten. Düsseldorf 1964)

Das Zimmer, in dem die Zarenfamilie in der Nacht vom 16./17. Juli 1918 erschossen wurde

Die Ludendorff-Offensiven 1918

Aus dem Großen Generalstab des Jahres 1914 war im Laufe der Jahre ein sehr stark veränderter, mitunter überorganisierter Apparat geworden.
Generalfeldmarschall v. Hindenburg als Chef der Obersten Heeresleitung überwachte die große Lageentwicklung und traf in wichtigen Fällen die letzte Entscheidung. General Ludendorff als Generalquartiermeister besaß innerhalb dieses weitgesteckten Rahmens eine fast vollständige Handlungsfreiheit. Er war es letztlich, der das Gesicht des Generalstabes prägte, dessen Hauptquartier seit 1917 in Bad Kreuznach lag.
Neben den klassischen Abteilungen wie »Operation«, »Nachschub« und »Feindlage« waren zahlreiche andere entstanden und bestehende umgewandelt worden: Es gab nun die Abteilung »Fremde Heere« und daneben – wie schon lange – die Abteilung IIIb, den militärischen Nachrichtendienst, der aber eine Sektion für Pressearbeit angeschlossen erhielt. Der Generalstab hatte eine Außenstelle zum Auswärtigen Amt abgestellt, die »Auslandsabteilung«. Ihr unterstand für Propagandazwecke ein Bild- und Filmamt, unter dem die deutsche Filmindustrie zusammengeschlossen worden war – die »Universum-Film AG« – aus der später der berühmte Filmkonzern UFA entstand. Kaum jemand weiß heute noch, daß dies ein Abkömmling des Generalstabes aus dem Ersten Weltkrieg war.
Größer geworden war die Abteilung »Organisations- und Ersatzwesen«. Im »Kriegsamt« wurden alle Rüstungsfragen bearbeitet. Eine andere Abteilung war für »Wirtschaft und besetzte Gebiete« zuständig. Dem Generalstab direkt unterstanden der Chef des Feldeisenbahnwesens ebenso wie der Kommandierende General der Fliegertruppe, dazu Nachrichtenverbände und -einheiten, Pioniertruppen und die schwerste Heeresartillerie.
Das Hirn des Generalstabes aber war nach wie vor die Operationsabteilung, die den Plan zur größten Schlacht dieses Krieges auszuarbeiten hatte. Zwei Möglichkeiten eines Durchbruchserfolges sah Ludendorff:
Nach einem Vorschlag der Heeresgruppe Kronprinz Rupprecht schien der günstigste Ansatzpunkt im Frontabschnitt an der Lys nordöstlich von Lille zu sein. Im Westen und Norden lag das Meer. Bei einem gelungenen Durchbruch war nach 100 Kilometer der Kanal erreicht, der Nordabschnitt der britischen Front eingekesselt und dem Südabschnitt der Weg zu den Häfen abgeschnitten. Die Nachteile: Eine im Vorfrühling unbeständige Witterung, dazu das sumpfige Gelände der Lys.
Günstiger schien es da, den Durchbruch zwischen Cambrai und St. Quentin zu versuchen. Gelang er, waren Engländer und Franzosen voneinander getrennt. Die Briten konnten an die Kanalküste zurückgedrängt werden. Allerdings: Die Entfernungen zur Küste waren erheblich größer, der Kräfteansatz mußte höher sein – und damit auch das Risiko.
Ludendorff entschied sich zunächst noch nicht, sondern ließ noch zusätzliche Pläne für kleinere Operationen ausarbeiten.
Auffällig ist bei rückschauenden Betrachtung, wie Ludendorff – darin seinen alliierten Gegenspielern gleich – verbissen auf den »Durchbruch« starrte. Der »Durchbruch« allein schien das Ziel aller Anstrengungen zu sein – und war doch nichts als die Voraussetzung für eine anschließende strategische Operation zur Vernichtung des Gegners. Doch seine Gedanken reichten offensichtlich nicht über den Durchbruch hinaus. Dem Kronprinzen antwortete er auf die Frage nach dem strategischen Ziel: »Wir hauen ein Loch hinein. Das weitere findet sich.«

Britische Soldaten sammeln sich bei einem steckengebliebenen Tank. Die deutsche Frühjahrsoffensive 1918 traf die alliierte Front mit ungeahnter Wucht.

Doch das weitere konnte sich nicht so leicht finden lassen: Die Angriffstruppe war kaum motorisiert und mithin nur im Fußgängertempo beweglich. Die Pferde waren durchweg ebenso unterernährt wie die Soldaten und von begrenzter Leistungsfähigkeit.
Aber auch um lediglich den Durchbruch zu erzielen, hätten sinnvollerweise Panzerkampfwagen in größeren Mengen vorhanden sein müssen. Doch ihre Entwicklung hatte viel Zeit gekostet, und es fehlte an Material, um große Stückzahlen herzustellen. Die Unterstützung der Infanterie mußte hauptsächlich durch die Artillerie erfolgen. Die von ihr zu schießende Feuerwalze aber lief automatisch ab, sie vermochte weder schneller voranzurollen, falls die Infanterie auf wenig Widerstand traf, noch auf die Infanteristen Rücksicht zu nehmen, falls sie am schnellen Vordringen gehindert wurden. In diesem Fall lief die Feuerwalze den Angriffstruppen davon.
Andererseits waren die bei Riga und Tolmein erprobten deutschen Angriffsmethoden äußerst wirksam. Die in der Handhabung dieser Taktik erfahrenen Generale v. Below und v. Hutier führten auch in dieser Entscheidungsschlacht im Westen die 17. und die 18. Armee. Allen Führern war klar, daß der Erfolg vom schnellen Nachführen möglichst vieler Batterien durch das Trichtergelände hindurch abhing. Entsprechende Vorsorgen waren durch das Bereitstellen von Pioniertruppen zum Ebnen der Wege getroffen. Auch war befohlen worden, wenig Rücksicht auf den Schutz der Flanken zu nehmen – dies war in jener Zeit ein unerhört kühner Entschluß. Die Reserven sollten nicht an den Punkten des stärksten, sondern des geringsten Widerstandes eingesetzt werden.
Wie schon bei Flitsch und Tolmein, wurden der Aufmarsch zur Schlacht und das Vorbringen des Materials ausschließlich in die Nächte verlegt. Jede Bewegung war sorgfältig berechnet, die Zuführung des Materials nach Art und Menge genau kalkuliert. Die Angriffsdivisionen waren für diese Operation besonders ausgebildet, ausgerüstet und gegliedert, besser als je zuvor war das Zusammenwirken der verschiedenen Waffen geplant und geübt worden. Es kam Ludendorff darauf an, die Entscheidung zu erzwingen, ehe die Amerikaner mit nennenswerten Kräften einzugreifen in der Lage waren. Deshalb wurden die letzten Reserven aufgeboten, die übrigen Fronten soweit als möglich entblößt – an ihnen verblieben nur noch 40 deutsche Divisionen, die fast nur noch aus älteren Soldaten bestanden. Allen

Fortsetzung Seite 334

Deutsche Truppen im Vormarsch. Nach vier Jahren Stellungskrieg im Westen kamen die Fronten im März 1918 zum erstenmal wieder in Bewegung.

Das Grauen der Welt

Erich Maria Remarque schrieb 1928 den Roman »Im Westen nichts Neues«, in den seine eigenen Erlebnisse als Rekrut und Frontsoldat eingingen. Ohne Orts- und Zeitangaben, ohne Interesse für strategische Fragen, schildert das Buch den Alltag an der Front und gibt so genauer und menschlicher als die sonstige Kriegsliteratur wieder, was der Weltkrieg gewesen. Im folgenden drei typische Auszüge. Dazu Bilder aus dem gleichnamigen Film.

Mitten in der Nacht erwachen wir. Die Erde dröhnt. Schweres Feuer liegt über uns. Wir drücken uns in die Ecken. Geschosse aller Kaliber können wir unterscheiden.

Jeder greift nach seinen Sachen und vergewissert sich alle Augenblicke von neuem, daß sie da sind. Der Unterstand bebt, die Nacht ist ein Brüllen und Blitzen. Wir sehen uns bei dem sekundenlangen Licht an und schütteln mit bleichen Gesichtern und gepreßten Lippen die Köpfe.

Jeder fühlt es mit, wie die schweren Geschosse die Grabenbrüstung wegreißen, wie sie die Böschung durchwühlen und die obersten Betonklötze zerfetzen. Wir merken den dumpferen, rasenderen Schlag, der dem Prankenhieb eines fauchenden Raubtieres gleicht, wenn der Schuß im Graben sitzt. Morgens sind einige Rekruten bereits grün und kotzen. Sie sind noch zu unerfahren.

Langsam rieselt widerlich graues Licht in den Stollen und macht das Blitzen der Einschläge fahler. Der Morgen ist da. Jetzt mischen sich explodierende Minen in das Artilleriefeuer. Es ist das Wahnsinnigste an Erschütterung, was es gibt. Wo sie niederfegen, ist ein Massengrab. Die Ablösungen gehen hinaus, die Beobachter taumeln herein, mit Schmutz beworfen, zitternd. Einer legt sich schweigend in die Ecke und ißt, der andere, ein Ersatzreservist, schluchzt; er ist zweimal über die Brustwehr geflogen durch den Luftdruck der Explosion, ohne sich etwas anderes zu holen als einen Nervenschock.

Die Rekruten sehen zu ihm hin. So etwas steckt rasch an, wir müssen aufpassen, schon fangen verschiedene Lippen an zu flattern. Gut ist, daß es Tag wird; vielleicht erfolgt der Angriff vormittags.

Das Feuer schwächt nicht ab. Es liegt auch hinter uns. So weit man sehen kann, spritzen Dreck- und Eisenfontänen. Ein sehr breiter Gürtel wird bestrichen.

Der Angriff erfolgt nicht, aber die Einschläge dauern an. Wir werden langsam taub. Es spricht kaum noch jemand. Man kann sich auch nicht verstehen.

Unser Graben ist fast fort. An vielen Stellen reicht er nur noch einen halben Meter hoch, er ist durchbrochen von Löchern, Trichtern und Erdbergen. Direkt vor unserm Stollen platzt eine Granate. Sofort ist es dunkel. Wir sind zugeschüttet und müssen uns ausgraben. Nach einer Stunde ist der Eingang wieder frei, und wir sind etwas gefaßter, weil wir Arbeit hatten.

Unser Kompanieführer klettert herein und berichtet, daß zwei Unterstände weg sind. Die Rekruten beruhigen sich, als sie ihn sehen. Er sagt, daß heute abend versucht werden soll, Essen heranzubringen.

Das klingt tröstlich. Keiner hat daran gedacht, außer Tjaden. Nun rückt etwas wieder von draußen näher; – wenn Essen geholt werden soll, kann es ja nicht so schlimm sein, denken die Rekruten. Wir stören sie nicht, wir wissen, daß Essen ebenso wichtig wie Munition ist und nur deshalb herangeschafft werden muß.

Aber es mißlingt. Eine zweite Staffel geht los. Auch sie kehrt um. Schließlich ist Kat dabei, und selbst er erscheint unverrichteter Sache wieder. Niemand kommt durch, kein Hundeschwanz ist schmal genug für dieses Feuer.

Wir ziehen unsere Schmachtriemen enger und kauen jeden Happen dreimal so lange. Doch es reicht trotzdem nicht aus; wir haben verfluchten Kohldampf. Ich bewahre mir eine Kante auf; das Weiche esse ich heraus, die Kante bleibt im Brotbeutel; ab und zu knabbere ich mal daran.

Die Nacht ist unerträglich. Wir können nicht schlafen, wir stieren vor uns hin und duseln. Tjaden bedauert, daß wir unsere angefressenen Brotstücke für die Ratten vergeudet haben. Wir hätten sie ruhig aufheben sollen. Jeder würde sie jetzt essen. Wasser fehlt uns auch, aber noch nicht so sehr.

Gegen Morgen, als es noch dunkel ist, entsteht Aufregung. Durch den Eingang stürzt ein Schwarm flüchtender Ratten und jagt die Wände hinauf. Die Taschenlampen beleuchten die Verwirrung. Alle schreien und fluchen und schlagen zu. Es ist der Ausbruch der Wut und der Verzweiflung vieler Stunden, der sich entlädt. Die Gesichter sind verzerrt, die Arme schlagen, die Tiere quietschen, es fällt schwer, daß wir aufhören, fast hätte einer den anderen angefallen. Der Ausbruch hat uns erschöpft. Wir liegen und warten wieder. Es ist ein Wunder, daß unser Unterstand noch keine Verluste hat. Er ist einer der wenigen tiefen Stollen, die es jetzt noch gibt.

Ein Unteroffizier kriecht herein; der hat ein Brot bei sich. Drei Leuten ist es doch geglückt, nachts durchzukommen und etwas Proviant zu holen. Sie haben erzählt, daß das Feuer in unverminderter Stärke bis zu den Artilleriieständen läge. Es sei ein Rätsel, wo die drüben so viele Geschütze hernähmen.

Wir müssen warten, warten. Mittags passiert das, womit ich schon rechnete. Einer der Rekruten hat einen Anfall. Ich habe ihn schon lange beobachtet, wie er ruhelos die Zähne bewegte und die Fäuste ballte und schloß. Diese gehetzten, herausspringenden Augen kennen wir zur Genüge. In den letzten Stunden ist er nur scheinbar stiller geworden. Er ist in sich zusammengesunken wie ein morscher Baum.

Jetzt steht er auf, unauffällig kriecht er durch den

Der alte Landsturmmann unterrichtet die Rekruten – Szene aus dem Film »Im Westen nichts Neues«, den der amerikanische Regisseur Lewis Milestone 1930 nach Remarques Roman drehte.

Raum, verweilt einen Augenblick und rutscht dann dem Ausgang zu. Ich lege mich herum und frage: »Wo willst du hin?« »Ich bin gleich wieder da«, sagt er und will an mir vorbei. »Warte doch noch, das Feuer läßt schon nach.«
Er horcht auf, und das Auge wird einen Moment klar. Dann hat es wieder den trüben Glanz wie bei einem tollwütigen Hund, er schweigt und drängt mich fort. »Eine Minute, Kamerad!« rufe ich. Kat wird aufmerksam. Gerade als der Rekrut mich fortstößt, packt er zu, und wir halten ihn fest.
Sofort beginnt er zu toben: »Laßt mich los, laßt mich 'raus, ich will hier 'raus!« Er hört auf nichts und schlägt um sich, der Mund ist naß und sprüht Worte, halbverschluckte und sinnlose Worte. Es ist ein Anfall von Unterstandsangst, er hat das Gefühl, hier zu ersticken, und kennt nur den einen Trieb: hinauszugelangen. Wenn man ihn laufen ließe, würde er ohne Deckung irgendwohin rennen. Er ist nicht der erste. Da er sehr wild ist und die Augen sich schon verdrehen, so hilft es nichts, wir müssen ihn verprügeln, damit er vernünftig wird. Wir tun es schnell und erbarmungslos und erreichen, daß er vorläufig wieder ruhig sitzt. Die andern sind bleich bei der Geschichte geworden, hoffentlich schreckt es sie ab. Dieses Trommelfeuer ist zuviel für die armen Kerle; sie sind vom Feldrekrutendepot gleich in einen Schlamassel geraten, der selbst einem alten Mann graue Haare machen könnte.
Die stickige Luft fällt uns nach diesem Vorgang noch mehr auf die Nerven. Wir sitzen wie in unserm Grabe und warten nur darauf, daß wir zugeschüttet werden. Plötzlich heult und blitzt es ungeheuer, der Unterstand kracht in allen Fugen unter einem Treffer, glücklicherweise einem leichten, dem die Betonklötze standgehalten haben. Es klirrt metallisch und fürchterlich, die Wände wackeln, Gewehre, Helme, Erde, Dreck und Staub fliegen. Schwefeliger Qualm dringt ein. Wenn wir statt in dem festen Unterstand in einem der leichten Dinger säßen, wie sie neuerdings gebaut werden, lebte jetzt keiner mehr.
Die Wirkung ist aber auch so schlimm genug. Der Rekrut von vorhin tobt schon wieder, und zwei andere

Britische Soldaten erwarten den Angriff – aus »Im Westen nichts Neues«. Daß Buch und Film bei ihrem Erscheinen von nationalistischen Kreisen als »pazifistisch« verunglimpft wurden, zeigt, wieweit man sich schon Ende der zwanziger Jahre vom Eindruck des Kriegserlebnisses »befreit« hatte.

schließen sich an. Einer reißt aus und läuft weg. Wir haben Mühe mit den beiden anderen. Ich stürze hinter dem Flüchtenden her und überlege, ob ich ihm in die Beine schießen soll; – da pfeift es heran, ich werfe mich hin, und als ich aufstehe, ist die Grabenwand mit heißen Splittern, Fleischfetzen und Uniformlappen bepflastert. Ich klettere zurück.

Der erste scheint wirklich verrückt geworden zu sein. Er rennt mit dem Kopf wie ein Bock gegen die Wand, wenn man ihn losläßt. Wir werden nachts versuchen müssen, ihn nach hinten zu bringen. Vorläufig binden wir ihn so fest, daß man ihn beim Angriff sofort wieder losmachen kann.

Kat schlägt vor, Skat zu spielen; – was soll man tun, vielleicht ist es leichter dann. Aber es wird nichts daraus, wir lauschen auf jeden Einschlag, der näher ist, und verzählen uns bei den Stichen oder bedienen nicht die Farbe. Wir müssen es lassen. Wie in einem gewaltig dröhnenden Kessel sitzen wir, auf den von allen Seiten losgeschlagen wird.

Noch eine Nacht. Wir sind jetzt stumpf vor Spannung. Es ist eine tödliche Spannung, die wie ein schartiges Messer unser Rückenmark langkratzt. Die Beine wollen nicht mehr, die Hände zittern, der Körper ist eine dünne Haut über mühsam unterdrücktem Wahnsinn, über einem gleich hemmungslos ausbrechenden Gebrüll ohne Ende. Wir haben kein Fleisch und keine Muskeln mehr, wir können uns nicht mehr ansehen, aus Furcht vor etwas Unberechenbarem. So pressen wir die Lippen aufeinander – es wird vorübergehen –, vielleicht kommen wir durch, es wird vorübergehen ...

*

Trommelfeuer, Sperrfeuer, Gardinenfeuer, Minen, Gas, Tanks, Maschinengewehre, Handgranaten – Worte, Worte, aber sie umfassen das Grauen der Welt.

Unsere Gesichter sind verkrustet, unser Denken ist verwüstet, wir sind todmüde; – wenn der Angriff kommt, müssen manche mit den Fäusten geschlagen werden, damit sie erwachen und mitgehen; – die Augen sind entzündet, die Hände zerrissen, die Knie bluten, die Ellbogen sind zerschlagen. Vergehen Wochen – Monate – Jahre? Es sind nur Tage. – Wir sehen die Zeit neben uns schwinden in den farblosen Gesichtern der Sterbenden, wir löffeln Nahrung in uns hinein, wir laufen, wir werfen, wir schießen, wir töten, wir liegen herum, wir sind schwach und stumpf, und nur das hält uns, daß noch Schwächere, noch Stumpfere, noch Hilflosere da sind, die mit aufgerissenen Augen uns ansehen als Götter, die manchmal mit Tod entrinnen können.

In den wenigen Stunden der Ruhe unterweisen wir sie.

»Da, siehst du den Wackeltopp? Das ist eine Mine, die kommt! Bleib liegen, sie geht drüben hin. Wenn sie aber so geht, dann reiß aus! Man kann vor ihr weglaufen.« Wir machen ihre Ohren scharf auf das heimtückische Surren der kleinen Dinger, die man kaum vernimmt, sie sollen sie aus dem Krach herauskennen wie Mückensummen; – wir bringen ihnen bei, daß sie gefährlicher sind als die großen, die man lange vorher hört. Wir zeigen ihnen, wie man sich vor Fliegern verbirgt, wie man den toten Mann macht, wenn man vom Angriff überrannt wird, wie man Handgranaten abziehen muß, damit sie eine halbe Sekunde vor dem Aufschlag explodieren; – wir lehren sie, vor Granaten mit Aufschlagzündern blitzschnell in Trichter zu fallen, wir machen vor, wie man mit einem Bündel Handgranaten einen Graben aufrollt, wir erklären den Unterschied in der Zündungsdauer zwischen den gegnerischen Handgranaten und unseren, wir machen sie auf den Ton der Gasgranaten aufmerksam und zeigen ihnen die Kniffe, die sie vor dem Tode retten können. Sie hören zu, sie sind folgsam – aber wenn es wieder losgeht, machen sie es in der Aufregung meistens doch wieder falsch.

Haie Westhus wird mit abgerissenem Rücken fortgeschleppt; bei jedem Atemzug pulst die Lunge durch die Wunde. Ich kann ihm noch die Hand drücken; – »is alle, Paul«, stöhnt er und beißt sich vor Schmerz in die Arme.

Wir sehen Menschen leben, denen der Schädel fehlt; wir sehen Soldaten laufen, denen beide Füße weggefetzt sind; sie stolpern auf den splitternden Stümpfen bis zum nächsten Loch; ein Gefreiter kriecht zwei Kilometer weit auf den Händen und schleppt die zerschmetterten Knie hinter sich her; ein anderer geht zur Verbandsstelle, und über seine festhaltenden Hände quellen die Därme; wir sehen Leute ohne Mund, ohne Unterkiefer, ohne Gesicht; wir finden jemand, der mit den Zähnen zwei Stunden die Schlagader seines Armes klemmt, um nicht zu verbluten, die Sonne geht auf, die Nacht kommt, die Granaten pfeifen, das Leben ist zu Ende.

Doch das Stückchen zerwühlter Erde, in dem wir liegen, ist gehalten gegen die Übermacht, nur wenige hundert Meter sind preisgegeben worden. Aber auf jeden Meter kommt ein Toter.

Wir werden abgelöst. Die Räder rollen unter uns weg, wir stehen dumpf, und wenn der Ruf: »Achtung – Draht!« kommt, gehen wir in die Kniebeuge. Es war Sommer, als wir hier vorüberfuhren, die Bäume waren noch grün, jetzt sehen sie schon herbstlich aus, und die Nacht ist grau und feucht. Die Wagen halten, wir klettern hinunter, ein durcheinandergewürfelter Haufe, ein Rest von vielen Namen. An den Seiten, dunkel, stehen Leute und rufen die Nummern von Regimentern, von Kompanien aus. Und bei jedem Ruf sondert sich ein Häuflein ab, ein karges, geringes Häuflein schmutziger, fahler Soldaten, ein furchtbar kleines Häuflein und ein furchtbar kleiner Rest.

Nun ruft jemand die Nummer unserer Kompanie, es ist, man hört es, der Kompanieführer, er ist also davongekommen, sein Arm liegt in der Binde. Wir treten zu ihm hin, und ich erkenne Kat und Albert, wir stellen uns zusammen, lehnen uns aneinander und sehen uns an. Und noch einmal und noch einmal hören wir unsere Nummer rufen. Er kann lange rufen, man hört ihn nicht in den Lazaretten und den Trichtern.

Noch einmal: »Zweite Kompanie hierher!«

Und dann leiser: »Niemand mehr zweite Kompanie?«

Er schweigt und ist etwas heiser, als er fragt: »Das sind alle?« und befiehlt: »Abzählen!«

Der Morgen ist grau, es war noch Sommer, als wir hinausfuhren, und wir waren hundertfünfzig Mann. Jetzt friert uns, es ist Herbst, die Blätter rascheln, die Stimmen flattern müde auf: »Eins – zwei – drei – vier –«, und bei zweiunddreißig schweigen sie.

*

Für mich ist die Front ein unheimlicher Strudel. Wenn man noch weit entfernt von seinem Zentrum im ruhigen Wasser ist, fühlt man schon die Saugkraft, die einen an sich zieht, langsam, unentrinnbar, ohne viel Widerstand. Aus der Erde, aus der Luft aber strömen uns Abwehrkräfte zu – am meisten von der Erde. Für niemand ist die Erde so viel wie für den Soldaten. Wenn er sich an sie preßt, lange, heftig, wenn er sich tief mit dem Gesicht und den Gliedern in sie hineinwühlt, in der Todesangst des Feuers, dann ist sie sein einziger Freund, sein Bruder, seine Mutter, er stöhnt seine Furcht und seine Schreie in ihr Schweigen und ihre Geborgenheit, sie nimmt sie auf und entläßt ihn wieder zu neuen zehn Sekunden Lauf und Leben, faßt ihn wieder, und manchmal für immer.

Erde – Erde – Erde –!

Erde, mit deinen Bodenfalten und Löchern und Vertiefungen, in die man sich hineinwerfen, hineinkauern kann! Erde, du gabst uns im Kampf des Grauens, im Aufspritzen der Vernichtung, im Todesbrüllen der Explosionen die ungeheure Widerwelle gewonnenen Lebens! Der irre Sturm fast zerfetzten Daseins floß im Rückstrom von dir durch unsere Hände, so daß wir die Geretteten in dich gruben und im stummen Angstglück der überstandenen Minute mit unseren Lippen in dich hineinbissen! –

Wir schnellen mit einem Ruck in einem Teil unseres Seins beim ersten Dröhnen der Granaten um Tausende von Jahren zurück. Es ist der Instinkt des Tieres, der in uns erwacht, der uns leitet und beschützt. Er ist nicht bewußt, er ist viel schneller, viel sicherer, viel unfehlbarer als das Bewußtsein. Man kann es nicht erklären. Man geht und denkt an nichts – plötzlich liegt man in einer Bodenmulde, und über einem spritzen die Splitter hinweg; – aber man kann sich nicht entsinnen, die Granate kommen gehört oder den Gedanken gehabt zu haben, sich hinzulegen. Hätte man sich darauf verlassen sollen, man wäre bereits ein Haufen verstreutes Fleisch. Es ist das andere gewesen, diese hellsichtige Witterung in uns, die uns niedergerissen und gerettet hat, ohne daß man weiß, wie. Wenn sie nicht wäre, gäbe es von Flandern bis zu den Vogesen schon längst keine Menschen mehr.

(Erich Maria Remarque, Im Westen nichts Neues. Berlin 1928)

Auf tausend Menschen kommt es nicht an

Ein Teil der deutschen Intellektuellen brachte aus dem Krieg eine Geisteshaltung ganz eigener Art mit. Krampfhaft nach einem Sinn des entsetzlichen Geschehens suchend, dem sie entronnen waren, weigerten sie sich den Krieg zu verurteilen, verherrlichten ihn vielmehr als »Stahlbad« und »inneres Erlebnis« und berauschten noch die nächste Generation damit. Von Ernst Jünger, dem berühmtesten Exponenten dieser Richtung, die, nur geringfügig gestutzt, das Dritte Reich sogleich für seine Zwecke verwerten konnte, stammen die folgenden Texte.

In den Zeiten der Not stellt es sich heraus, ob ein Volk wirklich Männer besitzt. Es hat auch bei uns nicht an Leuten gefehlt, die den Krieg als materiellen Vorgang aufzufassen, seine negative Seite hervorzukehren und auf der anderen das Gebäude irgendeiner friedlichen Glückseligkeit zu errichten suchen. Sie führen verwüstete Städte und furchtbare Leiden als ihre Gründe an, als ob es unsere höchste Aufgabe wäre, dem Schmerz aus dem Weg zu gehen, und ihnen ist der Wille fremd, der die Verantwortung nicht scheut, so vergängliche Werte wie Leben und Eigentum zu opfern, wenn es gilt, die Größe des Volkes und seiner Ideen zu verwirklichen. Aber hier steht die größere sittliche Kraft, und es ist kein Zweifel, auf welcher Seite die Materialisten sich befinden.

Nein, der Krieg ist kein materieller Vorgang, es sind höhere Wirklichkeiten, denen er unterworfen ist. Dort, wo sich zwei Kulturvölker gegenüberstehen, liegt mehr auf der Waagschale als Sprengstoff und Stahl, dort schneidet sich alles, was für sie irgend von Wichtigkeit ist. Dort werden Wertverhältnisse geklärt, deren Bedeutung gegenüber jedem, der Sinn dafür hat, das Brutale der Methode als unwesentlich erscheinen muß. Dort tritt ein umfassender und auf die letzten Spitzen getriebener Wille in die Erscheinung als höchste und wildeste Äußerung eines Lebens, das sich durch seine eigene Vernichtung erhalten muß. Je mehr auf dem Spiele steht, desto fürchterlicher wird der Kampfplatz, auf dem es zu verteidigen ist.

Es ist uns klar gewesen, daß es um letzte Dinge ging, woher hätten wir sonst wohl die Kraft zu einer Leistung geschöpft, die unerklärlich scheint? Daher ist uns der Krieg mehr als eine stolze und männliche Erinnerung, er ist uns auch ein geistiges Erlebnis und ein Bekanntwerden mit seelischen Kräften, von denen wir sonst nie erfahren hätten. Er ist der Brennpunkt unseres Lebens, der unsere ganze fernere Entwicklung bestimmt. Welches Schicksal uns bevorstehen mag und zu welchen Taten wir noch berufen sein mögen – wir werden mit dem Maße davor hintreten, das sich in diesem entscheidenden Zeitabschnitte in uns bildete, während dessen unser Geschick mit dem Europas und der Welt überhaupt am engsten verbunden war. Denn daß auch die Haltung des geringsten Fußsoldaten, der irgendwo bei Nacht und Nebel fiel, geschichtliche Bedeutung besaß, das wird erst allmählich offenbar.

In jener Zeit haben sich Veränderungen vollzogen, die der Lärm des Geschehens verbarg und die auf keiner Landkarte und in keiner Wirtschaftsstatistik zu finden sind. Aber gerade das, was am Menschen unmittelbar geschah, an diesen Millionen, die in den Strudel eines Naturereignisses gerissen wurden, über das niemand Gewalt besaß, was jeden einzelnen im Innersten aufwühlte, er mochte wollen oder nicht, gerade das ist das Wesentliche. Das wirkt noch fort, wenn auf den Schlachtfeldern der Pflug längst alle Gräben und Trichter geebnet hat. Daher wird uns der Krieg, und dieser lange und erbitterte Krieg ganz besonders, wie alles, dem man auf den Grund geht, zum seelischen Problem.

*

Die Zeit arbeitet mit gewaltigen Mitteln, und es kommt im Kampfe um irgendein grauenhaftes Trümmerfeld, über dessen Rauchfahne zwei zukünftige Weltbilder in dämonischem Ringkampf liegen, nicht auf die tausend Menschen an, die vielleicht vor dem Verderben zu retten sind, sondern darauf, daß das überlebende Dutzend so rechtzeitig zur Stelle ist, daß es seine Maschinengewehre und Handgranaten entscheidend in die Waagschale werfen kann. Das ist eine Weltanschauung, deren ehernes und männliches Gesicht nur wenige ertragen können, und doch kann man stolz sein, eine Zeit erleben zu dürfen, in der ein solcher Geist das Geschehen in seine stahlharten Formen preßt. Mögen nur wenige davonkommen aus diesen flammenden Ebenen, in denen kein Schutz ist, außer dem Metall, das man selbst im Herzen trägt – ja, möge gegen diese wenigen, ihrer Tat bewußten Menschen sich auch noch das Schicksal kehren und sie ihr Ziel nicht erreichen lassen, so wird, das fühle ich, wie man nur etwas fühlen kann, doch ein Gewinn zu verzeichnen sein, der sich nie wieder streichen läßt. Denn wer hier nicht überwunden wurde – und wie gesagt, das können nur wenige sein –, wo sollte der wohl sonst zu überwinden sein? Und so sehe ich ein neues, führendes Geschlecht im alten Europa auftauchen, ein Geschlecht, furchtlos und fabelhaft, ohne Blutscheu und rücksichtslos, gewohnt, Furchtbares zu erdulden und Furchtbares zu tun und das Höchste an seine Ziele zu setzen. Ein Geschlecht, das Maschinen baut und Maschinen trotzt, dem Maschinen nicht totes Eisen sind, sondern Organe der Macht, die es mit kaltem Verstand und heißem Blute beherrscht.

(Ernst Jünger, Das Wäldchen 125. Berlin 1925)

RECHTE SEITE: Kanadische Truppen in der Schlacht von Ypern – britisches Gemälde.

FOLGENDE SEITEN: Englische Soldaten und deutsche Kriegsgefangene schleppen Verwundete übers schlammige Trichterfeld – ein Bild aus der Flandernschlacht.

„Het is niet gemakkelijk om Neutraal te blijven."
It's not easy to stay Neutral!
F. B. DEN BOER - MIDDELBURG.

Deutschland, küsse ihnen
den Saum ihrer Gewänder;
sie sind in den Kriegen
Deine Engel.
Liliencron.

Zwei Helden

Das Lager in der Steppe

Von den deutschen Kriegsgefangenen wurde sie »Engel von Sibirien« genannt: Elsa Brändström, Tochter des schwedischen Gesandten in Petersburg verbrachte fünfeinhalb Jahre, teils privat, teils als Delegierte des Schwedischen Roten Kreuzes arbeitend, unter den Soldaten, die in russische Kriegsgefangenschaft geraten waren. 1922 verfaßte sie darüber einen Bericht, dem folgender Auszug, die Beschreibung des Lagers Totzkoje, entnommen ist.

März 1915 kamen die ersten Gefangenentransporte in die noch unfertigen Holzbaracken. Erst nach und nach wurde der Boden mit Ziegeln gepflastert und das Dach mit Erde beworfen, doch blieben die Gebäude nach wie vor nicht für den Winter eingerichtet.
Während des Sommers wurde das Lager überfüllt, und im Herbst brach eine Flecktyphus-Epidemie aus, die den ganzen Winter über wütete. Mit leeren Händen sollten einige russische und kriegsgefangene Ärzte die Seuche bekämpfen. Arzneimittel, Stroh, Wäsche, Holz und Wasser – alles fehlte. Der Schnee deckte die Fenster, so daß es den ganzen Tag dunkel blieb.
In jeder Baracke liegen auf den nackten Pritschen bis zu 800 Mann, Kranke und Gesunde durcheinander, beinahe unbekleidet, mit Ungeziefer übersät und unterernährt. Um die unteren Pritschen schlägt man sich, weil die Fiebernden nicht zur dritten und vierten Reihe hinaufklettern können.
Alles ist wie erstorben.
Man hört nur das Stöhnen der Kranken; schwer drückt die feuchte Luft; es gibt keine Latrine, und die Sterbenden vermögen sich nicht mehr in den Schnee hinauszuschleppen.
Schließlich bestimmt der Kommandant vier leere Baracken als »Isolierbaracken«. Aber die Kranken haben nur den einen Wunsch, unter den noch gesunden Kameraden zu bleiben, wo sie ein wenig Hilfe und ein freundliches Wort finden – und nicht in die Isolierbaracken geschickt zu werden, in denen eine Reihe phantasierender, sterbender Menschen neben und über der anderen liegt.
Die abgearbeiteten Krankenpfleger sind abgestumpft und geben den Kampf auf. Womit sollen sie helfen, wenn nichts dafür vorhanden ist, nicht einmal Holz, um die täglichen qualvollen Erfrierungen an Händen und Füßen bei den Kranken zu verhindern?
Wer im Todeskampf von den oberen Pritschen herunterfällt, bleibt auf dem Steinboden liegen, bis ein anderer ihn anstößt und zur Seite schiebt. Der Körper eines Toten ist manchmal die einzige Stütze des noch lebenden Nachbarn und wird erst nach Tagen entfernt. So mischt sich der Gestank der Lebenden mit dem Leichengeruch.
Zur Untersuchung strömen Scharen von hochfiebernden Menschen. Die Ärzte gruppieren sie in »Leichtkranke«, die noch einige Tage zu leben haben, und

Elsa Brändström

»Schwerkranke«, mit denen es in wenigen Stunden zu Ende geht, sowie in »Gesunde« mit Nierenentzündung, Tuberkulose, Ruhr, Typhus, Phlegmone und Gangräne, kurzum mit allen Krankheiten bis auf Flecktyphus und Pocken.
Wenn das Urteil auf dem Papier feststeht und »Lazarett« oder »Isolierbaracke« verordnet ist, muß die Menschenmasse noch stundenlang warten, bis ein russisches »Pascholl« sie weiterruft. Dann bleiben die, welche während des Wartens zusammengebrochen sind, im Schnee zurück, und nach einiger Zeit kommt ein Schlitten, um die Leichen zu holen.
Die tägliche Sterblichkeit stieg von 20 auf 70, auf 100, auf 350.
Es liegt wie ein Fieberwahn über allem Denken. Soll eines Tages keiner mehr leben? Soll niemand aus dieser Hölle herausfinden? Sollen alle den Verstand verlieren? Bis zu 2500 Leichen liegen unbegraben angehäuft; Ratten und Hunde nagen an ihnen. Dann bringt man sie zu 30 auf einen Schlitten, schlingt ein Seil um die Last, und die Totengräber – gefangene Kameraden – setzen sich darauf. Wie können sie das? Nur der Außenstehende stellt eine solche Frage. Im Lager achtet niemand auf diese Leichenwagen, denn hier ist Denken, Gefühl und Vernunft völlig abgestorben. Nur der eine Wunsch lebt noch – so schnell wie möglich zu sterben, und mancher sucht den Tod im Flusse. Das ärgert den Kommandanten so, daß er am Flußufer Posten aufstellt.
Im Dezember 1915 und Januar 1916 richtete das russische Kommando ein »Lazarett« für 400 Kranke ein; zur gleichen Zeit starben täglich 120 bis 350 Mann. So blieben die Zustände bis zum März 1916, als die Epidemie langsam von selbst erlosch.

(Elsa Brändström, Unter Kriegsgefangenen in Rußland und Sibirien 1914–1920. Leipzig 1922)

LINKE SEITE: »Gar nicht so einfach, neutral zu bleiben«, sagt die Postkarte aus dem heftig umworbenen Holland. Darunter zwei Karten aus Deutschland mit dem beliebten Krankenschwester-Motiv.

Verantwortlichen – wie auch den meisten Soldaten – schien der Durchbruch im Westen die letzte Chance, den Krieg siegreich zu beenden. An andere Möglichkeiten, etwa Verhandlungen, dachte zumindest Ludendorff nicht. Freilich gab es als militärische Alternative nur noch die Kapitulation: Ein hinhaltendes Verteidigen wäre über einen längeren Zeitraum hinweg nicht durchführbar gewesen – der durch die britische Blockade bestehende Lebensmittelmangel hätte früher oder später zum Aufgeben zwingen müssen. Verhandlungen mit den Alliierten über mildere Bedingungen eines Waffenstillstandes schienen angesichts der alliierten Siegeszuversicht aussichtslos. Es blieb nur die Frage, ob weitere hohe Opfer gerechtfertigt waren, um eine verhältnismäßig geringe Siegeschance wahrnehmen zu können. Diese Opfer mußten vergeblich sein, wenn nach einem Fehlschlagen der Offensive die Kapitulation ohnehin in gleicher Härte zu erwarten blieb. Ludendorff entschied sich für das Ausnützen selbst der geringsten Chance, und weder Kaiser noch Reichsregierung widersprachen ihm.

Am 18. März 1918 begannen die 62 deutschen Angriffsdivisionen – gegliedert in 3 Armeen – in ihre Bereitstellungsräume vorzurücken. Die Nächte waren kalt und neblig. Zwei und drei Kolonnen marschierten nebeneinander durch die Dunkelheit, manche quer über die Äcker. Am 20. März war der Aufmarsch beendet. Beiderseits St. Quentin – für diese Stelle hatte sich Ludendorff nun entschieden – standen auf einer Breite von 75 Kilometern die Sturmdivisionen und hinter ihnen 6600 Geschütze bereit.

»Die Nacht vom 20. zum 21. März 1918 war klar und hell«, kritzelte ein Leutnant des Reserve-Infanterieregiments Nr. 262 in sein Tagebuch. »Die geräuschlose Bereitstellung des Regiments zum großen Angriff vollzog sich genau so, wie es wochenlang vorher in entsprechendem Gelände eingeübt worden war. Der Feind hatte nichts gemerkt und merkte auch noch nichts.«

»Am 21. März, früh 5 Uhr, beginnt unser Trommelfeuer, Sprenggas- und Nebelgranaten. Ein Getöse, man kann sein eigenes Wort nicht verstehen!«, schrieb ein Gefreiter des Garde-Füsilierregiments in einem Feldpostbrief. »Die Pulvergase sind so dick, daß man kaum drei Schritt weit sehen kann. Die Augen tränen, aus Mund und Nase läuft das Wasser. Um 9 Uhr verlassen wir den Graben.«

Der Leutnant Bloch vom Infanterieregiment Nr. 132 notierte: »21. März. Die große Schlacht in Frankreich beginnt. Schon lange vor der Abmarschzeit herrscht in dem kleinen, halbverfallenen Dörfchen Sailly ein ge-

OBEN: Deutsche Infanterie vor einer gegnerischen Stellung. »Endlich heraus aus der Enge der Grabenwände«, heißt es in einer Regimentsgeschichte. »Endlich Hammer und nicht mehr Amboß sein!« An die Frühjahrsoffensive 1918 knüpften sich große Hoffnungen.

RECHTS: Franzosen erwarten einen Gasangriff. Am ersten Offensivtag, dem 21. März 1918, wurden von deutscher Seite zahlreiche Gasgranaten verschossen, viermal soviel wie Brisanzmunition.

Oben: Englische Soldaten an einer improvisierten Feldküche. Unter den vom deutschen Angriff zersprengten Truppen machte sich Mutlosigkeit breit, es kam zu Desertionen. Ein Soldat berichtet: »Es schien nicht der leiseste Zweifel zu bestehen, daß die Deutschen die Kanalhäfen nehmen würden.«

Linke Seite: Tankwracks im Kampfgelände. Die von der eigenen Artillerie angerichteten Trichterfelder waren für den Vormarsch oft ein schweres Hindernis.

schäftiges Treiben. Aus den überfüllten, stickigen Massenquartieren heraus quillt das Feldgrau hinein in die frische Morgenluft des anbrechenden Vorfrühlingstages. Die innere Erregung, der Gedanke an die weltgeschichtlichen Ereignisse des kommenden Tages, die fiebernde Erwartung der großen Schlacht lassen keine Ruhe, die Anstrengungen der langen Nachtmärsche von Ronchin bis hierher sind vergessen. Jeder ist tätig: Gewehrschlösser rasseln, Kochgeschirr klappert, Pferdegetrappel, Maschinengewehrstöße knattern, Radfahrer klingeln. Fröhliche singen, Lastautos donnern, Holzkisten poltern, Fahrer fluchen, Zugführer rufen die Gruppen zusammen ... Kaum aus den letzten Häusern von Raillencourt heraus, dröhnt uns das auf- und abschwellende Brodeln des Trommelfeuers von der Front her entgegen. Zu sehen ist nichts. Dichter Nebel hat sich über das Gelände gelagert.«

Im Gegensatz zu allen bisherigen Großoffensiven an der Westfront, die sich stets durch tage- oder wochenlanges Trommelfeuer angekündigt hatten, begann die große Schlacht – Decknamen »Unternehmen Michael« – überraschend; ähnlich also nur der in kleinerem Ausmaß abgelaufenen Tankschlacht von Cambrai. Das deutsche Trommelfeuer dauerte nur fünf Stunden, wirkte jedoch verheerend: Es war sorgfältig vorbereitet, ließ keinen Zielpunkt aus und lag deckend, obwohl vorher kein Einschießen stattgefunden hatte: Die deutsche Artillerie schoß nach der Landkarte. Die Karten wiederum waren großenteils nach Luftaufnahmen hergestellt worden – ein erst im Krieg entstandenes Verfahren.

Überall erreichten die Sturmtruppen die erste feindliche Linie, blieben aber dann oft vor der zweiten Linie oder hinter dieser in einer Widerstandszone von MG-Stützpunkten liegen. In zähen, erbitterten Kämpfen gelang es allerdings an zahlreichen Stellen, weiter vorzudringen – doch inzwischen war die Feuerwalze weitergewandert und ließ die Infanterie weit hinter sich. Ein Vorteil war der dichte Nebel: Er erleichterte die Annäherung. Andererseits verirrten sich oft die Meldegänger und Feldkabeltrupps. In vielen Fällen riß die Verbindung zu den Führungsstellen und vor allem zur Artillerie ab.

Derweilen rückten die Divisionen der zweiten Angriffswelle näher an die vorderste deutsche Linie heran. In den Artilleriestellungen kippten die Kanoniere eimerweise Wasser auf die glühheißen Rohre. Die Divisionen der dritten Welle traten an – jeder Infanterist trug sechs Handgranaten und 150 Patronen »am Mann«.

Wie aber sah es auf der anderen Seite aus? Ein britischer Offizier, verhaltnismaßig weit hinter der Front bei einem Stab der schweren Artillerie stationiert, schrieb damals auf: »Ich schreckte aus dem Schlaf hoch, im Bewußtsein eines anhaltenden und beinahe melodiösen Getöses, das von einer Intensität war, als tanzten hundert Teufel in meinem Hirn. Alles schien zu beben – die Erde – der Unterstand, mein Bett ... Es war noch dunkel.«

Hauptmann Desmond Young – der spätere Rommel-Biograph –, stellvertretender Adjutant der britischen 42. Infanteriebrigade/5. Armee, führte das Meldungsbuch. Danach bestand ab 6.50 Uhr keine Feldtelefonverbindung mehr zu den vorn eingesetzten Bataillonen – die Leitungen waren allesamt zerschossen. Um 10.30 Uhr meldete die B-Kompanie des 11. Königs-Bataillons 40 Verluste von ihrer 150-Mann-Stärke. Um 11.15 Uhr meldete ein Hauptmann per Funk: »Ich er-

Ein erbeuteter und mit deutschen Kennzeichen versehener britischer Tank bahnt der angreifenden Infanterie den Weg.

fahre, daß der Feind durchgebrochen ist und unmittelbar vor uns steht.« Eine Funkmeldung, eingegangen um 11.45 Uhr, besagte in lakonischer Kürze, daß die Frontlinie um 10.15 Uhr zusammengebrochen sei.
Marschall Sir Douglas Haig, Oberkommandierender der britischen Truppen, erhielt um 11.07 von seiner 5. Armee, und um 11.30 Uhr von der 3. Armee die ersten genauen Informationen über die Stärke des Feindangriffs. Als er sie noch las, war die vorgeschobene Verteidigungszone der 5. Armee und ein großer Teil der Artillerie vernichtet oder bereits von den Deutschen erobert.
Die offizielle englische Kriegsgeschichte, »The Official History of the War«, bemerkt über diesen 21. März 1918: »Ein verhängnisvoller Bestandteil des deutschen Angriffserfolges bei der Überwältigung der vorgeschobenen Truppen war nicht nur der vollständige Verlust von einem Viertel und mehr aller Bataillone der angegriffenen Divisionen, sondern auch die Erbeutung oder Zerstörung eines großen Teils ihrer Maschinengewehre und leichten Maschinengewehre Modell Lewis, deren Fehlen sich im Verlauf der folgenden Kampftage als ein höchst gefährliches Handikap erweisen sollte.«
Die deutschen Sturmtruppen hatten alle drei Verteidigungszonen der britischen 5. Armee durchstoßen. Am Abend des 21. März erhielt diese 5. Armee den Rückzugsbefehl: Neue Stellungen hinter der Somme und dem Crozat-Kanal beziehen!
Was nie zuvor im Stellungskrieg der Westfront gelungen war – die 18. deutsche Armee unter General v. Hutier hatte es zuwege gebracht: den Durchbruch auf 64 Kilometer Breite – und das an einem einzigen Tag.
Im Tagebuch von Hauptmann Vüllers, Bataillonsführer im Infanterieregiment Nr. 53, liest sich das so: »Gegen

Mittag fiel der Nebel. Jetzt brachte uns auch unsere Begleitbatterie fühlbare Entlastung. Da auch der Angriff rechts von uns wieder in Gang kam, trat ich mit meinem Bataillon zum Sturm auf den Margarine-Wald und -Berg an. Ohne großen Widerstand drangen wir bis Savy durch ... Und so sah der Abend noch einen glänzenden Sturm auf die Holnon-Stellung und das Dorf Roupy. Bis in die Dämmerung wurde hier noch mit Flammenwerfern und Handgranaten gekämpft ... Für die Nacht buddelte ich mir ein Erdloch, konnte aber wegen der Kälte nicht schlafen. Zudem lebte das englische Artilleriefeuer wieder auf. Außerdem hatte ich genug zu tun, um die gänzlich durcheinander geratenen Teile meines Bataillons wieder zu ordnen. Glücklicherweise fand sich mein treuer Bursche Brüning bei mir ein. Er brachte eine Flasche Rotwein, die ich mit den anderen Offizieren teilte. Leider waren am Abend noch Leutnant Huesker und Rolevink gefallen. Zu essen hatte ich nur meine Eiserne Portion und etwas Brot, da wir bei dem unentwegten Vorstürmen nicht zum Beutemachen gekommen waren.«

Hinter der deutschen Front herrschte emsige Betrieb samkeit: Die Divisionen der zweiten Welle waren bereits am Vormittag denen der ersten Welle gefolgt. Die dritte Welle wurde am Nachmittag nach vorn in Marsch gesetzt. Auf den Straßen rollte der Nachschub: Kolonnen der damals üblichen Bagagewagen, dazu auch requirierte Bauernwagen, Karren – allesamt gezogen von abgemagerten Pferden. Dazwischen polterten Lastwagen mit Eisenreifen auf den Rädern. Weil die Schußweiten der schweren Mörser die Feindstellungen nicht mehr erreichten, mußten sie vorverlegt werden. Ein mühsames Stemmen und Zerren brachte die Geschütze aus den Feuerstellungen und zu den Vormarschstraßen, wo sie nun schwerfällig durch die anbrechende Nacht rollten. Gefangenenkolonnen zogen ihnen entgegen: Engländer in Uniformen bester Qualität, die Offiziere in Trenchcoats, den damals für den Stellungskrieg ent-

Sir Douglas Haig, der britische Oberbefehlshaber, inspiziert kanadische Truppen. Auf seine Veranlassung kam es zur Konferenz von Doullens am 26. März 1918, bei der General Ferdinand Foch mit dem Befehl über die gesamte Westfront beauftragt wurde. Die englisch-französischen Reibereien – bei zuvor selbständigen Führungsstäben unvermeidlich – hatten damit ein Ende.

wickelten Regenmänteln, die noch heute ihren Platz in der Herrenmode haben. Eisenbahnpioniere begannen bereits mit der Verlegung von Gleisen. Bäckereikompanien folgten ihren vorgehenden Divisionen. Abgetriebene Gäule zogen die schweren Munitionswagen über holperige Routen. Dazwischen wiederum die schweren Lastwagen der Ballonzüge. Weit vorn aber dröhnte noch immer die Schlacht, und im Westen zuckten die Detonationsblitze wie Wetterleuchten über den Horizont.

Rastlose Bewegung erfüllte auch das Gebiet hinter der englischen Front: Die Divisions-, Armeekorps- und Armeestäbe verlegten in hektischer Eile nach rückwärts. Sie hatten sich längst in ihren Quartieren häuslich eingerichtet. Es war, als ob man ein brennendes Haus fluchtartig verlassen mußte. Nur das Nötigste konnte hastig auf die Wagen verladen werden: Akten, Geheimunterlagen, Karten, Fernmeldegeräte, die persönliche Habe. Depots wurden geräumt. Die Artillerie rumpelte dröhnend an müde marschierenden Infanteristen vorüber. Kolonnen stauten sich, gerieten durcheinander. Fluchende Offiziere versuchten Ordnung in das Chaos zu bringen.

Auf deutscher Seite wiederum bestimmten Ruhe und konzentrierte Arbeit die Atmosphäre in dem nach Avesnes vorgeschobenen Hauptquartier des Generalstabes. Anfangs waren nur spärliche Meldungen über den Verlauf der Schlacht eingetroffen; erst am frühen

Abend war die Lage klar zu übersehen. General Ludendorff war nicht restlos zufrieden.
Tatsächlich hatte sich der Angriff der 17. Armee vor und hinter der zweiten britischen Linie im feindlichen Maschinengewehrfeuer festgefressen. Auch der rechte Flügel der 2. Armee war vor der englischen zweiten Stellung liegengeblieben, während der linke Flügel die zweite Linie überrannt hatte. Die 18. Armee hatte die größten Erfolge errungen. Sie lag im südlichen Frontabschnitt und hatte die ihr gegenüberliegende britische 5. Armee geworfen.
Kaiser Wilhelm II., der zwei Tage vor dem Beginn der Schlacht mit seinem Hofzug beim vorgeschobenen Hauptquartier Avesnes eingetroffen war, fand die Situation ganz glänzend. Der Leutnant Bloch, Infanterieregiment Nr. 132, das zur 17. Armee gehörte, sah hingegen nach einer im Freien verbrachten kalten Nacht das Morgenrot des 22. März, aber auch das Mündungsfeuer der britischen Lewis-Maschinengewehre: »... da setzte von neuem ein derart rasendes Maschinengewehrfeuer ein, daß es vollkommen ausgeschlossen war, auch nur den Kopf über den Trichterrand zu erheben. Von einem Stoß der 20. Infanteriedivision war nichts zu spüren, der Angriff war im Keim erstickt. Das Maschinengewehrfeuer hielt dauernd an ... Um 13 Uhr traf ein neuer Angriffsbefehl des Regiments ein, deutsches Wirkungsschießen setzte ein, die Bewegung kam in Fluß, die ersten Handgranaten in der Ziegelei zerplatz-

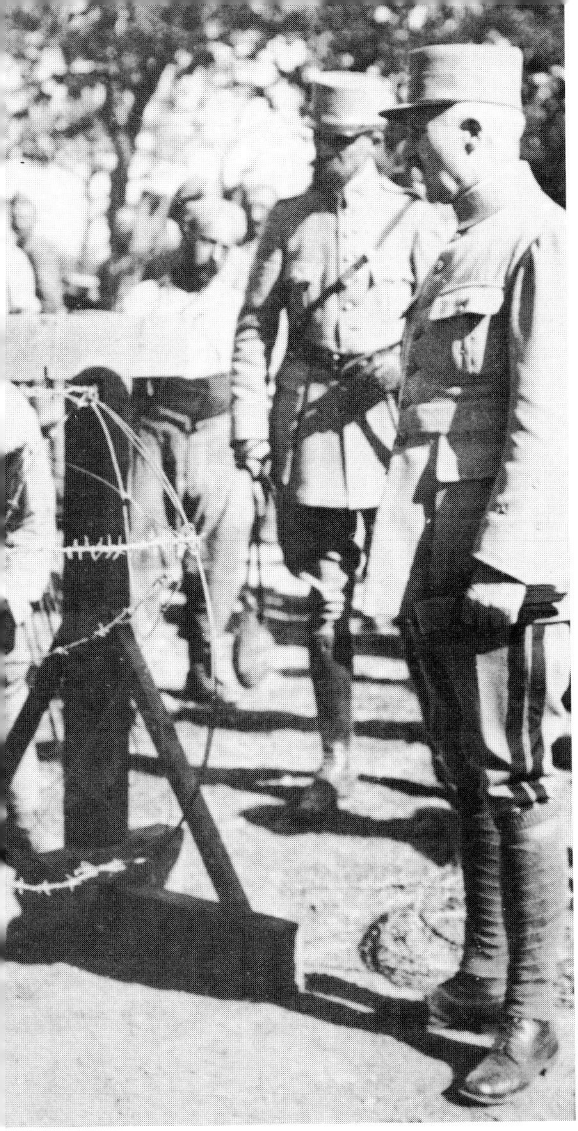

Stacheldraht, das industriell gefertigte Dornengestrüpp, war das Symbol eines unmenschlichen Krieges. In endlose Bänder ausgerollt, sicherte das gezackte Hindernis jeden Meter Gelände.

OBEN: General Pétain, der Held von Verdun (hinten), besichtigt eine neuartige Stacheldraht-Montage.

LINKE SEITE: Ende im Stacheldraht – gefallener deutscher Soldat in einem Spanischen Reiter.

ten, wir frohlockten ... da plötzlich hinter uns ohrenbetäubendes Krachen, schwarze Wolken hüllten uns ein, ein Splitterhagel saust hernieder. Entsetzensstarr, im ersten Augenblick weiß keiner, was geschehen. Schon kracht die zweite Lage dichter ran. Schwere Mörser unserer eigenen Artillerie! Schmerzensschreie von Verwundeten; von Todesangst gehetzt, verlassen sie die Deckung und stürzen augenblicklich tot getroffen. Nur die Besinnung nicht verlieren!! Leuchtzeichen hoch!! Der Qualm verschlingt sie. Der Gegner sieht die Lage. Englische Artillerie setzt ein, Lewisgewehre rasen. Die Hölle ist los. Raus aus dem Loch! Es ist das sichere Grab ... Unaufhörlich krachen die Granaten, zermalmend wütet die Feuerwalze heran, Maschinengewehrgeschosse klatschen in die Trichterränder, englische Schrapnells zerplatzen zischend in der Luft ... Auf! ... ein Sprung ... es glückt ... gerettet! Das Ungewitter geht vorbei, doch waren Freund und Feind erschöpft. Die 20. Infanteriedivision hat unterdessen bei Lagnicourt die Front durchbrochen, die Feinde weichen. Das Feuer mindert sich, die Kompanien sammeln, und es geht vorwärts ... Der Abend sinkt herab.«

Am zweiten Tag der Michael-Schlacht gelang es allen Armeen der Heeresgruppe Kronprinz Rupprecht, den Angriff weiter fortzusetzen: Die 17. Armee kam freilich nur langsam voran. Die 2. Armee trieb die englische 3. und Teile der 5. Armee aus den Stellungen, und die 18. Armee des Generals v. Hutier erweiterte ihren Durchbruch in rasch aufeinanderfolgenden Schlägen, unter denen die Masse der englischen 5. Armee zusammenbrach. Am Abend standen ihre Stoßtrupps an der Somme und am Crozat-Kanal. Hier – am südlichen Flügel der Angriffsfront – war am ehesten der große Erfolg zu sehen, obwohl nach der Planung der Durchbruch am nördlichen Flügel erwartet worden war. Ludendorff hatte dementsprechend der 18. Armee 6 frische Reservedivisionen unterstellt. Damit begann sich das Schwergewicht der Operation nicht, wie beabsichtigt, in Richtung der Kanalküste, sondern vielmehr nach Mittelfrankreich hinein zu verlagern.

Marschall Haig, der britische Oberkommandierende, erhielt um 20 Uhr jenes Tages telefonisch schlechte Nachrichten vom Oberbefehlshaber der 5. Armee: »Gruppen aller feindlichen Waffengattungen haben unsere Reservelinie durchbrochen!« Haig setzte sich sofort mit Pétain, dem französischen Oberkommandierenden, in Verbindung und bat um Hilfe. Pétain aber hatte bereits am Vortag seine Reserven in Marsch gesetzt – denn er hatte eine Katastrophe kommen sehen. So nur war es möglich, daß bereits am Abend des 22. März von deutscher Seite die ersten französischen Erkundungs- und Einweisungskommandos beobachtet werden konnten. 7 französische Divisionen rückten an, um die Somme, den Crozat-Kanal und Tergnier zu verteidigen – eine Aufgabe, der die in Auflösung befindliche britische 5. Armee nicht mehr gewachsen zu sein schien.

Der dramatische Höhepunkt des Unternehmens »Michael« nahte: Die deutsche Armee hatte den Durchbruch zuwege gebracht; sie mußte nun die aufkommende Panik beim Feind nähren und ausnutzen. Viel Zeit blieb ihr nicht, denn die französischen Eingreifdivisionen näherten sich rasch. Es ging darum, den richtigen Entschluß zu fassen. Die Siegeschance stand bei der 18. Armee. Dort, an dieser Stelle war anzugreifen und

Französische Eisenbahngeschütze in Feuerstellung. Bis zu zehn Kilometer hinter der Front stand solche Artillerie, deren große Reichweite das gegnerische Hinterland bedrohte.

in rastloser Verfolgung in den freien rückwärtigen Raum vorzustoßen.
Am dritten Tag der Schlacht, dem 23. März, zeigte sich der Auflösungsprozeß der britischen 5. Armee in noch stärkerem Maße: Zwischen ihr und der anschließenden britischen 3. Armee war eine Lücke entstanden. Nur noch die 3 Divisionen der Armeereserve waren kampfkräftig, die übrigen 8 Divisionen der 5. Armee bestanden aus zusammengeschossenen, durcheinandergewürfelten und demoralisierten Resten. Britische Soldaten plünderten eigene Vorratslager und Kantinen. Aus den Etappeneinheiten wurden Alarmkompanien zusammengestellt und schleunigst in den Kampf geworfen – verzweifelte Maßnahmen in einer äußerst kritischen Situation. Der Zusammenbruch der britischen 5. Armee bedrohte nun auch die britische 3. Armee – die Deutschen konnten ihr in die Flanke stoßen.
Seit der Marne-Schlacht des Jahres 1914 hatte die deutsche Armee keine Möglichkeit des Sieges mehr gefunden – jetzt aber, an diesem 23. März 1918, war die Aussicht gewachsen, diesen Krieg doch noch erfolgreich zu beenden.
General Ludendorff erließ um 9.30 Uhr die entscheidenden Befehle zur Fortsetzung der Schlacht: Die 17. Armee sollte nunmehr nach Westen und Nordwesten, die 2. Armee nach Südosten und die 18. Armee nach Südsüdosten angreifen. Am Nachmittag arbeitete er diese Befehle weiter aus: »Das Ziel ist jetzt, die Franzosen und Engländer durch einen schnellen Vorstoß beiderseits der Somme voneinander zu trennen. Die 17., die 6. und späterhin die 4. Armee werden den

Angriff gegen die Engländer nördlich der Somme führen, um sie ins Meer zu treiben ...«

Die 18. Armee hatte in Richtung auf Paris vorzugehen – weiter nach Frankreich hinein, während die 2. Armee auf Amiens zu marschieren sollte. Es waren drei Ziele gesteckt worden, anstatt eines mit aller Kraft anzuvisieren – und das konnte nur Paris sein. Nur die 18. Armee hatte den großen Durchbruch zustande gebracht, und seine Richtung ging nun einmal auf die französische Hauptstadt.

Um 16 Uhr traf General Pétain bei Marschall Haig ein, der um 20 französische Divisionen zur Schließung der Lücke im Raum vor Amiens bat. Pétain sagte zu, die englische Front bis Péronne zu übernehmen. In höchster Eile sollten nun zwei neue Abwehrlinien errichtet, 8000 Kilometer Schützengräben ausgeschachtet, 23500 Tonnen Stacheldraht auf 15 Millionen Pfosten zu einem gigantischen Drahthindernis gezogen werden. An diesem 23. März schrieb der Admiral v. Müller, Chef des Marinekabinetts, in sein Tagebuch: »Heute abend kehrte Seine Majestät, berstend von Nachrichten über unsere Erfolge, aus Avesnes zurück. Dem Gardesoldaten auf dem Bahnsteig schrie er bei Einfahrt des Zuges zu: ›Die Schlacht ist gewonnen, die Engländer sind völlig geschlagen worden!‹ Zum Diner gab es Champagner. Es wurde das Kommuniqué verlesen, das von unserem großen Sieg unter der persönlichen Führung Seiner Majestät des Kaisers berichtete ...«

An diesem Abend gelang einigen deutschen Kompanien das Überschreiten der Somme zwischen Béthencourt und Ham. Der Kampfübergang wurde für den 24. März 8.00 Uhr befohlen. Deutsche Feldartillerie fuhr während der Nacht auf, und Pioniere brachten Schnellbrückenmaterial an die zum Übergang vorgesehenen Stellen. Die Infanteristen bezogen ihre Bereitstellungsräume.

Am Abend des 23. März hatte Haig noch befohlen: »Die 5. Armee hält die Linie an der Somme um jeden Preis. Ein Rückzug von dieser Linie ist ausgeschlossen ...« Am 24. März, kurz nach 7.00 Uhr, begann der Feuerschlag der deutschen Artillerie auf das jenseitige Somme-Ufer. Er ist nicht sehr stark – die Munitionskolonnen blieben teilweise auf den überfüllten und verstopften Nachschubstraßen liegen. Um 8.00 Uhr schleppten die Pioniere ihre Pontons ans Ufer – doch ausgerechnet da lichtete sich der Nebel, der bisher stets die Annäherung der Deutschen verhüllt hatte. Offen aufgefahrene britische Geschütze schossen die Pontons zusammen; britische Flugzeuge warfen Bomben und nahmen die Übergangsstellen unter Bordwaffenfeuer.

Die am Vortage bereits über die Somme gegangenen Kompanien mußten sich heftiger Angriffe erwehren. Deutsche Soldaten gelangten auf einige Inseln im Somme-Fluß und lagen nun ungeschützt im britischen Maschinengewehrfeuer. Da erkletterten Infanteristen die Trümmer der gesprengten alten Brücken und bezwangen sie im Hagel der Geschosse. Nach zwei Stunden waren erste größere Brückenköpfe gebildet, gegen Mittag die Somme und der Crozat-Kanal in ganzer Breite überwunden. Haigs Haltebefehl war in den Wind gesprochen. Zwar leisteten die Engländer stellenweise erbitterten Widerstand, doch insgesamt ging es rückwärts. Die deutsche 18. Armee trieb die desorganisierte britische 5. Armee mitsamt den inzwischen eingetroffenen französischen Vorhuten, mitunter in reinen Verfolgungsgefechten, vor sich her.

Amiens war bedroht und Bapaume gefallen – auch die deutsche 2. und die 17. Armee hatten in heftigen Kämpfen Geländegewinne erzielt. Wenn aber auch noch Amiens verlorenging – das war dem britischen Oberkommandierenden Haig klar –, war die britische von

der französischen Armee getrennt, dann ging es nicht mehr darum, die Front zu halten, sondern die Kanalküste zu erreichen und sich per Schiff nach England zu retten. Die Katastrophe sah auch der französische Oberkommandierende Pétain herannahen. Seine eilig auf überlasteten Eisenbahnen herangefahrenen Truppen wurden manchmal schon beim Ausladen gefangengenommen. Die Deutschen schienen überall zu sein. Pétain ging es nicht mehr darum, mit 20 Divisionen die Lücke bei Amiens zu schließen, sondern das Herz Frankreichs, Paris, zu schützen. Das englisch-französische Bündnis erhielt einen Riß. Gegen Mittag des 25. März standen kaum noch feindliche Truppen vor der deutschen 18. Armee – der Bewegungskrieg hatte begonnen. Ludendorff reagierte darauf und änderte seine bisherigen Befehle. Doch statt die am weitesten vor-

Das Pendant zu den französischen Eisenbahngeschützen (vorhergehende Seiten): eine deutsche Kanone – Kaliber 38 cm – in Eisenbahnlafette.

OBEN: Eine der übermannshohen Granaten wird vor dem Laden peinlich genau gesäubert.

RECHTE SEITE: Der Abschuß.

geprellte 18. Armee zu verstärken, verlegte er das Schwergewicht nun auf die 2. und 17. Armee, die zwar Geländegewinne, doch keinen Durchbruch erzielt hatten. Außerdem ließ er eine Angriffsgruppe »Mars« bilden, die eine kleinere Operation ausführen sollte, ebenso wie eine Angriffsgruppe »Georg« ein weiteres Unternehmen zu beginnen hatte. So zerfaserte der

mächtige Angriff zu einer Vielzahl von Operationen in verschiedenen Stoßrichtungen.
Doch auf den Gefechtsfeldern zeigten sich die Auswirkungen jener Ludendorff-Befehle zunächst noch nicht. Noch immer marschierte die 18. Armee direkt auf Paris zu. Am 27. März hatte sie auf einer Breite von 75 Kilometern einen Keil von 60 Kilometer Tiefe nach Frankreich hineingetrieben. Bis nach Paris waren es noch drei reichliche Tagesmärsche. 90000 Gefangene, 1500 Geschütze und 250 Tanks bildeten den sichtbaren Erfolg des Unternehmens Michael.
An diesem 27. März meldete die britische 5. Armee dem Marschall Haig, daß zwischen ihr und der französischen Armee bei Montdidier eine 15 Kilometer breite Lücke klaffe.
In Paris entstanden Durcheinander und Panik, als Granaten heranheulten und donnernd in der Stadt einschlugen: Die deutsche Artillerie beschoß bereits die Hauptstadt. Die 21-cm-Geschosse stammten von einem zwischen St. Quentin und Laon im Wald von St. Gobain hinter La Fére stehenden neuartigen Krupp-Riesengeschütz mit überlangem Rohr, dessen Schußweite mehr als 100 Kilometer betrug. Alle 20 Minuten wurde ein Schuß abgegeben.
Wie schon 1914, während der Marne-Schlacht, bereitete die französische Regierung abermals ihre Evakuierung nach Bordeaux vor.
Unverkennbar war freilich auch, daß sich der deutsche Vormarsch verlangsamt hatte: Die Truppen waren ausgepumpt. Aber sie waren dennoch schneller vorangekommen als die Artillerie und die Munitionskolonnen. Auch der Verpflegungsnachschub ließ zu wünschen üb-

OBEN: Britische Infanteristen haben sich in einer aufgegebenen deutschen Stellung eingerichtet. Im April 1918 erlahmte die deutsche Offensive, Engländer und Franzosen gewannen wieder Boden.

LINKE SEITE: Getötete englische Maschinengewehr-Besatzung am Ausgang eines Dorfes bei Amiens. Die deutsche Frühjahrsoffensive 1918 war wieder eine der Schlachten, in denen die Verluste nach Hunderttausenden zählten.

rig. Die 18. Armee gewann zwar noch immer einiges Gelände, doch vor ihr befand sich auf einmal wieder eine durchgehende Widerstandslinie.

Der alliierten obersten Führung war das noch nicht zur Kenntnis gelangt – sie sah nach wie vor nur die Katastrophe. Im Rathaus von Doullens, einem grauen Dorf, trat am 26. März der interalliierte Kriegsrat zusammen. Aus Paris waren Präsident Poincaré und Ministerpräsident Clemenceau, aus London Kriegsminister Lord Milner und General Robertson herbeigeeilt. An Militärs waren Marschall Haig, sein Generalstabschef Wilson, General Pétain und der Generalstabschef des französischen Feldheeres, General Foch, anwesend. Pétain – nervös und pessimistisch – vertraute Clemenceau unter vier Augen seine Lagebeurteilung an: »Die Deutschen werden die Engländer in offener Feldschlacht besiegen; danach werden sie uns ebenfalls besiegen.« Marschall Haig ergriff als erster das Wort und forderte französische Divisionen zur Verteidigung von Amiens. General Foch unterbrach und bestätigte: »Wir müssen vor Amiens kämpfen, wir müssen dort kämpfen, wo wir jetzt stehen ...« Haig nützte diese Worte: »Wenn General Foch bereit ist, mir seinen Rat zu geben, will ich ihn gern befolgen.« Nach einer Beratung wurde daraufhin Foch mit der Koordinierung des Einsatzes von Engländern und Franzosen vor Amiens beauftragt. Doch Haig wollte mehr und schlug Foch als Koordinator für die Truppen aller an der Westfront gegen die Deutschen stehenden nationalen Truppenkontingente vor. Der Vorschlag wurde angenommen. Nach dreieinhalbjähriger Eifersüchtelei war es gelungen, einen gemeinsamen Generalissimus auf den Schild zu heben. Es war dies ein für Deutschland negativer Erfolg der Michael-Offensive: Die Schlagkraft der Alliierten erhöhte sich alsbald ganz erheblich, der Riß im Bündnis war gekittet. Die nationalen Egoismen des »Jeder ist sich selbst am nächsten« überwand fortan der energische und zielbewußte Foch.

Bereits am 27. März gewannen die deutsche 2. und 17. Armee kaum noch Raum, nur die 18. Armee stürmte auf 19 Kilometer Breite gute 16 Kilometer über das brennende Montdidier hinaus. Doch der folgende Tag erbrachte nur noch 5 Kilometer Vormarsch in Richtung Amiens und kleinere Geländegewinne bei Montdidier. Die um 7 Uhr begonnene Operation »Mars« bei Arras versackte am Nachmittag im Blut der deutschen Infanteristen. Ludendorff änderte erneut seine Planung: Nur noch Amiens war jetzt das Ziel. Ende März blieb aber auch die 18. Armee stecken. Die Soldaten konnten nicht mehr; hinzu trat Mangel an Munition. Ferner war es nicht gelungen, die Artillerie mit allen Teilen nach vorn zu schaffen, und auf der anderen Seite der Front hatte sich der Widerstand verhärtet. Entnervend wirkten sich auf die Deutschen zudem die immer stärker werdenden alliierten Schlachtfliegerangriffe aus. Aber da war noch etwas anderes: Man hatte den deutschen Soldaten gesagt, daß es die Entscheidungsschlacht sei, die letzte des großen Krieges. Sie waren unterernährt und hungrig in die Schlacht gegangen. Beim Feind aber erblickten sie alle Köstlichkeiten, die sie jahrelang entbehrt hatten. Sie stürzten sich auf Konserven, Weißbrot und Wein. Nicht immer gelang es den Offizieren – und viele waren frisch von der Ausbildung zur Truppe gekommen und unerfahren – die Einheiten zusammenzuhalten. Es ereigneten sich Fälle von Trunkenheit ganzer Kompanien, von Plünderungen und Disziplinlosigkeiten.

Ludendorff ließ einige Ruhetage einlegen. Am 4. April wurde ein Angriff auf Amiens befohlen. Er blieb unter schweren Verlusten liegen. Am 5. April befahl die Oberste Heeresleitung, die Michael-Offensive einzustellen. Südlich Amiens waren die Deutschen 60 Kilometer weit vorgedrungen und hatten in 15 Tagen 230000 Mann Verluste erbringen müssen.

Die Entscheidungsschlacht war verloren.

Luftkrieg

Technische Neuheiten hatte das preußische Kriegsministerium stets mißtrauisch betrachtet: Sie störten die gewohnten Gedankengänge. Ähnlich verhielt sich auch der Große Generalstab – abgesehen von einigen weitblickenden Offizieren – der Technik gegenüber.
Vor Kriegsausbruch wurde die Wirkung von Maschinengewehren und Minenwerfern ebenso gering geachtet wie die Möglichkeiten der Panzerkampfwagen – für die es bereits Entwürfe gab – und die der Luftfahrt. Bei den anderen Großmächten sah es freilich recht ähnlich aus. Lediglich in Frankreich war man, wenigstens der Fliegerei gegenüber, aufgeschlossener. Immerhin hatte die französische Armee bereits 1793 die erste Ballon-Abteilung aufgestellt und – nach den Entwicklungen von Luftschiffen (»leichter als Luft«) und Flugzeugen (»schwerer als Luft«) eine Untersuchung abgeschlossen, die zugunsten des Motorflugzeuges ausfiel. Ende 1910 besaß die französische Armee bereits 220 Militärflugzeuge.
In Deutschland war erst 1884 ein »Ballon-Detachement« errichtet worden – die Pioniertruppe stellte das Personal. Später wurde daraus die »Luftschifferabteilung«, dann das »Luftschifferbataillon«. Dieser Versuchsverband erprobte zunächst Fesselballone zur Artilleriebeobachtung, später die Luftschiffe mit starrem Gerippe und Gasfüllung. Zwei Typen wurden beim Heer in Dienst gestellt: Zeppelin-Luftschiffe mit Aluminium- und Schütte-Lanz-Luftschiffe mit Holzgerippen. Bei Kriegsausbruch besaß das Heer 12 Luftschiffe, die Marine hingegen nur eines.
Die neumodische Motorfliegerei wurde in Deutschland weit weniger gefördert. Erst 1909 forderte das preußische Kriegsministerium ein Motorflugzeug mit »Tragfähigkeit für 2 Personen ... 60 km Stundengeschwindigkeit ... Landemöglichkeit ohne Gefährdung der Besatzung«. In Döberitz entstand ein Jahr später die »Provisorische Fliegerschule«, deren Pilotenprüfung im dreimaligen Umfliegen eines Birkenwäldchens bestand. Am 1. Oktober 1912 wurde die »Königlich Preußische Fliegertruppe« gegründet. Zu ihr gehörte ein sächsisches und ein württembergisches Kontingent mit einem Gesamtpersonalbestand von 21 Offizieren und 306 Unteroffizieren und Mannschaften.
Der Großadmiral Prinz Heinrich von Preußen hatte 1911 die Pilotenprüfung bestanden und sorgte nun auch für eine Marinefliegertruppe, die bei Kriegsbeginn 6 Wasserflugzeuge besaß. Das Heer ging im August 1914 mit 34 Feldflieger- und 8 Festungsfeldflieger-Abteilungen sowie 8 Etappenflugzeugparks in den Krieg.
Allerdings verzehrte allein der Aufmarsch bei manchen Feldfliegerabteilungen bis zur Hälfte des Flugzeugbestandes: Er geschah überhastet, übereifrig und auf schlecht erkundeten Feldflugplätzen. Zahlreiche Todesstürze kosteten unersetzbare Piloten; übereilte Montage der zerlegt antransportierten Maschinen verursachte Brüche bereits vor dem ersten Feindflug.
Wetterdienst, Flugabwehr und Luftschutz waren nur kümmerlich entwickelt: 6 motorisierte Flugabwehrgeschütze und 12 bespannte Ballonabwehr-Batterien standen zum Schutz des Deutschen Reiches bereit. Die Aufgaben der Luftschifferformationen und der Fliegertruppe waren durch eine Dienstvorschrift aus dem Jahre 1913 festgelegt: Fesselballone leiten das Feuer der Artillerie, Luftschiffe betreiben operative Fernaufklärung und werfen Bomben auf das feindliche Eisenbahnnetz. Flugzeuge dienen nur in beschränktem Maße der strategischen, hauptsächlich der taktischen Erkundung und Aufklärung in Höhen von 300 bis 1200 Meter. Flugzeuge können auch im Artilleriefliegerdienst verwendet werden.

»Ein Kampf in den Lüften« heißt diese Pressezeichnung aus dem ersten Kriegsjahr. Nur wenige Jahre vor dem Krieg war die Fliegerei in Gang gekommen. Nun, als Späher und Waffenträger, nahmen die Flugapparate eine rasante Entwicklung. Feuerstöße aus Maschinengewehren sollten bald das ritterliche Pistolenduell ersetzen.

Aufklärung war auch die Aufgabe der französischen Fliegertruppe wie die des 1912 gegründeten britischen »Royal Flying Corps«.
Tatsächlich bestand der Luftkrieg zunächst weitgehend aus Aufklärung und verlagerte sich immer mehr vom Luftschiff weg auf das Flugzeug. Nach anfänglicher Skepsis der Generalstäbe wurden die Flieger nach einiger Zeit zum Auge der Armee.
Der erste Luftkrieg der Welt begann mit zaghaften Aufklärungsflügen deutscher Aeroplane dicht vor den eigenen Linien. Eine Zusammenarbeit mit den Fliegern der Nachbarverbände gab es ebensowenig wie eine systematische Auswertung aller taktischen Einzelmeldungen zum operativen Gesamtbild.
Auch die französische Fliegertruppe wurde anfangs wenig genutzt: Der Generalstab glaubte ihren oft sehr präzisen Meldungen nicht.
In der Nacht vom 5. zum 6. August führte das Heeres-Zeppelin-Luftschiff Z 6 den ersten größeren Bombenangriff der Luftkriegsgeschichte durch: Es bombardierte die Festung Lüttich, wurde durch Gewehrfeuer beschädigt und bei der Landung im Raum Köln zerstört. Im gleichen Monat wurden zwei Heeresluftschiffe über Frankreich abgeschossen.
Am 3. August hatte bereits ein deutsches Flugzeug bei Lunéville kleine Bomben auf marschierende französische Kolonnen geworfen.
Die deutsche 5. Armee lobte: Ohne Flieger hätte die Schlacht von Longwy nicht gewonnen werden können – ihre Aufklärungsergebnisse hatten der Führung entscheidende Hilfen gegeben. Während der Marne-Schlacht waren nur noch die Flieger in der Lage, die notwendigsten Verbindungen aufrechtzuerhalten, nachdem Draht- und Kurierdienste weitgehend ausgefallen waren.
Hindenburg war es, der nach der Schlacht von Tannenberg seine Piloten und Beobachter rühmte: »Ohne Flieger kein Tannenberg« – wobei man allerdings die gleichfalls schlachtentscheidende deutsche Funkaufklärung nicht vergessen darf.
Der Luftkrieg bestand zunächst hauptsächlich aus Aufklärungsfliegerei. Doch immer mehr erwies es sich als notwendig, feindlichen Aufklärungsfliegern den Blick in das eigene Hinterland zu verwehren. So entstand allmählich das Jagdflugzeug. Bislang hatten sich Freund und Feind in der Luft gegenseitig neutral verhalten – sie flogen aneinander vorbei – manchmal winkten sich die Besatzungen sogar zu. Wenig später schossen sie mit Pistolen aufeinander oder versuchten den Handgranatenwurf auf tiefer fliegende Feindmaschinen.
Ab Mitte März 1915 begann die Aufgabentrennung in Aufklärung und Kampf. Im September 1914 war bereits der erste deutsche Bomberverband entstanden, das »Fliegerkorps der Obersten Heeresleitung« mit der

OBEN: Aus einem abgeschossenen Fesselballon rettet sich der Beobachter per Fallschirm.

RECHTE SEITE: Luftaufnahme vom Schlachtfeld in der Champagne aus 1500 Meter Höhe. Die Flieger lieferten als »Auge der Armee« wertvolle Lagebilder.

Tarnbezeichnung »Brieftaubenabteilung Ostende«. Die Maschinen der »Brieftaubenabteilung« griffen Eisenbahnknotenpunkte und Seehäfen in Nordfrankreich an. Auf ihre Erfolge hin kam es zur Bildung der »Brieftaubenabteilung Metz«, die in den Raum Verdun hinein wirkte. Doch gegenüber den gleichfalls entstandenen französischen Bombergeschwadern – die im deutschen Hinterland Truppentransporte verzögerten und eine Dezentralisierung der Nachschubdepots erzwangen –

waren die deutschen Bomber technisch rückständig und von stark wachsender französischer Abwehr bedroht. Die »Brieftaubenabteilungen« mußte vom Westen an die Ostfront verlegt werden, wo sie weit besser wirken konnten.

Aber auch die deutschen Aufklärungs- und Artillerieflieger erlitten immer höhere Verluste: Die französische Fliegertruppe erhielt zur Jahreswende 1914/1915 zwei Typen von maschinengewehrbewaffneten Flugzeugen, gegen die deutsche Flieger wehrlos waren.

Die Deutschen holten auf: Die Beobachter der Aufklärungsflugzeuge erhielten nun Maschinengewehre im Drehkranz. Der holländische Konstrukteur Fokker baute für Deutschland außerdem eine geniale Konstruktion: Zwei starr ins Flugzeug eingebaute Maschinengewehre, deren Schußfolge mit den Umdrehungen des Motors synchronisiert waren. Die Maschinengewehre schossen durch den Propellerkreis, ohne jedoch die Luftschraube zu treffen: Das MG feuerte genau

OBEN: Alarm bei einer Jagdstaffel. Die ursprünglich allein fliegenden Jäger wurden rasch zu immer größeren Verbänden zusammengefaßt. Schon 1917 kam es zu regelrechten Luftschlachten mit 80 bis 100 Beteiligten.

RECHTE SEITE: Schon in wenigen tausend Metern war es oft so bitter kalt, daß für die Piloten arktische Vermummung notwendig wurde.

dann, wenn das Luftschraubenblatt soeben die Gewehrmündung passiert hatte. Der Pilot zielte mit dem ganzen Flugzeug auf die gegnerische Maschine.

Der Fokker-Jagdeinsitzer (80-PS-Umlaufmotor – der sich zusammen mit der Luftschraube um die feststehende Kurbelwelle drehte – 130 km/h und Dienstgipfelhöhe 3000 m) ermöglichte den Pionieren der deutschen Jagd-

fliegerei, den Leutnants Max Immelmann und Oswald Boelcke, ihre ersten Luftsiege.
Als am 2. August 1915 ein französisches Bombergeschwader Saarburg angriff, gelang es deutschen Jagdfliegern, neun Feindflugzeuge im Luftkampf aus dem Verband herauszuschießen.
Die Franzosen waren mit ihren ersten Jagdflugzeugen im Nachteil: Ihre Maschinengewehre, die ebenfalls durch den Propellerkreis schossen, waren nicht synchronisiert, sondern die Luftschraube war durch Panzerbleche geschützt. Dadurch wurden natürlich viele Geschosse von der Zielrichtung abgelenkt.
Ende 1915 standen 764 deutsche Aufklärer und Bomber sowie 40 Kampfeinsitzer an den Fronten. In der Türkei wurde unter deutscher Leitung eine türkische Fliegertruppe mit 40 Maschinen aufgebaut. Außerdem lieferte die deutsche Industrie monatlich 12 Flugzeuge an Österreich. Der Zahl nach war die deutsche Fliegertruppe – vor allem an der Westfront – den Feinden unterlegen und konnte nur an Schwerpunkten eingesetzt werden. Die Soldaten im Westen sahen mehr feindliche als deutsche Flugzeuge.
Zur Schlacht um Verdun wurde erstmals eine einheitliche taktische Verwendung der Fliegerei versucht. Nach gelungener Aufklärung hatte die Fliegertruppe in schmalen Abwehrstreifen »Sperre« zu fliegen, was zu einem nutzlosen Kräfteverschleiß führte. Im nachhinein – als es zu spät war – wurde eine sinnvollere Fliegerverwendung erkannt: Nur eine der fünf nach Verdun führenden Verkehrsadern war verwendbar. Auf je 100 Meter Straßenlänge verkehrten dort gleichzeitig ein Dutzend Lastwagen mit Nachschub für das bedrohte Verdun. Bei dreimaligem Start und nur kurzen Anflugstrekken wären die drei deutschen Bombergeschwader im Kampfgebiet imstande gewesen, täglich 20000 Kilogramm Bomben über der Straße Bar-le-Duc–Verdun abzuwerfen. Das Schicksal der Festung Verdun wäre wahrscheinlich besiegelt gewesen.

Noch während der Verdun-Schlacht erkannten die schwachen deutschen Fliegerkräfte am Somme-Abschnitt die Vorbereitungen für eine gigantische Feindoffensive. Doch die Fliegermeldungen wurden nicht ernst genommen.

Als die Somme-Schlacht dann begann, exerzierten die Alliierten erstmalig einen mustergültigen Fliegereinsatz zur Unterstützung ihrer Bodentruppen vor: Sie rissen die Luftherrschaft an sich. In großen Höhen flogen die Bomber an. Jagd-, Infanterie- und Schlachtflieger fegten dicht über den Boden hinweg. Die Artillerieflieger sorgten für die nahezu vollständige Ausschaltung der deutschen Geschütze und lenkten das Artilleriefeuer auch auf plötzlich auftauchende Ziele – sie hatten Funkgeräte an Bord. Zwar waren schon im Dezember 1914 in einzelne deutsche und französische Maschinen Funkgeräte eingebaut worden, doch handelte es sich hier um erste Versuche. Nun begann auf beiden Seiten der Front ein planmäßiger Einbau von Funkausrüstungen bei Aufklärern und Artilleriefliegern.

Nach den Fehleinschätzungen der Luftaufklärung entstand an allen Fronten und auf allen Seiten ein ausgesprochener Hunger nach Feindinformationen. Bei den Vermessungsabteilungen der deutschen Armeen entstanden Luftbildstellen. Das erste automatisch belichtende Reihenbildgerät – ins Flugzeug fest eingebaut – vermochte einen Geländestreifen von 60 Kilometer Länge und 2,4 Kilometer Breite im Maßstab 1:10000 aufzunehmen. Von erstaunlicher Leistungsfähigkeit waren auch die Flieger-Handkameras.

Mit den Leistungen der deutschen Fliegertruppe konn-

RECHTS: Ein deutscher Albatros-C1-Doppeldecker auf einem Feldflughafen in Frankreich.

UNTEN: Der Beobachter einer Royal Aircraft Factory FE-2b demonstriert die Beweglichkeit seines Maschinengewehrs.

ten die Heeres-Luftschiffe nicht mithalten. Anfangs des Krieges krachten zwar ihre Bomben auf Lüttich, Antwerpen und Ostende, doch die hohen Verluste wogen die vergleichsweise geringen Erfolge nicht auf. Viele Schiffe gingen durch Beschuß vom Boden aus oder durch Strandung verloren. Ein englischer Flieger zerstörte gar in Düsseldorf durch kühnen Angriff ein Luftschiff in seiner Halle. Auch als das Heer größere Luftschiffe erhielt, die nur noch nachts zu Feindfahrten aufstiegen, wuchsen die Verluste. Ein Luftschiff hatte Paris bombardiert, fünf Schiffe hatten London angegriffen. Luftschiffe warfen bereits jeweils zwei 200-kg-Bomben auf Verkehrsknotenpunkte in Frankreich. Doch ihre Frontbasen waren zu stark feindlichen Fliegerangriffen ausgesetzt, die Schiffe selbst boten zu große Ziele und erwiesen sich den feindlichen Jagdflugzeugen gegenüber als Leckerbissen. Mit Leuchtspurmunition ließ sich ihre Gasfüllung leicht in Brand schießen. Im Juni 1917 wurde die Heeresluftschiffahrt eingestellt. Sie hatte mit 25 Schiffen 160 Feindfahrten durchgeführt.

OBEN: Das deutsche Luftschiff L 15 erhielt über London Flaktreffer und zerbrach bei der Rückfahrt über der Nordsee. Von den insgesamt während des Krieges eingesetzten 109 deutschen Luftschiffen gingen 40 verloren.

UNTEN LINKS: Ein abgestürztes französisches Nieuport-Flugzeug wird von deutschen Soldaten geborgen.

UNTEN RECHTS: Todessturz eines deutschen Jagdfliegers. Mehr als viertausend Mann des »fliegenden Personals« kehrten von Feindflügen nicht zurück.

Weit erfolgreicher waren die Marineluftschiffe. Hatten die ersten drei Zeppeline – L 3 bis L 5 – nur eine Gasfüllung von je 22500 Kubikmeter und eine Nutzlastkapazität von 8700 Kilogramm bei einer Gipfelhöhe von 2500 Meter, so waren die beiden größten Schiffe bei Kriegsende mit 68500 Kubikmeter Gas gefüllt und schleppten eine Nutzlast von 52000 Kilogramm auf eine Dienstgipfelhöhe von 6850 Meter.

Die insgesamt 73 Marineluftschiffe fuhren Aufklärung weit über See, schützten Minensuchverbände und die deutsche Küste. Sie sicherten marschierende Flottenverbände, griffen die Flottenstützpunkte an der Feindküste an und versuchten, die Engländer mit Angriffen auf London zu demoralisieren. Sie erreichten damit allerdings eher das Gegenteil: Trotziger Widerstandsgeist begann zu wachsen. Die Zeppelinbomben trafen zugleich das insulare Sicherheitsgefühl der Engländer. Fortan maßen sie eigenen starken Luftstreitkräften und Luftabwehrmitteln eine größere Bedeutung bei als alle anderen Völker. Folgerichtig baute England – als ein neuer Krieg in den Bereich des Möglichen rückte – eine schlagkräftige Bomberflotte und eine mächtige Jagdluftwaffe auf. In der Luftschlacht um England 1940 sollten dies die deutschen Angreifer zu spüren bekommen.

Bis zum 5. August 1918 wurden 37 Großangriffe deutscher Luftschiffe gegen England gefahren. Der strategische Wert bestand hauptsächlich in der Zersplitterung der englischen Abwehr. Nach deutschen Schätzungen wurden 500000 Mann, viele Flugzeuge, Geschütze und Scheinwerfer der Front entzogen, um England zu schützen. Entsprechend wirkungsvoll war allerdings auch die britische Abwehr. Zur Bekämpfung von Luftschiffen stiegen die ersten Nachtjäger der Luftkriegsgeschichte auf. Am 2. September 1916 schoß der Leutnant William Leefe Robinson das Schütte-Lanz-Luftschiff SL 11 kurz vor London ab. (Am 7. Juni 1915 hatte der Leutnant Warneford das Luftschiff L 37 auf ungewöhnliche Weise vernichtet: Er warf von oben sechs 20-Pfund-Bomben auf den über Gent kreuzenden Zeppelin).

Gegen Fliegerangriffe wehrten sich die Luftschiffer aus MG-Ständen auf den Oberseiten der Luftschiffe. Tatsächlich gelangen so Abschüsse von Nachtjägern.

Nach britischen Unterlagen wurden von Luftschiffen über England 5806 Bomben geworfen, 557 Personen getötet und 1358 verwundet sowie Schäden in Höhe von 1,5 Millionen Pfund angerichtet.

Die Marine verlor 23 Luftschiffe, 389 Soldaten ihrer Besatzungen verbrannten oder zerschellten am Boden, darunter auch der »Führer der Luftschiffe«, Fregattenkapitän Peter Straßer, Träger des Pour le mérite. Er starb mit der ganzen Besatzung des L 70 beim letzten Angriff auf England am 5. August 1918. 33 Nachtjäger waren zur Abwehr der drei einfliegenden Luftschiffe

gestartet. In 5200 Meter Höhe beschoß eine de Havilland-DH 4 das 200 Meter lange Schiff mit Brandmunition. Es stürzte bei Wells brennend in die Nordsee.
Im Gegensatz zur Entwicklung der Luftschiffe gewannen die Fesselballone an Wert. Aber auch sie waren durch Jagdfliegerangriffe in hohem Maße bedroht. Nahte ein Feindjäger, waren Fallschirmabsprung des Beobachters und schnelles Einziehen die einzigen Möglichkeiten zur Rettung. Die sträflich vernachlässigte Fliegerabwehr erhielt Auftrieb: Mit ständig weiter erhöhten Schußentfernungen und Geschoßgeschwindigkeiten trieben Flugabwehrkanonen (Flak) die Feindflieger in die Höhe. Die Flak spielte sich in eine immer besser werdende Zusammenarbeit mit den Jagdfliegern hinein und begann auch mit der Abwehr von Tieffliegern.
Bombenangriffe auf Karlsruhe (30 Tote) und Freiburg im Breisgau (110 Tote) zwangen zur Organisation des »Heimatluftschutzes«. Flugabwehrkanonen, Scheinwerfer, Flugabwehr-Maschinengewehre und Flugmeldelinien wurden unter das Kommando des »Inspekteurs der Flugabwehrkanonen in der Heimat« gestellt, der auch Verordnungen über Verdunkelung, Tarnung und den Bau von Schutzräumen für die Zivilbevölkerung erließ. Dem »Stabsoffizier der Flieger im Heimatgebiet« unterstanden 1916 zum Schutz der Industriegebiete in Lothringen, dem Saarland und im Rheintal 8 Jagdfliegerstaffeln. In Berlin stand die zentrale »Militärwetterstelle« über 63 Wetterstationen, die Wettervoraussagen für Fernflüge von Bombergeschwadern, Fernaufklärern und Luftschiffen sowie für Fesselballonaufstiege in große Höhen lieferte.
Während der Flandernschlachten von 1917 entwickelte sich eine neue Waffengattung der Fliegertruppe: die Infanterieflieger. Sie flogen Nahaufklärung über den vordersten Linien des Feindes und übermittelten Meldungen an Infanterie- und Artillerieführer. Wegen der hohen Verluste durch Beschuß vom Boden aus mußten die Infanterieflugzeuge bald teilweise gepanzert werden.
Die Bombenflugzeuge – an Zahl erheblich erhöht, in den Leistungen gesteigert – flogen hauptsächlich Nachtangriffe mit Bombenlasten bis zu 1000 Kilogramm pro Maschine. In einem nächtlichen Bombardement zerstörten sie auf dem Flugplatz Lemmes 60 französische Flugzeuge am Boden.
Als die Angriffswucht der Marineluftschiffe nachzulassen begann, eröffnete im Mai 1917 das Bombergeschwader 3 die Luftoffensive gegen England. Mit der Riesenflugzeug-Abteilung 501 als Verstärkung wurden in 22 Tag- und Nachtflügen 112000 Kilogramm Bomben über den britischen Inseln abgeworfen. Die Verluste waren freilich hoch: 61 Großflugzeuge gingen verloren, 137 Besatzungsmitglieder fanden den Tod.
Im »Unternehmen Michael« – der »Großen Schlacht in Frankreich« – traten am 21. März 1918 die deutschen Luftstreitkräfte an mit 49 Fliegerabteilungen, 27 Schlachtstaffeln, 35 Jagdstaffeln und 4 Bombergeschwadern. Allein das Bombergeschwader 7 warf 40000 Kilogramm Bomben; deutsche Jäger schossen 364 Feindflugzeuge ab, 58 eigene Maschinen gingen verloren. Als die Michael-Schlacht nicht den gewünschten Erfolg brachte, hatten die deutschen Flieger fortan nur noch die wachsende Übermacht abzuwehren, Tanks zu bekämpfen und der Infanterie die gegnerischen Schlachtflieger fernzuhalten.
Der erfolgreichste Tag der deutschen Luftstreitkräfte war ausgerechnet der »Schwarze Tag des Heeres«. Als an diesem 8. August 1918 unter Masseneinsätzen von Tanks und Flugzeugen den Alliierten ein tiefer Einbruch in die deutsche Front gelang, schossen deutsche Flieger 54 Flugzeuge ab. Das war das höchste Tages-Abschußergebnis des ganzen Krieges – eine Wende brachte es nicht.
Unmittelbar nach Kriegsende verlangten die alliierten Waffenstillstandsbedingungen die sofortige Auslieferung von 2600 deutschen Jagd- und Bombenflugzeugen. Die deutschen Piloten weigerten sich. Das Richthofengeschwader flog seine Maschinen nach Aschaffenburg und zerstörte sie dort durch absichtliche Bruchlandungen.
Die deutsche Fliegertruppe war am Ende, doch sie war nicht tot. Mit 34 Feldfliegerabteilungen war sie 1914 an die Front gegangen. 306 Fliegereinheiten standen beim Waffenstillstand an den Fronten. Zu Kriegsbeginn hatten 450 Mann fliegendes Personal gekämpft, im November 1918 aber 4500 Flugzeugführer, Beobachter und Bordschützen.
Im Herbst 1914 hatten die deutschen Flugzeugwerke monatlich 50 bis 60 Flugzeuge und Motoren produziert, im Sommer 1918 aber 2000. Die Geschwindigkeiten der Maschinen hatten sich von 80 auf 200 Kilometer in der Stunde erhöht, die Einsatzhöhe von ursprünglich 800 bis zu 7000 Metern. Die Bewaffnung der Flugzeuge wuchs von der Pistole 08 bis zu Zwillingsmaschinengewehren und zu Bordkanonen. Das Gewicht der Fliegerbomben nahm von anfangs 3,5 Kilogramm bis zu 1000 Kilogramm zu.
Erschreckend hoch waren die Verluste: Einschließlich der Flugunfälle erlitten die insgesamt 17000 Offiziere, Unteroffiziere und Mannschaften Verluste von 13100 Mann an Toten, Verwundeten und Vermißten.
Dennoch: Die Fliegertruppe kämpfte weiter, auch nach dem Waffenstillstand. Gotthard Sachsenberg, Kommandeur des 1. Marinejagdgeschwaders, wandelte seinen Verband um in das Freikorps »Kampfgeschwader Sachsenberg« und verlegte mit 50 Offizieren, 650 Mann und 70 Flugzeugen nach Kurland zur Befreiung von Riga von der Roten Armee.

Der Versailler Vertrag sprach das Todesurteil über die deutsche Motorfliegerei. Tausende von Flugzeugen wurden zu Schrott und Kleinholz verarbeitet.

FOLGENDE SEITEN: Abgeschossener englischer Flieger wehrt sich gegen deutsche Patrouille – Zeichnung aus einer deutschen Kriegsillustrierten.

Der Oberleutnant Oskar Freiherr v. Bönigk beteiligte sich mit seinem Freikorps »Freiwillige Fliegerabteilung des AOK-Süd« an den Kämpfen in Oberschlesien.
Bereits am 28. Juni 1919 hatte der Versailler Vertrag angeordnet: »... die bewaffnete Macht Deutschlands darf keine Land- oder Marineluftstreitkräfte unterhalten.« Die Reichswehr – Nachfolgerin der kaiserlichen Armee – unterhielt mehrere Fliegerabteilungen und zögerte die Vertragserfüllung hinaus.
Im März 1920 brach in Leipzig ein kommunistischer Aufstand aus; die Reichswehr erhielt den Befehl, ihn niederzuschlagen. Die Reichswehr-Fliegerabteilung Großenhain hatte den in Leipzig einrückenden Truppen aus der Luft Feuerschutz zu geben. Der Leutnant Franz Büchner wurde am 18. März von Aufständischen abgeschossen und stürzte mit seinem Flugzeug über seiner Heimatstadt tödlich ab.
Erst Ende 1920 löste die Reichswehr ihre Fliegerabteilungen auf, einige wurden zu »Polizeifliegerstaffeln«. Aber auch die Polizei durfte bald nicht mehr fliegen. Schließlich war es soweit: 16 Luftschiffe, 37 Luftschiffhallen, 14001 Flugzeuge und 27590 Motoren, dazu Millionenwerte an Bordinstrumenten mußten nach den Bestimmungen des Versailler Vertrages zerstört werden. Im Londoner Ultimatum vom 5. Mai 1921 wurden die deutschen Verpflichtungen noch verschärft: Die Herstellung von Motorflugzeugen und jede Zivilfliegerei wurde verboten.

Ernst

Der Kampf um Ostafrika

Der Kriegsausbruch überraschte den Kommandeur der Schutztruppe Deutsch-Ostafrikas auf einer Inspektionsreise. Mitten im Busch überbrachte man ihm ein Telegramm des Gouverneurs der Kolonie mit der dringenden Aufforderung zur Rückkehr.
Der Kommandeur erwischte gerade noch einen Güterzug, der ihn zur Hauptstadt Daressalam mitnahm.
Die Kolonie stand plötzlich in einem Krieg, auf den sie kaum vorbereitet war. Eine Verteidigung erschien nahezu aussichtslos: Die Friedensstärke der Schutztruppe betrug ganze 2000 Mann. Diese Zahl konnte durch Einberufung von Reservisten in ihrem europäischen Kern nicht allzu stark erhöht werden. Grenzen- und Küstenlänge der Kolonie entsprachen etwa denen des damaligen Deutschen Reiches. Ringsum lag Feindgebiet oder solches, das einmal feindlich werden sollte: Kolonien Englands, Belgiens und Portugals. Die See beherrschte Großbritannien ohnedies.
Doch da war der Schutztruppen-Kommandeur, Oberst im Generalstab v. Lettow-Vorbeck; zweifellos der erfahrenste und begabteste deutsche Kolonialoffizier: Im Großen Generalstab hatte er als Sachbearbeiter alle deutschen und viele ausländische Kolonien studiert. Der Boxeraufstand in China – 1900–1901 – gab ihm Gelegenheit, die ausländischen Truppenkontingente des internationalen Expeditionskorps kennenzulernen – insbesondere die Führungsweise und Taktik der britischen Armee. Den Kleinkrieg im afrikanischen Busch erlebte er während des Herero- und Hottentottenaufstandes in Deutsch-Südwestafrika (1904–1906). Später war er Kommandeur des 2. Seebataillons in Wilhelmshaven, bis er im Januar 1914 die Schutztruppe von Deutsch-Ostafrika übernahm.
Dieser Mann wußte um den Wert eines einfallsreichen, beweglichen Kampfes in Geländeverhältnissen, bei denen Zahl und materielle Übermacht nicht unbedingt entscheidend sein mußten. Seine strategische Idee: Deutsch-Ostafrika mußte sich durch die Bedrohung des Feindes in seinem eigenen Gebiet am ehesten schützen lassen, und dessen empfindlichste Stelle war die Uganda-Bahn in Britisch-Ostafrika.
Folgerichtig hatte Lettow-Vorbeck im Gebiet des Kilimandscharo Verpflegungsdepots für den Kleinkrieg anlegen und erste Fernpatrouillen gegen die 700 Kilometer lange und von den Engländern nur schlecht zu sichernde Uganda-Bahn – die Lebensader von Britisch-Ostafrika – vorgehen lassen. Die ersten Patrouillengänger erreichten allerdings die Bahn halb verhungert und verdurstet und gerieten in Gefangenschaft. Man hatte noch keine Erfahrungen in der Führung derartiger Unternehmen.
Doch bald wurde es nötig, zunächst alle verfügbaren Kräfte zur Abwehr eines offensichtlich bevorstehenden Landungsversuchs der Engländer zusammenzuraffen: 14 Transportschiffe und 2 Kreuzer waren vor Tanga erschienen. Lettow-Vorbeck führte umgehend seine Hauptmacht über die 300 Kilometer lange Nordbahn heran. Ein Zug mit 32 Achsen vermochte indessen auf dieser Schmalspurbahn lediglich eine Kompanie mit Gepäck zu befördern. Innerhalb von zwei Tagen wurde der Transport bewältigt, die letzten Einheiten dampften mitten im Feindfeuer direkt aufs Gefechtsfeld. Oberst v. Lettow-Vorbeck strampelte auf einem Fahrrad von Kompanie zu Kompanie und erteilte Befehle.
Gegen Mittag des 4. November 1914 waren etwa 6000 Mann britischer Truppen gelandet. Die deutsche Schutztruppe hatte ihnen 1000 Gewehre, einige wenige Maschinengewehre und noch keine Artillerie entgegenzustellen – die zwei Geschütze waren noch nicht eingetroffen.

Zwei Askaris der deutschen Ostafrika-Schutztruppe. Der Einsatz von Eingeborenen im Ersten Weltkrieg war der Anfang vom Ende für die Kolonialherrschaft. Indem sie für Weiße gegen andere Weiße kämpfen mußten, verloren die Schwarzen Angst und Respekt vor den Europäern.

Um 15 Uhr meldete ein Askari: »Adui tajari!« – Der Feind ist bereit! Die Engländer griffen an.
Schlagartig setzte das Gewehrfeuer auf der ganzen Front ein. Kern der britischen Kampftruppen war das im Kolonialkrieg erfahrene North-Lancashire-Regiment und die indische Kaschmir-Schützenbrigade. Ihnen stemmten sich fünf deutsche Kompanien und einige Formationen des Bahnschutzes entgegen. Jede Kompanie setzte sich aus 16 deutschen Soldaten und 160 Askaris sowie etwa 250 Trägern zusammen. Askari bedeutet auf Kisuaheli »Soldat«. Es handelte sich also um eingeborene Freiwillige, von denen manche wiederum eigene Boys zu ihrer Bedienung besaßen; auch die Träger waren Schwarze. Jede Kompanie besaß zwei Maschinengewehre des Typs 08.
Mit zwanzigfacher Übermacht drückten die englischen Angreifer die 6. Kompanie der Schutztruppe zurück – die Kämpfe zogen sich bis zum Bahnhof und in die Innenstadt Tangas hinein. Hauptmann v. Prince stürmte mit zwei »Europäer-Kompanien« – aus Deutschen bestehenden Einheiten – vor und gab den zurückweichenden Askaris Mut. Südlich Tanga bereinigte Hauptmann v. Hammerstein eine ähnliche Lage: Dort fluteten zwei frisch aufgestellte, noch schlecht ausgebildete Kompanien zurück. Die wenigen Europäer der Formation lachten die Askaris aus – tatsächlich stimmten diese in das Gelächter ein und blieben, wo sie waren.
Lettow-Vorbeck setzte seine 13. Feldkompanie – die einzige Reserve – geschickt an der ungesicherten südlichen Flanke der Briten zum Gegenstoß an. Das Glück wollte es, daß nun noch die ausstehende 4. Kompanie per Bahn heranrollte. Der Gegenangriff begann zu wirken – auf der ganzen Front erhoben sich Europäer und

OBEN: Britische Kolonialtruppen in einer Hügelstellung. Zahlenmäßig war ihre Übermacht in allen Kolonialgebieten erdrückend.

RECHTS: Paul v. Lettow-Vorbeck war der Kommandeur der Schutztruppe in Deutsch-Ostafrika. Ihm gelang es, bis Kriegsende seinen Gegnern, Engländern, Portugiesen und Südafrikanern, Widerstand zu leisten.

Askaris und stürmten unter Hurrarufen den feindlichen Landungstruppen entgegen, die in wilder Hast den Schiffen entgegenflohen. Die deutschen Maschinengewehre mähten die in dichten Haufen geballten Flüchtenden nieder. Die hereinbrechende Dunkelheit verhinderte eine Verfolgung. Erst am nächsten Morgen stieß die Schutztruppe nach und nahm das Deck eines im Hafen liegenden britischen Kreuzers sowie einige Boote und noch an Land befindliche Feindabteilungen unter Feuer.

Die Schutztruppe hatte ihre Feuertaufe bestanden, der kleine David den großen Goliath besiegt. Allerdings: Es hatte sich nicht um eine hurrapatriotische Veranstaltung gehandelt, sondern um blutigen Krieg! 16 Europäer und 48 Askaris und Maschinengewehrträger waren auf deutscher Seite gefallen. Die englisch-indischen Truppen hatten etwa 800 Tote zu beklagen.

Am Abend des Siegestages erschien ein englischer Parlamentar, dem von den Deutschen für eine bestimmte Frist das Hospital übergeben wurde, damit die schwerverwundeten Engländer von dort unangefochten zurück auf die Schiffe transportiert werden konnten. Solche

Gesten der Menschlichkeit waren auch im weiteren Verlauf des ostafrikanischen Kampfes nicht selten.
Die Feindschiffe liefen in Richtung Sansibar ab. Augenscheinlich war mit einer Wiederholung der Landung in nächster Zeit nicht zu rechnen. Es ließ sich aber erkennen, daß Deutsch-Ostafrika nun an mehreren Stellen gleichzeitig – freilich in kleineren Unternehmungen – angegriffen wurde: Ein Landungsversuch bei Kajense scheiterte im Feuer aufmerksamer Posten; im Gebiet des Viktoria-Sees drangen Waganda-Krieger in die Kolonie ein; nordwestlich des Kilimandscharo hatten etwa 1000 Mann britischer Truppen den mächtigen Longido-Berg besetzt. Ihnen standen nur drei deutsche Askari-Kompanien und eine berittene Europäer-Kompanie gegenüber. Lettow-Vorbeck sah hier die größte Gefährdung und ließ seine Truppen von Tanga schleunigst wieder über die Schmalspurbahn zurück nach Neumoschi an den Kilimandscharo verlegen.
Hier, im Norden und Nordosten der Kolonie, an der Grenze zum britischen Ostafrika, dem späteren Kenia, blieb für lange Zeit der Schwerpunkt der Kämpfe. So wurde es nötig, einen systematisch organisierten Nachschub aufzubauen. Eingeborene bauten eine 300 Kilometer lange Etappenstraße, um Versorgungsgüter aus dem Gebiet der Tanganjika-Bahn nach Norden bringen zu können.
Auf dieser Strecke waren mindestens 8000 Träger ständig unterwegs. Die Trägerkarawanen pendelten stets zwischen einzelnen Tagesmarsch-Stationen hin und her. Untergebracht waren sie in den Hütten der eigens errichteten Trägerlager. Auch für durchreisende Europäer waren kleine Häuser errichtet worden. Ständig wurden die Einrichtungen überwacht und gegen Ruhr- und Typhus-Seuchen desinfiziert.
Natürlich waren auch sämtliche Kraftfahrzeuge der Schutztruppe dauernd unterwegs: drei Personenwagen und drei 3-Tonner-Lastwagen. Ein Lastwagen leistete soviel wie 600 Träger, von denen jeder 25 Kilogramm trug und täglich ein Kilogramm Verpflegung für sich selbst benötigte. Die Träger waren in einzelne »Kommandos« aufgeteilt, und das Wort »Kommando« erschien vielen Trägern so bedeutsam, daß sie es sich fortan als Eigennamen zulegten.
An Verpflegung herrschte kein Mangel. Das Gebiet war verhältnismäßig dicht besiedelt, und auf den Pflanzungen wuchsen Reis, Weizenmehl, Bananen, Ananas, Kaffee und Kartoffeln. Die Fabriken lieferten Zucker, und Salz kam aus der Saline Gottorp.
Weit problematischer schien die Versorgung mit Textilien und Schuhwerk. Es entwickelte sich deshalb eine Art Robinson-Industrie. Baumwollfelder gab es genug, doch keine Spinnereien. Nun wurden in den Missionsstationen und von einzelnen Handwerkern Spinnräder und Webstühle gebaut. Weiße und schwarze Frauen spannen mit der Hand; bald entstanden brauchbare Baumwollstoffe. Als Färbemittel wurde die Wurzel des Ndaa-Baumes benutzt, die eine grünbraune Tarnfarbe ergab und bald das Erscheinungsbild der Schutztruppenuniform bestimmte. Der von Pflanzern gewonnene Gummi wurde mit Schwefel vulkanisiert und zu haltbaren Bereifungen für Kraftfahrzeuge und Fahrräder verarbeitet. Pflanzern aus Morogoro war es gelungen, aus Kokos einen benzolähnlichen Betriebsstoff für Kraftfahrzeuge zu gewinnen, den sie »Trebol« nannten – die Motoren liefen ausgezeichnet.
Aus Unschlitt und Wachs wurden Kerzen gezogen, und die Truppe kochte sich ihre Seife selbst. Vieh- und Wildhäute wurden mit einem Gerbstoff bearbeitet, der aus Mangroven entstand. Die Missionen hatten bereits in Friedenszeiten gute Stiefel hergestellt; jetzt richteten sie größere Gerbereien und Werkstätten ein. Das Sohlenleder wurde aus Büffelhäuten geschnitten. Das Biologische Institut in Usambara produzierte aus Chinarinde Chinintabletten, Schlachtbetriebe bei Wilhelmsthal Wurst und Räucherwaren.
Die zunächst provisorischen Holzbrücken der Etappenstraße wurden durch solide Konstruktionen ersetzt; so entstand aus Stein und Beton eine Bogenbrücke über den reißenden Kikafu-Strom.
Die Fernmeldeverbindungen des Truppenlagers Neumoschi liefen über Telegraf und Telefon des dortigen Bahnhofes. Dennoch dauerten Nachrichtenübermittlungen an die zahlreichen, weit abgesetzten kleineren Schutztruppenformationen an den übrigen Grenzen und an der Küste sehr lange. Alle diese Einheiten blieben meist auf sich selbst gestellt.
So war der in Deutsch-Ostafrika stationierte und vor Kriegsbeginn ausgelaufene Kleine Kreuzer »Königsberg« am 20. September 1914 bei Sansibar überraschend auf den englischen Kreuzer »Pegasus« gestoßen und hatte ihn zusammengeschossen. Daraufhin suchten mehrere britische Kriegsschiffe nach der »Königsberg«, die sich im unübersichtlichen Delta des Rufidji-Flusses verborgen hielt. Die Ausgänge der einzelnen Wasserarme verteidigte die Schutztruppenabteilung »Delta« mit 150 Gewehren, einigen Maschinengewehren und leichten Geschützen.
Am 6. Juli 1915 drangen 2 flachgehende Flußkanonenboote, 10 armierte Schiffe und 4 Kreuzer der Engländer in den Rufidji ein und beschossen unter Fliegerbeobachtung die »Königsberg«. Der Angriff wurde abgeschlagen, jedoch am 11. Juli wiederholt. Dabei erlitt die »Königsberg« so schwere Beschädigungen, daß der schwerverwundete Kommandant die Geschützverschlüsse über Bord werfen und das Schiff sprengen ließ. Später wurden alle Geschütze der »Königsberg« geborgen, dazu alles wertvolle Material, und mitsamt der »Königsberg«-Besatzung der Schutztruppe zugeführt.

Eingeborenen-Truppen der Kings African Rifles verfolgen Lettow-Vorbecks Kompanien in Portugiesisch-Ostafrika. Der deutsche Kommandeur zog sich im November 1917 dorthin zurück, um im September 1918 noch einmal nach Deutsch-Ostafrika und sogar Rhodesien einzumarschieren.

Zahlreiche Gefechte fanden auch an den Küsten des Viktoria-Sees statt. Daressalam wurde von britischen Kriegsschiffen beschossen. Der Schaden blieb gering. An zahlreichen anderen Stellen der Grenzgebiete wurde gekämpft, etwa in Ruanda, am Kiwu-See, gegen belgische Kolonialtruppen. Auf dem Tanganjika-See kam es zu regelrechten Seegefechten zwischen armierten kleineren Schiffen der Schutztruppe und denen der belgischen Armee.

In den Kämpfen am Kilimandscharo waren 200000 Patronen verbraucht worden. – Mit dem vorhandenen Material galt es nun noch mehr als bisher hauszuhalten. Noch weniger ließen sich die Verluste an Menschen ersetzen – ein Siebentel der aktiven Offiziere waren bereits bis Anfang 1915 gefallen.

Die Schutztruppe begann das ursprüngliche Konzept – Kleinkrieg gegen die Uganda-Bahn – wieder aufzunehmen. Die Bahnzerstörer-Patrouillen – ein bis zwei Europäer, zwei bis vier Askaris, fünf bis sieben Träger – arbeiteten sich zu Fuß tagelang im dichten Busch voran. Sie schlichen durch die feindlichen Sicherungslinien – wobei sie oft genug von Spähern erkannt und dann gejagt wurden – und waren bis zu zwei Wochen unterwegs. Mehrfach sind Patrouillen verdurstet. Kranke und Verwundete mußten zurückgelassen werden. Es kam jedoch vor, daß ein Verwundeter vom Einsatz an der Uganda-Bahn durch die ganze Steppe zurückgetragen wurde – eine unglaubliche Leistung. Es geschah sogar einige Male, daß ein verwundeter Askari von sich aus – obwohl er damit in einem löwenreichen Gebiet sein Todesurteil sprach – Gewehr und Patronen den Kameraden mitgab, damit die unersetzliche Ausrüstung nicht verlorenging.

Die Patrouillen schleppten außer Waffen und Sprengmaterial auch noch ihre Verpflegung und Wasser mit. Wegen der Gefahr des Entdecktwerdens war es nur selten möglich, Wild zu erlegen.

Das Ergebnis dieses opferreichen Tuns war, daß der Betrieb der Uganda-Bahn mehrfach erheblich gestört wurde. Als die Engländer daraufhin zum Schutz zwei oder drei sandbeladene Waggons vor den Lokomotiven laufen ließen, konstruierten Waffenmeister der Schutztruppe Zündgeräte, die erst dann die Sprengung auslösten, wenn eine bestimmte Anzahl Räder darübergerollt war. Als Sprengmaterial diente das in den Pflanzungen reichlich vorhandene Dynamit oder – noch besser geeignet – bei Tanga erbeuteter britischer Sprengstoff.

Mit fortschreitender Erfahrung entwickelten sich aus den Schleich- die Kampf-Patrouillen. Sie waren bis zu 30 Askaris stark und mit ein bis zwei Maschinengewehren ausgerüstet. Im dichten Busch kam es dabei zu überraschenden Zusammenstößen mit dem Feind. Bei Tanga erbeutete britische Feldtelefone wurden oft an britische Leitungen angeschlossen, um die Ankündigungen von Transporten und Marschbewegungen abzuhören. Aus dem Hinterhalt wurden daraufhin Kolonnen und Ochsenwagen-Trecks beschossen, Gefangene und Beute eingebracht. Dann tauchte die Patrouille wieder in der endlosen Steppe unter.
Strapazen, Opfer, aber auch das Abenteuer und die Romantik dieses Kleinkrieges festigten die Kameradschaft der Schutztruppe und verbanden Weiße wie Schwarze miteinander. Dabei gab es keine blinkenden Kriegsauszeichnungen – allenfalls die schriftliche Bestätigung für eine Verleihung des Eisernen Kreuzes. Selbst Beförderungen waren selten und nur bis zu den Unteroffizierdienstgraden möglich. Beförderungen zum Offizier lagen außerhalb der Befugnisse des Schutztruppenkommandeurs.
Eine Verbindung mit der fernen Heimat hatten die Soldaten dieser einsamen Armee höchst selten. Gelegentlich gelang es, einen Funkspruch aus Deutschland aufzufangen. Über die Kriegslage setzte sich die Schutztruppe vor allem aus britischen Funksprüchen, erbeuteten Zeitungen und den Aussagen von Kriegsgefangenen in Kenntnis. Mitunter informierte der Feind direkt in ritterlicher Weise: Ende Dezember 1916 schrieb der britische Oberkommandierende, General Smuts, einen Brief an Oberst v. Lettow-Vorbeck, in dem er ihm die Nachricht von der Verleihung des Ordens pour le mérite mitteilte und dabei die Hoffnung aussprach, daß sein herzlicher Glückwunsch ihm nicht unangenehm sein würde. Lettow-Vorbeck bedankte sich seinerseits in einem ebenso höflichen Schreiben.
Zweimal gelang es deutschen Hilfsschiffen, sowohl den Blockadering um das Deutsche Reich als auch den vor der ostafrikanischen Küste zu durchbrechen. Das erste – von einem britischen Kreuzer noch dicht vor dem Ziel gejagte und beschossene – Schiff langte im April 1915 an. Die transportierte Munition war allerdings durch Seewassereinwirkung stark angegriffen. Sie mußte vollständig auseinandergenommen werden – neue Zündhütchen waren einzusetzen und die Pulverladungen zu reinigen. Das nächste Schiff traf im März 1916 ein und brachte mehrere tausend Granaten für die 10,5-cm-Geschütze der »Königsberg«, vor allem aber vier Feldhaubitzen und zwei Gebirgsgeschütze. Die Schutztruppe erhielt außerdem je ein Eisernes Kreuz der 1. und der 2. Klasse.
Eine dritte Hilfssendung traf nicht ein: 1917 war in Rumänien das Marineluftschiff L 59 zur Versorgung der Schutztruppe gestartet. Nach der Landung sollte es demontiert werden: Aus dem Aluminiumgerippe und der Bespannung hätten sich transportable Lazarettzelte aufstellen, aus den Gaszellen Verbandmaterial fabrizieren lassen. Auf halber Strecke jedoch – über dem Sudan – empfing L 59 einen Funkspruch, in dem es zur Rückkehr aufgefordert wurde, weil die Schutztruppe kapituliert habe. Das Luftschiff drehte um und landete nach einer Fahrtstrecke von 6700 Kilometer und einer Fahrtdauer von 95 Stunden wieder in Rumänien. Es stellte sich heraus, daß die britische Funkaufklärung an L 59 eine geschickte Falschmeldung gefunkt hatte.
Ab März 1916 hatte sich die Lage der Schutztruppe zu ihren Ungunsten verändert: Der Kampf um Deutsch-Südwest war zu Ende gegangen. Nun wurden südafrikanische Truppen zum Einsatz gegen Lettow-Vorbecks kleine Streitmacht frei. Schon Anfang Februar 1916 beobachteten deutsche Patrouillen Verbandsübungen der südafrikanischen 2. Brigade, und auch ein erstes siegreiches Gefecht gegen die Südafrikaner wurde geschlagen. Aus der Gegend des Kiwu-Sees und vom Russissi rückten die Belgier, westlich des Viktoria-Sees und von Muanza her die englischen Streitkräfte systematisch vor, bald auch aus dem Raum von Tanganjika. Unter Rückzugsgefechten mußte die Schutztruppe weichen. Inzwischen war Portugal in den Krieg gegen Deutschland eingetreten, und im Herbst 1916 fielen auch starke portugiesische Verbände ins Makonde-Hochland ein.
Im Süden war Daressalam verlorgengegangen; die Schutztruppe mußte ihre Unterlegenheit durch Beweglichkeit ausgleichen und – vom Feind möglichst unerkannt – weite Strecken marschieren, um irgendwo überraschend wieder aufzutauchen.
Die Truppe zog – wie es in ihrem Lied hieß – »wohl durch der Steppe Mitten, wenn früh der Morgen naht« und das zum »wohlvertrauten Sange der Träger und Askari: Heia, heia, Safari!« Lettow-Vorbeck hat diese Märsche in seinem Buch »Meine Erinnerungen aus Ostafrika« beschrieben: »Immer heftiger strömten die Regen, und immer grundloser wurden die Wege . . . Die Niampara (Trägerführer) gingen in tanzendem Schritt und mit Gesang voraus. Die ganze Gesellschaft stimmte in das ›Amsigo‹ und ›Kabuki, kabuki‹ ein.«
Alle Beweglichkeit konnte nicht verhindern, daß die zur Verpflegung der Truppen wichtigen fruchtbaren Gebiete immer mehr eingeengt wurden. Vorübergehend mußten die Rationen aller Schutztruppenangehörigen erheblich gekürzt werden. Da richteten sich die Blicke Lettow-Vorbecks auf die reiche Kolonie Portugiesisch-Ostafrika, über die freilich wenig Informationen vorhanden waren. Eine kleine Expeditionstruppe erkundete deshalb die dortigen Verhältnisse. Der Leutnant d. R. Brucker kehrte zurück und berichtete Lettow-Vorbeck von Hühnern und Eiern und reichen Fel-

Die unbesiegt in die Heimat zurückkehrenden »Afrikaner« der deutschen Schutztruppe genossen in der Nachkriegszeit große Popularität.

dern, und zum Beweis zeigte er mitgebrachte europäische Kartoffelsorten.

Die nach allen bisherigen militärischen Maßstäben kapitulationsreife deutsche Schutztruppe brach nun in die portugiesische Kolonie ein, mit zunächst zwei Abteilungen und starken Kampfpatrouillen. Bevorzugte Angriffsziele waren natürlich Lebensmittelmagazine. In einem Fall hatte eine Patrouille sogar ein Feldgeschütz dabei, das mehrere an der Küste liegende Transportschiffe erfolgreich unter Feuer nahm.

Im Herbst 1917 gewann die deutsche Führung den Eindruck, daß sich der Feind durch Truppen aus Hinterindien weiter verstärkt habe. Doch gefährlicher als der Feind erschien die materielle Lage der Schutztruppe, die buchstäblich zu einer vagabundierenden Truppe ohne Stützpunkte und geregelte Versorgung geworden war. Nahezu jeder Europäer wurde wie Askaris und Träger zu Do-it-your-self-Handwerkern. Sogar Lettow-Vorbeck ließ sich im Gerben von Leder unterweisen und versuchte sich als Schuhmacher. Er schrieb: »... und habe mir unter Anleitung auch einen Gegenstand verfertigt, den man zur Not als einen linken Stiefel bezeichnen konnte, wenn er auch eigentlich ein rechter Stiefel werden sollte.« Viele Soldaten hatten sich Hühner zugelegt, die auf dem Marsch mitgetragen wurden, und – so Lettow-Vorbeck: »Hahnenschrei verriet die deutschen Lager ebensoweit wie die Ansiedlungen der Eingeborenen. Der Befehl einer Abteilung, der das Krähen der Hähne vor 9 Uhr morgens verbot, schaffte keine Abhilfe.«

Brot wurde aus Süßkartoffeln, Reis und Mais gebacken. Weil es nicht mehr möglich war, Chinintabletten herzustellen, wurde durch Auskochen von Chinarinde flüssiges Chinin hergestellt: der ekelhaft schmeckende, doch hilfreiche »Lettow-Schnaps«. Aus Baumrinde entstand Verbandszeug. Die mit der Truppe vagabundierenden Lazarette errichteten Grashütten, in denen selbst schwierige Operationen erfolgreich vorgenommen wurden.

Dennoch, im Herbst 1917 geriet die Schutztruppe noch tiefer in die Versorgungskrise: Die Munitionsbestände waren auf 400000 Patronen zusammengeschmolzen, das reichte bei einer Zahl von 2500 Gewehren und 50 Maschinengewehren kaum noch zu einem größeren Gefecht. Die Artilleriemunition war nahezu aufgebraucht: Die »Königsberg«-Geschütze wie auch alle anderen wurden deshalb gesprengt. Übrig blieben nur ein Gebirgsgeschütz und eine erbeutete portugiesische Kanone, solange der geringe Munitionsvorrat reichte. Der Bestand an Chinin einschließlich »Lettow-Schnaps« reichte noch für einen Monat. Danach würden die Europäer den Strapazen eines Tropenkrieges nicht mehr gewachsen sein.

Deshalb faßte Lettow-Vorbeck den Entschluß, die Kopfzahl der Schutztruppe auf rund 2000 Mann zu reduzieren und darunter nicht mehr als 300 Europäer im Dienst zu belassen. Die Mehrheit der nun auf Befehl in die Gefangenschaft gehenden Deutschen traf das hart. Viele Askaris und Träger boten sich an, ohne Sold weiterhin zu bleiben. Lettow blieb bei seinem Entschluß, denn – so schrieb er – »die Aussicht, nach zwölf Tagen mit 5000 hungrigen Negern ohne Verpflegung in der Steppe zu sitzen, war nicht verlockend«.

In den frühen Morgenstunden des 25. November 1917 durchwatete die Vorhutkompanie der nunmehr verkleinerten Schutztruppe den Rowuma-Fluß oberhalb der Lujenda-Mündung. Das Gros folgte mit neun Kompanien. Drei Kompanien überschritten den Fluß weiter südlich; zwei Tagesmärsche später drang auch die Nachhut in Portugiesisch-Ostafrika ein. Nur die Abteilung von Hauptmann Tafel blieb verschollen – sie hatte aus Verpflegungsmangel kapitulieren müssen.

Sehr bald stand die Schutztruppe im Gefecht mit portugiesischen Einheiten, die geworfen wurden und etwa 200 Tote auf dem Gefechtsfeld ließen. Lettow-Vorbecks Soldaten erbeuteten Mengen guter Lebensmittel, 30 Pferde, große Mengen an Waffen und Munition. Was fehlte, war Eingeborenenverpflegung. Deshalb schwärmten Jagdpatrouillen seitlich aus, die den Trägern und Askaris Wild schossen.

Die Schutztruppe marschierte endlose Strecken durch das fremde Land. Sie war in mehrere Abteilungen gegliedert; jede Abteilung setzte sich aus drei Gefechtskompanien, einer Transportkolonne und einem Feldlazarett zusammen. Die Askaris trugen nach Schutztruppenart das Gewehr auf der Schulter mit dem Kolben nach hinten. Halbwüchsige Jungen, die »Signalschüler«, gleichfalls in Askari-Uniform, ihre Habseligkeiten als Bündel auf dem Kopf, zogen schwatzend hinterdrein. Dann folgten trottend die Träger mit Verpflegung, Gepäck, Lagergerät und Kranken. Hinter ihnen trippelten die Frauen, die »Bibi«; denn viele Askaris hatten ihre Frauen und Kinder mitgenommen. Alle liebten das Bunte, farbige Kleider, rote Tücher.

Lettow-Vorbecks Laune war vor lauter Sorgen zu jener Zeit nicht die beste: Er mußte schnell vorankommen und die nächsten Monate nutzen, in denen der Feind kaum größere Operationen unternehmen konnte. Bald würde die Regenzeit einsetzen, und bis Wochen danach konnte der durch Lastautos bewegte Nachschub der Briten und Portugiesen nicht rollen.

Die Rechnung ging auf. Nur wenig behindert, streifte die Schutztruppe durch die portugiesische Kolonie, bewaffnete sich völlig neu und lebte von den Vorräten des Feindes. Geradezu von Beute erdrückt wurden Lettow-Vorbecks Soldaten nach einem siegreichen Gefecht am 3. Juli 1918: Riesige Lasten mit Munition, 300000 Kilogramm Verpflegung, dazu die Bestände einer Zuckerfabrik, Kleiderstoffe für die Askari-Frauen in Menge. Lettow-Vorbeck erinnerte sich: »Aber immer neue Trägerkarawanen mit Beute trafen ein, und immer größer wurde die Verzweiflung des Intendanten. Sie erreichte ihren Höhepunkt, als vom Bahnhof her telephoniert wurde, daß soeben ein Flußdampfer angekommen sei ... eine nähere Untersuchung ergab das Vorhandensein eines Patronentransportes von 300 Lasten.«

Noch heute erscheint es unglaublich: Während in Frankreich die deutschen Armeen unter der Übermacht der Alliierten immer weiter zurückweichen mußten und das Ende des Krieges unausbleiblich war, zog mitten durch Afrika eine winzig kleine deutsche Truppe unangefochten von Portugiesisch-Ostafrika wieder nach Deutsch-Ostafrika zurück und von dort aus Anfang November 1918 nach Britisch-Rhodesien hinein!

Inzwischen führte die Schutztruppe eine Herde von 400 Stück Rindvieh mit sich, besaß Munition in Fülle und hatte ihre Chininversorgung bereits bis Ende Juni 1919 sichergestellt. Sie marschierte sozusagen von Magazin zu Magazin und führte Patrouillengefechte. Lettow-Vorbeck: »Je weiter wir vorrückten, desto voller waren die Magazine. Es machte den Eindruck, als ob wir eine Etappenlinie aufrollten ... Wir durften hoffen, bei schnellem weiteren Vordringen auf noch reichere Bestände zu treffen.«

Doch am 13. November 1918 nahmen Schutztruppensoldaten einen englischen Motorradfahrer gefangen. In seiner Meldetasche fand sich die Nachricht, daß bereits zwei Tage vorher der Waffenstillstand in Kraft getreten war. Mit dem Fahrrad begab sich der inzwischen zum Generalmajor beförderte v. Lettow-Vorbeck zu Verhandlungen mit dem britischen Commissioner von Rhodesien. Der Krieg war auch in Ostafrika beendet. Die Stärke der Schutztruppe betrug noch 155 Europäer – davon 30 Offizieren, Sanitätsoffiziere und höhere Beamte – 1168 Askaris und rund 3000 andere Farbige. Ihre Höchststärke hatte sie im Jahre 1915 mit rund 3000 Europäern und etwa 11000 Askaris gehabt. Ihnen gegenüber standen 300000 Briten, Belgier, Portugiesen, Südafrikaner mit ihren Kolonialtruppen, dazu Tausende von Automobilen sowie Zehntausende von Reit- und Tragtieren.

Für den Verlauf des Krieges hatte der Kampf der Schutztruppe wenig Bedeutung: 300000 Feindsoldaten und viel Material waren zwar in Afrika gebunden, doch die Alliierten besaßen Menschen und Material genug, diese Lücken zu füllen.

Dennoch wirkten die Kämpfe in Ostafrika wie auch in den anderen deutschen Kolonien ganz erheblich auf die Weltgeschichte ein – bis zum heutigen Tag. Von dem Moment an, da die schwarzen »deutschen« Askaris auf die schwarzen »englischen« Askaris das Feuer eröffneten und sahen, daß die Weißen ihrerseits aufeinander schossen, begann der innere Zusammenbruch der großen Kolonialreiche. Afrikanische, indische und indochinesische Soldaten wiederum kämpften auf Seiten der Alliierten an der europäischen Westfront gegen die weißen Deutschen.

So in die Zwistigkeiten der Weißen hineingezogen, erkannten die farbigen Völker, daß an ihren Kolonialherren eigentlich recht wenig Imponierendes war.

Die Entkolonisierung, die Indochinakriege, die Unruhen, Aufstände, chaotischen Wirren und gewaltsamen Regierungsstürze in Afrika wie auch die derzeitige Situation Südafrikas und auch die Partisanenkämpfe in Rhodesien, der langjährige Kolonialkrieg Portugals in Angola und Mozambique – alles dies nahm seinen Anfang, als die Weißen den Weltkrieg in ihre Kolonien trugen.

RECHTE SEITE: Titelblatt der »Illustrirten Zeitung« über »Unsere Schutztruppen« und ihren Kampf in den Kolonien.

ILLUSTRIRTE ZEITUNG
UNSERE
SCHUTZTRUPPEN
VERLAG VON J.J. WEBER LEIPZIG.

Der Artillerie-Park der Kaiserlichen Schutztruppe in Deutsch-Ostafrika

Über Lettow-Vorbecks Unternehmungen drangen nur spärlich Nachrichten nach Deutschland. 1917 jedoch gelang es einem Frachterkapitän, der sich mit Kriegsmaterial nach Ostafrika durchgeschlagen hatte, auf Umwegen wieder in die Heimat zu kommen. Seinem noch während des Krieges erschienenen Erlebnisbuch mit dem vielsagenden Titel »Durch!« ist ein Abschnitt über Lettow-Vorbecks Uralt- und Eigenbau-Kanonen entnommen.

In Begleitung des Kommandeurs, seines Adjutanten und anderer Offiziere nehme ich an der Besichtigung des Artillerieparks teil. Unter einem Grasschuppen stehen außer den bei Tanga neu zu Ehren gekommenen alten Brummern, die auch schon 70 mitgemacht, und wohl deshalb ein sehr ehrwürdiges Äußeres zur Schau tragen, eine fahrbar gemachte Revolverkanonenbatterie, sowie eine 6 cm-Bootskanonenbatterie.

»Die Artillerie ist leider unser wunder Punkt,« bemerkt der Kommandeur, »solange wir keine bessere haben, müssen wir eben versuchen, uns mit diesem wenigen und alten Material zu behelfen. Bei richtiger Anwendung kann man auch damit Erfolg haben, die Engländer mußten das bei Tanga auch wohl einsehen.«

Der Führer der Revolverkanonenbatterie, Leutnant . . ., hatte übrigens eine eigenartige Laufbahn hinter sich. Er war vor vielen Jahren als Schutztruppenoffizier nach Kamerun gekommen, dort später Missionar geworden und nachdem als solcher nach Indien verschlagen. Dann hatte er auf englischer Seite den Burenkrieg mitgemacht und war englischer Offizier geworden, um wieder später sich in Deutsch-Ostafrika als friedlicher Pflanzer niederzulassen. Als ehemaliger deutscher Offizier hatte er sich bei Kriegsbeginn natürlich sofort zur Verfügung gestellt und war in die Schutztruppe eingetreten, wo er bei Jassini schon Gelegenheit hatte, sich mit seinen Kugelspritzen auszuzeichnen.

Jetzt geht es zur Besichtigung einer behelfsmäßigen Dynamit-Raketenbatterie. Es sind sehr wenig vertrauenerweckende Apparate. Von einer niederen Holzlafette wird ein mehrere Meter langer, fast armdicker Raketenstock geschossen, an dessen Ende eine eimergroße Blechbüchse sitzt. Letztere ist mit einer Dynamitsprengladung und Aufschlagzündung versehen. Da auf ziemliche Entfernung recht gute Trefferresultate erzielt wurden, hofft man diese amerikanischen Minenwerfer gegen feindliche Massenangriffe gelegentlich erfolgreich zu verwenden. Bei dieser Gelegenheit erfahre ich, daß man in Dar-es-Salam augenblicklich dabei ist, eine alte 15 cm-Ringkanone, die sich seit mehreren Jahrzehnten dort befindet, instandzusetzen. Angeblich stammt das Geschütz von der alten Kreuzerkorvette »Bismarck«. Trotzdem der zur Kanone gehörende Verschluß viele Jahre in einer Schlosserei als Amboß benutzt wurde, zeigte er sich bei näherer Untersuchung als durchaus verwendungsfähig. Dem guten deutschen Stahl hatte die Amboßtätigkeit wenig geschadet. Die

Die Schutztruppe von Deutsch-Ostafrika im Gefecht

Munitionsfrage war noch nicht gelöst, vor allen Dingen hatte man keine passenden Granaten. Die Untersuchung, ob die große Zahl der im Rufidjideltagebiet von den verschiedenen Beschießungen herstammenden englischen 15 cm-Blindgänger gebrauchsfähig gemacht werden konnten, war noch nicht abgeschlossen – man hoffte aber das Beste.

Ein Schlossermeister in Mikindani hatte sogar auf eigene Faust ein ganzes Geschütz hergestellt, indem er mehrere Mannesmannrohre übereinandertrieb. Diese als Vorderlader konstruierte Kanone soll auf 1000 Meter Entfernung zufriedenstellend geschossen haben. Es sollte zunächst nur ein Versuch sein. Der Konstrukteur hatte die Absicht, auf ähnliche Weise auch Hinterlader herzustellen.

(Carl Christiansen, »Durch!« – Mit Kriegsmaterial zu Lettow-Vorbeck. Stuttgart 1918)

RECHTE SEITE: Originalblatt aus der »Illustrirten Zeitung«, die »unseren Schutztruppen« gewidmet war.

Junger Mrundikrieger aus Urundi.

Sultan Msinga von Ruanda mit seinem Kadettenkorps (Deutsch-Ostafrika).

Mgeiamann von Schirati (Victoria-Njansa).

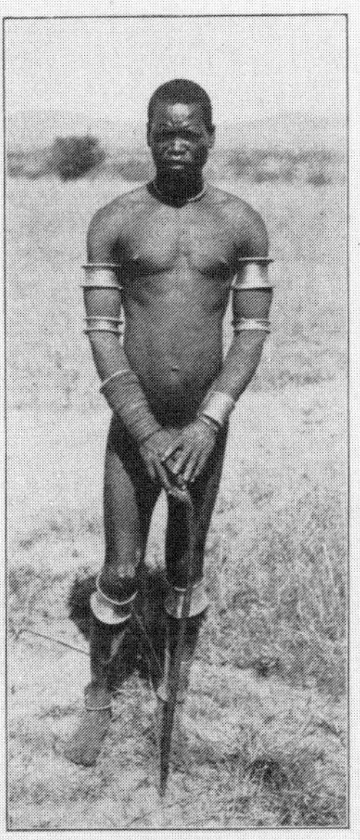

Mgeiamann von Schirati (Victoria-Njansa).

Wadschaggakrieger vom Kilimandjaro.

Junger Mgeiakrieger vom Victoria-Njansa.

Europäerboy.

Warundiälteste in Rindenstoffmänteln.

Trägertyp.

Typen unserer farbigen Helfer in Deutsch-Ostafrika.

Der Zusammenbruch

Das »Unternehmen Michael«, die letzte, die große Schlacht, war mißlungen. General Ludendorff gab nicht auf: Eine Serie von »Hammerschlägen« sollte doch noch den Erfolg bringen. Am 9. April 1918 stürmte deutsche Infanterie im nordfranzösisch-flandrischen Raum zwischen Armentiéres und La Bassée – nach zwei Wochen war die Angriffskraft der Truppe erschöpft.
Dabei hatte es zunächst gut ausgesehen: Die ersten Einbrüche waren mitunter breiter und tiefer als bei der Michael-Schlacht. Leutnant Barg vom Infanterieregiment Nr. 96 hielt seine Eindrücke im Tagebuch fest: »Alles war überfüllt, übersät mit Truppen. Rechts und links der Straße biwakierten Reserven, gegen Fliegersicht mit Gesträuch zugedeckt. Batterien standen im freien Feld und schossen wie wahnsinnig. Sanitätsautos bahnten sich in unendlicher Reihe den Weg gegen den Strom ... Ein englischer, jetzt gegen England verwendeter Tank, gegen Sicht bunt angestrichen, mit eisernen Kreuzen als Abzeichen, hielt auf einem Acker wegen Bezinmangels. Unterwegs begegneten uns massenhaft Gefangene: Engländer und Portugiesen ... Von uns hing es zum größten Teil ab, ob die Artillerie unserer Infanterie nachfolgen konnte oder nicht. Es wurde mächtig gearbeitet. Man muß sich vorstellen, was es heißt, ein etwa zwei Kilometer breites Trichter- und Schlammgelände mit Brettern und Balken auszulegen, um für Kolonnen und schwere Geschütze befahrbar zu werden. Die armen Gäule haben Riesenarbeit leisten müssen. Manches Geschütz versank und wurde wieder aus dem Schlamm gezogen.«
Die Einnahme des von den Franzosen hartnäckig verteidigten Kemmel-Berges war der Höhepunkt dieses »Hammerschlages«, aber danach blieb die Schlacht stecken. Ludendorff suchte Schuldige: »... Dagegen gab das Verweilen der Truppen an vorgefundenen Vorräten, auch das Zurückbleiben einzelner zum Durchsuchen der Häuser und Gehöfte nach Lebensmitteln zu schweren Bedenken Anlaß ... Ebenso ernst aber war es, daß sowohl unsere jungen Kompanieführer wie auch ältere Offiziere sich nicht stark genug fühlten, dagegen einzuschreiten ...!«
Ludendorff, ein nervöser, überarbeiteter, dickschädliger Mann, der sich noch heftiger als früher in Detailangelegenheiten der unterstellten Kommandeure mischte, wollte noch immer den Sieg herbeizwingen: Am 27. Mai 1918 zerschmetterte das kurze, aber präzise deutsche Trommelfeuer die Feindstellungen am Chemin des Dames. Im dichten Nebel drangen die Sturmtruppen in die zerstörten Gräben ein, wogten darüber hinweg, fegten die französischen und englischen Armeen vor sich her und schwärmten 16 Kilometer weit ins Hinterland hinein – ein Erfolg, den selbst Ludendorff nicht erwartet hatte. Die Deutschen gingen über die Aisne; Paris lag 128 Kilometer entfernt vor ihnen. Ludendorff griff nach der Chance und führte Reserven an die Front. Am 29. Mai hatten die deutschen Musketiere bereits Soissons erreicht. Aber dann bildeten französische Reserven und zwei frische US-Divisionen eine Verteidigungslinie, an der sich der deutsche Angriff festfraß. Was blieb, war ein tiefer Frontvorsprung, der einerseits von Reims, andererseits vom Wald von Villers-Cotterets bedroht wurde.
Rückzug oder neuer Angriff? Ludendorff setzte die 18. Armee zu einer neuen Offensive an, um den Frontvorsprung nach den Seiten zu verbreitern – die Armee erlitt schwere Verluste, der Angriff stockte und mußte am 11. Juni endgültig eingestellt werden.
Gab Ludendorff jetzt auf? Er besaß die Initiative und wollte sie sich nicht von den Alliierten entreißen lassen. Er plante deshalb mit 52 Divisionen eine Offensive auf Reims. Die feindliche Luftaufklärung erkannte aller-

Ankunft eines amerikanischen Truppentransports. »Schicken Sie Leute«, hatte der US-Botschafter in London, W. H. Page, seinen Präsidenten Wilson angefleht. »Ich bitte Gott, daß es nicht zu spät ist.« In der Tat kamen die Truppen nicht zu spät.

dings die Truppenmassierung, auch verrieten deutsche Überläufer Einzelheiten des Aufmarsches. Zum letzten Male donnerte am 15. Juli das deutsche Trommelfeuer mit seiner Urgewalt. Zum letzten Male rannten die deutschen Stoßtruppkämpfer im Angriff nach vorn. Westlich Reims gelang ihnen der Übergang über die Marne. In einem 6,4 Kilometer tiefen Brückenkopf drängten sich 6 deutsche Divisionen. Zum zweiten Male kämpften deutsche Armeen in diesem Krieg am Schicksalsfluß Marne.

Der Durchbruch gelang nicht. Ostwärts Reims sog ein tiefgestaffeltes Verteidigungssystem den Schwung der Angreifer auf. Bereits am 17. Juli bestand keine Hoffnung mehr auf weiteres Vordringen. Hinzu kam ein ganz anderer, hinterhältiger Feind: Eine Grippe, die epidemisch zunächst bei den Deutschen auftrat und später auch die Feindseite erfaßte. Doch die durch Hunger und Strapazen geschwächten Deutschen wurden ungleich härter von ihr getroffen als die wohlgenährten Alliierten. Sowohl an der Front als auch in der Heimat mehrten sich die Anzeichen nachlassender Moral.

Seit dem 21. März 1918, dem Beginn der Michael-Schlacht, hatte das deutsche Westheer nahezu eine Million Soldaten als gefallen, vermißt, verwundet, erkrankt oder kriegsgefangen eingebüßt. Doch in den französischen Atlantikhäfen stiegen allmonatlich 100000 amerikanische Soldaten von den Transportschiffen an Land.

Deutschland hatte nur noch den Jahrgang 1900 aufzubieten – im Herbst konnte er an die Front kommen. Letzte Reserven waren Heimkehrer aus russischer Kriegsgefangenschaft sowie Rüstungsarbeiter. Front und Heimat waren von tiefer Depression erfaßt – auch dem einfachen Mann wurde klar, daß die Lage aussichtslos war. Beschleunigt wurde die Kriegsmüdigkeit durch den immerwährend nagenden Hunger und die Fieberschauer der Grippekranken.

Am 17. Juli 1918 war die letzte deutsche Offensive abgebrochen worden. Nur einen Tag lang blieb die Waage der Kraft im Schwebezustand, dann neigte sie sich endgültig auf die Seite der Alliierten. Am 18. Juli hatten die Franzosen zum ersten harten Gegenschlag angesetzt: Ohne einleitendes Trommelfeuer brachen sie aus dem Wald von Villers-Cotterets hervor; dann aber rollte ihnen voran krachend und berstend eine Feuerwalze von vernichtender Gewalt. Hinter ihr her walzten 400 leichte Renault-Kampfwagen in Schwärmen, gefolgt von 18 französischen Divisionen, denen weitere 7 Divisionen

Mit Tankangriffen eroberten Engländer, Franzosen und Amerikaner im Sommer 1918 das während der Ludendorff-Offensive verlorene Terrain Stück für Stück zurück.

als Reserve hinterhermarschierten. Das Ziel des Angriffs: Abschnürung des Marne-Bogens, jener bei der letzten deutschen Offensive entstandenen Frontausbuchtung. Sie ließ sich – weil keine Eisenbahnlinie hinführte – schlecht versorgen. Die Truppen besaßen keinerlei ausgebaute Feldstellungen: Der Marne-Bogen forderte einen Angriff geradezu heraus.
Die erschöpften deutschen Truppen wurden im ersten Stoß überrannt, bauten neue Widerstandslinien auf und versuchten der Angriffswucht standzuhalten.
Am 19. Juli 1918 trug der Leutnant d. R. Schmidt vom Infanterieregiment Nr. 130 in sein Tagebuch ein: »... sehen auf der Höhe rechts vom Wäldchen einen Tank auf uns zufahren. Zum ersten Mal haben wir mit so einem Ding zu tun ... Aus dem Tank erhalten wir Maschinengewehr- und Geschützfeuer. Die moralische Wirkung, die ein solches Ungetüm auf die Truppe auslöst, ist bedeutend; der Infanterist ist vollkommen machtlos dagegen. Kämpfend werden wir einen Kilometer zurückgetrieben. Es ist schwierig, die Leute zusammenzuhalten. Geht's einmal ein Stückchen zurück, so kommen die meisten instinktiv in die Versuchung, so weit zu laufen, wie ihre Beine sie nur zu tragen vermögen ... Das Minenwerfer-Maultier rennt mit seinem zweirädrigen Karren in wilder Flucht davon, dem tüchtigen Fahrer scheint die Geschwindigkeit noch zu gering, er hilft mit Stockhieben nach; es ist ein komisches, aber trauriges Bild. Viele Unteroffiziere versagen in ihrer Eigenschaft als Führer gänzlich. Durch unsere Artillerie sowie durch das Feuer unserer schweren Maschinengewehre wird der Tank zur Umkehr gezwungen. Es gelingt uns, die Leute wieder vorwärts zu bewegen und unsere innegehabte Stellung auf der Höhe zu besetzen. Vor unserer Linie liegen 12 bis 15 von der Artillerie außer Gefecht gesetzte Tanks; sie sind erledigt, bevor sie unser Wäldchen erreichten. Die Dämmerung ist hereingebrochen. Wir ordnen unsre Linie und teilen neu ein.«
Die Kampfwagen jener Zeit waren pannenanfällig, nur mäßig geländegängig, und ihre Geschwindigkeit lag nur wenig über der eines rüstigen Fußgängers. Ihre Bedienung war mühselig und schwach die Panzerung. Eine systematisch aufgebaute Panzerabwehr – zu der freilich die entscheidenden Waffen, nämlich leichte Panzerabwehrkanonen, nicht entwickelt worden waren – hätte auch mit Tank-Schwärmen fertig werden können. So aber blieben die Infanteristen den brummenden, feuerspeienden Ungeheuern gegenüber hilflos, gerieten in Panik und wandten sich zur Flucht.
Wo sich aber Infanteristen fanden, die mit unzulänglichen Mitteln den Kampf aufnahmen, durchlitten die Kampfwagenbesatzungen der Alliierten Verwundung, furchtbare Qualen und oft genug den Flammentod. Der französische Offizieraspirant Fourier beschrieb einen Angriff: »500 Meter rechts blitzte ein MG auf. Ich fuhr gerade darauf zu. Die Kugeln trafen uns von vorn, glitten oder prallten aber ab ... In diesem Augenblick verlor ich fast die Besinnung durch einen Schlag gegen die Stirn, und das Blut strömte mir ins Gesicht. Ein Granatsplitter war durch den Sehschlitz in die Haube geflogen. Das Blut machte mich fast blind. Ich ließ schnell schwenken, daß mein linkes MG feuern konnte. Die tollkühnen Deutschen wurden hingemäht.
Auch auf der linken Seite bewegten sich jetzt deutsche Infanteristen. Aber der Schuß der Kanone, den ich befohlen hatte, ging nicht los. Ich beugte mich über den Richtkanonier und schüttelte ihn wütend. Der Körper war auf das Rohr gesunken. Der Kopf schwankte haltlos. Der Verschluß war mit Blut bespritzt. Der Mann war tot. Ich befahl dem Ladekanonier, den Platz des Toten einzunehmen. Plötzlich verbrannte mir eine Stichflamme das Gesicht. Unter dem Wagen ein furchtbarer Knall, mein Kopf schlug gegen die Wand, der Wagen bäumte sich auf und fiel schwer in den plötzlich unter ihm entstandenen Krater. Noch ein furchtbarer Stoß, dann wurde alles dunkel, alle Lampen waren erloschen. Der Motor bewegte sich nicht mehr.
Immer noch krachte der Geschoßhagel auf die Panzerung. Nun brach auch der Ladekanonier, ohne einen Laut von sich zu geben, zusammen. Inzwischen war es den Deutschen gelungen, uns gegenüber ein MG in Stellung zu bringen. Sie zielten auf mein rechtes MG. Der Bedienungsmann erwiderte das Feuer tapfer, aber plötzlich arbeitete seine Waffe nicht mehr. Der Lauf mußte zerschmettert worden sein. Durch die schmalen Schlitze des Turms fegten Geschoßsplitter und geschmolzenes Blei herein. Sie verwundeten den MG-Schützen im Gesicht und an den Händen. Plötzlich hing sein linker Arm schlaff herab, er war von einer Kugel durchschlagen. Unglücklicherweise zerschmetterte das gleiche Geschoß auch das Kühlwasserrohr. In diesem Augenblick wurde ich nochmals an der Schulter verwundet. Ich konnte zwar noch den Arm bewegen, aber er war merkwürdig schwer geworden. Da kam der Fahrer und hatte die Kurbel zum Anwerfen des Motors gefunden. Ich dachte nicht mehr an die Wunden, sondern versuchte, den Motor anzuwerfen. Aber er rührte sich nicht.
Nun war das Ende da. Von den feindlichen Geschossen zerschmettert, hörte mein letztes MG für immer auf zu

Amerikanische Kompanie auf dem Vormarsch. Im Juli 1918 stand bereits eine Million US-Soldaten auf französischen Boden. Bis Kriegsende folgte noch eine weitere. Ihre Siegesgewißheit spiegelt der Ausspruch, den einige bei ihrer Landung in Europa getan haben sollen: »Na, wo ist denn eure verdammte Schießbude?«

schießen. Drei meiner Leute waren verwundet ... alle anderen durch Geschoßsplitter verletzt, Blutspuren waren an Wänden, an Geschütz, auf Munitionskästen und auf dem Motor. In unmittelbarer Nähe schlugen fortwährend Granaten ein, manchmal ließen Splitter die Stahlwand zittern. Die größte Gefahr war jedoch das deutsche MG, das sein Feuer auf einen Punkt zu konzentrieren versuchte. Ich merkte, wie die Panzerung heiß wurde und unter diesem Geschoßhagel zu bröckeln anfing. Wenn wir nicht in wenigen Minuten hier loskamen, waren wir verloren.
Da ich mich nun an die Dunkelheit gewöhnt hatte, untersuchte ich nochmals den Motor. Dabei entdeckte ich, daß der Draht des Magnets das Motorgestell berührte – also Kurzschluß. Ich riß den Draht heraus, drehte die Kurbel, meine drei kampfkräftigen Leute halfen mit, und der Motor setzte sich fauchend in Gang. Mit einem Sprung war ich auf dem Fahrerplatz, trat auf das Gaspedal und merkte endlich, wie der Wagen sich langsam von der Stelle bewegte, sich aufrichtete, aus dem Loch herauskletterte und davonfuhr. Eine letzte Salve knatterte noch auf den Heckpanzer. Hier hatten wir nichts mehr zu suchen.«
In der Obersten Heeresleitung knisterte nervöse Spannung. Ludendorff hatte als nächsten Hammerschlag das »Unternehmen Hagen«, einen Durchbruch an der flandrischen Front, vorgesehen. Er schwankte, ob er es noch wagen könne angesichts der Bedrohung des Marne-Bogens. Ludendorff war fahrig und gereizt. Beim Mittagessen fuhr er heftig seinen Vorgesetzten an, den Generalfeldmarschall v. Hindenburg. Am Abend kam es gleichfalls zu einer erregten Szene, die der Oberst Mertz von Quirnheim in einem Bericht festgehalten hat: »... fuhr der Generalfeldmarschall mit der linken Hand über die Landkarte, und zwar so, daß er die Hand mit gespreizten Fingern über die Höhen von Soissons bewegte und mit halblauter Stimme, aber ganz bestimmter Betonung sagte: ›So müssen wir den Gegenstoß führen, das würde die Krisis sofort lösen.‹ Da richtete sich General Ludendorff von der Karte auf, und mit wütendem Gesichtsausdruck wandte er sich der Türe zu, in höchster Erregung einzelne Worte wie ›Unsinn‹ hervorstoßend. Der Generalfeldmarschall folgte seinem Ersten Generalquartiermeister und sagte ihm, eben an mir vorbeistreifend: ›Ich möchte Sie noch sprechen‹ ...«

Soissons, die alte Residenz der fränkischen Könige, wechselte im Krieg mehrfach den Besitzer. Im August 1918 verloren es die Deutschen endgültig. Pläne zu einer Wiedereroberung erwiesen sich als Illusion.

Ludendorff hatte erkannt, daß die militärische Niederlage unvermeidlich auf ihn zukam. Er begann die Haltung zu verlieren. Das Unternehmen »Hagen« wurde abgeblasen und der Befehl zur Räumung des Marne-Brückenkopfes erteilt. An den übrigen Abschnitten wurden die Feindangriffe abgewiesen. Die Krise schien abgewendet – vorerst noch, denn der Marne-Bogen, wenngleich verkleinert, bestand noch immer.
Auf den Schock von Villers-Cotterets setzte Marschall Foch, der alliierte Oberkommandierende, den nächsten, noch weit schlimmeren: Am 8. August 1918 griffen beiderseits der Somme französische, englische, kanadische, australische und amerikanische Divisionen an. 441588 Soldaten und 415 Panzerkampfwagen standen gegen die 7 Stellungs- und 4 Reservedivisionen der deutschen 2. Armee. Es waren dies die Überlebenden der Schlachtenserie des Jahres 1918, jede Division auf etwa 3000 Mann Kampftruppen zusammengeschmolzen, erfaßt von Hoffnungslosigkeit und der Gewißheit der Niederlage.
Wieder war es ein Morgen, an dem die Nebel wallten, wieder schmetterte das Trommelfeuer, und sehr bald brachen aus Nebelschwaden, Pulverdämpfen und aufwirbelndem Staub die Infanteristen vor, dazu die Tankgeschwader mit dumpf brummenden Motoren und klirrenden Ketten.
Die deutschen Soldaten stürzten an die Grabenböschungen, aber da war der Feind schon da. Es entstand eine heillose Verwirrung, aus der vielerorts Panik entstand mit düsteren Szenen von wilder Flucht, Befehlsverweigerung und Auflösungserscheinungen.
Am Abend dieses 8. August, der bald »Schwarzer Tag des Heeres« genannt wurde, waren die Alliierten 6,4 Kilometer tief in die deutschen Verteidigungsstellungen eingebrochen und hatten die dort stehenden deutschen Divisionen vernichtet, gefangengenommen oder in die Flucht geschlagen. Erstmalig geschah es, daß den Soldaten einer vorgehenden Reservedivision von zurückgehenden Truppen »Streikbrecher« und »Kriegsverlängerer« zugerufen wurde.
Bereits am 9. August gelang es der 2. Armee, den Einbruch abzuriegeln und die Lage zu stabilisieren. Weder taktisch noch strategisch war der »Schwarze Tag« ein Wendepunkt des Krieges oder eine ungeheure Katastrophe, doch er war ein Tag, an dem der deutschen Obersten Heeresleitung der innere Zustand der Fronttruppe offenbar wurde. Die Panikszenen an der Front brachen gleichsam als Echo der Schlacht die Moral der Offiziere des obersten Führungsstabes.
Dabei geschah etwas Erstaunliches: Mit der 1917 entwickelten und seither bewährten Methode der flexiblen und weit in die Tiefe gestaffelten Verteidigung und der schnellen harten Gegenstöße hatte die deutsche Armee Erfolg gehabt. Nun befahl jedoch Ludendorff die Ver-

teidigung um jeden Preis. Starr sollte jetzt jeder Quadratmeter Boden gehalten werden. Gut zwei Jahrzehnte später reagierte Hitler, dessen wendig operierende Panzerdivisionen im Zweiten Weltkrieg Sieg auf Sieg gegen starr verteidigende Feindgruppierungen errungen hatten, nach der ersten großen Niederlage vor Moskau nicht anders: Er übernahm vom Feind die unfruchtbare Methode des verkrampften Haltens, während der Gegner das deutsche Erfolgsrezept erlernte und gelenkige Panzerverbände in die Schlacht schickte.

In ewig währenden Verhandlungen rangen Ludendorffs Stabsoffiziere und die unterstellten Truppenbefehlshaber ihrem Chef endlich die Rückzugsgenehmigung ab. Danach unterrichtete der General den Kaiser, der äußerlich Ruhe bewahrte, und sagte: »Ich sehe ein, wir müssen Bilanz ziehen. Wir sind an der Grenze unserer Leistungsfähigkeit. Der Krieg muß beendet werden ...«

Bei einer Konferenz in Spa wurde am 14. August beschlossen, einen Verhandlungsfrieden anzustreben. Zu diesem Zeitpunkt hielt die deutsche Armee mehr französisches Territorium besetzt als 1917; das Heer bestand im Westen immer noch aus 2,5 Millionen Mann, die sich auf drei ausgebaute Verteidigungsstellungen stützen konnten. Von den Zersetzungserscheinungen des 8. August abgesehen war die Armee noch intakt, wenngleich keine Reserven mehr zur Verfügung standen. Aber die Reserven der französischen Armee waren gleichfalls erschöpft, die britischen Soldaten abgekämpft. Doch in Frankreich standen nunmehr 1473190 Amerikaner, kräftige, gut ernährte, blendend ausgerüstete und bewaffnete, frische Soldaten.

Anders als Adolf Hitler vor dem sicheren Untergang des Deutschen Reiches, ließ die damalige Führung sich nicht dazu hinreißen, einen aussichtslosen Endkampf »bis zum letzten Mann« durchzufechten. Sie war nun, spät genug, zum Frieden entschlossen. Das deutsche

OBEN: Volltreffer in eine Verbandstelle.

RECHTE SEITE: Sanitäter im Schützengraben. Über 40000 Mann vom Sanitätspersonal wurden im Krieg verwundet oder getötet.

Heer hat damals, im Jahre 1918, keineswegs einen »Dolchstoß in den Rücken« erhalten, wie es bald heißen sollte. Die militärische Lage war eindeutig hoffnungslos, vernünftigerweise also der Kampf zu beenden.

Das Heer ging in langsamen Absetzbewegungen zurück, wobei es zu schweren Kämpfen kam. Noch immer hielt sich die Masse der Soldaten tapfer, wenngleich die Regimenter immer schwächer wurden. Der Gefreite Schmidt vom Füsilierregiment Nr. 36 schrieb in einem Feldpostbrief: »Unser III. Bataillon bestand nur noch aus 64 Mann ... die übrigen Bataillone hatten nur noch drei Kompanien, von denen jede nur zwanzig bis dreißig Mann stark war. Die Führer waren meist Unteroffiziere ... Die scheinbar bei den deutschen Truppen eingerissene Demoralisierung und die damit verbundene großen Geländeaufgabe hatte ihren hauptsächlichen Grund in den Tankangriffen. Der größte Teil der Leute war mit dieser Waffe nicht vertraut und versagte vollkommen. Dadurch wurden die, die noch ein wenig besonnen blieben, mitgerissen. Bei unserem Regiment trat Gott sei Dank keine Entnervung ein, wohl aber beim Nachbarregiment, das sich vollkommen überrumpeln ließ ... Es gibt tatsächlich Leute, die absolut nicht mehr mitwollen. Und schlechtes Beispiel steckt an. Wenn einer sagt, daß er sich bei der nächsten Gelegenheit ergeben will, so findet er bald dazu Genossen.«

Am 4. Oktober 1918 ersuchten die Regierungen Deutschlands und Österreichs den US-Präsidenten Wilson um die Eröffnung von Waffenstillstandsverhandlungen. Die amerikanische Antwort kam erst fünf Tage später: Die »Vierzehn Punkte« seien anzunehmen und alle von Deutschland besetzten Gebiete zu räumen.

Am 12. Oktober wurden diese Bedingungen akzeptiert. Für die deutsche Bevölkerung kam die Nachricht vom Waffenstillstandsersuchen wie ein Keulenschlag. Jetzt rächte es sich, daß man vier Jahre nur von Siegen berichtet hatte.

Die deutsche Armee hatte sich derweil von der Siegfried-Linie auf die Selle-Linie zurückgezogen und wich sodann auf die Hunding-Brünhild-Stellung aus. Die Alliierten stießen nach, dabei erlitten am 14. Oktober die Amerikaner in den Argonnen äußerst schwere Verluste. Sofort verlangte daraufhin Ludendorff die Fortset-

OBEN: Skelett eines französischen Kanoniers. Der hunderttausendfache Tod auf dem Schlachtfeld hatte die Soldaten längst abgestumpft. Wo das gegnerische Feuer es nicht erlaubte, die Toten zu bestatten, ließ man sie liegen, lebte gar mit ihnen im Graben zusammen.

LINKE SEITE: Engländer bringen deutsche Gefangene ein – erschöpfte, kranke, demoralisierte Menschen.

zung des Krieges in der aussichtslosen Hoffnung, günstigere Friedensbedingungen erreichen zu konnen. Doch Ludendorffs Verfall war zu augenscheinlich, er war zu einem erregten Nervenbündel geworden, von dem sich nun auch Hindenburg zu distanzieren begann. Die Führung war auf Prinz Max von Baden, den neuen Reichskanzler, übergegangen. Dies war ein charakterfester Mann mit gesundem Menschenverstand, der die Lage klar beurteilte und zumindest die Substanz des Deutschen Reiches zu retten versuchte. Er akzeptierte eine weitere Bedingung des US-Präsidenten Wilson: Die Einstellung des uneingeschränkten U-Boot-Krieges.

Es ging unaufhaltsam dem Ende entgegen: Die deutschen Truppen räumten das belgische Küstengebiet, die Alliierten erreichten die Lys. Wilson forderte nun am 24. Oktober in einer Note die bedingungslose Kapitulation. Ludendorff, der die Friedensbemühungen des Reichskanzlers zu durchkreuzen versuchte, wurde entlassen. Sein Nachfolger wurde der von Hindenburg empfohlene Generalleutnant Wilhelm Groener, ein Mann mit ausgeprägtem Organisationstalent und ausgezeichneten wirtschaftlichen und technischen Kenntnissen. Das war eine kluge, vorausblickende Wahl: Nicht mehr die Planung von Durchbruchsoffensiven war in nächster Zukunft notwendig, sondern ausgeklügelte Räumungs- und Rückzugsbewegungen. Diese mußten sich den vorhandenen Eisenbahnlinien anpassen und erwiesen sich dann in der schnell eintretenden Wirklichkeit als noch komplizierter und tückenreicher als die langjährig sorgfältig vorgeplante Mobilmachung samt Aufmarsch bei Kriegsbeginn.

Und auch im Südosten kam jetzt der Zusammenbruch. Im nordgriechischen Gebiet um Saloniki stand schon seit langem eine alliierte, bislang tatenlos gebliebene Streitmacht. Doch am 15. September 1918 war ihre Zeit gekommen: Sie eröffnete eine Offensive gegen die bulgarische Armee, die unter der Wucht des Angriffs in wilder Flucht davonstob. Deutschland verlor einen Verbündeten: Am 30. September schloß Bulgarien einen Waffenstillstand.

Aber auch Konstantinopel – die Hauptstadt der Türkei – war bedroht. Das alte Osmanische Reich stürzte in sich zusammen: Die türkische Regierung unterzeichnete am 20. Oktober 1918 ein Waffenstillstandsabkommen.

Einzig Österreich-Ungarn stand noch. Seine Armee hatte am 15. Juni 1918 einen letzten heroischen Versuch unternommen, den im Westen um die erhoffte Entscheidung kämpfenden deutschen Bundesgenossen durch eine Offensive in Italien zu unterstützen. Zwischen Brenta und Piave gerieten die österreichischen Infanteristen in schweres italienisches Artilleriefeuer – und fluteten zurück. Am Oberlauf der Piave hingegen gewannen sie Boden, eroberten ein Gebirgsmassiv – und wurden von schweren Wolkenbrüchen besiegt: Die Piave schwoll an, riß die Kriegsbrücken und damit die Versorgungsstränge weg – die Österreicher mußten sich wieder zurückziehen.

Nun waren die letzten körperlichen und seelischen Kraftreserven aufgebraucht. Als am 24. Oktober 1918 die italienische Armee, verstärkt durch britische und französische Divisionen sowie durch ein amerikanisches Regiment, zum Angriff antrat, leisteten die beiden österreichischen Heeresgruppen der Südwestfront mit ihren 260000 Mann und 6800 Geschützen noch einige Tage lang hartnäckigen Widerstand, der bald zu erlahmen begann.

Als italienischen Truppen an der Piave die Bildung eines Brückenkopfes gelang, verweigerte die Masse der zum Gegenangriff bereitgestellten österreichischen Soldaten den Gehorsam.

Im rückwärtigen Gebiet war es bereits vor dem Offensivbeginn zu den ersten Befehlsverweigerungen in großem Ausmaß gekommen: Mehrere in Reserve liegende Regimenter hatten auf eigene Faust den Rückmarsch in die Heimat angetreten. Andere Etappenformationen bauten gleichfalls ab. Die sich in den Anfängen abzeichnende Auflösung hatte viele Ursachen: Ein südslawischer Nationalrat hatte sich gebildet. In Warschau war die Errichtung eines polnischen Staates proklamiert worden, in den das österreichische Galizien einbezogen werden sollte. Die Tschechen und Slowaken forderten einen eigenen Staat. Die Regierung in Budapest verlangte den Rücktransport aller ungarischen Soldaten in die Heimat. Ein rumänischer und ein ukrainischer Nationalrat hatte sich etabliert. Die Donaumonarchie begann in ihre elf Nationalitäten zu zerfallen. Hinzu kamen Hunger, Kriegsmüdigkeit, Erschöpfung und Hoffnungslosigkeit.

An der Südwestfront, wo ein Jahr zuvor Österreicher und Deutsche gemeinsam in der zwölften Isonzo-Schlacht einen der grandiosesten Siege dieses Krieges errungen hatten, hier begann die furchtbare Niederlage.

Das österreichische Oberkommando befahl den Rückzug von der Piave auf die Livenza und von dort auf den Tagliamento. Die Unzufriedenheit in der Etappe steigerte sich und erfaßte bald auch die bisher tapfer kämpfenden Fronttruppen, die ungeordnet und zügellos zurückzufluten begannen.

Die Truppen der Heeresgruppe Erzherzog Joseph strebten in voller Auflösung durch das Trentino und durch Südtirol nach Norden.

Italienische Kavallerie und Radfahreinheiten der Bersaglieri folgten ihnen dichtauf bis Vittorio Veneto und spalteten so die Südwestfront in zwei Teile. Jeder weitere Kampf war nun sinnlos geworden. Die k. u. k. Armee trat in Waffenstillstandsgespräche mit den Italienern ein. Sie fanden in der Villa Giusti bei Padua statt und verliefen nach Richtlinien des alliierten Oberkommandos. Es kam zu keinen Verhandlungen, sondern zu einer nahezu bedingungslosen Kapitulation. Die erste Sitzung fand am 1. November 1918 um 10 Uhr statt – die Österreicher drängten auf einen baldigen Abschluß der Gespräche. Die italienische Kommission hingegen zeigte keinerlei Eile – es kam ihr offenkundig darauf an, noch möglichst viel Beute und Gefangene einzubringen, um solchermaßen auf einen glanzvollen Sieg hinweisen zu können.

Katastrophal wirkte sich die mangelhafte Nachrichtenverbindung von der Villa Giusti zum österreichischen Armeeoberkommando in Baden bei Wien aus: Eine Funkbrücke von Padua über Pola und Budapest nach Wien sowie eine Kraftwagenstrecke von der Villa Giusti nach Trient und von dort eine Fernsprechleitung zum Oberkommando. Die Folge war eine Serie von Mißverständnissen, die zu verschiedenen Terminen für die Einstellung der Feindseligkeiten führten und dadurch das Chaos noch vergrößerten. Die Termine differierten um 36 Stunden. In dieser Frist geriet die Masse von 16 Infanterie- und 3 Kavalleriedivisionen in italienische Gefangenschaft.

Die der Gefangenschaft entgangenen Trümmer der einst stolzen k. u. k. Armee strömten in wüsten Haufen weiter nach Norden. Eine geordnete Versorgung war nicht mehr durchführbar, Hunderttausenden drohte eine Hungersnot. Plünderungen und Ausschreitungen waren an der Tagesordnung. Dennoch gelang es schließlich, einen Großteil der Truppen mit der Bahn abzutransportieren, die anderen zogen zu Fuß heimwärts.

In guter Ordnung kehrten die österreichischen Truppen aus Albanien in ihre Heimatländer zurück. Desgleichen gelangen geordnete Rückführungen aus dem übrigen Balkanraum, aus der Türkei und aus der Ukraine. Auch die an der Westfront eingesetzten 4 österreichischen Divisionen und die Verbände der schweren Artillerie gelangten in voller Disziplin in ihre Heimatstandorte zurück.

Am 3. November 1918, 3 Uhr morgens, stellte die k. u. k. Armee die Feindseligkeiten gegen die italienische Armee ein, die ihrerseits erst am 4. November um 15 Uhr die kriegerischen Handlungen abbrach. Am 11. November meldete das italienische Oberkommando, daß seit Beginn der Offensive 436674 österreichisch-ungarische Gefangene eingebracht wurden. Die Waffenstillstandsbedingungen waren außerordentlich hart:

Die österreichisch-ungarische Armee war bis auf 20 Divisionen zu demobilisieren.

Die Hälfte der Artillerieausrüstung samt allem zugehörigen Material war auszuliefern.

Auszuliefern war der größte Teil der Flotte.

Alle besetzten Gebiete waren zu räumen. Freizugeben waren Südtirol, das Pustertal bis Toblach, das Tarviser Becken, das Isonzo-Gebiet, Görz, Triest und ganz Istrien, Westkrain und Norddalmatien.

Den alliierten Truppen war Bewegungsfreiheit auf allen Straßen, Eisenbahnen, Flußläufen und die Besetzung aller strategischen Punkte in Österreich-Ungarn zu gestatten.

Italienische Truppen marschierten in Richtung Brenner-Paß nach Norden. Deutschland mußte eilig einige Truppen zusammenraffen und nach Südbayern verlegen, das plötzlich bedroht schien.

Das Reich der Habsburger fiel auseinander. Unter dem Schlagwort vom »Selbstbestimmungsrecht der Völker« wurden in den folgenden zwei Jahren die Verhältnisse im Donauraum neu geordnet. Freilich, niemand befrag-

Bulgarische Soldaten in alliierter Kriegsgefangenschaft. Das Ausscheiden Bulgariens aus dem Krieg im September 1918 brachte die Südostfront der Mittelmächte zum Einsturz.

te die Slowaken, ob sie mit den Tschechen zusammen in einem Staat leben wollten, niemand fragte die Slowenen und die Kroaten, ob ihnen ein gemeinsamer Staat mit den Serben recht sei. Die neuen Grenzen wurden allein nach machtpolitischen Gesichtspunkten gezogen. Es wurde erstmals mit dem Begriff der »historischen Grenzen« operiert. Die kleinen Nationalitäten wurden dabei zu »Minderheiten«, ein Ausdruck war damit geprägt, den das alte Österreich nicht gekannt hatte. Nicht überall war die persönliche Freiheit in dem Maße gesichert wie zuvor in der Donaumonarchie, damals oft agitatorisch als »Völkerkerker« bezeichnet.

Aus dem duldsamen Nationalgefühl des alten Österreich-Ungarn erwuchs eifernder Nationalismus – er sollte in künftigen Auseinandersetzungen schlimme Formen annehmen, mit Völkermord und Massenaustreibungen in einem Maße, wie man es zuvor nie zu denken gewagt hätte.

Völlig unbeachtet blieb bei der Neuordnung des Donauraumes die Tatsache, daß dieses Gebiet eine eminente strategische Bedeutung besitzt. Ein solcher Raum kann auf die Dauer nicht von Kleinstaaten gesichert werden. Sehr bald versuchten denn auch größere Mächte, ihn in ihre Einflußsphäre einzubeziehen. Das faschistische Italien machte den Anfang. Das nationalsozialistische Deutschland folgte – und, nach dessen Niederlage im Zweiten Weltkrieg, fügte die Sowjetunion einen Großteil des früheren Österreich-Ungarn in ihren Machtbereich ein.

Das Ende

»Im Laufe der Woche vor dem Abschluß des Waffenstillstandes änderte sich die Stimmung in der Truppe merklich in der Richtung, daß jeder sehnsüchtig auf den Abschluß des Waffenstillstandes wartete«, vermerkte der Hauptmann Risch, Feldartillerieregiment Nr. 96, in seinen Aufzeichnungen. »Und dann war das Gefühl, daß wir immer weiter zurückgingen, sehr bedrückend. Es herrschte auch eine gewisse Sorge, ob sich das langsame Zurückgehen nicht in eine regelrechte Flucht verwandeln würde, wenn der Feind stärker drängte ... Geschossen wurde auf beiden Seiten noch kräftig ... Der Amerikaner griff unausgesetzt an. Am 10. November kam er sogar in ein paar von unseren Feuerstellungen, was natürlich nicht ohne Verluste abging ... Endlich kam am 11. November morgens der Befehl heraus, daß von 11.45 Uhr mittags an Waffenruhe sei ... Ich ließ also in St. Laurent alles zum Appell antreten, verlas den Befehl und die Worte Hindenburgs und ermahnte die Leute zur Ruhe und Ordnung. Sie riefen ›Hurra‹, benahmen sich aber durchaus militärisch. Auch speziell über die Leute meines Stabes konnte ich in der Beziehung nicht klagen. Der Geist war dort mit am wenigsten gut im ganzen Regiment, es befanden sich üble Elemente unter ihnen. Aber der tüchtige Futtermeister, Sergeant von Allvörden, hatte sie ganz gut in Disziplin und hielt die auch weiter aufrecht ... Unsere Batterien haben bis 11.45 Uhr pünktlich geschossen und dann aufgehört. Sie mußten es, denn um 10 Uhr griff der Amerikaner noch einmal heftig bei uns an. Es war eine ganz neue Division, die noch gar nicht im Feuer gewesen war und sehr ungeschickt offen und in hellen Haufen vorging. Für unser Sperrfeuer und unsere Maschinengewehre war es daher sehr einfach, sie haufenweise niederzumähen; das ganze Vorfeld lag voller Leichen, und der Angriff wurde natürlich abgeschmiert. Unsere Batterien hatten sich ziemlich verschossen, die 4. Batterie hat in der letzten Stunde 400 Schuß abgegeben ... Die Amerikaner schossen 20 Minuten zu lange bis 12.05 Uhr. Was die Amerikaner damit bezweckten, so kurz vorher noch einen Angriff anzusetzen und so viel Menschen in den Tod zu hetzen, ist nicht verständlich. Es war geradezu irrsinnig, denn gleich darauf zogen wir ja freiwillig ab.«

Bewaffnete Revolutionäre mit der roten Fahne fahren durch das Brandenburger Tor in Berlin. »Ehe wir nicht die Gewehre umdrehen, wird nichts besser«, war die Parole. Wenigstens in Teilen des deutschen Heeres lebte Wut über den sinnlosen Krieg und seine Urheber.

Die an der Front stehenden Soldaten hatten größtenteils noch nicht erfahren, was bereits Tage zuvor in der Kaiserlichen Marine geschehen war: Die Flotte hatte zu meutern begonnen!

Unmittelbar nach der Einstellung des U-Boot-Krieges hatte die Seekriegsleitung unter Admiral Scheer beschlossen, nach all der langen Untätigkeit den letzten Schlag gegen die britische Flotte zu führen – ein Unternehmen, das überhaupt nichts mehr einbringen konnte.

Am 29. Oktober 1918 versammelten sich die Geschwaderchefs und Kommandanten zur Befehlsausgabe beim Flottenchef Admiral v. Hipper. Sofort kursierten wilde Gerüchte unter den Matrosen: Eine Todesfahrt sei geplant, die Admirale rebellierten gegen die Regierung, der Waffenstillstand solle nicht angenommen werden.

Seit den Meutereien des Spätsommers 1917 hatte in der Flotte eine trügerische Ruhe geherrscht. Doch unter den Mannschaften begann die Propaganda der Unabhängigen Sozialdemokratischen Partei Deutschlands (USPD) und des Spartakusbundes zu wirken. Erstaunlich scheint aus der Rückbetrachtung, daß die Offiziere der Hochseeflotte ganz offenkundig über die Stimmung ihrer Matrosen so wenig informiert waren. Die Disziplin war bereits gelockert, wenn nicht untergraben, bevor der Befehl zum Auslaufen erging – als er dann auf den Schiffen bekanntgegeben wurde, ereigneten sich in der Nacht vom 29. auf den 30. Oktober auf einigen

Schiffen so viele Befehlsverweigerungen, daß die Geschwader nicht auszulaufen vermochten. Der Flottenchef sagte das Unternehmen ab, die Offiziere brachten die Unruhen unter Kontrolle und ließen die Rädelsführer verhaften.
Admiral v. Hipper entschied, daß sich die auf der Schillig-Reede vor Wilhelmshaven versammelte Flotte zu teilen habe. Das 3. Geschwader erhielt den Befehl, nach Kiel auszulaufen. In ihm hatten sich besonders heftige Ausschreitungen zugetragen. Am 31. Oktober traf es in Kiel ein. Die festgenommenen Rädelsführer wurden in die Kieler Haftanstalten überführt. Doch dabei flackerten die Unruhen erneut auf: Die Matrosen wollten ihre inhaftierten Kameraden nicht im Stich lassen. Sie hielten Versammlungen ab und zogen schließlich demonstrierend durch die Stadt. Am 3. November ereigneten sich Zusammenstöße, bei denen es Tote gab.
Weder in der deutschen Armee noch in der Marine hatte es zuvor Ähnliches gegeben. Noch immer war die militärische Hierarchie unantastbar gewesen. Die Militärbehörden waren von diesem revolutionären Treiben überrascht und standen ihm nahezu hilflos gegenüber. Die Marinedienststellen in Kiel schwankten zwischen Verhandlungen mit den Matrosen und dem Versuch, mit Hilfe von Heerestruppen die Meutereien niederzuschlagen. Als nun auch große Teile der Arbeiterschaft sich mit Streiks und Demonstrationen auf die Seite der Meuternden stellten, wurden letztlich die meisten Forderungen der rebellierenden Matrosen angenommen. Vermutlich gab es keine andere Lösung: Es standen nur geringe Heerestruppen in der Nähe, und das waren keine Frontverbände. Ob sie den Befehl ausgeführt hätten, auf die Matrosen zu schießen, ist zu bezweifeln.
Kiel geriet jedenfalls unter die Gewalt meuternder Matrosen, die nun einen Soldatenrat bildeten. Von wenigen Ausnahmen abgesehen, handelte es sich jedoch kaum um eine politische Bewegung; noch immer ging es um Forderungen, die sich auf den Dienstbetrieb in der Flotte richteten.
Erst am 4. November begann die Regierung in Berlin zu reagieren: Der sozialdemokratische Reichstagsabgeordnete Gustav Noske und der Staatssekretär Haußmann kamen nach Kiel. Noske ließ sich zum Vorsitzenden des Soldatenrates und dann zum Gouverneur von Kiel wählen. Tatsächlich gelang es ihm verhältnismäßig rasch, Ordnung in das Kiel beherrschende Chaos zu bringen.
Doch es war bereits zu spät, denn vom 5. November an strahlte die Kieler Bewegung in andere Hafenstädte aus und wurde nun erst gefährlich. Zunächst blieb es auch in Wilhelmshaven, Cuxhaven und Lübeck nur bei reinen Matrosendemonstrationen. In Hamburg dagegen bildeten die Matrosen zwar den Kern, aber bald standen viele Arbeiter auf ihrer Seite; beeinflußt von der USPD, ging es bald nicht mehr um bessere Lebensbedingungen an Bord von Kriegsschiffen, sondern um die politische Macht im Stadtstaat Hamburg.
In der Nacht vom 7. zum 8. November rollten Lastwagen voll aufrührerischer Matrosen nach Bremen. Ein kleiner, dicklicher junger Mann im dunkelblauen »Päckchen« schwang einen Karabiner über dem Kopf: Ernst Wollweber, bisher Heizer auf Seiner Majestät Schiff »Helgoland«. Der Zwanzigjährige war einer der Anführer der Meuterei.
Zehntausende von Arbeitern und Matrosen – mit umgedrehten Mützenbändern und über die Schulter gehängten Gewehren, Lauf nach unten – füllten den Marktplatz. Vom Balkon der Stadthalle sprachen ein Vertreter des Soldatenrates, ein Funktionär der Sozialisten und dann der Führer der Matrosen, Ernst Wollweber. Der Schriftsteller Jan Valtin, Augenzeuge dieser Vorgänge, schrieb im »Tagebuch der Hölle«, was Wollweber in die Menge schrie: »... wir zogen dem Kaiser die Stiefel aus! Jetzt laßt uns mit den Kapitalisten aufräumen! Lang lebe die deutsche Sowjet-Republik!« Ernst Wollweber sollte nach dem Zweiten Weltkrieg Staatssicherheitsminister der DDR werden, nach dem 17. Juni 1953 in Ungnade fallen und als verbitterter Rentner sterben.

RECHTS: Der Sozialdemokrat Gustav Noske (Kreuz) spricht vom Deck eines Kriegsschiffs zu den Matrosen. Am 4. November 1918 hatte ihn die Regierung nach Kiel geschickt. Nachdem die Seekriegsleitung ihre Autorität verloren hatte, gingen nun die Sozialdemokraten daran, der Revolution die Schärfe zu nehmen.

UNTEN: Kaiser Wilhelm (mit Pelzkragen) bestieg am 10. November 1918 einen Zug, der ihn ins Exil nach Holland brachte. »Berlin ist total in der Hand der Sozialisten«, schrieb er dem Kronprinzen, und empfahl sich als »tiefgebeugter Vater«.

Matrosen erschienen nun in Köln, Hannover und in den Großstädten des Ruhrgebietes. Es hatte nur eine Woche gebraucht, die Lawine ins Rollen zu bringen. Die revolutionäre Bewegung sprang auf das Ersatzheer über, und von dort in die Etappe der Westfront.
Ohne jeden Zusammenhang mit den revolutionären Ereignissen in Nord- und Westdeutschland brachen auch in Bayern überraschend Unruhen aus. Dafür gab es zahlreiche Gründe: Die auf den Brenner zumarschierenden italienischen Truppen lösten Angst vor einem alliierten Einmarsch über die fast ungeschützte südbayerische Grenze aus. Außerdem hatten die bayerischen Truppen im mehr als vierjährigen Ringen besonders hohe Verluste erlitten – die Bevölkerung wünschte ein schnelles Ende der Kriegshandlungen. Dazu traten

der Hunger und die drückende Zwangsbewirtschaftung; letztlich brach auch der traditionelle Groll gegen die Preußen durch. In München jagten sich Versammlungen und Demonstrationen. Kurt Eisner, der Führer der Bayerischen USPD, setzte sich am 7. November an die Spitze der erregten Volksmassen und proklamierte die bayerische Republik. Der König von Bayern trat zurück. Der erste Thron war gestürzt.
In Berlin brandeten die Wogen der Revolution erst später – dort handelte es sich auch nicht um einen spontanen Aufstand, wie er in Kiel oder in München entstanden war, vielmehr erlebte Berlin einen langfristig und sorgfältig geplanten sozialistischen Umsturzversuch, in dem die russische Botschaft eine erhebliche Rolle spielte. Sie lieferte Geld, Propagandamaterial und in geringem Umfang auch Waffen an Männer vom äußersten linken Flügel des sozialistischen Spartakusbundes. Nur dieser Personenkreis vertrat den Gedanken einer Revolution nach russischem Vorbild. Das war bereits im Januar 1918 klargeworden, als aus dieser Richtung die Streiks Berliner Arbeiter mit entsprechenden Parolen unterstützt wurden. Karl Liebknecht – nach einer Amnestie für politische Häftlinge am 21. Oktober freigelassen – konnte nun ungehindert agitieren. Die Haltung der USPD war schwankend. Die Mehrheit des Parteivorstandes war gegen jede Revolution; einzelne Parteiführer und Gruppen der Partei vertraten jedoch radikalere Gedanken.
Der sozialdemokratische Reichstagsabgeordnete Philipp Scheidemann wiederum empfahl einen Trick: Als Transportarbeiter aus Rußland kommende Kisten in die russische Botschaft in Berlin schleppten, ließen sie auf Bitten Scheidemanns eine Kiste auf die Straße fallen. Sie platzte auf, und es quoll Propagandamaterial für den Spartakusbund heraus. Nun war es möglich, den Botschafter und sein Personal auszuweisen.
Am 2. November versammelten sich die Führer der revolutionären Berliner Gruppen, um den Zeitpunkt des Losschlagens festzulegen. Das Ziel des Aufstandes war, den Kaiser zu stürzen.
Der Kaiser aber saß in Spa und machte sich Gedanken über seine Zukunft. Selbstmord schied für ihn aus. Offiziere der Hochseeflotte hatten ernsthaft überlegt, ob der Kaiser an Bord eines Schlachtschiffes gehen und bei der geplanten Aufopferungsschlacht mit ihnen gemeinsam den Soldatentod im Kampf gegen die britische Flotte finden sollte. Doch solche Gedanken – auch von Heeresoffizieren erwogen – drangen nicht bis zum Kaiser. Der war zu einem anderen Entschluß gelangt: Am 8. November befahl er General Groener, dem Nachfolger Ludendorffs, er solle seine Rückkehr nach Berlin an der Spitze des Heeres vorbereiten, zusammen mit einer militärischen Operation gegen die Revolutionäre im Deutschen Reich. Doch dieser Plan ließ sich schon aus Transportgründen nicht ausführen: Die Eisenbahnen im rückwärtigen Gebiet waren durch die Absetzbewegungen der Truppen derart überlastet, daß es unmöglich schien, zusätzlich starke Truppenverbände von der Front abzuziehen und schnell nach Deutschland zu verlegen. Hinzu trat die sehr reale Befürchtung, daß in einem solchen Fall die Revolutionäre die Eisenbahnknotenpunkte am Rhein sperren könnten. Das hätte eine Katastrophe bedeutet, weil sämtliche Versorgungslager jenseits des Flusses lagen – die Front hätte aus Mangel an Nachschub zusammenbrechen müssen.
General Groener hatte am 9. November einige Front-

RECHTS: Der alliierte Oberkommandierende Marschall Foch empfängt am 8. November 1918 die deutsche Delegation zu den Waffenstillstandsverhandlungen. Bezeichnenderweise wird sie nicht von Militärs, sondern von einem Zivilisten, dem Reichstagsmitglied Matthias Erzberger geführt. Die Heeresleitung hatte es verstanden, sich aus der Verantwortung für den Krieg wegzustehlen. Erzberger und die anderen Politiker, die den Krieg beendeten, sollten schon bald als »Novemberverbrecher« die Zielscheibe giftigster Angriffe werden.

UNTEN: Die Waffenstillstandsverhandlungen fanden in einem Salonwagen der französischen Eisenbahn statt. Der Waggon auf der Lichtung von Rethondes im Wald von Compiègne wurde später zu einem Nationalheiligtum ausgestaltet – bis Hitler ihn 1940 seinerseits für ein Waffenstillstandsdiktat, diesmal gegen Frankreich, benutzte.

kommandeure nach Spa befohlen und sie befragt, ob sich ihre Truppen für den Kaiser schlagen würden. Doch nur ein Kommandeur sagte »Ja«, 23 antworteten »Nein«, und 15 waren sich der Haltung ihrer Soldaten nicht sicher. Groener sah sich gezwungen, dem Kaiser zu sagen, daß das Heer nicht mehr hinter ihm stehe.
Just an diesem düsteren Novembertag wurde in Berlin der Generalstreik ausgerufen – auch die Sozialdemokraten schlossen sich ihm an. Die Arbeiter gingen demonstrierend auf die Straßen – und die Soldaten der Berliner Garnison zogen mit und wählten Soldatenräte. Der Sozialdemokrat Ebert verhandelte mit Prinz Max von Baden, dem Reichskanzler, der ihm, Ebert, die Regierungsgeschäfte übergeben sollte. Prinz Max war dazu bereit, wollte aber die monarchische Staatsform durch einen Regenten erhalten wissen. Es kam zu stundenlangen Telefongesprächen zwischen Prinz Max und dem Kaiser. Schließlich erklärte Wilhelm II. unter dem Eindruck der Nachrichten über den Generalstreik in Berlin, daß er als Kaiser abdanken, aber König von Preußen bleiben wolle. Es wurde nie geklärt, ob Prinz Max – der unter einer schweren Grippe litt – den Kaiser nicht richtig verstanden hatte oder er des Kaisers Vorstellungen für undurchführbar hielt. Reichskanzler

Fortsetzung Seite 405

Im Wald von Compiègne

Den eisigen Empfang der deutschen Waffenstillstandsbevollmächtigten beim alliierten Generalissimus Foch und ihr Erschrecken angesichts der Tatsache, daß man mit ihnen gar nicht verhandeln will, sondern sofort die bedingungslose Kapitulation verlangt, hält ein Bericht in den 1931 erschienenen Memoiren des Marschalls fest.

In Begleitung des Generals Weygand, dreier Offiziere meines Generalstabes (Major Riedinger, Hauptmann de Mierry, Dolmetscheroffizier Laperche) und der britischen Marinedelegation unter Vorsitz des Admirals Wemyss, des Ersten Seelords, verließ ich Senlis 17 Uhr und begab mich im Sonderzug an die Stelle, die für das Zusammentreffen mit den deutschen Unterhändlern ausgesucht war, einen Winkel im Walde von Compiègne, dicht nördlich der Station Rethondes. Dort wurde mein Zug auf ein Artilleriegleis geschoben.
Der folgende Bericht, den ich nach Abschluß der Unterzeichnung des Waffenstillstandes an den Ministerpräsidenten der Republik sandte, enthält in allen ihren Einzelheiten die Tatsachen, die sich in Rethondes zwischen den Unterhändlern der Verbündeten und der Deutschen abgespielt haben ...
»Der Sonderzug, der die deutschen Bevollmächtigten heranführt, trifft am 8. November 7 Uhr auf seinem Haltegleis ein.
Der Marschall teilt den deutschen Delegierten mit, daß er sie von 9 Uhr ab empfangen kann. Diese bitten, um 9 Uhr empfangen zu werden.
Zur genannten Zeit begeben sie sich in den Zug des Marschalls.
Marschall Foch, unterstützt von Admiral Sir Rosslyn Wemyss, General Weygand und Admiral Hope, bittet, ihm ihre Vollmachten vorzulegen. Sie händigen dem Marschall ihre Vollmachten ein.
Man nimmt am Konferenztisch Platz.
Marschall Foch fragt die deutschen Delegierten nach dem Zwecke ihres Kommens.
Herr Erzberger antwortet, daß die deutsche Delegation gekommen sei, um die Vorschläge der verbündeten Mächte entgegenzunehmen für einen Waffenstillstand zu Lande, zu Wasser, in der Luft, an allen Fronten und in den Kolonien.
Marschall Foch erwidert, daß er keine Vorschläge zu machen habe.
Graf Oberndorff fragt, wie der Marschall wünsche, daß man sich ausdrücken solle. Er klammere sich nicht an Redewendungen, er könne nur sagen, daß die Delegation um die Bedingungen für den Waffenstillstand bitte.
Marschall Foch erwidert, daß er keine Bedingungen zu stellen habe.
Herr Erzberger verliest den Text der letzten Note des Präsidenten Wilson, der besagt, daß Marschall Foch ermächtigt sei, die Waffenstillstandsbedingungen bekanntzugeben.
Marschall Foch erwidert, daß er ermächtigt sei, diese Bedingungen bekanntzugeben, wenn die Deutschen den Waffenstillstand verlangen. ›Verlangen Sie den Waffenstillstand? Wenn Sie ihn verlangen, so kann ich Ihnen die Bedingungen mitteilen, unter denen er erlangt werden kann.‹
Herr Erzberger und Graf Oberndorff erklären, daß sie den Waffenstillstand verlangen. Marschall Foch erklärt dann, daß er die Waffenstillstandsbedingungen verlesen lassen wird ...«
Sofort nach dieser Verlesung nahm Herr Erzberger das Wort, um zu bitten, daß die militärischen Operationen von jetzt ab eingestellt würden. Er berief sich hierzu auf den Zustand der Auflösung und Disziplinlosigkeit, der in dem deutschen Heere herrsche, und auf den Geist der Revolution, der infolge der Leiden überhandnehme. Er schilderte eingehend die Schwierigkeiten, die er mit seiner Delegation gehabt habe, um durch die deutschen Armeen zu kommen und ihre Linien zu überschreiten. Nur mit Mühe und Not sei sogar der Befehl zum Einstellen des Feuers durchgedrungen. Er sehe in der Gesamtheit dieser Umstände den nahe bevorstehenden Einbruch des Bolschewismus in Deutschland. Und wenn erst einmal Mitteleuropa von dieser Flut überschwemmt wäre, dann würde Westeuropa, so sagte er, die größte Schwierigkeit haben, sich gegen ihn zu wehren. Nur die Einstellung der Angriffe der Verbündeten würde es erlauben, die Manneszucht in den deutschen Armeen wiederherzustellen und mit der Ordnung das Land zu retten.
Ich antwortete ihm leichthin: In dem Augenblick, wo die Verhandlungen über den Abschluß eines Waffenstillstandes eröffnet würden, sei es unmöglich, die militärischen Operationen einzustellen, solange die deutsche Delegation nicht die Bedingungen angenommen und unterschrieben habe, die ja gerade die Folge dieser Operationen seien.
Was den Zustand anbelangt, den Herr Erzberger von den deutschen Truppen schilderte, und die Gefahr des Bolschewismus in Deutschland, so sei das die Krankheit geschlagener Armeen und kriegsmüder und erschöpfter Nationen. Westeuropa werde schon Vorsorge treffen, um sich seiner zu erwehren.

(Ferdinand Foch, Meine Kriegserinnerungen 1914–18, Leipzig 1931)

RECHTE SEITE: Die abgehackten Hände, ein Greuelmärchen, dem jeglicher reale Hintergrund fehlte, geisterten lange Zeit durch die alliierte Propaganda.

FOLGENDE SEITEN: »Sturmangriff in den Argonnen« – eines aus der Fülle von Gemälden, mit denen die zeitgenössische Publizistik ihre Darstellungen des Weltkrieges schmückte.

MURDER
RUIN

Aufstand in Kiel

Die deutsche Revolution, die aus den Flottenmeutereien von Oktober/November 1918 hätte entstehen können, ging teils an der Eindämmung durch die Sozialdemokratie, teils an militärischer Repression, teils auch an eigener Schwäche und Unklarheit zugrunde. So enthält etwa der hier abgedruckte Aufruf des Kieler Soldatenrats kaum Forderungen, die über militärische Belange hinausgehen, so ist in gleicher Weise bezeichnend die Aussage des Gustav Noske, der sich darüber wundert, daß die Revolutionäre ihn, den rechten SPD-Mann, als Führer akzeptieren.

Aufruf des Kieler Soldatenrates, 5. 11. 1918

Kameraden! Der gestrige Tag wird in der Geschichte Deutschlands ewig denkwürdig sein. Zum ersten Mal ist die politische Macht in die Hände der Soldaten gelegt. Ein Zurück gibt es nicht mehr! ...
Die vom Soldatenrat gestellten und vom Gouverneur angenommenen vierzehn Punkte lauten:
1. Freilassung sämtlicher Inhaftierten und politischen Gefangenen.
2. Vollständige Rede- und Pressefreiheit.
3. Aufhebung der Briefzensur.
4. Sachgemäße Behandlung der Mannschaften durch Vorgesetzte.
5. Straffreie Rückkehr sämtlicher Kameraden an Bord und in die Kasernen.
6. Die Ausfahrt der Flotte hat unter allen Umständen zu unterbleiben.
7. Jegliche Schutzmaßnahmen durch Blutvergießen haben zu unterbleiben.
8. Zurückziehung sämtlicher nicht zur Garnison gehörigen Truppen.
9. Alle Maßnahmen zum Schutze des Privateigentums werden sofort vom Soldatenrat festgesetzt.
10. Es gibt außer Dienst keine Vorgesetzten mehr.
11. Unbeschränkte persönliche Freiheit jedes Mannes von Beendigung des Dienstes bis zum Beginn des nächsten Dienstes.
12. Offiziere, die sich mit den Maßnahmen des jetzt bestehenden Soldatenrates einverstanden erklären, begrüßen wir in unserer Mitte. Alles übrige hat ohne Anspruch auf Versorgung den Dienst zu quittieren.
13. Jeder Angehörige des Soldatenrates ist von jeglichem Dienste zu befreien.
14. Sämtliche in Zukunft zu treffenden Maßnahmen sind nur mit Zustimmung des Soldatenrates zu treffen.
Diese Forderungen sind für jede Militärperson Befehle des Soldatenrates.

Aussage Gustav Noskes vor dem Untersuchungsausschuß des Deutschen Reichstages, 12. 11. 1926

... Ich kann die erste der vom dem Herrn Berichterstatter formulierten Fragen: War Mißstimmung unter den Mannschaften wegen der strengen Urteile aus dem Jahre 1917 vorhanden? mit Ja beantworten. Schon in der allerersten Sitzung, an der ich in Kiel am Montag, den 4. November, auf der Station teilgenommen habe, war eine der Forderungen, die von den Wortführern der Mannschaften vorgetragen wurden, daß sofort die zu schweren Zuchthausstrafen verurteilten Kameraden freizulassen seien ...
Richtig ist, daß mir immer wieder die Auffassung entgegengetreten ist, daß bei der Flottenleitung die Absicht bestanden hat, trotzdem das Ende des Krieges durch die Forderung nach Waffenstillstandsverhandlungen da war – das war irgendwie durchgesickert und allgemein bekannt –, trotzdem also die Leute mit dem Ende des Krieges rechneten, sie im letzten Augenblick noch zu einer großen Schlacht hinauszuschicken, die doch unzweifelhaft das Resultat gehabt hätte, daß Zehntausende mit den Schiffen auf den Meeresgrund hinuntergegangen wären ...
Die Mannschaften wußten, daß Waffenstillstandsverhandlungen schwebten. Das war doch der Grund, daß sie mit dem Ende des Krieges rechneten; sie wollten nach Hause und nicht in den Tod ...
Ich habe den Eindruck gehabt: Das treibende Moment, das sich mit elementarer Gewalt durchsetzte, war das: die Sache ist zu Ende, und in dem Augenblick sterben wir nicht mehr, sondern gehen zu Frau und Kindern heim! ...
Ich habe natürlich sehr häufig über die Frage nachgedacht, wie die Dinge in Kiel möglich gewesen sind, und dabei immer wieder Betrachtungen darüber angestellt, ob das nun planmäßig vorbereitet worden ist, bin aber doch stets zu dem Resultat gekommen: Wenn eine planmäßige Arbeit zum Zwecke der Erhebung zu einem früheren oder späteren Zeitpunkt geleistet worden wäre, dann mußte doch eine Führung da sein, und dann war es doch fast undenkbar, daß ausgerechnet ich, der ich mich bei den Unabhängigen Sozialdemokraten nichts weniger als lebhafter Sympathien erfreuen konnte, beinahe widerspruchslos innerhalb weniger Tage es fertigbringen konnte, jedenfalls die gesamte Garnison von Kiel hinter mich zu bringen, so weit, daß sie im wesentlichen davon Abstand nahm, weiteres Unheil anzurichten, und es möglich war, die Dinge in ganz kurzer Frist in leidlich erträgliche Bahnen zu leiten ...

(H. Michaelis u. E. Schraepler, Ursachen und Folgen. Vom deutschen Zusammenbruch 1918 und 1945 bis zur staatlichen Neuordnung Deutschlands in der Gegenwart. Bd. II. Berlin 1959)

LINKE SEITE: Geschändete Frauen und erschlagene Kinder hinter sich, Orden für Mord und Zerstörung an der Brust und den klobigen Stiefel auf die amerikanische Flagge gesetzt – so sah eine US-Karikatur von 1918 den »bestialischen Deutschen«

Diktat der Sieger

Der Friedensvertrag von Versailles, der den Ersten Weltkrieg beendete, barg – so das Urteil der Historiker – in sich schon den Zündstoff für den Zweiten. Es fehlte auch damals nicht an warnenden Stimmen (zwei davon sind hier abgedruckt), aber umsonst sollten die Opfer nicht gewesen sein und allzusehr waren die Sieger noch verstrickt in die eigene Propaganda und verhaftet der Überzeugung, einer müsse schuld sein und alles bezahlen.

Aus einer Denkschrift des britischen Premiers Lloyd George, 26. 3. 1919

Ungerechtigkeit und Anmaßung, ausgespielt in der Stunde des Triumphes, werden nie vergessen und vergeben werden.

Aus diesem Grunde bin ich auf das schärfste dagegen, mehr Deutsche, als unerläßlich nötig ist, der deutschen Herrschaft zu entziehen, um sie einer anderen Nation zu unterstellen. Ich kann kaum eine stärkere Ursache für einen künftigen Krieg erblicken, als daß das deutsche Volk, das sich zweifellos als eine der kraftvollsten und mächtigsten Rassen der Welt erwiesen hat, rings von einer Anzahl kleiner Staaten umgeben werden soll, von denen viele aus Völkern bestehen, die noch nie vorher eine selbständige Regierung aufgestellt haben, aber jedes breite Massen von Deutschen umschließt, die die Vereinigung mit ihrem Heimatland fordern. Der Vorschlag der polnischen Kommission, 2 100 000 Deutsche der Aufsicht eines Volkes von anderer Religion zu unterstellen, das noch nie im Laufe seiner Geschichte die Fähigkeit zur Selbstregierung bewiesen hat, muß meiner Beurteilung nach früher oder später zu einem neuen Kriege in Osteuropa führen ...

Aufzeichnungen des amerikanischen Staatssekretärs Lansing, 8. 5. 1919

Gestern wurden die Friedensbedingungen den deutschen Bevollmächtigten übergeben, und zum ersten Mal in diesen Tagen fieberhafter, erregter Vorbereitung hat man Zeit, den Vertrag als ein vollständiges Schriftstück in Augenschein zu nehmen. Der Eindruck, den er macht, ist enttäuschend, erweckt Bedauern und Niedergeschlagenheit. Die Friedensbedingungen erscheinen unsagbar hart und demütigend, während viele von ihnen mir unerfüllbar scheinen. Der durch den Vertrag geschaffene Völkerbund soll – darauf vertraut man – den künstlichen Aufbau am Leben erhalten, der auf dem Wege des Kompromisses der widerstreitenden Interessen der Großmächte errichtet wurde, und ein Keimen der Kriegssaat, die in so vielen Paragraphen ausgesät ist und unter normalen Bedingungen bald Früchte tragen würde, zu verhindern. Der Bund könnte ebensogut das Wachstum der Pflanzenwelt in einem tropischen Dschungel verhindern. Kriege werden früher oder später entstehen.

Man muß von vorneherein zugeben, daß der Bund ein Werkzeug der Mächtigen ist, um das normale Wachstum nationaler Macht und nationaler Bestrebungen bei jenen aufzuhalten, die durch die Niederlage machtlos geworden sind. Prüft den Vertrag und ihr werdet finden, daß Völker gegen ihren Willen in die Macht jener gegeben sind, die sie hassen, während ihre wirtschaftlichen Quellen ihnen entrissen und anderen übergeben sind. Haß und Erbitterung, wenn nicht Verzweiflung, müssen die Folgen derartiger Bestimmungen sein. Es mag Jahre dauern, bis diese unterdrückten Völker imstande sind, ihr Joch abzuschütteln, aber so gewiß wie die Nacht auf den Tag folgt, wird die Zeit kommen, da sie den Versuch wagen.

Dieser Krieg wurde von den Vereinigten Staaten geführt, um für immer Zustände zu vernichten, die ihn hervorbrachten. Diese Zustände sind nicht zerstört worden. Andere Zustände, andere Bedingungen haben sie verdrängt, die nicht minder als jene den Haß, die Eifersucht, den Argwohn wecken. An Stelle des Dreibundes und der Entente hat sich der Fünfbund erhoben, der die Welt beherrschen soll. Die Sieger in diesem Kriege gedenken ihren vereinten Willen den Besiegten aufzuzwingen und alle Interessen ihren eigenen unterzuordnen. Es ist wahr, daß sie, um die wachgewordene öffentliche Meinung der Menschheit zu befriedigen und dem Idealismus des Moralisten etwas zu bieten, die neue Allianz mit einem Heiligenschein umgeben und »Bund der Völker« genannt haben. Doch wie man ihn auch nennen oder sein Wesen verkleiden mag, er bleibt eine Allianz der fünf großen Militärmächte.

Wozu die Augen vor der Tatsache verschließen, daß die Macht, durch Anwendung vereinter Kraft der »Fünf« Gehorsam zu erzwingen, das Grundprinzip des Bundes ist. Gerechtigkeit kommt in zweiter Linie, die Macht geht vor.

Der Bund, wie er jetzt besteht, wird der Habgier und Intrige anheimfallen; und die Bestimmung der Einstimmigkeit im Rate, die eine Schranke hiergegen bieten könnte, wird durchbrochen werden oder die Organisation machtlos machen. Sie soll dem Unrecht den Stempel des Rechts aufdrücken.

Wir haben einen Friedensvertrag, aber er wird keinen dauernden Frieden bringen, weil er auf dem Treibsand des Eigennutzes gegründet ist.

(G. Soldan, Zeitgeschichte in Wort und Bild, München 1931; Robert Lansing, Die Versailler Friedensverhandlungen. Persönliche Erinnerungen. Berlin 1921)

Rechte Seite: Von Wilsons Vierzehn Punkten war in Versailles keine Rede mehr, allerdings nicht aus Vergeßlichkeit oder gar böser Absicht des US-Präsidenten, wie die deutsche Karikatur von 1919 behauptet, sondern weil Wilson sein (mildes) Programm nicht gegen die Racheforderungen vor allem Frankreichs durchsetzen konnte.

ünchen, 17. Juni 1919 Preis 50 Pfg. 24. Jahrgang Nr. 12

SIMPLICISSIMUS

gspreis vierteljährlich 6 Mark
Alle Rechte vorbehalten

Begründet von Albert Langen und Th. Th. Heine

Bezugspreis vierteljährlich 6 Mark

Unter Göttern

(Th. Th. Heine)

„Woodrow Wilson, wo sind deine vierzehn Punkte?" — „Keine Aufregung, oh Lord, deine zehn Gebote haben wir ja auch nicht gehalten."

Linke Fahrbahn
51. A.K.

Prinz Max von Baden erklärte jedenfalls gegen Mittag des 9. November 1918, daß der Kaiser und König ebenso auf den Thron verzichtet habe wie der Kronprinz, und daß ein Regent ernannt werde. Außerdem übertrug er das Amt des Reichskanzlers auf Friedrich Ebert, den Vorsitzenden der Sozialdemokratischen Partei.
Gegen 14 Uhr rief Scheidemann vor dem Reichstagsgebäude den dort versammelten Demonstranten gegenüber die Republik aus. Zwei Stunden später proklamierte Liebknecht vom Balkon des Berliner Schlosses die sozialistische deutsche Republik.
Am Nachmittag dieses deutschen Schicksalstages hielt der Kaiser zunächst noch an seiner Idee fest, zusammen mit seinen Soldaten nach Berlin zu ziehen. Doch inzwischen waren rebellierende Truppen sogar in der Nähe des Hauptquartiers der Obersten Heeresleitung und des Kaisers aufgetaucht. Zu dieser Zeit legten Hindenburg, aber auch der Vertreter des Reichskanzlers im Hauptquartier, Staatssekretär und Konteradmiral Paul v. Hintze, dem Kaiser den Übertritt in ein neutrales Land nahe. Hindenburg – dem der Kaiser bereits den Oberbefehl über die Armee übertragen hatte – erklärte außerdem, daß er für die Sicherheit des Kaisers nicht mehr garantieren könne. Nun wurde es höchste Zeit für Wilhelm II.
Am Morgen des 10. November wurde Hindenburg gemeldet, daß der Kaiser mit seinem Hofzug gegen fünf Uhr morgens Spa verlassen und in die Niederlande gefahren sei. Der Kaiser hatte sich weder von Hindenburg noch vom Gefolge verabschiedet.
Die Nachricht, der Kaiser sei ins Exil gegangen, traf vor allem das Offizierskorps wie ein Keulenschlag, und in den nun einsetzenden Diskussionen tauchte immer wieder der Ausdruck von der »Desertion des Kaisers« auf. Im Rückblick betrachtet war die Fahrt des Kaisers ins Exil sicherlich die beste Lösung. Die andere Möglichkeit für ihn wäre die Rückkehr nach Berlin als abgedankter Monarch gewesen. Das hätte mit Gewißheit in den folgenden wirren Monaten zu erheblichen Konflikten vor allem unter Offizieren und Beamten geführt, deren Folge der Bürgerkrieg sein mußte.
Der Hauptmann im Generalstab Heinz Guderian schrieb am 14. November nach Hause: »Dann wollen wir nach Möglichkeit den dunklen Spuk der letzten Jahre verjagen und mit unseren Kindern glücklich sein.«

Deutsche Truppen auf der Rheinbrücke bei Bonn. Die geordnete Rückführung des Millionenheeres war die letzte große Leistung der Obersten Heeresleitung.

FOLGENDE SEITEN: Die »Großen Vier« der Friedenskonferenz von Versailles 1919: der Brite Lloyd George, der Italiener Orlando, der Franzose Clemenceau und der Amerikaner Wilson.

Der Philosophiestudent Joseph Goebbels schrieb am 13. November an einen Freund: »Ich glaube, Deutschland hat den Krieg verloren, und für unser Vaterland ist er doch gewonnen. Wenn der Wein gärt, kommen alle schlechten Bestandteile an die Oberfläche, doch sie werden abgeschöpft, und Köstliches nur bleibt zurück ...« Als Hitlers Propagandachef sollte Goebbels später allerdings ganz anders über den »verlorenen« Krieg reden.
Genau im Sinne der bald aufkommenden »Dolchstoß-Legende« sah dagegen der Hauptmann im Generalstab Ludwig Beck die Lage. Er, der später zu den Verschwörern des 20. Juli 1944 gehören sollte, schrieb im November 1918: »Unser Heer in der Heimat ist seit Monaten systematisch revolutionär bearbeitet worden ... Der Gesamtorganismus war nicht mehr gesund, es waren zu viele Bazillenträger durch den Nachersatz hereingekommen ... Auch der Gegner war am Ende. Es ist eine Sage, wenn das Gegenteil behauptet wird ...«
Der Hauptmann Erhard Milch, Kommandeur von vier Jagdfliegerstaffeln – der spätere Generalfeldmarschall – hatte damals keine Zeit zu langen Betrachtungen. Er mußte seine Soldaten in die Heimat zurückführen. Am 11. November ließ er in der Morgendämmerung seine Jagdgruppe 6 im offenen Viereck antreten und verlas kurz und bündig den Befehl des Armeeoberkommandos über die Wahl von Soldatenräten. Dann hielt er eine knappe Ansprache, befahl, Maschinengewehre auf die Lastwagen des Bodenpersonals zu montieren, die Kriegskasse aufzufüllen und die nötige Marschverpflegung bereitzustellen. In sein Tagebuch schrieb er: »9 Uhr von mir Ansprache an alle vier Staffeln. 12 Uhr mittags: Waffenstillstand. Die Bedingungen sind die beste Grundlage für einen zukünftigen Krieg.«
Nach dem Abmarsch fuhr er zur Erkundung voran nach Aachen. Seine Tagebuchnotiz: »Nach Deutschland hinein. Kein Schwein begrüßt einen, nur die kleinen Kinder winken.« Im Rathaus stieß er auf 20 Matrosen des Soldatenrates. Sie tippten an seine Schulterstücke: »Nun mal schnell runter mit dem Zeug da!« Milch bluffte: »Ich empfehle Ihnen, schnell die roten Armbinden abzumachen, wenn Ihnen Ihr Leben lieb ist. Hinter mir kommt eine kaisertreue Division, die alle Revolutionäre erschießt!« Milch sagte später: »Die Angst dieser Leute vor den Fronttruppen war ungeheuer. Ein General mit politischem Verständnis hätte in diesen ersten Tagen die Ordnung schnellstens wiederherstellen können ...«
Von sehr persönlicher Warte sah General der Infanterie Ludendorff den Zusammenbruch des Kaiserreiches. Er empfand kaum Trauer wie die meisten seiner Offizierskameraden, sondern grimmigen Zorn. Er hätte den Krieg anders beendet, begann er zu glauben, wenn man ihn nicht abgesetzt hätte. So begann er nach geheimnis-

vollen, »überstaatlichen Mächten« zu suchen, wurde zum Sektierer und sammelte Sektierer um sich. Als die Lage im revolutionären Berlin unsicher zu werden begann, wich er für einige Zeit nach Schweden aus. Nach seiner Rückkehr im Februar 1919 suchte er General Malcolm von der alliierten Waffenstillstandskommission auf. Vor ihm beschuldigte er die deutsche Regierung und das deutsche Volk – alle hätten ihn im Stich gelassen. Der General Malcolm fragte: »Wollen Sie damit sagen, General, daß man Ihnen einen Dolchstoß in den Rücken versetzt hat?« Ludendorff griff das sofort auf; die gängige Formel, der Slogan, war gefunden. »Das stimmt«, sagte Ludendorff, »man hat uns einen Dolchstoß in den Rücken versetzt, einen Dolchstoß in den Rücken ...«

Der königlich preußische Kadett Ernst v. Salomon, 16 Jahre alt, ging im November 1918 durch die Berliner Innenstadt, und vor ihm schritt ein Soldat, der hatte noch seine Schulterklappen am Mantel. Matrosen mit roten Schärpen kamen, und ein Artillerist hieb dem jungen Soldaten die Faust ins Gesicht und riß ihm die Schulterklappen ab. »Diese Schweine, dachte ich«, schrieb Salomon in seinem Buch »Die Geächteten«, »aber dann stand der Artillerist vor mir und hatte kleine, tückische Augen und schmutziges Kinn und struppige Haare, und er hob die Hände, rote, breite, behaarte Hände. Schnell sah ich mich um. Viele Leute standen plötzlich im Kreis, auch Frauen waren da ... viele lachten, aber ich dachte nur an die Achselklappen. Alles hing an den Achselklappen, meine Ehre ... alles lag daran, und ich griff zum Seitengewehr. Da pflanzte sich die Faust mir mitten ins Gesicht ... der Artillerist spie mich an ... und eine Frau schrie: ›Du Affe, du Zierbengel, du Hosentrompeter‹, und ein Stock flog mir ins Genick, und ich fiel ...«

Wenige Stunden vor dem Inkrafttreten des Waffenstillstandes, am Vormittag des 10. November 1918, bahnte sich eine welthistorische Stunde an, eine verhängnisvolle Stunde freilich für das Deutsche Reich, sein Volk, für die Völker Europas und der ganzen Erde. Diese Stunde war an keinem Anzeichen zu erkennen, es wurde nicht darüber gesprochen, und ihr Ort lag geographisch nicht in einem Machtzentrum, sondern in der mecklenburgischen Kleinstadt Pasewalk. Dort rief der seelsorgerische Betreuer der Verwundeten des Reservelazaretts alle diejenigen zusammen, die gehen oder zumindest humpeln konnten. Der evangelische Geistliche war tief erschüttert, hatte Tränen in den Augen und teilte den um ihn Versammelten die Abdankung des Kaisers, den Ausbruch der Revolution in Berlin und die Unumgänglichkeit des Abschlusses eines Waffenstillstandes mit. Einer seiner Zuhörer war der Gefreite Adolf Hitler. Am Morgen des 16. Oktober 1918 war er bei einem Meldegang in den Beschuß durch Gasgranaten geraten.

Die deutsche Hochseeflotte mußte nach dem Waffenstillstand ausgeliefert werden. Am 21. November 1918 trat sie ihre letzte Fahrt über die Nordsee an. Sieben Monate lang lag sie unter deutscher Rest-Besatzung im britischen Marinestützpunkt Scapa Flow. Dann wurde sie als Protest gegen die Bestimmungen des Versailler Vertrags am 21. Juni 1919 versenkt.

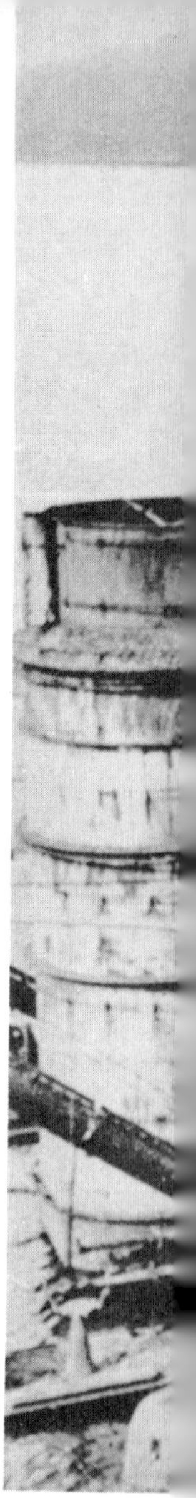

Riesige Mengen von Kriegsmaterial mußte in Deutschland zerstört werden, unter anderem 64000 Stahlhelme. Alliierte Kommissare wachten über die peinlich genaue Einhaltung der Bestimmungen.

Senfgas »Lost« war in seine Augen geraten und hatte ihn geblendet. Inzwischen aber war die Augenverletzung nahezu wieder ausgeheilt. Hitler schlich sich – nach eigener Schilderung – davon und vergrub sich in seinen Kissen. Der Kaiser bedeutete ihm nicht viel, aber die Niederlage schien ihm unerträglich. Er wollte eines, die Revolution gegen die Revolutionäre, und es war ihm bitter ernst. In dieser Stunde, so schrieb er später in seinem Buch »Mein Kampf«, wußte er genau was er wollte, und er war gewiß, daß er es mit eisernem Willen durchsetzen würde. »Ich aber beschloß«, so schrieb er, »Politiker zu werden ...«

Am 13. November 1918 wurde Hitler aus dem Reservelazarett Pasewalk entlassen, reiste nach München und meldete sich befehlsgemäß bei der 7. Ersatzkompanie des Infanterieregiments Nr. 2.

Zwei Tage nachdem der Kaiser dem Thron entsagt hatte, wurde endlich der Waffenstillstandsvertrag unterzeichnet. Vorangegangen waren vier diplomatische No-

PG

ten der US-Regierung als Erwiderung deutscher Noten. In der letzten Note, der vierten, hatte der US-Präsident Wilson erklärt, daß der alliierte Oberkommandierende, Marschall Foch, bereit sei, deutsche Regierungsvertreter zu empfangen und daß die alliierten Regierungen einverstanden seien, auf der Grundlage der 14 Punkte Frieden zu schließen.
Am 8. November 1918 traf die deutsche Waffenstillstandsdelegation unter Führung von Matthias Erzberger, einem Reichstagsabgeordneten vom linken Flügel der Zentrumspartei, im Wald von Compiègne ein. Es gab keinerlei Verhandlungen. Foch forderte kategorisch völlige Unterwerfung; auch Zugeständnisse in Detailfragen wurden nicht gemacht.
In den frühen Morgenstunden des 11. November unterschrieb Erzberger die vorgelegten Waffenstillstandsbedingungen – ein Zivilist unterzeichnete und nicht etwa ein General. Sechs Stunden später – um 12 Uhr mittags – setzten in der Nähe des zerschossenen Dorfes Ribecourt, nördlich von Compiègne, ein französischer und ein englischer Hornist die Trompete an den Mund und bliesen das Signal »Feuer einstellen«. Von nun an schwiegen die Waffen.
Doch der Weltbrand schwelte und flammte noch weiter: Die Polen nutzten die im zerbrochenen russischen Zarenreich entstandene Lage, um große Teile der Ukraine zu erobern, wurden aber 1920 von der sowjetischen Roten Armee bis an den Rand von Warschau zurückgetrieben. Deutsche Freikorps kämpften im Baltikum gegen russischen Eroberungsdrang. Die Entente-Mächte wiesen deutsche Vorschläge zurück, zusammen mit weißrussischen Truppen Petersburg zu besetzen und dort einer antikommunistischen Regierung zur Macht zu verhelfen. Die führenden Entente-Staatsmänner glaubten, der Bolschewismus würde binnen kurzem von allein zugrunde gehen.
Der Waffenstillstand von Compiègne war unterzeichnet, und sofort mußte eine Reihe von harten Bedingungen erfüllt werden: Nordfrankreich, Belgien und Elsaß-Lothringen waren binnen 15 Tagen von deutschen Truppen zu räumen. Der Friede mit Rußland und Rumänien wurde für null und nichtig erklärt. 5000 Geschütze, 25000 Maschinengewehre, 3000 Minenwerfer, 1700 Flugzeuge, sämtliche Unterseeboote, 6 moderne Panzerkreuzer, 10 Linienschiffe, 8 Kleine Kreuzer und 50 Torpedoboote waren in unversehrtem Zustand auszuliefern, ferner 5000 Lokomotiven, 150000 Waggons und 5000 Lastwagen. Auf der anderen Seite aber hielten die Entente-Mächte sich für berechtigt, die Blockade gegen Deutschland aufrechtzuerhalten. Die Aushungerung ging weiter, auch nach dem Waffenstillstand starben Kinder und Kranke an Unterernährung.
In Deutschland herrschte die Revolution. Chaos allenthalben, überall Auflösungserscheinungen: die Millionenarmee begann sich zu zerstreuen. Was blieb, war der Große Generalstab. Er meisterte die fast unlösbare Aufgabe, innerhalb von zwei Wochen die Heeresverbände aus dem Westen in guter Ordnung über den Rhein zurückzuführen.
In den Weihnachtstagen tobten Straßenkämpfe in Berlin. Polnische Freischärler überrannten am 28. Dezember die schwachen deutschen Truppen in Posen. Die ganze Provinz Westpreußen geriet in polnische Hand. Grenzschutz im Osten war vonnöten. Die Oberste Heeresleitung verlegte nach Kolberg, aus Freiwilligen formierte Truppen schützten fortan die Ostgrenzen mit Waffengewalt.
Am 16. Januar 1919 mußte der Waffenstillstand verlängert werden. Der Preis: Auslieferung der gesamten Handelsflotte an die Entente.
Zwei Tage später begann in Versailles die Friedenskonferenz – deutsche Vertreter waren dazu nicht geladen. Der US-Präsident Wilson vertrat dort seine in den 14 Punkten niedergelegten Ideale. Nur: Die vom gewaltigen Sieg berauschten Entente-Politiker hielten nichts mehr von diesen 14 Punkten.
Anfang Mai 1919 hatte eine Delegation der Deutschen Reichsregierung in Versailles zu erscheinen, um die Friedensbedingungen in Empfang zu nehmen. Sie waren ungeheuerlich. In der Endfassung war der Friedensvertrag von Versailles ein 248 Seiten starkes Buch. Darin stand verzeichnet, was Deutschland nunmehr abzuliefern, zu zahlen, zu leisten, zu unterlassen und zu dulden hatte und was ihm verboten war. Elsaß-Lothringen mußte an Frankreich, die Kreise Eupen und Malmédy an Belgien abgetreten werden. Die Provinzen Posen und Westpreußen, Teile von Ostpreußen, von Oberschlesien und Pommern gingen an Polen: Memel, Danzig, Nordschleswig und das Saargebiet waren vom Reich abzutrennen.
Die deutsche Armee mußte auf 100000 Mann reduziert, die Marine drastisch verkleinert, die Fliegertruppe ganz abgeschafft werden. Die Armee durfte weder Panzerkampfwagen noch Gaswaffen noch schwere Geschütze noch einen Generalstab haben, aber auch keine Festungen. Unterseeboote waren nicht erlaubt.
Es waren sofort 40 Milliarden Mark Kriegsschadenersatz, später weitere 20 Milliarden Mark zu zahlen; zusätzliche Zahlungen sollten später festgelegt werden. Fünf Jahre lang hatten deutsche Werften jährlich 200000 Tonnen Schiffsraum für die Alliierten zu bauen.

Kriegsgefangene mit dem Abzeichen PG – »Prisonniers de guerre«. Fast eine Million deutscher Soldaten geriet in Gefangenschaft. Die letzten kehrten 1920 zurück.

Abzuliefern waren aber auch 700 Hengste, 40000 Stuten, 4000 Stiere, 149000 Milchkühe, 40000 Jungrinder, dazu Tausende von Schafen, Ziegen und Schweinen. Kohlen waren zu liefern, auch Lokomotiven, Waggons und Lastwagen zusätzlich zu den schon abgegebenen. Die deutsche Luftfahrt, auch die zivile, wurde verboten. 859 »Kriegsverbrecher« sollten ausgeliefert werden, darunter Hindenburg, Ludendorff und alle U-Boot-Kommandanten. Außerdem hatte Deutschland anzuerkennen, daß es die Schuld am Ausbruch des Krieges trage und für alle Verluste und Schäden verantwortlich sei.

Am 16. Juni 1919 wurden die Bedingungen den Deutschen übergeben. Sie mußten innerhalb von fünf Tagen angenommen werden – falls nicht, so erklärte der französische Ministerpräsident Georges Clemenceau, werde der Krieg weitergehen.

Am 21. Juni versenkten deutsche Marinesoldaten, die ihre Kriegsschiffe unter alliierter Bewachung zur Auslieferung in die Bucht von Scapa Flow gebracht hatten, ihre eigenen Schiffe durch Öffnen der Flutventile: 6 Schlachtkreuzer, 10 Schlachtschiffe, 8 Kleine Kreuzer, 50 Torpedoboote und 100 U-Boote.

Am Tag darauf nahm die deutsche Nationalversammlung mit 257 Stimmen die Unterzeichnungsvorlage des Friedensvertrages an. 138 Abgeordnete stimmten dagegen, 5 Stimmen waren ungültig.

Am 28. Juni 1919 wurde dort, wo 48 Jahre zuvor das deutsche Kaiserreich neu gegründet worden war, im Spiegelsaal des Schlosses zu Versailles, der Friedensvertrag unterzeichnet. Die deutsche Reichsregierung erklärte, daß sie sich der Gewalt füge.

Es war Frieden. Aber Europa hatte sich verändert: Durch den Versailler Vertrag und den für Österreich geltenden Parallelvertrag von Saint-Germain war – schwerwiegendster Fehler – die staatliche Einheit des Donauraumes zerstört worden. Ohne Befragung der Slowaken war die Tschechoslowakei entstanden, die sich auch 3,5 Millionen Deutsche und 750000 Ungarn gegen deren Willen einverleibte. Sie bildeten zusammen mit den 2,5 Millionen Slowaken fast die Hälfte der Bevölkerung dieses neuen Staates. Genau so künstlich erschien das neugeschaffene Jugoslawien, in dem katholische Slowenen und Kroaten in unversöhnlicher Feindschaft den orthodoxen Serben gegenüberstanden. Das von der Donaumonarchie allein übriggebliebene Deutsch-Österreich, das zudem noch Südtirol an Italien verloren hatte, durfte sich nicht nach dem proklamierten und viel zitierten Selbstbestimmungsrecht der Völker an das Deutsche Reich anschließen, obwohl es zunächst als Staat kaum lebensfähig schien.

Aber auch die Siegermächte sahen anders aus als vor dem Krieg: Rußland hatte weder seine Interessen am Balkan wahren noch Konstantinopel erobern können. Das Zarenreich war untergegangen. Frankreich und England waren so erschöpft, daß sie schrittweise ihre bisherige Weltgeltung einbüßten. Ihre Gewinne waren demgegenüber dürftig. Ein 1917 ausgehandelter Kompromißfrieden hätte ihnen mit Sicherheit mehr eingebracht – jedenfalls auf lange Sicht – als der totale Sieg. Die USA fühlten sich von ihren Verbündeten hintergangen. Ihre Soldaten waren für nichts gefallen. Die Amerikaner zogen sich für lange Zeit aus der Weltpolitik zurück.

Profitiert hatte Italien: Es hatte erhebliche Landgewinne zu verbuchen. Benito Mussolini, ein Korporal der italienischen Armee, marschierte 1922 mit seiner faschistischen Partei nach Rom, übernahm die Regierung und wollte ein neues römisches Imperium aufbauen. Sein erstes Opfer war Äthiopien.

Ein wirklicher Sieger war auch Japan, dem es nur um den Besitz des deutschen Pachtgebietes Kiautschou auf der chinesischen Halbinsel Schantung gegangen war. Nach der Eroberung dieser Beute hatte es sich kaum noch am Krieg beteiligt. Der Vertrag von Versailles billigte Japan nicht nur Kiautschou, sondern auch die ehedem zum deutschen Kolonialreich gehörenden Südsee-Inseln zu. Japan drang später tief in China ein, und die Südsee-Inseln wurden das Sprungbrett für den Krieg gegen die USA.

Als Sieger konnten sich auch die Polen und die Tschechen betrachten. Die Millionenzahl der in ihren Staaten lebenden Deutschen boten zwei Jahrzehnte nach Versailles für den 1933 an die Macht gekommenen Adolf Hitler den willkommenen propagandistischen Anlaß, diese Deutschen »heim ins Reich« zu holen und den Zweiten Weltkrieg zu riskieren. Die mächtigste Propagandawaffe Hitlers und seines Propagandaministers Joseph Goebbels aber war von der Entente, hauptsächlich von Georges Clemenceau, selbst geschmiedet worden: Der Versailler Vertrag. Ihn aus der Welt zu schaffen, war der Wunsch nahezu aller Deutschen. Die wenigsten von ihnen folgten dem Führer und Reichskanzler Adolf Hitler wegen seiner wirren Rassenideen – sie folgten ihm, weil er daranging, sie vom Versailler Vertrag und seinen Folgen zu erlösen. So gebar der Erste Weltkrieg – in den die Nationen Europas durch Verkettung von Zufällen und von Bündnissystemen hineingetaumelt waren – den nächsten, den Zweiten Weltkrieg. Die Folgen beider Kriege prägen das Weltbild von heute.

Mit Jubel und Begeisterung war der Krieg begonnen worden. Als er nach viereinhalb Jahren zu Ende ging, herrschten Not und Elend, Millionen von Familien waren ohne Ernährer.

Quellen- und Literaturhinweise

C. H. BAER (Hrsg.), *Der Völkerkrieg.* Eine Chronik der Ereignisse seit dem 1. Juli 1914. 28 Bde. Stuttgart 1914–1923

CORRELLI BARNETT, *Anatomie eines Krieges.* Eine Studie über Hintergründe und entscheidende Phasen des Ersten Weltkrieges. München – Esslingen 1963

MAX BAUER, *Der große Krieg in Feld und Heimat.* Erinnerungen und Betrachtungen. Tübingen 1921

JOHN COSTELLO und TERRY HUGHES, *Skagerrak 1916.* Deutschlands größte Seeschlacht. Wien – München – Zürich – Innsbruck 1976

WILHELM DEIST, *Militär und Innenpolitik im Weltkrieg 1914–1918.* 2 Bde. Düsseldorf 1970

Deutschland im Ersten Weltkrieg. 3 Bde. 2. Aufl. Berlin 1970

HANS DOLLINGER (Hrsg.), *Der Erste Weltkrieg in Bildern und Dokumenten 1914–1918.* München 1965

ders. (Hrsg.), *Das Kaiserreich.* Seine Geschichte in Texten, Bildern und Dokumenten. München 1966

JOHN ELLIS, *The Social History of the Machine Gun.* New York 1975

KARL DIETRICH ERDMANN, *Die Zeit der Weltkriege.* Stuttgart 1965 (Gebhardts Handbuch der deutschen Geschichte Bd. 4)

ERICH V. FALKENHAYN, *Die Oberste Heeresleitung in ihren wichtigsten Entschließungen.* Berlin 1920

GERALD D. FELDMAN, *Army, Industry and Labor in Germany 1914–1918.* Princeton/New Jersey 1966

FRITZ FISCHER, *Griff nach der Weltmacht.* Die Kriegszielpolitik des kaiserlichen Deutschland 1914/18. 3. Aufl. Düsseldorf 1964

ders., *Krieg der Illusionen.* Die deutsche Politik von 1911 bis 1914. Düsseldorf 1969

FERDINAND FOCH, *Meine Kriegserinnerungen 1914–18.* Leipzig 1931

IMANUEL GEISS (Hrsg.), *Julikrise und Kriegsausbruch 1914.* 2 Bde. Hannover 1963–64

VALENTIN GITERMANN, *Die Russische Revolution.* In: *Propyläen-Weltgeschichte* Bd. 9. Berlin – Frankfurt – Wien 1960

SEBASTIAN HAFFNER, *Die sieben Todsünden des Deutschen Reiches.* Grundfehler deutscher Politik nach Bismarck damals und auch heute. Hamburg 1965

HANS HERZFELD, *Der Erste Weltkrieg.* München 1968 (dtv Weltgeschichte des 20. Jh. Bd. 1)

ders., *Erster Weltkrieg und Friede von Versailles.* In: *Propyläen-Weltgeschichte* Bd. 9. Berlin – Frankfurt – Wien 1960

PAUL V. HINDENBURG, *Aus meinem Leben.* Leipzig 1920

MAGNUS HIRSCHFELD (Hrsg.), *Sittengeschichte des Weltkriegs.* 2 Bde. Leipzig – Wien 1930

ALISTAIR HORNE, *Des Ruhmes Lohn.* Verdun 1916. Minden/Westf. 1965

WALTHER HUBATSCH, *Kaiserliche Marine.* Aufgaben und Leistungen. München 1975

ders., *Der Weltkrieg 1914/1918.* Konstanz 1955

ERNST JOHANN (Hrsg.), *Innenansicht eines Krieges.* Bilder, Briefe, Dokumente 1914–1918. Frankfurt/M. 1968

PETER GRAF KIELMANNSEGG, *Deutschland und der Erste Weltkrieg.* Frankfurt/M. 1968

RICHARD KOHN (Hrsg.), *Die Russische Revolution in Augenzeugenberichten.* Düsseldorf 1964

GUNTHER LANGES, *Die Front in Fels und Eis.* Der Weltkrieg 1914–1918 im Hochgebirge. 7. überarb. Aufl. Bozen 1979

HEINZ V. LICHEM, *Der einsame Krieg.* Erste Gesamtdokumentation des Gebirgskriegs 1915/18 von den Julischen Alpen bis zum Stilfser Joch. München 1974

ERICH LUDENDORFF, *Meine Kriegserinnerungen 1914–1918.* Berlin 1919

ders. (Hrsg.), *Urkunden der Obersten Heeresleitung über ihre Tätigkeit 1916/18.* Berlin 1920

A. MARWICK, *War and social change in the twentieth century.* London 1974

HELMUTH V. MOLTKE, *Erinnerungen, Briefe, Dokumente 1877–1916.* Stuttgart 1922

GEORG ALEXANDER MÜLLER, *Regierte der Kaiser?* Kriegstagebücher, Aufzeichnungen und Briefe des Chefs des Marine-Kabinetts 1914–1918. Göttingen – Berlin – Frankfurt/M. 1959

WOLFGANG PAUL, *Entscheidung im September.* Das Wunder an der Marne 1914. Esslingen 1974

OTTO RIEBICKE, *Was brauchte der Weltkrieg?* Tatsachen und Zahlen aus dem deutschen Ringen 1914/18. Leipzig 1936

GERHARD RITTER, *Der Schlieffenplan.* Kritik eines Mythos. München 1956

THEODOR SCHIEDER, *Staatensystem als Vormacht der Welt 1848–1918.* Frankfurt/M. – Berlin – Wien 1976 (Propyläen Geschichte Europas Bd. 5)

WOLFGANG SCHIEDER (Hrsg.), *Erster Weltkrieg.* Ursachen, Entstehung und Kriegsziele. Köln 1969 (Neue wissenschaftl. Bibliothek Bd. 32)

BENNO SCHNEIDER und ULRICH HAACKE (Hrsg.), *Das Buch vom Kriege 1914–1918.* Briefe, Berichte, Erinnerungen, Urkunden. Ebenhausen 1933

Schlachten des Weltkrieges 1914–1918. In Einzeldarstellungen bearbeitet und herausgegeben im Auftrag des Reichsarchivs. 36 Bde. Berlin – Oldenburg i. O. 1921–1930

OTTO-ERNST SCHÜDDEKOPF, *Der Erste Weltkrieg.* Gütersloh 1977

GERHARD SCHULZ, *Revolutionen und Friedensschlüsse 1917–1920.* München 1967 (dtv Weltgeschichte des 20. Jh. Bd. 2)

DAVID SHERMER, *World War I.* London 1973

COLIN SIMPSON, *Die Lusitania.* Frankfurt/M. 1973

WOLFGANG STEGLICH, *Die Friedenspolitik der Mittelmächte 1917/18.* München 1964

BARBARA W. TUCHMAN, *August 1914.* Bern – München – Wien 1964

Der Weltkrieg 1914–1918. Im Auftrag des Reichskriegsministeriums bearbeitet und herausgegeben von der Forschungsanstalt für Kriegs- und Heeresgeschichte. 11 Bde. Berlin 1925–1938

Weltkriege und Revolutionen 1914–1945. München 1961 (Geschichte in Quellen Bd. 5)

GERMAN WERTH, *Verdun.* Die Schlacht und der Mythos. Bergisch Gladbach 1979

F. WÜRTLE, *Die Spur führt nach Belgrad.* Die Hintergründe des Dramas von Sarajevo 1914. München 1975

CHRISTIAN ZENTNER, *Deutschland 1970 bis heute.* Bilder und Dokumente. München 1970

Inhalt der Karten

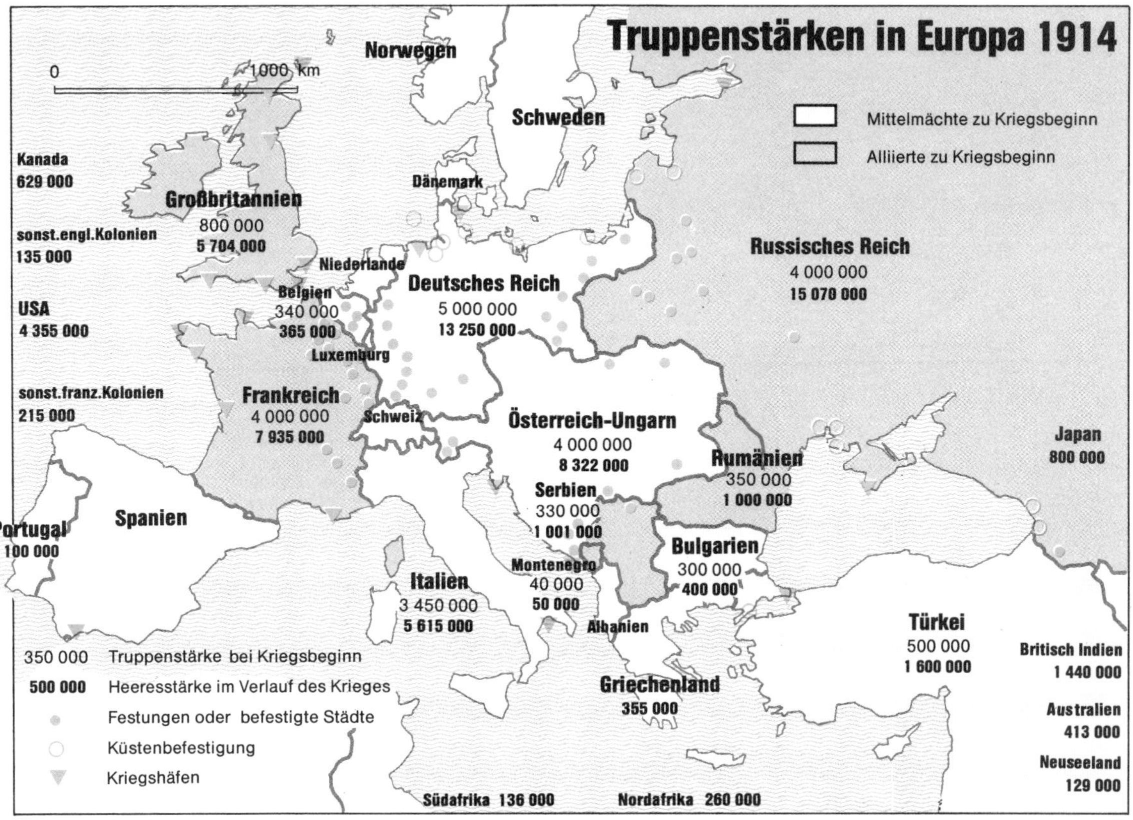
Truppenstärken in Europa 1914
0
1000 km
Mittelmächte zu Kriegsbeginn
Alliierte zu Kriegsbeginn
Norwegen
Schweden
Dänemark
Kanada
629 000
Großbritannien
800 000
5 704 000
sonst.engl.Kolonien
135 000
USA
4 355 000
Niederlande
Belgien
340 000
365 000
Luxemburg
Deutsches Reich
5 000 000
13 250 000
Russisches Reich
4 000 000
15 070 000
sonst.franz.Kolonien
215 000
Frankreich
4 000 000
7 935 000
Schweiz
Österreich-Ungarn
4 000 000
8 322 000
Japan
800 000
Rumänien
350 000
1 000 000
Serbien
330 000
1 001 000
Portugal
100 000
Spanien
Bulgarien
300 000
400 000
Montenegro
40 000
50 000
Italien
3 450 000
5 615 000
Albanien
Türkei
500 000
1 600 000
Britisch Indien
1 440 000
Griechenland
355 000
Australien
413 000
Neuseeland
129 000
350 000 Truppenstärke bei Kriegsbeginn
500 000 Heeresstärke im Verlauf des Krieges
Festungen oder befestigte Städte
Küstenbefestigung
Kriegshäfen
Südafrika 136 000
Nordafrika 260 000

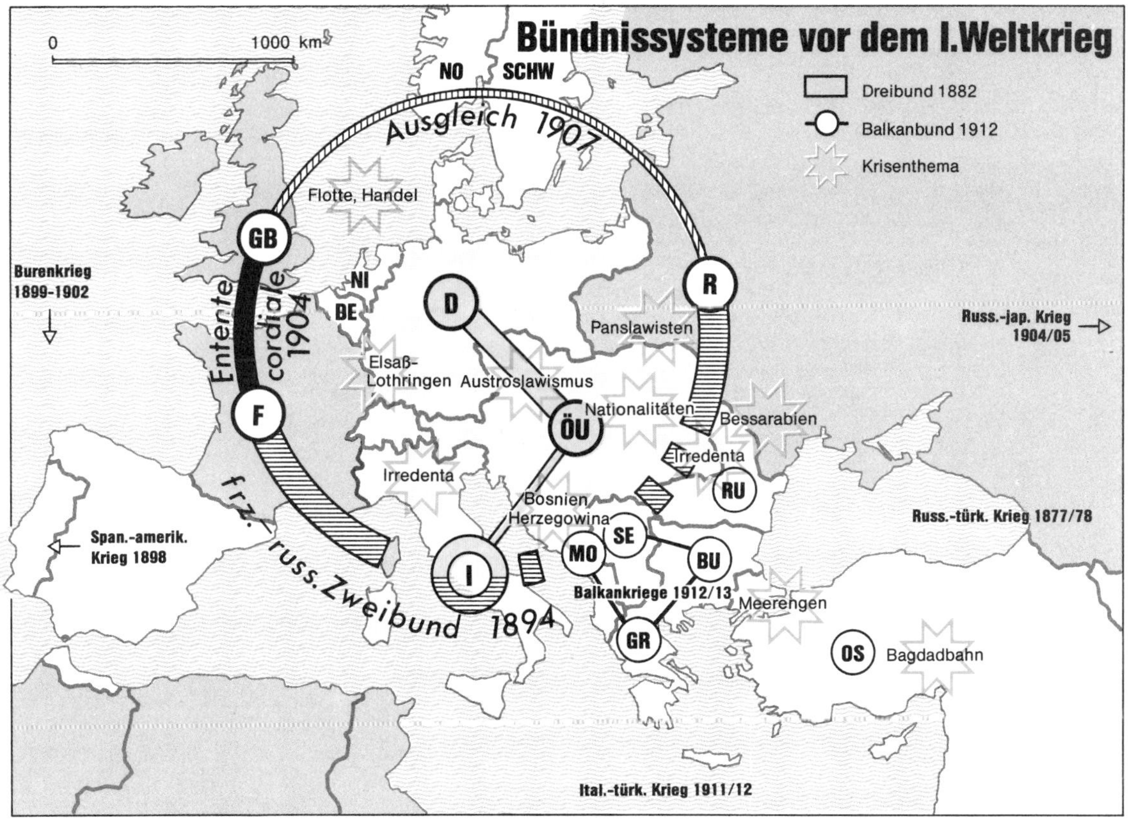
Bündnissysteme vor dem I.Weltkrieg
0
1000 km
NO
SCHW
Dreibund 1882
Balkanbund 1912
Krisenthema
Ausgleich 1907
Flotte, Handel
GB
Entente cordiale 1904
NI
BE
D
R
Burenkrieg
1899-1902
Panslawisten
Russ.-jap. Krieg
1904/05
Elsaß-
Lothringen
Austroslawismus
F
ÖU
Nationalitäten
Bessarabien
Irredenta
Irredenta
RU
frz.-russ.Zweibund 1894
Bosnien
Herzegowina
SE
MO
BU
I
Russ.-türk. Krieg 1877/78
Span.-amerik.
Krieg 1898
Balkankriege 1912/13
Meerengen
GR
OS
Bagdadbahn
Ital.-türk. Krieg 1911/12

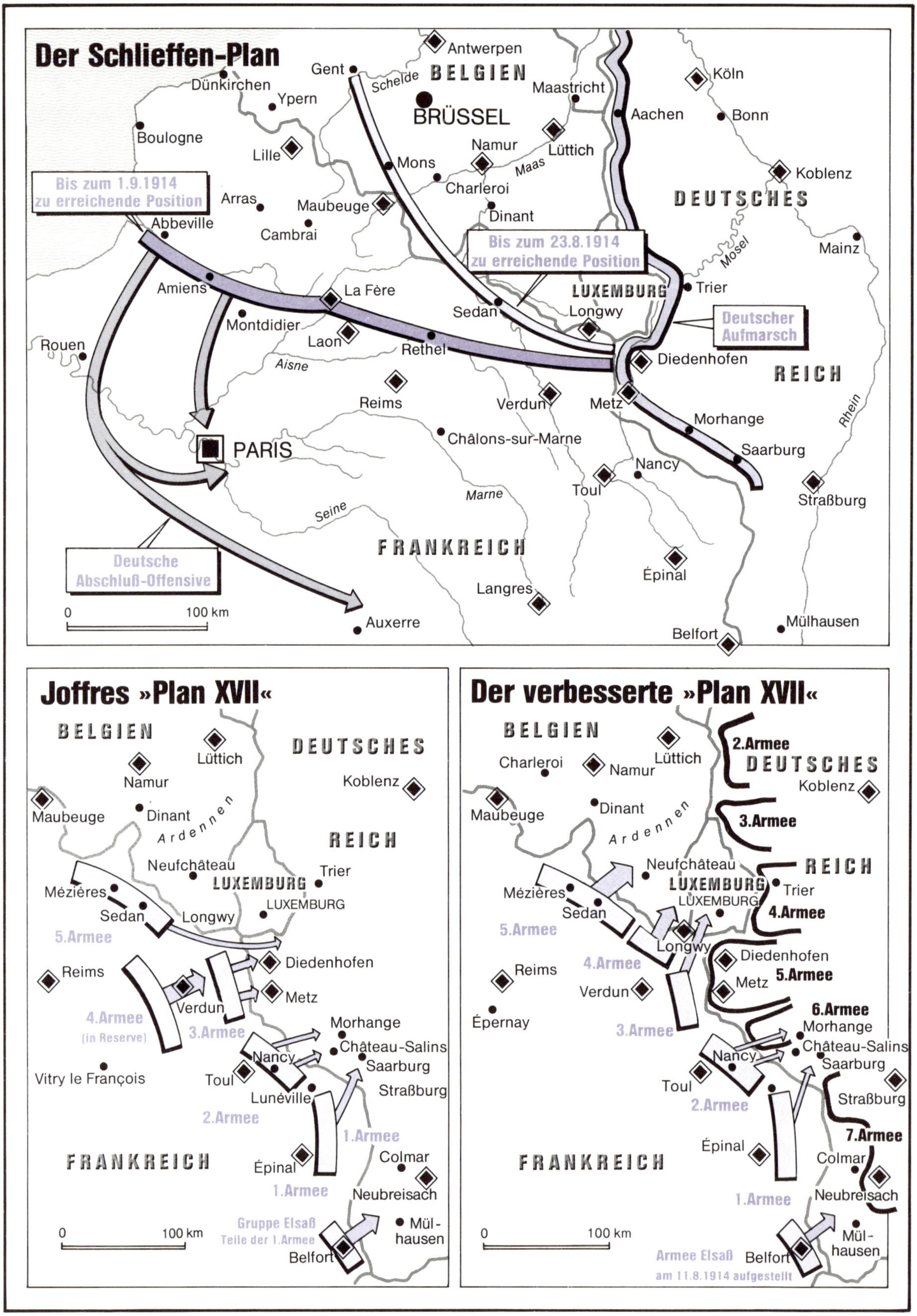

Der Schlieffen-Plan
Antwerpen
Gent
Schelde
BELGIEN
Dünkirchen
Ypern
BRÜSSEL
Maastricht
Aachen
Köln
Bonn
Boulogne
Lille
Mons
Namur
Lüttich
Maas
Charleroi
Koblenz
Bis zum 1.9.1914 zu erreichende Position
Arras
Maubeuge
Dinant
DEUTSCHES
Abbeville
Cambrai
Bis zum 23.8.1914 zu erreichende Position
Mosel
Mainz
Amiens
La Fère
LUXEMBURG
Trier
Sedan
Longwy
Deutscher Aufmarsch
Montdidier
Laon
Rouen
Rethel
Diedenhofen
Aisne
REICH
Reims
Verdun
Metz
Morhange
Rhein
PARIS
Châlons-sur-Marne
Saarburg
Nancy
Toul
Marne
Straßburg
Seine
FRANKREICH
Deutsche Abschluß-Offensive
Épinal
Langres
0
100 km
Auxerre
Mülhausen
Belfort
Joffres »Plan XVII«
BELGIEN
Lüttich
DEUTSCHES
Namur
Koblenz
Maubeuge
Dinant
Ardennen
REICH
Neufchâteau
Trier
LUXEMBURG
Mézières
LUXEMBURG
Sedan
Longwy
5.Armee
Diedenhofen
Reims
Metz
Verdun
4.Armee
(in Reserve)
3.Armee
Morhange
Château-Salins
Nancy
Saarburg
Vitry le François
Toul
Straßburg
Lunéville
2.Armee
1.Armee
FRANKREICH
Colmar
Épinal
1.Armee
Neubreisach
0
100 km
Gruppe Elsaß
Teile der 1.Armee
Mül-
hausen
Belfort
Der verbesserte »Plan XVII«
BELGIEN
2.Armee
Charleroi
Namur
Lüttich
DEUTSCHES
Koblenz
Maubeuge
Dinant
3.Armee
Ardennen
Neufchâteau
REICH
Mézières
LUXEMBURG
Trier
LUXEMBURG
Sedan
4.Armee
5.Armee
Longwy
Diedenhofen
Reims
4.Armee
Metz
5.Armee
Verdun
Épernay
6.Armee
3.Armee
Morhange
Château-Salins
Nancy
Saarburg
Toul
Straßburg
2.Armee
7.Armee
Épinal
Colmar
FRANKREICH
1.Armee
Neubreisach
0
100 km
Mül-
hausen
Armee Elsaß
am 11.8.1914 aufgestellt
Belfort

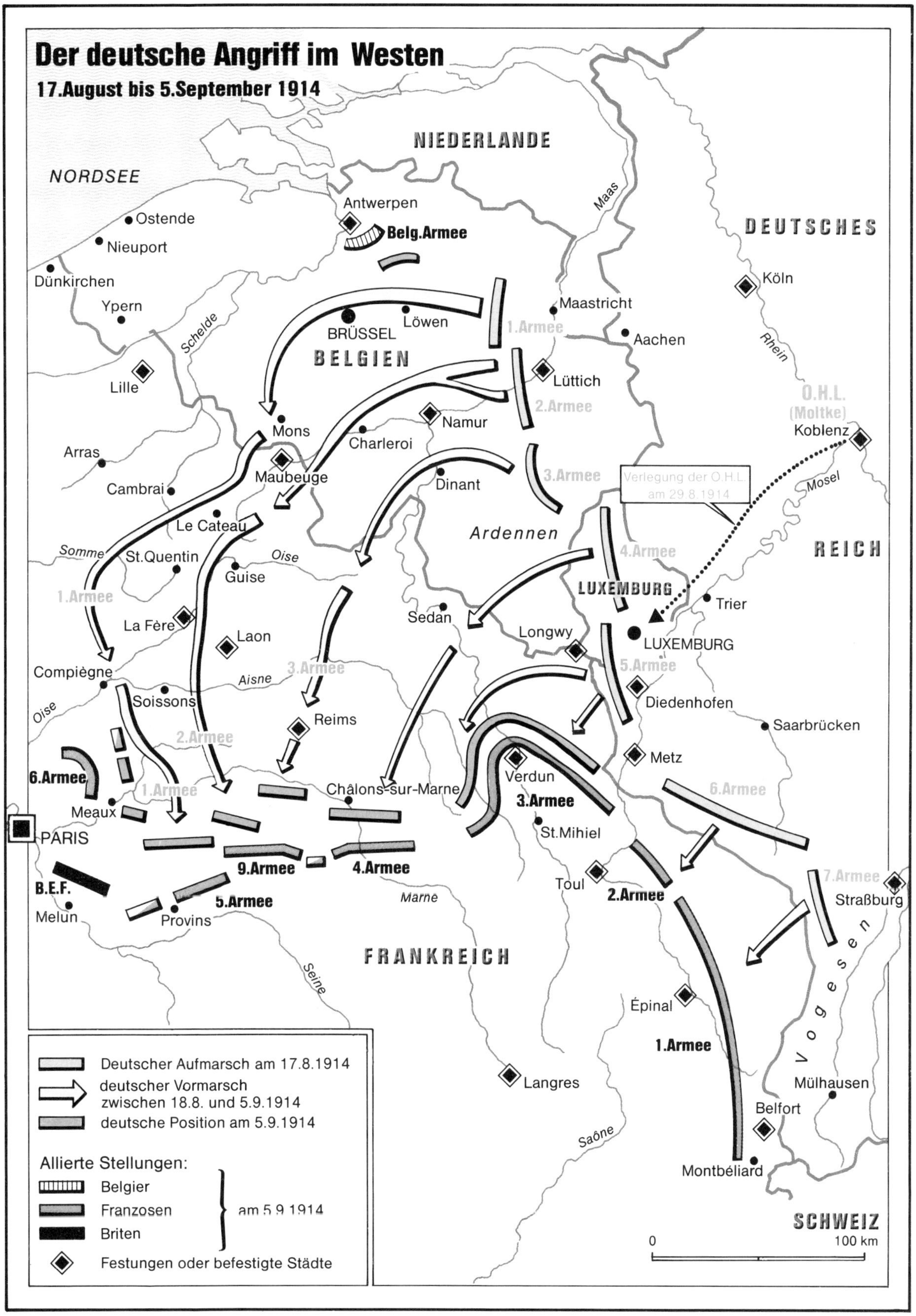

Der deutsche Angriff im Westen
17. August bis 5. September 1914
NIEDERLANDE
NORDSEE
Antwerpen
Belg.Armee
Ostende
Nieuport
Dünkirchen
Ypern
Schelde
Maas
DEUTSCHES
Köln
Maastricht
Aachen
Rhein
BRÜSSEL
Löwen
1.Armee
BELGIEN
Lille
Lüttich
2.Armee
Mons
Namur
O.H.L.
(Moltke)
Koblenz
Arras
Charleroi
Maubeuge
Cambrai
3.Armee
Dinant
Verlegung der O.H.L.
am 29.8.1914
Mosel
Le Cateau
Ardennen
Somme
St.Quentin
Oise
4.Armee
REICH
Guise
1.Armee
LUXEMBURG
Trier
La Fère
Sedan
Laon
Longwy
LUXEMBURG
Compiègne
3.Armee
5.Armee
Aisne
Soissons
Diedenhofen
Oise
Reims
Saarbrücken
2.Armee
Metz
6.Armee
Verdun
Châlons-sur-Marne
6.Armee
1.Armee
Meaux
3.Armee
St.Mihiel
PARIS
9.Armee
4.Armee
7.Armee
Toul
Straßburg
B.E.F.
2.Armee
5.Armee
Marne
Melun
Provins
Vogesen
FRANKREICH
Seine
Épinal
1.Armee
Deutscher Aufmarsch am 17.8.1914
deutscher Vormarsch
zwischen 18.8. und 5.9.1914
deutsche Position am 5.9.1914
Allierte Stellungen:
Belgier
Franzosen
Briten
am 5.9.1914
Festungen oder befestigte Städte
Langres
Mülhausen
Belfort
Saône
Montbéliard
SCHWEIZ
0
100 km

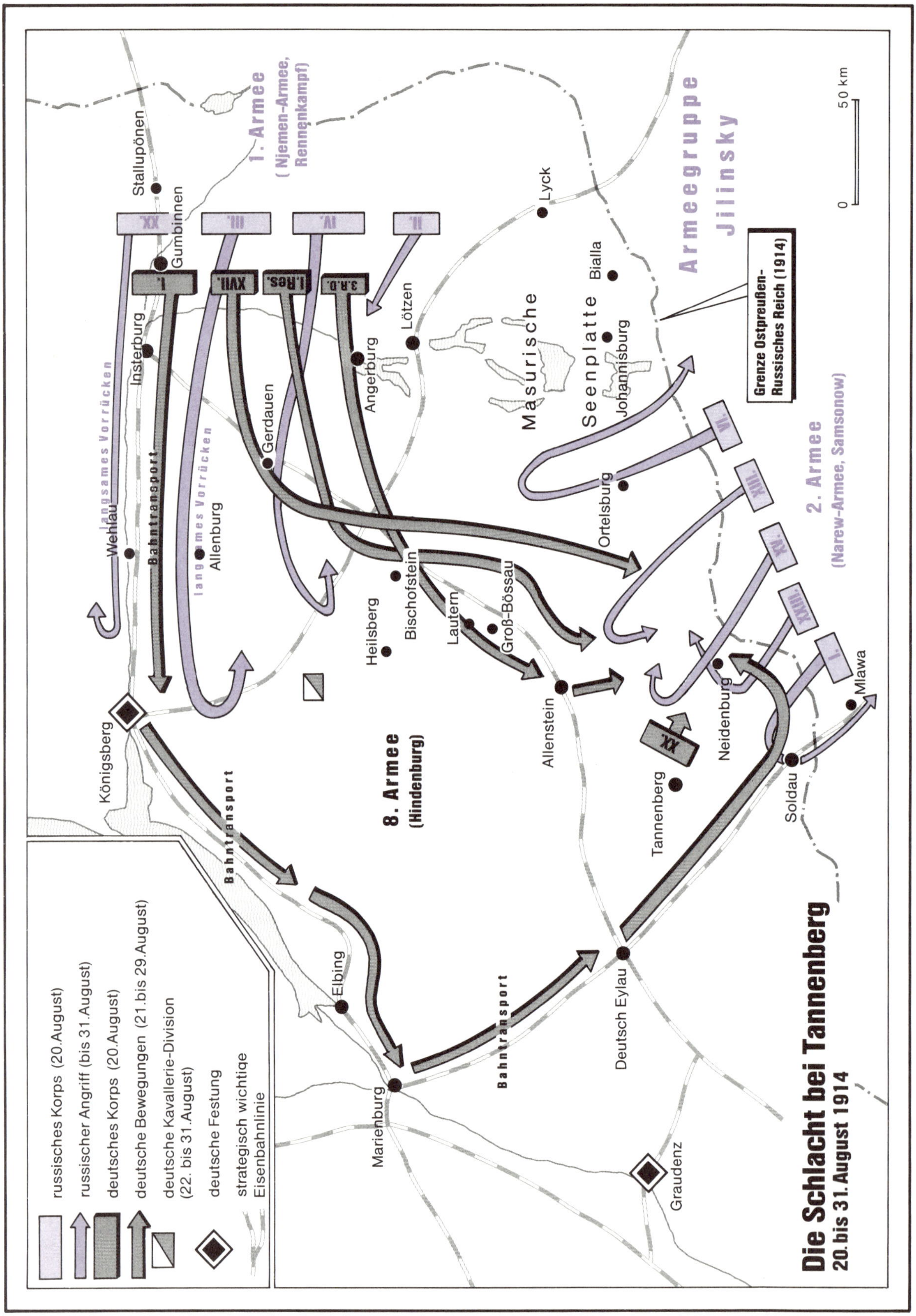

Die Schlacht bei Tannenberg
20. bis 31. August 1914
russisches Korps (20. August)
russischer Angriff (bis 31. August)
deutsches Korps (20. August)
deutsche Bewegungen (21. bis 29. August)
deutsche Kavallerie-Division (22. bis 31. August)
deutsche Festung
strategisch wichtige Eisenbahnlinie
1. Armee
(Njemen-Armee, Rennenkampf)
Armeegruppe Jilinsky
2. Armee
(Narew-Armee, Samsonow)
8. Armee
(Hindenburg)
Grenze Ostpreußen-Russisches Reich (1914)
Masurische Seenplatte
langsames Vorrücken
langsames Vorrücken
Bahntransport
Bahntransport
Bahntransport
0
50 km
XX.
III.
IV.
II.
I.
XVII.
I.Res.
3.R.D.
VI.
XIII.
XV.
XXIII.
I.
XX.
Stallupönen
Gumbinnen
Insterburg
Wehlau
Allenburg
Gerdauen
Angerburg
Lötzen
Lyck
Bialla
Johannisburg
Ortelsburg
Bischofstein
Heilsberg
Lautern
Groß-Bössau
Allenstein
Tannenberg
Neidenburg
Mlawa
Soldau
Königsberg
Elbing
Marienburg
Deutsch Eylau
Graudenz

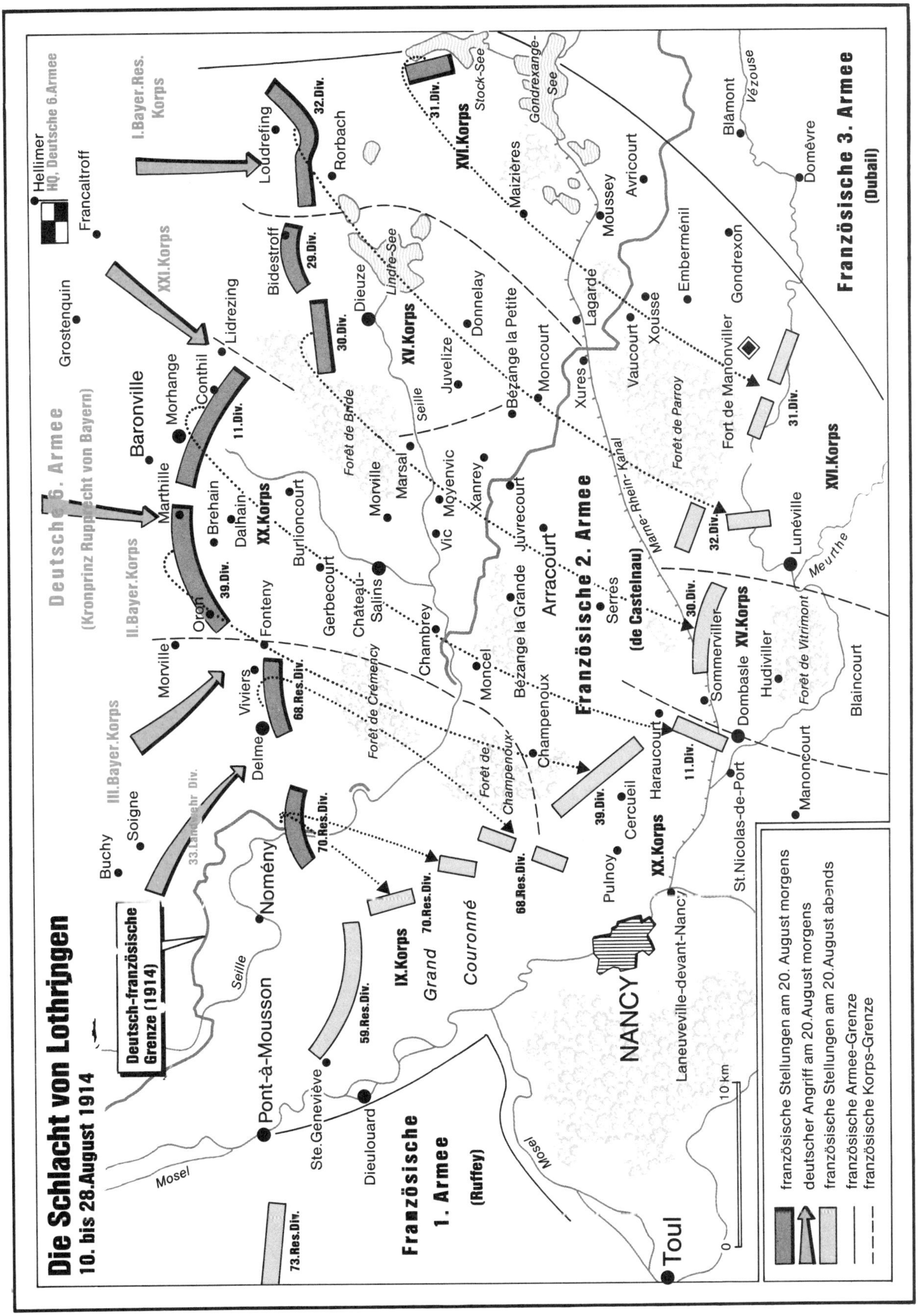

Die Schlacht von Lothringen
10. bis 28.August 1914
Deutsch-französische Grenze (1914)
Deutsche 6. Armee
(Kronprinz Rupprecht von Bayern)
Hellimer
HQ, Deutsche 6.Armee
I.Bayer.Res. Korps
XXI.Korps
II.Bayer.Korps
III.Bayer.Korps
33.Landwehr Div.
Französische 1. Armee
(Ruffey)
Französische 2. Armee
(de Castelnau)
Französische 3. Armee
(Dubail)
IX.Korps
XX.Korps
XV.Korps
XVI.Korps
32.Div.
31.Div.
29.Div.
30.Div.
11.Div.
39.Div.
68.Res.Div.
70.Res.Div.
59.Res.Div.
73.Res.Div.
Francaltroff
Grostenquin
Baronville
Morhange
Conthil
Lidrezing
Loudrefing
Rorbach
Bidestroff
Dieuze
Lindre-See
Stock-See
Gondrexange-See
Marthille
Brehain
Dalhain
Burlioncourt
Morville
Oron
Fonteny
Viviers
Delme
Soigne
Buchy
Nomény
Pont-à-Mousson
Ste.Geneviève
Dieulouard
Mosel
Seille
Grand Couronné
Gerbecourt
Château-Salins
Chambrey
Forêt de Crémency
Forêt de Bride
Morville
Marsal
Moyenvic
Vic
Xanrey
Juvelize
Donnelay
Bézange la Petite
Moncourt
Juvrecourt
Arracourt
Bézange la Grande
Moncel
Champenoux
Forêt de Champenoux
Serres
Cercueil
Pulnoy
Harraucourt
NANCY
Laneuveville-devant-Nancy
St.Nicolas-de-Port
Dombasle
Sommerviller
Hudiviller
Forêt de Vitrimont
Manoncourt
Blaincourt
Lunéville
Meurthe
Marne-Rhein-Kanal
Forêt de Parroy
Fort de Manonviller
Xures
Vaucourt
Xousse
Lagarde
Maizières
Moussey
Avricourt
Embermenil
Gondrexon
Blâmont
Vézouse
Domèvre
Toul
0
10 km
französische Stellungen am 20. August morgens
deutscher Angriff am 20.August morgens
französische Stellungen am 20.August abends
französische Armee-Grenze
französische Korps-Grenze

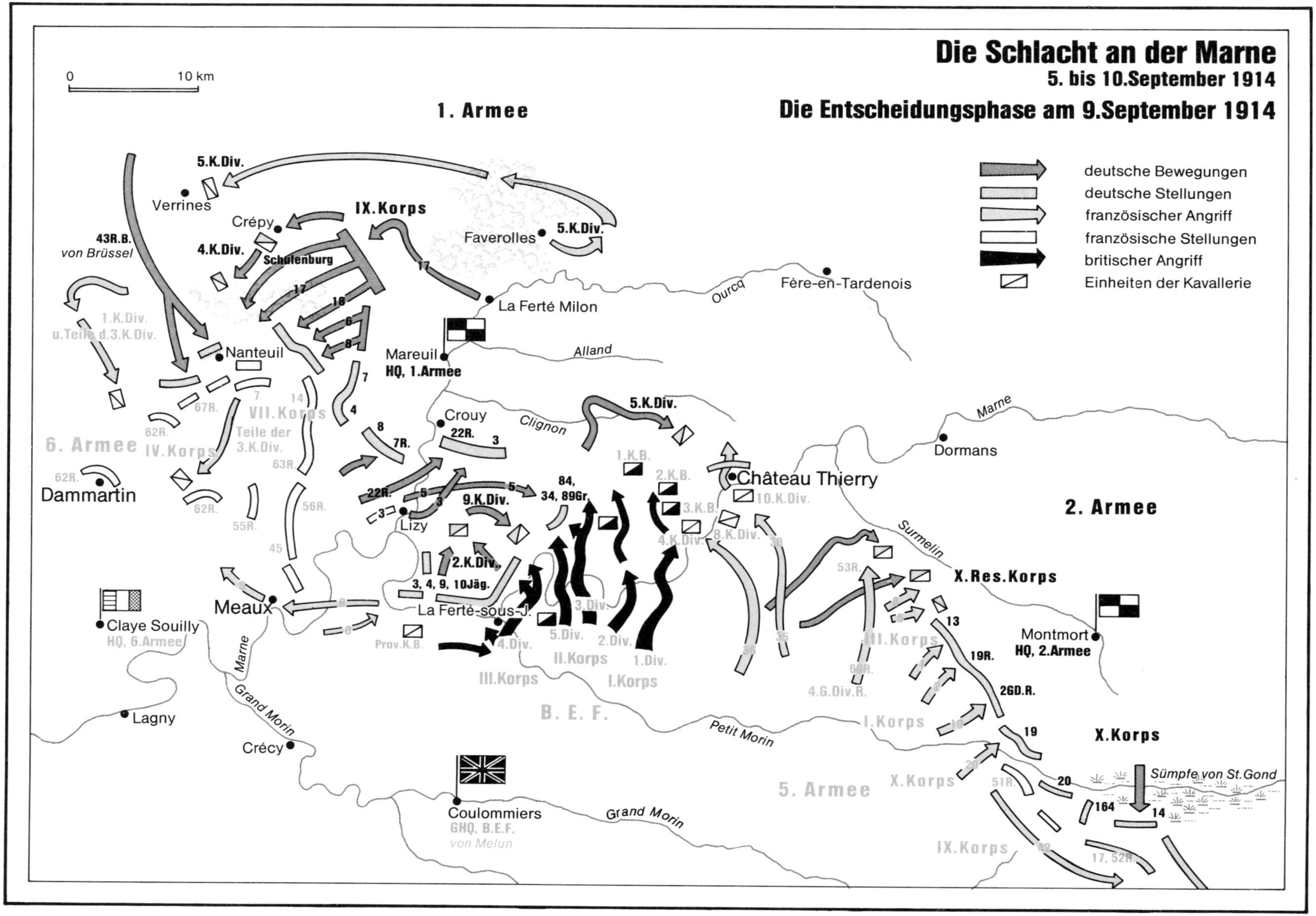
Die Schlacht an der Marne
5. bis 10.September 1914
Die Entscheidungsphase am 9.September 1914
deutsche Bewegungen
deutsche Stellungen
französischer Angriff
französische Stellungen
britischer Angriff
Einheiten der Kavallerie
0
10 km
1. Armee
2. Armee
5. Armee
6. Armee
B. E. F.
5.K.Div.
Verrines
43R.B.
von Brüssel
Crépy
IX.Korps
4.K.Div.
Schulenburg
Faverolles
17
18
6
8
7
4
1.K.Div.
u.Teile d.3.K.Div.
Nanteuil
67R.
62R.
VII.Korps
IV.Korps
Teile der
3.K.Div.
63R.
56R.
55R.
45
Dammartin
La Ferté Milon
Fère-en-Tardenois
Ourcq
Alland
Mareuil
HQ, 1.Armee
Crouy
22R.
3
7R.
Clignon
Lizy
5
9.K.Div.
84,
34, 89Gr.
2.K.Div.
3, 4, 9, 10Jäg.
La Ferté-sous-J.
Meaux
Claye Souilly
HQ, 6.Armee
Prov.K.B.
4.Div.
5.Div.
3.Div.
2.Div.
1.Div.
II.Korps
III.Korps
I.Korps
1.K.B.
2.K.B.
3.K.B.
4.K.Div.
8.K.Div.
10.K.Div.
Château Thierry
Marne
Dormans
Surmelin
53R.
38
36
35
X.Res.Korps
13
19R.
2GD.R.
19
20
164
14
Montmort
HQ, 2.Armee
X.Korps
III.Korps
60R.
4.G.Div.R.
I.Korps
X.Korps
51R.
IX.Korps
17, 52R.
42
Sümpfe von St.Gond
Petit Morin
Grand Morin
Lagny
Crécy
Coulommiers
GHQ, B.E.F.
von Melun

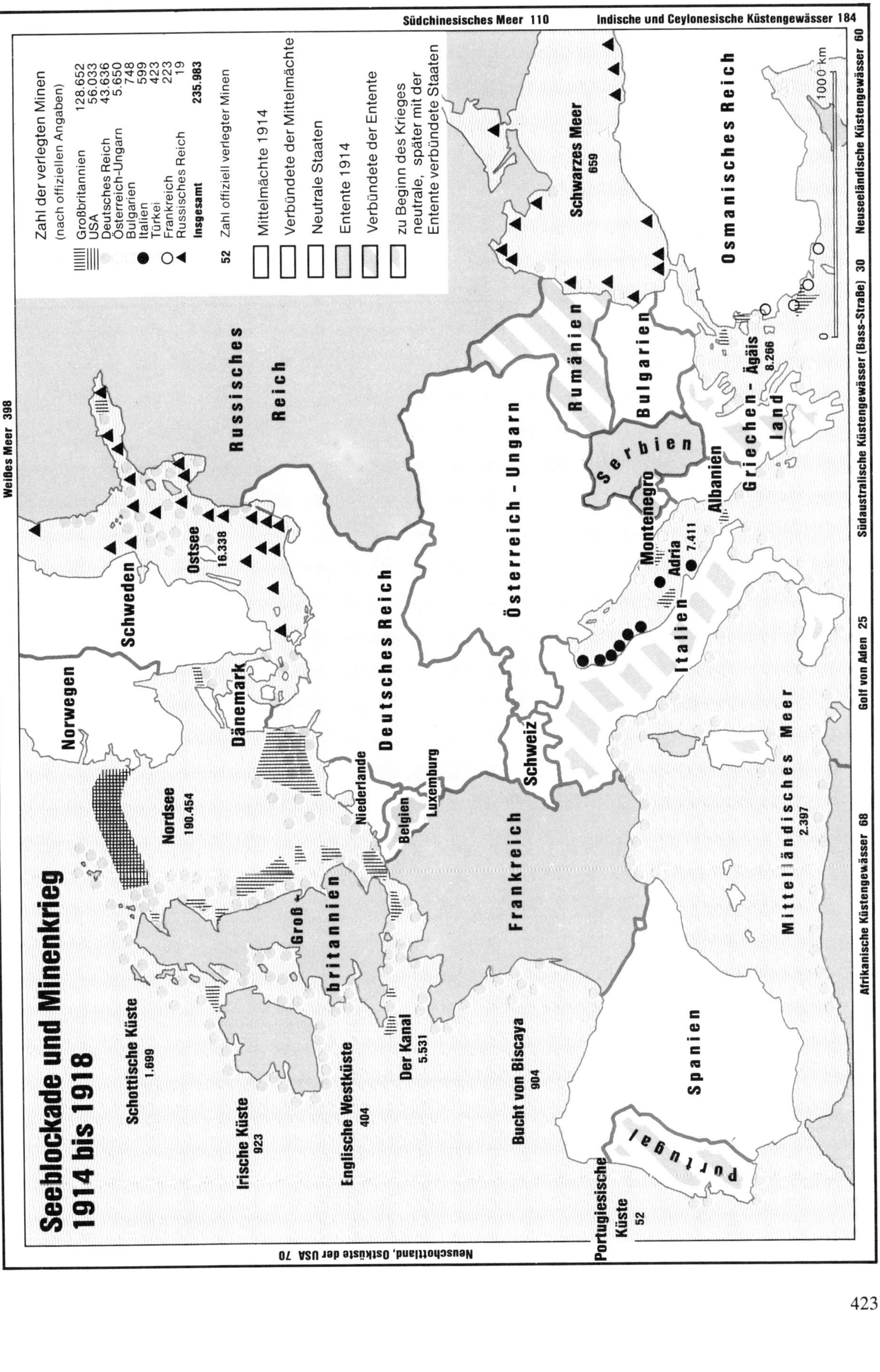

Seeblockade und Minenkrieg
1914 bis 1918
Zahl der verlegten Minen
(nach offiziellen Angaben)
Großbritannien 128.652
USA 56.033
Deutsches Reich 43.636
Österreich-Ungarn 5.650
Bulgarien 748
Italien 599
Türkei 423
Frankreich 223
Russisches Reich 19
Insgesamt 235.983
52 Zahl offiziell verlegter Minen
Mittelmächte 1914
Verbündete der Mittelmächte
Neutrale Staaten
Entente 1914
Verbündete der Entente
zu Beginn des Krieges neutrale, später mit der Entente verbündete Staaten
Weißes Meer 398
Südchinesisches Meer 110
Indische und Ceylonesische Küstengewässer 184
Neuseeländische Küstengewässer 60
Südaustralische Küstengewässer (Bass-Straße) 30
Golf von Aden 25
Afrikanische Küstengewässer 68
Neuschottland, Ostküste der USA 70
Schottische Küste
1.699
Irische Küste
923
Englische Westküste
404
Der Kanal
5.531
Bucht von Biscaya
904
Portugiesische Küste
52
Nordsee
190.454
Ostsee
16.338
Schwarzes Meer
659
Adria
7.411
Ägäis
8.266
Mittelländisches Meer
2.397
Norwegen
Schweden
Dänemark
Russisches Reich
Groß-britannien
Niederlande
Belgien
Luxemburg
Deutsches Reich
Frankreich
Schweiz
Österreich - Ungarn
Rumänien
Bulgarien
Serbien
Montenegro
Albanien
Griechen-land
Italien
Osmanisches Reich
Spanien
Portugal
0 1000 km

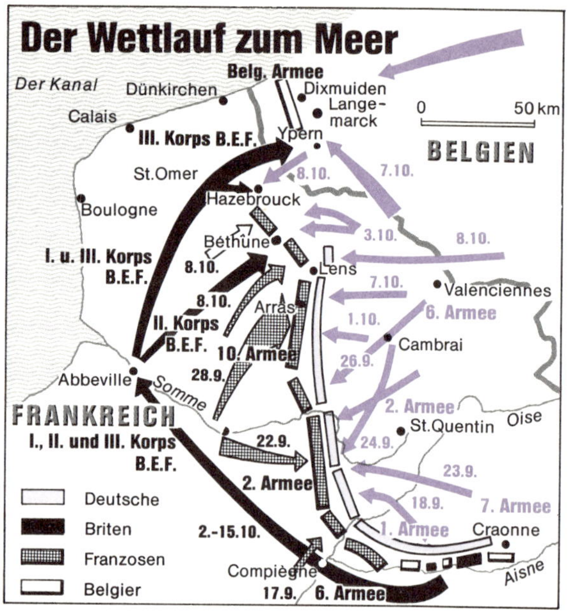

Die deutsch-österreichische Offensive im Osten 1915

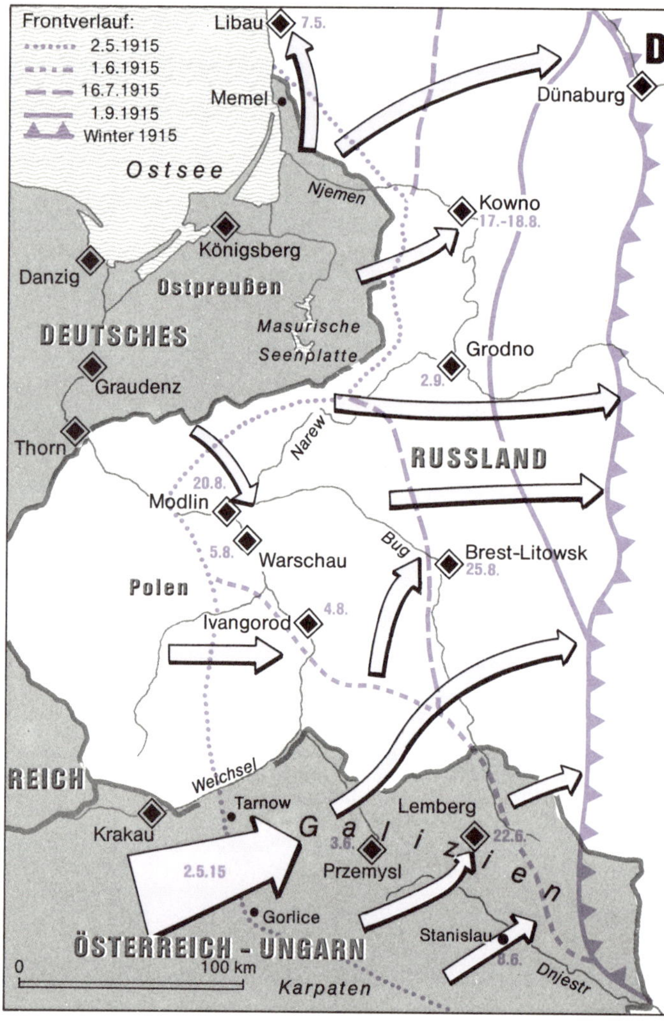

Vom Dezember 1914 bis April 1915 tobte die sogenannte Winterschlacht in den Karpaten. Zwar konnte die russische Absicht, über die Karpatenpässe nach Ungarn einzubrechen, in wechselvollen Kämpfen durch österr.-ungar. und reichsdeutsche Truppen vereitelt werden, die Situation blieb aber trotzdem an diesem Frontabschnitt für die Mittelmächte bedrohlich.

Auf Vorschlag des Generals Conrad von Hötzendorf entschloß sich General Ernst von Falkenhayn zum Angriff gegen die Russen. Unter der Führung des Generalobersten Mackensen konnte die österr. 3. und 4. Armee, sowie die deutsche 11.Armee in der Schlacht von Gorlice-Tarnów (1.-3. Mai) die russische Front durchbrechen. Der überraschende Durchbruchserfolg konnte operativ genutzt werden. Mit 1.Juli geriet die gesamte Ostfront von der Ostsee bis San und Bug in Bewegung. Die Offensive dauerte bis Mitte September an, dann kommt sie zum stehen. Kräftemangel und Nachschubprobleme verhinderten eine operative Umfassung und Vernichtung des Gegners. Trotzdem hatte die Offensive nicht nur großen Raumgewinn gebracht, sie führte zu einer beachtlichen Frontverkürzung und damit zur Freisetzung von Truppen, die an der West- und Südfront eingesetzt werden konnten.

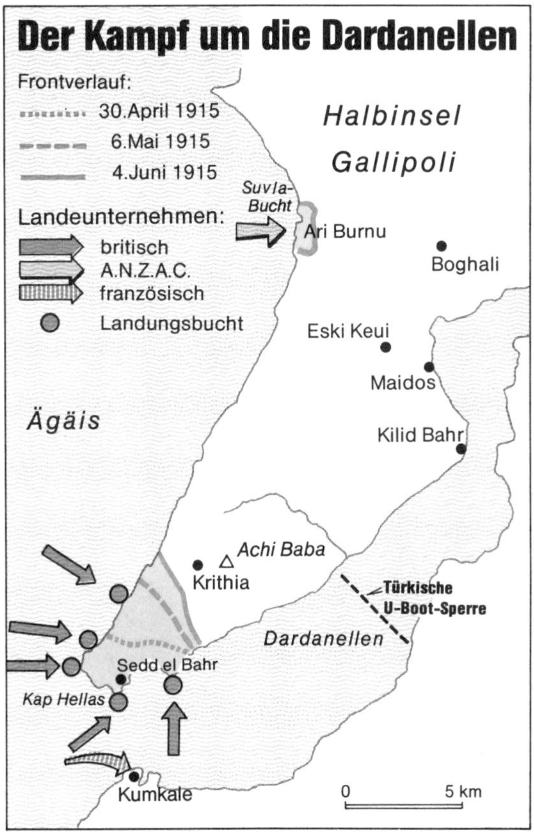
Der Kampf um die Dardanellen
Frontverlauf:
30.April 1915
6.Mai 1915
4.Juni 1915
Landeunternehmen:
britisch
A.N.Z.A.C.
französisch
Landungsbucht
Halbinsel Gallipoli
Suvla-Bucht
Ari Burnu
Boghali
Eski Keui
Maidos
Kilid Bahr
Ägäis
Achi Baba
Krithia
Türkische U-Boot-Sperre
Dardanellen
Sedd el Bahr
Kap Hellas
Kumkale
0 5 km

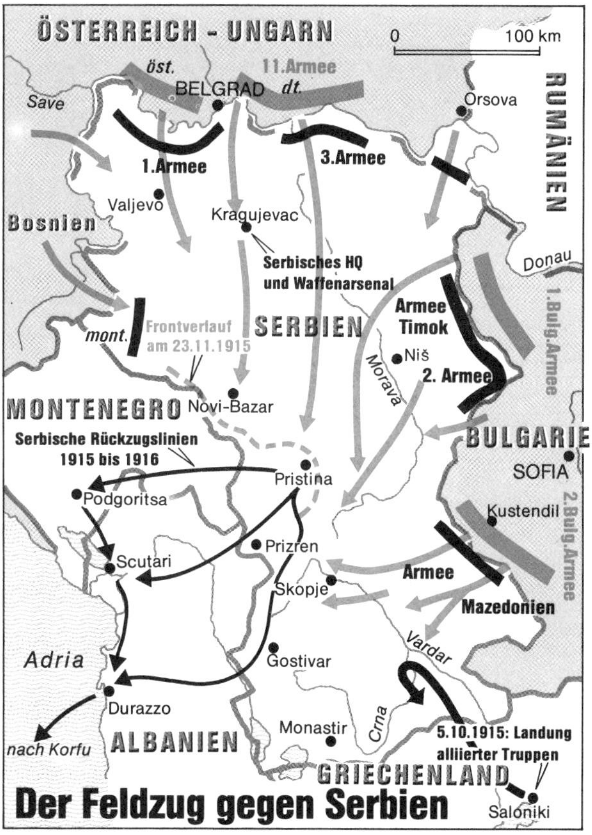
ÖSTERREICH - UNGARN
0 100 km
öst.
11.Armee
BELGRAD dt.
Save
Orsova
RUMÄNIEN
1.Armee
3.Armee
Valjevo
Kragujevac
Bosnien
Serbisches HQ und Waffenarsenal
Donau
Armee Timok
1.Bulg.Armee
mont.
Frontverlauf am 23.11.1915
SERBIEN
Niš
Morava
2. Armee
MONTENEGRO
Novi-Bazar
Serbische Rückzugslinien 1915 bis 1916
BULGARIEN
SOFIA
Pristina
Podgoritsa
Kustendil
2.Bulg.Armee
Prizren
Scutari
Armee
Skopje
Mazedonien
Vardar
Adria
Gostivar
Durazzo
Crna
Monastir
nach Korfu
ALBANIEN
5.10.1915: Landung alliierter Truppen
GRIECHENLAND
Der Feldzug gegen Serbien
Saloniki

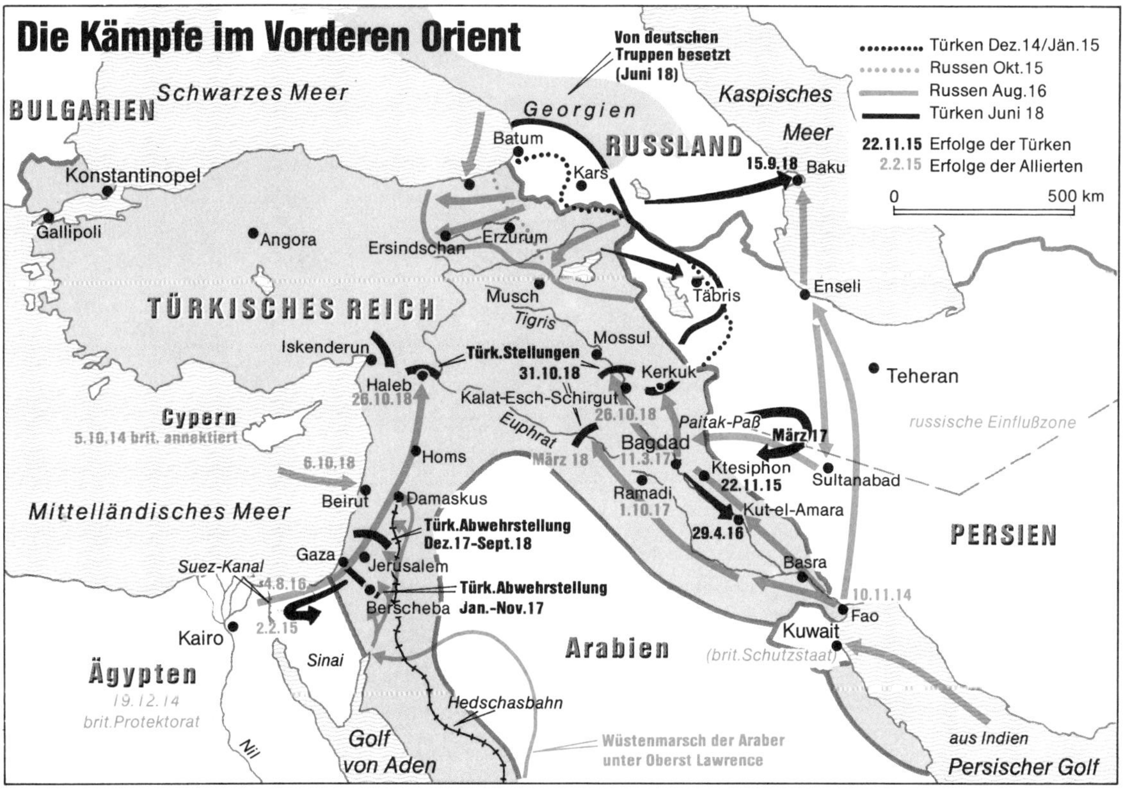
Die Kämpfe im Vorderen Orient
Von deutschen Truppen besetzt (Juni 18)
Türken Dez.14/Jän.15
Russen Okt.15
Russen Aug.16
Türken Juni 18
22.11.15 Erfolge der Türken
2.2.15 Erfolge der Allierten
0 500 km
BULGARIEN
Schwarzes Meer
Georgien
Kaspisches Meer
RUSSLAND
Batum
Kars
15.9.18 Baku
Konstantinopel
Gallipoli
Angora
Ersindschan
Erzurum
Täbris
Musch
Enseli
TÜRKISCHES REICH
Tigris
Mossul
Iskenderun
Türk.Stellungen 31.10.18
Haleb 26.10.18
Kerkuk
Teheran
Kalat-Esch-Schirgut
26.10.18
Cypern
5.10.14 brit. annektiert
Euphrat
Paitak-Paß
März 17
russische Einflußzone
März 18
Bagdad 11.3.17
6.10.18
Homs
Ktesiphon 22.11.15
Sultanabad
Ramadi 1.10.17
Beirut
Damaskus
Mittelländisches Meer
Kut-el-Amara
29.4.16
Türk.Abwehrstellung Dez.17-Sept.18
PERSIEN
Gaza
Suez-Kanal
4.8.16
Jerusalem
Basra
Türk.Abwehrstellung Jan.-Nov.17
Berscheba
10.11.14
Fao
Kairo
2.2.15
Kuwait
(brit.Schutzstaat)
Sinai
Arabien
Ägypten
19.12.14 brit.Protektorat
Hedschasbahn
Nil
Golf von Aden
Wüstenmarsch der Araber unter Oberst Lawrence
aus Indien
Persischer Golf

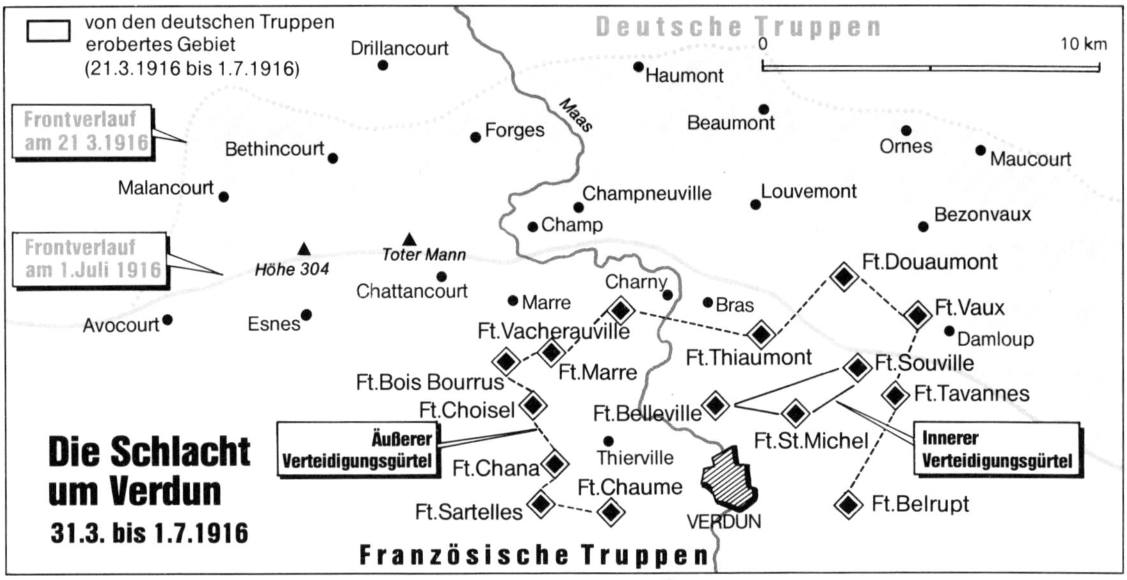
von den deutschen Truppen erobertes Gebiet (21.3.1916 bis 1.7.1916)
Frontverlauf am 21.3.1916
Frontverlauf am 1.Juli 1916
Deutsche Truppen
0
10 km
Drillancourt
Haumont
Maas
Forges
Beaumont
Bethincourt
Ornes
Maucourt
Malancourt
Champneuville
Louvemont
Champ
Bezonvaux
Höhe 304
Toter Mann
Chattancourt
Ft.Douaumont
Charny
Marre
Bras
Ft.Vaux
Avocourt
Esnes
Ft.Vacherauville
Damloup
Ft.Marre
Ft.Thiaumont
Ft.Souville
Ft.Bois Bourrus
Ft.Tavannes
Ft.Choisel
Ft.Belleville
Äußerer Verteidigungsgürtel
Ft.St.Michel
Innerer Verteidigungsgürtel
Thierville
Ft.Chana
Ft.Chaume
Ft.Sartelles
VERDUN
Ft.Belrupt
Die Schlacht um Verdun
31.3. bis 1.7.1916
Französische Truppen

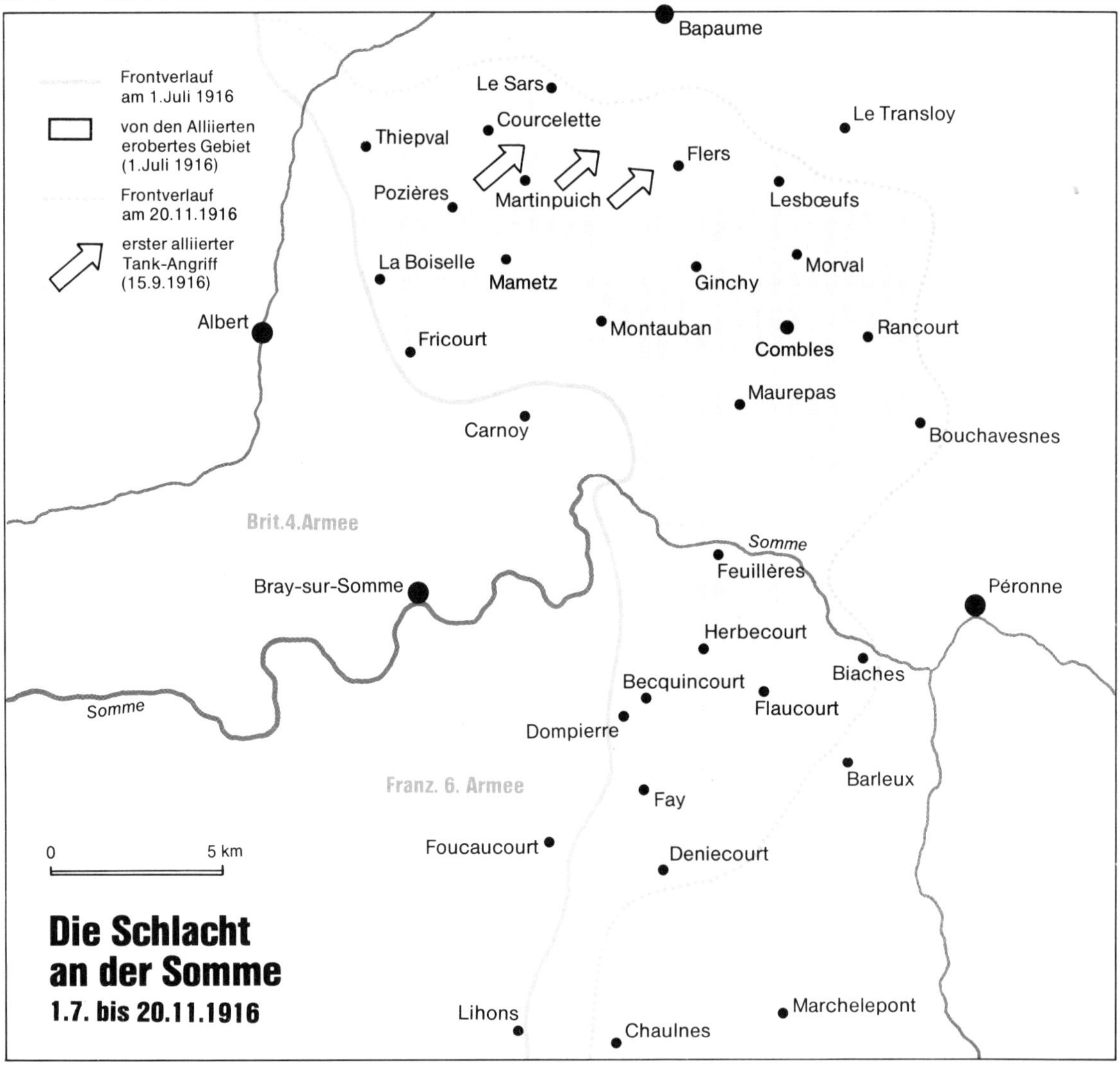
Bapaume
Frontverlauf am 1.Juli 1916
von den Alliierten erobertes Gebiet (1.Juli 1916)
Frontverlauf am 20.11.1916
erster alliierter Tank-Angriff (15.9.1916)
Le Sars
Courcelette
Le Transloy
Thiepval
Flers
Pozières
Martinpuich
Lesbœufs
La Boiselle
Mametz
Ginchy
Morval
Albert
Fricourt
Montauban
Combles
Rancourt
Maurepas
Carnoy
Bouchavesnes
Brit.4.Armee
Somme
Feuillères
Bray-sur-Somme
Péronne
Herbecourt
Biaches
Becquincourt
Flaucourt
Somme
Dompierre
Barleux
Franz. 6. Armee
Fay
0
5 km
Foucaucourt
Deniecourt
Die Schlacht an der Somme
1.7. bis 20.11.1916
Lihons
Chaulnes
Marchelepont

Die Brussilow-Offensive
Juni bis Oktober 1916
Front am 4.6.1916
Front am 10.10.1916
Pripjet
Pripjet-Sümpfe
Kowel
4.Armee
Luzk
Goryn
Sluch
Rowno
HQ 8.Armee
RUSSISCHES
1.Armee
Styr
Dubno
2.Armee
Brody
HQ Brussilow (russ.Armeegruppe Südwest)
Lemberg
Deutsche Armee Süd
HQ 11.Armee
Volochisk
Tarnopol
Brzezany
Dnjestr
HQ 7.Armee
Gusyatin
REICH
Stanislau
7.Armee
Kamenets-Podolski
HQ 9.Armee
Kolomea
Karpaten
Kuty
Czernowitz
ÖSTERREICH-UNGARN
Pruth
Kimpolung
Sereth
0 100 km
Der Feldzug gegen Rumänien 1916
9.russ.Armee
RUSSISCHES REICH
Ostkarpaten
Moldau
Jassy
4.Armee
Odessa
ÖSTERREICH-UNGARN
Fagaras
Kronstadt
Hermannstadt
Fokshani
Ismail
Galatz
1.Armee
2.Armee
Braila
Donau
Piteschi
Ploeşti
Dobrudscha
Craiova
Alt
BUKAREST
Res.
Cernavoda
Constanza
Kalafat
Karakal
Silistria
Tutrakan
Turturkai
3.Armee
BULGARIEN
Sistova
Rustschuk
Schwarzes Meer
1 Szurduk Vulkan
2 Roter-Turm-Paß
3 Predeal-Paß
4 Buzau-Paß
Franz Joseph
Falkenhayn
9.russ. Armee
Reste rum.Armeen nach der Kapitulation
Südkarpaten
Orsova
rum.
RUMÄNIEN
6.12.1916
Mackensen
0 100 km
0 100 km
Koussery
Mora
Garua
Ngaundere
Nigeria (brit.)
Franz. Äquat. Afrika
Kamerun
Duala
Edea
Dume
Yaunde
Lomie
Molundu
Belg. Kongo
Rio Muni (span.)
Gabun
Angola
Namutoni
Tsumeb
Otavi
Waterberg
Omaruru
Karibib
Swakopmund
Walfisch-Bai (brit.)
WINDHUK
Betschuanaland (brit.)
Deutsch-Südwestafrika
Gibeon
Aus
Keetmanshoop
Lüderitz Bucht
Sandfontein
26.9.1914
Port Nolloth
Upington
0 100 km
Südafrikanische Union
Der Krieg in den Kolonien
UGANDA (brit.)
Viktoria See
BRIT. OSTAFRIKA
Kiwu-See
Kilimandscharo
Neumoschi
Uganda-Bahn
Mombasa
BELG. KONGO
Kigoma
Ujiji
Tabora
Tanga
Pemba (brit.)
Sansibar (brit.)
Tanganjika See
Deutsch-Ostafrika
Kilosa
DAR ES SALAAM
Iringa
Rufiji
Kitope
Abercorn
Malangali
Mahenge
Kampfgebiet 1916 bis 1917
Kilwa
Fife
Okt.1918
Lindi
Kasama
Nov.1918
Gumbiro
Makonde Hochland
Njasa See
Rowuma
Newala
Indischer Ozean
Ngomano 4.12.1917
Nanguari
März 1918
Mwembe
Mesa
Porto Amelia
NORDRHODESIEN
NJASA-LAND (brit.)
Lujenda
Nanungu
Mai 1918
Lioma
Muannupa
Aug.1918
PORTUGIESISCH OSTAFRIKA
Regone
Nyamirue
Chalaua
Juli 1918
Kokosani
0 100 km

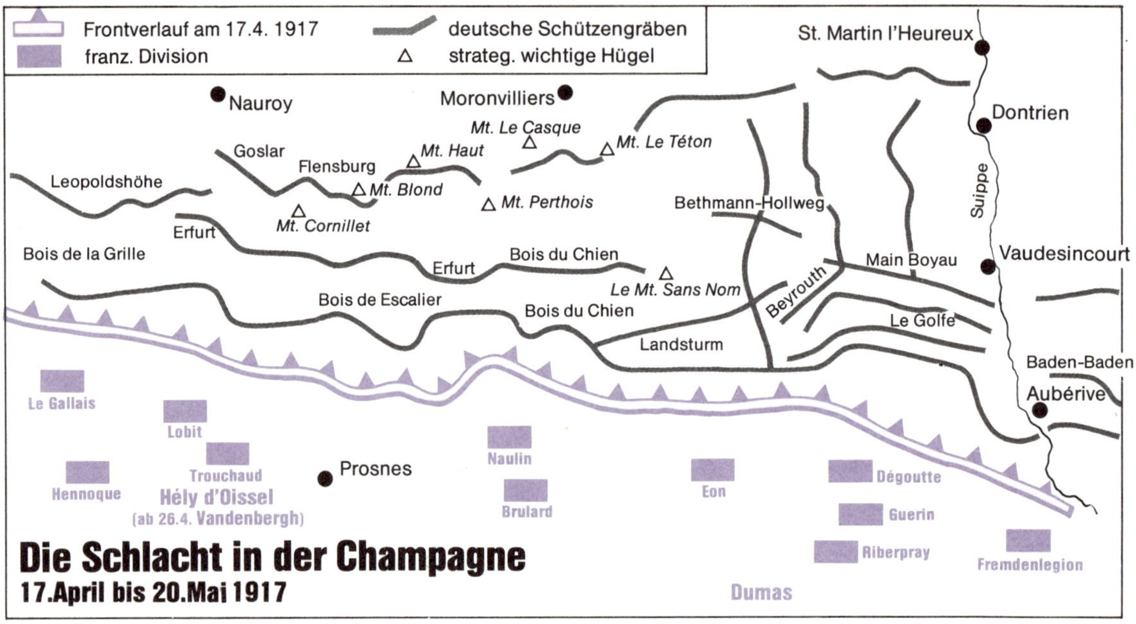
Frontverlauf am 17.4.1917
franz. Division
deutsche Schützengräben
strateg. wichtige Hügel
Nauroy
Moronvilliers
St. Martin l'Heureux
Dontrien
Mt. Le Casque
Mt. Haut
Mt. Le Téton
Goslar
Flensburg
Leopoldshöhe
Mt. Blond
Mt. Perthois
Bethmann-Hollweg
Suippe
Mt. Cornillet
Erfurt
Bois de la Grille
Erfurt
Bois du Chien
Main Boyau
Vaudesincourt
Le Mt. Sans Nom
Beyrouth
Bois de Escalier
Bois du Chien
Le Golfe
Landsturm
Baden-Baden
Aubérive
Le Gallais
Lobit
Trouchaud
Hély d'Oissel
(ab 26.4. Vandenbergh)
Hennoque
Prosnes
Naulin
Brulard
Eon
Dégoutte
Guerin
Riberpray
Fremdenlegion
Dumas
Die Schlacht in der Champagne
17.April bis 20.Mai 1917

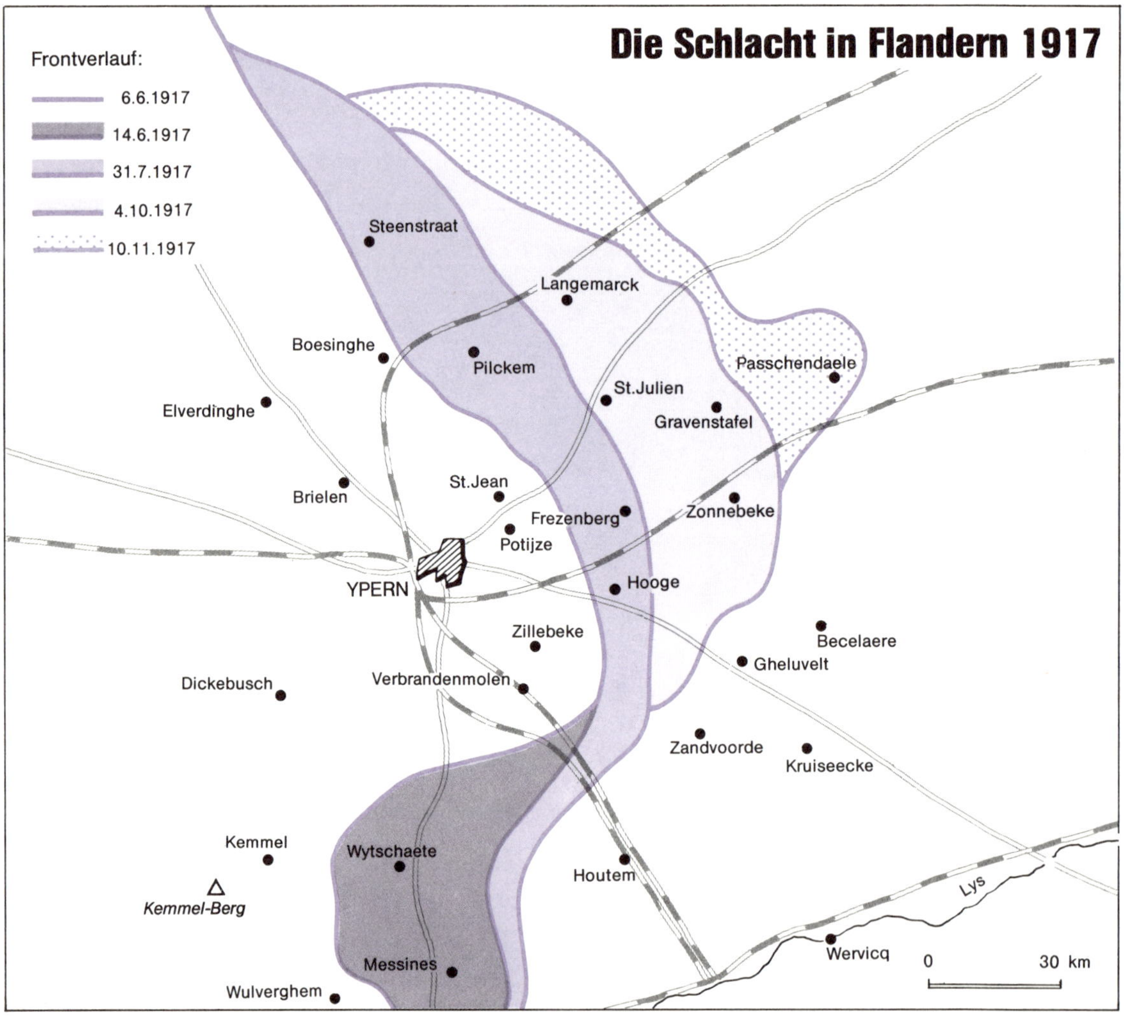
Die Schlacht in Flandern 1917
Frontverlauf:
6.6.1917
14.6.1917
31.7.1917
4.10.1917
10.11.1917
Steenstraat
Langemarck
Boesinghe
Pilckem
Passchendaele
Elverdinghe
St.Julien
Gravenstafel
Brielen
St.Jean
Frezenberg
Zonnebeke
Potijze
YPERN
Hooge
Zillebeke
Becelaere
Gheluvelt
Dickebusch
Verbrandenmolen
Zandvoorde
Kruiseecke
Kemmel
Wytschaete
Houtem
Kemmel-Berg
Lys
Wervicq
0
30 km
Messines
Wulverghem

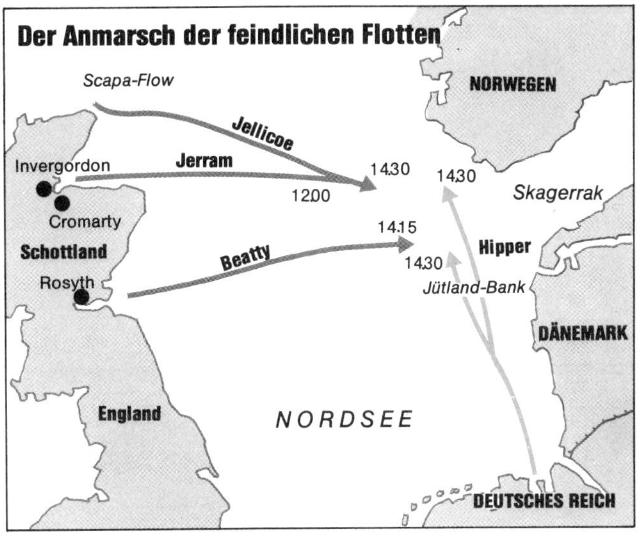

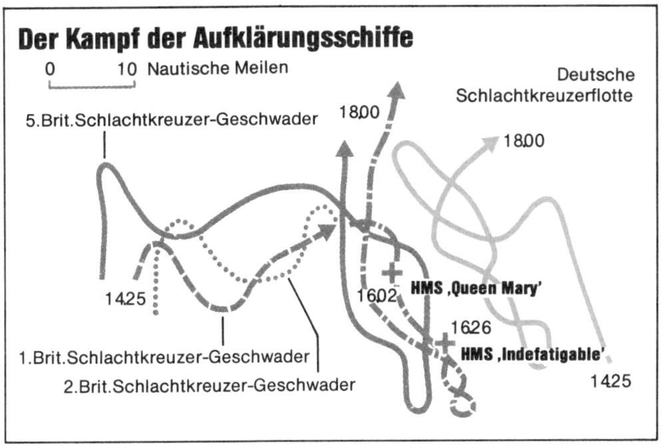

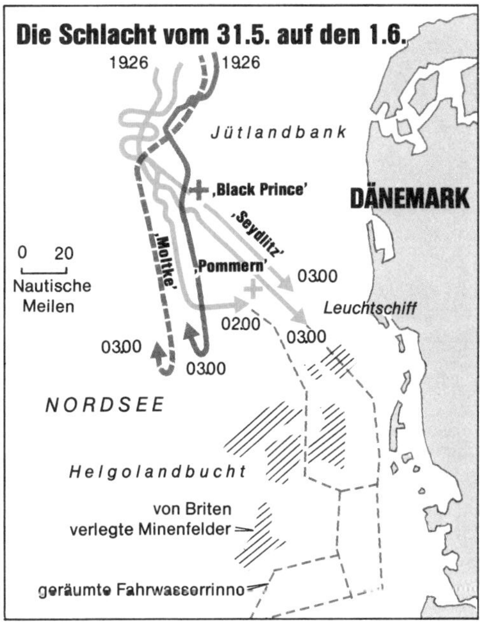

Die Schlacht am Skagerrak

31.Mai und 1.Juni 1916

(vorherrschend Nebel, Sicht: 5 Meilen)

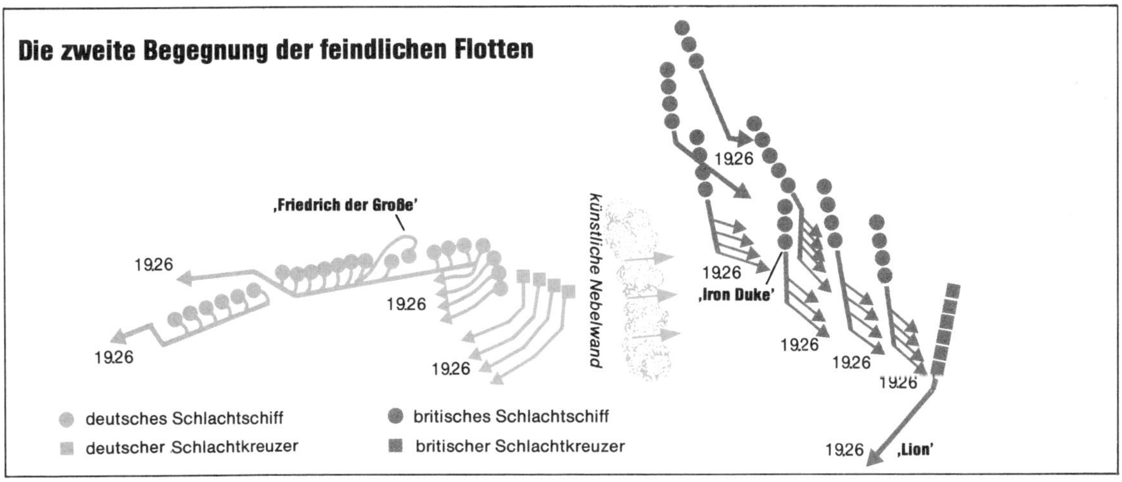

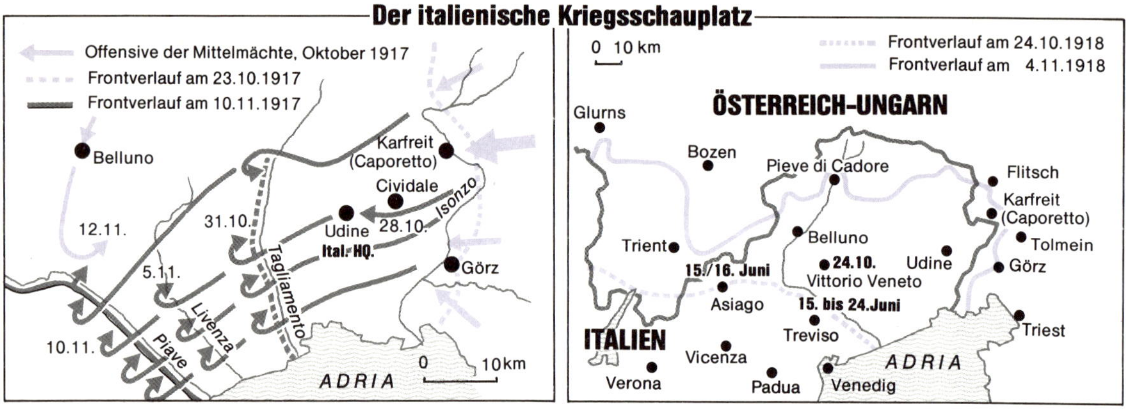
Der italienische Kriegsschauplatz
Offensive der Mittelmächte, Oktober 1917
Frontverlauf am 23.10.1917
Frontverlauf am 10.11.1917
Belluno
Karfreit (Caporetto)
Cividale
Udine
Ital. HQ.
Görz
Isonzo
Tagliamento
Livenza
Piave
12.11.
31.10.
28.10.
5.11.
10.11.
0 10km
ADRIA
0 10 km
Frontverlauf am 24.10.1918
Frontverlauf am 4.11.1918
ÖSTERREICH-UNGARN
Glurns
Bozen
Pieve di Cadore
Flitsch
Karfreit (Caporetto)
Tolmein
Görz
Triest
Belluno
Trient
Udine
15./16. Juni
24.10.
Vittorio Veneto
Asiago
15. bis 24.Juni
Treviso
ITALIEN
Vicenza
Verona
Padua
Venedig
ADRIA

Kriegsende im Osten
0 500 km
von den Mittelmächten besetzte Gebiete
Frontverlauf am 15.12.1917
Grenze zwischen den Mittelmächten und der Ukraine (9.1.1918)
weitestes Vordringen der Truppen der Mittelmächte
Dagö
Ösel
Peipus-See
Pleskau
Riga
Kurland
MOSKAU
Kowno
Königsberg
Wilna
Njemen
DEUTSCHES REICH
Witebsk
Smolensk
Oka
Tula
Minsk
Mohilew
Orel
Polen
Warschau
Brest-Litowsk
Gomel
Pripjet
Kursk
Unabhängige Ukraine
(22.1.1918)
Tarnograd
Bielgorod
Weichsel
Kiew
Charkow
Lemberg
Ukraine
Zarizyn
Galizien
Dnjepr
Bug
Don
Dnjestr
Czernowitz
Taganrog
Nowotscherkask
Rostow
ÖSTERREICH-UNGARN
Pruth
Odessa
Kertsch
H.I.Krim
Stawropol
RUMÄNIEN
BUKAREST
Noworossisk
SERBIEN
Sewastopol
Donau
Constanza
SCHWARZES MEER

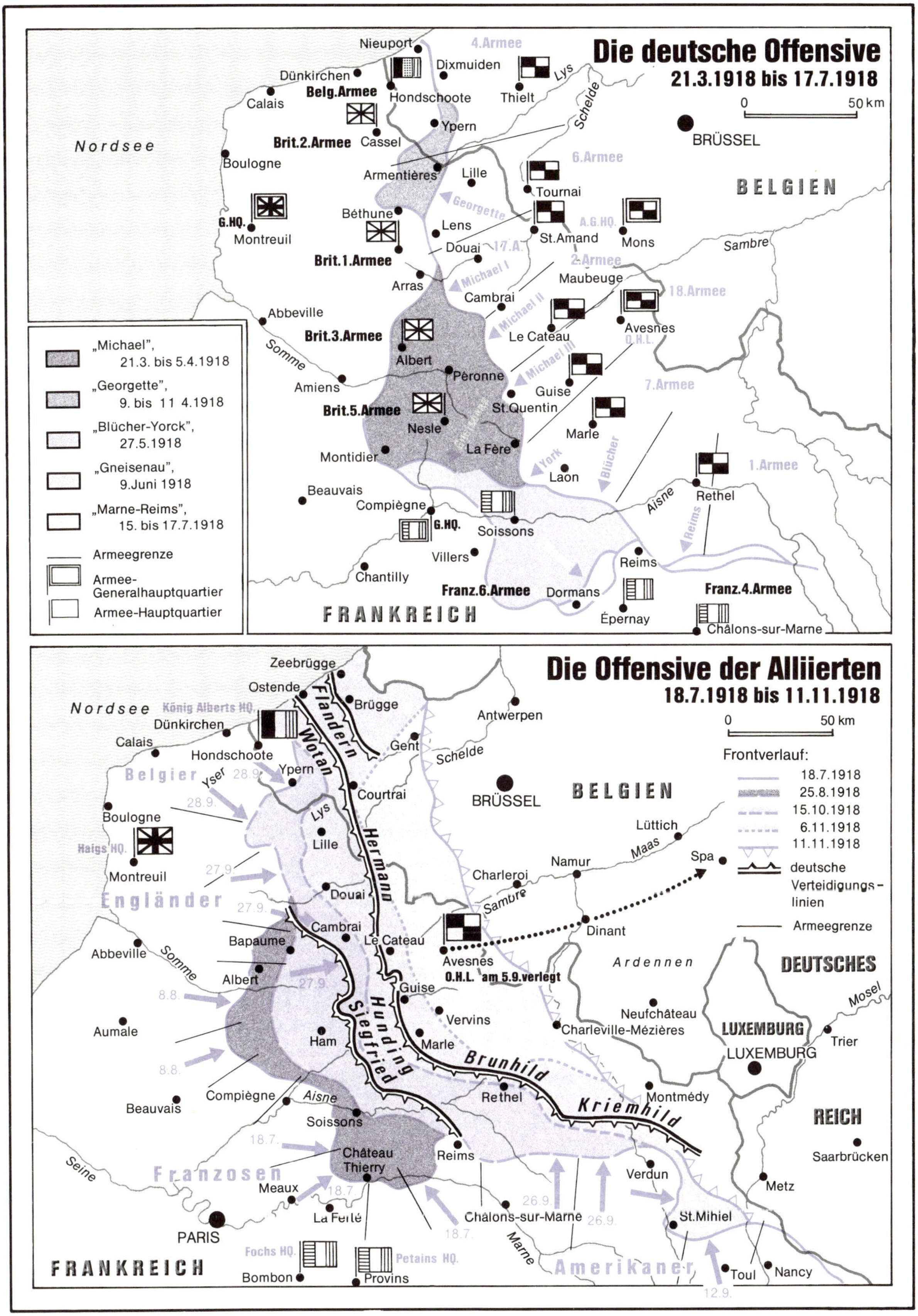

Die deutsche Offensive
21.3.1918 bis 17.7.1918
0
50 km
Nordsee
Nieuport
4.Armee
Dixmuiden
Lys
Dünkirchen
Belg.Armee
Hondschoote
Thielt
Schelde
Calais
Brit.2.Armee
Cassel
Ypern
BRÜSSEL
Boulogne
Armentières
Lille
6.Armee
Tournai
BELGIEN
G.HQ.
Montreuil
Béthune
Georgette
Lens
A.G.HQ.
St.Amand
Mons
Brit.1.Armee
Douai
17.A.
2.Armee
Sambre
Arras
Michael I
Maubeuge
Cambrai
18.Armee
Abbeville
Michael II
Brit.3.Armee
Le Cateau
Avesnes
O.H.L.
Somme
Albert
Michael III
Péronne
Guise
7.Armee
Amiens
Brit.5.Armee
St.Quentin
Nesle
Marle
La Fère
Blücher
Montidier
York
Laon
1.Armee
Beauvais
Rethel
Compiègne
Aisne
G.HQ.
Soissons
Reims
Villers
Reims
Chantilly
Franz.6.Armee
Dormans
Franz.4.Armee
FRANKREICH
Épernay
Châlons-sur-Marne
„Michael",
21.3. bis 5.4.1918
„Georgette",
9. bis 11 4.1918
„Blücher-Yorck",
27.5.1918
„Gneisenau",
9.Juni 1918
„Marne-Reims",
15. bis 17.7.1918
Armeegrenze
Armee-Generalhauptquartier
Armee-Hauptquartier
Die Offensive der Alliierten
18.7.1918 bis 11.11.1918
0
50 km
Zeebrügge
Ostende
Flandern
Brügge
Nordsee
König Alberts HQ.
Antwerpen
Dünkirchen
Wotan
Calais
Gent
Hondschoote
Schelde
Frontverlauf:
Belgier
Yser
28.9.
Ypern
18.7.1918
Courtrai
BRÜSSEL
BELGIEN
25.8.1918
28.9.
Lys
15.10.1918
Boulogne
Lille
Lüttich
6.11.1918
Haigs HQ.
Hermann
11.11.1918
Maas
Spa
Namur
Montreuil
27.9.
Charleroi
deutsche Verteidigungs-linien
Douai
Engländer
Sambre
27.9.
Cambrai
Dinant
Armeegrenze
Bapaume
Le Cateau
Abbeville
Somme
Avesnes
Ardennen
DEUTSCHES
O.H.L. am 5.9.verlegt
Albert
27.9.
Guise
8.8.
Hunding
Siegfried
Neufchâteau
Mosel
Vervins
Aumale
Charleville-Mézières
LUXEMBURG
Trier
Ham
Marle
LUXEMBURG
8.8.
Brunhild
Rethel
Montmédy
Beauvais
Compiègne
Kriemhild
Aisne
REICH
Soissons
18.7.
Saarbrücken
Château Thierry
Reims
Seine
Franzosen
Verdun
Metz
Meaux
18.7.
26.9.
La Ferté
St.Mihiel
Châlons-sur-Marne
26.9.
PARIS
18.7.
Marne
Fochs HQ.
Petains HQ.
FRANKREICH
Amerikaner
Toul
Nancy
Bombon
Provins
12.9.

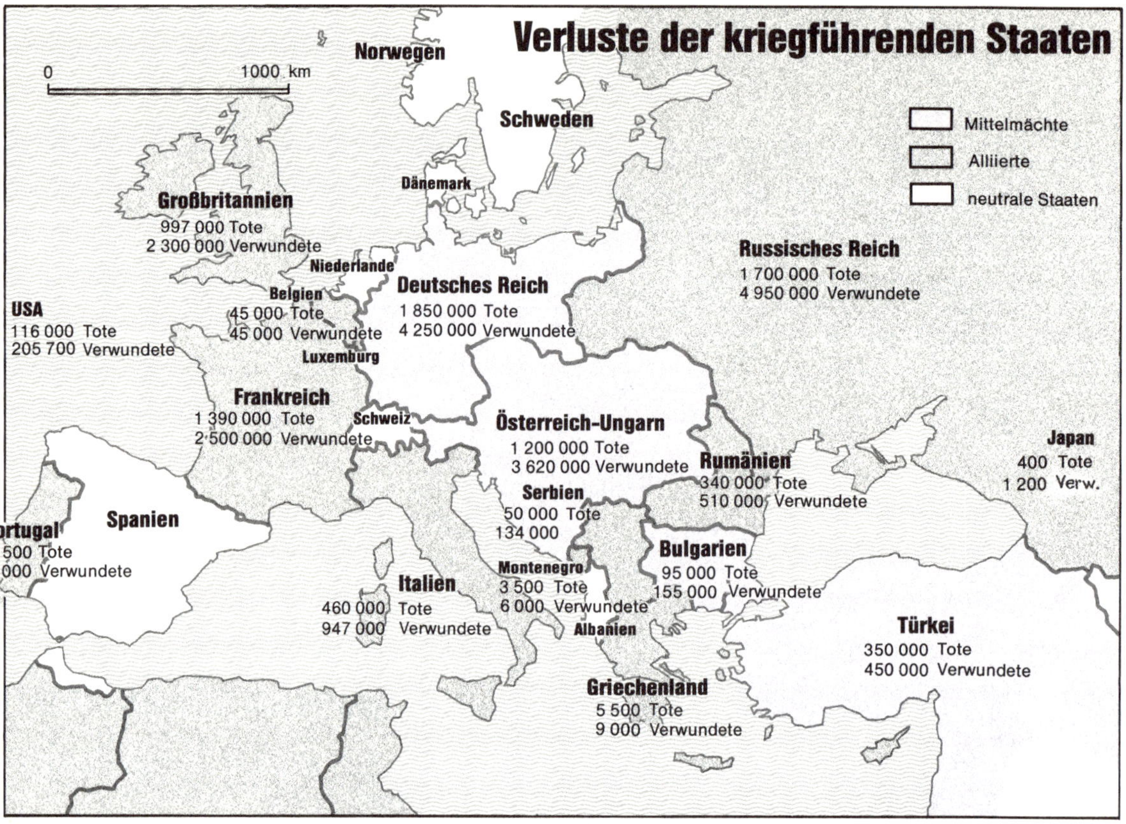
Verluste der kriegführenden Staaten
0 1000 km
Mittelmächte
Alliierte
neutrale Staaten
Norwegen
Schweden
Dänemark
Großbritannien
997 000 Tote
2 300 000 Verwundete
Niederlande
Belgien
45 000 Tote
45 000 Verwundete
Luxemburg
Deutsches Reich
1 850 000 Tote
4 250 000 Verwundete
Russisches Reich
1 700 000 Tote
4 950 000 Verwundete
USA
116 000 Tote
205 700 Verwundete
Frankreich
1 390 000 Tote
2 500 000 Verwundete
Schweiz
Österreich-Ungarn
1 200 000 Tote
3 620 000 Verwundete
Rumänien
340 000 Tote
510 000 Verwundete
Japan
400 Tote
1 200 Verw.
Serbien
50 000 Tote
134 000
Portugal
7 500 Tote
14 000 Verwundete
Spanien
Bulgarien
95 000 Tote
155 000 Verwundete
Montenegro
3 500 Tote
6 000 Verwundete
Italien
460 000 Tote
947 000 Verwundete
Albanien
Türkei
350 000 Tote
450 000 Verwundete
Griechenland
5 500 Tote
9 000 Verwundete

Europa nach dem ersten Weltkrieg
0 1000 km
Deutsches Reich bis 1918
Österreich-Ungarn bis 1918
Norwegen
Schweden
Finnland
Estland
Lettland
Litauen
Dänemark
Danzig
Großbritannien
Niederlande
Belgien
Luxemburg
Deutsches Reich
Polen
Union der Sozialistischen Sowjetrepubliken
Tschechoslowakei
Frankreich
Schweiz
Österreich
Ungarn
Rumänien
Portugal
Spanien
Italien
Jugoslawien
Bulgarien
Albanien
Türkei
Griechenland
Syrien
Irak

Synoptische Zeittafel
1914–1918

1914

Monat	Politisches	Westen	Rußland
August	**1.** Kriegserklärung Deutschlands an Rußland **3.** an Frankreich **4.** Kriegszustand zwischen Deutschland und Belgien. Kriegserklärung Großbritanniens an Deutschland, **5.** Österreich-Ungarns an Rußland, **12.** Englands und Frankreichs an Österreich-Ungarn **13.** Kriegsrohstoffabteilung im Preußischen Kriegsministerium **19.** Ultimatum Japans an Deutschland, **23.** Kriegserklärung Japans an Deutschland	Besetzung Luxemburgs 1. Schlacht bei Mülhausen 2. Schlacht bei Mülhausen Schlacht zwischen Metz und Vogesen Schlacht bei Longwy Deutscher Vormarsch auf Paris **16.** Lüttich **20.** Brüssel **25.** Namur	**Russeneinfall in Ostpreußen** Schlacht bei Tannenberg Niederlag der Österreich in Galizien
September	**5.** Londoner Abkommen **18.** Vertrag zwischen Rußland und Rumänien	**Besetzung Belgiens** Marne-Schlacht **13.** Das deutsche Westheer in der Linie Noyon – Soissons – nördlich Reims – nördlich Verdun	Schlacht an den Masurischen Seen Russenein in Galizien und Ungarn
Oktober	**10.** König Karol von Rumänien †	**9.** Antwerpen **14.** Brügge **15.** Ostende **Ypern-Schlacht 1914**	**Vorstoß der Verbündeten zur Weichsel** **9.–19.** Schlacht bei Warscha **9.–20.** Schlacht bei Iwangor **27.** Rückzug der Deutschen ur Österreicher aus Polen
November	**2.** Englische Erklärung der Nordsee als Kriegsgebiet. Beginn der englischen Hungerblockade Errichtung des Preuß. Kriegsamts **12.** Kriegserklärung der Türkei an England, Frankreich und Rußland **25.** Gründung der Reichsgetreidestelle	**Stellungskrieg an der ganzen Westfront**	Russ. Offensive gegen Posen u Schlesien **Offensive Hindenburgs** **16. 11.–15. 12.** Schlacht bei Lodz
Dezember	**4.** Fürst Bülow in Rom **17.** Englisches Protektorat über Ägypten	**Durchbruchsversuche der Alliierten**	**5.–17.** Sieg der Österreicher bei Limanova-Lapanow Entwicklung der Stellungskän vom Kurischen Haff bis zu der Karpaten

Balkan	Vorderasien			Kolonial- und Seekrieg
	Kaukasus und Armenien	Persischer Golf und Mesopotamien	Palästina und Syrien	
9. Juli **4. Aug.** Beschießung Belgrads 1. Offensive der Österreicher **Erster Feldzug gegen Serbien**				Beschießung v. Libau Aug.–Okt. Kapitulation der Südseeinseln Kapitulation Togos Seegefecht bei Helgoland
Serbische Offensive **Neue Offensive der Österreicher**				Deutscher Vorstoß gegen den Finnischen Meerbusen Versenkung von 3 englischen Panzerkreuzern durch »U 9«
	Russischer Vormarsch			Versenkung des russ. Panzerkreuzers »Pallada« Untergang des engl. Schlachtschiffs »Audacious« Englische U-Boote in der Ostsee
		Landung eines anglo-indischen Expeditionskorps im Persischen Golf Eroberung v. Basra	Türkischer Vorstoß gegen den Suezkanal **(bis Februar 1915)**	**1.** Seeschlacht bei Coronel. Englische Erklärung der Nordsee als Kriegsgebiet. Untergang der »Karlsruhe«. Untergang der »Yorck«. Kapitulation Tsingtaus. Untergang der »Emden« **2.** Vorstoß gegen Libau. Untergang der »Friedrich Carl«
2. Belgrad besetzt Serb. Angriff Räumung Serbiens durch die Österreicher	Die Russen, zunächst zur Räumung gezwungen, werfen die Türken bis auf Kara Urgan zurück	Einnahme v. Korna durch die Engländer		**8.** Seeschlacht bei den Falkland-Inseln

1915

Monat	Politisches	Westen	Rußland
Januar	**12.** Burian österreichisch-ungarischer Außenminister	**12.–14.** Soissons **25.–26.** Craonne	Karpaten-kämpfe
Februar	**4.** Deutsche Erklärung der Gewässer um Großbritannien für Kriegsgebiet (Handels-U-Boot-Krieg)	Winterschlacht in der Champagne	Winter-schlacht in Masuren
März	Verhandlungen Österreich – Ungarns mit Italien		
April	**26.** Vertrag Italiens mit der Entente	Kämpfe bei Ypern Kämpfe zwi-schen Maas und Mosel	Vor-marsc und Kämp fe in Kur-land
Mai	**4.** Kündigung des Dreibundvertrages durch Italien **15.** 1. Lusitania-Note **23.** Kriegserklärung Italiens an Österr.-Ung.	Loretto-Schlacht	**1.–3.** Gorlice-Tarnow Frühjahrsfeldzug in Galizien **22.** Lemberg erobert
Juni	**10.** 2. Lusitania-Note **27.** Englisches Munitionsgesetz	Kämpfe in den Argon-nen	
Juli	**22.** Drohende Note der Vereinigten Staaten an Deutschland **Sommer:** Abkommen der Ententestaaten über Konstantinopel und die Meerengen		**13.–23.** Eroberung der Narew-Linie **16.** Vormarsch in Südostpolen
August	**17.** Kriegserklärung Italiens an die Türkei		**4.** Jwangorod **10.** Lomcza **5.** Warschau **18.** Kowno **19.** Modlin **25.–26.** Brest-Litowsk Erob rung von Kur-land
Sep-tember	Internationale Sozialisten-Konferenz in Zimmerwald **6.** Vertrag zwischen Bulgarien und der Türkei	Herbstschlacht im Artois und in der Champagne	**3.** Grodno **8.** Ostgalizien und Wolhynien fast ganz von Russen befreit Russen-angriff an Styr und Strypa
Oktober	**5./6.** Abbruch der Beziehungen der Entente zu Bulgarien **12.** Rücktritt Delcassés. Nachfolg. Viviani **14./20.** Kriegszustand zwischen Bulgarien und der Entente **29.** Im neuen franz. Kabinett Vorsitz und Auswärtiges: Briand		
No-vember	**30.** Erweitertes Abkommen der Ententemächte über Sonderfrieden		
De-zember	**9.** 1. Ancona-Note der Vereinigt. Staaten an Österreich-Ungarn **14.** Antwort Österreich-Ungarns auf die 1., am **29.** auf die 2. Ancona-Note		**Bis 15. 1. 16.** Neujahrsschlacht i Ostgalizien

Balkan	Italien	Vorderasien				Kolonial- und Seekrieg
		Kaukasus und Armenien	Pers. Golf und Mesopotamien	Palästina und Syrien	Dardanellen	
		Türk. Niederlage	Der engl. Vormarsch aufgehalten	Türk. Vorstoß gegen den Suez-Kanal		Russische Minen in der mittleren Ostsee **18.** Erster Angriff deutscher Marineluftschiffe auf England **24.** Gefecht an der Doggerbank
		Stellungskämpfe			Bis 9. Januar 1916 Dardanellenkämpfe	**4.** Deutsche Erklärung der Gewässer um England als Kriegsgebiet **U-Boots-Handelskrieg um England**
				Rückzug der Türken		**28.** Versenkung der brit. »Falaba«
			Englischer Vormarsch an Euphrat und Tigris	Stillstand der Operationen		
						1. Versenkung der amerik. »Gulflight« **7.** Versenkung der brit. »Lusitania«
	1. Isonzo-Schlacht 2. Isonzo-Schlacht					**7.** Versenkung des ital. Panzerkreuzers »Amalfi« **9.** Kapitulation von Südwestafrika **11.** Untergang der »Königsberg«
Beginn der Truppenlandungen der Entente in Saloniki Feld- ...g ...gen ...rbien	3. Isonzo-Schlacht					**23.** Untergang der »Prinz Adalbert«
...eder- ...erfung ...rbiens Unterwerfung Montenegros –**26. 1. 16**	4. Isonzo-Schlacht		**22.** Türkischer Sieg bei Ktesiphon			**7.** Versenkung der ital. »Ancona«
...rtreibg. ... Orient- ...nee aus ...ze- ...nien						**29. XII. 15–4. III. 16** Erste Fahrt der »Möwe«

Monat	Politisches	Westen	Rußland
Januar	**16.** Waffenstreckung Montenegros **26.** Englisches Wehrpflichtgesetz	Kämpfe bei Vimy, Neuville-St. Vaast, St. Laurent, Souchez, Tahure, bei Ypern und in den Vogesen	**–15** Neujahrsschlacht in Ostgalizien
Februar	**2.** Internat. Sozialisten-Konferenz in Bern **2.** Stürmer russ. Ministerpräsident **8.** Denkschrift der deutsch. und der österr.-ungar. Regierung betreffs Handels-U-Boots-Krieg	**25.** Douaumont	
März	**9.** Kriegserkl. Deutschl. an Portugal **15.** Rücktritt v. Tirpitz'. Nachfolger: v. Capelle **26.–28.** 1. Paris. Wirtschaftskonferenz	**8.** Dorf Vaux	
April	**20.** 1. Sussex-Note der Vereinigt. Staat. **April–Mai:** Aufstand in Irland	**Verdun-**	Schlacht am Narocz-See
Mai	**10.** 2. Sussex-Note der Vereinigt. Staat. **22.** Kriegsernährungsamt		
Juni	**7.** Aufhebung der Londoner Seerechtserklärung durch England **14.–17.** 2. Pariser Wirtschaftskonferenz	**2.** Fort Vaux	Österreichische Niederlage bei Luck
Juli	**6.** Lloyd George Kriegsminister	**Schlacht**	**I. Brussilow-Offensive**
August	**27.** Kriegserklärung Rumäniens an Österreich-Ungarn **29.** v. Hindenburg Chef des Generalstabes des Feldheeres, Ludendorff Erster Generalquartiermeister		Große russische Erfolge in der Bukowina
September	**16.** Blockade der griech. Küste	**Somme-Schlacht** Aufgabe der deutschen Offensive	2. Brussilow-Offensive in der Bukowina u. Ostgalizien
Oktober	**11.** Ultimatum der Entente an Griechenland **21.** Ermordung des öster. Ministerpräsidenten Stürgkh	Französ. Angriff **24.** Fort Douaumont	
November	**5.** Errichtung eines selbständ. Staates Polen **7.** Wiederwahl Wilsons **21.** Kaiser Franz Josef †. Kaiser Karl **23.** Rücktritt Stürmers. Nachf.: Trepow **25.** Rücktritt v. Jagows. Nachfolger: Zimmermann	**1.** Fort Vaux	3. Brussilow-Offensive in Wolhynien und in den Karpaten
Dezember	**2.** Vaterländischer Hilfsdienst **7.** Lloyd George Premierminister **12.** Friedensangebot der Mittelmächte **21.** Friedensnote Wilsons **22.** Graf Czernin öster.-ung. Außenminister	Neuer französ. Angriff	

Balkan	Italien	Vorderasien: Kaukasus/Armenien	Vorderasien: Pers. Golf/Mesopot.	Vorderasien: Palästina und Syrien	Vorderasien: Dardanellen-Kämpfe	Kolonial- und Seekrieg
Unterwerfung Montenegros					**–9. Jan.** Aufgabe des Unternehmens durch die Entente	
		Russisch. Vormarsch Erzerum Musch				**16.** Kapitulation von Kamerun, der letzten deutsch. Kolonie mit Ausnahme von Deutsch-Ostafrika
	5. Isonzo-Schlacht	Bitlis				Sogen. »Verschärfter U-Boot-Krieg« **4.** Heimkehr der »Möwe«
		Trapezunt	**26.** Übergabe von Kut-el-Amara an die Türken			**25.** Angriff auf Yarmouth u. Lowestoft
0. Fort Dowa von der Orient-Armee besetzt **9.** Fort Rupel von den Bulgaren besetzt	Österr. Offensive zwischen Etsch und Brenta					**31.–1. VI.** Seeschlacht am Skagerrak
				Stillstand der Operationen		Untergang des brit. Panzerkreuzers »Hampshire« **21.** »U 35« in Cartagena
	Italien. Gegen-Offensive	Erzinghian Baiburt				»U-Deutschland« und »U-Bremen« in Amerika
15. Angriffe Sarrails am Doiran-See Bulgarischer Vormarsch	6. Isonzo-Schlacht *8.* Görz gefallen					**19.** Seegefecht an der engl. Küste
Rumänien	7. Isonzo-Schlacht	**Stellungskämpfe**				
Dobrudscha-Feldzug der Donau-Armee Feldzug der 9. Armee in Siebenbürgen Erste Schlacht bei Monastir	8. Isonzo-Schlacht 9. Isonzo-Schlacht					U-Boot-Handelskrieg an der nordamerikanischen Küste
23. Vereinigung der Donau-Armee mit der 9. Armee						**22. (–23. III. 17)** 2. Fahrt der »Möwe« **30. (–17. 2. 18)** Kaperfahrt der »Wolf«
6. Einnahme v. Bukarest **–5. Jan. 17.** Verfolgung in der Ostwalachei				Englischer Vormarsch nach Syrien **(bis April 1917)**		**21.** Ausfahrt der »Seeadler«

Monat	Politisches	Westen	Rußland
Januar	**22.** Botschaft Wilsons an den Senat **31.** Ankündigung des uneingeschränkten U-Boot-Krieges		Frontlinie: Westufer des gaschen Meerbusens – D na – Nowogrodek – Baranowitschi – Pinsk – Tartarenpaß – unterer Sereth – Donaumündungen
Februar	**3.** Abbruch der Beziehungen Amerikas zu Deutschland **14.** Vertrag zwischen Rußland, Frankreich und England über Elsaß-Lothringen und die Rheingrenze		
März	**14.** Revolution in Petersburg **16.** Abdankung des Zaren **17.** Ministerium Ribot **23.** »Sixtusbrief« Kaiser Karls	Rückverlegung der deutschen Front in die Siegfried-Stellung	**Bis Mitte März** Örtliche Kämpfe **15. III.–15. VI.**
April	**6.** Kriegszustand zwischen Amerika und Deutschland **7.** Osterbotschaft Kaiser Wilhelms II. **9.** Kriegserklärung Kubas an Deutschland. Abbruch der diplomat. Beziehungen von Brasilien, Bolivien und Guatemala zu Deutschland **12.** Geheimbericht Graf Czernins **13.** Streiks in Berlin, Leipzig u. a. Städten	Artoisangriff der Engländer Aisne-Schlacht der Franzosen	Stillstand der Kämpfe
Mai	**17.–21.** Abbruch der diplomatisch. Beziehungen von Honduras, Liberia und Nicaragua zu Deutschland **23.** Rücktritt des Grafen Tisza Meutereien im französischen Heer		
Juni	Abbruch der diplomatischen Beziehungen von Haiti und San Domingo zu Deutschland **12.** Vertreibung König Konstantins von Griechenland durch die Entente **30.** Abbruch der Beziehungen Griechenlands zu den Mittelmächten	**7.** Wytschaetebogen **Flandernschlachten**	
Juli	**11.** Julibotschaft Kaiser Wilhelms II. **14.** Rücktritt von Bethmann Hollwegs. Reichskanzler: Michaelis **19.** Friedensresolution des Deutschen Reichstages **22.** Kerenski Ministerpräsident **28.** Kriegserklärung Siams Meuterei in der deutschen Flotte		Kerenski-Offensive
August	**1.** Friedensnote des Papstes **4. u. 14.** Kriegserklärung von Liberia und China an Deutschland **5.** von Kühlmann Außenminister	**Kämpfe bei Verdun**	Befreiung der Bukowina und Galiziens
September	**7.** Ministerium Painlevé, Außenminister Ribot **12.** Patent betr. die Staatsgewalt in Polen **16.** Rußland Republik **21.** Abbruch der Beziehungen von Costa Rica zu Deutschland		Schlacht um Riga
Oktober	**7.** Abbruch der Beziehungen von Uruguay und Peru zu Deutschland **14.** Einsetzung einer Regentschaft in Polen **25.** Kriegszustand zwischen Brasilien u. Deutschland **27.** Ministerium Orlando. Außenminister Sonnino	Kämpfe am Chemin des Dames	Ösel, Moon, Dagö besetzt
November	**1.** Graf Hertling deutscher Reichskanzler **6.–7.** Rußland Sowjetrepublik **13.** Ministerium Clémenceau. Außenminist.: Pichon **20.** Die Ukraine Republik	Tankschlacht bei Cambrai	
Dezember	**6.** Waffenruhe zwischen Rußland und den Mittelmächten. (**15.** Waffenstillstand) **7.** Kriegserklärung Amerikas an Österreich-Ungarn **8.** Abbruch der Beziehungen Ecuadors zu Deutschland **22.** Friedensverhandlungen zu Brest-Litowsk		**15.** Waffenstillstand

Balkan	Italien	Vorderasien: Kaukasus und Armenien	Vorderasien: Pers. Golf und Mesopot.	Vorderasien: Palästina und Syrien	Kolonial- u. Seekrieg	
…. Verfolgung in der Ost-…alachei. Dobrudscha u. …alachei im Besitz der Mittelmächte					**25.** Seegefecht in den Hoofden	
			25. Kut-el-Amara geräumt	Engl. Vormarsch nach Syrien	Unbeschränkter U-Bootskrieg	
2. Schlacht bei Monastir			**11.** Bagdad erobert	**27.–28.** 1. Schlacht bei Gaza		**22.** 2. Heimkehr der »Möwe«
				18. 2. Schlacht bei Gaza		
Maischlacht in Mazedonien	10. Isonzo-Schlacht					
		Stellungskämpfe				
Russisch-rumän. Offensive am Sereth						**2.** Strandung der »Seeadler«
…gl. Angriff im Stru…gebiet …anz. Angriff im …rnabogen u. bei Mona-	11. Isonzo-Schlacht					
Neue engl.-franz. Angriffe	Deutsch-österr.-ungar. Angriff **24.–27.** Durchbruch zwischen Flitsch und Tolmein		Winter 1917/1918 Große Teile der türkisch. Armee gehen an Hunger zugrunde	Große englische Offensive **7.** Einnahme von Gaza		**11.–19.** Ösel, Moon, Dagö besetzt
	6. Übergang über den Tagliamento **16.** Erreichen der Piave			**9.** Einnahme von Jerusalem		**17.** Engl. Vorstoß in die Deutsche Bucht
Waffenstillstand mit Rumänien	Stillstand der Offensive			Stellungskämpfe		

1918

Monat	Politisches	Westen
Januar	**8.** Wilsons 14 Punkte **Mitte:** Massenstreiks in Wien **Ende:** Massenstreiks in Berlin	
Februar	**3.** Friede zu Brest-Litowsk **5.** Vorfriede zwischen Rumänien und den Mittelmächten	
März	**13.** Rumänisches Ministerium Averescu **18.** Northcliffe Direktor der Propaganda in feindlichen Ländern	**21. Deutsche Offensive** Die »große Schlacht in Frankreich« Angriff auf Amiens
April	**14.** Burian österr.-ungar. Außenminister	Schlacht an der Lys Angriff auf Calais **25.** Erstürmung des Kemmel
Mai	Kriegserklärungen von Guatemala, Nicaragua und Costa Rica an Deutschland **7.** Friede zu Bukarest	Schlacht bei Soissons und Reims
Juni	**19.** Kriegserklärung von Honduras an Deutschland	Angriff zwischen Montdidier und Noyo
Juli	**3.** Sultan Muhamed V. †. Muhamed VI. **4.** Mount-Vernon-Rede Wilsons **9.** Rücktritt v. Kühlmanns **13.** Kriegserklärung Haitis an Deutschland	Deutscher Angriff beiderseits Reims Vorstoß über die Marne **18. Fochs Gegenoffensive**
August	**1.** Admiral Scheer Chef der Hochseestreitkräfte **14.** Beratung in Spa **16.** Anerkennung der Tschechoslowakei durch England	**2.** Räumung des Marnebogens durch die Deutschen **8.** Deutsche Niederlage zwischen Anc und Avre Deutscher Rückzug in die Wotan- und Siegfried-Stellung
September	**3.** Anerkennung der Tschechoslowakei durch Amerika **14.** Friedensnote Österreich-Ungarns **27.** Völkerbundsrede Wilsons **29.** Waffenstillstand Bulgariens Forderung der Obersten Heeresleitung nach Ausgabe eines Waffenstillstandsangebots **30.** Rücktritt Hertlings Parlamentarisierung des Reiches	**12.** Deutsche Niederlage im Mihiel-Bogen
Oktober	**3.** Prinz Max von Baden Reichskanzler. Dr. Solf Außenminister Abdankung König Ferdinands von Bulgarien **4./5.** Waffenstillstandsangebot der Mittelmächte Beginn des Notenwechsels zwischen Amerika und den Mittelmächten **21.** Revolution in Wien **26.** Rücktritt Ludendorffs **27.** Sonderfriedensgesuch Österreich-Ungarns **28.** Meuterei auf der deutschen Flotte **31.** Revolution in Österreich-Ungarn. Waffenstillstand der Türkei	Langsamer deutscher Rückzug in d Antwerpen-Maas-Stellung
November	**3.** Waffenstillstand Österreich-Ungarns **5.** Revolution in Hamburg und Lübeck, am **6.** in Bremen, am **7.** in München, am **8.** in Braunschweig **9.** Revolution in Berlin. Deutschland Republik **11.** Waffenstillstand Deutschlands	**11.** Waffenstillstand

Rußland	Balkan	Italien	Vorderasien: Kaukasus/Armenien	Vorderasien: Pers. Golf/Mesopot.	Vorderasien: Palästina und Syrien	Kolonial- u. Seekrieg	Kolonial- u. Seekrieg
						Unbeschränkter U-Bootskrieg	**15.** Deutscher Flotten-Vorstoß gegen die Themse
Wiederbeginn der Feindseligkeiten Vormarsch der Mittelmächte			Stellungskämpfe	Englischer Vormarsch auf Mosul bis Kerküp. Dann Rückzug	Stellungskämpfe		**15.** Deutscher Vorstoß in den Kanal **17.** Heimkehr der »Wolf«
…efreiung …inn…ands Besetzung der Ukraine							**5.** Landung auf den Aalandsinseln
Besetzung der Krim			Erzerum, Trapezunt, Batum, Kars und Baku von den Türken erobert				**22.–23.** 1. Engl. Vorstoß auf Ostende u. Zeebrügge
					Englischer Angriff bei Es Salt		**10.** 2. Engl. Angriff auf Ostende
	Kämpfe in Albanien	**15.** Österr.-Ungarische Offensive					
							11. Englischer Angriff gegen die Deutsche Bucht
…is …. 2. 19 …xpedi…on …n …auka…us	**15.** Offensive der Orient-Armee Bulgarischer Zusammenbruch				Ententeoffensive Türkischer Zusammenbruch		
		24. Italienische Offensive Rückzug der Österreicher und Auflösung des Heeres	**31.** Waffenstillstand der Türkei				**17.** Ostende von den Engländern besetzt **19.** Brügge von den Engländern besetzt
		3. Waffenstillstand Österreich-Ungarns					**13.** Kapitulation der deutschen Schutztruppe in Deutsch-Ostafrika

Register